华东政法大学法律史研究中心　编

法律史研究

（第6辑）

本期执行主编：陈灵海

执行副主编：茆巍　冯文灏

法律出版社
LAW PRESS·CHINA

出版支持

国家重点学科
华东政法大学法律史学科建设项目

上海市人文社科基地
华东政法大学外国法与比较法研究院建设项目

上海市研究生教育创新计划
“法律文明的互动与变迁”项目

目　录

史　料

专　论

书评与札记

学术回顾

专访

史　　料

《皇明条法事类纂》缺文及篇名复原①

杨一凡

明蓝格抄本《皇明条法事类纂》(以下简称《条法》)是一部史料价值甚高然充满疑义的法律文献。该书卷帙浩繁,编抄粗糙,所辑文书缺文及有目无文者甚多,脱、衍、错文字不下万数。复原此书缺文及篇名,尽可能地改正错讹,以方便学界利用,是我多年的愿望,也是一项艰辛而有意义的工作。

一、《条法》的史料价值

《条法》共50卷,卷末附不分卷制例文书一大宗,现藏于日本东京大学附属图书馆。日本古典研究会于1966年将其影印,影印本分订为上下两册。1992年至1994年,笔者约请几位学界同人对该书进行了初步整理,后将整理本收入《中国珍稀法律典籍集成》乙编②。当时,为方便读者检阅,我们把《条法》50卷简称为"正编",将附录的未分卷文书简称为"附编",并在各卷目录和各文书标题上方标了序号。

"正编"占全书3/4以上篇幅,分为8类175目,收入各类文书1276件,其中有目无文者231件,有文无目者

① 本文为国家社科基金重大项目"明清孤本法律典籍整理与研究"[项目批准号16ZDA125]阶段性成果。

② 《皇明条法事类纂》整理本,刘海年、杨一凡主编:《中国珍稀法律典籍集成》乙编第4、5、6册,科学出版社1994年版。参加该书整理的学者及其分工,详见第4册书前《整理说明》。

26件。具体是:五刑类1卷,31件(含有文无目者1件);名例类5卷,137件(含有目无文者32件,有文无目者4件);吏部类5卷,153件(含有目无文者52件,有文无目者5件);户部类9卷,252件(含有目无文者31件,有文无目者1件);礼部类2卷,63件(含有目无文者15件,有文无目者2件);兵部类9卷,222件(含有目无文者58件,有文无目者8件);刑部类17卷,381件(含有目无文者43件,有文无目者3件);工部类2卷,37件(含有文无目者2件)。除有目无文者外,"正编"实辑文书1045件,内有正统1件,天顺29件,成化756件,弘治255件,未记题奏时间者4件。各类目名称的编纂顺序仿效《大明律》,稍有不同的是,"五刑"在《大明律·名例律》中属首篇,而《条法》却把"五刑"单列为一类,予以突出。另外,该书卷二设"王府条例"专卷,这与《大明律》目名相异。总体说来,"正编"的编纂方式是以《大明律》的律目为序,把制例文书按内容类编,分别辑录在相关的律目之后。

"附编"共辑中央各衙门题本等各种文书224件,内有吏部14件,户部33件,礼部26件,兵部66件,刑部42件,工部1件,都察院33件,南京刑部2件,诏敕6件,未记题奏衙门者1件。若按年号划分,则内有天顺2件,成化130件,弘治88件,嘉靖2件,未记题奏时间的2件。这部分文书排列混乱,《条法》的"总目"和"附编"卷前也均未开列目录,有23件文书未拟标题。

在中国古代,一些朝代为便利各级衙门和官员查阅法律,常把敕令、例、格、式或其他法规法令随事分门别类纂为一书,称之"条法事类"。"条法"这一称谓出现较早,《后汉书》卷四六《陈宠传》中,就有"(陈)宠又钩校律令条法,溢于《甫刑》者除之"的记载。以"条法事类"形式编纂法律文书,在宋代时颇为盛行,如宋孝宗朝编有《淳熙条法事类》,宋宁宗朝编有《庆元条法事类》等。明承宋制,重视编例,凡六部、都察院等衙门及大臣进呈的题本,一经皇帝圣旨"是""准拟""准奏""准议"了的,便成了"题准"、"奏准"或"议准",当时被称为"例"。例辅律或其他常法而行,具有法律效力。《条法》所辑文书,基本都属于皇帝钦准的刑事事例或制例题本,因此它是一部刑事法律文献。

《条法》、"正编""附编"实辑的1269件文书中,除有正统1件,嘉靖2件外,均系明宪宗、孝宗两朝于天顺八年(1464年)至弘治七年(1494年)31年间的制例文书。其中,天顺八年有31件,成化年间有886件,弘治年间有343件,属于这两朝题本而未书题奏时间者6件。进呈时间最早者为天顺八年四月十二日,最晚者为弘治七年十二月二十日。天顺虽系明英宗朱祁镇年号,但因英宗死于天顺八年正月,故是年所进题本,实属宪宗朝。

《条法》所辑文书,绝大多数是首尾齐备的题本,内容多由四部分构成。其一,标题,概述题奏事例的称谓或要点;其二,题奏事例的情况及立法建议,交代题奏部门、题奏人、时间和题本内容;其三,引录与题奏相关的前朝条例或现行条例,作为拟议的参考;其四,下达圣旨。除少数文书外,每一题本经皇帝钦准后,便成为一则定例。这种因事制定的例,明人称其为"事例"。

《条法》的史料价值主要体现为三个方面。第一,它是明代法律典籍中篇幅和文字最多的文献之一,辑录的材料全部出自档案,许多文书为《明实录》《明史》《大明会典》及明朝诸史籍所不载,部分有记载者也是行文简略,故它具有考史、证史、补史的作用。第二,此书比较完整地记载了成化朝和弘治元年至七年制例的题本,不仅是研究成化、弘治两朝的法律制度、法律思想、制例的过程及法律实施状况的第一手资料,也是研究明代法律史不可缺少的珍贵文献。明代成化朝以前颁行的事例、条例多已失传,弘治朝以后的事例、条例,很多是沿袭成化、弘治两朝而来,且又多是采其条文,不书制例缘由。《条法》所辑文书,在论及制定新例的依据时,往往是针对社会时弊,阐发律意,引用前朝敕、例,陈述制例的必要性,故它对于研究已散失的明前期事例,研究明代中后期例的产生、沿革变化及所体现的法律思想,研究律例关系及法律实施情况等,有重要的参阅价值。第三,该书的内容不仅涉及明律的各种刑名,而且涉及朝政和社会经济生活的各个领域,为考察明代中叶社会史的诸方面,提供了丰富的史料。

然而,应当注意的是,这部珍贵的文献也有严重的缺陷。一是原抄50卷中,缺文和有文无目者过多,导致全书残缺不齐,而书末又附录了那么多编纂体例不一的文书,"正编"与"附编"的关系令人费解。二是几乎每页乃至每段都有错、脱、衍文字,文意不通、难解的句子比比皆是,内容错简、错入以及目录与正文标题文字相异等情况亦不少。由于错讹太多,初阅者很难读懂。

二、利用"附编"复原"正编"有目无文篇

《条法》"正编"有231件缺文。这些文书是何内容,是否存世,以前浑然不知。1998年出版的《法律史论丛》第2卷刊载的张伯元撰《〈条法〉与〈全文〉比较考述》一文认为:"《条法》有'正编'、'附编'之分。但是,从编纂《条法》一书的体例和结构来看似乎没有道理,也没有必要。"①受此启发,笔者把"正编"缺文件目录与"附编"作了初步比对,发现绝大多数文书标题相同,都意识到了利用"附编"有可能对"正编"的大部分缺文进行复原。2002年,《人文论丛》刊载的张建民撰

---

① 张伯元:《皇明条法事类纂与条例全文的比较考述》,载韩延龙主编:《法律史论集》(第1卷),法律出版社1998年版,第524页。

《影钞本条法未分卷文书初考——条法考校之一》比较详细地论证了分卷与未分卷文书的关系,并详列“未分卷文书检索表”,[①]这是一篇很有价值的论文,为我们进行《条法》有目无文篇的复原提供了重要参考。2014 年至 2017 年,我们在修订《条法》过程中,逐一阅读了“附编”未分卷文书,将其与“正编”缺文的篇名逐字勘对。勘对的结果是,《条法》50 卷缺文篇中,有 196 件与“附编”的篇名和内容大体相同或相近。现以修订本为准,列表于后。(见表 1)

表 1　利用“附编”复原《条法》缺文一览表

卷次	正编	附编	题奏时间
卷 3	19. 军职例该为民原无籍贯在于本卫随住例	68. 同上	成化十一年五月初五日
	20. 在外军职犯监守常人盗受财枉法与求索科敛诓骗(周)〔问〕该减等徒三年者照例还职带俸差操不许管军管事例	69. 在外军职犯监守常人盗受财枉法与求索科敛诓骗问该减等徒(五)〔三〕年者照例还职带俸差操不许管军管事例	成化十二年十一月二十九日
	21. 在京在外问拟奸顽凶暴军职犯该杂犯死罪发边方卫分立功〔在逃生事害人者问发立功满日就注原立功卫分〕带俸差操例	70. 在京在外问拟奸顽凶暴军职犯该杂犯死罪发边方〔卫分〕立功在逃生事害人者问发立功满日就注原立功卫分带俸差操例	成化十三年三月初六日
	22. 禁约患病闲住武职官复要管事	71. 禁约患病闲住武职〔官〕复要管事	成化十七年六月十七日
	23. 为事革任军职俱拨马匹军器拨操	72. 为事革任军职俱拨马匹军器(班)〔拨〕操	成化十八年九月初四日
	24. 军职犯该革去见任遇例减等仍革见任例	73. 同上	成化十九年四月二十七日

① 参见张建民:《影钞本条法未分卷文书初考——条法考校之一》,载冯天瑜主编:《人文论丛》(2001 年卷),武汉大学出版社 2002 年版;另参见张建民主编:《武汉大学历史学集刊》(第 2 辑),湖北人民出版社 2006 年版。张氏的《检索表》是利用影抄本进行的,抄本篇名错讹较多。以《条法》50 卷后附未分卷文书而论,有 20 多件未拟文书篇名,有 70 余件篇名有错讹文字。故本次修订《条法》时,又重新整理了《利用“附编”复原〈条法〉缺文篇》表,供读者研究使用。

续表

卷次	正编	附编	题奏时间
卷3	26. 边卫军职侵欺临敌粮草犯该斩绞罪者降级调卫例	76. 同上	成化二十年十一月十一日
	27. 纳粟军职杂犯死罪原系官旗升授者照例立功系军民舍人除授者纳米等项发落例	79. 同上	成化二十三年七月二十日
	28. 革见任军职五年以上(者)改过自新者奏许复任	80. 革见任军职五年以上改过自新者奏许复任	成化二十三年十月
	29. 镇守守备等官取钱害人听科道及巡抚巡按奏劾及占夺有主山场田地悉令退还例	77. 同上	弘治元年闰正月二十五日
	30. 禁革军官请托权(妥)〔要〕乞升官职及为请之人	78. 禁革军官请托权要乞升官职及为请之人	弘治元年七月
	31. 纳粟军职犯罪分别军功升授及白(身)〔衣〕除〔授〕发落例	81. 纳粟军职犯罪分别军功升授及白衣除授发落例	弘治元年九月初六日
	32. 庐扬淮凤官舍为事发去哨瞭不准发守高墙	82. 同上	弘治二年五月二十二日
	33. 南京法司军职被人奏告审(正)〔证〕明白先将事内犯人摘发照出军职另行	83. 南京法司军职被人奏告审证明白先将事内犯人摘发照出军职另行	弘治二年十月
	34. 各处镇守官不许擅拿军职例	84. 各处镇守〔官〕不许擅拿军职例	弘治三年五月十三日
	35. 军职再犯杂犯死罪监候奏请满(日)〔徒〕常川带俸	85. 军职再犯杂〔犯〕死罪监候奏请满徒常川带俸	弘治三年十月初六日
	36. 运粮官犯罪除强盗人命重情其余(带)〔待〕粮完日提问例	86. 运粮官犯罪除强盗人命重情其余待粮完日提问〔例〕	弘治四年十月初十日

续表

卷次	正编	附编	题奏时间
卷3	37. 云南军职犯该真犯死罪者先拘审勘奏提三月之上不到者调卫一年之上者为民子孙袭替调卫余罪照常发落	87. 同上	弘治五年十月初七日
	38. 军职犯败伦伤化等罪日后子孙袭替法司查议行	88. 同上	弘治五年十月初七日
	40. 军职求索卖放军人及夺占屯田等项照旧例发落若有屡问屡犯情重者奏请	90. 同上	弘治六年五月二十日
卷8	24. 两京武学幼官武生在逃三次及半年之上参问追粮送操应试者听提学御史考中方许入试	108. 同上	成化十三年二月十七日
	25. 武学作养将材每朔望总兵并兵部下学提督	109. 武学作养将材每朔望总兵(及)〔并〕兵部下学提督	成化十三年八月十三日
	26. 依亲监生不许嘱托等项	110. 同上	成化十四年四月二十二日
	27. 添设武举	111. 同上	成化十四年五月十六日
	28. 钦天监官犯罪例该为民者降充天文生该充军者奏请定夺例	112. 钦天监官犯罪例该为民者降充天文生该充军者(奉)〔奏〕请定夺例	成化十四年八月初九日
	29. 保举军政官者犯贪淫等罪连坐举主	113. 同上	成化十五年二月二十五日
	30. 岁贡生员务在正月以里赴部	115. 同上	成化十八年四月十三日
	31. 清理成化元年以后监生造册缴部以革诈冒奸弊例	116. 清理成化元年以后监生造(完)〔册〕缴部以革诈冒奸弊例	成化十九年正月十四日

续表

卷次	正编	附编	题奏时间
卷8	32. 岁贡生员正月外容两个月准其患病以后虽有勘信文凭亦不准理	117. 同上	成化十九年四月初一日
	33. 考〔察〕官员事例	118. 考察官员事例	成化十九年十一月二十四日
	34. 十八岁以下纳粟依亲监生复学肄业听提学官考校	119. 同上	成化二十一年三月二十三日
	35. 推举将材开写主举职名不行举到者住俸	120. 同上	成化二十二年十一月
	36. 旌举官员不公连坐举主	121. 同上	弘治元年正月
	37. 举人就教〔官任内有举人许会试〕	123. 举人就教官任内有举人许会试	成化二十三年五月二十五日
	38. 城市官宦子孙科举不第傅奉革罢者不许滥应隐逸违者罪坐举主	125. 城市官宦子孙科举不(弟)〔第〕傅奉革罢者不许滥应隐(选)〔逸〕违者罪坐举主	弘治元年五月初一日
	39. 作养举用将材	126. 同上	弘治元年八月十五日
	40. 都司学三年两贡卫学二年一贡	130. 同上	弘治元年十月
	41. 保举方面正官犯赃连坐举主以贡举非其人论罪	129. 同上	弘治三年十二月
卷9	22. 不许擅拟差官例	16. 同上	成化七年二月十四日
	23. 管河文职不许别差军职听漕运衙门定委	17. 管河(大)〔文〕职不许别差军职听漕运衙门定委	成化十年八月

续表

卷次	正编	附编	题奏时间
卷9	24. 四川地方添设抚民官员上司擅委别事听巡抚巡按拿问佥书官吏	18. 四川地方添设抚民官〔员〕上司擅委别事听巡抚巡按拿问佥书官吏	成化十六年二月二十日
	25. 理问断事推官不许差遣例	19. 理问断事推官不许差(占)〔遣〕例	成化二十二年十二月二十一日
	26. 司府州县等衙门官吏须知不许将钱粮课程等项预先作完虚造牌册例	21. 司府州县等衙门官吏须知不许将钱粮课程等项预先作完虚造牌册〔例〕	成化元年七月十九日
	27. 外官考满三年六年须要一次到部	22. 外官考满三年六年须要一次(倒)〔到〕部	成化六年三月
	28. 三考满吏典分南北类试一等照本等(咨)〔资〕格选用二(考)〔等〕杂职三等发回为民〔例〕	23. 三考满吏典分南北类试一等照本等(咨)〔资格〕选用二等杂职三等发回为民例	成化三年六月二十日
	29. 监生挨次分拨各衙门历事例	24. 同上	成化五年十二月十八日
	30. 各〔衙〕门历事监生未满十日内行取例	25. 各衙门历事(例)监生未满十日内行取例	成化六年五月
	31. 申明御史巡按回还俱要本院考核例	26. 同上	成化十年三月初三日
	33. 久住官员不行考满拿问	29. 同上	成化十四年九月二十八日
	35. 满官贪恋不考满者冠带闲住	31. 满官贪恋不考〔满〕者冠带闲住	成化二十一年闰四月十四日
	36. 盐场大使等官周岁考满守(吏)〔支〕及盘粮给事中御史查盘〔盐〕课例	32. 盐场大使等官周岁考满守支及盘粮给事中御史查盘盐课例	成化二十一年十月二十一日

续表

卷次	正编	附编	题奏时间
卷9	37. 京官考满不称摭拾原考官员问罪例	33. 同上	弘治元年二月初七日
	38. 考察两京五品以下官及通行各衙门堂上官遇属官考满考语务协公论	34. 同上	弘治元年二月十九日
	39. 不该入选人员增减年岁洗改文案隐匿过名入选者事发为民	35. 不该入选人员增减年岁洗改文案隐匿过名入〔选〕者事发为民	弘治元年十月初二日
卷11	22. 有司行文各卫并管屯官处提人会问三个月不到将该管官员参提住俸	190. 同上	弘治五年十月
	25. 三年一次照刷文卷例	192. 同上	成化九年四月初九日
	26. 各衙门关支食盐预先造册三本送户部等衙门备照查放钱粮草料文卷各併一宗以便查刷例	193. 各衙门关支食（言）〔盐〕预先造册三本送户部等衙门备照查放钱粮草料文卷各併一宗以便查刷例	成化十三年九月十六日
	27. 分巡分守官盐运司〔文〕卷送刷	194. 分巡分守〔官〕盐运司文卷送刷	成化十九年十一月二十九日
	28. 各衙门堂上官严督所属官吏〔将〕一应文卷送库收（驾）〔架〕	195. 各衙门堂上官严督所属官吏将一应文卷送库收架	弘治四年三月初十日
	29. 偷抄洗改后湖（广）黄册不分首从皆斩	197. 偷抄洗改后湖黄册不分（守）〔首〕从皆斩	成化二年二月
	30. 各处上司遇有印信申文须抄案或札付不许简径（批）〔抄〕发施行	198. 各处上司遇有印信申文须抄案或（扎）〔札〕付不许简径抄发施行	成化十九年九月

续表

卷次	正编	附编	题奏时间
卷11	32. 考选军政〔官员〕着该选官员罗(职)〔织〕选定官员阻坏选法者调边卫	201. 考选军政官员着(点)〔该选〕官员罗织选定官员(沮)〔阻〕坏选法者调边卫	成化十六年三月十四日
	33. 查究武职印信有将典当财物革去管伍带俸〔差〕操例	202. 查究武职印信有将典当财物革去管伍带俸差操例	成化十七年八月初六日
	34. 处置署(印)〔掌〕百户印信	203. 处置署掌百户印信	成化十七年十一月二十八日
	35. 百户免考选	204. 百户〔免〕考选	成化二十一年三月初八日
	36. 禁约擅差官吏机兵人等下属勾摄例	205. 同上	弘治元年六月二十五日
	37. 通行在外府州县一应公事不许差人扰害及禁约阴阳医生〔等〕不许营求差使若有额外滥设者问发为民并禁约递送人役凌虐囚犯例	206. 通行在外府州县一应公(文)事不许差人扰害及禁约阴阳医生等不许营求差使(者)〔若〕有额外滥设者问(罪)〔发〕为民并禁约递送人役凌虐囚犯例	成化九年十月十五日
	38. 建言民情	207. 该件缺题,内容与《正编》标题相符	成化十四年八月二十日
卷14	20. 苏松等府粮长每区要金(大)〔人〕户二十名轮充例	178. 该件缺题,内容第二款与《正编》标题相符	弘治七年九月二十七日
	21. 拖欠屯粮官员住俸催征例	179. 同上	成化十七年十月初十日
	22. 预广储蓄	180. 同上	成化十九年八月初八日
	23. 赈济过仓粮秋成务要抵斗还官	181. 同上	成化十九年八月

续表

卷次	正编	附编	题奏时间
卷14	24. 屯粮违限不完住俸等项	182. 同上	成化二十年十月二十七日
	25. 修设预备四仓以蓄赈济例	183. 同上	成化二十一年三月十一日
	26. 每所每里各要积粮二(十)〔千〕石	184. 每所每里各〔要〕积粮二千石	成化二十一年五月二十一日
	27. 预备仓粮不许擅自支放及措置粮多者量〔加〕(牲)〔旌〕擢例	185. 预备仓粮不许擅自支放〔及〕措置粮多者量加旌擢例	弘治元年闰正月初九日
	28. 劝预备仓粮修理坡塘水〔利〕例	186. 劝预备仓粮修理坡塘水利例	弘治元年闰正月十三日
	29. 内府(城)〔减〕派黄蜡例	187. 内府减派黄蜡例	弘治元年二月初五日
	30. 官吏住俸追征钱粮填给关单勘合完日方许支俸	188. 官吏住俸追征钱粮(墳)〔填〕给关单勘合完日方许支俸	弘治元年三月初三日
	31. 广储积以足国用	189. 同上	弘治元年三月初七日
卷18	13. 稽考亏损盐课 优免盐丁差役 提督捕捉盐徒(原抄分为三篇)	36. 同上	成化十年五月初二日
	14. 整饬河道盘诘私盐	37. 同上	成化十三年二月十三日
	15. 支出官盐併包夹带者问罪入官	38. (一)支〔出〕官盐併包夹带者问罪入官	成化十三年十二月
	16. 各处盐场光棍把持官府诈害客商情重者发边卫充军例	39. 各处盐场光棍把持官〔府〕诈害客商情重者发边卫充军例	成化十五年五月二十三日

续表

卷次	正编	附编	题奏时间
卷18	17. 擒获盐徒升赏事	40. 同上	成化十年二月二十七日
	18. 巡捕官员乘势兴贩私盐至二千斤以上者问发边(远)〔卫〕充军例	41. 巡捕官员乘势兴贩私盐至二千斤以上者问发边卫充军〔例〕	成化十八年十二月十六日
	19. 岁办盐课存留备边不许乞恩奏讨	42. 同上	成化二十一年正月
	20. 行盐不许越境贩卖(申)〔中〕盐不许官豪占窝领价上纳	43. 行盐不许越境贩卖中盐不许官豪占窝领价上纳	成化二十三年九月初六日
	21. 禁革沧州军民堆卖私盐及客船夹带私盐例	44. 同上	弘治元年九月初六日
	22. 禁革两淮军职通同纵容舍余兴贩私盐违者事发充军钤束不严者革去见任	45. 禁革两淮军职通同纵容舍余兴贩私盐违者事发充军钤束不严〔者〕革去见任	弘治元年十一月
	23. 整理盐法六条例	46. 同上	弘治二年二月十九日
	24. 整理盐法六条例	47. 同上	弘治二年八月初七日
	25. 景泰四年以前未支引盐不许告支	48. 同上	弘治三年四月十一日
	26. 禁革沧州沿河军民堆卖私盐及经过船只夹带私盐	49. 禁革沧州沿河军民堆(买)〔卖〕私盐及经过船只夹带私盐	弘治三年九月

续表

卷次	正编	附编	题奏时间
卷21	22. 朝觐官员不许诸人告讦恐吓其各官〔亦〕不许与京官交通贿赂例	50. 朝觐官员不许诸人告讦恐吓其各官亦不许与京官交通贿赂例	成化十年十一月十五日
	23. 禁约吓骗阴陷朝觐官员及各官与京官交通例	51. 同上	成化十三年十一月二十五日
	24. 光禄寺筵宴夷人务在丰洁该侍班御史看视赏赐酒饭	52. 同上	弘治元年正月
	25. 禁〔约〕诸色人等不许害朝觐官并与京官交通作弊	53. 禁约诸色人等不许害朝觐官并(于)〔与〕京官交通作弊	弘治五年十二月初二日
	26. 申明诏书条例	54. 同上	成化元年十一月二十八日
	27. 京官公差在外遇有紧急密切事情许写题本例	55. 同上	成化三年二月二十一日
	28. 非言路建言沽名(事)〔等项〕听通政司六科参驳究治例	57. 非言路建言沽名等项听通政司六科(泰)〔参〕驳究治例	弘治元年八月初三日
	29. 奏革(充)〔幼〕军在逃等件重复不便事件	58. 奏革幼军在逃等件重复不便事件	弘治元年九月十四日
	30. 南京刑部都察院系〔会〕审参官并紧急重务许写题本例	59. 南京刑部都察院系会审参官并紧急重务许写题本例	弘治三年十月
	31. 斟酌条例	60. 同上	弘治三年二月二十五日
	32. 法司会议条例务要斟酌精当奏请	61. 法司会议条例务要斟酌(停)〔精〕当奏请	弘治三年十二月二十五日
	33. 在京各衙门印信题奏并公议事件照旧封进其余事情俱送通政司封进	62. 在京各衙门印信题奏并公议事件照旧封进其余事情俱送通政(使)司封进	弘治五年七月初六日

续表

卷次	正编	附编	题奏时间
卷21	34. 通傅朝报例	64. 通傅朝(服)〔报〕例	弘治元年三月二十日
	35. 驿递衙门不许妄差夫马公差官员不许索人远接	65. 驿递衙门不许(责)〔妄〕差夫马公差官员不许索人远接(及用吹手例)	成化六年七月二十五日
	36. 禁约迎送跪拜	66. 同上	成化八年
卷25	9. 边卫及沿海旗军并边民犯窃盗(事)〔等〕项徒罪以(工)〔上〕俱发(来)〔本〕处墩台守瞭其余决杖听拨巡哨舍人余丁亦各决杖守哨仍各月支口粮三斗满日着役疏放宁家	1. 边卫及沿海旗军并边民〔犯〕窃盗等项徒罪(犯)以上俱发本处墩台守瞭其余决杖听拨巡哨舍人余丁亦各决杖守哨仍各月支口粮三斗满日着役疏放宁家	天顺八年五月十八日
	10. 申明冲突仪仗拿问	2. 同上	弘治元年十一月初六日
	11. 严饬武备	3. 同上	天顺八年十二月十一日
	12. 隄备邻境贼情暂拨下班操军例	4. 同上	成化元年十二月十五日
	13. 蓟州永平山海等处并寄住官员军民弟男子侄义男等项情愿投军者许赴官报名查审明白三(十)〔丁〕以上家道殷实者方许收用食粮差操例	5. (苏)〔蓟〕州永平(府)山海等处并寄住官员军民弟男子侄义男等项情愿投军者许赴官报名查审明白三丁以上家道殷实者方许收用食粮操差例	成化十二年八月十四日
	14. 操练军士不许剥削及罚班军(人)暂免罚班例	6. 操练军士不许剥削及罚班军暂免罚班例	成化十三年五月二十日
	15. 投充军役收操敢有营求买闲者调卫充军例	7. 同上	成化十三年十二月十六日

续表

卷次	正编	附编	题奏时间
卷25	16. 查造逃亡军册　收军籍以除重解(原抄分为两篇)	8. 同上	成化十五年二月二十五日
	17. 在逃官员罚班补操例	9. 同上	成化十七年十一月十八日
	18. 选用舍余操演以备军阵	10. 同上	成化十九年八月二十二日
	19. 押解充军犯人受财卖放及措财酷害立功调卫差操充军等例	11. 同上	弘治二年九月二十四日
	20. 禁约私造应禁军器货卖例	12. 同上	成化十三年闰二月十六日
	21. 卖与夷人军器物料并与说话犯人连当房家小发边远充军各居亲属俱(免)〔充〕发遣例	13. 卖与夷人(器)军〔器〕物料并与说话犯人连当房家小发边远充军各(俱)〔居〕亲属俱充发遣例	成化十三年闰二月二十五日
	22. 私贩焰硝入官	14. 同上	弘治元年十一月二十三日
	23. 禁约陕西甘肃等处军民官舍人等不许将应禁军器卖与夷人违者各调边卫充军并差操例	15. 禁约陕西甘肃等处军(人)〔民〕官舍人等不许将应禁军器卖与夷人违者各调边卫充军并差操例	弘治五年六月二十四日
卷27	17. 逃故军士系本省者造册径送清军御史清勾	91. 逃故军士系本(有)〔省〕者造册径送清军御史清勾	成化十一年九月

续表

卷次	正编	附编	题奏时间
卷27	18. 通行问刑衙门及各处巡按并清军御史(俱)〔但〕有清出军丁就便起解不许讦告他事果有冤枉及因军受赃等情止许户丁赴清军官处告讦若有司官吏里老人等作弊冒解平民事有冤枉者通行提问其余衙门不许准理如违听清军御史参究例	92. 通行问刑衙门及各处巡按并清军御史但有清出军丁就便起解不许讦告他事果有冤枉及因军受赃等情止许户丁赴清军〔官〕处告讦若有司官吏里老人等作弊冒解平民事有冤枉者通行提问其余衙门不许准理如违听清军御史参究例	成化十二年正月初七日
	19. 各处巡按清军御史并问刑衙门遇有清出应解军丁犯该盗官钱粮畜产窃〔盗掏摸抢夺至斩绞徒者决杖一百解卫收伍转发守哨满日〕着役其余徒罪止杖一百管杖的决解发着役例	93. 各处巡按清军御史并问刑衙门遇有清出应解军丁犯该盗官钱粮畜产窃盗掏摸抢夺至斩绞徒者决杖一百解卫收伍转发守哨满日着役其余徒罪止杖一百管杖的决〔解发〕着役例	成化十二年正月二十八日
	20. 京操军一班不到罚班半年军两班官一班不到者发大同宣府等边关罚班官三班不到者罚班(年)半〔年〕其补班月日各另扣算若来京在逃三次以上者照前递减一等科断量操例	94. 京操军一班不到罚班半年军两班官一班不到者发大同宣府等边关罚班官三班不到者罚班半年其补班月日各另(如)〔扣〕算若来京在逃三次以上者照前递减一等科断量操例	成化十二年七月初八日
	21. 各边备御军一班不到者在本(卫)〔边〕罚班五个月军两班官一班不到者改发本处沿边城堡罚班八个月军三班官两班以上不到者极边城堡罚班一年其补班月日各另扣算若续来迟止补来迟月日如已到班在逃(照)脱班〔照脱〕次数递减一等科断俱免纳钞的决例	95. 各边备御军一班不到者在本边罚班五个月军两班官一班不到者改发本处沿边城堡罚班八个月军三班官两班以上不到者极边城堡罚班一年其补班月日各另扣算若续来迟止补来迟月日如已到班在逃脱班照脱次数递减一等科断俱免纳钞的决例	成化十二年七月二十二日

续表

卷次	正编	附编	题奏时间
卷27	22. 该班来迟官员违限一月之上者送问扣算补操例	96. 该班来迟官员违限一月之〔上〕者送问扣算补操例	成化十二年九月初十日
	23. 京城下屯官旗有犯逃回来京潜躲许管屯佥事奏行法司拿解本官收问例	97. 同上	成化十六年四月二十九日
	24. 充军在逃人犯改发边卫充军	98. 同上	成化十九年七月初四日
	25. 操官在逃查例前例后决数发落	99. 操官在逃查例前例后(收)〔决〕数发落	成化二十年八月初十日
	26. 官军预支月粮在逃问罪追粮例	100. 官军预支月粮在逃问罪(还)〔追〕粮例	成化二十年十月十八日
	27. 差拨官军赴边攒运粮草修筑墩墙等项逃避并拐带脚(价)〔银〕赏例	101. (管操)〔差拨〕官军赴边攒运粮草修筑墩墙等项逃避并拐带脚银赏例	成化二十一年五月二十八日
	28. 禁约清出军丁不许捏故要收附近卫所	102. 同上	成化二十一年六月二十五日
	29. 旷职在逃半年	103. (一)旷职在逃半年	弘治二年七月十八日
	30. 轮操官军匠役在逃三次调卫窝主问罪枷号	104. 同上	弘治三年七月初一日
	31. 京操把总官员在逃半年之上者改调沿边卫分差操	105. 同上	弘治五年九月二十日
	32. 逃操官旗一次二次者法司问罪纳钞收赎如果艰难者本衙门单衣决打各还职役三犯不改者调卫	106. 同上	弘治六年五月二十九日
	33. 各处清军解丁务要精壮正身违者将军人全家发边卫解人发附近卫所俱充军	107. 各处清军解丁务要精壮正身违者将军人全家发边卫解人发附近卫所〔俱〕充军	弘治六年七月二十七日

续表

卷次	正编	附编	题奏时间
卷28	20. 两京兵马司各衙门免其打卯	131. 同上	成化十四年二月二十六日
	21. 离京窎远不许差委兵马司官勘事例	132. 离京窎远不许差〔委〕兵马司官勘事例	成化十四年四月初四日
	22. 防御边关	133. 同上	成化十四年五月初九日
	23. 军官不许到军人原籍扰害及生事害军	134. 军官不许到军人原籍扰害〔及〕生事害军	成化十四年八月二十二日
	24. 整点两京禁兵	135. 同上	成化十四年八月二十七日
	25. 清出军士例前解赴(返)〔附近〕卫所其余〔俱〕解原卫	136. 清出军(事)〔士〕例前〔解〕赴(赴)〔附〕近卫所其余俱解原卫	成化十五年二月二十三日
	26. 清出军丁连妻发卫	137. 同上	成化十六年八月初二日
	27. 清造故军文册 革弊安民事(原抄分为两篇)	138. (一)(编)〔清〕造故军文册(革弊安民事)	成化二十九年七月二十八日
	28. 申明兵马司专主巡视刑部应该(青城)〔责成〕止于二十里内并月报盗贼起数例	139. 申明兵马司专主巡视刑部应该责成止于二十里内并月报盗贼起数例	成化二十一年二月二十一日
	29. 清解陕西军役事	140. 同上	成化二十三年
	30. 五府押解充军犯人差有职人员差人不当掌印官等俱治以罪	141. 五府押解充军犯人差(府)〔有〕职人员差人不当掌印官等俱治以罪	成化二十三年二月初三日
	31. 清查军士禁约占役及包纳月钱	142. 同上	弘治元年二月二十七日
	32. 奏申明巡捕等事	143. 同上	弘治元年九月十四日

续表

卷次	正编	附编	题奏时间
卷28	33. 奏紧要边卫缺军守御事	144. 同上	弘治元年九月十四日
卷28	34. 奏缺伍旗军事	146. 同上	弘治元年九月十四日
卷28	35. 新盖夜巡衙门(外)〔例〕	147. 新盖夜巡衙门例	弘治六年四月初十日
卷28	36. 锦衣卫坐城官管束火甲〔打卯〕	148. 同上	弘治三年十月
卷35	14. 冒充皇亲家人在京在外巧立名色挟诈财物等项事发除真犯死罪外犯该徒流罪以上者俱于所犯地方枷号一个月满日属有司管辖者俱发边卫充军属军卫管辖〔者〕原系腹里发边卫原系边卫发极边卫分充军原系极边常川守哨杖罪以下照常发落职官奏请被害之人许赴所在诸衙门告诉若不即准理及观望逢迎不即问断者事发一体治罪	208. 冒充皇亲家人在京在外巧立名色挟诈财物等项事发除真犯(亦)〔死〕罪外犯该徒流〔罪〕以上者俱于所犯地方枷号一个月满日属有司管(转)〔辖〕者俱发边卫充军属军卫管(转)〔辖〕者原系腹里发边卫原系边卫发(遣)〔极边〕卫分充军原系极边常川守哨杖罪以下照常发落职官奏请被害之人许赴所在诸衙门告诉若不即准理及观望逢迎不即(门)〔问〕断者事发一体治罪	弘治七年十一月初九日
卷35	15. 略诱和卖人口不分已卖未卖断发边远充军例	210. 同上	成化十一年六月十五日
卷35	16. 略卖良家子女不分已卖未卖俱发边卫充军三口以上及三犯者不分革前革后俱枷号充军妇人有犯罪坐夫男职官有犯奏请发落例	211. 同上	成化十四年六月十一日
卷35	17. 处置杂犯斩绞略卖人口诓骗等项充军例	212. 同上	成化十七年四月十二日

续表

卷次	正编	附编	题奏时间
卷35	18. 通行内外官司收葬遗弃尸骸	213. 同上	成化九年四月
	19. 禁约山东济宁等处发塚例	214. 同上	成化十六年四月二十九日
	20. 通行内外遇有发掘王府将军夫人(即)〔郡〕县主及历代帝王名臣先贤坟塚其开棺见尸为从及发见棺椁者不分首从俱发边卫系边卫所者发极边卫所发而未至棺椁者发附近卫所俱充军俱连当房家小发遣例	215. 此件缺题,内容与《正编》标题相符	成化十八年十一月二十日
	21. 发塚见尸为(从)〔徒〕者充军	216. 发(掘)〔塚〕见尸为徒者充军	弘治元年十月
	22. 强盗窃盗贼攀指同盗窝主务要访查真实	217. 强〔盗〕窃盗贼攀指同盗窝主务要访查(其)〔真〕实	成化二十一年七月二十四日
	23. 禁约江西大户逼迫故纵佃仆为盗其窝盗三名以上充军例	218. 禁约江西大户逼迫故纵佃仆为盗其(窃)〔窝〕盗三名以上充军例	成化二十二年七月二十七日
	24. 势要管庄家人窝盗分赃发边卫充军并参究家长	219. 同上	弘治元年十月
	25. 接买盗赃畜产二头匹以上银货满贯枷号一月三犯者充军	220. 接买盗(贼)〔赃〕赃畜产二头匹以上银货满贯枷号一月三犯〔者〕充军	弘治二年十月
	26. 知强盗后分赃初犯再犯枷号(充军)三犯充军	221. 知强盗后分(财物)〔赃初〕犯再犯枷号三犯充军	弘治三年十二月二十五日
	27. 自京城通州直抵徐州沿路官司缉捕车户人等通同劫掠人财〔例〕	222. 自京城通州直抵徐州沿路官司缉捕车户人等通同劫掠人财例	弘治七年闰九月十四日

续表

卷次	正编	附编	题奏时间
卷39	17. 文武职官诬告十人以上照例奏请发落例	162. 同上	成化十六年六月初八日
	20. 通行各处问刑衙〔门〕遇有诬告十人以上者发口外为民或买脱或逃回又行捏词诬告平人者听改(拨)〔拟〕附近卫分充军并各该衙门遇有僧道军民人等将争竞不明(卖)〔买〕过及寺观田土朦胧投献王府假捏典卖文契掩饰者照例问发边卫充军田土给还寺观及应得之人管业〔例〕	165. 通行各处问刑衙门遇有诬告十人以上〔者〕发口外为民(者)或买(逃)〔脱〕或逃回又行捏词诬告平人者听(点)〔改〕拟附近卫分充军并各该衙门遇有僧道军民人等将争竞不明买过及寺观田土朦胧投献(于)王府假捏典卖文契掩饰者照例问发边卫充军田土给还寺观及应得之人管业例	成化十八年二月二十三日
	21. 问发囚犯许将冤枉实情申诉别委勘理敢有别捏赃私不干己事摭拾原勘问官吏问发充军为民军听奏请	166. 问发囚犯许将冤枉实情申诉别委勘理敢有别捏赃私不干己事摭拾原勘问官吏问发充军(军职)为民〔军听奏请〕	成化十九年五月十五日
	22. 申明诬奏十人以上充军事例	167. 申明诬(奉)〔奏〕十人以上充军事例	成化十九年九月二十三日
	23. 勘问诉冤被奏官员须察其贪廉	168. 同上	成化二十年七月二十八日
	24. 奏告内外官员查照干己与不干己发落	169. 奏告内外官员查照干己(弊)〔与〕不干己(弊)发落	成化二十年七月二十九日
	25. 问发为民等项官员捏奏原问御史及按察司官者不许就(被)〔彼〕提问	170. 问发为民等项官员捏奏原问御史及按察司官者不许就彼提问	弘治元年正月
	26. 禁约擅入禁门及教唆词讼诬告十人以上并写本状俱书姓名不干己事立案	171. 同上	弘治元年四月初二日

续表

卷次	正编	附编	题奏时间
卷39	27. 文武官偷职诬告十人发落	174. 同上	弘治三年十月初二日
	28. 禁约	175. 同上	弘治四年七月十六日
	29. 天下文武(职)官〔员〕不许违例将私事捏词妄奏紊乱旧章	176. 天下文武官员不许违例将私事捏词妄奏紊(辞)〔乱〕旧章	弘治五年九月初七日
	30. 诬告〔人〕死罪出入人罪诬告迁徙等项俱照旧减等例	177. 诬告人死罪出入人罪诬告迁徙等项俱照旧减等例	弘治六年闰五月二十一日
卷45	18. 申明分巡分守官住俸拿贼	150. 同上	成化十五年五月
	19. 管达官屯堡都指挥等官不行用心捕盗住俸若不获数名内杀害人命奸淫妇女三起以上者降职例	151. 管达官屯堡都指挥等官不行用心捕盗住俸若不获数名内杀害人命奸淫妇女三起(已)〔以〕上者降职例	成化十五年二月十九日
	20. 抚拿盗贼例	152. 同上	成化十六年十一月十四日
	21. 巡捕官缺少军器许于官库原收军器内开用	153. 巡捕官缺少军器许于官库原收军(于)〔器〕内开用	成化十八年十一月二十三日
	22. 在外贼情事干城池衙门库藏及杀官半年不获参问(二)〔三〕司官	154. 在外贼情事干城池衙门库藏及杀官半年不获参问三司官	成化二十一年闰四月十五日
	23. 定拟巡捕官兵拿贼不获住俸等项则例	155. 同上	弘治元年二月二十七日
	24. 选委官军与巡捕官相兼捕盗所处置在外民壮及充警之人不许给引出外	156. 选委官军与巡捕官相兼捕盗(并)〔所〕处置在外民壮及充警之人不许给引出外	弘治元年五月初五日

续表

卷次	正编	附编	题奏时间
卷45	25. 各处贼情分上下半年总差一人类奏一个月一奏者不在此例	157. 同上	弘治元年七月
	26. 锦衣卫等衙门巡捕官若误事者听科道官纠治	158. 锦衣卫等衙门巡捕官〔若〕误事〔者〕听科道〔官〕纠治	弘治元年十二月
	27. 申明兵马司专一捕盗总小甲科敛财物枷号赌博开巢(筑)〔窠〕房屋入官	159. 申明兵马司专一捕盗总小甲科敛财物枷号赌博开巢窠房〔屋〕入官	弘治元年十二月初五日
	28. 立限	160. 同上	弘治三年四月
	29. 锦衣卫捉获强盗引奏会问明白即时处决不必监候	161. 同上	弘治七年五月二十七日

注:表内"正编""附编"栏内阿拉伯数字,系整理者在各件文书前标的序号。

由上列表格可知,抄本后附的文书,原是"正编"卷三、卷八、卷九、卷十一、卷十四、卷十八、卷二十一、卷二十五、卷二十七、卷二十八、卷三十五、卷三十九、卷四十五中的一部分,原书并不存在"附编"。但不知何故这些文书从这些卷中被抽出之后又未放回,导致"正编"中存在一些卷有目无文甚至多出了所谓"附编"的问题。

要正确复原"正编"缺文篇,不能只进行简单的篇名对照,而是要把篇名比较、细读"附编"及《条例全文》(以下简称《全文》)中的相关文书结合起来进行。本次修订中,通过"附编"与"正编"相互考校,收获颇多。

其一,运用"附编"复原"正编"缺文 196 件,占全部缺文的 84%。原抄有缺文的 13 卷中,卷八、卷十八、卷二十一、卷二十五、卷二十七、卷二十八、卷三十五、卷四十五共 8 卷全部得以复原。

其二,纠正了"正编"一些缺文篇目的错编,同时改正了用于复原"正编"缺文的"附编"文书的错编。如《查造逃亡军册收军籍以除重解》系成化十五年二月二十五日题本,内含"查造逃亡军册""收军籍以除重解"二事,本为 1 件,"正编"卷二五卷首目录却误写为 2 件,据"附编"改正。又如,"正编"卷三五第 20 件题名为《通行内外遇有发掘王府将军夫人、郡县主及历代帝王名臣先贤坟塚,其开棺见尸为从及发见棺槨者,不分首从俱发边卫;系边卫所者发极边卫所,发而未至棺槨者发附近卫所;俱充军,俱连当房家小发遣例》,缺正文。"附编"第 215 件题本内容与“正编”所记相符,但未拟标题,题本中段落前后颠倒。通过互校,复原了“附编”篇名,改正了用以复原“正编”的文书中的错简。

其三,纠正了“正编”缺文篇目录中的错抄、漏抄文字60余处。如“正编”卷三第35件“军职再犯杂犯死罪监候奏请满徒常川带俸”,“满徒”误抄为“满日”;卷三十五第21件《发塚见尸为徒者充军》,“为徒”误抄为“为从”;卷八第37件《举人就教官任内有举人许会试》,漏抄“官任内有举人许会试”9字;卷二十七第19件《各处巡按清军御史并问刑衙门,遇有清出应解军丁犯该盗官钱粮畜产窃盗掏摸抢夺至斩绞徒者,决杖一百,解卫收伍,转发守哨满日着役;其余徒罪止杖一百,笞杖的决,解发着役例》,漏抄“窃盗掏摸抢夺至斩绞徒者,决杖一百,解卫收伍,转发守哨满日”25字。如此等等,在复原中一并予以了改正。

利用“附编”保存的资料,《条法》的绝大部分缺文得以复原,未复原的36件中,通过《全文》又复原了2件,[①]因此,尚未复原的数量为34件。(见表2)

表2 《条法》尚未复原的缺文篇名

部类	卷次	序号	正编缺文篇名
名例	卷2	17	王府官员犯罪发落
		18	王府官不守本分寻事改调者杖罪还职待罪调边卫
		19	王府旗军人等犯罪除死罪(军)〔赍〕本奏请发落余罪照军职事例类奏发落
		20	王府军职犯该因公小过照文职例罚赎还职
		21	王府发放事务都布按等衙门奏请待旨施行及长史司不许受理词状
		22	王府官军并外投托人等拨置生事杖罪以上官降调边卫差操军发边卫充军笞罪并别项罪名俱照常例发落及官军一体参奏
		23	各郡王将军管家内使官校人等到州县用强生事完支禄米害人杖罪以上调卫充军内使王府官奏请发落
		24	各府郡王将军中尉若与亲王无干及不系机密重情无故蓦越具奏旨下所司查例上请
		25	王府官员有过名者例该改调
		26	王府官犯罪若因人连累及过误律该笞杖者就彼问拟奏请若系希图改调故意犯罪及干碍行止并流徒以上者俱解京再问奏请发落

① 详见表4《借助〈全文〉参阅“附编”复原“正编”缺文篇举例》。

续表

部类	卷次	序号	正编缺文篇名
名例	卷 3	25	禁约
		39	充军守哨职官有犯照例议拟奏请
吏部	卷 9	32	外任官丁忧俱申候上司查无违碍给文执照若有为事归结方许出任
		34	生员起复待缺日期准作实数
吏部	卷 11	24	通行天下问刑衙门若行文所属军卫有司提人迁延三个月以上不到者将该官员住俸待事完之日方许关支半年不到者经该官员参奏问罪其不到之人照依为事脱逃事例问发
		31	不该入选人员增减年岁改洗文案隐匿过名入选者事发为民
户部	卷 14	32	通行各处大户欠粮五十石以上附近二百石以上俱边远充军其有司差人勾摄聚众打夺系异姓及槌师手亦充军
		33	有司军卫措置预备仓粮分别粮数黜陟罚俸及三年一次查盘粮数例
户部	卷 17	12	漕运官军俱令过江〔到〕各府州县水次运
户部	卷 20	8	禁该年里长奸弊
		9	禁约见年里甲害民
兵部	卷 29	5	巡检司止许盘诘不许受理词状
		6	申明禁约违式船只出海船接番货
		7	通番正犯极刑家口充军军职受财故纵犯该杂犯死罪者福建浙江发广东广东发广西立功五年满日回卫带俸
兵部	卷 30	25	奏宰杀耕牛事
		26	奏陈言事
		27	申明私宰耕牛事例
兵部	卷 31	4	处置寄养马匹买补期限及管马官降调并人户盗卖知情和买充军哨瞭摆站例
兵部	卷 37	6	为事官诉冤递回辨理
		7	法司遇有冤抑务要从公推情办理不许顾忌残害无辜例

续表

部类	卷次	序号	正编缺文篇名
兵部	卷39	17	文武职官诬告十人以上照例奏请发落例
		18	振肃风纪事
		19	息滥讼
刑部	卷44	11	容留净身人在京潜住通拿究治奏请发落例

在《条法》未复原文书中,卷三四《窃盗以革前次数通算三犯》系正统八年七月十一日的刑部题本。该书收入的是成化、弘治事例,为何加入了正统的1件,是误编、误抄,还是有意为之?笔者推测应是前者,此有待考证。

从未复原的篇名看,内容涉及"王府条例""军官有犯""官吏给由""收粮违限""转解官物""违禁取利""盘诘奸细""私出外境及违禁下海""宰杀马牛""陷匿孳生官畜产""多乘驿马""辨明冤枉""诬告""阉割火者"14个方面。其中"王府条例"有10件,全部未得到复原。

"附编"中的制例题本有29件在"正编"复原时未被利用。这些文书中,有23件未拟文书标题。从题奏时间看,除嘉靖文书2件外,其他均为成化、弘治文书。就这些文书的来源看,有3件出自《全文》的文书均无标题,即第20件、第89件和第122件。具体来说,第20件、第89件内容分别是"惩戒旷职以理军政""戒武职以正邦宪",各是弘治六年五月户部尚书叶等题本中的一款,《弘治六年条例》收入了题本全文,"附编"则抄录了其中的2款,分编为2篇。第122件正文内容与《全文》中《徽号诏条》相同,此是"附编"漏抄所致。另外,有2件系皇帝诏敕,即第63件和第128件。其中,第63件《纂修实录事》系弘治元年闰正月初三日孝宗皇帝诏敕,与《皇明诏令》卷十七所收《纂修宪宗实录敕》内容毫无二致。① 第128件《立储诏条》系孝宗皇帝弘治五年三月初八日发布,与《皇明诏令》卷十七所收《立皇太子诏》内容相同。②

"附编"的这23件文书,是与"正编"篇目无缘,还是编、抄时疏漏?是编后未收入的文书,或准备使用的文书,还是误把其他文书错入?其中有多少篇源于《全文》?都是需要继续破解之谜。

① (明)傅凤翔辑,杨一凡、田禾点校:《皇明诏令》卷一七,收入《中国珍稀法律典籍集成》乙编第三册,科学出版社1994年版,第535页。

② 同上书,第539~545页。

三、借助全文复原《条法》缺文、篇名及校正各文书错讹

20 多年前初次整理《条法》时,笔者曾就《全文》所收《成化二十三年条例》、《弘治六年条例》与《条法》所收这两年条例进行过校对,发现两者篇名和内容大多相同。2010 年,线装书局出版了《天一阁藏明代政书珍本丛刊》,内辑有成化六年、八年、九年、十年、十三年条例及弘治二年、六年、七年条例,再加上中国国家图书馆藏《成化二十三年条例》,中国大陆共藏《全文》9 册。将此 9 册条例与《条法》所收相关文书进行互校可知,《全文》与《条法》之间存在密切关系。(见表 3)

表 3 《全文》残卷九册内容构成及与《条法》所辑文书比较

条例名称	册次	总件数	分月件数	备注	两书内容大体相同篇数
成化六年条例	11	32	七月 7 八月 2 九月 2 十月 3 十一月 5 十二月 13	1. 成化二十三年条例存国图,其他存天一阁; 2. 一至六月缺文; 3. 十二月正文有《驾出视牲并祭祀不许罪人冲突仪仗叫屈例》,册首目录无	22
成化八年条例	13	37	正月 4 二月 1 三月 2 四月 2 五月 1 六月 5 七月 2 八月 5 九月 5 十月 3 十一月 3 十二月 4	—	29
成化九年条例	14	38	二月 1 三月 3 四月 8 五月 3 六月 2 七月 6 八月 2 九月 4 十月 2 十一月 4 十二月 3	1. 四月《禁约丢弃死尸并土工人等措诈财物例》第一页重复; 2. 七月《循省》无文	32

续表

条例名称	册次	总件数	分月件数	备注	两书内容大体相同篇数
成化十年条例	15	32	二　月1　三　月2 四　月3　五　月7 六　月1　闰六月1 八　月6　九　月3 十　月2　十一月2 十二月4	二月至闰六月错入《成化九年条例》	25
成化十三年条例	19	16	七　月2　八　月4 九　月4　十　月1 十一月3　十二月2	十一月《被灾去处轮操官军来迟俱免送问》重出	13
成化二十三年条例	—	34	正　月1　二　月4 三　月1　四　月2 五　月1　六　月5 七　月7　八　月3 九　月2　十　月2 十一月4　十二月2	—	26
弘治二年条例	35	37	正　月1　四　月1 五　月1　六　月2 七　月1　八　月10 九　月2　十　月13 十一月5　十二月1 未记时间1	—	30
弘治三年条例	—	15	正　月2　二　月2 五　月1　六　月1 九　月4　十　月3 十二月2	此15件错入《弘治二年条例》,册前目录未记	14
弘治四年条例	—	6	正　月1　三　月1 六　月1　九　月2 十　月1	此6件错入《弘治二年条例》,册前目录未记	5

续表

条例名称	册次	总件数	分月件数	备注	两书内容大体相同篇数
弘治五年条例	—	2	五　月1　十　月1	此2件错入《弘治二年条例》,册前目录未记	2
弘治六年条例	39	29	四　月2　五　月10 闰五月5　六　月3 七　月2　八　月2 九　月1　十　月1 十一月1　十二月2	1. 有5件(五月1件、闰五月1件、六月2件、十一月2件)错入《弘治二年条例》 2. 六月《重囚情可矜疑发南北一千里外充军》误入十二月后,该件内容与错入《弘治二年条例》的1件为同一题本,但内容较多,显属于重入	21
弘治七年条例	32	32	二　月4　三　月5 四　月3　五　月3 七　月2　八　月2 九　月7　十　月1 十一月2　十二月2 未记时间1	1. 有6件(三月3件、四月2件、不记时间1件)错入《弘治二年条例》 2. 我国大陆藏《条例全文》残卷共收入事例文书325件	25
合计	—	310	—	—	244

《全文》此9册共收制例文书310件,与《条法》篇名、内容大体相同者244件。也就是说,约有2/3以上的文书相互重复。《全文》与《条法》最大的不同之处是编纂体例不同。《全文》是以题本进呈时间为序,每年的题本编为1册,以月份前后为序排列。《条法》则是仿照《大明律》的编辑体例,以五刑、名例、吏、户、礼、兵、刑、工分类编纂。从两书的规范性看,《全文》更为粗糙,册首目录很多是缩写,甚至与正文目录文字有较大出入。据此推测,《全文》成书在前,《条法》是在《全文》基础上选编、分类整理并增补了一些其他文书而成。

现知的《全文》一书,共40册。除我国大陆藏9册外,我国台湾地区"中研院"史语所存成化七、十一、十三、十四、十六至十九、二十二年条例,共9册;另存一部2册,为成化十四、十五年条例各1册;还存有弘治元年至四年条例凡20册。

也就是说,除成化元年至五年、十一年、二十年、二十一年及弘治五年9册外,《全文》有31册仍存于世。

由于《条法》所辑文书绝大多数源于《全文》,所以两书可以互校互补。本次修订《条法》过程中,通过利用大陆藏《全文》9册复原《条法》缺文、篇名及改正文书错讹,文书研习工作取得了重要进展。

(一)借助《全文》参阅"附编"复原"正编"缺文篇

前面已述,利用"附编"可以复原《条法》的195件缺文。然而"附编"所辑文书,有23篇未拟文书标题,有70余件篇名存在文字错讹,有几篇文书错入错简,正文中的脱、衍、错文字达上千处。仅利用"附编",还不能对《条法》缺文篇做到精确复原。因此,参阅《全文》、"附编"相关文书内容,将《条法》正编目录与"附编"、《全文》篇名相互比较,可提高《条法》缺文篇复原的准确性。这里列举11例于后。(见表4)

表4 借助《全文》参阅"附编"复原"正编"缺文篇举例

卷次	题奏衙门及时间	《正编》目录	《附编》篇名	《全文》篇名
卷8	成化十三年八月十三日兵部题	武学作养将材每朔望总兵并兵部下学提督(第25件) 注:《全文》、《附编》互校补缺文	武学作养将材每朔望总兵(及)〔并〕兵部下学提督(第109件)	篇名同《正编》目录 《天一阁藏明代政书珍本丛刊》(以下书名略) (第四册第129~131页)
卷9	成化六年五月刑部题	各〔衙〕门历事监生未满十日内行取例(第30件) 注:《全文》、《附编》互校补缺文;据《附编》、《全文》补"衙"字	各衙门历事监生未满十日内行取例(第25件)	篇名同《附编》 (第三册第181~182页)
卷11	成化十三年九月十六日户部题	各衙门关支食盐预先造册三本送户部等衙门备照查放钱粮草料文卷各并一宗以便查刷例(第26件) 注:《全文》、《附编》互校补缺文	各衙门关支食(言)〔盐〕预先造册三本送户部等衙门备照查放钱粮草料文卷各并一宗以便查刷例(第193件)	篇名同《正编》目录 (第四册第176~184页)

续表

卷次	题奏衙门及时间	《正编》目录	《附编》篇名	《全文》篇名
卷18	成化十年五月初二日户部题	稽考亏损盐课(第13件) 优免盐丁差役(第14件) 提督捕捉盐徒(第15件) 注:《全文》、《附编》互校补缺文;《正编》分为三件,《全文》、《附编》三篇名并列,后为题本。据《全文》、《附编》改	稽考亏损盐课 优免盐丁差役 提督捕捉盐徒(第36件)	稽考亏损盐课 优免盐丁差役 提督捕捉盐徒 (第三册第694~734页)
卷21	成化六年七月二十日兵部题	驿递衙门不许妄差(大)〔夫〕马公差官员不许索人远接〔及用吹手例〕(第35件) 注:《全文》、《附编》互校补缺文;据《附编》、《全文》改"大"为"夫",增补"及用吹手例"五字	驿递衙门不许妄差夫马公差官员不许索人远接及用吹手例(第65件)	篇名同《附编》 (第三册第33~38页)
卷27	弘治六年七月二十七日兵部题	各处清解军丁务要精壮正身违者将军人全家发边卫解人发附近卫所俱充军(第33件) 注:《全文》、《附编》互校补缺文;"清解军丁",《附编》为"清军解丁",《全文》为"清军丁";据文书内容依《正编》	各处清军解丁务要精壮正身违者将军人全家发边卫解人发附近卫所〔俱〕充军(第107件)	各处清军丁务要精壮正身违者将军人全家发边卫解人发附近卫所俱充军 (第四册第507~511页)
卷28	弘治三年十月兵部题	锦衣卫坐城官管束火甲〔打卯〕(第36件) 注:《全文》、《附编》互校补缺文;据《全文》和题本内容补"打卯"二字	锦衣卫坐城官管束火甲〔打卯〕(第148件)	锦衣卫坐城官管束火甲打卯 (第四册第362~363页)

续表

卷次	题奏衙门及时间	《正编》目录	《附编》篇名	《全文》篇名
卷29	弘治二年十二月兵部题	通行内外私贩硫黄五十斤以上焰硝百斤以上者问罪硝黄入官卖与夷人者绞卖与盐徒者充军(第19件) 注:《全文》、《附编》互校补缺文	缺文	通行内外私贩硫黄五十斤以上焰硝百斤以上者问罪〔硝〕黄入官卖与夷人者绞卖与盐徒者充军(第四册第351~352页)
卷31	弘治二年正月都察院题	用强包揽运河闸夫二名以上军发边卫民并余丁发附近俱充军揽当一名不曾用强生事枷号一月照常例发落例(第20件) 注:《全文》、《附编》互校补缺文	缺文	用强包揽运河闸夫(潘夫)二名以上军发边卫民拜余丁发附近俱充军揽当一名不曾用强生事枷号一月照常例发落例 (第四册第331页)
卷35	弘治七年十一月初九日都察院题	冒充皇亲家人在京在外巧立名色挟诈财物等项事发除真犯死罪外犯该徒罪流以上者俱于所犯地方枷号一个月满日属有司管辖者俱发边卫充军属军卫管辖者原系腹里发边卫原系边卫发极边卫分充军原系极边常川守哨杖罪以下照常发落职官奏请被害之人许赴所在诸衙门告诉若不即准理及观望逢迎不即问断者事发一体治罪(第14件) 注:《全文》、《附编》互校补缺文	冒充皇亲家人在京在外巧立名色挟诈财物等项事发除真犯(亦)〔死〕罪外犯该徒流〔罪〕以上者俱于所犯地方枷号一个月满日属有司管(转)〔辖〕者俱发边卫充军属军卫管辖者原系腹里发边卫原系边卫发(遣)〔极边〕卫分充军原系极边常川守哨杖罪以下照常发落职官奏请被害之人许赴所在诸衙门告诉若不即准理及观望逢迎不即(门)〔问〕断者事发一体治罪(第208件)	冒充皇亲家人在京在外巧立名色挟诈财物等项事发除真犯死罪外犯该徒流〔罪〕以上者俱于所犯地方枷号一个月满日属有司管辖者俱发边卫充军属军卫管辖者原系腹里发边卫原系边卫发极边卫分充军原系极边常川守哨杖罪以下照常发落职官奏请被害之人许赴所在诸衙门告诉若不即(在)〔准〕理及观望逢迎不即问断者事发一体治罪(第五册第162~172页)

续表

卷次	题奏衙门及时间	《正编》目录	《附编》篇名	《全文》篇名
卷39	弘治六年闰五月二十一日刑部题	诬告〔人〕死罪出入人罪诬告迁徙等项俱照旧减等例(第30件) 注:《全文》、《附编》互校补缺文;据《全文》、《附编》补“人”字	诬告人死罪出入人罪诬告迁徙等项俱照旧减等例(第177件)	诬告人死罪出入人罪诬告迁徙等项俱照旧减等例 (第四册第481~488页)

(二)借助《全文》复原《条法》有文无目件篇名

《条法》中有文无目者26件,内有成化九年、二十三年各2件,弘治六年1件,均无标题。《全文》残卷9册也收有这5件文书,题奏衙门、时间和内容与《条法》相同。据此,这5件篇名得以复原。

1. 卷一第27件,载弘治六年八月二十七日刑部题本,据《全文·弘治六年条例》八月所记同内容文献,篇名复原为《禁止凌辱大臣》。

2. 卷七第9件,载成化二十三年九月初六日吏部题本,据《成化二十三年条例》九月所记同内容文献,篇名复原为《践祚诏条》。

3. 卷二十二第21件,载成化二十三年八月二十二日礼部题本,据《成化二十三年条例》九月所记同内容文献,篇名复原为《宾天遗制》。

4. 卷三十一第17件,载成化九年十月十五日兵部题本,据《成化九年条例》十月所记同内容文献,篇名复原为《禁约递送人役凌虐囚犯例》。

5. 卷三十三第16件,载成化九年三月十六日刑部题本,据《成化九年条例》二月所记同内容文献,篇名复原为《各处军营屯寨敢有为强窃盗贼者,许被害并旗军邻佑等告官拿问,并将主使故纵分赃窝隐之人一体治罪例》。

其他21件有文无目文书,题奏时间分别是天顺八年、成化元年、六年、七年、十二年、十四年、十七年、十八年和弘治元年、四年,这些文书篇名的复原工作,只有在查阅我国台湾地区藏《全文》残卷后方能开展。

(三)借助《全文》校正《条法》有文有目件篇名错讹

《条法》中有文有目文书为1019件。大概是抄录后未进行校对的缘故,这些文书的篇名较之《全文》相关文书的篇名错处要多。在前次整理《条法》时,我们曾把篇名与文献内容相对照,厘正了篇名中的大量脱、衍、错文字。本次修订中,又将《条法》与《全文》的相关篇名进行校对,进一步改正了篇名中的失错。据初

步统计,共改正《条法》有文有目件篇名中的错讹文字500余处。因本文篇幅所限,仅列举10件篇名的校正情况如后。(见表5)

表5 《条法》有目有文件篇名错讹校正举例

卷次	序号	《条法》篇名	《全文》篇名及出处	考校说明
卷7	8	两广云贵(州建)〔川边〕远处武职(人)〔子孙〕与文书不曾到部例不袭职者与冠带舍人收操	践祚诏条 (皇明成化二十三年条例九月)	此件为孝宗皇帝弘治二十三年九月初六日《即位诏》(内有诏条45款)中的第11款。《全文》标题为《践祚诏条》,内容删掉了《即位诏》前面的一段和最后三款。《条法》仅收其中的一款。《条法》卷七第九件全文收入了《即位诏》。故这件应是重出。据《即位诏》所记校正篇名错讹
卷8	21	禁约罢闲生员吏典并官〔下〕舍人等充当里长及营求管事(修造申明亭推选老人理断词讼　禁约势豪逼讨私债并刁民骗害良善　私债及当放物件月利不得过三分)	禁约罢闲生员吏典并官下舍人充当里长及营求管事 (第四册第8~11页)	此件系成化十年八月礼部等衙门题本,陈述四事。《全文》四事全收。《条法》仅选编了前一件,标题却误记为四件,故校正篇名时把后三件删除
卷13	12	贵州遇有拿获〔外郡〕人民纠集凶顽盗採银矿为首及持〔刀〕伤人情重人犯系吏民舍余人等发(原籍)〔南方〕边卫军发极边卫分充军为从人犯递发原籍当差职官有犯奏〔请定夺〕	贵州遇有拿获外郡人民纠集凶顽盗採银矿为首及持伤人情重人犯系吏民舍余人等发南方边卫军发极边卫分充军为从人犯递发原籍当差职官有犯奏请定夺 (第四册第371~372页)	此件系弘治四年九月都察院题本。据《全文》篇名和两书所记题本内容校正《条法》篇名错讹

续表

卷次	序号	《条法》篇名	《全文》篇名及出处	考校说明
卷15	14	揽(纳)〔头〕〔诓骗〕坑陷纳户不行完纳事发问拟明白责限三个月以里有能完纳者止照例发落如(果)〔过〕限不完者发户部尽其财产变卖陪纳连当房家小发边(卫)〔远〕充军部运官吏并铺店人等俱照常例发落例	揽头诓骗坑陷纳户不行完纳事发问拟明白责限三个月以里有能完纳者止照例发落过限不完者发户部尽其财产变卖陪纳连当家小发边远充军部粮官吏并铺店人等俱照常例发落例 (第三册第530～532页)	此件系成化九年八月初四日户部题本,据《全文》篇名和两书所记题本内容校正《条法》篇名错讹
卷16	32	各卫赴京通二仓关支要开示日期军(政)〔士〕故意延违一个半月者住支例	各卫赴京通二仓关支要开示日期军士故意延违一个月半者住支例 (第三册第385～392页)	此件系成化九年二月二十八日户部题本,据《全文》篇名和两书所记题本内容校正《条法》篇名错讹
卷21	13	义官阴阳〔医官〕习仪不许立于致仕省祭官前班	义官阴阳医官习仪不许立于致仕省祭官前班 (成化二十三年七月)	此件系成化二十三年七月初十日礼部题本。据《全文》篇名及两书所记题本内容校正《条法》篇名错讹
卷26	25	京营把总官私役军人并卖放办纳月钱剋减粮(科)〔料〕该降级者边方立功就(被)〔彼〕带俸识字人等作弊(者)〔卖〕放调极边〔卫〕守哨官军逃三次京卫改外〔卫〕外卫改边卫奏讨团营官军做工者(所)〔听〕科道纠治	京营把总官私役军人并卖放(辨)〔办〕纳月钱剋减粮料该降级者边方立功就彼带俸识字人等作弊卖放调极边卫守哨官军逃叁次京卫改外卫外卫改边卫奏讨团营官军做工者听科道纠治 (第四册第336～338页)	此件系弘治二年六月初三日兵部题本。据《全文》篇名及两书所记题本内容校正《条法》篇名错讹

续表

卷次	序号	《条法》篇名	《全文》篇名及出处	考校说明
卷34	24	通行内外如遇军职有犯投充军势要为家人伴当等项名色事干吓(诈)〔骗〕财物等项重情照充军事例奏〔请〕	通行内外如遇军职有犯投充势要作为家人伴当等项名色事干吓〔骗〕财物等项重情照充军事例奏请(第五册第56～58页)	此件系弘治七年五月十四日大理寺题本。据《全文》篇名及两书所记题本内容校正《条法》篇名错讹
卷35	13	诈(伪)〔为〕内外大小衙门文书(调)〔诓〕骗及科敛军民人等财物俱照指称衙门诓骗事〔例〕发边卫充军	诈为内外大小衙门文书诓骗及科敛军民人等财物俱照指称衙门诓财事例发边卫充军(第五册第151～161页)	此件系弘治七年十一月初三日刑部题本。据《全文》篇名及两书所记题本内容校正《条法》篇名错讹
卷50	14	起倩军夫改拨囚犯带运石料修填张家湾(低){抵}京(通)〔运〕粮官路例	起倩军夫改拨囚犯带运石料修填张家湾抵京运粮官路例(第三册第591～601页)	此件系成化九年十月二十一日工部题本。据《全文》篇名及两书所记题本内容校正《条法》篇名错讹

这里需要指出的是,复原《条法》缺文及篇名,还只是该文献整理工作的一部分。抄本《条法》170余万字,整理和修订的主要工作,是标点和校勘所载文书的正文,改正错讹,增补脱漏。20多年前初步整理《条法》时,几位同人主要靠本人积累的文史和法律知识,并参以《明史》、《大明律》、《问刑条例》和《明会典》等史籍,完成了全书的标点工作,厘正了上万处失错文字。从这次校改的情况看,当时的断句存在明显失误者不多,改正文字85%以上是准确的。在当时无他书可校的情况下,做到这一点确属不易。这次修订,借助"附编"和我国大陆藏《全文》残卷,又厘正了"正编"50卷正文中的数千处脱、衍、错文字。因本文限于介绍缺文和篇名的复原,有关正文的校勘不再赘述。

应当说,经过本次修订,《条法》已得到初步复原,这也为以后出版一部有较高整理水平的《条法》打下了坚实的基础。(见表6)

表 6 《条法》缺文及篇名复原总况

部类	卷次	总条数	有目无文		有文无目		篇名错讹文字校正处数
			件数	已复原	件数	已复原	
五刑(31 件)	卷 1	31	—	—	1	1	14
名例(137 件)	卷 2	26	10	—	1	—	15
	卷 3	40	22	20	—	—	19
	卷 4	20	—	—	2	—	10
	卷 5	20	—	—	—	—	8
	卷 6	31	—	—	1	—	24
吏部(153 件)	卷 7	20	—	—	1	1	5
	卷 8	41	18	18	1	—	11
	卷 9	39	18	16	1	—	15
	卷 10	15	—	—	—	—	5
	卷 11	38	16	14	2	—	16
户部(252 件)	卷 12	20	—	—	—	—	6
	卷 13	39	—	—	—	—	13
	卷 14	33	14	12	—	—	9
	卷 15	32	—	—	—	—	20
	卷 16	34	—	—	—	—	16
	卷 17	20	1	—	1	—	20
	卷 18	26	14	14	—	—	16
	卷 19	15	—	—	—	—	8
	卷 20	33	2	—	—	—	13
礼部(63 件)	卷 21	36	15	15	1	1	12
	卷 22	27	—	—	1	—	3

续表

部类	卷次	总条数	有目无文		有文无目		篇名错讹文字校正处数
			件数	已复原	件数	已复原	
兵部(222件)	卷23	10	—	—	—	—	7
	卷24	27	—	—	3	—	10
	卷25	23	15	15	—	—	7
	卷26	27	—	—	—	—	11
	卷27	33	17	17	—	—	7
	卷28	36	17	17	2	—	11
	卷29	19	4	1	—	—	6
	卷30	27	3	—	—	—	8
	卷31	20	2	—	3	1	7
刑部(381件)	卷32	25	—	—	—	—	14
	卷33	22	—	—	2	1	6
	卷34	24	—	—	—	—	12
	卷35	27	14	14	—	—	9
	卷36	17	—	—	—	—	14
	卷37	18	2	—	—	—	4
	卷38	30	—	—	—	—	26
	卷39	30	14	12	—	—	16
	卷40	17	—	—	—	—	2
	卷41	21	—	—	1	—	7
	卷42	21	—	—	—	—	7
	卷43	14	—	—	—	—	6
	卷44	26	1	—	—	—	14
	卷45	29	12	12	—	—	6
	卷46	22	—	—	—	—	4
	卷47	19	—	—	—	—	3
	卷48	19	—	—	1	—	3

续表

部类	卷次	总条数	有目无文		有文无目		篇名错讹文字校正处数
			件数	已复原	件数	已复原	
工部(37 件)	卷 49	22	—	—	1	—	10
	卷 50	15	—	—	—	—	4
合计	50 卷	1276	231	197	26	5	519

注:(1)表中的"有文无目",是指正文和卷首目录的均脱标题。如正文脱目而卷首目录记之者,未统计在内。

(2)已复原的 197 件,有 195 件利用《附编》参校《全文》复原,另两件利用《全文》复原。

我们原想把可复原的文书插入"正编"有目无文的相关卷内,取消"附编",恢复成该书的复原本。但考虑到藏于我国台湾地区的《全文》残卷还未与《条法》校勘,故在这次出版时仍按"正编""附编"分别编辑,待到使用我国台湾地区所藏《全文》残卷校勘后,再次修订,以期能够把一部高质量的整理成果奉献给读者。

(作者单位:中国社会科学院)

《明实录》所见“成案”

董亭君

本文所据《明实录》，为我国台湾地区“中研院”史语所影印的原北平图书馆红格钞本。

因《明实录》中共出现“成案”用例75条、79例，其中第20、24、53、54条各有2例。因《明实录》的编写者不会知道，后世有人会对其中的“成案”用例进行分析，所以其记载本应是自然的、未经刻意修饰的，但令整理者颇为惊叹的是，《明实录》书中的“成案”用例，竟可明显地分为三个阶段。

（一）第一阶段：明太祖时期（1368～1398年）至明宣宗时期（1425～1435年）

这一阶段共历时68年，占明代277年的1/4，“成案”仅见2例（第1、2例），一是“吏有以成案进”太祖审阅，二是“吏持成案诣（富）敬请署名”。这两例中的“成案”显然指的是案卷文书。

（二）第二阶段：明英宗时期（1435～1464年）至明穆宗时期（1567～1572年）

这一阶段历时138年，正好占明代历史的一半，其“成案”用例大多仍指案卷文书，但具体用法有两种。

一是政府要求官员“毋拘成案”“勿泥成案”，或不要“狃于成案”“拘于成案”“牵于成案”“滞于成案”，或指责官员“惟凭成案”“但依成案”“止据成案”“竟泥成案”“悉依成案”。这样的用例共有58条，占所有用例的3/4，详见：第3、4、5、6、7、8、9、10、11、12、13、14、15、16、17、18、19、

20(1)、21、22、24(1)、24(2)、25、26、27、28、29、30、31、33、34、35、36、37、38、39、40、41、44、45、46、47、48、49、50、51、52、53、54(1)、54(2)、55(1)、55(2)、56、57、58、59、60、65条。

在这一阶段中,明代中央政府一而再、再而三地要求官员,不应拘泥于案卷文书的书面记录,以及其中的当事人的口头供述,而应在案卷文书之外,重新深入全面地进行事实调查,纠正案卷文书中可能存在的错误。

这些用例中的很大一部分,出自皇帝的敕谕,在这些敕谕中,皇帝对于官员们“拘于成案”“泥于成案”“纽于成案”的做法,表现出非常不满和不屑的态度。

二是四处例外,分别是第20(2)条、第23条、第42条和第43条。

> 第20(2)条:窃盗犯罪,律有明条。在京法司,具有成案;今在外问刑衙门於窃盗初犯、再犯,不论赃数多寡,辄杖杀之。请严加禁约,俾刑罪均平。

这条史料中,先言“在京法司,具有成案”,再言“在外问刑衙门……辄杖杀之”。官员王坦严厉批评在外法司行刑轻率,动辄杖杀,连案卷文书也不齐备,他力主严谨审案,保留可供依据的“成案”,即案卷文书。

> 第23条:初,镇守延绥太监韦敬之调宁夏也,怨兵部尚书余子俊发其事,因奏子俊怀奸擅权,以私忿调副总兵周玺、总兵周玉,以私恩保举总兵岳嵩。事下兵部左侍郎阮勤等,具引成案,言前事非由子俊。上以韦敬既奏发子俊出入边将,兵部乃引旧事为之遮饰,命再议以闻。

这条史料稍难读懂,兵部左侍郎阮勤“具引成案”,似是指援引兵部调动周玺、周玉、岳嵩等将领的案卷文书,用来证明兵部尚书余子俊并非这些调动的操作者,因而不存在私忿、私恩的问题。但嘉靖帝袒护太监韦敬,以“兵部乃引旧事为之遮饰”为由,命再议以闻。兵部无可奈何,只好请嘉靖帝另派官员推按。嘉靖帝的意思,可能是让阮勤查有没有“私忿”和“私恩”,阮勤则按部就班、循规蹈矩,只以案卷文书为据,是以引起嘉靖帝不满。所以,这里的“成案”仍是指案卷文书。

> 第42条:高友玑不惜公议,曲为隐护,始言勋以辂父业医之旧而取辂,及再问,则言勋听通政使柴义之嘱。始言孙铎过送赃私于郭勋,及再问,则改拟孙铎指称诓骗。旬日之间,顿易成案,岂古所谓“刑罚之用,一

成而不可变者”哉?乞显黜友玑,以为治狱无状者之戒。

这条史料中,六科给事中赵廷瑞、十三道御史刘濂等连章劾奏,指责刑部尚书高友玑在会审“郭勋擅取金辂案”中“不惜公议,曲为隐护”,多次修改此前已问得的案情,称为“旬日之间,顿易成案”,因此,“成案”显然仍指案卷文书。

> 第43条:刑部奏上大辟囚,有词者十六人,法当再问。乐工张仁、钦天监冠带天文生马能与焉。仁坐与逆濠通,能以漏刻博士降用,坐伪称复职冒旧衔者。上谓:“仁逆状甚著,不得缓死,命与能俱照成案候决。余准再问。”因诘部臣徇私坏法,切责而贳之。

这条史料涉及明武宗正德十四年(1520年)的宁王朱宸濠(1479~1520年)谋反案,审理时间已在谋反平定之后的嘉靖九年(1530年),显非重要案犯,而是一些被牵连者。嘉靖帝指责刑部“徇私坏法”,要求“俱照成案候决”,则此处“成案”仍是指案卷文书。

除此之外,应当注意的是,第32条是个误例,并非通常所说“成案”。

> 第32条:臣愿陛下当此盛暑亢旱之时,澄清圣虑,保爱天和,慎重游宴,调节饮食。每朝谒两宫、裁决庶政之暇,取累年讲官所进直解,置诸左右,时一緖阅,用代温书,以俟秋凉。仍旧讲读,则义理融彻,根本不移。举而措之,无不得其当者。不然,则虽发言盈廷,积疏成案,一两之后,旋复置之度外矣。何所逸哉!

这条史料中的“成案”并非指案卷文书,“成”是动词,与“盈”对应,“案”指桌子,与“廷”对应,意思是臣僚讲得再多、奏疏写得再多,也是没有用的。

(三)第三阶段:明神宗时期(1572~1620年)至明思宗时期(1627~1644年)

这一阶段历时73年,与第一阶段相当,约占明代历史的1/4。

有意思的是,万历朝以后,《明实录》中所有提及“成案”的史料,用法竟为之一变:公文案卷文书的保存和刊刻,成为君臣们关注的重点。而此前阶段一再出现的“毋拘成案”“勿泥成案”“狃于成案”“滞于成案”的提法,仅出现了1次(第65条)。

也就是说,万历朝以后,对于“成案”(案卷文书)的态度,从原来的不应过于拘泥、可广泛深入调查予以纠正,变成了应当切实遵照,而不应动辄改易。必要的时候，甚至应将案卷文书刊刻保存，以资查检，备其后同类事务参考。

如第61条称：

若非明旨着再查明，则一时隐射，遂为将来之成案，而莫可究矣。（万历九年）

第62条称：

议将试官员领鹿鸣等宴及杂费等项……行布政司刊刻成案。（万历十九年）

第63条称：

督臣按已往之成案，考近地之人情，定黔蜀之分疆，完拓地之全局，尤恐长跋扈之志，以遗身后之讥，其用心亦良苦矣。（万历三十年）

第64条称：

一分官银宜议免尖一节，先经本部覆有成案，无容再议。（万历三十年）

这4条史料中的“成案”也都是指案卷文书，但中央政府已没有“毋拘”“勿泥”“狃于”“滞于”的意思，而是肯定了官员遵照成案，是正常的做法。

第66条称：

礼部覆：“……乞悯其诚，将原奏付史馆，为纂修成案，抄传海内，俾无不白之冤。”（万历四十三年）

这条史料讲的是，朝鲜国王李珲遣臣奏称，认为他们买到的《吾学编》《弇山堂别集》《经世实用编续》《文献通考》四书记载的朝鲜事迹与《明会典》不同，请求改正。礼部建议同意他们的请求，按他们的奏文交付史馆，今后所有文书以此为准。这里的“成案”已比案卷文书更高一层，类似于“定案”或“定谳”。

第67条崇王朱由樻（1602～1642年）说：

> 至于臣弟由材,业蒙巡按御史移文本省,会集多官严勘,将黑白自明。第恐不能旦夕回文,刻期成案,业经两载,封婚愆期。乞敕该部行文抚按,速催回文,以完臣弟由材之封婚。

朱由樻是明代第六代崇王,是崇昭王朱常津(未袭爵逝后追封)的庶第四子。嫡母钟氏生子一,夭。生母马氏生一女,二兄卒,三兄夭,由樻于万历四十年(1612年)袭封。五弟朱由材亦为庶出,故朱由樻在奏文中称:"原应统嫡庶而列行,不宜分嫡庶而另列行"。这里朱由樻的意思是说,希望皇帝让礼部行文抚按,早一些完成对其弟的审查,以便其完成封婚。"刻期成案"即在限定的时间内确定公文结论,以便今后作为依据。这里的"成案",也接近于"定案"或"档案"。

第68条大学士刘一燝(1567~1635年)说:

> 此事屡经法司问拟,具有成案。(天启元年)

此条中的"成案"显然也是指案卷文书。

第69条翰林院修撰文震孟(1574~1636年)批评熹宗与群臣关系不洽,听信太监之言,说:

> 有罪不诛,而失机之成案,更来众喙之纷纭。……国宪刑章,悉付之葛藤,此何法也?(天启二年)

此处"失机之成案"语义不明,若从下文"更来众喙之纷纭"来看,应该是指此前案件过于宽纵,使"有罪不诛"成为定案,因此此条中的"成案",仍可释为"定案"。

第70条称:

> 黄锦一事,查照兵部成案,止以缉捕有劳,荫弟侄一人,即《嘉隆闻见纪》等书皆不开列世袭之文,见今锦衣卫册籍,亦迄不闻有黄锦子孙可覆阅也。(天启四年)

第71条御史周昌晋(1585~1662年)奏言,建议"明白宣示,以立不易之案",熹宗诏所司中说:

是以当人且无居功之心，而旁观反多推戴之论，遂致众议纷更，屡翻成案，亦世道之一大否象也。

第72条中镇抚司奏“爰书既有成案，史册务宜核真”。第73条中兵部尚书王永光（1560～1638年）疏言：“此成案在吏部可查也。”第74条南京户部尚书毕自严（1569～1638年）疏言：“南粮额派，原不甚充，纵令本色稍有赢余，亦听南部自折自用，成案可稽。”第75条吏部尚书周应秋奏言：“历陞总兵官，进封宁晋伯，此成案可考也。”这6条中的“成案”，也都是指公文档案。

综上所述，《明实录》中出现75条、79例“成案”，大致来说，可明显划分为三个阶段：

第一阶段为太祖至宣宗朝，共68年，仅见2例，均作为“案卷文书”使用。

第二阶段为英宗至穆宗朝，共138年，政府一而再、再而三地要求官员“毋拘成案”，不要“狃于成案”，指责他们“惟凭成案”，用例达58条之多。另5例虽不是要求官员“勿泥”“毋拘”，但其“成案”仍是指案卷文书。

第三阶段为神宗至思宗朝，共73年，出现了引人瞩目的变化，“成案”的含义有所变化，更多地指公文档案，因此，君臣们对“成案”的态度，也从原来的不应过于拘泥、可重新调查予以纠正，变成了应当切实遵照，不应动辄改易，必要时应刊刻保存，以资查检和参考。天启四年（1624年），距离明亡已不到20年，熹宗的诏敕中，甚至以近来“屡翻成案”为由宣称“亦世道之一大否象也”，如今看来几乎堪称预言。

史料部分

1.《明太祖实录》卷126，洪武十二年（1379年）八月戊寅。

定《案牍减繁式》，颁示诸司。初，元末官府文移案牍最为繁冗，吏非积岁莫能通晓，欲习其业，必以故吏为师。凡案牍出入，惟故吏之言是听。每曹自正吏外，主之者曰“主文”，附之者曰“贴书”，曰“小书生”，骩文繁词，多为奸利，国初犹未尽革。至是，吏有以成案进者，上览而厌之曰：“繁冗如此，吏焉得不为奸弊而害吾民也。”命廷臣议减其繁文，著为定式，镂版颁之，俾诸司遵守。（第2010～2011页）

2.《明宣宗实录》卷68,宣德五年(1430年)七月乙丑。

行在吏科给事中富敬有罪当杖,罚役以赎。先是,有旨三法司、十三道御史、六科给事中会审狱囚,敬与焉。审既,吏持成案诣敬请署名,敬忿御史不躬请署,掷案于地。吏言案具圣旨,御史遂劾奏其不敬,下法司治,故坐杖云。(第1608页)

3.《明英宗实录》卷78,正统六年(1441年)四月甲午。

敕监察御史等官详审天下疑狱。初,上以灾异数见,谕三法司臣曰:“今天下司刑官多非其人,往往置无辜于法。卿等宜各於属官内,慎选廉明公恕四、五员,往详审之。”於是右都御史陈智等推选监察御史张骥、李匡、方册、姜永,刑部郎中林厚、周得琳、彭谦、方彰,员外郎萧维祯,主事竺渊,大理寺正李从智,评事王亮、马豫,奏令分往各处,会同先遣审囚官及巡按御史、按察司官,於凡囚犯事可疑、情可矜者,悉心审谳,务在平恕。上从之。

骥等陛辞,赐之敕曰:“朕自临御以来,夙夜惓惓。上体天心,下恤民命,不敢怠荒。一切征敛无及於下,蠲逋贷,济穷乏,庶其尽心,冀以此为事天之实也。然迩年以来,水旱蝗蝻无岁无之,深惟所由,必刑罚有失当欤,不然,何以天戒之数也?夫死者不可复生,绝者不可复续,自古仁圣,咸致谨焉。今简命尔等往直隶并浙江等处,清理重狱,此朕祗体天心,特以命尔。尔宜体朕心,不可违天。其专志笃虑,无或怠忽,用副朕钦天道恤民命之诚,克举厥职,惟尔之能。尔或弗敬,又牵於私,明有国宪,幽有阴诛,可不慎哉?可不畏哉?其合行事,宜条示於後:

一　两京直隶见监重囚,先因罪犯不明,及诉冤不已,行移体勘,有年久未报者,有所司恐累原问官吏,逼令里老、邻人扶同,或不令里老、邻人知,而虚写其姓名,惟凭成案回报者,若此之弊,非止一端,汝宜录其始末往彼,同亲临有司,拘集十年里长、亲管旗甲及老人、邻人详细审问,必明必慎,不可纤毫怠忽,务得实情,具奏处置。

一　在外方面三司并卫所、郡县见监重囚,除真犯明白外,其有情犯本轻,而原问官吏故入、失入罪重者;或有全无情实,而里老、旗甲人等挟仇陷害者,致其衔冤赴京伸诉,朝廷已令所司辩理,或行保勘,其原问并经该官吏略不关心,以致淹禁岁月,死於非命,尔等须亲临犯人乡里,阅其原发及翻异情词，详询里老、旗甲之人，既得其实，即令监候类奏处决，不许展转诖累。平人果系冤枉，即与辩理。如有情罪可疑、难於剖判，具实奏来。

一　方面三司并卫所、府、州、县，见监轻囚，如户婚、田土等项，有捏故饰词，缠绵纠结，所司不能剖断者；有官吏人等欲求贿赂，不得不与剖断者；又有偏受贿赂，狥私迁延不决者。如此之弊，非止一端，动经二、三年，或七、八年，监系不决，岁月既久，死生难保。尔等公同其亲临官司，从公问断，有罪者即依律照例发落，无罪者即皆疏放，庶狱无冤滞之弊。

一　拘集众人审问之际，原经手回申官吏不实之罪，已宥不问，但虑其护短，文过不可不防。

一　今专为疑狱未明、照勘不实、有冤枉者，命尔往求真情，其有证佐已明，招承已定，拟议已当，无冤无疑实犯之人，必有畏死捏词、妄诉以求生者，汝不可一概宽恕，以纵有罪。

一　为政以持廉为本，能廉则公，能公则明，如有一毫贪欲之心，不能自戒，殃祸之来，必所不免。凡所至之处，须简静行事，戒饬官吏，不许预先拘集里老，生事扰民。或有所识亲故及致仕等官，干谒嘱托者，就执而罪之，重者奏闻。汝若苟徇不戒，罪不轻恕。（第 1550 ~ 1554 页）

4.《明英宗实录》卷 116，正统九年（1444 年）五月辛未。

敕谕刑部右侍郎马昂及南京三法司堂上官曰：

朕惟刑乃国家辅治之具，重刑尤民命所关。肆即位以来，祗体天地好生之心，祖宗仁厚之政，赦过宥罪，悉从宽典，数戒中外法司，务存钦恤，毋事深刻，期在刑当其罪，善知所劝，恶知所惩。近闻囹圄中重狱颇多，盖争讼者惟构词以图诬陷鞫狱者，或智识有所不周，毫厘之差，死生之决。天鉴孔昭，朕心惓切。在外囚系，已命巡按御史及按察司官清理，况辇毂之下，岂容冤滥？今特命尔昂前去南京，会同三法司堂上官审实诸司重囚。其间果有情轻而议重者，有情可矜、法可疑，所司狃於成案，不与分辨者，并与审覆，具实奏闻，以凭处置。尔等宜同志协虑，必公必明，必存敬畏，用副朕心。若情得其实，议拟当罪，使人无冤，惟尔之能。或狥私自用，推避利害，致有冤抑，即尔之辜。明有国宪，幽有鬼神，尔等其敬慎之。合行之事，并列于后：

一　会审之际，原问该道、该司官吏不许干预，或有故入、失入等罪，悉宥不问,尔等亦不必纠举。其该吊查案卷,俱令用印封识,付首领官送尔等处查考。

一　重囚执称冤枉,不肯承认,及有悉异必须照勘者,尔等即令原问衙门录其原发及翻异情词,行移彼处巡按御史及按察司,审刑官令拘集里老、亲邻、旗甲人等审勘,务得实情,径自具奏。

一　尔等各於本衙门选拣通晓文案勤谨监生二、三名,跟随书写,不许带办事官吏。

一　好生恶死,人之同情,其有真情实犯之人,证佐已明、议拟已当、情无可矜、罪无可疑者,不许听强辩饰非,展转及攀指诬陷平人。

一　狱囚有见照勘未至,及已审过应行勘者,今夏暑方盛,令原问衙门暂释重系监收,俟照勘至日发落。

一　审实毕日,尔昂与三法司公同具本,尔昂赍来复命。(第2347~2349页)

5.《明英宗实录》卷147,正统十一年(1446年)十一月壬申。

大理寺卿俞士悦言:"我朝列圣相承,每决一囚,必命三覆奏。皇上屡诏恤刑,又遣廷臣按行谳狱,其与帝舜之钦恤、成周之慎狱,同一揆也。臣职专审鞫,所据各处问拟死罪囚,除合律者具奏处决,其余招状未明、拟罪未当者,驳回复问。然其间有罪囚因见驳回,遂多翻异,其原问官弗能辩理,死於故勘者;有罪囚幸得驳问,其原告贿赂官吏,不行辩理,死於固禁者;又有原问官弗肯辩理,但依成案呈详处决,死於衔冤者;复有原问官欲与辩理或证佐,原告逃亡,或人命身尸弃毁,无从可辩,死於非命者;幸而不死,身系於狱,父母不得养,妻子不能顾,冬煖而愁寒,年丰而忍饥,情弊苦楚,弗能殚述。臣以为,所犯深重,如谋杀亲夫等项,宜伺回报奏请。其斗殴、杀人之类,久不问报,今具原招之状、原驳之由,凡百有余人以闻。伏惟皇上量加宽宥。"

上命巡按御史会审刑官审勘明白,真情实犯者,依律监候处决;情可矜疑者,具实以闻;其余毒人未死、斗殴伤人致死者,情罪稍轻,俱宥死,杖一百,发戍边卫。(第2889~2890页)

6.《明英宗实录》卷163,正统十三年(1448年)二月辛未。

擢进士戴琺、郑瑄、卢中为刑部主事。云南按察司副使萧晅初为刑部山西郎中摄河南司事时,本司主事洪绳受有赃,县丞贿而出其罪,未结,以忧去。晅不究,但据成案与结。事觉,及之法司,论晅不应从重,当赎杖完官,从之。监察御史周瑜,有妻居家,复於京取妻,为妻家所讼,时瑜按事直隶,命下狱。(第3165页)

7.《明英宗实录》卷191,景泰元年(1450年)四月庚辰。

十三道监察御史四箎等言:"……掌铨衡者,举措不公,而贤否混褫;司钱谷者,民隐不恤,而国用空虚;典邦礼者,亏感格之诚,而鬼神怨恫;总兵政者,乏战守之策,而寇贼猖獗。刑狱,乃刑部之所掌,或推谳昧於初情,或理断牵於成案。工役,乃工部之所司,或军器之造作未精,或城垣之修筑未固。肃百僚之政者,都察院也,不能严於纠察,而百僚无忌惮之心;司五刑之平者,大理寺也,不能精於审录,而五刑有轻重之失。通政司以及六科,皆朝廷之喉舌也,参驳或未一乎公论,陈言或每出于私情;锦衣卫以及各卫,皆朝廷之牙爪也,体察事务,廵捕盗贼,多冤滥于无辜,卖放掺军,克减粮赏,每贪婪而无厌。以至太常寺、光禄寺、鸿胪寺、太仆寺、钦天监、太医院等衙门官员,率皆任非其人,徒有固禄保身之计,全无爱君忧国之心。荐举人才,则假公营私,不畏清议,而贪污之竞进。计议国事,则妬贤嫉能,不持公论,而便见之纷更。似此之失,难以具陈。……"(第3942~3944页)

8.《明英宗实录》卷239,景泰五年(1454年)三月乙丑。

六科给事中林聪等奏:比者,皇上以天降灾异下诏求言,臣等谨将众议切於时务者八事条具以闻:

一　崇圣德以答天意……

一　修人事以消咎征……

一　罢斋醮以舒国用……

一　禁势要以限田地……

一　汰僧道以去游食……

一　禁私役以振军旅……

一　慎刑狱以导和气。《书》曰:"钦哉钦哉,惟刑之恤哉。"是刑不可以不慎也。钦惟皇上自御极以来,屡敕法司详慎刑狱,以洽好生之心。但为法司者,同体此心,惟务深刻,或任好恶,或避嫌疑,或执原词,或拘成案,不审情犯虚实,但知希旨迎合。如圣旨批法司辩理者,则与之辩理,罪虽怙,终而必宥;批法司知道者,多立案不行情,虽可矜而莫伸;又如当行勘者,不与之行勘;当提对者,不与之提对。狱囚经年淹禁,文案屡岁不清。似此抱负不平,陈情恳诉,少者不下十有余次,多者不下二十余次。罪终莫逃,积愤含冤,甚伤和气。乞敕法司,今后在监罪囚,务在推情鞫问,详审重轻,不许任意徇情,锻炼成狱。如是,则刑罚得中,人无冤抑,庶可以弭灾异而导和气矣。

一省班匠以纾民力……

疏入,嘉纳之。(第5209~5216页)

9.《明英宗实录》卷250,景泰六年(1455年)二月壬午。

命太监王诚会三法司刑科,审录在京刑狱,大理寺少卿李茂等审录南京并浙江等处刑狱。敕谕之曰:"朕承祖宗大统,宵旰忧勤,惟以奉天恤民为务。凡百科徵,悉皆宽罢,至于赈给贫委,悯念刑狱尤切。究心比者,四方水旱相仍,京师昏雾四塞,弥旬不解。循其所由,咎在朕躬。岂非刑狱失中,伤阴阳之和欤?数戒法司,务存平恕。然积习之弊,非但一日,盖囹圄之中,近有淹系三、四年,八、九年,远有十余年者,含冤抱抑,非其实情。而法司往往虑其累己,止据成案,不为伸理人之冤苦。天实鉴之,致灾之由,岂无所自?今特简命尔等审录中外刑狱,尔等其务体朕奉天恤民之意,以公剖决。大抵刑狱,贵在当情,或有情轻而议重、情过而论轻,故情法不相当,情罪可矜疑者,其悉审覆得实,奏闻区处,勿牵于私,以干国宪。人命至重,死者不可复生,尔等其敬慎之。"由是,中外冤狱得减死释遣者甚众。(第5403~5404页)

10.《明英宗实录》卷278,天顺元年(1457年)五月己卯。

都察院右都御史耿九畴上言五事:

一　崇廉耻以励士风。比者在京文武官员,多贱名节,事奔竞,日贪缘请托，冒报功绩，亡廉耻甚矣。宜敕六科十三道，廉得此辈，即纠劾之，斥逐远方，以崇清明之化。

一　清刑狱以召和气。今内外刑官鲜平恕，多惨酷，或狃成案，或避干累，不原狱情。故囚徒淹抑怨嗟，伤和气，致水旱。宜敕其毋蹈故常，冤者必雪，滞者必决，期以三月必论报，否即御史奏罪之。

一　勤农桑以厚民生。今天下民庶不本之务，惟敕之逐，或营充吏卒、或专事贾、或去为僧道，致田野不辟，圩岸不修。故稍遇饥馑，即流殍满路，盗贼纵横。宜敕天下亲民官，申明《大诰》，互知丁业之条，使出入相友，守望相助，有事即连坐，以罪如此。庶游民少，而美化成。

一　节粮赏以劝军士。军饷之运，于民甚苦。比来无赖之徒，投军者万计，中多沿边余丁，及诡报名姓，奸计百状。其意岂诚欲效力朝廷？不过叨月粮为赡家计尔。他日脱有警用之，岂能必其不逃？是徒费京储，以养无益。宜敕所部即抑勿收，已收者必究籍贯，始给以粮，毋令奸计得售。又，赏赉所以劝士卒也。比陛下复位，京军悉受优赏，而边军日夜劳苦者，俱未霑赐。宜概如例给之，以溥恩典。

一　重台宪以振纲纪。台宪之职，所以肃百僚而贞百度也。比职是而轻躁憸邪者，皇上已窜斥之。然非奖进激励之，则畏惧委靡者多，譬诸养不捕之猫、畜不吠之犬，风纪以隳。宜申明宪纲事例，责以敢言，无得顾忌。内外诸司敢沮怀装诬者，重加以罪。且御史不可滥授匪人，脱有缺，所部务责老成重厚、廉明有为者补之。如此，庶纪纲振肃，奸邪知畏。

疏入，上嘉纳之。报曰：“边军之赏，朕自有处分，余俱准行。”（第5955～5957页）

11.《明英宗实录》卷330，天顺五年（1461年）七月庚戌。

以平反贼曹吉祥、曹钦等大赦天下。诏曰：我国家受天明命，以至仁大德抚有四海。……此实上天垂佑之灵，宗社无疆之福也。夫武以戡乱，愧未发於先机；仁以惠民，期益臻於至治。所有宽恤事宜，条列于後：

一　自天天顺五年七月初二日昧爽以前，除谋反、大逆、真犯死罪不宥外，其余已发觉、未发觉、已结正、未结正，悉皆宥免。

一　自天顺元年七月十二日以后，内外衙门问发一应罪囚、做工、运砖、运炭、运灰、纳米、纳穀、纳草、盖房等项，并煎盐、炒铁、摆站、充军、囚兵、膳夫、斗级、军伴、仪从，悉皆宽免，各还职役。宁家有赃官吏、监生、知印、承差并行止有亏者,原籍为民,有侵盗系官钱粮草束等项,凡追赃未完者,悉皆蠲免。文武官员为事住俸禄者,自诏书开读日为始,俱照旧关支。

一　内外衙门见监罪囚,有牵连强盗、人命事无显迹,曾经检勘提人,因无身屍、赃仗等项,原问官吏拘於**成案**,难以归结,及情可矜疑者,悉皆宥免。

……(第6786~6788页)

12.《明宪宗实录》卷12,天顺八年(1464年)十二月丙午。

巡按福建监察御史魏瀚言五事:

一畏公议,大要谓:朝廷用一人,必思公议何如;行一政,必询公议当否。一处以至公之道,而不累於偏党之私,则天人胥悦,而治效可臻矣。

一重民命,谓迩者以御史吕洪等陈言:"俾臣等逐一审录重囚,得以知四方郡邑之间,多有无辜而致死、有罪而逭刑者。详其所由,实由典狱之官未尽得人。府州县案牍既成,达之臬司、刑寺,不过凭已成之狱,少加参阅耳。本源既失,末流无补。"乞敕吏部:自今各处典狱之官,务选发身科目、曾经历事法司、谙晓刑名者选授。其重囚仍乞以三年为率,令巡按御史会同三司,照例审录,无拘**成案**。如此,庶刑无僭滥、狱无冤滞,民生遂而和气臻矣。

……(第0271~0272页)

13.《明宪宗实录》卷19,成化元年(1465年)七月丁未。

监察御史李志刚言:"近日四川、两广盗贼纵横,所经乡村、城郭、兵民之家,需其酒食,乱其妇女,驱人负担,或少留畜货与之。稍拂其意,多被屠戮。迨贼既去,有司追捕者,从而检阅其家,得所留与物,辄以为窝盗分赃,加之考讯,鲜不诬伏。虽有巡抚、巡按临审,但据**成案**,无复致疑。其被诬者,惩於考讯之酷,甘心速死,罔敢异词。所以受诬含冤而终,莫能辩也。彼真为盗贼者,闻之必曰:'其人且尔,吾属可知!'是以招抚之而不肯革心。望敕各处巡抚、巡按及分巡等官,躬诣盗所经之地,详审罪囚,廉察情实,於此等冤狱,咸与伸理。庶几良善获安,而盗贼向化也。"(第0378页)

14.《明宪宗实录》卷39,成化三年(1467年)二月庚子。

都察院左副都御史贾铨等奏:云南楚雄卫军有奏“指挥李嵩等,擅开银场,聚众为奸利”者;云南县民有奏“知府李逊、知县郭凯受赇枉法”者。事下云南按察司,关委洱海、金沧二道问理。二道分巡官不亲临按问,转委镇抚、知县鞠之,且狱词多不明,按察司亦不驳正,但据**成案**呈覆。云南道御史觉其失,请皆治罪。仍通行天下布、按二司,遇有委任,必须躬理,不许转委。从之。(第0777~0778页)

15.《明宪宗实录》卷86,成化六年(1470年)十二月癸酉。

户科等科都给事中丘弘等奏五事:……一访得顺天、真定、保定所属劝借粮米,官府不分贫富,概行分派,以宽目前之忧。虽有纸上之粮,全无入仓之数。及至差官赈济,所司方才追徵。百姓怨嗟,益伤和气。乞行赈济官从公查审,民仅足自存者,即与停徵,不得拘於**成案**,逼迫人难。赈给之际,尤须致审,务使无告之民,得沾实惠;毋容在官厮役之人,乘机冒领。……(第1677~1679页)

16.《明宪宗实录》卷103,成化六年(1470年)十二月丁亥。

命刑部郎中刘秩、金文、伍希渊、周鼐、冯俊、刘恕,员外郎武清、徐演、许盛、周重,大理寺正刘瀚、王轼,寺副王进、魏政十四员,分往南北直隶并浙江等处,会所在巡按御史及三司官,审录罪囚。各赐敕遣之。敕曰:“刑狱,重事也。一夫有冤,或召灾沴,是以古先帝王恒致谨焉。朕为天下生民主,仰体上天好生之心,每於刑狱加宽恤矣。尚虑愚民无知,抵冒者多,而法吏用心不同,失入故入者,在处不少。中间冤抑,岂能尽无?除两京见监问罪囚,已命内臣公同三法司审录外,今特命尔等分往两直隶及十三布政司,审录见监罪囚。其在直隶者,会同巡按监察御史,将各府州县卫所审录;其在三司者,会同巡按御史并三司官审录;在外府州县卫所者,与御史按察司分巡官,亲诣各处审录。其死罪情真罪当者,照例监候听决;其有情可矜、罪可疑、事无证佐可结正者,一一具奏处置;徒流以下,减等发落,毋令淹滞。若御史别有公务,相离地远,尔只督同所在有司,从公审录,不须久候。审问之际,尤须详察言词,旁询知证,而断之以理。毋惑於浮言,毋拘於成案,毋偏信原问,及原保结官吏饰非沮挠,务得实情,以全民命。其故入等罪,俱不追究。敢有偏执违拗者,听尔指实参奏。尔受兹委任,务持廉秉公,明以决之,恕以行之,斯称朕好生之意。如或询察不明、处断失当、有负任使,罪亦不可逭矣。尔其钦哉。”(第2020~2022页)

17.《明宪宗实录》卷119,成化九年(1473年)八月己巳。

尚宝司卿杨道禾言:“尚宝司官虽经考绩,止升本司。吏部拘於近侍,一概循例,不复举用,人材淹滞,无以自效。且翰林院、六科、光禄寺俱近,侍官往往抚擢,事功可称,而尚宝司独终身不改。盖所司拘於成案,当道视为弃材。旅进素餐,自壮至老。惕然思究,内愧益切。伏望鉴虞周任官、任人之意,体祖宗随材任使之心,敕令所司照例擢举。”事下吏部尚书尹旻,以为难从。上曰:“古之王者,立贤无方。尚宝司官,果有才堪政事者,不宜使之终老是职。吏部其视诸司,例举用之。”(第2292~2293页)

18.《明宪宗实录》卷155,成化十二年(1476年)七月壬辰。

三法司以大学士商辂等言:“请遣官审录天下罪囚。”於是南直隶遣郎中张文昭、北直隶郎中张文、浙江主事李士实、福建署寺副高铨、江西署郎中马琴、湖广署员外郎孙仁、四川署寺副韩邦问、两广寺副柯燉、山东署员外郎张锦、山西署员外郎顾福、河南署寺副郝志义、陕西署员外郎毛松龄、云南贵州主事朱守孚,赐之敕曰:“朕惟刑狱,重事也。一夫有冤,或召灾沴。是以古先帝王为天下生民之主,仰体上天好生之心。每於刑狱,恒加宽恤。尚虑愚民无知,抵冒者多,而法吏用心不同,或失入故入。其间冤抑,岂能尽无?今特命尔等,往南北直隶及十三布政司,会同巡按、监察御史、三司官,将各府州县卫所见监问罪囚,逐一审录。其死罪果情真罪当应决者,即行处决;应监候听决者,照例施行;其有情可矜、罪可疑、事无证佐可结正者,一一具奏;处置徒流以下,减等发落,毋令淹滞。若御史别有公务,相离地远,惟督同所在有司,从公审录,不須久候。审问之际,尤须详察言词,旁询知证,而断之以理,毋惑於孚言,毋拘於成案,毋偏信原问,及原保结官吏饰非沮挠,务得实情,以全民命。

其故入等罪,俱不追究。敢有偏执违拗者,听尔等指实参奏。尔等受兹委任,务持廉秉公。明以决之,恕以行之,斯称朕好生之意。如或询察不明、处决失当、有负任使,则尔之罪,亦不可逭矣。钦哉。"(第2839~2841页)

19.《明宪宗实录》卷166,成化十三年(1477年)五月己丑。

初,兵部选举金吾左卫带俸都指挥使刘江补江西都司员缺。既至,巡按江西御史以江未谙军政,暂委领操。而都指挥佥事乐昇,乃巡按镇守等官循例考选以任军政者,俾仍旧掌印。江欲得印,窃於凭文内,增"掌印"二字,复疏其事,以请事下兵部。兵部言:"江宜遵考选事例,乃匿情妄奏,擅改凭文,当罪。"上批答曰:"旧制,各都司俱都指挥使掌印,而巡按御史擅委江领操,乃令都指挥佥事掌印。及江自请兵部,又欲罪之,不公如此,其各输情自陈。"尚书项忠等疏:"江实当罪及不当掌印之故。"且言:"臣等狃於成案,不谙事体,亦当罪。"上曰:"江西都司既缺正官掌印,兵部何不公举廉能者以往?既除刘江,又言其不谙军政,难以掌印,法当究治,但既伏罪,姑宥之。"(第3015~3016页)

20.《明宪宗实录》卷202,成化十六年(1480年)四月壬戌。

刑科都给事中王坦等言:今顺天等八府并山东、河南、山西等处,去冬无雪,今年,至夏不雨,恐刑罚未平所致。谨条具五事以闻:

一　重大辟。每年秋后会审重囚,不当以一二时间,但求毕事,必从容详审,务得真情。其有词重鞫者,不得拘於成案,漫不辩明。在外重囚,请依近例差官审录。

一　息词讼。顺天等八府系畿内之地,因皇庄及皇亲庄田侵夺民产,累兴大狱。请差公正御史,同户部郎中踏勘原额疆界,其内外官奏求者,举以还民;仍禁再后不得恃恩乞请。

一　伸冤抑。前监察御史张进禄、郑已、熊绣,给事中李鸾、毛志,或除名为民,或左迁外任。论其得罪,本无重情;考其为人,颇有可取。请量加叙用。

一　防盗贼。北直隶并山东、河南等处,连年旱灾。民穷财尽,切恐盗贼生发,酿成大祸。户部原奏宽马政,薄征徭,既蒙俞允,请尽如其议,并乞蠲免税粮,量加赈济。

一　遵律例。窃盗犯罪,律有明条。在京法司,具有成案,今在外问刑衙门於窃盗初犯、再犯,不论赃数多寡,辄杖杀之。请严加禁约,俾刑罪均平。

疏奏,有旨:重大辟、防盗贼、遵律例,下所司议。余二事罢,不行。

於是所司议三事覆奏。皆从之。(第3545~3546页)

21.《明宪宗实录》卷252,成化二十年(1484年)五月甲午。

上复谕三法司曰:"见监重囚累诉冤枉者,再照例多官会审,果情罪有可矜疑者,毋据成案,开具来闻。还移文南京法司,一体审录。"至是,刑部、都察院会公、侯、驸马、伯、五府、六部官审录,得情可矜疑者二十九人,又十二人屡审情真而诉冤,有至二十四章者,又六人父母告其不孝而复息词者,皆以具狱上请。得旨减死充军者二十人,留狱重鞫者十七人。不孝六人,各於其家门枷项满一月,杖之百,俾归养妇人。以奸罪当死者四人,释之。(第4261页)

22.《明宪宗实录》卷260,成化二十一年(1485年)正月己丑。

刑部尚书张蓥等言六事:

一　货宝石者,例谪戍边,没入其货。近嗜利者,又取宝石作奇玩,以进给直十倍,多至万两,府库之财,多归此辈。伏望念《周书》无益之戒,悯生民供亿之难,复有鬻宝石作淫巧者,俱依例戍边,痛绝其弊。

一　京畿连年灾伤,而赋役多端,甚于外郡。如惜薪司柴夫役钱实繁且重,光禄寺买办诸铺户价直久稽不给,民困已甚。宜减免夫役,撙节买办,他如贵戚、内官家人或因管庄私自抽分,或因开肆奏请店额,侵夺民利,悉宜禁革。

一　盐法之坏,多由豪家,或包揽卖窝、或冒昧陈乞。奸利肆行,商贾不应,一遇兵荒,辄有飞刍挽粟之计,民多鬻产卖子,不胜其困。宜令户部差官与巡按御史查核,奏乞之盐,悉行停止。今後敢有奏乞包揽者,治以重罪。

一　边方小警,守将辄张大其事以请京兵。先期出师,则虚费日久;待报而行,又缓不及事。宜责成边将优恤边兵,非有大举,不许辄请京兵。

一　法司问刑，狃于**成案**，故冤者莫雪。今于疑狱，务在明允，毋拘**成案**，毋究原问之官。

一　近来官职日增，镇守总兵亦多滥设，且五品以上官，律应奏请。今有请敕四品、五品等官，径行逮问者，实欲挟势求赂，为弊尤甚。宜依天顺八年正月诏例浙江、江西、福建、陕西、临清镇守、内外官及各处镇守等官，量地缓急，从宜去留。其留者所请敕书不当得者，即令奏缴。

上批答曰：“惜薪司柴，夫光禄寺买办已行矣，镇守内官，已令兵部查奏定夺。有奉敕干预词讼者，今不许止依前敕行事，后敕缴回，余皆如议。”（第4395～4397页）

23.《明宪宗实录》卷273，成化二十一年（1485年）十二月乙未。

初，镇守延绥太监韦敬之调宁夏也，怨兵部尚书余子俊发其事，因奏子俊怀奸擅权，以私忿调副总兵周玺、总兵周玉，以私恩保举总兵岳嵩。事下兵部左侍郎阮勤等，具引**成案**，言前事非由子俊。上以韦敬既奏发子俊出入边将，兵部乃引旧事为之遮饰，命再议以闻。勤等不复敢言，仍奏请遣官推按。上是之。时工部侍郎杜谦、给事中吴道宁、御史邓庠往勘子俊事，命并勘之。（第4604页）

24.《明孝宗实录》卷13，弘治元年（1488年）四月丁未。

都察院覆议右评事鲁永清所言三事：

一谓刑官问囚，拟议不当，处断不一，或舞弄条贯，或纽合文法，或律有正条而拟不应，或畏避权势而拘於**成案**，或信凭参语定罪而不论招情，皆可资为出入刑狱，用是不平。请悉依律例，拟议科断。重罪律无正条，比律上请，毋概议不应。若畏避权势，止拘**成案**，信凭参语，定拟罪名，及供招之外妄加参语，变乱成规者，从给事中、御史举劾；御史有违，从都察院查究。

一谓三法司建设总门，所以防奸弊、慎狱情。近来法司送审囚徒，家属男妇竞入门内，与囚交接，喧哗群饮，请严加禁约。今后囚人发审之时，许亲属一人入供饮食。若仍纵容滥入，守门吏重加惩治，受财则取问如律。滥入者，亦就送问。

一谓近日刑官不问罪囚轻重、狱事大小,动委所司勘问,或数月而后报,夤缘颠倒,害不可言。有淹禁多或五、六年,往往连及无辜,死於犴狱。请申明律令,除应检踏者,其余悉照诸司职掌行提。紧关干证之人,亲自问理。有仍前故违、展转行勘者,从给事中御史举劾。御史有违,从都察院查究。

议上悉从之。(第0302~0304页)

25.《明孝宗实录》卷28,弘治二年(1489年)七月壬戌。

刑部尚书何乔新言:"六月以来,淫雨为灾。京城内外,房屋多有倾颓。通州张家湾卢沟桥一带,被害尤甚。意者刑罚未尽当罪,以致於是。请敕两京法司,详审罪囚,勿拘成案。其通州等处被水之家,视近日京城例,一体赈恤。"从之。(第0609页)

26.《明孝宗实录》卷29,弘治二年(1489年)八月己丑。

大理寺卿冯贯等以灾异言五事:

一　在京重囚,每年霜降会官朝审,而在外五年始一审录,壅积数多。秋后虽令所司审决,其冤抑者多不与辩,情可矜疑,又不具奏请。每年秋后,行巡按御史会三司等官从公研审,如有冤抑,即与辩理。

一　诸司审录重囚,有称冤不服者,不过调别司问理,类多拘于成案。果有冤抑,无与辩者。今后凡驳回再问者,请令调隔别衙门辩理。

一　直隶等处,凡有情词,多赴京奏告,法司逮问,往来动经年月,淹禁致死者甚多。今后奏告,宜行巡抚、巡按或都司府卫问理,就彼归结。

一　问重因必须证佐。今强盗赃仗,多军校买补,人命死伤,多称锦衣卫检验不会文职,故人多称冤。今后强盗必须见获赃仗,通送法司检验,人命务行法司转勘。

一　内外衙门问拟徒罪,轻重失伦。今后问拟徒罪,不分军民舍余,若审有力与官吏监生人等,亦将杖数徒年计算,运灰、纳米赎罪发落。

奏上,俱从之。(第0644~0645页)

27.《明孝宗实录》卷46,弘治三年(1490年)十二月壬戌。

六部等衙门、尚书等官、王恕等,以星变奉诏言:“……法司问刑,乞令止依律例,不许妄加参语,罗织人罪。所司缉访妖言、强盗、人命、重情,多有冤抑,乞令法司各与辩理,不许拘以成案,畏祸不辩。枷号罪人,或致死亡,乞暂宥之,止问应得罪名。……”(第0927~0928页)

28.《明孝宗实录》卷48,弘治四年(1491年)二月己巳。

敕刑部、都察院、大理寺曰:“朕惟刑以辅治,用之贵得其平。刑平,则善有所劝,恶有所惩,而人心服,天道和;不平,则不足以劝善惩恶,而人心不服,天道乖。灾变之来,诚有不能免焉。曩因天道示异,曾敕天下诸司审录重囚,发遣过情、可矜疑及准辨者,奚翅十数百人?虽曰勿拘成案,原问官亦不坐罪,此特广仁爱之意,欲全民命。尔其间实有讯鞫不真,而失入可罪者;然亦有无可矜疑,而强为出脱者。要之,皆非大中至正之道。兹当万物发生之时,朕体天地好生之德,以为刑者,民命所系,与其宽之,於终孰若谨之?於始故特戒。敕尔等各加敬慎,仍行南京三法司及天下大小问刑衙门,今后问刑之际,务必存心以仁恕,持法以公平。察辞辨色,详审其情。罪所当重者,重之以惩恶,毋务姑息,而不顾纵恶长奸之非;罪所当轻者,轻之以宥过,毋事苛刻,而致有抑郁称冤之叹。其或证验无凭、情隐难明者,尤当加意推究,毋或传致於一时,而冀不坐罪於他日。如此,庶不背古圣人钦恤之训,而於朕刑期无刑之治,亦有裨益焉。尔等其钦承之,毋忽故谕。”(第0969~0970页)

29.《明孝宗实录》卷50,弘治四年(1491年)四月乙丑。

上以天气炎热,特敕司礼监太监韦大,同三法司等官审录罪囚,敕曰:“朕惟刑狱重事,自古帝王必致谨於斯,盖以刑得其平,则足以辅治弼教,而召天地之和;刑失其平,则冤抑无伸,感灾致沴,亦有所不免焉。朕为民主,仰体上天好生之心,每於刑狱,特加慎重。兹当天气炎热之时,虑恐轻重罪囚或有冤抑,不无致伤和气。特命尔公同三法司堂上官,将见监狱罪囚,逐一从公审录。死罪情真罪当者,照例监候听决;其有情可矜、罪可疑、事无证佐可结正,并枷号者,具奏处置;徒流以下,便减等发落;笞罪俱释放,毋令淹滞。审问之际,尤须详察言词,旁询知证,而断之以理。毋惑于浮言,毋拘於成案,务得实情,以全民命。其原勘问官有故失入等罪,俱不追究。尔受兹委任,务殚心悉虑,以称朕好生之意。庶几天心昭格,和气致祥,有可期焉。尔其钦哉。"故谕命刑部郎中陈章、何说审录南北直隶囚徒。(第1003~1004页)

30.《明孝宗实录》卷60,弘治五年(1492年)二月癸丑。

巡按福建监察御史吴一贯等,拟上龙溪县贼温文进等罪状,谓文进等倡乱一方,攻破两县,反状已明,情犯深重。贼首凌迟处死者四人,兄弟、同居之人及知情故纵处斩者百一十三人。都察院覆奏,请命大理寺堂上官一员往会镇守巡按、三司等官鞫审,如有胁从及情罪可矜疑者,与之辩理,毋拘成案。其情真罪当者,即依拟处决。从之。(第1153页)

31.《明孝宗实录》卷75,弘治六年(1493年)五月癸酉。

礼科都给事中林元甫等,应诏陈七事,谓:"……又谓天下重囚,一年秋后一审决,五年遣官一审录,矜疑多从末减。乞勿俟五年之期,特敕法司选差属官,或敕各处抚巡等官,毋拘成案审录,上请释放。……"

疏入,上曰:"黄绂近自陈致仕,已留用矣。徐恪、张玮、刘璃、章格亦俱留治事,杨澄令致仕,彭程任仪不允。其余事所司各看详以闻。"(第1419~1421页)

32.《明孝宗实录》卷76,弘治六年(1493年)五月甲辰。

太常寺少卿兼翰林院侍讲学士李东阳奏:近奉敕谕,以久旱求言,臣被擢先朝,継尘侍从,职在讲筵,不关政务,惟君心为化理之原,经传乃致治之法,其势似缓而实急,其功似浅而实深。顾讲读有时,章句有限,宏辞奥义,未易悉陈。……陛下所欲闻者以类附焉:

……

一　孟子曰:"君仁莫不仁,君义莫不义,君正莫不正。"臣按,人君一心,万事根本。正心必先於诚意,诚意必先於致知格物,讲学者格致之要也。宋苏轼《进端午帖子》曰:"始觉深宫夏日长,只将无逸监兴亡。"

王岩叟因侍讲奏曰：“陛下退朝无事，以读书为乐，天下幸甚。”臣愿陛下当此盛暑亢旱之时，澄清圣虑，保爱天和，慎重游宴，调节饮食。每朝谒两宫、裁决庶政之暇，取累年讲官所进直解，置诸左右，时一繙阅，用代温书，以俟秋凉，仍旧讲读，则义理融彻。根本不移，举而措之，无不得其当者，不然，则虽发言盈廷，积疏成案，一两之后，旋复置之度外矣，何所逸哉！

……

一　孟子曰：“省刑罚”。今之五刑，最轻者为杖为笞，然杖有分寸，数有多寡，极为详慎。狱讼既多，人苦难制，乃有矫轻以从重者。在京法司密迩，辇毂尚少过差。在外诸司或倚法立威，笞杖之罪，往往至死，补立卷案，旁引医证，纵令事觉，不过以因公还职。於是箠人重者为能吏，杀人多者为好官，以极轻之刑，置之不可复生之地。伤天地之和，坏国家之法，莫有大於此者。假令以一时之暂、一二人之少诿诸过，误理或有之；而多者数十，甚者数百，乃概以因公自解，岂复有所惧哉！今故勘平人者，有抵命之律；刑具非法者，有除名之例。偶不出此，则谓之因公。一以公名，虽多无害，此则情重而律轻者，不可以不议也。臣请除已往不究外，自今以后，凡拷讯轻罪即时至死，累二十或三十人以上，本律外仍令吏部法司议行；降调或病死不实者，医证人等并治以罪。且律不可易，而例可增。今科罚银物，不至杀人，尚有降调之例。以此罪当此情，似不为过，亦可以为残民者之戒也。

……

疏入，上命所司议处以闻。（第 1451 ~ 1463 页）

33.《明孝宗实录》卷 86，弘治六年（1493 年）五月丁酉。

礼科都给事中吕献等言：“每岁初夏，例纵释系囚。笞杖轻重，多从宥免；徒流以下，减等发落；重囚情可矜疑者，具奏定夺，正所以长民命而寿国脉也。但此例独行两京而未及天下，乞敕三法司议拟南北直隶，则巡按官督同诸府县官、各布政司，则镇巡官会同三司官，各准两京例，每於四月虑囚，庶刑狱无冤。”

户科右给事中王纶亦为言，谓：“近年在外官，多有贪酷不仁，图小利而故勘平人，逞私忿而非法凌虐。有因拷讯而死者，则搜求细事，诿曰因公；因久禁而死者，则虚补文移，号为有病。乞敕法司申明条例，情可矜疑者,即为平反,不拘成案,仍行天下。问刑官不许仍蹈前非,如有致死者,虽曰因公,亦必原其情之轻重;脱或有病,亦必究其事之大小。如或任情故违,即以其罪罪之。"

上命法司议处闻奏。法司议谓:"旧例在外,罪囚五年一差官审录,今请不拘此例,每年四月以后,各处抚按等官会审,八月以里类奏。其有酷刑官,请降调边远;法外刑人至死者,除名为民。"上曰:"酷刑官员,其令巡抚等官严加访察,依法问拟,奏闻处治,不许轻纵。会审差官,仍照旧例行。"(第1598~1600页)

34.《明孝宗实录》卷143,弘治十一年(1498年)十一月乙未。

兵科给事中蔚春言六事:

一欲　在外官员到任五载者,巡抚、巡按官察其政绩,超卓方许旌异。

一欲　专差给事中、御史各一员,分往保定府、河南等处被灾地方赈济。

一欲　将陕西织造上用彩妆绒毼,责令完造,其未完可缓者,行令减免。

一欲　将京师老稚乞丐之人,在官收养。

一欲　两京内外问刑衙门,凡办明冤枉,无拘成案,务加详审,不许推避。

命所司看详以闻。(第2472~2473页)

35.《明孝宗实录》卷145,弘治十一年(1498年)十二月壬子。

以清宁宫灾,诏天下。诏曰:

……

一　强盗人命等项死罪重囚,曾经法司并巡抚、巡按等官原奏,情可矜疑,未得宽免,及行再问者,诏书到日,覆审是实,俱免死,照例充军;若累经伸诉,果有冤枉者,毋拘成案,即与辩理;笃疾犯该死罪,见监者悉皆宥免,免死充军,逃回仍照原问死罪处决者,发极边卫分充军;以后逃者,仍处以死。

……(第2540~2544页)

36.《明孝宗实录》卷159,弘治十三年(1500年)二月乙未。

户科给事中丘俊以灾异言四事:

一 慎荐举。天下亲民官才否不同,但以荐举不公,无所惩劝。乞令该部今后不必拘于荐举,不分品职崇卑,俱令三年、六年考满,其功绩文册,须令明白开写,该部严加查考,以凭黜陟。其过五年以上不考满者,降一级;七年以上不考满者,黜退。

一 杜奏讨。近来各王府官校指称某处退滩空地、某处退出闲地拨置奏讨,侵占害人,殊不思诸王已各有应得禄米,分外求讨,民何以堪?乞通行禁约,凡有退滩及退出闲地,即拨付小民佃种。照例起科各王府,再有奏讨者,即坐辅导官以拨置之罪。

一 苏民困。北直隶、河南、山东等处,土瘠役重,连被灾伤,民不聊生,其防护城池等项,除军卫外,巡检衙门有弓兵,各州县有民壮,又有快手,而快手又有供手,役占益多,而民困益甚。乞通行天下,凡有民壮处所,革去快手;无民壮处,量存之,以卫城池。

一 恤刑狱。谓内外问刑衙门,罪囚有监禁四、五年甚至数十年者,狱卒虐害多端,冤气腾结,皆足致灾。乞通行天下,将内外见间三年以上罪囚,情真者,秋后处决;其累经辩明不肯输服、情可矜疑及同犯在逃、事情难明者,毋拘成案,悉与辩明,或免死充军,则囹圄空虚,而灾异可消矣。

上命所司详拟以闻。(第2854~2856页)

37.《明孝宗实录》卷161,弘治十三年(1500年)四月癸丑。

监察御史刘芳等,以灾异言十事:……

一 慎刑狱。谓五年一遣法司官审录罪囚,该部推举之间,率徇私情,差去官员或经事未多,不谙律意;或过家欲速,苟具文书。乞敕法司,今后务选廉平练达者,分道会审,必求情实,毋拘成案。若蹈前弊,罪有所归。……

上命所司详议以闻。(第2905~2908页)

38.《明孝宗实录》卷169,弘治十三年(1500年)四月癸卯。

初,义勇中卫舍余张通,内交刑部诸司官,常匿乐妓及女尼於其家,每宴集,辄出之行酒,剧饮歌呼,倡优杂处,率至夜分而罢。通因之请求纳赂,久之为东厂所发,捕通及优人笪名,并女尼、乐妓等鞫问,辞连郎中黄暐、邵庄、顾谧,员外郎晁必登、宗佑、曹镤。时佑守制家居,镤以公事往四川,而庄已先迁福建副使,必登庆阳知府,独暐、谧在,命锦衣卫逮问辞服。暐坐与乐妇戏,黜为民;谧令优人女粧为乐,冠带闲住;通死狱中,笪名充军,庄罪与暐同,而必登、佑、镤罪同谧。命代镤还,考竟。余移文各巡按御史逮治之。是时,饮通家者,尚不止此数人,或以夤缘得免,而亦有为通所妄引者。其后,镤代还,言"通素不相识,但通尝坐法,不自置对,而令笪名代之,为臣所考,故憾而引之"。有旨令法司、锦衣卫重鞫以闻。时通已死,笪名等皆远谪,而优人刘监尝侍饮者,亦言不识面,法司不能决,请复移陕西逮名验之。名至,竟泥**成案**,言镤亦与饮而先去,独未尝与优人狎坐。对品调外任后,必登亦具奏自辩,法司援例,亦得减罪,以原品调外任云。(第3068~3070页)

39.《明武宗实录》卷1,弘治十八年(1505年)五月壬寅。

上即皇帝位。是日,早遣英国公张懋告天地,新宁伯谭佑告宗庙,惠安伯张伟告社稷,上亲告大行皇帝几筵,谒见皇太后、母后毕,出御奉天殿即位。命文武百官免贺、免宣表,止行五拜三叩头礼,遂颁诏大赦天下。诏曰:

一 原问真犯死罪,免死充军。逃回不首,例该仍照原问死罪处决囚犯,并原问杂犯死罪以下充军逃回,例该枷号,改发极边卫分者,免其处死,枷号改调,仍各发充军卫分着役,后不为例。

一 强盗人命等项死罪重囚,曾经法司及巡抚、巡按等官原奏,情可矜疑,并人命辜限外身死,未得宽免,及行再问者,诏书到日,覆审是实,俱免死,发边卫永远充军。若累经申诉,果有冤枉者,毋拘**成案**,即与辩理,奏闻区处,笃疾犯该死罪,见监者悉皆优免。……(第0011~0017页)

40.《明世宗实录》卷1,正德十六年(1521年)四月癸卯。

(车驾)至京城外,驻跸行殿。初,礼部具仪请如皇太子即位礼,上览之,谓长史袁宗乐曰:

一　法司锦衣卫见监罪囚,中间或锻炼成狱,或拘泥文案,多有枉抑。今后问刑,务要法当其情,不许深刻。所问犯人及在外问成解来人犯,申诉冤枉,或调别衙门、或多官会审,务要从公,推问实情。果有冤枉,即与辩理,不许拘执成案,逼勒招认,符合前问官吏,致令枉抑无伸,违者罪之。

一　凡问囚犯,今后一依《大明律》科断,不许深文,妄引参语,滥及无辜。其有奉旨推问者,必须经由大理寺审录,毋得径自参奏,致有枉人。近年条例增添太繁,除弘治十三年三月初二日以前,曾经多官奉诏、会议奏准通行条例照旧遵行外,以后新增者悉皆革去。……(第0004～0027页)

41.《明世宗实录》卷26,正德十六年(1521年)四月丙午。

上谕司礼监太监张佐等曰:"朕惟刑狱重事,自嗣统以来,未尝不特加慎重。大[奈]何去年自秋历冬以来,今春畿甸之内,雨雪愆期,风霾屡作,四方灾异奏报频仍,深思上天所以示戒之意。虞恐刑狱枉滥,囚系久淹,以致民心愁怨,上干天和。特命尔公同三法司堂上官,将见监罪囚从公审录,除情法难宥者,照旧监候听决,其有情可矜、罪可疑、事因注误或无证佐可结正者,具为疏辨。处分徒流以下,即与减等发落。笞罪者释之,毋令淹滞。夫刑以弼教正德,不当宥而宥,与不当刑而刑,皆足制灾。唐虞三代,所以钦恤民慎之意,正在于此。审问之际,尤须详察言词,旁询知证,而断之以理,勿惑于浮言,勿拘于成案,务得真情,以全民命。其原问官有故勘、失入等罪,俱不追究。尔为重臣,受兹委任,务殚心悉虑,以称朕好生之意。"佐等受命未报,上复以天气暄热,令太监张淮传示刑部,亟如前旨议覆。尚书林俊等请移咨南京法司,并锦衣卫一体奉行。制可。(第0735～0737页)

42.《明世宗实录》卷100,嘉靖八年(1529年)四月丁亥。

丁亥初,刑部尚书高友玑等会问郭勋擅取金辂事,罪状欠明。上批驳,责其隐匿回护,令再问玑等。复会问,稍易其词。上曰:"友玑等所问终属朦胧,令各对状。"于是六科给事中赵廷瑞等、十三道御史刘濂等连章劾奏曰:"郭勋擅取边军,欺君玩法,无人臣礼已。莫逃于圣鉴之明,削其衔而褫其柄矣。今所未明者,惟勋所以取辂之故,及指挥王臣被虐之实。孙铎通赂之情,所当按鞫耳。高友玑不惜公议,曲为隐护,始言勋以辂父业医之旧而取辂,及再问,则言勋听通政使柴义之嘱。始言孙铎过送赃私于郭勋,及再问,则改拟孙铎指称诓骗。旬日之间,顿易成案,岂古所谓'刑罚之用,一成而不可变者'哉?乞显黜友玑,以为治狱无状者之戒。都御史熊浃、侍郎许赞、大理寺少卿曾直、锦衣掌卫事都指挥使骆安等,漫无可否,殊非刑官之体,亦宜并论。"

上曰:"友玑职掌邦禁,奉旨推问狱情,始既隐匿,既又更改,遂致公议不平,议拟不当。熊浃等又从而附和之。法守安在?友玑令致仕,熊浃等各夺俸六月,骆安等各二月,金辂等下法司再问已。"法司会九卿再问,得勋受贿状。上切责勋,夺禄米三之一。辂铎各发极边永远充军。时柴义已故,宥之。(第2378~2379页)

43.《明世宗实录》卷119,嘉靖九年(1530年)九月戊子。

刑部奏上大辟囚,有词者十六人,法当再问。乐工张仁、钦天监冠带天文生马能与焉。仁坐与逆濠通,能以漏刻博士降用,坐伪称复职冒旧衔者。上谓:"仁逆状甚著,不得缓死,命与能俱照成案候决,余准再问。"因诘部臣徇私坏法,切责而贯之。(第2820页)

44.《明世宗实录》卷119,嘉靖九年(1530年)九月己酉。

冬至,上祀天於南郊,还御奉天殿……是日诏天下曰:

……

一　各处盗贼多因饥寒失业,委系胁从啸聚,除首恶不赦外,诏书到日,各该官司通行出榜晓谕,许其投首,悉免其罪,军还原伍,民还原籍,各存恤一年,免其差徭。其有能擒捕首恶并党内首告者,照例给赏。如有因其投首,乘机邀执,希图功赏者,治以重罪。

一　内府各监局银料及段匹等项,小民铺户上纳,使用耗费比之正数尤多,往往托之揽头,诓骗负累,不胜其苦,自嘉靖十年为始,合照户部事例通行科道部属,一体监收,禁革宿弊,以苏民困。

一　在京、在外缉获强盗、妖言、奸细等项,多有贪功图利及无赖,戳番之徒妄拿诬陷,冤抑无伸,着问刑衙门从公研审,果有冤抑,即与辩理,

不许拘泥成案,若干碍妄拏,报功人员照例从重究治。……(第2843～2849页)

45.《明世宗实录》卷142,嘉靖十一年(1532年)九月丁巳。

刑部尚书王时中应诏疏陈六事:

一　重钦恤。言近来刑官所平反狱词,既奉恩旨,而原问官司执泥成案,偏护已私。应减死者,或阴毙于非法;应更讯者,或禁系以终岁。使泽不下究,民抱沉冤。请令各按臣禁戢,有枉法杀人者,必穷治其罪。其事当辩问者,早为昭雪。

一　戒严苛。在外司理之臣,以刻核为威明,以平恕为宽纵。故多淫刑煅炼,深文故入。宜自今申饬,凡罪无正条,而犯不应死者,不得比附至死。其非法用刑,故入人罪者,听抚按官参治。

一　宥狂愚。比年臣民建言:狂悖、处断乖方及戆愚过激者,皇上既贷其死,而谪之戍边,亦甚厚幸矣。然投荒屏裔,创艾既深,向年肆赦,独不及此,不无向隅之泣。乞命该部,疏别其等,或放还田里,或量移近地,以广恩泽。

一　明发遣。军罪下死一等,今真犯死罪者,本犯死不复加刑,而充永远军未遣者,本犯死,或又逮其子,视死刑反重矣。近尝奏准开释,而在外有司或未谙晓,吏得缘以为奸。请通行申谕,凡法当永戍,而未发遣病死者,不必逮其子孙。

一　弭盗贼。属者捕获强盗,类多番休官军,跃马佩械,莫可谁何。一遇侦捕,辄以下操为解。而无赖小民及术艺游侠之辈,亦窜迹其间。请饬内外督捕官兵,严致巡诘。

一　禁刁讼。凡争告家赀田产,其分属已定,及左券甚明,为业年久者,毋听重分再赎,以启争端。

疏入,上谓:"刑狱,国家重事,感召灾变尤切。览奏具见详慎,体国至意。宥狂愚一事,令该部备疏以闻,余悉如议。"(第3305～3307页)

46.《明世宗实录》卷142,嘉靖十一年(1532年)九月庚申。

时以星变,上召见辅臣李时等于文华西室,谕以引咎修省之意,从容语及人才。上曰:"过犹不及。"于是时等因退而条三事上之:

……

三曰慎刑狱。夫刑狱利害,民命攸关。近日,刑官不守律例,任己出入,欲远嫌疑,而以刻深自明。承望风旨,而以锻炼求合;事干证佐,而沉滞淹禁,俟其招回,事已勘明,而展转驳查,求其衅隙;或罪本不大,而重参两情;或事实无干,而罗织逮系。至於外省问刑衙门,诬枉成於箠楚,死生系其喜怒,拘泥成案,冤抑靡伸,伤和召灾,莫此为甚。乞特敕法司,痛革前弊,当平反者,勿以轻出为嫌;涉观望者,止照律例议拟;众证明白,不必驳查,勘报稽迟,指名参奏。仍行抚、按、督率在外问刑衙门一体遵守。用法酷刻者,访奏除名;理刑淹滞者,考核降调;事轻至死者抵命;因事规避者罢斥。如此,则钦恤之仁达乎天下,而灾沴庶乎可弭矣。

上报曰:"卿等输忠体国,朕具知之。近来,臣工议论烦多,国是靡定,令各加循省,务在安静,以成中正和平之治。其事关所司者,俾从实举行,以称朕意。"(第3308~3310页)

47.《明世宗实录》卷143,嘉靖十一年(1532年)十月戊寅。

刑部……覆前掌都察院事兵部尚书汪鋐应诏言:"刑狱之当恤者有五问:官明知冤抑,而习於因循,狃於成案,阻於嫌疑,溺於私意,竟不为白,一也;罪犯称冤不服,法当调问,调问不已,至於再三,而竟执原词,牢不可破,二也;狱具移付廷评,或以招词不得其情而驳,或以罪不合律而驳,驳愈烦,而执之愈固,以致禁锢弥年,三也;原问既当,而廷评较轮,只字之间,往复无已,囚无出期,四也;法司偷惰,不自理狱,辄付兵马勘报,颠倒出入,五也。有一於此,亟宜申饬省改,以称钦恤之意。"

疏上,俱得旨允行。(第3321~3323页)

48.《明世宗实录》卷146,嘉靖十二年(1532年)正月甲子。

先是,福建左布政使查约、右参议杨瑀、都指挥王翱,以贼囚林汝美等反狱遇害,都御史王应鹏、御史苏信称其忠义,宜加褒录。给事中薛宗铠言约等非为国死事,特以变起仓卒,不遑趋避,与蹈水火何异,难比孙燧诸臣事例。上是其言,下礼部议覆,谓诸臣向蒙赐葬,足酬其死,不得更议加恤。因言有司议狱不当,狱成而有可矜者,不敢即置之辟,后官拘於成案,莫肯平反,以致经年禁系。按察司官多移囚府县狱,垣卑卒少,防御甚难,往往致有他变。嗣后重囚俱系按察司,不得移之府县。罪当者,即如律论死;有仍前致失事者,罪之。请著为令。上从之。(第3384～3385页)

49.《明世宗实录》卷153,嘉靖十二年(1533年)八月癸酉。

都察院左都御史王廷相条列考察差回御史六事:

一 御史职在除奸革弊。今天下官邪民玩甚矣!钱粮出纳之侵渔,驿传往来之泛滥;里甲困于供亿,粮长苦于诛求;巡盐捕盗,骫法交通,入官视事,循例取索;假公用而科敛任情,指修缮而罚金无度;文书非贿吏不行,差役富豪得免,隐奸蓄慝,不可枚举。而御史士巡祇作威福,以耸观听,罔事辄询,以察下情。自今按部所及,宜悉心廉访,但有奸弊,发觉即置之法,以肃风纪。

一 御史职在申冤理枉。而推情讯狱,非公平明智者,鲜得其真。况权门之利害如响,富室之贿赂通神,钝口夺于佞词,人命轻于酷吏,故狱多偏滥。自今务在虚心推鞫,但有冤抑,勿拘成案,即与辩明。

……

议上,上嘉纳之,命皆如议,从实举行。内除奸弊一事,仍遵前旨,毋假访察,诬害平民。其诸未尽事宜,令遵宪纲,具列以请。(第3465～3467页)

50.《明世宗实录》卷153,嘉靖十二年(1533年)八月乙未。

以皇嗣生,诏告天下曰:……

一 在京、在外缉获强盗、妖言、奸细等项,多有贪功图利及无赖,戮番之徒妄拏诬陷,重罪累有,诏旨禁例多不遵守。今后问刑衙门务要从公研审,果有冤抑,即与辩理,不许拘泥成案。若干碍妄拏,报功人员照例从重究治。……(第3473～3479页)

51.《明世宗实录》卷195,嘉靖十五年(1536年)十二月庚午。

敕太师武定侯郭勋、辅臣李时夏言:“审谳法司重囚,上以法官多不谙律比,任情出入,有冤滥。及经会审,应辩问者又拘泥成案,不与开释,徒为文具,故恩诏有遣大臣审恤之条。”至是,乃命三臣会法司面审在狱重囚,谕以殚心竭虑,务得真情,以称轻恤至意。(第4132~4133页)

52.《明世宗实录》卷193,嘉靖十五年(1536年)十一月戊午。

上御奉天殿,以皇子生颁诏天下,诏曰:

……

一 在京、在外缉获强盗、妖言、奸细等项,多有贪功图利及无赖,戮番之徒妄拏诬陷,重罪累有,诏旨禁例多不遵守。今后问刑衙门务要从公研审,果有冤抑,即与辩理,不许拘泥**成案**。若干碍妄拏,报功人员照例从重究治。

……(第4072~4077页)

53.《明世宗实录》卷218,嘉靖十七年(1538年)十一月辛卯。

冬至,大祀天于圜丘。礼成,上还御奉天殿,文武群臣行庆成。礼毕,诏示天下,诏曰:……

一 在京、在外缉获强盗、妖言、奸细等项,多有贪功图利及无赖,戮番之徒妄拏诬陷,重罪累有,诏旨禁例多不遵守。今后问刑衙门,务要从公研审,果有冤抑,即与办理,不许拘泥**成案**。妄拿报功人员,照例从重究治。

一 两京三法司,并在外问刑衙门官员,不肯用心讲明律例,详谳狱情,惟事箠楚煅炼,甚则怵势狥情,故出故入;又有明知冤抑,拘于**成案**,回护原问,官员相视,不与辩理。法司堂上官、在外按察司官,近来吏部不循旧规,所用多非素习刑名之人,上下因仍苟且,不以宪典法纪为重,以致狱多冤民,上干和气。朕每轸虑及此,深加隐恻。今后各官宜体朕意,以爱惜民命为心,无肆苛虐,无纵诡随,务俾政和刑清,天下无冤,以弼成朕平明之治。如或仍袭故常,无所省惮,朕将有重惩焉。……(第4475~4488页)

54.《明世宗实录》卷247,嘉靖二十年(1541年)三月丙午。

刑科给事中龙遂,以五年差官审录上言:“狱者,民命所关,事至重也。顷司刑之官,苛刻者煅炼深入,苟简者因袭抄誊。上司不察而误信,冤民哀控而无从,积滞之冤,上干天和。所望以察诬枉、宣德泽者,惟此五年审录之举耳。今差去诸臣,复拘泥成案,苟且竣事,外有审录之名,内无矜详之实,欲断狱得情,难矣。又查差官审录事例,原勘、原问官出入等罪悉免,究问明例所在,实有深意。若乃明知其枉,而顾忌原问,私避嫌谤,故不与辩;或诬入重情,必致之死。此其残思欺罔之罪,将谁诿哉?乞敕所司移文,所遣官各会同巡按御史、三司等官,凡一应重囚,务虚心研审,必得情实。有可辩理、释放、发遣、审谿者,皆速与施行。若果有冤枉,而初为审辨官所辨出者,原勘、原问官仍寘不论;如审办官明知冤抑,故不与辨,或忌原问而诬入,后为他官所辨出,原问经审官,皆宜追论;若本无冤枉,而狥私曲纵者,亦宜重谴。如此,庶朝廷钦恤之典为不虚,而天下可无冤民矣。”

得旨:朝廷钦恤重刑,特命法官分省会官详谳,惟恐冤抑枉滥,致干和气。所奏法司便行与差去官员,务要仰体朕怀,遵照敕谕,会同巡按御史,督同三司掌印及守巡官员,一应重囚,虚心研审,有冤枉者,即与辨理,勿拘成案;应释放、发遣、审谿者,速与施行,及开具奏请。如或避忌嫌谤,苟且了事,或他官辩问得出,定行重治不贷。(第4957~4959页)

55.《明世宗实录》卷248,嘉靖二十年(1541年)四月丙子。

上青袍御奉天殿颁诏,不设乐驾,仪如常朝。百官青服侍班,行五拜叩头礼,诏天下曰:……

一　两京法司及在外问刑衙门,近年以来军民词讼不行,即时问理,又听犯人展转攀擿,以致淹禁日久,因而病死者往往有之。冤抑不伸,致伤和气。今后务要上紧问结,毋致枉滥久禁。

一　内外问刑衙门一应见监、见问囚犯,有累经伸诉冤枉者,所司明知其屈,却乃拘泥成案,或避嫌疑,不为辨理,诏书到日,果有情可矜疑者,即便审实。合辩问者,从公辩问。如或干连逃躲,事难决断,与人命无尸可验,强盗赃仗不明,及年久无赃,人死无证者,原问衙门备开矜疑缘由,奏请定夺。

一　在京、在外缉获强盗、妖言、奸细等项,多有贪功图利及无赖,戮番之徒妄拏诬陷,重罪累有,诏旨禁例多不遵守。今后问刑衙门务要从公研审。果有冤抑,即与辩理,不许拘泥成案。其妄拿报功人员,仍照例

从重参究治罪。……(第4985～4996页)

56.《明世宗实录》卷330,嘉靖二十六年(1547年)十一月丙午。

是岁,都察院发大辟囚,钦依决单。误以陕西已奉旨辩释者二人、矜疑发遣者三人列名其中。巡按陕西御史盛唐以前后诏旨互异,遵行不便,陈状以请,疏下刑部。议谓当从先旨审辩,从轻者因言:"今在外官司,用意深刻。每遇审录官会审罪囚,偏执己见,恶其翻异。虽一时勉遵敕谕,无敢阻挠,及审过之后,或重加箠楚,或别生异议。间有奏奉明旨饶死者、减等者,悉依成案问发,或止据奉有决单,经年监候者,虽节经言官指陈、本部题覆,率应虚文,无改苛政。乞申饬各抚按官,自今务逐一遵守,以副朝廷钦恤至意。"

得旨:各犯悉依前旨宥免,仍通谕各抚按官,凡经今次审录官审过罪囚,奏奉钦依饶死者,即遵照释遣,毋得仍执决单,故行奏扰。

是时,陕西已将各犯审释发遣矣。原非有意必杀,执决单为词者,刑部以失在都察院,不欲明言故,支离其辞,诿罪于外如此。(第6072～6073页)

57.《明世宗实录》卷498,嘉靖四十年(1561年)六月壬午。

工科给事中曾廷芝,条上恤民隐六事:

……

一 慎鞫狱。顷者遣使四出虑囚,审谳之际,按臣、藩臬、郡县之长,皆莅於廷事,或窒於问官词,或滞于成案。一有同异,谤议纷起。而虑囚之使,能行其意者鲜矣。乞敕彼此虚心秉公,毋眩巧文,毋阂形迹。诚有矜疑,亟与平反,以副德意。

……(第8248～8249页)

58.《明穆宗实录》卷35,隆庆三年(1569年)七月辛丑。

刑科给事中魏体明条陈五事:一惩酷刑,一慎议谳,一戒淹滞,一省词讼,一禁厂卫。其戒淹滞,言有司率泥成案,惮于平反。又多引嫌却避,即在重辟,心知其冤而莫为伸理。至发遣、发配之类,更更相积滞,动经数年。宜行戒饬；其禁厂卫，言番校缉获盗贼，不问真伪，以榜掠定之。箠楚之下，何求不得？衔冤茹痛，莫此为甚。自今宜送法司鞫审，如情真罪当，乃与纪功；其滥及无辜者，即与疏释；仍罪及捕者，刑部覆奏。

得旨：淹禁狱囚，在外者，行所司速为伸理；在内者，法司具以名闻。（第0908页）

59.《明神宗实录》卷12，万历元年（1573年）四月己卯。

［南京］吏科给事中汤聘尹请行有司官奉行德意，言："罪可开释者，勿拘**成案**，勿狃避嫌，勿狥上司之意，词讼严滥，受之禁听。问开和息之门，考职官以循良抚字为上，不以多积纸赎为能；以劝谕输纳为先，不以严刑追并为尚。一切查盘，不系实侵者，原情派追，毋得混坐。其已经巡按查盘者，抄招呈报，不得复查，致差遣劳扰。"（第0411页）

60.《明神宗实录》卷12，万历四年（1576年）五月辛丑。

谕司礼监太监冯保："朕惟刑狱重事，自古帝王必谨于斯。朕嗣承大统，仰体上天好生之心，尤加慎重。兹当五年差官审录之期，虑恐轻重，罪囚或有冤抑，致伤和气。特命公同三法司堂上官，将见监罪囚，逐一从公审录，死罪情真罪当者，照例监候听决；其有情可矜疑、事无证佐，可结正并枷号者，具奏处治；徒流以下，减等发落；笞罪，悉与释之，毋令淹滞。审问之际，尤须详察言词，旁询知证，毋拘**成案**，务得真情，以全民命。其原勘问官有故失入等罪，俱不追究。为内臣，受兹委任，宜殚心悉虑，以称朕钦恤之意。其慎之，慎之。"保于是乃会同刑部尚书王崇古等，以热审过减徒并减等发落，及罪轻应释与未发枷号、情可矜疑等项，具疏以闻。上悉从其请，命死罪矜疑者、远戍边妇人并有笃疾者尽释。（第1148～1149页）

61.《明神宗实录》卷116，万历九年（1581年）九月丁卯。

户部奏：蒲州守御千户所屯地，坐落临晋等县，在山西抚按，以非本省所辖，不行丈量；在直隶抚按，不知坐落地方，又概称额全免丈。若非明旨着再查明，则一时隐射，遂为将来之**成案**，而莫可究矣。臣等窃谓屯地犬牙相制,各省直坐落本境者少,跨在别境者多;减于原额者少,加于原额者多。宜敕抚按官互勘交查,有过额数多者,照军民各地当差,姑免入官。庶正额咸复,永无隐射之弊。

疏入,允行。(第2188页)

62.《明神宗实录》卷242,万历十九年(1573年)十一月乙酉。

湖广巡抚李祯题,该省科举额徵银一万二千两,近岁多一千八百一十三两,议将试官员领鹿鸣等宴及杂费等项,又会试举人及教官作兴长夫等项通行裁省,共银四千一百余两,行布政司刊刻成案,部覆如议行。(第4522页)

63.《明神宗实录》卷377,万历三十年(1602年)十月己丑。

兵部署部事刑部尚书萧大亨等覆川贵总督王象乾疏言:"督臣按已往之成案,考近地之人情,定黔蜀之分疆,完拓地之全局,尤恐长跋扈之志,以遗身后之讥,其用心亦良苦矣。惟是水西侵地,始于安万铨,而非始于安强臣。安氏迫取于杨相丧乱之时,又非擅取于应龙荡平之后。今为时已久,旧制数更,世远人亡,难于究诘。无惑乎水西之得以藉口,而当事者之不能立决也。督臣身任善后,职总川贵,原无分彼此。如以蜀省论,则守沙溪诚不如守乌江之为险,而以两省相提而论,则与其较量土地而树敌结怨于诸夷,孰若曲为抚处,而令诸夷感德畏威?得此相安之为得也。臣意老成谋国者,当必有权衡于其间矣。至议请科臣往勘,是欲尽祛成心付之公论。但自京抵播程几万有余里,道途往返,时日耽延,恐议论逾多,事机坐失。讵若身亲目击,就近查勘者之真切耶?似应仍责令两省按臣会同勘报,庶为两便。盖督抚身在事中,意见有参差,议论不无同异。臣按臣身在事外,其侵地之应还与否、地方之有无利害与否,固可片言而决,移时而定也。今日之事,第愿诸臣以保境安民为上,以招携柔远为急,而以党同伐异、挑衅酿祸为戒,则播事从此得善其后,水西从此得保其终,而在事者从此亦得免于纷纷之议矣。"

上然之,命川贵各巡按御史会督抚官,遵屡旨从公查勘务,求画一之议,具奏定夺。(第7079~7081页)

64.《明神宗实录》卷483,万历三十九年(1611年)五月庚子。

总督仓场孙玮覆御史苏惟霖条陈漕政:……一曰免尖及轻赍。一分官银宜议免尖一节,先经本部覆有**成案**,无容再议。轻赍银两准备运船,沿途盘剥支费,每年类解漕司分为三七,三分给本帮运官,余呈验通州。坐粮郎中查算支扣后,欲杜运官侵欺之弊,总贮通济库,正汹涌之际,无银可用,坐延时日,及关领之时,穷旗俱散,徒饱运官,两失之矣。议三分之中,将一分照帮次给各总分解,遇有亶缆人夫起剥之费,当即呈明漕储道支用,事竣册报通厅,并呈本部核实准销。庶运官不致侵费,而旗军亦免守候之艰矣。……(第9089~9090页)

65.《明神宗实录》卷533,万历四十三年(1615年)六月庚寅。

工部侍郎林如楚言:“据监督桥工主事叶大受称:胡良巨马二桥,皇上仰追圣母遗意,特发帑金四万余两修筑。顾工役一兴,蠹弊百出。如内外官作书役,及夫匠、各色头目机机惯熟,非扫而清之不可。至于立循环以防虚冒,革预支以杜逋侵,拨州军以省募,夫凡用木石灰铁等料,悉照民价。当省即省,勿拘会估之**成案**;当用即用,勿拘节省之虚名。是在监督,一身弊期必剔,功期必兴。内而钦遣内臣,无或旁挠;外而地方有司,一听调度。不然,内帑之金钱有限,漏卮之耗蠹无穷,事权不专,责成何有?此议深于桥工有裨。”

疏入,上震怒。曰:“近来朝廷但行一事,这厮每借条陈,诬谤君上,沽名要誉,好生可恶。堂上官姑免究,叶大受着调外任用。”(第10082~10083页)

66.《明神宗实录》卷539,万历四十三年(1615年)十一月庚辰。

朝鲜国王李珲差陪臣关馨男等来贺冬至,奏称:“本年买回书籍,见《吾学编》《弇山堂别集》《经世实用编续》《文献通考》四种,书内有记载该国事迹,与皇朝《会典》错殊甚,乞为删正。礼部覆:“该国奏辩,李成桂世系出自李子春之裔,不系李仁人之后。其抚有三韩,繇国人之拥戴,不繇世传弑逆,节经累朝诏旨改正,《会典》所载。自明釜山对马岛招倭之说,亦属讹传。该国以四种书为辩,无非耻作逆党,而自处于彝伦效顺之邦。乞悯其诚,将原奏付史馆,为纂修成案,抄传海内,俾无不白之冤。”

上曰:“该国世系诸事,屡经辩明,改正载入《会典》。其釜山引倭之说,与野史所传,原不足据,今次奏词,着抄付史馆以俟纂修,仍赐敕与王,慰其昭雪先世之意。”(第10241~10242页)

67.《明神宗实录》卷592,万历四十八年(1620年)三月辛巳。

先是,崇王由櫍于万历四十五年十月内奏请选婚,得旨,已于四十六年十二月内选汝宁府息县民女黄氏,于四十七年二月内奏请册命冠服,奉旨下部。……臣父昭王常水,聿嫡母妃锺氏,生第一子夭,遗腹。五妾,除马氏生一女外,二子由樽,未封,卒;三子未名,夭;四子即臣由櫍,五子即臣弟由材,原应统嫡庶而列行,不宜分嫡庶而另列行也。因臣弟由材请封,写本书办纪宗坤误将臣弟由材分嫡庶而列行,写作庶第四子。但写本虽系宗坤,而查对简阅,实臣之责,难逃疏略之罪。伏望怜臣童稚,照例原宥,敕下该部免候勘回。至于臣弟由材,业蒙巡按御史移文本省,会集多官严勘,将黑白自明。第恐不能旦夕回文,刻期成案,业经两载,封婚愆期。乞敕该部行文抚按,速催回文,以完臣弟由材之封婚。……(第11347~11348页)

68.《明熹宗实录》卷12,天启元年(1621年)七月乙巳。

上传内侍田诏、刘朝等饶死,送司礼监定夺,以诏名下李鸣盛代控也。大学士刘一燝等言:“此事屡经法司问拟,具有成案。李鸣盛本未经发下,即法司无凭质辩,难以平反。至特谕竟径下法司,向无此例,恐政体有碍。臣等未敢擅拟。”上久之复以二本发票。一燝等复言:“热审在即,果如本犯所奏,法司自当从公分豁。若先下此本,转滋多事,未敢票拟。”仍将原本封进。按田诏之狱为移宫盗宝一案,司礼监太监王安主之。安既谪充南海子净军,旋中使传旨勒死,而诏等释矣。(第591~592页)

69.《明熹宗实录》卷27,天启二年(1622年)十月己丑。

翰林院修撰文震孟以国步綦艰,圣衷宜启,疏陈勤政讲学之实言:

"……皇上之精神既与群臣不相浃洽,则皇上之灵爽必与天下不相昭融,退入内庭而耳目所触发,德性所熏蒸,自不越於中涓常侍之口颊。夫大君照临之体段,帝王宏远之规模,则岂若辈之所能解?於是无名滥予,而藩封之踰额屡烦。中旨之传宣,且以一藩之越礼,吁咈盈庭,乃致诸藩之停封。恩膏久壅,国彝家范,尽蔑之为弁髦,此何礼也?有罪不诛,而失机之成案,更来众喙之纷纭。恣罗织者,既引绳而披根;护善类者,复因枝而惜叶。国宪刑章,悉付之葛藤,此何法也?危如山海,而阁臣一出,共偷安於无事,全虚庙算,何以张挞伐之威?惨如黔围,而抚臣坐视,竟严谴之莫施,每事优游,何以成臂指之势?……"

得旨:朝仪大典,累朝成规,如何辄肆轻亵,比拟傀儡,藐视君臣如戏,文震孟好生可恶!郑鄤这厮党护同乡,窥探上意,本当究问重处,念系朕首科取士,新进书生,不知大体。姑从轻俱降二级,调外任用。(第1384~1391页)

70.《明熹宗实录》卷36,天启三年(1623年)七月甲寅。

诏以太监王体乾、宋晋、魏进忠等青宫旧劳,梁栋等、王朝忠等均著勤慎,将原荫锦衣挥使挥同挥佥正千户百户等官,照先年黄锦、王本、冯保例,俱准世袭,凡十二人。奉圣夫人客氏奉侍年久,宜加殊恩示酬,伊子原荫锦衣挥佥侯国兴特准世袭,给与诰命。兵部尚书董汉儒等疏奏:臣部《邦政条例》一款:"凡武职,非军功不准世袭。"……圣明深虑,收回成命,庶祖制无紊,而臣部之职掌以明矣。

得旨:加恩荫袭,俱系先朝已行,何云无例?还遵敕谕,作速覆行。

吏科都给事中程注等、河南道掌道事御史汪泗论等各具公疏,言世荫非例,旧制宜遵。兵科给事中朱大典、周之纲,御史宋师襄、胡良机另疏谏止,俱不从。其略云:"黄锦一事,查照兵部成案,止以缉捕有劳,荫弟侄一人,即《嘉隆闻见纪》等书皆不开列世袭之文,见今锦衣卫册籍,亦迄不闻有黄锦子孙可覆阅也……"

得旨:所奏非军功不袭,朕知道了。各监官亦面奏恳辞,但朕念其服劳年久,登极以来,未曾加恩,且有两朝旧例,故查照补行。已有屡旨,不必渎陈。(第1882~1886页)

71.《明熹宗实录》卷49(梁本),天启四年(1624年)十二月丁亥。

御史周昌晋奏言:"向者诸臣以偏胜之心,就一成之局,如议移宫则移宫已耳,而重之以垂帘,拟之为阿党,遂称定策之业,映照千古,即云不居功,已有其事矣。且文致锻炼,开口辄摈。今者召还贾继春、徐景濂、王志道等,众心称快,而犹有未尽昭雪者。一官之升沉,在诸臣者小,国家之是非,系于千古者大。已往者弗论,而信史一段,断难曲以附会。家庭父子之伦,既博人功名,清史衮钺之严,复修人嫌怨。此时不剖,更复何待?所当明白宣示,以立不易之案者。"

奏入,上是之,乃诏所司曰:"向来浊乱朝政的,朕已将渠魁屏斥,其余故与维新,登进人材,方今急务,当次第举行。移宫、进药事迹自明,着宣付史馆,从实纪载。两朝从信录召还台臣贾继春、徐景濂、王志道等,尝见律令有从重归结之例,则挺击一案,自宜从神庙处法;而进药、移官,业经会奏,屡奉明旨,总之光庙为用药之人所误,非求长生、嗜金石以致病者可此,何必以不得正终为讳。赏奸轶格,直不可解矣。若夫官未移以前,当虑其变;既移以后,宜安於常。奈经手者狃於情,不无曲为调停;诛心者严於法,未免激於已甚。是以当人且无居功之心,而旁观反多推戴之论,遂致众议纷更,屡翻成案,亦世道之一大否象也。尚论者,宜折衷于情法之平焉。"(第2481~2482页)

72.《明熹宗实录》卷63,天启五年(1625年)九月丁卯。

镇抚司奏:爰书既有成案,史册务宜核真。得旨:汪文言(即汪守泰)罪逃贱隶,类不齿,而杨涟、左光斗与之交结,借通王安倡起"移宫"之事,希图富贵,把握朝权。及事发问徒,又潜住京师,与周朝瑞、顾大章、魏大中、袁化中等结党行私,庇护熊廷弼,力为营救,受其重赂,动以巨万,夤缘贿属,冒滥衣冠,党与实繁,招摇簧鼓,使一时人情知其贿赂,不知有朝廷;知有诸奸,不知有法纪。天厌其恶,国有常刑,已经三法司依律问拟,情罪允惬,爰书既宜颁布。中外镇抚司三疏招词,并着宣付史馆编辑成书,垂信万世。其汪文言未完赃私,行与该抚按官严提,家属追比,完日回奏。(第2983~2984页)

73.《明熹宗实录》卷69,天启六年(1626年)三月丙午。

兵部尚书王永光疏言:“查得《大明会典》功臣封爵,载在吏部验封司职掌;而查核功次,则臣部事也。宁晋伯刘聚在正统九年,随叔刘永成,在甘肃地方收捕都督南哥等一千七百余名口,并捕获伪祁王锁南奔等,又临水堡擒获达贼哈三帖木儿等;天顺五年,又杀反贼曹钦等,射杀贼首也。□忽王生擒、斩首一百余名,历陞总兵官,进陞宁晋伯。成化九年,又双山堡大战,斩获首级二百余颗,榆林地方擒斩首级又二百二十余颗。通计男妇及马、牛、羊共一十二万九千八百名口。此成案在吏部可查也。今厂臣魏忠贤纯忠许国,正色立朝,剔蠹厘奸,巡缉严而党贼骈戮,发伏摘隐,奸细缚而祸本潜消,雅类张承业之竭忠,且兼严遵美之避权,让大美而不居撝谦。已着於辞赏,准令甲以入告,酬庸一听乎司封。”

得旨:魏忠贤纯忠体国,剔蠹厘奸,巡缉严而党贼骈戮,反侧缚而祸本潜消。功次既明,爵赏宜亟。宁晋事例,旧典照然,着吏部查议覆。(第3285~3286页)

74.《明熹宗实录》卷75,天启六年(1626年)八月庚申。

南京户部尚书毕自严备陈留储出入之数,并商补救之术以岁入本色,言:“……案查天启元年正月,实支月粮官军匠役人等止七万人,今增万人,一年便多支米八万石。留都旧制,有祖军,无募兵;有额粮,无增饷。历年经倭警虏氛,兵部操江,俱各募兵,另立奇兵一营,增额遂满六千,增饷岁三万二千余两。夫增兵补伍,虽非根本至虑,第足兵先须足食,节流要在穷源。则今日讲求节缩,固臣部所急讲者。乃若以北分南之入,而入孔愈少,以南供北之出,而出孔益多。如辽折一项,臣又窃有请焉。南粮额派,原不甚充,纵令本色稍有赢余,亦听南部自折自用,成案可稽。迩因辽饷无措,搜括南粮,於是仓米改折既多,充饷愈穷。且楚中南解折色,该省并借供黔,五年以来几及十万。况近来织造孔棘,岁额倍增。辽折所留,尚苦不足於供。截长补短,剜肉医疮,此则臣部一不可语人之苦情。今日不得不彻底吐露,以仰冀宽恩於君父也。”

得旨:下部酌议。(第3645~3647页)

75.《明熹宗实录》卷86,天启七年(1627年)七月己卯。

吏部尚书周应秋复查宁晋伯事例奏言:"宁晋伯刘聚,在正统九年,在甘肃收捕都督南哥、伪祈王锁南奔等,又临水堡擒获达贼哈三木儿等;天顺五年,又杀反贼曹钦,并擒也忽烈王等。历陞总兵官,进封宁晋伯,此成案可考也。今奴孽不逞溽暑,兴师宁锦受围,声援几断。较之甘肃,奚啻万倍。赖厂臣壮志吞胡,赤心报国,储糈器械,协济实裕于边,发纵指挥调度,虏在吾目,将洗三朝未雪之恨,褫十年匪茹之凶。伟哉!浴日补天允矣。安内攘外,应赐券诰,用答元勋。"

得旨:魏忠贤报国心丹,吞胡志壮,整戎简备,立三捷之奇功;雪耻除凶,洗十年之积恨。绩奏安攘,名列山河。宁晋彝典,昭然世爵,褒封允当。着于弟侄一人特封为安平伯,世袭,岁加禄米一千一百石,锡之诰券,与国同休。仍赏银一百两、彩缎八表里、羊四只、酒六十瓶、新钞五千贯,赐敕奖励,以光贲大典,风励忠良。(第4159~4160页)

(作者单位:华东政法大学)

湖南坟山案件选编(上)

姚　澍

编者按①

司法档案是进行法律史研究的重要原始材料,尤其是地方档案能够弥补中央档案的不足,增加研究的深度和精细程度。本文通过对民国时期湖南两个坟山案件的档案材料进行初步整理,以期为相关的学术研究提供参考。

为便于读者阅读,将案件所涉材料文档在此作简要罗列:

1. 何登云、何欣藻等迁坟争讼案:

(1)民字7053号诉状;

(2)湖南高等法院民事裁定(三十六年度又上字一〇〇〇号);

(3)民字7054号诉状;

(4)民字头诉状;

(5)辩论笔录;

(6)宣示判决笔录;

(7)民字4641号诉状;

(8)民字4530号诉状;

(9)湖南衡山地方法院民事判决(三十六年度诉字第

① 下文表格均为原档案中诉状表的还原版,原材料中的文字为从右往左竖版排列,空缺情况均与原材料一致,材料中所称"左右"等情况同系排版不同所致,特此说明。

二一〇号);

(10)湖南衡山县政府民事堂谕(何用生交);

(11)立合约字(何用生交)。

2. 颜良士公会与余元盛公裔请求确认坟山所有权暨起迁新坟案:

(1)湖南攸县司法处民事判决(三十年度易字第四十三号);

(2)湖南高等法院民事判决(中华民国三十年度上字第五六零号);

(3)民事诉状;

(4)湖南攸县司法处民事判决(三十年度民□字第一五九号);

(5)湖南高等法院民事判决(三十一年度上字第六三号)。

一、案件名称:何登云、何欣藻等迁坟争讼案,台北"中央"研究院台湾史研究所藏,全宗号:SC1-18-521-0287

(一)民字7053号诉状

状心编号民字7053号		
诉 上 事 民		
人 诉 上 被　左方	人 诉 上	右方
何 何 何 明 用 登 生 生 云	何 欣 藻	姓名
二 三 六 六 五 三	二 六	年龄
衡 山	衡 山	籍贯
杨 第 潭 泗 十 泊 桥 二 乡 保	廿 南 第 潭 十 外 十 泊 八 街 二 乡 号 保	住址
均 农	农 工	职业

为不服判决声明上诉，请求解卷以资救济而保产权，并恳裁定审判费事。原民与原被上诉人何登云因迁坟争产一案，十月廿九日接奉钧院民事判决三十六年度上字第一〇〇〇号主文“原判决废弃，被上诉人应将所葬泉塘冲屋后山内父棺迁去，第一、第二两审诉讼费用由被上诉人负担”等语。奉此，查判决理由及内容与实际事实大有出入，实为上诉人不服也。除上诉理由另向最高法院详为补述外，爰于法定期间及法律规定依法声明上诉，伏乞钧院解卷，以资救济，并恳裁定缴纳审判费，殁存均感。又何欣汉非何会友之子，不能参加本案诉讼，请予注销何欣汉名字，合并呈明。

谨呈

三十六年十一月十二日

具状人：何欣藻

(二)湖南高等法院民事裁定(卅六年度又上字一〇〇〇号)

上诉人：何欣藻、何欣漢，住衡山潭泊乡十二保，指定衡山南外街彭永茂代收文件。

被上诉人：何登云、何用生、何明生，住衡山潭泊乡。

右当事人间请求迁坟事件，上诉人不服本院第二审判决提起上诉，应征第三审裁判费法币九千七百五十十元　角　分。兹限该上诉人于收受本裁定之日起三十日内迳向最高法院会计科如数缴纳，如逾期尚未遵行，即认上诉为不合法，切勿迟延自误！

特此裁定。

中华民国卅六年十二月九日

湖南高等法院民事庭　审判长：萧毅

本件证明与原本无异　书记官：

(三)民字7054号诉状

<table>
<tr><td colspan="4">状心编号民字7054号</td></tr>
<tr><td colspan="4">诉　上　事　民</td></tr>
<tr><td>人　诉　上　被</td><td>左方</td><td>人　诉　上</td><td>右方</td></tr>
</table>

续表

姓名	何欣藻	何登云 何用生 何明生
年龄	二六	六三 三五 二六
籍贯	湖南省衡山泊乡	湖南衡山
住址	潭泊乡第十二保南外街廿十八号	潭泊乡第十二保杨泗桥
职业	农工	均农

为申述理由请求废弃二审维持一审判决并确认产权事。原民上诉人欣藻之先祖何树廷,前于光绪八年价买堂祖何文中阄分凭□廿六区地名泉塘冲屋宇山林一契,传管至今历数十年。上诉人欣藻父子行使权利从未间断,不虞被渺不相干无中生有之被上诉人何登云、用生、明生等竟因口角小故及与上诉人先父会友生前夙仇,乃恃其腹戚现任长沙地院推事之龙云,别号廷瑞,串通二审审判官于审讯时不究事实,不询根由,竟一味偏袒废弃原审,居然以上字第一〇〇〇号判决主文开"原判决废弃,被上诉人应将所葬泉塘冲屋后山内父棺迁出,第一、第二两审诉讼费用由被上诉人负担"等语。实为上诉人愤慨不服,谨补述理由于次:

1. 判决书称"上诉人等主张泉塘冲屋后山林系其先祖何成桂公之祭产,为成桂后公裔所公同共有"等语。查成桂公祭产有同治十年分关字约载明"存沱字,廿六区道人冲田租四石,观里坪田租十石,共存十四石,生为膳养,殁作挂扫",并未载明"屋后山地存作祭产"等字样(有上诉人何登云于上次席请地邻理论时所提出封交之地字阄呈验),其余产业派作天、地、人三阄均分。天字阄系被上诉人何明生之先祖文有检,地字阄系被上诉人何登云、用生之先祖父谏(即鑑)检,人字阄系原二审被上诉人欣汉之先祖父文中检(该业出笔人),阄载分明,各管各业。是出笔人绝无互混盗卖等不法行为,接买人亦无侵吞伪造等越轨事实,且出笔人文中之孙洋粒、曾孙欣汉咸认该业早已出售,申明不愿加入此无谓诉讼旋蜗,而被上诉人等竟强指何文中出售之私人屋后山林及右头屋宇为祭产,诚愚者自明,不值一驳。其不服者一也。

2. 判决书称:"被上诉人之故父何会友于民二十二年与成桂公裔孙何其会因争管产业涉讼时,曾承认此项山地为三房所共有……则上诉人攻击被上诉人所持印契为不实,即不能谓为无故。"又谓"纵有价卖山地之事实,自亦应受堂谕后之拘束,何得仍持在先之买契而为权利之主张"等语。查该所争之业,因民廿一年上诉人之祖父树廷身故殡殓无资,先父会友将其典押于原出售人何文中之孙洋粒(欣汉之父)抵当为业,第念一脉至亲,仅将此项接受契据发出并未书立典卖契,亦未移居出大。迄民二十二年先父会友与被上诉人明生之父其会以出入问题兴讼时,而洋粒从戎未归,无法向法庭控诉,上诉人之父会友以该业管理权□暂变更,可是主权并未完全丧失,故出名代理承典人洋粒起诉,结果,县政府庭谕:"须待泽粒归来亲自出主持,何会友在该业出典期间停止权利,无讼诉权。"揆之情理,审察当时上诉人先父会友所供与县府堂谕并无不合,且未见说明该业系成桂公祭产,或为被上诉人何登云等所有。盖谓山林三房所共有者,系按该业在出典期间而言,指何洋粒与明生、登云、用生(其会为明生之父)同为何成桂公派□三房之子孙也。

迨民二七年,先父会友将欠债清偿,该业收回,至今承典人洋粒及其子欣汉毫无异议,并未瞒心说出该项屋宇山林,渠先祖何文中于光绪八年无出售事实,民廿七年无赎典事实,今被上诉人以渺不相干信口指该业为成桂公之祭产,天下宁有斯理也?果如被上诉人所云,该业(山林屋宇)为三房共有,想出笔人何文中之孙洋粒、曾孙欣汉必自出面争执,现身说法,不相干之被上诉人何登云等之注意及此也。退一万步言,若谓上诉人所持印契为不实则该业除发还原出售人何文中之后裔外,而被上诉人何登云等于法亦无争管之余地,不然则该契自二审宣判为不实后,该业即应先作二审□判官之私产,或收归□有,否则别无处置办法。嗟嗟!如此偏袒判决,法于何从,岂真所谓暗无天日,弱肉强食之时代乎?其不服者二也。

3. 判决书称"依公同共有物之处分,被上诉人安葬父棺于山内既未能证明已取得上诉人之同意自不能认为合法,上诉人等请求被上诉人将其父棺迁去,即不能谓为无理由"等语。窃依乡村习惯及族姓成例,在九服以内之公私山地除禁骑牵外任其进葬,况上诉人之故父会友安葬之日,被上诉人等均经从场眼同,毫无异议。且有被上诉人于衡山地方法院呈诉状词中所指之人证秦旺香、陈道承、龙玉生、族人何欣志等,倘钧院嘱托衡山地方法院传讯则已否取得公有人之同意与认可,自当采信易明矣。其不服者三也。

上三点不过述其□□大者,至其中之委曲情形,有两造证据及供词与粘呈文鑑之分关子约,藉供参考毋庸销瀆。钧座明镜高悬,爱民如子,无枉无偏,确认上诉人接买何文中契据所载之屋宇山林等业,免生者沿门露宿,废弃二审袒判,迁出泉塘冲屋后山内所葬之父棺,俾死者得慰幽魂。拭泪陈情,乞垂鉴察,上诉人有生之日皆不忘大德之年,存殁均感深沾。

上呈

中央最高法院民事庭

卅七年元月十七日

具状人:何欣藻

(四)民字诉状

状心编号民字　　号		
诉　上　事　民		
人　诉　上　被　　　左方	人　诉　上	右方
何　何 欣　欣 汉　藻	孙　何 何　成 登　桂 云　公 (端　裔 云)	姓名
二　二 〇　六	六 三	年龄
衡　湖 山　南	衡　湖 山　南	籍贯
廿　南　第　潭 十　外　十　泊 八　街　二　乡 号　　　保	杨　第　潭 泗　十　泊 桥　二　乡 　　保	住址
农　工	农	职业

为不服衡山地方法院判决补具上诉理由,请求废弃原判更为适法,判令被上诉人起迁坟茔担负本案一二两审诉讼费用,以昭平允而全所有,并提出新事实与新证据,请求确认泉塘冲屋后山林一所为何成桂公裔孙公同共有,撤销被上诉人伪造契约以维确定判决,并奉原审缴纳第二审审判费事。原与被上诉人因起迁坟茔□□一案,七月十日接奉原审裁定内开"限上诉人于收受本裁定之日起十五日内迳向钧院缴纳第二审审判费九千七百五十元整",奉此遵于限期内如数邮呈计购汇票九千元,又邮花七百五十元,伏乞征收并补具上诉理由于次:

(甲)上诉理由。窃先祖何成桂公于同治元年接买何贵德出卖沱字二十六区泉塘冲屋后山林一所,历系三房裔孙公同共管并厝坟于山内已近百年无异,契确已呈原审卷内确核,又有民二十二年经衡山县政府民事庭判决堂谕确呈。惟三房何闻忠(文中)之子何嘉富乏嗣,承抚被上诉人之父会友之胞弟何扬粒为子,被上诉人之父何会友恃出抚弟何扬粒外出之机会,假以代管何扬粒产业名义侵管何扬粒所有私产不足,胆敢伪造何家富(嘉富)父子卖契称槽门外之公同共有禾场为此伊契管乏业。案经衡山县政府判决该禾场及屋后山林并厅堂与园土仍为上诉人何成桂公三房裔孙公同共有,不虞被上诉人父何会友伪造何家富父子卖契,已经判决不生移转物权效力外,再于先年预为伪造光绪二十八年何成桂公之裔孙何文忠、高田、何嘉连等出卖泉塘冲屋后山林契约一纸,于民十三年投税,始终尚未发现。前年何会友物故,被上诉人将父盗葬上诉人契管泉塘冲屋后山内,经上诉人屡次催迁犹未发现是项伪造契,直至上诉人诉请原审判结迁坟时始而提出伪契。查私文书之真伪得依核对笔迹为先决问题,《民事诉讼法》第三百五十九条明白规定,原审亦不论反证伪契瑕疵重大,又不核对伪契笔迹,徒凭被上诉人伪契税在民十三年而为真正,竟判令原告之诉驳回,实于职权上调查能事未尽。诚不服者一。

又查判载"被告抗辩谓系葬父于自己山内,行使权利业已三年等语自堪采信,即证人龙玉生亦称何欣藻是民国三十三年葬父,是原告尚难确切证明被告有盗葬之事实"云云,不思上诉人接买契所载出卖人何文中名下笔书及何高田、何嘉连名下押字与何文中、何高田、何嘉连等生前所书遗笔□不相符,有何文中生前代书何贵公出卖印契及契内到场人何高田之押字,均皆呈验核对,原审毫不采纳,一味置之不理,显不适法。被上诉人之契果非预为伪造,其父何会友于民二十二年在衡山县政府兼理司法,何不提出是项卖契?何得任其判决该山为何成桂公长房何其会即上诉人何明生脉伯,二房何端云即上诉人何登云,三房何扬粒等之三房公同共有?有何其会等起诉被上诉人之父何会友之判证确呈,既被上诉人之接买契而非真,其父何会友又非何成桂公若子若孙,有何权能葬父于上诉人管山内?所有人绝对不容如此盗葬,论情理,论法理应即起迁。原审反谓被上诉人葬父于己山内,是原告尚难确切证明被告有盗葬之事实,显有惜悞。诚不服者二。

(乙)新事实及新证据。查衡山县政府民事堂谕内开讯得何其会等共三房:长房何其会,二房何端云,三房何家富。何家富无子,立被告何会友之弟何扬粒为嗣,其祖遗沱字二十六区泉塘冲之产业早作三股均分,惟屋后之山林、屋内之厅堂、槽门外之禾场、屋前对面之园土四处,据何其会等称系三房共有,而何会友对于后山、厅堂、园土三处,认为三房共有,亦为不争之事实,但据槽门外之禾场系买自何家富父子契载范围之内,是其私有,现在作为三房共有,亦属可行。兹判定禾场、后山、厅堂、园土均由何其会等三房共有同管业,至第三房何扬粒私有部分,现在即由何会友代为管业如有不合,应由所有人何扬粒出头告争,案已确定判证确呈。

被上诉人之父何会友既系代管上诉人何成桂公第三房裔孙何扬粒之业,又非确定判决内公同共有人,万难容忍被上诉人之父何其会盗葬于上诉人确定判决山内。且确定判决绝对不受被上诉人于确定判决前之伪契拘束,此上诉人请求废弃原判决,确认泉塘冲屋后山林一所全部为何成桂公裔孙公同共有,撤销被上诉人造出确定判决前之伪契,起迁何其会之坟茔以维确定判决。为此补具上诉理由,状请钧院鉴核,伏乞废弃原判,更为适法判令被上诉人起迁坟,担负本案一、二审诉讼费用,以昭平允而全所有。并提出新事实与新证据,请求确认泉塘冲屋后山林一所为何成桂公裔孙公同共有,撤销被上诉人伪造契约,以维确定判决,深为德便。

谨呈

湖南高等法院民事庭公鉴

具状人:何端云等

中华民国三十六年七月十七日

(五)辩论笔录

上诉人何登云等与被上诉人何欣藻等因迁坟一案,上诉人不服衡山地方法院一审,于三十六年九月十五日上午十一时本院民事庭公开辩论。

审判长推事:萧　毅

推　　　事:粟根白

推　　　事:程　熊

书　记　官:梁淑元

问:何用生住址?

答:潭泊乡。

问:何明生住址?

答:潭洎乡。

问:何登云呢?

答:他老病不能来,我们代理。

问:你们两人谁说话?

答:何用生说话。

问:你们这山是祖山吗?

答:这是祖山,是我们没有分的公山。

问:你们推得有经管吗?

答:这祖山是何登云同我们三人管。

问:山是谁的?

答:是何成桂的遗业,就是他的祭产。

问:你们请求如何判?

答:请求废弃原判决,判令何欣藻他迁坟。

问:何成桂有几个后人?

答:成桂公有三房人。

问:长房呢?哪三房?

答:长房何闻□,次房闻谏,三房闻忠。

问:何欣藻他们有份吗?

答:没有份。他们是成富公的后人。

问:怎么他们没有份?

答:他们是成富公的子孙,我们是成桂公的。成贵、成富是兄弟,各有财产。

问:他说他们是买得,有光绪十年契呢?

答:他没有买,他契是假的。

问:他那契上画的押如何□□何文忠、家田等名下的押字?

答:都不对,我有一张何文忠亲自书的契,请法官核对笔迹就知道了。

问:还有别的证明吗?

答:还有判词,是二十二年打官司的。

问:这判词上何会友是何人?

答:何会友是何欣藻他们两人的父亲,现在埋在这山里。

问:这判词有何用?

答:现在争这地方即这判词上所争的屋后山。

问:何扬粒是哪房的?

答:有何扬粒,他是三房的后人。

问:何扬粒把他的产业卖给何欣藻了吗?

答:他们出门去了,他的产业没有卖。

问:何家富是何扬粒的谁?

答:何家富是何扬粒的父亲。

问:何扬粒现在家吗?

答:他们卅三年出门的,打官司时他还在衡阳。

问:何树廷是谁?

答:是何会友的父亲。

问:何家富是何树廷的什么?

答:何家富与何树廷是过房的兄弟,何家富目不识丁,没有读过书。

问:怎么何欣藻他们没份,又住在这里?

答:何扬粒的房子归何欣藻他们在住,是我们在管。

问:他向你们写佃约吗?

答:没有写佃字,所以他就假造一契说我们卖了的,如果他有这契,二十二年不拿出来吗?

问:这山林、菜园是谁在管?

答:山林、园土、菜园都是我管。

问:怎么屋对门的菜园也是你们种吗?

答:屋对门的菜园是我们公的,他在种。

问:他何以会在此种你们的地方?

答:他在这里是借种的。

问:他写有借约吗?

答:没有,因为是自己人。

问:这山上的树木是谁在斫?

答:我砍山里的树。

问:你有证据吗?

答:我们有合约可证(呈合约)。

问:这合约后面两证人还在吗?

答:这两证人都不在了。

问:你还有旁的证据吗?

答:我们管公山还有账簿的。

问:何欣藻住址?

答:住衡山南岳镇。
问:你听了他说的话,你怎么说?
答:我是买的,我有契。
问:这契上的中人呢?
答:契上的中人都不在了。
问:他说何家富没有读书,不识字呢?
答:何家富读了十多年书,认得字的。
问:二十二年你父亲同他们打官司为争这地吗?
答:我不知道,我那时还小。
问:何父亲现在葬争这山是叫屋后山吗?
答:葬的是屋后山。
问:何扬粒是你什么人?
答:何扬粒是我叔父,死了。
问:他们说这是他的,三房没分得山呢?
答:分了的。三分之一,没有踩界,是公管的,我买三分之一也没踩界,是公管。
问:园土踩了界的吗?
答:园土踩了界的。
问:厅堂呢?
答:厅堂是凭心卖的,契上载明了的。
问:这山归哪个管?
答:是公管。
问:山上的树是谁斫?
答:斫树是他两个人斫。
问:你对他们提出来的挂扫、斫树的簿子怎么说?
答:是他们斫,随便他们支的,簿也随他们写。
问:你请求如何判?
答:请求维持原判,驳回上诉。
问:何欣汉没有来呢?
答:他是我弟弟,我代理他。
审判长宣示本案辩论终结,定本月十八日下午二时宣判。退庭。

中华民国三十六年九月十五日
湖南高等法院民一庭
书记官:梁淑元

(六)宣示判决笔录

上诉人:何登云等

被上诉人:何欣藻等

中华民国三十六年九月十八日下午二时湖南高等法院民事庭公开法庭宣示判决上诉一案,出席职员如左:

审判长推事:萧　毅

推　　　事:粟根白

推　　　事:程　熊

书　记　官:梁淑元

书记官报告案由,湖南高等法院民事宣示判决笔录。

本庭宣示判决何登云等与何欣藻等迁坟上诉一案,审判长朗诵主文并明白告知判决理由之要领,宣示退庭。

中华民国三十六年九月十八日

湖南高等法院民事第一庭

书　记　官:梁淑元

审判长推事:萧　毅

湖南高等法院民事判决(卅六年度上字第一〇〇〇号)

上诉人:何登云,住衡山潭泊乡。

上诉人兼诉讼代理人:何用生,住同右。

上诉人兼诉讼代理人:何明生,住同右。

被上诉人:何欣汉,住衡山南岳镇。

被上诉人兼诉讼代理人:何欣藻,住同右。

右当事人间请求迁坟事件,上诉人对于中华民国三十六年六月二十六日衡山地方法院第一审判决提起上诉,本院判决如左:

主文

原判决废弃,被上诉人应将所葬泉塘冲屋后山内父棺迁去,第一、第二两审诉讼费用由被上诉人负担。

事实

上诉人兼代理人声明求为主文之判决,被上诉人兼代理人声明求为驳回上诉之判决。上诉人引用印契、合约、堂谕、挂坟簿等件为证,其余事实与第一审判决书记载略同,依《民事诉讼法》第四百五十一条引用之。

理由

本件上诉人等主张“泉塘冲屋后山林系其先祖何成桂公之祭产,为成桂公后裔所公同共有,现被上诉人偷葬父棺于内,上诉人等为祭产管理人,请求被上诉人迁坟"云云。依照一般习惯,祭产管理人有代表公同共有人全体起诉或应诉之权,合先说明。

次查泉塘冲屋后山地原为已故何成桂之遗产,为被上诉人不争之事实,惟被上诉人主张其先祖何树廷曾于光绪二十八年自何成桂裔孙何文中手内买得三分之一云云。虽经提出印契一纸为立证方法,然被上诉人之故父何会友于民国二十二年与何成桂裔孙何其会等因争管产业涉讼时,曾承认此项山地为何其会等三房所共有,亦有上诉人提出民国二十二年八月六日衡山县政府民事堂谕可稽。果被上诉人先祖已于光绪二十八年买得山地三分之一,何以其故父于民国二十二年与何其会等涉讼时不加主张,则上诉人攻击被上诉人所持印契为不实,即不能谓为无故。况此项山地业经衡山县政府判定归何其会等三房所有,亦经于上项堂谕内记载分明,被上诉人纵有于光绪二十八年购买山地之事实,自亦应受在后堂谕之拘束,何得仍持在先之买契而为权利之主张。且被上诉人契内仅载"屋后山林中□□一所三分之壹"字样,而此项屋后山林系何成桂之遗产,迄今尚未分割,为被上诉人所不否认,则为公同共有物无疑。纵退步言之,被上诉人对此项山林有其权利,亦仅公同共有人之一,依公同共有物之处分及其他之权利行使应得公同共有人全体之同意之规定,被上诉人安葬父棺于山内既未能证明已取得上诉人等之同意,自亦不能认为认为合法,上诉人等请求被上诉人将其父棺迁去即不能谓为无理由。原判决未见及此,遂将上诉人之诉驳回,显有未当。上诉人据以提起上诉应认为有理由。

据上论结,本件上诉为有理由,依《民事诉讼法》第四百四十七条、第七十八条判决如主文。

中华民国三十六年九月十八日
湖南高等法院民事第一庭
审判长推事:萧　毅
推　　事:粟根白
推　　事:程　熊
本件核对与原本无异
中华民国三十六年九月　日

(七)民字4641号诉状

状心编号民字4641号		
诉　起　事　民		
人告被　　左方	人告原	右方
何欣汉 何欣藻	何明生 何用生 何登云	姓名
二〇 二六	二六 三五 六三	年龄
同右	衡山	籍贯
同右	保泉塘冲 潭泊乡第十二	住址
农　工	均　农	职业

为盗葬强占侵害山地依法提起诉讼,请予判令迁出并负担本案诉讼费用事。窃原告等公管屋后山林一所为祖成桂公遗业,山内阴地除已葬数塚外尚有一处未葬,久为一般堪舆家所称道,觊觎者颇不乏人。被告兄弟为原告等叔祖成福公之支孙,偕原告等剩余之屋后而居,山内阴地尤所羡慕,适其父会友于前年古历九月底物故,无处安葬,向原告等乞地未许,忽于十月初某夜更深时乘原告等熟睡悄将其父棺骸盗葬该山。迨至次早,原告等始悉其事,当即经投本保副保长秦国香、甲长陈道承、地邻龙玉生、亲属何厚生、士绅向峥嵘等。与之理论,乃被告兄弟狡猾异常,初则限期迁葬,及届期又要求展缓,至再至三终以无适当地点为词故意宕延迄今日,久无履行诚意,任催不理。似此盗葬强占侵害他人山地实属不法已极,原告等为保全所有物权起见业经声请调节,未获成立,为此,状请钧院鉴核,迅传被

告兄弟到案,判令将其父棺迁出,并负担本案诉讼费用,以符法制而保主权。

……

中华民国三十六年五月五日

具状人:何登云

状悉。查起迁坟茔之诉仍系所有权之争,自应按系争土地依现时价格缴足裁判费用,不能认为非因财产照普通事件缴费,仰于收受本批示日起七日内补正如逾期不遵行,即认为违背程式,予以驳回,毋得延误。此批。

三十六年五月六日

(八)民字4530号诉状

状心编号民字4530号		
辩 答 事 民		
人 辩 答 被 左方	人 辩 答	右方
何用生 何明生 何登云	何欣汉 何欣藻	姓名
五〇	十五 二六	年龄
同 同 衡山	同 衡山	籍贯
同 同 衡山潭泊乡杨泗桥	同 衡山潭泊乡杨泗桥	住址
均农	农工	职业

民国三十六年度诉字第210号何登云控何欣藻盗葬强占案,为匿据图占捏词朦控依法答辩并提起反诉,泣恳照契裁判赔偿损失以保坟茔而全产权事。窃民欣藻年廿六,会友之子,欣汉年十五,扬粒之子家富之孙也。原民欣藻先父树廷公本为成桂公第三男文忠公所生,因成福公之子文助公之嗣,遂出抚承继。不意自出抚后,文忠公负债甚巨,将祖遗接受沱字廿六区地名泉塘冲已分关内屋宇、山林售与祖父树廷为业,传管数十年,毫无异议,印契确呈。不虞民父会友于卅三年九月逝世,择葬于屋后山地,原告端云等以民父登山之日未接渠家大小吃饭之细故,恼羞成怒,加以原告明生同居一屋与先父会友颇有宿仇,从中刁唆嗾使登云藉言沦陷时期契约须集中保管。民母孀居女流,脑筋简单,乃一概交托保管原告登云等不疑。该业卖契因欠债关系前已抵押人手,光复后,民母向之索回,讵登云等初称被敌遗失,继言视为已有迫诉族邻答辩卖契之附有文契,无甚重要,故不之理,此原告侵占之动机,本案发生之主因也。

昨奉钧院票传得悉原告端云等捏以盗葬强占大题朦控钧院,残除骇异。查原告状称"登云以公管屋后山地为祖成桂公遗业",殊不思成桂公派衍三房,阄订文有份为原告明生承管,文谏份为原告登云、用生承管,文忠份除售出外,余为欣汉承管,照服阄份,并无克存,分关可调。试问共管之公产何来□□□资佐证?此其答辩并起反诉者一也。

原告状称"山内阴地尚有一处久为堪舆□□及一般人觊觎",民性拙不知风水,惟意揣原告用生之父凤秋,登云之兄加顺均死于民父会友之前,既知吉壤,何不卜葬?而竟乞诸于族老汉会、欣富先生之私山?其不愿□吉地手,抑死者之无缘乎?不然,我何姓山林例习在五服以内之亲属,准其自由进葬,况原告用生等为占份之公山,更不例外。此不攻自破并起自诉者二也。

最可耻者,原告状称"被告兄弟借原告剩余之屋",试问原告等□□无地有何剩余?荒谬殊属绝伦,不值得识者一笑,行见由□而入,匪特死者葬地将被侵占,即生者住屋亦无法保持,此其答辩并起反诉者三也。

原告状称"民父物故,乘原告熟睡悄其棺骸盗葬",窃民父会友□葬有份之公山,然事前事后征求原告人同意,并蒙原告人从场帮□,白日归山众目昭彰,焉得谓为盗葬?退一步言,原告明生等同居一栋。

多不过七八间之房屋,葬不满半里路之山地,黑夜偷棺出户,人声嘈杂,纵说熟睡亦未必有于斯之甚不辩白。此其答辩并起反诉者四也。

状谓"凭地邻理论答辩人一再限迁"等语,查原告指证秦国香、陈道承为现任保甲长,谅能仗义直言不至偏袒,龙玉生为原告明生之妻族,向峥嵘为原告登云之姨侄,何原生为同姓不宗之流民,或以戚谊相关,或以金钱、同事,三者均不能为合法人证。且自山自葬,有何改迁之可言?更凭何项证据作为有限迁之事实?此其答辩并起反诉者五也。

原告登云等于去年冬间野心勃发,不征民母子同意,强伐大树七□十余码,尤以明生丧尽天良,假砍树之名,行毁坟之实,比经民母发觉出而理论,明生竟大施毒打,遍体受伤。□幸见证人陈道承为当时之甲长,恐事势扩大,邀请族人欣富、龙粒,地绅陶□屏、保长秦国香比采断然处置,醮坟鸣鞭寝事,并责令登云等将民股份应得之业限期如数发出。事至今春尚未退还,民母曾一度诘问,讵登云等诡计多端,谓再行向山内取伐补还去年一份,余则公分,民母信以为实。三日之间又伐柴五十余码,时欣藻作工南岳,民母乃请人搬运,孰意登云等万毒万恶,片柴不与,迨席请地邻保甲时,柴已搬尽,□又断令退出,总未见诸事。此依法答辩并起反诉者六也。

上述各情,查原告登云等匿据侵占,数伤坟茔,强取柴树,凶殴民母,在触律犯刑构成罪恶,尤复捏词盗葬实属目无法纪。钧院秦镜高悬,秋毫明察,泣恳严惩并责令退还交管之分关字约,强取之柴树,赔偿本案先后一切损失,以慰幽魂而全产业,则欣藻有生之日皆戴德之年,毋任惶悚。

谨状

中华民国三十六年六月六日

具状人:何欣汉

何欣藻

(九)湖南衡山地方法院民事判决(三十六年度诉字第二一〇号)

原告:何登云,住潭洎乡第十二保泉塘冲。

何用生,住同右。

何明生,住同右。

被告:何欣藻,住同右。

何欣汉,住同右。

右当事人间求起迁坟茔事件本院判决如左:

主文

原告之诉驳回,诉讼费用由原告负担。

事实

原告声明求判令被告起迁坟茔,其陈述略称"民等公管泉塘冲屋后山林一所为先祖成桂公遗业,被告系叔祖成福公之支孙,其父会友于前年古历九月底物故,于十月初某夜更深时悄将其父棺骸盗葬该山,迨至次早民等始悉其事。当即投明保甲亲属与之理论,被告初则展限,终至延宕,迄今日久已无起迁诚意。用特诉请判令将父棺迁出”云,提出族谱一本、同治元年印契一纸为立证方法。被告声明求驳回原告之诉,其答辩略称“泉塘冲之公山民先祖树廷已买有一部分山林,系由成桂公之子何文中出笔,有民光绪二十八年印契确凭,民父会友于三十三年九月殁葬该山,原告等并未有何异议何得事后干涉”云云。亦提出光绪二十八年印契一纸为反证方法。

理由

按起迁坟茔系坟地所有权之争执,本件被告葬其父会友于泉塘冲系争山内,该项坟地究属谁有自应以两造所提契据孰为强弱为判断之基础。查原告为成桂公子孙,被告为成福公子孙,双方对于族谱系统均不争执,要无庸加以论究。惟原告谓泉塘冲骑头冲葬坟地点全山均为其所有,无非以其同治元年何成贵接买何贵德印契为据,该项印契固不能谓有何瑕疵,然已于光绪二十八年由何成贵之子何文中摘售一部分山林与被告先人何树廷为业,该契亦属纸老墨陈,民国十三年即已税契,殊难认为伪造。被告抗辩谓“葬父于自己山内行使权利,业已三年”系等语,自堪采信。即证人龙玉生亦称“何欣藻是民国三十三年葬坟究竟是那个的山,我不清楚”,是原告尚难确切证明被告有盗葬之事实,其请求判令起迁坟茔不能谓有理由。

据上论结,本件原告之诉为无理由,应予驳回并依《民事诉讼法》第七十八条判决如主文。

中华民国三十六年六月二十六日
湖南衡山地方法院民庭
推事:刘家让

(十)湖南衡山县政府民事堂谕(何用生交)

原告:何其会,年五十岁,住沱字二十六区,木匠。
何端云,年四十九岁,住沱字三十区,农。
何文氏,年五十六岁,同上。

被告:何会友,年三十七岁,住沱字二十六区,铁匠。

右列两造因共有遗产涉讼,经本府审理堂谕如左:

讯得何其会等共三房:长房何其会,二房何端云,三房何家富。何家富无子,立被告何会友之弟何扬粒为嗣,其祖遗沱字二十六区泉塘冲之产业早作三股均分,惟屋后之山林、屋内之厅堂、槽门外之禾场、屋前对面之园土四处,据何其会等称系三房共有。而何会友对于后山、厅堂、园土三处认为三房共有亦为不争之事实,但称槽门外之禾场系买自何家富父子,契载范围之内是其私有,现在若作为三房共有亦属可行。兹判定禾场、后山厅堂、园土均由何其会等三房共同管业,至于第三房何扬粒私有部分现在即由何会友代为管业,如有不合,应由所有人何扬粒出头告争,在长二房对于他人处分所有权自不得加以干涉,诉讼费用依《民事诉讼法》第八十二条归两造各自负担,特此堂谕。

中华民国二十二年八月六日
湖南省衡山县政府民事庭
承审员:陆冠英　印
本件证明与原本无异
书记员:李华国
中华民国二十二年八月十一日

(十一)立合约字(何用生交)

何承贵公位下裔孙□秋、嘉富、加顺、其会、登云、高田等,缘先年先人所管沱字廿六区泉塘冲屋后山林、堂所、松、杂树、竹、茶、桐,概行禁长,不许砍伐,茶桃公取,不得私□私行。倘有公议条规不□,约立罚钱三串,其有山界比凭□断,严伐山界听伐,无得异言,三房等人无得异言。恐口不凭,立约三纸,各执一纸,缄□为据。

凭见人:余俊成　押
何呈均　押
□约人:家　富　押
□　秋　押
高　田　押
家　顺　押
登　云　押
其　会　押

协力咸心

民□秋年庚申二月拾八日立

二、案件名称:颜良士公会与余元盛公裔请求确认坟山所有权暨起迁新坟案,湖南省档案馆藏,全宗号:28－14－218

(一)湖南攸县司法处民事判决(三十年度易字第四十三号)

原告:颜良士公会。

法定代理人:颜昌百,年三十八岁,住攸县凤岭乡葛新桥,颜良士公会代表。
颜珠俊,年五十二岁,同。
余详卷。

被告:余元盛公裔。

法定代理人:余济衷(飞腾),年四十岁,住攸县三江乡官田,余元盛公裔代表。

右当事人间请求确认坟山所有权暨起迁新坟事件,本处判决如左:

主文

系争官田花门楼山地除颜良士公坟台上下左右荒坪,均应维持现状不得开挖侵害外,原告其余之诉驳回。

诉讼费用由两造各自负担。

事实

原告声明求为确认官田花门楼山地所有权,暨令被告法定代理人起迁新坟之判决,其法定代理人陈述略称:"先祖颜希哲公价买谢东皋三江乡官田花门楼山地一处,安葬□祖颜良士公坟茔,命名金钗形。因与邻近余姓构讼,经刘作范、陈什庸等先后劝释,立有嘉庆十八年清界约及道光二十六年再清界约,颜、余各执一纸为凭,刊登本族牒可考。颜姓坟左以余姓旁屋左右边滴水直上至大松树与王姓壕基为界,下以田弦为界,坟右以谢姓享堂坐向右边屋角园岸上壕基直上山顶壕基为界,下以享堂屋后园岸壕基绕至享堂屋左蔬园壕基,界外左右属余独管。两约记载明晰,历来照管无异。"谓"因本山距原告住地达三十里,原告前因避匪他适,被告附近该山竟行开土耕作,甚至将父与兄合葬原告界内,藉执接买谢姓船形山地各契,移甲作乙,希图罩占。业蒙莅勘,原告坟山界址与先后清界约载相符,虽大松树无存,树兜可资考证,谢姓享堂无有,壕基蔬园尚在,合请判认业权,并令迁坟"等语,提出照抄清界约二纸,立证被告声明求为驳回原告之诉之判决。其法定代理人陈述略称"被告所管官田本宅右侧山场余坪,上节桐茶成林,园蔬满畦,系先祖余元盛公于嘉庆五年接买谢恭公裔船形契内之业。颜姓坟上余坪,同系先祖于嘉庆八年及十年先后典买谢良相等晒坪,历在该坪用晒茶子,颜姓折毁谢姓享堂造坟,有谢冬交嘉庆十年义让字与本宅槽门前屋脚可为佐证。至被告合葬父兄之处系接买谢元魁等蔬园,良相、毓俊、祖楚维,父英才二人合葬弃地有道光十九年契可凭,历来行使权利,□管多年无异。讵原告近忽藉坟占山,提出该族谱载清界约,希图混争,被告山地业经勘明,松树石墙俱无界址,记载迥异,合请驳回其诉讼,以杜混争"等语,提出契约五纸为证。

理由

查本件勘验笔录载:"勘得系争山地,在官田余姓老屋右侧,余祠左边,蔬园左侧横宽约七丈,下节系荒坪,中有石砌坟台竖立颜良士公墓碑,刊载'官田三江口花门楼,金钗形,丁山癸向,嘉庆乙丑十年七月二十二日'等字样。□座坟台下约三丈许至田弦,坟台上约十余丈许,余姓种植桐茶成林,围有蔬园数个在其上节,前年被告余济衷将其父兄棺合葬上节林内,距颜良仕公坟台约十三丈许,再上至壕基亦约二十余丈,共直长约五十丈,此即两造系争山地之大概情形也。"本处根据两造提证据,勘验所得结果,在颜姓所指系争山地界址,虽坟左上大松树无有,坟右上石墙与下右上节有壕无存,惟坟左有余姓旁屋坐向右边滴水与上节壕基,及坟右上节有壕基断续上至山顶,下节有蔬园壕基直出田弦,核与颜姓举出先后清界约载情形尚属相符,自不得以出自该姓族谱所载,而否认该山为非颜姓所有。至余姓买谢姓船形山地,现有土王庙与扶桥坡口等处可资考证该契山地所在,且契内载有"谢坟八塚,一连横过,又刘坟四塚,各留禁步"等字样,查勘系争山内并无此项坟塚,是船形系在颜坟右边界外洵堪置信。若晒坪契载"享堂屋后,祖父致前及右边侧连共晒坪一大块,上右左三方俱与买人前接之契连界,下以享堂屋后膏树岸为界"等字样,查勘系争地下并无膏树岸,则非颜坟后之荒坪,亦至为明显。又义让字载"将享堂出卖颜姓折毁造坟"各字样,查与各项契约参互考证,谢姓享堂实在疏园之右,该字殊难信为真实。被告屋槽门前虽挖有鹅石屋脚少许,谓为谢姓享堂遗址所在,殊无可采。他如余飞腾即余济衷,隆武二人道光十九年承买谢元魁等蔬园,楚维、英才二人合葬弃地一契,显形瑕疵,尤无研究价值。维系争山地上节余姓种植桐茶成林,围有蔬园数个,占有已历多年,颜姓久已失管,物权早因抛弃而消灭。至颜坟上下左右荒坪,既不能否认为非颜姓所有,查亦并未开挖成坪,自应维持现状,用保颜姓坟茔等语。是本件两造系争山地已经本处查勘明确,自应根据勘验所得结果以为判断,除颜坟上下左右荒坪,均应维持现状,不得开挖侵害,原告其余之请求,殊非有理,应予驳回方为允恰。

据上论结,原告之诉一部有理由,一部无理由,应分别予以准驳。并依《民事诉讼法》第七十九条判决如主文。

中华民国三十年五月二十二日
湖南攸县司法处民事庭
审判官:周殿华笔　印

右判决正本,业经核对与原本无异。当事人若有不服,应于送达后二十日内向湖南高等法院提出上诉状,但得将上诉状经由本处转送。

书记官:邹九峰
中华民国三十年五月三十日

(二)湖南高等法院民事判决(中华民国三十年度上字第五六零号)

上诉人:余济衷,系余元盛公裔代表,住攸县官田。

上诉人:颜良士公会。

法定代理人:颜昌百,系右公会经管,住攸县万新桥。

右当事人间确认坟山所有权及迁坟事件,上诉人两造对于中华民国三十年五月二十二日攸县司法处第一审判决各提起上诉,本院判决如左:

主文

原判决废弃,发回攸县司法处更为审判。

理由

本件颜良士公坟台上下左右之荒坪,上诉人颜良士公会仅以上诉人余济衷移契罩占为由,请求确认为己所有,并未提起其他之诉。法院审理结果如认为此部分之诉为有理由,自应确认讼争荒坪为颜良士公会所有;若认为颜姓不能证明其主张,即应将此部分之诉驳回(统字第一零四八号解释参照)。乃原审对于颜姓指为现由余姓移契罩占之讼争荒坪竟判归颜姓维持现状,而置其确认此部分所有权之诉于不顾,显系就当事人所未声明之事项而为裁判,而于其声明讼争荒坪部分之所有权反漏未审认,分别准驳。又原审驳回原告其余之诉部分,仅于理由栏叙述言词辩论前之勘验笔录全文,而于勘验后之调查证据及辩论均未依法斟酌,其得心证之理由亦未记明于判决(见民诉法第二二二条),则上诉人等既援引《民事诉讼法》第四四八条指摘前开诉讼程序有重大瑕疵,本院因维持审级制度,认为必要应将原判废弃,发回更审。再查,余飞腾系属前清道光时人(见上诉人余姓所呈抄契),早已亡故,原判决竟谓余飞腾即余济衷,显有错误,更审时应并注意,合予指明。

据上论结,应依《民事诉讼法》第四百五十条、第四百四十八条第一项判决如主文。

中华民国三十年七月十一日

湖南高等法院民事第二庭

审判长推事:朱人杞 印

推　　事:张　劭 印

推　　事:祝树勋 印

书 记 官:王芳洪

(三)民事诉状

状心编号民字　　号		
民事上诉		
	右方　上诉人	左方　被上诉人
姓名	颜良士公　法定理人　颜昌百　珠俊　颜永藩　永固　颜振安　锡荣	余元盛公　法定代理人　余济衷
年龄	三八　五二	四十
籍贯		
住址	凤岭乡　万新桥	三江乡　官田
职业		

为不服判决占有部分声明上诉事。上诉人为对于被上诉人侵坟山涉讼一案，六月十九日奉钧处送达三十年度易字第四十三号判决书主文内开“系争官田花门楼山地除颜良士公坟台上下左右荒坪均应维持现状不得开完侵害外，其余之诉驳回，诉讼费用由两造各自负担”等。因查此案既经钧处绘图勘验审讯明白，自应判断上诉人照据管山，勒令被上诉人迁出盗葬新坟并科以相当罚金略示惩戒，方为合法之审判。今钧处仅判上诉人管坟台上下左右荒坪，其余为被上诉人所占有，此项判决殊失法理之平谨，将不服理由之证据缕晰叙明，乞钧处之救助焉。窃上诉人所管官田花门楼山地喝名“金钗形”，安葬先祖良士公已历百四十年之久，有墓碑志、有族谱、约据可作本案事实之考证，情因被上诉人附近该山，乘上诉人避匪他适竟在该山上蓈种植油桐，又于前年十一月将父兄盗葬于先祖坟台之上，竖

立余母李氏伪碑一块,意图永占,迨上诉人察觉依法提起诉讼。庭讯时,被上诉人始提出契约五纸以作反证,后经钧处勘得系争山地在官田余姓老屋右侧,余祠左边疏园左侧,横宽约七丈,□系荒坪,中有石砌坟台竖立颜良士公墓碑,刊载"官田三江口花门楼金钗形丁山癸山,嘉庆乙丑十年七月二十二日"字样不虚。又照双方提出证据勘明山地界址,虽坟左上大松树无有,坟右上石墙与下谢姓享堂无存,惟坟左有余姓旁屋坐向右边滴水与上蓈壕基,及坟右上蓈有壕基断续上至山顶,下蓈有蔬园壕基直出田弦,核与颜姓举出先后清界约载情形尚属相符,自不得以出自该姓族谱所载而否认该山为非颜姓所有,既经钧处确认即为上诉人管业之铁证。至余姓契买谢姓船形山地,现有土王庙与扶桥坡口等处可资考证,该契山地所在,且契内载有"谢坟八塚一连横过,又刘坟四塚各留禁步"各字样,查勘系争山内并无此项坟塚,是船形系在颜坟右边界外间,堪凭信。若晒坪契载"界址上右左三房俱与买入前接之契连界,下以享堂屋后膏树岸为界"各字样,查勘系争山下并无膏树岸,则非颜坟后之晒坪亦至为明显。又义让字载"将享堂出卖颜姓拆毁造坟"各字样,查与各项契约参互考证,"谢姓享堂实在蔬园之右",该字样殊难信为真实。既经钧处否认即为被上诉人无权管山之真相,据此而论,诉讼程度已告完成,照据判断有何疑义之难言?乃钧处曲为解释系争山地上蓈余姓种植桐茶成林,占有已历多年,颜姓久已失管,物权早因抛弃而消灭,上诉人之不服理由实基于此。查《民法》占有权之规定:"以所有之意思二十年间和平继续占有他人未登记之不动产,而其占有之始为□意而无过失者,得请求登记为所有人。"《民法》第七百六十九条及七百七十条有明文确核。今钧处并不研究法理,又不调查被上诉人是否善意有无过失,曾否请求登记为所有人,混判上诉人上蓈山地已为被上诉人所占有。设使下蓈山地日后亦盗种成林不分上下,上诉人所管坟台四方荒坪又从何处而得?下蓈成林之处又为谁氏之所有?况被上诉人竖立李氏伪碑,伪造义让字据,均经钧处驳斥,为何不依法判断?袒护显然!如此曲判,实难甘服,除将不服理由书声叙上诉法院外,理合于法定期间内提起上诉,请求钧处准予检齐全案卷宗、证件汇呈湖南高等法院核办,深为法便。

谨呈

中华民国三十年七月三日

具状人:

批:状悉。查该件前据余济衷提起上诉,早已解卷湖南高等法院核办,□□据具状前情□将原状转送,可也。此批。

(四)湖南攸县司法处民事判决(三十年度民□字第一五九号)

原告:颜良士公会,住攸县凤岭乡。

法定代理人:颜百昌,住攸县凤岭乡。

颜珠俊,同右。

颜永固,同右。

颜永藩,同右。

颜锡荣,同右。

颜振安,同右。

被告:余济衷系余元盛公裔代表,住攸县三江乡。

右当事人间因确认坟山所有权及迁坟事件经二审判决发回更审本处判决如左:

主文

确认花门楼颜良士公墓拜台前左以余姓屋直出田弦归原告照契管有,原告其余之诉驳回。诉讼费用,原告应负担十分之九,被告应负担十分之一。

事实

原告法定代理人等之声明请求确认花门楼山地全为原告所有并令被告起迁新坟之判决,其陈述意旨略称"先祖颜希哲公价买三江乡官田花门楼山地一处安葬先祖颜良士公坟茔,命名'金钗形',因与邻近余姓构讼,经刘作范、陈化庸等先后劝释并有嘉庆十八年清界约及道光廿六年再清界约,颜余各执一纸,刊登颜氏四修房谱可考。谱载:'颜姓坟山左以余姓旁屋坐向右边滴水直上至大松树与王姓壕基为界,下以田弦为界,右以谢姓享堂坐向右边屋角园岸上壕基直上山顶壕基为界,下以享堂屋后园岸壕基绕至享堂屋左蔬园壕基直出田弦为界,内属颜独管,壕基界外在右属余独管。'记载翔实,实历为原告管领无异。惟因本山距原告住地达三十里,法定代理人等避匪他适,被告竟将其父与兄合葬于原告应管界内,并敢开土耕作,籍执接买谢姓船形山地各契欺诡混争。原告并续清出谢东交等卖契,谢少兰公享堂田租记,谱刊证明花门楼上下权源,状请确认全山所有权并令被告迁坟"云云,提出颜、谢两姓族谱与红契、分关等为立证方法。被告之声明请求为驳回原告之诉之判决,其陈述略称:"被告所管官田本宅右侧山场余坪上节山场桐茶成林,园蔬满畦,系先祖余元盛公于嘉庆五年谢参公裔船形契内之业,下节即颜坟等余坪,亦系先祖于嘉庆八年及十年先典后接谢良相等之晒坪,历在该坪用晒茶子。颜姓曾拆毁谢姓享堂造坟,混越余地,有谢东交等义让字与本宅槽门(即门楼)前屋脚可为佐证。至被告合葬父兄之处,系接买谢元魁等蔬园,良相、毓俊,祖楚雄、父英才二人合葬弃地有道光十九年契,历来行使权利,颜姓年年挂扫,岂得不见?今原告法定代理人等欲藉坟占山,突指出该族谱牒所载,妄冀混争抹煞被告管契与耕葬诸有力证据,辩请驳回其诉。"提出契约并王姓族谱为立证方法。

理由

按原告对于主张之事实应负举证责任,如所举证据不能证明所主张之事实存在,则不论被告有无反证应将原告之诉驳回。又谱牒为一家族□□记载,不能对外为争管所有权之□……原告法定代理人等主张系争花门楼全山应归颜良士公管有,其所提证据为该族四修族谱,刊嘉庆十八年、道光廿六年两项清界约,内载:"颜良士公坟山左以余姓旁屋坐向右边滴水,直上至大松树与王山壕基为界,下以田弦为界,右以谢姓享堂坐向右边屋角壕基直上山顶新壕基石墙为界,又下以享堂屋后园岸壕基绕至享堂屋左蔬园壕基直出田弦为界。"本处勘明颜良士墓碑虽确刊有"花门楼"字样,无奈原告法定代理人在前审供原清界约已失,在本审供"两次清界约不能确定找到,我以谱为凭",已在上开判例不能对外争管所有权之列。即按照该谱界详勘左边沿余姓旁屋滴水上至大松树已向,左越出余姓屋后约四丈之谱不成直线,右边下界原告法定代理人初指享堂确定何在,□出游移多时方以右手园边为享堂旧址,又无基□及壕基可考,颇难置信。又原告法定代理人等虽于公开辩论时补提颜四箴惇五买契一张,内载:"坐□左边以余姓盛盛屋场直出田弦为界,右边以享堂屋侧壕基为界。"此契只有直出,无有上界,并不能证明坟以上归原告所有,转足为被告认诺颜坟拜台下至田弦为原告所有之反证。原告法定代理人同时又提出谢氏四修族谱刊有少兰公享堂田记,内载"将坟下余地一片出售与颜姓及颜惇五等,拨补亭家冲田租四十四桶"等记载,并提出颜姓分关簿证实确有拨租较地事实,为争管系争山上段之根据。无论该谱仅载坟下余地一片其横纵长短四界何至,均略而未详,究竟谢少兰之坟是否在花门楼,亦无明确之记载。除嘉庆十年买约为被告所认□外,至先后所提颜、谢各谱及分关簿,不但不能证明事实之存在,亦均不能对外为争管所有权之证据,纵令被告无有反证,尚应将其不能证明之部分予以驳回。况被告提有嘉庆五年余元盛买契,内载:"余姓屋后山土一大处土名船形,上至王姓坟脚壕基沟斜过至山艮为界,下以买人屋后花台背壕基横过至土王庙前为界,右手系上片地名扶桥坡口□背分水沿岗至顶接连壕基为界,左手□下片以买人原买王姓山连界。"经本处覆勘,该处四界与系争□□相符□□,虽原告法定代理人等于前审及本审均攻击船形山在系争山右边余□之后,经被告提出心田王氏七修谱刊载"王燕石、王王氏合葬坟在官田船形丁山癸向"云云,两系争山左边沟上恰有是坟碑,刊坟向无不吻合,足证被告主张上□系伊契管船形山确切有据。原告法定代理人等复狡指系争山右□之壕基即属被告,契载横过至土王庙之下界,勘明该壕基在文王庙屋后左连其□尚斜阳一□堡,如从此壕基向右横过距离土王庙后且有数丈□,对契载横过至土王庙□发生矛盾,显见原告法定代理人等种种攻击全无足采。被告又提有嘉庆八年、十年典当两契,管有颜坟拜台上晒坪之证据,其契载“土右左具由买人(即余姓)前接之契连界”。原告法定代理人等尚无何等攻击,惟以下享堂屋后青树岸为界,并无青树存在,遂狡指此坪乃在右边余祠后,不仅未能制定究在何处,质之被告辩称“青树乃为植物,过了百余年当然不复存在,惟现时高岸尚存”云云。本审勘明颜坟拜台右侧确有高岸存在,又前审与本审两次履勘于余姓门楼(即槽门)前均挖出石砌墙角,是被告主张享堂在颜坟前比较确凿,原告法定代理人指称在右边园内未免空言无据。又原告买谢姓享堂、屋基一契,成立于嘉庆十年四月十六日,仅□三月,被告先人余元盛因颜姓造坟越界向谢理论,结果义让一穴,呈有嘉庆十年七月廿三日义让字证明其事。查该字系谢致中笔,被告并另提致中为谢□才代笔,具田红以资核对,确属一致,自应认为真实。而该字叙述“良相、毓俊兄□凭交将享堂后昔安晒坪出卖与余元盛为业”云云,足证原告造坟越界处即系被告契管晒坪,颜坟拜台以上确非原告所有,□以认定被告所葬新坟系在晒坪以上,船形山内□……场船形下段亦垦有蔬园,原告法定代理人等对于管有事实毫无证明,其争有全山之诉理由更难成立,因所起迁葬父之语根本即失依据,□法亦应并予驳回。据上论结,本件原告之诉一部为有理由,一部为无理由,依《民事诉讼法》第七十九条判决如主文。

中华民国三十年十月卅一日

湖南攸县司法处民事庭

代审判官:陈德庄　印

右判决正本业经核对与原本无异。当事人如有不服,应于送达后二十日内向湖南高等法院提出上诉状,但得将上诉状递由本处转送。

代书记官:

中华民国三十年十一月　日

(五)湖南高等法院民事判决(三十一年度上字第六三号)

上诉人:颜良士公会。

法定代理人:颜昌百,住攸县凤岭乡。

颜珠俊,同上。

颜永固,同上。

颜永藩,同上。

颜锡荣,同上。

颜振安,同上。

被上诉人,余济衷,住攸县三江乡。

诉讼代理人,余炳荣,同上。

右当事人间确认坟山所有权及迁坟事件,上诉人对于中华民国三十年十月三十一日攸县司法处第一审更审判决提起上诉,本院判决如左:

主文

上诉驳回。

第二审诉讼费用由上诉人负担。

事实

上诉人法定代理人声明求为废弃原判决关于驳回原告其余之诉部分,将系争山全部判归所有,并令被上诉人起迁新坟之判决。被上诉代理人声明求为如主文之判决。其余依《民事诉讼法》第四百五十一条引用第一审判决,所记载之事实。

理由

本件系争坟山内除颜良士公坟墓拜台前左以余姓屋场直出田弦,右以享堂(即原覆勘图内被上诉人指引之谢姓享堂)屋侧壕基为界,业经原审判决确认,为上诉人所有,已据两造表示折服,毋庸加以论究外,兹应审究者,即颜良士公坟墓以上之系争山应否归上诉人所有,以及该山内被上诉人新建之坟应否起迁是已。欲解决此项争点自当以上诉人所提出之证据能否证明确为其所有以为断。关于此点,据上诉法定代理人主张,该坟以上之山系属于颜良士公坟山管有范围之内,以嘉庆十年谢兰公位下孙东交等卖契,及颜氏四修族谱内刊载之嘉庆十八年暨道光二十八年两次清界约为证明。察校嘉庆十年契据仅载明"□左右两界,即坐山左边以余姓盛生屋场直出田弦为界,坐山右边以享堂屋侧壕基为界",其嘉庆十八年暨道光二十八年两次清界约内则分别载明"颜姓坟山,左以余姓旁屋坐向左边滴水直上至大松树与王山壕基为界,下以田弦为界,右以享堂坐向□边屋角园岸壕基直上山顶壕基为界,下享堂屋后园岸壕基绕至享堂屋左蔬园壕基直出田弦为界"。以上开契载及界约界址与原覆勘图内上诉人指引之管有范围对照,似与清界约内所在界址吻合,但查该清界约原系刊诸谱牒,为私有记载,不能对外为告争所有权之证据,而被上诉人既一再攻击其非真实,上诉人又始终不能提出该界约原本以资证明,则该界约内所载之界址究何所据,委实无凭认定。次再就嘉庆十年之契据而论,查该契载界址既仅□左在两边,即左以余姓屋场直出田弦为界,右以享堂屋侧壕基为界,而颜良士公坟墓所在依原覆勘图适位于余姓屋场与享堂屋侧壕基之间,则其坟墓以上之山上界契载既付缺如,则该契载界址仅能证明颜良士公坟拜台下至田弦之山为上诉人所有,不能证明坟以上之系争山亦为上诉人所有。是上诉人在第一审为原告,对其所主张之事实不能为相当之证明,已显然可见。反观被上诉人主张该坟以上之山系其祖上于嘉庆五年及八年先后向谢东山、谢良相等买受,并认嘉庆五年所买之山在上,土名"船形";嘉庆八年所买之山在下,下一晒坪,其亦建新坟系在其契买山内。察因嘉庆五年契载四至,上至王姓坟脚壕基沟,沿沟斜过至山艮为界,下以买人(被上诉人余姓)屋后花台背壕基横过至土王庙前为界,右手上片以地名扶桥坡口破嘴分水沿岗至顶接连壕基为界,左手系下片,以买人原买王姓山连界。其嘉庆八年契载上左右三方,俱与买人前接之契连界(指嘉庆五年之契,因先后两次均系东山、艮相出卖),下以享堂屋后膏树为界,核与原覆勘图内现实之四界相符,而该山右边为扶桥坡,下右角为土王庙,左边为王姓山,亦为上诉法定代理人所承认。山之左方王姓山内,复葬王氏坟墓碑载为有王燕石、王王氏合墓,又经被上诉人提出心田王氏七修谱刊载王燕石、王王氏合葬墓在官田船形,亦与被上诉人契载系争山之土名相符,足证被上诉人指系争山为其所有之□□事实,已有相当之反证,原判因而驳回上诉人之诉,于法即无不当,上诉非有理由。

据上论结,本件上诉为无理由,合依《民事诉讼法》第四百四十六条第一项、第七十八条判决如主文。

中华民国三十一年四月三十日

湖南高等法院民事第二庭

审判长推事:朱人杞

推　　事:骆□辉

推　　事:张　勋

(作者单位:中国人民公安大学)

民国上海女律师史料

王瑞超

整理者按

以下民国上海女律师史料，主要基于上海市图书馆近代史阅览室藏《上海律师公会会员录》（1931～1948年）》以及《上海法学院十周纪念刊》《上海法政学院一览》等文献、档案，图片史料则主要来源于《中国名人录》《中央大学毕业纪念刊》《电影月刊》等，期望其整理刊布有助于推进近代中国法制史的研究。

表1　女律师简况

序号	姓名	照片	籍贯	登录时间	教育情况
1	陈令仪	①	江苏六和	1933.6	国立东南大学②、法国国立都鲁斯大学法学硕士③

① 《陈令仪律师执行职务》，载《新闻报》1933年7月3日，第15版。

② 《妇女工作报告：陈令仪女士执行律师职务》，载《女声（上海1932）》1933年第19期。

③ 《陈令仪律师执行职务》，载《新闻报》1933年7月3日，第15版。

续表

序号	姓名	照片	籍贯	登录时间	教育情况
2	陈以庄	①	江苏江阴	1934.2	上海法政学院本科四年级②
3	程修龄	③	安徽安庆	1935.2	1934年私立东吴法学院法学士第十七届毕业生④、1942年纽约大学法学博士⑤
4	戴征瑞	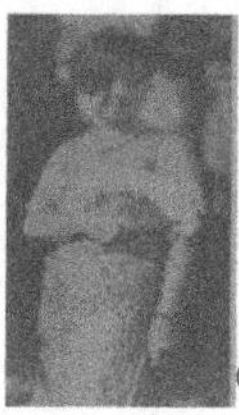⑥	浙江鄞县	1940.4	私立大夏大学法学院三年级⑦

---

① 《陈以庄律师执行律务》,载《新闻报》1934年3月2日,第15版。

② 上海法政学院编:《上海法政学院一览》(21年度),上海法政学院1933年版,第151页。

③ 上海密勒氏评论报编:《中国名人录》(第5集续编),载《上海密勒氏评论报》1940年。

④ 东吴大学法学院编:《东吴大学法学院年刊》(第5卷),东吴大学法学院1946年版。

⑤ 王伟:《中国近代留洋法学博士考》,上海人民出版社2012年版,第107页。

⑥ 有德:《民立女中戴征瑞女士》,载《图画时报》1930年第690期。

⑦ 大夏大学编:《私立大夏大学一览》,大夏大学1935年版,第276页。

续表

序号	姓名	照片	籍贯	登录时间	教育情况
5	方冀达	①	浙江鄞县	1935.4	1933年上海持志大学法学士②
6	方理琴③	④	浙江镇海		1934年南京国立中央大学法学系⑤
7	高绩威	⑥	江苏吴县	1943.8	上海法政学院⑦

① 上海持志学院学生编:《持志年刊》(卷8),上海持志学院1933年版。

② 同上。

③ 《方理琴律师公告》,载《新闻报》1948年12月1日,第1版。

④ 国立中央大学编:《中央大学二二级毕业纪念刊》,国立中央大学1934年版,第198页。

⑤ 同上。

⑥ 《高倩苹》,载《电影月刊》1931年第6期。

⑦ 《高倩苹将作女律师》,载《上海影讯》1942年第12期。

续表

序号	姓名	照片	籍贯	登录时间	教育情况
8	韩家政	①	江苏宿迁	1934.2	1928 年上海法政学院预科第四届毕业生②
9	韩学章	③	北平市	1939.6	上海法政学院④
10	华稀珍	⑤	江苏无锡	1946.8	1935 年上海法学院大学部法律系第八届毕业生⑥

① 昭绥:《女律师筵》,载《晶报》1934 年 3 月 29 日,第 3 版。

② 《上海法政学院一览》(21 年度),上海法政学院 1933 年版,第 130 页。

③ 韩学章:《妇女对法律应有的认识》,载《健康家庭》1939 年。

④ 《江苏高等法院第三分院外籍律师等级簿》,上海市档案馆藏,档案号:Q-185-1-195。

⑤ 《为声请准予先行登录由》,上海市档案馆藏,档案号:Q-185-1-206。

⑥ 上海法学院十周纪念刊编辑委员会编:《上海法学院十周纪念刊》,上海法学院 1936 年版,第 8 页。

续表

序号	姓名	照片	籍贯	登录时间	教育情况
11	黄达平	①	江苏海门	1941.9	1928年上海法学院大学部法律系第一届毕业生②
12	江兆平	③	浙江杭县	1938.2	1937年私立东吴大学法学士第二十届毕业生④
13	金石音	⑤	浙江上虞	1935.3	1931年上海法政学院本科法律系第四届毕业⑥

① 上海法科大学编:《上海法科大学戊辰年刊》,上海法科大学1929年版,第96页。

② 《上海法学院十周纪念刊》,第1页。

③ 《上海地方法院律师履历表》,上海市档案馆藏,档案号:Q-185-1-220。

④ 《东吴大学法学院年刊》(第5卷)。

⑤ 《本厅職員肖像之二:金石音》,载《江苏省农矿厅工作报告》1928年上半期。

⑥ 上海法政学院编:《上海法政学院一览》(21年度),上海法政学院1933年版,第100页。

续表

序号	姓名	照片	籍贯	登录时间	教育情况
14	金湛	①	浙江上虞	1936.6	中国公学大学部法科法律系毕业生②
15	金婉范	③	江苏无锡	1946.4	上海法政学院本科三年级④
16	李彩霞	⑤	浙江绍县	1931.11	1931年私立东吴大学法学士第十四届毕业生⑥、1935年纽约大学法学博士⑦

① 上海市档案馆藏:《上海地方法院律师履历表》,档案号:Q-185-1-220。

② 同上。

③ 同上。

④ 上海法政学院编:《上海法政学院一览》(21年度),上海法政学院1933年版,第149页。

⑤ 《李彩霞女律師》,载《晶报》1933年6月23日,第2版。

⑥ 《东吴大学法学院年刊》(第5卷)。

⑦ 《中国近代留洋法学博士考》,第99页。

续表

序号	姓名	照片	籍贯	登录时间	教育情况
17	李国绮	 ①	安徽合肥	1947.12	上海法政学院本科一年级②、1937年私立东吴大学法学士第二十届毕业生③
18	林克聪	 ④	浙江萧山	1934.4	1930年上海法政学院本科政治系第三届毕业生⑤
19	陆惠民	 ⑥	江苏南汇	1931.4	1930年上海法政学院专门部政经系第二届⑦

① 《上海地方法院律师履历表》，上海市档案馆藏，档案号：Q－185－1－220。

② 《上海法政学院一览》(21年度)，第140页。

③ 《东吴大学法学院年刊》(第5卷)。

④ 朱琦：《上海三八妇女节纪念大會主席林克聪女士》，载《大亚画报》1930年第222期。

⑤ 《上海法政学院一览》(21年度)，第107页。

⑥ 《上海国大代表在京报到后留影：左起（前排）、陆惠民、陈韶型、潘公展、潘迎春、（后排）陆荫初、叶翔皋、水祥云》，载《新闻报》1948年3月29日，第4版。

⑦ 《上海法政学院一览》(21年度)，第127页。

续表

序号	姓名	照片	籍贯	登录时间	教育情况
20	罗张舜琴	①	广东潮州	1930.1	英国伦敦法学院毕业生②
21	倪张凤桢	③	江苏上海	1931.11	1927 年私立沪江大学社会学科学士④、美约翰霍布金使大学哲学博士⑤
22	彭庆修	⑥	江苏溧阳	1936.9	1928 年上海法学院大学部预科第二届毕业生⑦

① 《女界闻人:张舜琴女士伦敦大学毕业前后在新加坡上海执行律师职务》,载《妇人画报》1933 年第 8 期。

② 中国公学编:《中国公学大学部民国廿一年冬季毕业纪念刊》,中国公学 1932 年版,第 97 页。

③ 上海沪江大学丁卯年刊社编:《沪江丁卯年刊》(第 12 卷),上海沪江大学丁卯年刊社 1927 年版,第 73 页。

④ 私立沪江大学编:《私立沪江大学一览》(民国 24 年至 25 年),私立沪江大学 1936 年版,第 222 页。

⑤ 杨家骆:《民国名人图鉴》(第 1 册下),辞典馆 1937 年版,第 157 页。

⑥ 《上海法科大学戊辰年刊》,第 177 页。

⑦ 《上海法学院十周纪念刊》,第 38 页。

续表

序号	姓名	照片	籍贯	登录时间	教育情况
23	濮舜卿	①	浙江杭县	1935.7	1927年国立中央大学文科毕业生②、国立东南大学毕业生③
24	戚逸影	④	浙江余姚	1947.12	持志学院⑤
25	钱剑秋	⑥	江苏镇江	1931.7	1928年上海法学院大学部法律系第一届毕业生⑦、1931年美国西北大学法学博士⑧

① 上海法政学院丙子级级友会编:《上海法政学院第十二届毕业纪念刊》,上海法政学院丙子级级友会1937年版。

② 国立中央大学二十四级毕业纪念编辑会编:《国立中央大学二十四级毕业纪念刊》,国立中央大学二十四级毕业纪念编辑会1936年版。

③ 《江苏高等法院第三分院外籍律师等级簿》,上海市档案馆藏,档案号:Q-185-1-195。

④ 《上海地方法院律师履历表》,上海市档案馆藏,档案号:Q-185-1-220。

⑤ 持志同学会编:《持志学院十周年纪念特刊》,持志学院1934年版,第120页。

⑥ 《上海法科大学戊辰年刊》,第87页。

⑦ 《上海法学院十周纪念刊》,第1页。

⑧ 《中国近代留洋法学博士考》,第93页。

续表

序号	姓名	照片	籍贯	登录时间	教育情况
26	沈以兰	①	江苏常熟	1943.7	私立东吴大学文理学院文科一年级②、1940年私立东吴大学法学士第二十三届毕业生③
27	史良	④	江苏武进	1931.6	1927年上海法学院专门部法律科第一届毕业生⑤
28	宋渊如	⑥	浙江海宁	1946.3	1924年旧制中学第八届毕业生⑦、1925年上海法政学院预科第一届毕业生⑧、1929年上海法学院大学部法律系第二届毕业生⑨、1935年法国国立南锡大学法学博士⑩

① 莲芝:《沈以兰》,载《培成女学校级刊》1935年。

② 私立东吴大学文理学院编:《私立东吴大学文理学院一览》(民国17年),私立东吴大学文理学院1928年版,第11页。

③ 《东吴大学法学院年刊》(第5卷)。

④ 觉吾:《沪上大律师史良女士近影》,载《天津商报画刊》1931年第42期。

⑤ 《上海法学院十周纪念刊》,第18页。

⑥ 《上海地方法院律师履历表》,上海市档案馆藏,档案号:Q-185-1-220。

⑦ 上海市立务本女子中学编:《上海市立务本女子中学概况》(民国23年夏),上海市立务本女子中学1934年版,第7页。

⑧ 《上海法政学院一览》(21年度),第128页。

⑨ 《上海法学院十周纪念刊》,第2页。

⑩ 《中国近代留洋法学博士考》,第244页。

续表

序号	姓名	照片	籍贯	登录时间	教育情况
29	孙丽莲	①	广东中山	1935.3	持志学院②
30	孙仲书	③	江苏青浦	1935.1	持志学院④、1932年上海法政学院专门部法律系第六届毕业生⑤
31	孙妙辛	⑥	浙江诸暨	1938.2	1937年私立东吴大学法学士第二十届毕业生⑦

① 《持志年刊》(卷8)。

② 《持志学院十周年纪念特刊》,第84页。

③ 《上海地方法院律师履历表》,上海市档案馆藏,档案号:Q-185-1-220。

④ 《持志学院十周年纪念特刊》,第84页。

⑤ 《上海法政学院一览》(21年度),第124页。

⑥ 卡尔生:《东吴法律学院孙妙辛女士》,载《中华日报图画周刊》1934年第1期。

⑦ 《东吴大学法学院年刊》(第5卷)。

续表

序号	姓名	照片	籍贯	登录时间	教育情况
32	孙杰	①	江苏上海	1938.8	持志学院②、1934 年私立东吴法学院法学士③
33	唐仁琏	④	江西九江	1939.6	私立东吴大学文理学院大学一年级⑤、大学部法律系秋季始业三年级⑥
34	屠坤范	⑦	江西萍乡	1932.11	1931 年私立大夏大学本科第七届毕业生⑧

---

① 梅生:《斗艳:孙杰女士》,载《天鹏画报》1927 年第 14 期。

② 《持志学院十周年纪念特刊》,第 85 页。

③ 私立东吴大学法学院编:《私立东吴大学法学院一览(民国二十四年秋至二十五年夏)》,私立东吴大学法学院 1936 年版。

④ 《上海地方法院律师履历表》,上海市档案馆藏,档案号:Q-185-1-220。

⑤ 东吴大学文理学院编:《私立东吴大学文理学院一览》(中华民国 24 年 7 月),东吴大学文理学院 1935 年版,第 146 页。

⑥ 《上海法学院十周纪念刊》,第 11 页。

⑦ 云霞馆主:《屠坤范律师近影》,载《大亚画报》1933 年第 375 期。

⑧ 《私立大夏大学一览》,第 213 页。

续表

序号	姓名	照片	籍贯	登录时间	教育情况
35	屠鹤云	①	江苏松江	1940.9	1931年上海法学院专门部法律科第五届毕业生②
36	王学文	③	广东中山	1935.7	1935年私立东吴大学法学士第十八届毕业生④
37	王松苓	⑤	上海市	1936.4	1931年上海法政学院预科第七届毕业生⑥、1935年上海法政学院本科二年级⑦

① 《为声请准予先行登录由》,上海市档案馆藏,档案号:Q-185-1-206。

② 《上海法学院十周纪念刊》,第25页。

③ 崔慧珍:《温瑞珍(右)王学文(左)遊杭時之摄影》,载《中国摄影学会画报》1930年第241期。

④ 《东吴大学法学院年刊》(第5卷)。

⑤ 涛:《务本女学学生(右)汤国兰女士(左)王松苓女士》,载《新闻报图画附刊》1930年第5期。

⑥ 《上海法政学院一览》(21年度),第135页。

⑦ 同上书,第144页。

续表

序号	姓名	照片	籍贯	登录时间	教育情况
38	王世熊	①	江苏无锡	1947.6	1935年私立东吴大学法学士第十八届毕业生②、1939年纽约大学法学博士③
39	王饴祖	④	江苏南汇	1947.8	1935年私立东吴大学法学士第十八届毕业生⑤
40	王滌	⑥	江苏川沙	1948.1	1935年私立东吴大学法学士第十八届毕业生⑦、1939年伦敦大学(伦敦政治经济学院)法科哲学博士⑧

① 《王世熊女士赴美》,《新闻报》1935年8月25日,第16版。

② 《东吴大学法学院年刊》(第5卷)。

③ 《中国近代留洋法学博士考》,第107页。

④ 《郑汝骍、王饴祖結婚》,《时报》1935年10月28日,第8版。

⑤ 《东吴大学法学院年刊》(第5卷)。

⑥ 康正平:《中国大学妇女会成立:王滌报告筹备上海分会之经过,右为牛徐蘅》,载《艺文画报》1948年第6期。

⑦ 《东吴大学法学院年刊》(第5卷)。

⑧ 《中国近代留洋法学博士考》,第171页。

续表

序号	姓名	照片	籍贯	登录时间	教育情况
41	吴小圃	①	江苏灌云	1938.8	1934年国立中央大学法学院法律系毕业生②
42	吴澂璧	③	江苏松江	1944.4	1931年上海法政学院专门部法律系第五届毕业生④
43	伍蔼平	⑤	广东台山	1944.11	1943年国立中央大学法商学院法律系毕业生⑥

① 《中央大学二二级毕业纪念刊》,第200页。

② 《国立中央大学二十四级毕业纪念刊》。

③ 《上海地方法院律师履历表》,上海市档案馆藏,档案号:Q-185-1-220。

④ 《上海法政学院一览》(21年度),第120页。

⑤ 中央大学秘书处编:《国立中央大学复校第一届毕业纪念刊》,中央大学秘书处1944年版。

⑥ 《国立中央大学复校第一届毕业纪念刊》,第3页。

续表

序号	姓名	照片	籍贯	登录时间	教育情况
44	许英	①	安徽寿县	1946.3	国立中央大学法学院法律系毕业生②
45	杨志豪	③	江苏上海	1930.8	1929 年上海法政学院本科政治系第二届毕业生④
46	姚淑钦	⑤	安徽贵池	1936.9	1935 年私立东吴大学法学士第十八届毕业生⑥

---

① 《上海地方法院律师履历表》,上海市档案馆藏,档案号:Q－185－1－220。

② 国立中央大学编:《国立中央大学一览(第 12 种学生录民国十九年)》,国立中央大学 1930 年版,第 44 页。

③ 《法政大学杨志豪女士》,载《学校生活》1930 年第 3 期。

④ 《上海法政学院一览》(21 年度),第 105 页。

⑤ 林泽人:《姚淑钦女士毕业于晏摩氏女校现肄业于东吴大学》,载《中国摄影学会画报》1930 年第 237 期。

⑥ 《东吴大学法学院年刊》(第 5 卷)。

续表

序号	姓名	照片	籍贯	登录时间	教育情况
47	叶荫青	①	福建寿宁	1943.7	持志学院②
48	尹进	③	江苏镇江	1934.7	1928年上海法学院大学部预科第二届毕业生④、1931年上海法学院专门部法律科第五届毕业生⑤、1932年上海法学院大学部法律系第五届毕业生⑥
49	郁懿新	⑦	浙江吴兴	1937.2	上海法政学院本科一年级⑧

① 《持志大学叶荫青女士》,载《图画时报》1931年第777期。
② 《持志学院十周年纪念特刊》,第136页。
③ 《上海法科大学戊辰年刊》,第169页。
④ 《上海法学院十周纪念刊》,第38页。
⑤ 同上书,第24页。
⑥ 同上。
⑦ 露萍:《女检察官郁懿新访问记》,载《女声》(上海1932)1948年第10期。
⑧ 《上海法政学院一览》(21年度),第140页。

续表

序号	姓名	照片	籍贯	登录时间	教育情况
50	郁香严	①	浙江嘉善	1941.5	私立大夏大学法学院三年级②
51	詹芳子	③	广东中山	1943.9	持志学院④
52	张杰	⑤	江苏上海	1935.3	1934年私立东吴大学法学士第十七届毕业生⑥

① 探子:《刘干云与郁香严》,载《海晶》1946年第32期。
② 《私立大夏大学一览》,第275页。
③ 戴宗:《想起了詹芳子》,载《诚报》1946年9月22日,第3版。
④ 《持志学院十周年纪念特刊》,第145页。
⑤ 《启秀女塾本届毕业生全体摄影:张杰》,载《中国摄影学会画报》1929年第194期。
⑥ 《东吴大学法学院年刊》(第5卷)。

续表

序号	姓名	照片	籍贯	登录时间	教育情况
53	张红薇	①	浙江东阳	1938.8	上海法政学院本科三年级②
54	赵文琦	③	浙江吴兴	1938.5	上海法政学院本科三年级④
55	郑毓秀	⑤	广东	1929.8	1925年巴黎大学法学博士⑥

① 刘国铭主编:《中国国民党百年人物全书》(上册),团结出版社2005年版,第1199页。
② 《上海法政学院一览》(21年度),第149页。
③ 雄白:《中国女子体育学校本届毕业生:(左)赵文琦》,载《图画时报》1927年第368期。
④ 《上海法政学院一览》(21年度),第147页。
⑤ 《郑毓秀博士》,载《图画时报》1925年第282期。
⑥ 《中国近代留洋法学博士考》,第204页。

续表

序号	姓名	照片	籍贯	登录时间	教育情况
56	周文玑	①	江苏武进	1931.12	1931年上海法学院专门部法律科第五届毕业生②、1932年上海法学院大学部法律系第五届毕业生③
57	周叔娴	④	安徽秋浦	1932.11	1931年复旦大学法学院(第九次毕业)政治学系毕业生⑤、1932年私立东吴大学法学士第十五届毕业生⑥
58	朱素萼	⑦	江苏武进	1932.1	1931年上海法学院专门部法律科第五届毕业生⑧

① 《女律師周文玑女士》,载《礼拜六》1932年第468期。
② 《上海法学院十周纪念刊》,第24页。
③ 同上书,第4页。
④ 《上海名媛徐周叔娴女士》,载《天津商报每日画刊》1936年第16期。
⑤ 复旦大学编:《复旦大学同学录》,复旦大学1932年版,第18页。
⑥ 《东吴大学法学院年刊》(第5卷)。
⑦ 《两江女子体育师范全体毕业生》,载《图画时报》1927年第389期。
⑧ 《上海法学院十周纪念刊》,第24页。

续表

序号	姓名	照片	籍贯	登录时间	教育情况
59	朱明德	①	江苏崇明	1932.6	1931年持志学院②
60	庄宛桢	③	浙江镇海	1939.1	1938年私立东吴大学法学士第二十一届毕业生④
61	蔡定		江苏武进	1931.3	1931年上海法学院大学部法律系第四届毕业生⑤
62	蔡疏影		江苏嘉定	1935.9	1931年上海法政学院本科法律系第四届毕业生⑥
63	曹允中		江苏南京	1946.4	1940年私立东吴法学院法学士第二十三届毕业生⑦

① 载《持志年刊》1931年第6期。

② 《持志学院十周年纪念特刊》,第16页。

③ 《上海地方法院律师履历表》,上海市档案馆藏,档案号:Q-185-1-220。

④ 《东吴大学法学院年刊》(第5卷)。

⑤ 《上海法学院十周纪念刊》,第4页。

⑥ 《上海法政学院一览》(21年度),第101页。

⑦ 《东吴大学法学院年刊》(第5卷)。

续表

序号	姓名	照片	籍贯	登录时间	教育情况
64	陈韵篁		广东澄海	1932.1	1929年上海法政学院本科法律系第二届毕业生①
65	陈端宜		浙江海盐	1945.1	1933年复旦大学法学院(第12次毕业)政治学系②、持志学院③
66	陈鸣凤		江苏江阴	1946.6	上海法政学院本科三年级④
67	程连璧		安徽休宁	1932.8	1931年上海法政学院专门部法律系第五届毕业生⑤
68	崔惠卿		江苏宜兴	1935.3	1934年私立东吴法学院法学士第十七届毕业生⑥
69	戴肖梅		江苏丹阳	1943.7	1941年私立东吴法学院法学士第二十四届毕业生⑦
70	方剑白		浙江鄞县	1932.1	1930年上海法政学院专门部法律系第四届毕业生⑧

① 《上海法政学院一览》(21年度),第98页。
② 复旦大学编:《复旦大学同学录》(民国25年春),复旦大学1936年版,第26页。
③ 《持志学院十周年纪念特刊》,第91页。
④ 《上海法政学院一览》(21年度),第147页。
⑤ 同上书,第122页。
⑥ 《东吴大学法学院年刊》(第5卷)。
⑦ 同上。
⑧ 《上海法政学院一览》(21年度),第118页。

续表

序号	姓名	照片	籍贯	登录时间	教育情况
71	方志奋		浙江镇海	1940.2	大学部法律系春季始业二年级①
72	甘贤贞		江苏宝山	1936.1	1940年私立东吴大学法学士第二十三届毕业生②
73	龚瑛		江苏太仓	1933.3	持志学院③、1931年上海法政学院专门部法律系第五届毕业生④
74	顾若兰		浙江海盐	1931.5	1930年上海法政学院专门部法律系第四届毕业生⑤
75	何念德		广东顺德	1932.3	1931年上海法学院专门部法律科第五届毕业生⑥
76	何毓鎏		浙江上虞	1933.2	上海法政学院本科四年级⑦、1933年上海法政学院毕业生
77	洪悠波		浙江鄞县	1935.5	持志学院⑧

① 《上海法学院十周纪念刊》,第10页。
② 《东吴大学法学院年刊》(第5卷)。
③ 《持志学院十周年纪念特刊》,第120页。
④ 《上海法政学院一览》(21年度),第179页。
⑤ 同上书,第118页。
⑥ 《上海法学院十周纪念刊》,第24页。
⑦ 《上海法政学院一览》(21年度),第151页。
⑧ 《持志学院十周年纪念特刊》,第70页。

续表

序号	姓名	照片	籍贯	登录时间	教育情况
78	黄瑶		浙江镇海	1934.1	持志学院①、1933 年私立东吴大学法学士第十六届毕业生②
79	黄明敏		广东中山	1937.12	民国十六年初中第二届毕业生姓名③法国国立里昂大学法律硕士④
80	江蕙若		上海市	1935.12	上海法政学院⑤
81	蒋新芝		江苏无锡	1936.7	1936 年上海法学院大学部法律系第十届毕业生⑥
82	金问兰		浙江嘉兴	1944.11	上海私立大夏大学⑦
83	李朝柱		江苏江宁	1940.2	1930 年上海法政学院专门部法律系第四届毕业生⑧
84	李鄮寿		浙江鄞县	1941.4	持志学院⑨

① 《持志学院十周年纪念特刊》,第 122 页。

② 《东吴大学法学院年刊》(第 5 卷)。

③ 广东省立第六师范学校编:《广东省立第六师范学校概览》,广东省立第六师范学校 1934 年版,第 225 页。

④ 《江苏高等法院第三分院外籍律师等级簿》,上海市档案馆藏,档案号:Q-185-1-195。

⑤ 钱与中等编:《上海法政学院同学会同学录:嘤其鸣矣》,上海法政学院 1947 年版,第 1、6 页。

⑥ 《上海法学院十周纪念刊》,第 9 页。

⑦ 张德龙主编:《大夏大学建校七十周年纪念》,上海大夏大学校友会 1994 年版,第 195 页。

⑧ 《上海法政学院一览》(21 年度),第 118 页。

⑨ 《持志学院十周年纪念特刊》,第 33 页。

续表

序号	姓名	照片	籍贯	登录时间	教育情况
85	李素珍		江苏上海	1945.12	1931年上海法政学院预科第七届毕业生①、上海法政学院本科二年级②
86	凌菊如		江苏南汇	1932.12	1930年上海法政学院专门部法律系第四届毕业生③
87	刘素侠		江苏无锡	1935.9	1930年上海法学院大学部预科第四届毕业生④、1934年上海法学院大学部法律系第七届毕业生⑤
88	刘月琴		辽宁新宾	1943.9	上海法政学院
89	陆任远		浙江吴兴	1931.11	1931年上海法政学院本科法律系第四届毕业生⑥
90	陆庭芝		浙江吴兴	1946.11	1934年私立东吴大学法学士第十七届毕业生⑦
91	罗亮		河北北平	1933.7	1931年上海法政学院专门部法律系第五届毕业生⑧

① 《上海法政学院一览》(21年度),第135页。

② 同上书,第144页。

③ 同上书,第117页。

④ 《上海法学院十周纪念刊》,第40页。

⑤ 同上书,第7页。

⑥ 《上海法政学院一览》(21年度),第100页。

⑦ 《东吴大学法学院年刊》(第5卷)。

⑧ 《上海法政学院一览》(21年度),第120页。

续表

序号	姓名	照片	籍贯	登录时间	教育情况
92	倪友芳		江苏崇明	1934.12	1933 年上海私立大夏大学本科第九届毕业生①
93	倪垂德		江苏松江	1946.1	
94	欧阳琬		四川重庆	1940.9	上海法政大学法律系毕业生②
95	庞珊珊		江苏吴江	1935.12	1935 年私立东吴大学法学士第十八届毕业生③
96	钱宗华		江苏吴县	1935.1	持志学院④
97	沈月英		江苏上海	1935.2	
98	施庆珍		浙江杭县	1943.1	持志学院⑤
99	施丽君		江苏无锡	1945.12	持志学院⑥
100	孙之贞		安徽合肥	1932.1	1928 年上海法政学院预科第四届毕业生⑦、1931 年上海法政学院本科政治系第四届毕业生⑧

① 《私立大夏大学一览》,第 221 页。
② 《江苏高等法院第三分院外籍律师等级簿》,上海市档案馆藏,档案号:Q-185-1-195。
③ 《东吴大学法学院年刊》(第 5 卷)。
④ 《持志学院十周年纪念特刊》,第 164 页。
⑤ 同上书,第 67 页。
⑥ 同上。
⑦ 《上海法政学院一览》(21 年度),第 131 页。
⑧ 《中国近代留洋法学博士考》,第 244 页。

续表

序号	姓名	照片	籍贯	登录时间	教育情况
101	谭明德		四川开县	1939.1	1937年私立东吴大学法学士第二十届毕业生①、中国公学②、1939年美国纽约大学法学博士③
102	汪桂芳		安徽歙县	1935.7	1935年国立复旦大学法学院第十六次毕业法律学系毕业生④
103	王秀卿		浙江鄞县	1935.5	上海法政学院本科三年级⑤
104	王淑贞		南京市	1939.1	大学部法律系秋季始业三年级⑥
105	魏绿		福建思明	1944.8	上海法政学院本科二年级⑦
106	吴炳		江苏吴县	1941.2	持志学院⑧

① 《东吴大学法学院年刊》(第5卷)。
② 《江苏高等法院第三分院外籍律师等级簿》,上海市档案馆藏,档案号:Q-185-1-195。
③ 《中国近代留洋法学博士考》,第106页。
④ 《复旦大学同学录(民国二十五年春)》,第35页。
⑤ 《上海法政学院一览》(21年度),第149页。
⑥ 《上海法学院十周纪念刊》,第11页。
⑦ 《上海法政学院一览》(21年度),第144页。
⑧ 《持志学院十周年纪念特刊》,第36页。

续表

序号	姓名	照片	籍贯	登录时间	教育情况
107	奚剑萍		江苏江阴	1945.12	私立东吴大学文理学院①、1940 年私立东吴大学法学士第二十三届毕业生②
108	项景秋		浙江临海	1935.1	1935 年上海法学院大学部法律系第八届毕业生③
109	徐闺玉		浙江慈溪	1936.5	1935 年私立东吴大学法学士第十八届毕业生④
110	许雯若⑤		浙江杭县		1931 年上海法学院专门部法律科第五届毕业生⑥
111	薛养素		江苏吴县	1933.2	1932 年上海法学院专门部法律科第六届毕业生⑦、1933 年上海法学院大学部法律系第六届毕业生⑧
112	薛瑞瑶		江苏川沙	1933.1	1931 年上海法学院专门部政治经济科第五届毕业生⑨

① 《私立东吴大学文理学院一览(民国十七年)》,第 10 页。
② 《东吴大学法学院年刊》(第 5 卷)。
③ 《上海法学院十周纪念刊》,第 8 页。
④ 《东吴大学法学院年刊》(第 5 卷)。
⑤ 《会员进退——新入会会员》,载《上海律师公会报告书》1933 年第 31 期。
⑥ 《上海法学院十周纪念刊》,第 25 页。
⑦ 同上书,第 32 页。
⑧ 同上书,第 6 页。
⑨ 同上书,第 35 页。

续表

序号	姓名	照片	籍贯	登录时间	教育情况
113	杨树梅		四川达县	1945.12	上海法政学院①
114	叶仪		浙江镇海	1935.2	1934年私立东吴大学法学士第十七届毕业生②
115	余秀芳		浙江建德	1933.6	1932年上海法学院专门部法律科第六届毕业生③、1934年上海法学院大学部法律系第七届毕业生④
116	喻毓秀⑤			1940⑥	1937年私立东吴大学法学士第二十届毕业生⑦
117	袁叔平		江苏南通	1941.8	上海法政学院本科一年级⑧
118	张澹秋		江苏松江	1936.7	上海法政学院本科二年级⑨
119	张乙		江苏南通	1937.4	上海法政学院春季始业本科法律系二年级⑩

① 《上海法政学院同学会同学录:嘤其鸣矣》,第4页。

② 《东吴大学法学院年刊》(第5卷)。

③ 《上海法学院十周纪念刊》,第28页。

④ 同上书,第7页。

⑤ 《喻毓秀律师执行律务通告》,载《新闻报》1940年2月19日,第3版。

⑥ 《女律师义务办案》,载《申报》1940年2月19日,第10版。

⑦ 《东吴大学法学院年刊》(第5卷)。

⑧ 《上海法政学院一览》(21年度),第140页。

⑨ 同上书,第144页。

⑩ 同上书,第145页。

续表

序号	姓名	照片	籍贯	登录时间	教育情况
120	张湘霞		江苏吴江	1938.4	持志学院①
121	赵芝玫		浙江诸暨	1935.11	北平私立朝阳学院法科法律系毕业生②
122	郑卓梅		江苏吴县	1943.7	上海法学院③
123	周静宷		江苏南通	1945.1	私立复旦大学毕业生④
124	朱漪		浙江杭县	1938.8	持志学院⑤
125	祝匡正		江苏松江	1935.3	上海持志学院法律系毕业生⑥

（作者单位：华东政法大学）

① 《持志学院十周年纪念特刊》，第112页。
② 《为声请准予先行登录由》，上海市档案馆藏，档案号：Q—185—1—206。
③ 《上海法学院紧要通告》，载《申报》1946年6月1日，第7版。
④ 《前日被架之：周静宷与张澹如》，载《东方日报》1941年5月4日，第1版。
⑤ 《持志学院十周年纪念特刊》，第19页。
⑥ 同上书，第87页。

专　　论

“灋”与“獬豸”新考

巩　哲*

由“灋”“廌”和“獬豸”三者组成的具有神话色彩的法文化谱系,在中国人的传统观念中根深蒂固,有的学者以此为据推测:本民族与世界其他民族一样,“法”的概念和意蕴源于神判、神罚的神权法现象。这种错误观念的形成与许慎在《说文解字》中对“灋”“廌”和“獬豸”三者文字释义的谬误不无关系,究其原因有二:一是《说文解字》写就于汉代谶纬神学思潮的大背景之中,难免带有神话痕迹;二是汉代古文字材料还不够充足,文字考证确有难度。尽管经历了持续数百年的“祛魅”过程,但在甲骨文、金文等古文字材料不断涌现的今天,仍有不少学者对这种根深蒂固的错误观念持认同的态度,乃至于有的学者甚至为这种臆造的观念作学术上的辩白,实属不该。

重新认识“灋”“廌”和“獬豸”这些文字及其含义本身,并厘清三者之间的关系,是廓清上述问题的题眼所在。那么造字之初的“灋”字到底表达何种含义?作为“灋”一部分的“廌”承担了什么样的功能?“廌”是如许慎所说为上古神兽还是现世中存在的物种?“獬豸”是怎么被臆造的,其观念源头又在何处?

对于上述问题,不是没有学者进行过探求,因此也有

---

* 致谢:本文的初稿提交于中国法律史学会2018年年会。华东政法大学的陈灵海教授为本文修改提出了详尽的建议,笔者在此表示由衷的感谢。

过一些成果,但这些成果的普遍问题就是没有结合甲骨文、金文等原始文字材料进行考证,反而因使用《说文解字》等汉代或汉代以后的文献,在论证"灋"字是如何表达司法含义的问题上纠缠不清,试图自圆其说,实为南辕北辙。以武树臣先生为代表的学者,掣肘于碎片化的史料分析,试图论证"廌"是中国真实存在过的独角兽,抑或提出其是先人图腾等观点,这显然是对"灋""廌"和"獬豸"三者源流与界限认识不清所导致的。另外,虽然陈灵海先生率先指出了汉代权威学者对这些概念臆造的神话,并提出了许多耳目一新的观点,但仍有一些问题悬而未决。

笔者试图以甲骨文、金文等史料为基础,结合文字学、考古学、法学的最新成果和研究方法,还原"灋""廌"和"獬豸"的本来面目,并对三者的关系进行剖析,这不仅有助于我们端本正源、消弭谬误,重新思索中华法系的法义缘起,更有助于我们寻找本土法文化发展之规律,理解在今天中国土地上的表达、实践与观念中的法现象。笔者不揣谫陋,试图将刍荛之见述诸笔端,狂瞽谬误之处,是望方家斧正。

一、"灋"义源流考

清其流者必洁其源,正其末者须端其本。"灋"这个文字最早出现在晚商时期器物,作册般青铜鼋上的铭文中,"王射,奴射四,率亡(无)灋(废)矢"。[①] 据西周康王时期《大盂鼎铭》所载,"故天翼临子,灋保先王,□有四方","王曰:盂,敬若乃正,勿灋朕命"。[②] 商代甲骨文中没有出现"灋"字,而发现有"廌"字。如己卜:"叀(惠)廌、牛匕(妣)庚?"(《花东》139花东子组)""甲戌:歲且(祖)甲牢、幽廌,且(祖)甲佩子?用。"(《花东》149花东子组)。

《说文解字》这样解释道:"灋,刑也。平之如水,从水。廌所以触不直者去之,从去。法,今文省。"显而易见,据许慎看来"廌"就是具有司法象征的神兽,他进一步解释道:"廌,獬廌兽也,似山牛一角。古者决讼,令触不直。"这样看似乎晚商乃至西周时期的"灋"和商代甲骨文中的"廌"就有了司法意义上的联系,"下廌字,今依韵会补,此说,从廌去之意,法之正人如廌之去恶也"。[③] 有的学者的这种文字训诂学角度给"灋"所作的注解为论据,得出中国法律起源于"神判"的"史影"这一结论。[④] 然而甲骨文中的"廌"却与金文中的"灋"有着完全相左的含义,

---

① 袁俊杰:《作册般铜鼋铭文新释补论》,载《中原文物》2011年第1期。

② 上海博物馆:《盂鼎克鼎》,上海博物馆1959年版,第15页。

③ 段玉裁:《说文解字注》,上海书店出版社1992年版,第470页。

④ 徐忠明:《明镜高悬:中国法律文化的多维关照》,广西师范大学出版社2014年版,第10页。

如果说因为卜辞的残缺，而把甲骨中的“廌”解释为地名、人名的话，那“廌”为非现实的司法神兽尚可说得过去，但从甲骨花东子组卜辞来看却并非如此，“廌”是与牛、豕等一起祭祀的牲畜，①“尞(燎)東黃廌”(《合集》5658反宾组)更是直接提到了“廌”的毛色，②这当然就说明“廌”并非是臆造的神兽而是现实的动物。而且即便是西周时期多次出现的“灋”字也与后来的“灋”字有着不同的含义，如表1所示：③

表1 “灋”字的含义

序号	法字	出处	篇名	年代	备注
1		大盂鼎	—	周早期	通“废”：“灋保先王”
2		师酉敦	—	周中期	通“废”：“勿灋朕命”
3		诅楚文	—	战国后期	通“废”：“蔑灋皇天上帝”
4		放马滩秦简	《日书》乙种	战国末期～秦始皇30年	通“废”：“四灋田”
5		放马滩秦简	《日书》乙种	战国末期～秦始皇30年	“有法祠”

① 单育辰：《說“麇”“廌”——“甲骨文所見的動物”之五》，载复旦大学出土文献与古文字研究中心官网：http://www.gwz.fudan.edu.cn/Web/Show/917，最后访问日期：2009年6月12日。

② 杨杨：《商代田獵刻辭研究》，中国社会科学院历史系2014年博士学位论文，第194页。

③ 李任：《从“灋”到“法”——战国至西汉中期“法”字的形体演变及其原因》，载《河北法学》2010年第10期。

续表

序号	法字	出处	篇名	年代	备注
6		睡虎地泰简	《语书》	泰昭王51年~秦始皇30年	"修灋律令"
7		睡虎地秦简	《效律》	秦昭王51年~秦始皇30年	"与盗同灋"
8		会稽刻石	—	秦始皇37年	"初平灋式"
9		商鞅量	—	秦始皇26年后	"灋度量"
10		秦权量	—	秦始皇26年后	"灋度量"
11		龙岗秦简	《厩苑律》	秦末	"与盗同灋"
12		张家山汉简	《盖庐》	西汉早期	"其灋曰"(此字简不清)
13		张家山汉简	《二年律令》	西汉早期	"与盗同灋"
14		张家山汉简	《二年律令》	西汉早期	"与盗同灋"

续表

序号	法字	出处	篇名	年代	备注
15		张家山汉简	《奏谳书》	西汉早期	"或同灋"
16		马王堆帛书	《老子》	战国末期~西汉早期	"地法天"
17		阜阳汉简	《周易》	战国末期~西汉早期	通"废":"居官法免"(此字简略残)
18		银雀山汉简	《孙子》	西汉中期	"五曰法"
19	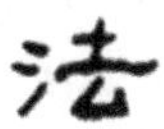	衡方碑	—	东汉	"法言稽古"
20		说文解字	—	东汉	取秦小篆
21		说文解字	—	东汉	今文

"勿灋朕命"的句式在周代出现,大多是官方的固定用语,如西周中期后段的恒簋盖铭文,厉王时的大克鼎铭中的"勿灋朕令",乃至春秋时期晋姜鼎"勿灋文(侯景)命",[①]"勿灋朕命"中的"灋"是"废"的意思,这在学界是基本无争议的。[②]

① 李平:《"法"义新论》,载《现代法学》2012年第2期。

② 林义光:《文源:卷八》,手写本,1920年。

边田钢先生在《"灋""废"二字在表"废弃"义上的历时替换》一文中也提及,[①]"灋"字在战国之前其意思仅仅表示"废弃"和"大"二义,战国中后期以降,始出现"法度""法定"的含义的实例。不过边田钢先生又补充道,"灋"字在战国以前的文献记载中却有表示"法度"含义的例子,如《尚书·吕刑》"惟作五虐之刑曰法",从而得出"灋"字在战国之前已经有表"法度"之义的结论。

笔者对此有不同的观点。首先,《尚书》的成书时代学界意见并不一致,夏含夷先生就认为《尚书》的《洪范》《金縢》《吕刑》《秦誓》四篇具有东周时代的语言现象,认为"无疑应是东周时代的作品",[②]《尚书·吕刑》成书年代存在晚于战国时期的可能性,所以《尚书》不是"灋"字在战国之前已经有表"法度"之义的有力证据。其次,并不能排除《尚书》"灋"字表"法度"的含义是后人改写所致,正如边田钢先生在其文章中,对《尚书》中出现的与其时代不符的"废"字所分析的那样"是书写形式当代化的产物"。不仅如此,作者也在文中讲到《尚书》出现了"灋"既表"法度"又表"废弃"之义而交替出现的文字现象,这就不禁让人联想到战国末期其他出土的材料中也同样出现了这样的现象,反而更加印证了《尚书》的成书时间应该是在战国后期的观点,当然《尚书》成书时间并不是本文所要研究的重点。

从目前的史料来看,"灋"字诞生之初乃至东周末年战国中后期时,"灋"的含义一直是"废"而非表达"法度""法定"之义。既然"灋"并不是早期中国法律的发端,或是说早期中国法律的诞生亦未见"灋"字偕行,自然,由"灋"的剖析得出中国法律起源于"神判"的"史影"的结论,也是值得商榷的。

行笔至此,不免有些疑问,"廌"字既然是祭祀用的现实存在的动物,那它到底是什么动物?"灋"确由"廌"组成,而为何"灋"在初期表达的却是"废"的含义?"灋"字又为何转身一跃成为"法"的?"廌"和"獬豸"有何关系?这些文字的历时变化背后有没有更深层次的逻辑?要对这些问题作出一些探讨,还是应当采用穷本溯源的方法,回到文字本身。

二、释"廌"

"廌"文献中的形象莫衷一是,总结起来大体上有以下几种说法:

一说,形似牛。《说文解字》:"廌,解廌兽也,似山牛一角。"《神异经》:"东北荒中有兽,如牛,一角,毛青,四足似熊,见人斗则触不直,闻人论则咋不正,名曰解

① 边田钢:《"灋""废"二字在表"废弃"义上的历时替换》,载《中国语文》2015年第6期。

② 李锐:《先秦古书年代问题初论——以〈尚书〉〈墨子〉为中心》,载《学术月刊》2015年第3期。

豸。”徐中舒《甲骨文字典》:“《说文》谓廌似牛近是”,“牛与廌所以别者,以廌有多毛之尾,此殆上古野牛之特征”。

二说,形似羊。《后汉书·舆服志下》:“解豸神羊,能别曲直,楚王尝获之,故以为冠。”《金楼子·兴王》:“常年之人得神兽若羊,名曰解豸。”《论衡·是应》:“觟觽者,一角之羊也,性知有罪。皋陶治狱,其罪疑者,令羊触之,有罪则触,无罪则不触。斯盖天生一角圣兽,助狱为验,故皋陶敬羊,起坐事之。”

三说,形似鹿。《汉书·司马相如传》注引张揖曰:“解廌,似鹿而一角。人君刑罚得中则生于朝廷,主触不直。”

四说,形似麟。《隋书·礼仪志》参引蔡邕曰:“解豸,如麟,一角。”《说文解字》:“麒,仁兽也,麋身,牛尾,一角,从鹿其声。”

武树臣先生总结道:“综上所述,可见廌是一个形如牛、羊、鹿、麟一样的动物,其特点是独角,其功用是别曲直、正刑罚、赏善罚恶。”①

笔者认为,这种以汉代以来文献为中心研究“廌”原型的方法,从一开始就具有瑕疵,学者们使用的这些距离甲骨文中的“廌”字出现已经有1000多年之久的文献,无一不受谬误的源头《说文解字》之影响,因此显然难以客观论证“廌”的原貌。

回到甲骨文中,我们发现“廌”有“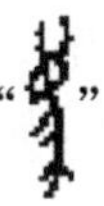”、②“”、③“”④以及“”、⑤“”、⑥“”⑦等字形,从这些文字的形象可见,其头上的犄角明显是两角,⑧这就从根本上推翻了各家关于“廌”“独角”,“一角”的说法。有的法律学者把“廌”考释为麋鹿,更是谬甚大矣。⑨ 据单育辰先生考证,在甲骨文中“麋”字作(见图1)。

---

① 武树臣:《寻找最初的独角兽——对“廌”的法文化考察》,载《河北法学》2010年第10期。

② 孙海波:《甲骨文编》,哈佛燕京学社1934年版,第400页。

③ 同上。

④ 同上。

⑤ 郭沫若:《甲骨文合集》,中华书局1999年版,第5658页。

⑥ 中国社会科学院考古研究所:《殷墟花园庄东地甲骨》,云南人民出版社2003年版,第34页。

⑦ 同上书,第343页。

⑧ 徐宝贵:《石鼓文考释两篇》,载《中国文字学报》2014年第5辑。

⑨ 卜安淳:《“廌”是麋鹿,“法”是流水》,载《江苏警官学院学报》2007年第2期。

图1　甲骨文中“麋”字

首先解释出“麋”字的是唐兰,他在《获白兕考》解道:“卜辞数见‘’,旧之不识,故商氏列与待问编,余谓此字乃麋字。又有‘’字,且娄见偏旁,又有‘’字,亦均在《待问编》,余谓当释为眉或盾。盖惟古文麋、眉形相近,故经传眉寿多作麋寿也。”因为古音中麋与眉的发音相似,所以在甲骨文中麋可以用眉来表音。如果说唐兰先生只是从古音角度进行了分析认为其论证力度还不够的话,那么后来的李孝定则一针见血地指出了其象形内涵,他说:“按,字作‘’者,尚可解为首具二角而不歧出,惟于作‘’形者,则无以为解。《急就篇》云:‘狸兔飞鼯狼麋麈。’颜注:‘麋似鹿而大,冬至则解角,目上有眉,因以为名也。’小颜此说与契文字形亦近,盖它兽无眉而麋独有,故作字象之耳。颜说当是。”他认为甲骨文文中的麋是眉毛之象形,一是因为字形顶部不可作犄角解,二是因为麋在外貌形态上具有独特的眉形(见图2)。

图2　麋①

---

① 中国科学院动物研究所:《中国动物主题数据库——中国兽类数据库》,载中国动物主题数据库官网:http://www.zoology.csdb.cn/csdb/images/Upload_images/Animalia/Chordata/Mammalia/ARTIODACTYLA/Cervidae/Elaphurus/davidianus/E0195BEC-1590-4FC1-8969-E30210207FDE.jpg,最后访问日期:2018年3月20日。

再者,根据麋鹿的犄角形态,观察其角多歧枝(“鹿”字“”“”便是象形多歧枝的典型),这显然与甲骨文“廌”字中直且无歧枝的形态有着较大差异。综上,把“廌”释为麋鹿的观点是站不住脚的。

笔者认为,“廌”其实是羊羚族动物,并且据笔者推测,“廌”实为斑羚。斑羚俗称青羊、麻羊,外形与家养山羊较为相似,雌雄两性均具角,角长 128 ~ 150 毫米,但身体粗壮,四肢粗短,常年活动在亚热带至北温带的山崖陡坡的茂密丛林之间,分布于我国西北、西南,华北与东北种群数量情况迄今不详,现为国家Ⅱ级保护动物。① 说“廌”应为斑羚,具体原因有以下几点:

其一,形似。甲骨文“”直立而无歧枝的角与羊羚族动物的角无差异。

其二,音似。“上古音,‘廌’为定纽,支部字。‘羚’为来纽耕部字。来、定均为舌头音,支、耕为阴阳对转。声音非常近。”③

其三,羊羚族动物遗骸及形制物品的考古发现。在属旧石器时代中期的阳原侯家窑文化遗址和大荔人遗址中发现了羊羚族动物遗骸,④在属于仰韶文化时期的半坡遗址中,考古人员也发现了羊羚族动物遗骸。⑤ 出土在内蒙古鄂尔多斯市准噶尔旗速机沟的战国时期的立式羚羊青铜(见图 3),此物雕刻写实逼真,羊羚族的动物形象一目了然。⑥ 这就表明,羊羚族动物曾长期分布在黄土高原和西北区域应是无疑。处于中

图 3　战国立式羚羊青铜像②

---

① 中国科学院动物研究所:《中国动物主题数据库——中国兽类数据库》,载中国动物主题数据库官网:http://www. zoology. csdb. cn/csdb/images/Upload _ images/Animalia/Chordata/Mammalia/ARTIODACTYLA/Cervidae/Elaphurus/davidianus/E0195BEC - 1590 - 4FC1 - 8969 - E30210207FDE. jpg,最后访问日期:2018 年 3 月 20 日。

② 立式羚羊青铜饰件(战国),内蒙古鄂尔多斯市准格尔旗速机沟出土,内蒙古博物院藏,摄影孔群。

③ 徐宝贵:《石鼓文考释两篇》,载《中国文字学报》2014 年第 5 辑。

④ 张之恒、黄建秋、吴建民:《中国旧石器时代考古》,南京大学出版社 2003 年版,第 248 页。

⑤ 中国社会科学院考古所编:《中国考古学 · 新石器时代卷》,中国社会科学出版社 2010 年版,第 240 页。

⑥ 杨国华、翟禹、孔群:《中国北方草原艺术中羊的形象》,载《文物天地》2015 年第 2 期。

原地区的商政权有可能通过货物交换或战利品的方式获取这种祭祀品。

其四,据郭静云女士考证,甲骨文中的“黄”字代表的黄色的颜色观念是与“幽”同时出现的一对颜色观念,而甲骨文中的“幽”字表达的是古人对于青色的颜色观念,[①]笔者对此深以为然,甲骨文中就有大量“幽廌”与“黄廌”的例子:

(1)“辛卯卜,子障宜,惟幽廌,用? 辛卯卜,子宜,惟……不用?”(《花东》34)

(2)“辛卯卜,子障宜,惟幽廌,用?”(《花东》198)

(3)“尞(燎)東黄廌?”(《合集》5658反宾组)

(4)“甲戌:岁祖甲牢,幽廌,祖甲永子? 用。”(《花东》149)

部分学者认为“廌”这种动物应为藏羚羊,[②]笔者认为此说恐是千虑一失,就目前所发现的甲骨文中对“廌”这种动物的颜色描述,以“幽”占绝大多数,仅存少量黄色的颜色描述,这就说明其毛色应以青色为主,但藏羚羊的毛色却恰恰相反,大部分以黄色为主,同样我们发现斑羚的毛色就是以青褐色为主,同时存在少量黄色斑羚(见图4),笔者推测,“廌”为斑羚的可能性较大。

图4　黄色斑羚[③]

---

① 郭静云:《幽玄之谜:商周时期表达青色的字汇及其意义》,载《历史研究》2010年第2期。

② 程起骏:《从历史长河中奔腾而来的藏羚羊》,载《文化月刊》2009年第1期。徐宝贵、单育辰也持此说。

③ 中国科学院动物研究所:《中国动物主题数据库——中国兽类数据库》,载中国动物主题数据库官网:http://www.zoology.csdb.cn/csdb/images/Upload_images/Animalia/Chordata/Mammalia/ARTIODACTYLA/Bovidae/Naemorhedus/goral/DB73E1FC-A8E5-4C72-9050-C3AD596E54B0.jpg,最后访问日期:2018年3月20日。

三、释"灋"

据笔者推测,"灋"字之所以在最初表达的是废的含义而不是法度的含义,是因为"灋"实为一种祭祀江河湖海神灵的一种祭俗。据《尔雅·释天》记载:"祭川曰沉浮。"《仪礼·觐礼》:"祭川,沉。"《周礼》:"以沉祭川泽。"又云:"以埋沉祭山林川泽。"这种祭祀就是将动物、器物等祭品,以或沉或浮两种方式,置于江河湖海之中,达到祭奠水神,祈求风调雨顺的目的。[①]《尚书·中候》记载,尧帝曾"率群臣东沉璧于洛。"甲骨文中也有大量以这两种方法祭祀水神的记载,例如:"口子卜,觳,贞王令……河,沉三牛,燎三牛,卯五牛。王占曰:丁其雨。九日丁酉允雨。"(《合集》12948 正)"壬申,贞求禾于河,燎三牛,沉三牛。"(《合集》33277)"乙酉卜,宾贞,使人于河,沉三羊,三牛。三月"(《粹》14·36)"贞:燎于上甲于河十牛"(《合集》1186)等。在先秦时代,祭祀水神是比较常见的。时至东周前期,各地依然保存有祭祀河川的旧俗,据《左传·襄公十八年》记载:"晋侯伐齐,将济河,献子以朱丝繫玉二瑴……沉玉而济。"《左传·定公三年》:"蔡侯归,及汉,执玉而沉曰:'余所有济汉西南者,有若大川'。"《左传·昭公廿四年》又云:"冬十月癸酉,王子朝用成周之宝珪于河。"

考古发现也印证了古代祭祀水神的祭俗,湖北江陵江北农场出土了一批商周青铜器以及鹿角,学者研究发现:"我们推测江北农场出土的青铜器和鹿角,与巴文化有关。这些器物被沉于湖底,应是用以祭祀山川、河湖。"[②]

甲骨文中存在大量的利用表义字来记录祭祀活动动词的现象,"灋"字就是其中一例。"灋",是由"氵""廌""去"三部分构成,"氵"正是表达祭祀江河湖海等水域地点的含义亦是沉入水底之功用,《玉篇·水部》:"漕,水转运也。"《说文》:"潎,於水中击絮也。"《说文》:"津,水渡也。"[③]而"廌"则描述祭祀的供品。正如"贞:王去束"。(《合集》5135)和金文《鼎》:"少去父母。"中的"去"字一样,表达离开、离去之义。"灋"字完整的表达了水神的祭祀活动,这是其造字之始。以文字的方式表达祭祀的活动,"灋"字也并不是孤例,"薦"字也是如此,古人常有"薦祭"的说法,例如新蔡楚简中有云:"……珥、衣常(裳),薦祭之以一於东陵。占之:吉。"(《甲三》207)"祷於吝(文)夫人型牢,乐、薦,贡之。"(《乙一》11)正如戴家祥先生所说,"薦也是一种祭祀,薦壶、薦鬲、薦簠,即指薦祭所用之器"。更

① 徐文武:《论楚人的山川崇拜》,载《荆州师专学报》(社会科学版)1996 年第 3 期。

② 何驽:《湖北江陵江北农场出土商周青铜器》,载《文物》1994 年第 9 期。

③ 彭小红:《〈说文解字〉水部字研究》,江西师范大学文学院 2012 年硕士学位论文,第 15 页。

有趣的是,“薦”字与“灋”字都由“廌”组成,“廌”在商代曾被作为祭品使用上文已有详述,两者都是由“祭品+方式”的复合表意构件组成,这说明两者有着千丝万缕的联系。不宁唯是,我们亦在甲骨文中发现了与“灋”字造字方式近乎一致的文字,他们都是“祭品+方式”的复合表意构件组成并且属于将祭牲沉于河川,分别是:

(1)“”,出自“庚寅[卜],旅贞,翌辛卯其‘’于丁”。(《合集》23070)徐中舒在《甲骨文字典》中考释道:“而此,‘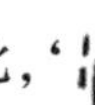’字乃象沉隹于水之形,为会意字。卜辞用为祭名,盖为沉隹于水之祭。”①

(2)“”,出自“贞尞于土三小牢卯三牛沉十牛。”(《前》1243)此字应为沉牛于水的祭祀。②

随着文字的不断发展,“灋”字被赋予了“废”的含义,《周礼·大宰》注:“废,犹放也。”《小尔雅·广诂》:“放,弃也。”《庄子·让王》注:“废,弃也。”③水流而物离,先民们将这一现象用原始的表祭祀活动的“灋”字,赋予其“废”的含义,也是符合文字发展的一般规律。

到战国中期,“灋”字由“废弃之义”引申出来了“革职永不叙用”刑罚的含义,例如:“任灋(废)官者为吏,赀二甲。”(睡虎地秦简《秦律杂抄》1号简)“不避席位,赀二甲,灋(废)。”(睡虎地秦简《秦律杂抄》4号简)④据笔者推测,正是“灋”字这种变化,使得“灋”字逐渐演变为具有法度、规范的含义,也正是在战国中后期开始才大量出现了表法度、法定含义的“灋”字。另外,“废弃之义”所含的“放”“弃”的含义也是古代刑罚方式的表达,《孟子》:“齐宣王问曰:‘汤放桀,武王伐纣,有诸?’孟子对曰:‘于传有之。’曰:‘臣弑其君,可乎?’曰:‘贼仁者谓之贼,贼义者谓之残;残贼之人谓之一夫。闻诛一夫纣矣,未闻弑君也。’”不仅如此,由于“灋”字承载的含义太多,难以分辨,在战国中后期在各地开始出现“癹”“發”两字与“灋”字在表废弃之义上的竞争表达,直到秦汉时期“废”被巩固使用下来表示废弃之义,今日出土文献显示“废”字实乃是秦汉时期创造的新字,⑤这与“灋”字的历史发展不谋而合。

---

① 徐中舒:《甲骨文字典》,四川辞书出版社1989年版,第1201页。

② 雷缙碚:《试论甲骨文表祭祀活动表义字的形义关系》,载《文教资料》2009年第8期。

③ 蔡枢衡:《中国刑法史》,广西人民出版社1983年版,第170页。

④ 边田钢:《“灋”“废”二字在表“废弃”义上的历时替换》,载《中国语文》2015年第6期。

⑤ 同上。

由此可见，许慎在《说文解字》中解释的“灋，刑也，平之如水，从水；廌，所以触不直者去之，从去”一句中，“灋”即是刑、法平如水的说法，实在是后人望文生义、牵强附会，没有根据的猜测和臆想。部分学者在研究中采用倒推的方法也是不可取的，他们没有考虑文字发展演变的历史轨迹，从今天法的含义出发推测，“灋”字一开始就具备某种规范、刑罚的内涵，这既不符合考古发现的实证，也不符合文字发展的规律，确属过度阐释，[①]实则“灋”字造字之始是一种祭祀水神的仪式，进而演变为“废”意，再发展为具有规范含义的“法”。

四、释“獬豸”

对于第四个问题，陈灵海先生在他的《中国古代獬豸神判的观念构造》[②]一文中已经有过相关论述，他认为，“獬豸神判”这一神话形象，臆造于汉代神学思潮激荡的年代，经过杨孚、许慎等颇具影响力学者的“争相传唱”，从而“形成于斯”“流播于斯”，进而提出了“许慎在《说文解字》将‘廌’解释为独角兽‘解豸’，显系误释”的观点。对此观点笔者是认同的，但认为作者在文中将“獬豸”推测为“犀兕”恐有不妥。

汉代以来的文献中关于“獬豸”的描述是“解廌兽也，似牛一角”（《说文解字》）；“解廌，似鹿而一角”（《汉书·司马相如传》张揖注）；“解豸神羊”（《后汉书·舆服志下》）；“儒者说云：觟觽者，一角之羊也，性知有罪，或曰似熊，能知曲直，性知有罪”（《论衡·是应》）；“东北荒中有兽焉，其状如羊，一角，毛青，四足，似熊，性忠而直，见人斗，则触不直”（《神异经》）。有的说其似鹿似羊，有的说其似牛甚至似熊，当然，这种不统一不明确的表达也在一定程度上说明了“獬豸”或者是真实存在的事物，但后来因为消失了而变得不明确，又或者是根本不存在的东西，是人将各种元素杂糅臆造出来的。但不管怎样，大多数文献描绘的或者说人们观念中的“獬豸”形象都是似鹿似羊，多数学者认为此物体型小，而非似牛一般的身量。这并非揣测，出土的文物也证明了这一点，西汉末东汉初期的武威磨嘴子汉墓群出土了身量似羊的木獬豸（见图5），东汉末年的山东沂南汉画像石（见图6）中的“獬豸”亦是独角羊形图腾。

---

① 蔡枢衡：《中国刑法史》，广西人民出版社1983年版，第170页。

② 陈灵海：《中国古代獬豸神判的观念构造》（下），载《学术月刊》2013年第5期。

图5 木獬豸①

图6 独角羊形汉画像石②

反观现存文献中对于“犀”和“兕”的记载,《尔雅·释兽》:“兕似牛。”《尔雅翼》:“兕似牛,一角,青色,重千斤,或曰即犀之牸者。”《说文解字》:“状如野牛而青。象形。”郭璞注《山海经》:“兕,似牛,一角,青色,重千斤。”“犀:猪头大腹,庳脚。脚有三蹄,黑色。三角,一在顶上,一在额上,一在鼻上,鼻上者即食角也,小而不椭,好食棘,亦有一角者。”《急就篇》:“兕似野牛而色青,重千斤,一角,角甚大。”通过上述古籍记载我们可以看出,“兕犀”的突出特点除了“一角”之外还有“似牛”“青色”“重千斤”,所以兕犀虽有一角却与观念中獬豸似羊似鹿的体型特点有所差别。这也与后文中将要提到的考古发现互相印证,说明在汉代甚至是后代的人们对于“犀兕”这种生物的特征是有明确统一的观念上的认知,“犀兕”从未淡出人们视野,文献内容确为对客观存在事物的主观表达。

据记载,汉代时仍有数量可观的兕犀存活,杨雄在其《蜀都赋》中写道:“犀象竞驰。”《淮南子》称:“长沙、湘南有犀角。”桓宽著名的《盐铁论》中也有“夫犀、象、兕、虎南夷之所多也”的说法。根据相关学者的研究成果可知,直到唐代犀牛之属才完全退出两湖流域,宋代也还得见于云贵两广(见图7)。考古发现也从侧面印证了这一点。1963年出土于陕西兴平的错金银云纹铜犀尊(见图8),经鉴定为西汉时期的青铜酒器;无独有偶,2009年在江苏大云山汉墓同样出土了鎏金铜犀牛与驯犀奴(见图9),这就说明在西汉时期人们对于犀牛有着合乎逻辑的认知,彼物与此物相去甚远,不太可能“从一种真实(但消失了)的动物,转变为无人知晓其为何物(似牛、似鹿、似羊、似熊),再转变一种拥有特殊神格的独角兽”。③

此外,陈灵海先生认为,由“犀兕”到“獬豸”的转变除了上述理由之外,从语音学的角度讲也是有可能的,这属于“言一音殊、音同言异”的古文字异读现象。

① 闵媛:《能辨是非曲直的“独角兽”——獬豸》,载《甘肃日报》2018年5月31日,第9版。

② 缪哲:《汉代艺术中外来母题举例》,南京师范大学美术学院2007年博士学位论文,第132页。

③ 陈灵海:《中国古代獬豸神判的观念构造》(下),载《学术月刊》2013年第5期。

笔者认为此观点似有不妥，有关古文异读的现象古文字学者李家浩先生有过研究，他认为产生汉语文字异读的原因是汉字中存在大量形声字，而古时候形声字与其所从的声符读音没有太大差别，人们有读字读半边的习惯（这种习惯至今亦存在），这会导致一些合体的表意字被误认为是形声字，将其中的一部分偏旁作为声符，不过，即便是形声字，却也有误把表意的偏旁作声符来读的现象。这种错误经过人们的口耳相传，逐渐流行起来，这些异读字就成为记录与这些改读字的错误语音相近词的符号，也即我们今天在文献中看到的那些异读字。所以，这些异读字普遍具有一个特点：异读之前的字形中有一部分变为了异读字。①

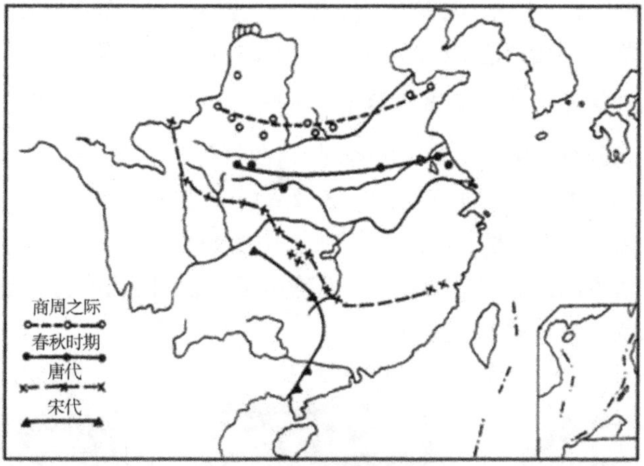

图 7　犀牛活动区域②

图 8　错金银云纹铜犀尊③

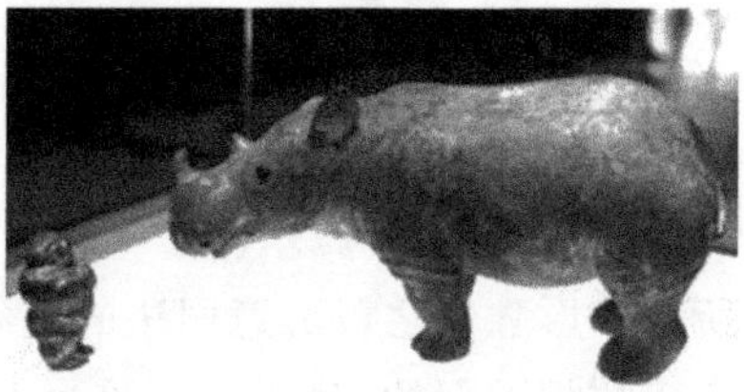

图 9　鎏金铜犀牛与驯犀奴④

① 李家浩：《从战国“忠信”印谈古文字中的异读现象》，载《北京大学学报》（哲学社会科学版）1987 年第 2 期。

② 王振堂、许凤、孙刚：《犀牛在中国灭绝与人口压力关系的初步分析》，载《生态学报》1997 年第 6 期。

③ 国家博物馆：《错金银云纹青铜犀尊》。

④ 西汉，鎏金铜犀牛与驯犀奴，江苏省盱眙县大云山汉墓出土，南京博物院藏。

观察“犀兕”和“獬豸”两汉字词,如果“獬豸”确为“犀兕”的异读的话,“獬豸”字形中应该包含“犀兕”字形中的一部分,但是两汉字词却在字形上没有任何联系,而有趣的是,“獬豸”与“解廌”、“觟觽”或“解豸”等词却符合这种音近形通的特点,由此判断“獬豸”应该非为“犀兕”的异读,所以陈灵海先生所云,“读音、字形发生了改变,而且含义也发生了改变”从“犀兕”一词转变为“獬豸”的说法应是不成立的。

另外,需要指出的是,对于陈灵海先生所持有的“西汉前器物、图像中无独角神兽”的观点,笔者存疑。1989年湖北省荆门市十里铺镇王场村包山岗二号(战国中期)墓中出土了一件玺印,其主人是掌管楚国司法工作官居左尹的邵力它,[①]其印图形正是羊型独角之兽(见图10)。楚系印玺中还出现以“名字+獬豸纹”为特征的印玺(见图11),文字学者推测此物应是掌管司法的陈“筲”的佩印。[②]另外,从战国时代的秦国延续至秦一统全国,以曲尺印面为代表的秦系印玺,其中亦发现了“‘王’字+獬豸纹”的印玺(见图12)。(注:当下考古学界将不少新出土的物品考证为獬豸,但笔者认为獬豸在观念中的形象应具有攻击性,不具有这种形象的独角兽较难与麒麟等作区分,为准确起见,笔者仅选取符合历史文献描述,体态呈现抵触状的器物作为论据)。

图10 羊型独角兽玺印[③]

图11 楚系獬豸印玺[④]

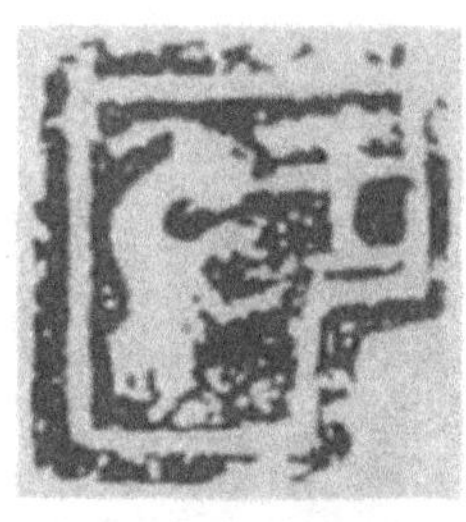
图12 秦系獬豸印玺[⑤]

所以羊形独角之兽寓意司法的现象可能早在战国时期的楚国就已经出现了,并且有多枚相类似的实物,至于这个时候即战国时期是否已经产生了“獬豸”的概念还不得而知,因为毕竟目前所见最早对“獬豸”的形象是在西汉末年扬雄的

---

① 徐畅:《先秦玺印图说》,文物出版社2009年版,第355~356页。

② 徐畅:《獬豸封泥和獬豸鉨印——由獬豸鉨印说到姓名图像鉨》,载《中国书法》2003年第10期。

③ 付威:《战国至汉代图形印初探》,南京大学历史系2012年硕士学位论文,第71页。

④ 同上。

⑤ 同上。

《太玄》与东汉初年杨孚的《神异经》之中，但这种战国时期的羊形独角的印玺形象应该与后来"獬豸"是有密切联系的。

据笔者推测，独角兽和司法相互连结的观念或许并非形成于汉代，而是有早于汉代的可能性。笔者认为，獬豸之形象更可能是来自古印度，并被我国吸收和加工。印度河文明在一批考古遗迹被发现之前，其文明被认为存在于公元前1000年以后的时期，但哈拉帕遗址和摩亨佐·达罗考古遗迹的发现，使印度河文明提前到了公元前2500年到公元前1700年。正是这些遗址，出土了一批古代印度河文明的印章，共计2500余枚，其中就有我们所关心的独角之兽印章的形象（见图13、图14）。从这些印章的印面我们可以看出，这些独角神兽的形象与我国的獬豸形象非常相似，印度博物志书籍《费基奥劳克斯》就记载道："独角兽……体似小羊，性勇猛，头顶有角。"①，这就与我国把獬豸描述成"一角之羊""神羊断案"的说法不谋而合，亦与日本学者城一夫关于独角兽的形象起源于印度，经由希腊向西传入西方，向东传入东方的观点一致。② 除了印章图像的相似，汉代一些地区画像石的獬豸形象所具有一腿曲跪、一腿伸探、肩翼的三种特点，也与印度等地区的画像特点颇为相似。③

图13　独角兽印章 ④

图14　独角兽印章⑤

不仅如此，独角之兽的形象通过经济文化交流，在战国时期传入中国也是有

① 许秀娟：《麒麟文化的变迁与中外文化交流发展的关系》，暨南大学历史系2003年硕士学位论文，第9页。

② ［日］城一夫：《东西纹样比较》，孙基亮译，中国纺织出版社2002年版，第175页。

③ 缪哲：《汉代艺术中外来母题举例》，南京师范大学美术学院2007年博士学位论文，第132页。

④ Omar Khan：Harappa Archaeological Research Project，Harappa. https://www. harappa. com/，visiteal in 2018.

⑤ ［日］成家彻郎、常耀华：《巴蜀印章试探》，载《四川文物》2004年第2期。

可能的。据日本学者成家彻郎考证,在我国考古发现的存在于公元前六世纪以后的巴蜀印章,与印度古印章和西亚古印章有着千丝万缕的联系。他提到,古蜀文化最早通过两条道路吸收了西亚细亚、印度和波斯文化,一条是古代印度→西藏高原→四川省→湖北省、陕西省,另一条是古代印度→西藏自治区→云南省→四川省,在青藏高原及其周边区域(滇、川、青、甘、新)还发现了属于印度、西亚的文化遗物。并且,作者考证到战国时期楚国屈原的作品《离骚》里面的"摄提格"就是印度木星纪年法中的用语,这就说明中国与印度有相当程度的文化往来。①

我国最早发现的,主持楚国司法工作的官居左尹的邵力它的独角兽印章,就是上述中印文化交流第一条通道终点之一湖北省的遗物。《山海经》曾记载了这样一则故事:"夏后启之臣曰孟涂,是司神于巴。巴人讼于孟涂之所,其衣有血者乃执之。"②这也被认为是独角兽獬豸神判的传说,其故事的主人公是巴人,发生地正是巴蜀之地。虽然学界一般认为《山海经》成书时间应该在战国初期到西汉初年,但鄂西长阳香炉石古文化遗址的考古发现出土了大量的夏、商、周时期古代巴国的遗存之物,这与《山海经》"西南有巴国。太皞生咸鸟,咸鸟生乘厘,乘厘生后照,后照是始为巴人"的巴国地望和年代相互印证,其有关上古的史料价值是不可以低估的。③ 不仅如此,《后汉书·舆服志》载:"法冠,一曰柱后。高五寸,以纚为展筩,铁柱卷,执法者服之,侍御史、廷尉正监平也。或谓之獬豸冠。獬豸神羊,能别曲直,楚王尝获之,故以为冠。"胡广说曰:"《春秋左氏传》有南冠而絷者,则楚冠也。秦灭楚,以其君服赐执法近臣御史服之。"从这段记述就可以发现,獬冠也是发源于中印文化交流末端的楚国国王之手,这就使我们更有理由相信独角兽的形象是从印度传入我国的。

秦汉以降,中印文化交流更加频繁,据《史记·大宛传》记载,在汉武帝元狩元年,出使大夏国的张骞向武帝报告:"臣在大夏时,见邛竹杖、蜀布。问曰:'安得此?'大夏国人曰:'吾国人往市之身毒……'今身毒又居大夏东南数千里,有蜀物,此其去蜀不远矣。"这里的大夏国即是今日阿富汗北部地区,身毒即是今日印度。④ 频繁的经济交流进一步促进了文化的沟通和交流,独角兽的形象逐渐在中原地区广泛传播开来。汉代也是神学谶纬思潮滥觞的年代,而其特点就是以董仲

① [日]成家彻郎、常耀华:《巴蜀印章试探》,载《四川文物》2004年第2期。

② 张其昀:《〈山海经〉"其衣有血者乃执之"决疑》,载《中国典籍与文化》2008年第67期。

③ 王善才:《从考古发现看〈山海经〉中有关早期巴国的地望与年代》,载《福建师范大学临清分校学报》2007年第1期。

④ 许秀娟:《麒麟文化的变迁与中外文化交流发展的关系》,暨南大学历史系2003年硕士学位论文,第9页。

舒的“天人感应”学说为基础的祥瑞灾异的泛滥,“帝王之将兴也,其美祥也先见;其将亡也,妖孽亦先见,物固以类相召也”。据记载,汉武帝即位第十九年(公元前122年)曾到雍县祀五帝,在打猎中获得一匹白毛独角兽,众人认为这是祥瑞麒麟,趋附之人作《白麟之歌》来歌功颂德。“元狩”这一年号就是因为这一祥瑞之物,而被命名的。① 大量著作也深切的受到这种思潮的影响,《说文解字》就是一例,如释“龍”字为“鳞虫之长,能幽能明,能细能巨,能短能长,春分而登天,秋分而潜渊”;释“鳳”字为“神鸟也……麐前鹿后,蛇颈鱼尾,龙文龟前,燕颔鸡啄,五色备举,出于东方君子之国,翱翔四海之外”;释“鸾”字为“赤神灵之精也,颂声作则至……周成王时氐羌献鸾鸟”;释“神”字为“天神引出物者也”;释“鬼”字为“人所归为鬼……鬼阴气,贼害”,等等,②越是把时间往后推移,我们就应当能够注意到神兽的形象被雕刻得越发清晰精致而丧失了上古时期神话朴素的特点,由此,我们可以感受到《说文解字》对现实中所不存在的动物所赋予的充分的想象力。

正是在这种政权与神权的相互交融的历史背景之下,加上频繁的文化交流,独角之兽的形象在两汉各路学者手中被神话,进而成为我们今天所熟知的代表着司法的“獬豸”。

五、结论

“灋”与“獬豸”、“廌”和“獬豸”之间在秦汉以前的区别泾渭分明,它们各自有各自的形成发展路径,是完全不同的两对概念。两汉以降,“天人感应”学说甚嚣尘上,统治者出于统治的需要,意图将司法概念神化,加之年代久远,经过学者们不断地加以有目的的解释,“灋”、“獬豸”和“廌”最终被统而化之,形成了一个貌似可以自圆其说的神话体系。但通过对三个概念源流的追溯,以及对当时社会背景的分析,就可以得出与神话传说完全不同的结论。

汉代是中国司法权力被神化的一个高峰时期,但这种神化并不是基于愚昧的正义观或者是落后的审判方式,而是基于彻底的权力强化,是基于皇权强化,并伴随皇权强化演绎出来的。但皇权的强化与汉代紧缺的司法资源和基层社会治理日趋复杂困难的局面却组成了一幅矛盾激烈的图景,这使执柄者不得不选择塑造观念中的世界,来表达对理想治理状态的期待,并用这种“神道设教”的牧民之

① 吴贤哲:《汉代神学思潮与汉乐府郊庙、游仙诗》,载《西南民族大学·人文社科版》2003年第6期。

② 陈灵海:《中国古代獬豸神判的观念构造》(下),载《学术月刊》2013年第5期。

法,形成源于精神世界的控制力,来弥补现实世界对矛盾解决资源的缺失。

我国以往的法律史研究中多偏重对现实世界制度领域的关注,甚至出现了将观念史与制度史混为一谈的现象,这不是法律史学科研究的正确路径。区分而不是混同观念世界与现实世界的历史脉络,对于我们重新认识中华法系的历史面貌是基础性的,尤其是观念史中的中国法律与司法研究,可能会改变我们以往研究中已经形成的成规旧识,开辟中国法律史研究的一个全新视野。

(作者单位:中南财经政法大学)

《法经》伪史始末考

袁　也

一、前代史料未载之疑

从20世纪30年代起，以日本学者仁井田陞为代表的一些学者开始质疑李悝撰《法经》一事的真实性。仁井田陞在其著作《唐令拾遗》中的序论中，从史源学的角度出发较为详细地考察了“李悝撰《法经》”的历史流布，并且指出，此说法“依据的资料是《晋书·刑法志》《唐律疏议》《唐六典》注以及《通典》的记述。但是，《史记》、前后《汉书》对此并无只言词组”。[①] 这种观点在日本史学界占统治地位长达30余年。[②]

按照文献学的观点，越远古的叙事性记载越发不可信。《晋书》撰于唐贞观二十年至贞观二十二年（公元646～648年），与所谓李悝《法经》的成书年代相隔千年之久，故而其真实性让人怀疑。

此后，国内外许多持“真实说”的学者提出相反意见。例如，张警认为，“古书中不见记载，可以作为怀疑的理由，但终究不能作为证据看待……汉代史家对于秦律，似乎是‘讳莫如深’的，班固的《汉书·刑法志》就明显的有这种倾向。他们不谈秦律，因而也不谈作为秦律祖本的

---

① ［日］仁井田陞：《唐令拾遗》，栗劲译，长春出版社1989年版，第801页。

② 李力：《从几条未引起人们注意的史料辨析〈法经〉》，载《中国法学》1990年第2期。

《法经》,这是很自然的";[1]日本学者崛毅也认为,班固为东汉经学大儒,崇尚周法,因而偏重周代事件的记述,他不提《法经》也是情理之中的事情。[2]

笔者认为,此说法存在如下问题。首先,从先秦史料来考察:第一,无论是古本还是今本,魏国史书《竹书纪年》中都未提及李悝。《竹书纪年》成书于魏襄王时期(前318~前296年),远晚于李悝所在的魏文侯时代(前445~前396年),按理说在记录魏文侯事迹时也应对如此重大之事有所记载,所以这是上述说法不能解释之处。第二,《战国策·魏策》中提到了魏人西门豹、公叔痤诸人之事迹,且笔墨甚多,却未提及李悝《法经》,这是因其作者的疏忽大意,还是因为其可信度令人生疑?

《战国策·魏策》以及《秦策》中还提到,公孙鞅(即商鞅)本在魏,为公叔痤门客,他在公叔痤死后,听闻孝公向四方招贤纳士,遂亡魏西进入秦,受到孝公重用,法令至行之事,即是"公叔痤死,公孙鞅闻之,已葬,西之秦,孝公受而用之。秦果日以强,魏日以削"。[3]"孝公以为相,封之于商,号为商君。商君治秦,法令至行,公平无私……期年之后,道不拾遗,民不妄取,兵革大强,诸侯畏惧。然刻深寡恩,特以强服之耳。"[4]《战国策》对同为法家代表人物的商鞅的一系列变法事迹的记载极为详实。同时,《左传·昭公三年》中记载:"三月(公元前536年),郑人铸刑书。叔向使诒子产书,曰:……今吾子相郑国,作封洫,立谤政,制参辟,铸刑书,将以靖民,不亦难乎?"[5]孔疏:"二十九年《传》云:晋赵鞅、荀寅赋晋国一鼓铁以注铁鼎,着范宣子所为刑书焉。彼是铸之于鼎,知此亦是鼎也。"郑国子产铸刑书、晋国铸刑鼎两事也引起了如此的关注。

由此我们可想见,在春秋战国时期,成文法律的制定与公开是一件前所未有的大事,故而史家历来都记载甚多。相比之下,笔者认为,对于先秦史籍对所谓李悝的《法经》集体性失语这一问题较为合理的解释是在同一时代的魏国人的记忆之中,李悝并无撰《法经》之事实。

同时,退一步来说,即使班固作为经学大儒,对其有讳笔心态,在《汉书·刑法志》却也有如下一段记载:"陵夷至于战国,韩任申子,秦用商鞅,连相坐之法,造参夷之诛;增加肉刑、大辟,有凿颠、抽胁、镬亨之刑。"[6]换言之,班固亦不可避免提到申不害、商鞅的立法贡献。而《汉书·艺文志》中法家类记载的前三位人物

① 张警:《〈七国考〉〈法经〉引文真伪析疑》,载《法学研究》1983年第6期。

② 夏阳:《〈法经〉论考》,载《法治与经济》2008年第5期。

③ (汉)刘向:《战国策》,中华书局2006年版,第311页。

④ 同上。

⑤ 陈戍国:《春秋左传校注》,岳麓书社2006年版,第864页。

⑥ (汉)班固:《汉书》卷二三《刑法志》,中华书局1962年版,第1096页。

为李悝、商鞅、申不害三人。究竟出于何种缘故，班固未提及法家人物李悝之法，却偏重于后来者申不害、商鞅的记述？司马迁在《史记·商君列传》中载："以卫鞅为左庶长，卒定变法之令。……其后民莫敢议令。"①那么，司马迁是未看到关于李悝《法经》的记载，还是看到了但存疑未录？

其次，从反面考察，先秦到汉的史籍都着重于强调李悝在《法经》六篇之外的贡献，②此事甚为奇谲。《韩非子》中记载了一段李克（李悝）的事迹："李克治中山，苦径令上计而入多……或曰……无术之言也。"③韩非在此处严厉地抨击李克（李悝）的言行，还认为他关于财政管理的言论为一番"无术之言"，但对《法经》只字未提。笔者认为此处用语尤能说明问题，面对李悝造《法经》的事，作为法家代表人物的韩非大概不会坐视不理。

《史记·平准书》云："魏用李克，尽地力，为强君。自是之后，天下争于战国。"④《史记·魏世家》又云："文侯受子夏经艺……秦尝伐魏，或曰：魏君贤人是礼，国人称仁，上下和合，未可图也。……魏文侯谓李克曰：先生尝教寡人曰：'家贫则思良妻，国乱则思良相'。"⑤又如在《汉书·艺文志》的法家类记载中，班注曰："（李子）名悝，相魏文侯，富国强兵。"⑥所谓的强兵，如刘向《说苑·政理》中所言的"食有劳而禄有功"；⑦所谓富国，即《史记·货殖列传》之"当魏文侯时，李克务尽地力"，⑧《汉书·食货志》所谓"尽地力之教"。⑨

引证以上史料，可以说明李悝确有其人，其曾相魏文侯，尽地力之教，实行"食有劳而禄有功"的改革措施，振兴魏国，但其政绩重点在富国强兵，撰《法经》之说并不可恃。

同时，在《史记·魏世家》中所描述的"魏君贤人是礼，国人称仁，上下和合，未可图也"的魏文侯时代，也与明人董说著《七国考》时所引的所谓桓谭《新论》中《法经》内容所反映的严刑峻法的魏文侯时代形成了对比。《战国策·秦策》在叙

---

① （汉）司马迁：《史记》卷六八《商君列传》，中华书局1959年版，第2231页。

② 李悝、李克为一人还是两人，为历来史家所广泛争议。齐思和的《李悝、李克非同一人辨》认为李悝、李克为互不相干的两人；而崔适的《史记探源》、冯友兰的《中国哲学史新编》认为悝、克古字相通，因而李悝与李克即为同一人。笔者从崔说。

③ （战国）韩非：《韩非子》，中华书局2007年版，第222页。

④ （汉）司马迁：《史记》卷三〇《平准书》，中华书局1959年版，第1442页。

⑤ （汉）司马迁：《史记》卷四四《魏世家》，中华书局1959年版，第1840页。

⑥ （汉）班固：《汉书》卷三〇《艺文志》，中华书局1962年版，第1735页。

⑦ 卢元骏：《说苑》卷七《政理》，天津古籍出版社1977年版，第219页。

⑧ （汉）司马迁：《史记》卷一二九《货殖列传》，中华书局1959年版，第3258页。

⑨ （汉）班固：《汉书》卷二四《食货志》，中华书局1962年版，第1124页。

述商鞅变法时,道“然刻深寡恩,特以强服之耳”,其用语口吻暗含着史家价值褒贬的判断;而司马迁对魏文侯的评价是如此之高,若其果真是像传说中《法经》那样的轻罪重罚之流,则对此历史人物的一番评价只能说是司马迁史笔之误。对于董说《七国考》所引所谓《新论》,笔者将在下文单独考证其真伪。

魏晋南北朝时,晋代张斐注律表,南齐史学家臧荣绪《晋书》等六朝典籍中都未曾提到李悝撰《法经》之事。① 同时,汉末魏晋200多年间,朝廷为了恢复肉刑一事,先后展开五次激辩,但主张反对恢复肉刑者皆未提到《法经》。

就现有文献看,最早提到《法经》的典籍是唐《晋书·刑法志》。《晋书·刑法志》在所引的三国时期曹魏陈群、刘劭所作《魏律序略》中提到:“旧律因秦《法经》,就增三篇,而《具律》不移,因在第六。”②需要注意的是,《魏律序》中提到的“秦《法经》”不等于是“李悝《法经》”。有学者在引用此段史料时,直接将秦《法经》等同于李悝《法经》,从而得出《魏律序》已提到了李悝《法经》的错误结论。③

总结以上论述,今人所见的魏晋南北朝史料,皆无李悝撰《法经》之说,不能补证唐初的“新史料”。若其为从战国初传下,则按常理来说,此说法应有巨大的社会影响力,而事实上其在茫茫古籍中未有一丝痕迹;而在一千年后的唐代,到了贞观年间,此说法却又突然出现在官史《晋书·刑法志》中,并逐渐被奉为信史,如此吊诡的现象背后的原因值得玩味。

二、《晋书·刑法志》之谬

有唐一代,官方修史制度较前朝更为完备,政治运作与历史书写之间的联系愈加微妙。④《晋书》的重修为初唐时期官方组织的一次大规模修史活动。在贞观三年(公元629年),设立了官修史馆,命房玄龄为监修国史。⑤ 从学术分类的目录来看,史学最终从经学中独立了出去,国家对史学研究的隐晦控制进一步得以加强。贞观二十年(公元646年),太宗颁布了《修晋书诏》,说“宜令修国史所更撰《晋书》,铨次旧闻,裁成义类,俾夫湮落之诰,咸其发明”。这次修史历时共两年,由房玄龄监修,至贞观二十二年(公元648年)结束。⑥

由于《晋书》是现今能够看到的最早提到李悝撰《法经》一事的史籍,其重要

---

① 曹旅宁:《秦律新探》,中国社会科学出版社2002年版,第58页。

② (唐)房玄龄等:《晋书》卷三〇《刑法志》,中华书局1974年版,第924页。

③ 何勤华:《〈法经〉新考》,载《法学》1998年第2期。

④ 徐茂明:《唐代史学与政治的关系》,载《苏州大学学报》(哲学社会科学版)1990年第4期。

⑤ (后晋)刘昫:《旧唐书》卷六六《房玄龄传》,中华书局1975年版,第2461页。

⑥ 岳纯之:《唐朝初年重修〈晋书〉始末考》,载《史学史研究》2002年第2期。

性不言而喻,相对于之前的史料,它的说法令人耳目一新,但也疑窦丛生。笔者现在将有关史料摘录如下并试着作出解读。

关于李悝《法经》,《晋书·刑法志》是这样说的:

“是时承用秦汉旧律,其文起魏文侯师李悝。悝撰次诸国法,著《法经》,以为王者之政,莫急于盗贼,故其律始于《盗》《贼》。盗贼需劾捕,故著《网》(董说作“囚”),《捕》两篇。其轻狡,越城,博战,借假不廉,淫侈,逾制以为《杂律》一篇,又以《具律》具其加减。是故所著六篇而已,而皆罪名之制也。商君受之以相秦。”①(见图1)

魏文帝受禪，又議肉刑。詳議未定，會有軍事，復寢。時有大女劉朱，撾子婦酷暴，前後三婦自殺，論朱減死輸作尚方，因是下怨毒殺人減死之令。魏明帝改士庶罰金之令，男聽以罰金，婦人加笞還從鞭督之例，以其形體裸露故也。

是時承用秦漢舊律，其文起自魏文侯師李悝。悝撰次諸國法，著法經。以爲王者之政，莫急於盜賊，故其律始於盜賊。盜賊須劾捕，故著網捕二篇。〔二〕其輕狡、越城、博戲、借假不廉、淫侈、踰制以爲雜律一篇，又以具律具其加減。是故所著六篇而已，然皆罪名之制也。商君受之以相秦。漢承秦制，蕭何定律，除參夷連坐之罪，增部主見知之條，益事律興、廄、戶三篇，合爲九篇。叔孫通益律所不及，傍章十八篇，張湯越宮律二十七篇，趙禹朝律六篇，合六十篇。又漢時決事，集爲令甲以下三百餘篇，及司徒鮑公撰嫁娶辭訟決爲法

图1 《晋书刑法志》关于《法经》部分

(中华书局1972年版,第922页。)

---

① (唐)房玄龄等:《晋书》卷三〇《刑法志》,中华书局1974年版,第922页。

首先,第一句话"其文起魏文侯师李悝"的说法就存在缺陷。

顾颉刚先生曾考证昆仑传说与羌戎文化源头,认为秦人本为西方东夷,其周公东征后西迁,在东周时担当了抵御戎族侵略中原的艰巨任务,由此逐渐发迹起来。秦的始封是周孝王封非子为附庸之秦,其地理位置则在今天的甘肃省天水县的秦亨一带地区。[①] 据《史记·秦本纪》记载,秦的祖先为颛顼之苗裔孙女修吞玄鸟之卵而生,[②]顾先生认为此为战国统一战争中,随秦国力的日益强大,出于打破种族隔阂的需要而附会到诸夏祖先的产物。[③] 发源于西方的秦虽历来以"华夏"自居,认为其祖先住在华夏的核心区域,但东方诸侯不愿让秦国参加会盟活动,认为其是未开化的西方蛮夷,耻于共伍。

历来很多史家根据《晋书》此语认为秦律因袭魏律,但是此说法与近年来出土的法律文献的研究结果不契合。长久以来,由于律法佚失,秦律研究受到了很大的局限。20世纪以来,一系列简牍的出土为秦汉法律史研究提供了契机,新材料使新的研究结果层出不穷。1979~1980年,在青川县50号墓葬出土了秦武王二年(前309年)颁布的"为田律",结合1983~1984年发掘的张家山M247号汉墓竹简田律有关法律条文的发展承继来考察,可以发现秦律非通说所主张,为商鞅从魏国移植,而为长期的历史过程自发形成的。[④]

盖其原因,是秦作为西方部族,所在地形险要,与中原交通往来本来就不便,加之又被诸国长久的孤立,其文化受中原影响甚少,导致固有习俗根深蒂固(例如,秦国的人殉制度历史悠久,与东方诸国基无人殉制度形成鲜明对比),律法形成经历了相当长的积淀过程,非商鞅变法一时造就;文化与东方诸国存在相当差异,故而法律风格与中原大有不同。

曹旅宁指出,从现有的出土秦律来看,许多刑法来自秦人古老的习惯法,为秦本土自生,非历来通说宣扬的那样来自中原三晋之一的魏地。虽然1975年湖北睡虎地11号墓葬中出土的《云梦秦简》的《为吏之道》末尾抄录了两条魏国的法律——《户律》与《奔命律》,但它们并不适用于秦。[⑤] 所存的秦始皇三十年以前的法律34种,除以上2条,其他的都是秦自己制定的,从法律名称和内容上来看,皆为针对具体的法律问题,未成六篇体系。

今学者已考证出商鞅变法的很多措施,如废井田制并未彻底改变土地所有制

---

① 顾颉刚:《古史辨自序》,商务印书馆2012年版,第715~720页。

② (汉)司马迁:《史记》卷六《秦本纪》,中华书局1959年版,第173页。

③ 顾颉刚:《古史辨自序》,商务印书馆2012年版,第131页。

④ 曹旅宁:《秦律新探》,中国社会科学出版社2002年版,第53页。

⑤ 曹旅宁:《睡虎地秦简所载魏律论考》,载《广东教育学院学报》2001年第3期。

形态；变法后基层的行政组织带有明显的村社合一特点，是为部族制的残留；爵制在商鞅变法前本来存在，在变后日趋完善。[①] 在任何时代，任何地区，凡是一个制度的形成都绝非一朝一夕之功，法律制度也同样如此，任何人与事都不能与过去完全割裂开来，在这样历史背景下，所谓"其文起魏文侯师李悝"的真实性令人生疑。

接下来考察第二句话，即所谓"悝撰次诸国法，著《法经》，以为王者之政，莫急于盗贼，故其律始于《盗》《贼》"。

此语有讹误。根据《说文》，"盗，私利物也。""贼，败也。从戈则声。"此两字常连用，盗多指窃盗，亦指反叛者；贼本意"败"表示破坏行为，后来引申出威胁统治政权的反叛者含义。[②] 对照《商君书》与《韩非子》这两部法家经典不难发现，前者重点在于垦令农战，推动经济发展，而不是治理盗贼之患。是故"惟圣人之治国作壹，搏之于农战而已"。[③]《韩非子》重点放在君王利用法律这一加强君主权力的工具成就霸业，而非惩治盗贼的问题。这些说法都是符合战国时期的历史背景的。当时战争不断，诸侯争霸，这种情形下他们首先想到的是如何去富国强兵，而非治理国内盗贼的问题。其次从李悝个人从政经历看，从《汉书》《说苑》等史籍之中看到的李悝其人主要讨论的也是如何富国强兵的问题。沈家本怀疑，"李六篇以《盗》《贼》居前，系民事，《杂法》亦多民事，《囚》《捕》二法与《盗》《贼》相引，《具法》总各律之加减，皆与国政无关"。[④] 在秦代大一统后，严刑峻法导致农民起义不断，之后统治者把治理盗贼作为治国的首要任务，所以这句话说的是秦代之后的事。此外，当时有很多政治人物，如吴起、邹忌、申不害、商鞅等人对法律都有很深的研究，但未留下法典。他们虽制定一些法律，但也都是针对具体的问题的单行法规，非"诸法合体、民刑不分"的六篇体系。[⑤] 若有《法经》那样的体系化法典，则与今天所能看到的秦律散乱的事实相悖。比商鞅更早的李悝师于子夏，先秦时代的儒士未与文吏合流。李悝作为早期法家的代表同时也为儒家人物，先秦的史料中可见其语气常为儒家口吻，同时兼习刑名之教，因而有《汉书·艺文志》儒家类记载的"李克七篇"与法家类的"李子三十二篇"之说。如通说所指，儒士在先秦时主要习礼乐诗教，其彻底进入帝国官僚体系，执掌立法权是相当后面的事，因此笔者认为，《汉书·刑法志》中所说的"李子三十二篇"若为李悝所作，则

① 曹旅宁：《秦律新探》，中国社会科学出版社2002年版，第50页。

② 李放：《中国古代法中的盗贼犯罪与侠义行为》，载《法学论丛》2008年第4期。

③ 高亨：《商君书注译》，中华书局1974年版，第84页。

④ 廖宗麟：《李悝撰〈法经〉质疑补证》，载《河池学院学报》2006年第2期。

⑤ 同上。

也是跟《韩非子》性质一样的私人著作，是反映作者理想化的政治状态，而非官方法典。

再者，《晋书·刑法志》也与同时的《唐律疏议》《隋书·经籍志》不相吻合，关于萧何的《九章律》，《晋书·刑法志》、《唐律疏议》与《汉书·刑法志》的记载也存在矛盾。《唐律疏议》在提到李悝《法经》时，有如下语：

"魏文侯名都，师里悝，集诸国刑典，造法经六篇：一，盗法，今贼盗律是也；二，贼法，今诈伪律是也；三，囚法，今断狱律是也；四，捕法，今捕亡律是也；五，杂法，今杂律是也，六，具法，今名例律是也。……商鞅传授，改法为律。汉代萧何，更加悝所造户、兴、厩三篇，谓九章之律。"①

综合几种史料来推证，有几个难解之处。

其一，在《晋书·刑法志》中，李悝《法经》六篇为《盗律》、《贼律》、《网律》、《捕律》、《杂律》和《具律》，"商君受之以相秦"。而《唐律疏议》中称，"商鞅传授，改法为律"。关于商鞅改法为律的问题，跟《法经》本身的问题一样是个扑朔迷离的未解之谜，因为之前的史料中均不见此条记载，唯《唐律疏议》一枝独秀，似有孤证之疑。《史记·秦本纪》记载："秦圣立国，始定刑名。"《史记·李斯列传》云："二世然高之言，乃更为法律。"②不过，从目前出土的最早的秦武王二年的"为田律"来看，改法为律最晚的时间不会晚于前309年，具体时间的确定有待考古发掘。由于这里主要讨论李悝《法经》的问题，故商鞅改法为律的问题不在此展开讨论，但殷啸虎认为，从中可反映唐代史家对于李悝《法经》并未掌握可靠资料，只是根据不太可靠的传闻，根据编史需要而加工改造，故难以让人信服。③ 杨鸿烈曾在《中国法律发达史》中表示，"《晋书·刑法志》《唐律疏议》《唐六典》有关于李悝《法经》六篇便是赝品，毫不可信"。④

其二，《汉书·刑法志》中记载："四夷未附，兵革未息，三章之法不足以御奸，于是相国萧何攈摭秦法，取其宜于时者，作律九章。""攈摭"为收拾之意。而《唐律疏议》称萧何在李悝《法经》六篇的基础上，加上了李悝所造的户、兴、厩三篇成《九章律》。《晋书·刑法志》对于《九章律》是这样说的："汉承秦制，萧何定律，除参夷连坐之罪，增部主见知之条，益事律《兴》《厩》《户》三篇，合为九篇。"而在《汉书·刑法志》中，事律三篇为萧何自己所作，而今有学者认为所谓九章为虚

---

① (唐)长孙无忌等:《唐律疏议》,中华书局1983年版,第26页。

② (汉)司马迁:《史记》卷八七《李斯列传》,中华书局1959年版,第1664页。

③ 殷啸虎:《〈法经〉考辨》,载《法学》1993年第2期。

④ 杨鸿烈:《中国法律发达史》,中国政法大学出版社2009年版,第9页。

数。汉崔寔所著《政论》中记载:“高祖令萧何作九章之律,有夷三族之令。”高后元年,终废三族之罪。关于部主见知之条,这是武帝时著名的酷吏张汤、赵禹主持制定的。《汉书·刑法志》记载“于是招进张汤、赵禹之属,条定法令,作见知故纵,监临部主之法”。[①] 可见《晋书·刑法志》这一记载可信度不高。

因此无论是《晋书·刑法志》还是《唐律疏议》,关于《九章律》的记载皆与《汉书·刑法志》不同,班固所言萧何之“捃摭秦法,取其宜于时者”,这里既不指李悝,也不指萧何。根据《隋书·经籍志》,“汉时,萧何定律令……条流派别,制度渐广”,[②]此处将律令归功于萧何,与《汉书》说法一致。此外,《隋书·刑法志》里提到了子产刑书,晋铸刑鼎,汉约法三章,未提到法经。[③] 但此部分成书后于晋书(656年)。《隋书》成书年代与《晋书》成书年代接近,作者多有重合,两者说法却相悖。唐人对汉律所记尚且有如此大的问题,更何况是越过《汉书·刑法志》,直接记载先秦时的刑律状况呢?

所以,在一手史料缺乏的情况下,“李悝撰法经”是如何成为信史的,确实值得怀疑。

对《晋书·刑法志》的问题,陈梦竹提出三方面论证,试图解释《法经》存在的理由。其一,李悝是否写过《法经》对《晋书》作者没有政治上的影响,因而唐人没必要作假。其二,太宗在《修晋书诏》中表示,“大矣哉,盖史籍之为用也”,说明太宗重视史书编定,在没有确切证据的情况下,史家应谨言慎行而不可作伪。其三,与汉时相比,唐代史家受到皇帝支持,可获得更多材料,因而可认为《晋书》存有《汉书》所无之记载确有所本。[④]

但日本学者清水凯夫研究发现,《晋书》在编撰过程中,在不同程度上有意识地改修了前代史,以之投统治者之所好。“唐修《晋书》是在原已经存在多数晋代史书的基础上又特意加以改修而成的,这一过程中体现出太宗的心理意图”,“并非说它就是‘标准的晋代史’了,而必须把‘它是按李世民意图改修的’这点考虑进去,从而分析所载的真伪”。[⑤]

贞观初年,太宗曾对国史监修房玄龄说:“文体浮华,无益劝诫,何假书之史策?其有上书论事,词理切直,可裨于政理者,朕从与不从,皆须备载。”这段话既

---

① 殷啸虎:《〈法经〉考辨》,载《法学》1993年第2期。

② (唐)魏征:《隋书》卷三三《经籍志》,中华书局1973年版,第967页。

③ (唐)魏征:《隋书》卷二五《刑法志》,中华书局1973年版,第697页。

④ 陈梦竹、薛嵩:《〈法经〉论考》,载《法制与社会》2009年第22期。

⑤ [日]清水凯夫:《论唐修〈晋书〉的性质》,载《北京大学学报》(哲学社会科学版)1995年第5期。

反映了太宗的史学观,同时也可视作太宗对史书编纂制定的取舍原则,即“可裨于政理”被置于优先考虑的位置。在史学被高度政治化的氛围中,南齐臧荣绪《晋书》是否还令人满意就成了问题。[①] 在评述唐朝对史馆及史学撰述的控制时应认识到,设馆修史制度是史书修撰官府化、衙门化的表现。唐朝政府通过史馆改制实现了对史学的全面控制。[②] 所谓“大矣哉,盖史籍之为用也”,并不意味其尊崇历史真实,更在于编写正史能起到教化之功用。笔者认为,太宗重视史书编定的一番话更具有官样文章的含义。另外,太宗重视史书编定,与这一所谓正史的记载失实之间不具内在逻辑关系。《晋书》以南齐史学家臧荣绪《晋书》为蓝本,结合其他各家《晋书》、笔记小说综合而成,史料中以杂家小说最不可恃。[③]《旧唐书·房玄龄传》曾批评道:“史馆多是文咏之士,好采诡谬碎事,以广异闻;又所评论,竞为绮艳,不求笃实,由是颇为学者所讥。”[④]清人张熷在《读史举正》举出了《晋书》450多条谬误。钱大昕批评《晋书》“涉笔便误”。在这样的情形下,《晋书·刑法志》记载失实的可能性极大。另外,即使史家下笔再严谨小心,也不排除其出现谬误的可能性。盖一种史籍,固可大体不差,但某节某事可能完全失实;而一种大体难信的史料,或可披沙捡金之处。今人所见之魏晋南北朝史料,皆无李悝撰法经之说,并不能辅证唐人可能所引之“新材料”。而“新材料”亦散漫无际,既不知其传说源流,也不知晓其存在与否,仅凭皇帝支持以及材料获取环境进行义理推断,似有孤证之嫌。

关于《魏律序略》,《晋书·刑法志》引用《魏律序略》说:“旧律所难知者,由于六篇篇少故也。篇少则文荒,文荒则事寡,事寡则罪漏。是以后人稍增,更与本体相离。今制新律,宜都总事类,多其篇条。”[⑤]《魏律》十八篇早在隋代亡佚,从这里记载来看,它首次提到秦《法经》六篇的说法。结合《汉书·刑法志》,可知《魏律序》大体上未曲解《汉书·刑法志》之意,只是将萧何捃摭秦法简化为后人稍增三篇。唯《晋书·刑法志》引用《魏律序》时,将后人稍增三篇误解为后人另作三篇,可见文献转引亦可导致文意失实。同样地,《魏律序》所谓“秦法经”,不仅前世无考,同时代亦无证,应为《魏律序》首创。

笔者认为,曹魏时已有“秦法经”六篇说法,之后历史的叙事愈加往上古时

① 岳纯之:《唐代初年重修〈晋书〉始末考》,载《史学史研究》2002年第2期。

② 张始峰:《从史馆制度看唐朝政府对史学的控制与促进》,载《商洛师范专科学校学报》2006年第2期。

③ 何炳松:《历史研究法·历史教授法》,上海古籍出版社2012年版,第70页。

④ (后唐)刘昫:《旧唐书》卷六六《房玄龄传》,中华书局1975年版,第2463页。

⑤ (唐)房玄龄等:《晋书》卷三〇《刑法志》,中华书局1974年版,第924页。

推，最后变成战国李悝造《法经》。为什么会有六篇呢？也可能是无意。不过六这个数字，跟五德终始可能有联系。《史记·秦始皇本纪》中有云："始皇推终始五德之传，以为周得火德，秦代周德，从所不胜。方今水德之始，改年始，朝贺皆自十月朔。衣服旄旌节旗皆上黑。数以六为纪，符、法冠皆六寸，而舆六尺，六尺为步，乘六马。"①

根据五德终始说，周代为火德，而秦承周。因此，秦代为水德，数又以六为纪，东汉后，五德系统大行其道，时人可能受到数字崇拜的影响，从而发展出来"六篇"的说法。而为什么会是《法经》这个名字呢？李力认为，在汉武帝"罢黜百家，独尊儒术"之后，经学得到了大发展，同时律学作为一门官学与经学并称，在这样的背景下，经学大儒称"律"为"律经"。东汉末文颖注《汉书》就有"律令，律经是也"的说法。② 可见，把法律称为"经"是从此时开始的，因此秦律、秦法被称为秦法经也是顺理成章的事情。

关于《汉书·艺文志》里面记载的李悝的"李子三十二篇"，《隋书·经籍志》里已未见记载，可见唐初时，此书已亡佚。由于曹魏时只有"秦法经"说法，因此此书的亡佚时间不会早于西晋初。

三、《七国考》所引《新论》之伪

继《晋书·刑法志》《唐律疏议》之后，辗转千余年，及至有明一代，董说在《七国考》卷十二《魏刑法》中引用东汉桓谭《新论》，论及《法经》内容与流布，为现存史料中最详细之叙述。按照引文，"魏文侯师李悝著《法经》，以为王者之政，莫急于盗贼……卫鞅受之，入相于秦。是以秦、魏二国，深文峻法相近……武侯以下，守为国法矣"。③（见图 2）若该记载确源于《新论》，那么李悝撰《法经》之说至迟于公元 1 世纪形成，距离其生活年代约 400 余年，在一定程度上增强了真实性。

① （汉）司马迁：《史记》卷六《秦始皇本纪》，中华书局 1959 年版，第 237 页。

② 李力：《从几条未引起人们注意的史料辨析〈法经〉》，载《中国法学》1990 年第 2 期。

③ （明）董说：《七国考》卷一二《魏刑法》，中华书局 1956 年版，第 365 ~ 367 页。

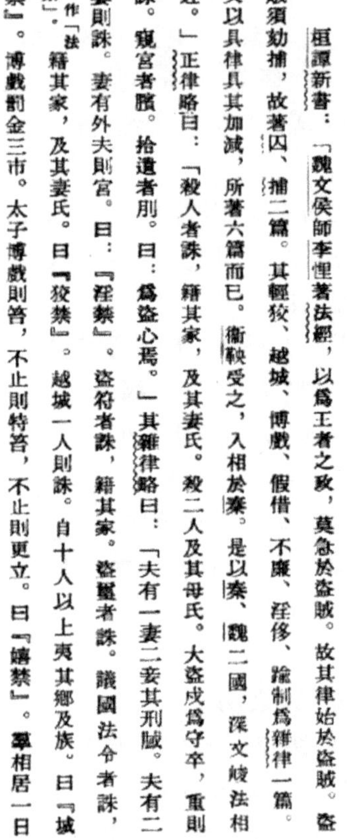

桓譚新書：「魏文侯師李悝著法經，以爲王者之政，莫急於盜賊。故其律始於盜賊。盜
賊須劾捕，故著囚、捕二篇。其輕狡、越城、博戲、假借、不廉、淫侈、踰制爲雜律一篇。
又以具律具其加減，所著六篇而已。衛鞅受之，入相於秦。是以秦、魏二國，深文峻法相
近。」正律略曰：「殺人者誅，籍其家，及其妻氏。殺二人及其母氏。大盜戍爲守卒，重則
誅。窺宮者臏。拾遺者刖。曰：爲盜心焉。」其雜律略曰：「夫有一妻二妾其刑聝。夫有二
妻則誅。妻有外夫則宮。曰：『淫禁』。盜符者誅，籍其家。盜璽者誅。議國法令者誅，
一作「法禁」。籍其家，及其妻氏。曰『狡禁』。越城一人則誅。自十人以上夷其鄉及族。曰『城
禁』。博戲罰金三市。太子博戲則笞，不止則特笞，不止則更立。曰『嬉禁』。羣相居一日

图2 董说《七国考》所引桓谭《新论》关于《法经》部分

(中华书局1956年版,第366页。)

问题在于两个地方:其一,董说所引《新论》是否作伪?其二,《新论》论及《法经》的内容是否作伪?怀疑论者均从二处入手,对该史料进行质疑。

杨宽指出,《新论》已在南宋佚失,董说《七国考》所引为其个人伪造,因其所载《法经》条文、所引杂律都与《晋书·刑法志》不合,同时还误将“丞相”这个词作为魏国的官职名。考察魏文侯时,并无丞相一官名,秦武王“初置丞相”后才见之,可见所引条文就是董说自己伪造的。[①] “南宋亡佚说”的主要依据是,南宋目录学家晁公武的私家藏书目录《郡斋读书志》、陈振孙的《直斋书录解题》《宋史·

① 杨宽:《战国史》,上海人民出版社2008年版,第28页。

艺文志》中都未提《新论》。[①] 可见《新论》在此时已不存于世。李力指出，明代盛行造伪之风，宋人疑古辨伪之风几乎歇绝。很多文人墨客们是既藏书，又造伪书，明代学人中撰伪的很多，特别是在万历年间，学人造伪书蔚然成风。董说作为明末人，虽出身于藏书世家，但在大肆造伪之风下，为猎奇需要，他有可能去造伪。[②]

此后，持"真实说"的学者提出相反意见。1965 年日本学者守屋美都雄发表了《李悝〈法经〉的一个问题》，认为桓谭《新论》这本书在明末时存在，因此，董说可能看到而加以引用。张警也根据详实史料，得出了相同结论，作出了强有力的反驳。"真实说"学者所持证据归纳起来有三：其一，元末时陶宗仪编纂《说郛》，"取经史传记，下迨百史杂说之书，二千余家"，辑佚了《新论》一卷，收录在《说郛》五十九中；[③]其二，清代学者全祖望（1705～1755 年）在《鲒埼外编》卷四十《扬子生卒考》称："常熟钱尚书（即绛云楼主人钱谦益）谓：《新论》明季尚有完书，惜无从得一见之"；其三，清代藏书家孙从添着、陈准校刻的《上善堂宋元版精钞旧钞书目》中载有："桓子《新论》十七卷，赵清常校宋本。"[④]明清以来，苏州地区的私家藏书蔚然成风，形成了南方独特的藏书文化。赵清常即是脉望馆主人赵琦美（1563～1624 年），为明末常熟虞山派的大藏书家，编纂有私家目录《脉望馆书目》，钱谦益在《刑部郎中赵君墓表》中说他"欲网罗古今载籍，甲乙铨次，以待后之学者"，首开后世藏书家著录宋元残本之先例。在赵清常死后（1624 年），其藏书尽归于钱谦益。在此基础上，该派学者指出，赵清常、钱谦益都为著名藏书家，作为常熟同乡的两人交情很深，《上善堂书目》的记载不是没有根据。同时董说本人也是个藏书家，据说他"每一出游，有书五十担随之"，因此董说很可能看到过赵清常所校的那本宋本《新论》。[⑤]

"真实说"的考据不可谓不严密，几近理清了宋、元、明、清四代的《新论》流布情况，但事实上这只是站不住的推论。

其一，就孙从添《上善堂书目》所谓的"赵清常校宋本"而言，赵清常《脉望馆书目》中并没有著录此书，而且此书亦不见于张氏藏书目，此与"赵清常校宋本"严重不符合。况且如果真有宋本，应当有十七卷之多，何故宋元时官修、私人藏书

---

① 张警：《〈七国考〉〈法经〉引文真伪析疑》，载《法学研究》1983 年第 6 期；何勤华：《〈法经〉新考》，载《法学》1998 年第 2 期。

② 李力：《从几条未引起人们注意的史料辨析〈法经〉》，载《中国法学》1990 年第 2 期。

③ 郭茵：《桓谭及其〈新论〉考辨》，载《淮阴师专学报》1996 年第 3 期。

④ 张警：《〈七国考〉〈法经〉引文真伪析疑》，载《法学研究》1983 年第 6 期。

⑤ 同上。

目录均不见其著录,而元末陶宗仪仅见一卷?且陶氏《说郛》辑佚甚多,元本桓谭《新论》应为辑本,与世传校本大为不同。故所谓《上善堂书目》之赵氏校宋本仅为孤证,反例有三,甚为可疑。

其二,就董说个人而言,其引《新论》计15条,见于前人引用仅有3条。一般来说,除非发现新史料,难以有如此大的出入。笔者认为,即使董说不作伪,并不代表所引《新论》为真。若当时有好事者伪造出了一本《新论》,董说信以为真,加以使用,则其所引必不见于前书。

其三,全祖望、严可均生卒年相近,皆为康乾时人。孙从添录《新论》十七卷,而全氏称"常熟钱尚书谓《新论》明季尚有完书",言下之意此时亡佚,两种说法相悖。孙从添死于1767年,后严可均在1807年撰《全上古三代秦汉三国六朝文》之中,辑佚出了《新论》一卷。如真有十七卷,则此书已从东汉流传至清代千余年不绝,为何在1767年至1807年的四十年间骤然亡佚,随后只被严可均辑出区区一卷?况孙从添所谓《新论》为明末赵琦美校宋本,充分说明宋、元、明三代应有较为明晰之文献传承脉络,然而严可均在辑佚《新论》时,所用材料为《太平御览》、《文选》、《初学记》、《北堂书钞》、《意林》、《群书治要》、《续汉书·百官志》、《艺文类聚》及《论衡》等书,①这些都是南宋前的作品,而宋元文献不见分毫。

最为重要的一点是,对董说在《七国考》中有关李悝《法经》部分的引文,这些文献中都不见丝毫记载。因此笔者认为其为托古伪作,否则严可均绝对不会看到如此重要的史料而有意不录。

董说所引的《新论》其为明末时人伪作之书。其作伪的时间、地点也可究明。一方面,赵琦美死于1624年,该伪书的产生最早不会早于1624年;另一方面钱谦益称"明季尚有完书",而明代亡于崇祯甲申年(1644年),则作伪的时间最晚不会晚于1644年。所以作伪时间为1624年至1644年。作伪的地点为赵清常、钱谦益所在的常熟一带。明亡那一年,董说25岁,此期间得见此书,误以为真,故而引用。后来上善堂主人孙从添也录有此伪书。此伪书在1767～1807年也亡佚,到了嘉庆年间,严可均辑佚《新论》时已无可考。(见图3)

---

① 郭茵:《桓谭及其〈新论〉考辨》,载《淮阴师专学报》1996年第3期。

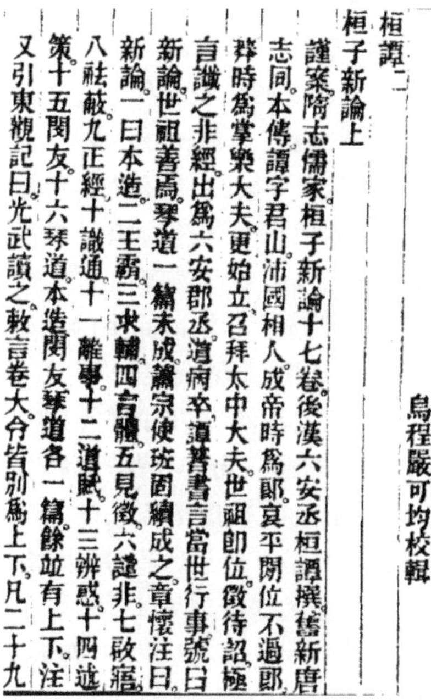
全後漢文卷十三
烏程嚴可均校輯
桓譚二
桓子新論上
謹案隋志儒家桓子新論十七卷後漢六安丞桓譚撰舊新唐志同本傳譚字君山沛國相人成帝時爲郎哀平閒位不過郎莽時爲掌樂大夫更始立召拜太中大夫世祖卽位徵待詔極言讖之非經出爲六安郡丞道病卒譚著書言當世行事號曰新論世祖善焉琴道一篇未成肅宗使班固續成之章懷注曰新論一曰本造二王霸三求輔四言體五見徵六譴非七啓寤八祛蔽九正經十識通十一離事十二道賦十三辨惑十四述策十五閔友十六琴道本造閔友琴道各一篇餘並有上下注又引東觀記曰光武讀之敕言卷大令皆別爲上下凡二十九

图 3 《全上古三代秦汉三国六朝文》所辑《新论》有关部分

（中华书局 1958 年版，第 537 页。）

同时，即使桓谭《新论》作伪，也不代表其所言《法经》失真。笔者在此将对其进行详细解构。

《七国考》中引伪桓谭《新论》如下。

“魏文侯师李悝着《法经》，以为王者之政，莫急于盗贼，故律始于《盗》《贼》。盗贼须劾捕，故着《囚》《捕》二篇。其轻狡、越城、博戏、假借不廉、淫侈、逾制为《杂律》一篇。又以《具律》具其加减。所著六篇而已。卫鞅受之，入相于秦。是以秦、魏二国，深文峻法相近。《正律》略曰：‘杀人者诛，籍其家，及其妻氏，杀二人及其母氏。大盗戍为守卒，重则诛。窥宫者膑，拾遗者刖。曰：为盗心焉’。其《杂律》略曰：‘夫有一妻二妾其刑，夫有二妻则诛，妻有外夫则宫。曰：淫禁。盗符者诛，籍其家。盗玺者诛。议国法令者诛，籍其家。曰：狡禁。越城一人则诛，自十人以上夷其乡及族。曰：城禁。博戏罚金三市，太子博戏则笞，不止则特笞，不止则更立。曰：嬉禁。群相君一日以上则问，三日四日则诛，曰：徒禁。丞相受金，左右伏诛。犀首一下受金则诛。金自镒以下罚，不诛也。曰：金禁。大夫之家有侯物，自一以上者族’其《减律》略曰，‘罪人年十五一下，罪高三减，罪卑一减。

年六十以上,小罪情减,大罪理减。武侯以下,守为口法矣’。”①

此段文字为现存关于所谓《法经》内容记载最完备者,被众多教科书和论文援引,但事实上,它只是明人对战国史的自我想象。

其一,其内容所反映的时代错置。如前所述,杨宽曾指出,“丞相”这个词语在秦武王时才出现。另外,犀首是公孙衍称号,有人解释这个官名是错误的,认为《七国考》卷一“魏职官”中误以丞相和犀首作为魏国的官名。殷啸虎指出,在刑事责任年龄方面,先秦史籍和睡虎地云梦秦简等出土文献等皆由身高来判定,而所谓的《法经》则以年龄来判定。另外,云梦秦简中的断足刑法只适用“群盗”等严重犯罪,与“拾遗者刖”的普遍使用的情况不合,②很多内容都与出土秦律不吻合,亦不可实施,如“群相居一日以上则问,三日四日则诛”。究其根源,大概在汉代以后,秦代被高度脸谱化,时人普遍认为秦代是严刑峻法,刻深寡恩的时代,为强化形象而夸大其词。此外,关于秦律本身是否严苛的问题,近年来学界争议颇多。由于现今看到有关秦的史料都是汉代后所撰,所以秦本身是不是两千余年来民间各种传说中的那样严苛到夸张的程度当另议,在此不多作深入讨论。

其二,其诸法合体、民刑不分的六篇成文法体系,与我们今天看到的出土云梦秦简散乱不成体系的内容也相违背,对比各法律文本来看,而跟汉代之后的法律体系相接近。笔者认为,如此成熟的法律体系形成是相当后面的事情,此也为一旁证。

其三,从文献流布史来看,引文有吊诡之处。对比两文本,在“卫鞅受之,入相于秦”的前半部分记载几乎与《晋书·刑法志》的记载相同,之后的半部分,则为《晋书》所无。按照文献学,叙述相同必然有所本,故而两者的引文或是同源,或是相互传抄。假使《七国考》之《法经》引文真的为《新论》所录,那么《晋书·刑法志》的记载或与《新论》同源,或为其一抄、二抄,乃至于数代的传抄。但按照《旧唐书·经籍志》,唐初时尚存《新论》十七卷,③而《晋书·刑法志》的作者为何不注明《新论》之名,明其文献源流,却行抄文删减之实,而对晚近《魏律序》反而加以强调?即使作者忽略,同时代人也应有类似引文,但同样词句仅见于杜佑《通典》,宋黄震《黄氏日钞·读杂史》,金履祥《通鉴前编》,王钦若《册府元龟·刑法部》,王应麟《汉艺文志考证》《玉海》,魏了翁《古今考》,谢维新《事类备要·刑法门》,元胡三省《通鉴释文辨误》,马端临《文献通考》。

---

① (明)董说:《七国考》卷一二《魏刑法》,中华书局1956年版,第365~367页。

② 殷啸虎:《〈法经〉考辨》,载《法学》1993年第2期。

③ (后唐)刘昫:《旧唐书》卷四七《经籍志》,中华书局1975年版,第1255页。

上述十种文献成书皆在《晋书·刑法志》之后，其字句或抄于《晋书》，或与《晋书》同源，但均无半句提及桓谭《新论》有关《法经》的内容。有意思的是，《七国考》引自《新论》出现的后半部分有关《法经》的内容，在《晋书·刑法志》中是没有的，且也不见于上述十种文献。

所以，从《晋书》直及元代，无论《新论》存世还是不存世，在抄这段内容时，都无一人注明了比《晋书·刑法志》更久远的文献，也无人提及后半部分的内容。因此，可谓自南宋以降，一千年来了无旁证。

《新论》十七卷早不存于世，唯独在有明一代，董说在突然间"发现"一本完整的十七卷《新论》，之后又一次突然亡佚，然后为严可均所辑。如此脉络，甚为怪哉！

笔者认为，最合理的解释是，《七国考》所引《新论》的《法经》的后半部分内容为明人自我伪造。同时这本《新论》本身也为伪书，只有如此才能解释文献与实际的完全脱离，而且此本伪书很可能诞生于明末年间。

此后到了清代，辑佚大家黄奭在《汉学堂丛书》中辑出了一本所谓的《李悝法经》。不过，尽管有当时的著名学者孙星衍作序，但是百年来学术界对此书已有定论，"这是一本毫无史料价值的伪书"。① 因此，笔者在此不再赘言。

四、余论：层累造史

笔者在以上部分较详细讨论了《法经》真伪的问题，兼考察了明清《新论》真伪。观察二者作伪源流，皆为时代变迁之故，层累地造成中国古史。在先秦时，固有李悝其人，为魏文侯相，他尽地力之教，富国强兵，因而留名史册。同时，商鞅变法后，秦国实力渐强，其所颁布秦法虽如今日睡虎地云梦秦简所见的零散不成体系，也随天下一统而遍布华夏。两汉之际，逐渐形成较系统之刑律。曹魏之时，发展出"秦法经"六篇之说。及至晋唐，六篇法律之说上推到了魏相李悝。从唐代起，该说被载入《晋书》，从此完全定性为信史，流传开来，时人皆信以为真。

然而，《法经》既无，则需作伪。在明代时，明人据《晋书·刑法志》，加以申发，称《法经》"武侯以下，皆为国法"，并假托桓谭《新论》得以流传。至于清代时，更有辑佚家黄奭根据《唐律》"辑佚"出一本所谓的李悝《法经》。

由此，从伪史至伪书，"李悝撰《法经》"之说完全成型。回首过往，"《法经》

① 阮啸：《〈法经〉再辨伪》，载《法制与社会》2007年第7期。

史”原为涓涓细流,无所可表,然历代史家未着意于史料批判,真伪互存,不断地延长并塑造着上古历史,以至于越往后世,上古史越明晰,越往后世,知道的历史越往前。正可谓后出的附会,层累地造史。

(作者单位:华东政法大学)

南朝律家蔡法度传略

——兼驳律学“北优于南说”

邓长春

中国古代法律传统是以礼和律为核心的制度文明系统，其中，“律令体制”严整周密，以较强的明确性、强制性和可操作性为特征，是古代重要的国家规范系统，受到历代统治者的重视。古代律学，正是中国古代在对律令制度进行法律解释过程中形成的一门学问，我们可以简单将其理解为中国古代的法学。①

秦代的“法律答问”既是一种法律形式，也是律学成果之一。汉魏律学繁盛，大家辈出，主治律章句之学。②其中，郑氏律章句更是在曹魏成为官方认可的学说。晋初定《泰始律》，又有张斐、杜预的律注，与律并行，称为

---

① 古代中国是否有法学，律学是否中国古代的法学这样的问题，由来存在争议。其实无非是参照标准不同，所得结论各异罢了。参见何勤华主编：《中国法学史》（第1卷），法律出版社2000年版；另参见何勤华主编：《律学考》，商务印书馆2004年版；另参见谢晖：《中国古代法律解释的哲学向度》，中国政法大学出版社2005年版。笔者认为，“律学”具有极大独特性，本不可与源自西方而流行当代的“法学”概念简单比附，如强为之，亦出于古今沟通之便，别无他意。

② 汉代律章句学的主要成果，参见龙大轩：《汉代律家与律章句考》，社会科学文献出版社2009年版。一直到汉魏之交仍有新作，参见应劭：《律本章句》、如淳：《汉书》注。应劭著《律本章句》事见《后汉书》本传及《晋书·刑法志》。如淳《汉书》注之律章句成果，则可参见梁健：《曹魏律章句研究——以如淳〈汉书〉注为视角》，西南政法大学法律史2007年硕士学位论文；杨一凡主编：《法制史论丛》（第11辑），载《中国古代法律形式研究》，社会科学文献出版社2011年版，第105～170页。

"张杜律",沿用至南朝。[①] 西晋之后,南北政权对峙,律学亦分南北,各自独立发展。学界观点普遍认为南朝法制与律学走向衰微,不及北朝。这种律学"北优于南"之说,为近代以来许多学者所主张,几乎已成定论。程树德先生著《九朝律考》,首倡南朝律学衰微说和律学北优于南说。他认为:"六朝以后祖尚玄虚,律令科条委之胥吏,其治此者非陋则俗,斯学浸微。"[②]又说:"自晋氏失驭海内,分裂江左,以清谈相尚,不崇名法。故其时中原律学衰于南而盛于北。"[③]著名史家陈寅恪先生也认为:"律学在江东无甚发展,宋齐时之律学仍两晋之故物也,梁陈时代之律学亦宋齐之旧贯也。"[④]其后法史名家大都持此立场,支持程、陈之说。例如,戴炎辉先生说:"晋后海内分南北,南朝沿袭晋律令。江南唯清谈是尚,不崇名法,因而律学衰微,对后代毫无贡献……北朝崇名法,而律学兴盛。"[⑤]又如,张金鉴先生说:"晋室东渡,胡族乱华,干戈相寻,蔑视律法;加以政专于阀阅,不尚名法,而重清谈;南朝律学遂厥而不振。"[⑥]陈顾远先生也认为:"律学之衰始于东晋。"[⑦]他们的这些主张,在法史学界影响甚大,几乎已成定论。然而事实果真如各家所说吗?

钱穆先生说:"论一时代之学术者,首贵乎明其思想主潮之所在,此固也。然参伍错综,有其新苗,有其旧遗,旁衍横溢,潜滋暗长于时代主潮流之下,而与为推迁。逮夫时换代变,风尚翻新,则此潜滋暗长者,乃跃起而为新时代之归向。此又治学术史者不可不知也。"[⑧]实则,在古代律学的传承与流变中,南朝律学虽然不显于史籍,然而也有其传承与创化之功。它上接汉魏律章句学和魏晋名理律学,下启隋唐律疏学,同时又对北朝法制与律学造成重要影响。南朝也曾涌现出许多律家,他们在一片崇尚玄虚的社会风气之中传承律学,为律学的发展创新作出了重大的努力和贡献。杨鸿烈先生对此曾有所留意,他说:"宋承东晋之后,一般由北方逃避五胡鲜卑蛮种而渡江的汉人里有不少传习两汉魏晋法律家衣钵的

① 参见(梁)萧子显:《南齐书》卷四八《孔稚珪传》,《文渊阁四库全书》259册,文渊阁四库全书影印本,第478页a,"江左相承用晋世张杜律二十卷"。

② 程树德:《九朝律考》,中华书局2006年版,第1页。

③ 同上书,第311页。

④ 陈寅恪:《隋唐制度渊源略论稿》,三联书店出版社2002年版,第112页。

⑤ 戴炎辉:《中国法制史》,台北,三民书局1979年版,第6页。

⑥ 张金鉴:《中国法制史概要》,台北,正中书局1974年版,第45页。

⑦ 陈顾远:《中国法制史概要》,台北,三民书局1977年版,第40页。

⑧ 钱穆:《国学概论》,商务印书馆2006年版,第163页。

人。"[①]南朝律家蔡法度，正其人也！

齐梁时人济阳蔡法度是南朝法制创化与律学传习过程中极重要的人物，却为身后史评所忽视，即便精研中古法史的学者程树德先生也未予关注。程著《九朝律考》专门列出一目钩考汉隋之际的律家，其中南朝律家人物仅列徐豁一人附之于晋律家之末班，并未提及蔡法度。其《南朝诸律考序》则称："盖当时柄国诸臣，率多优于词章，而疏于掌故，即搜讨岩穴，得蔡法度、范泉之流，已如凤毛麟角。梁、陈二书于蔡、范均不为立传，则其人盖亦不足当创制显庸之任，非史有阙略也。"[②]程先生此言甚可商榷，姑且不论当时人"优于词章"与"疏于律令"是否对立，也不论正史不立传与其人无所作为能否等量齐观，仅就其遣词用语所透露出来的对蔡、范二人的轻蔑态度，就足以明了其偏见之深。学术大家尚且如此，其后因循陈说者更不足论。[③] 这种偏见其来有故，而又流播深远，对于考证中古法史之真实面貌只会平添蔽障。由是之故，考订蔡法度之学术、称述蔡法度之功业、表彰蔡法度之贡献，使这位南朝律学大家不至于湮没无闻、见忘后世，并借此探寻南朝律学之真实面貌，对律学"北优于南说"献疑商榷，正是本文之目的与宗旨。

一、蔡法度其人

关于蔡法度的身世履历，由于正史中没有为其单独立传，缺乏充分而又集中的资料来源，故而不能详细知晓。但是，据散布于各种文献中的有限记载，仍可对其生平事迹作一番简要勾勒。

蔡法度，仕于南朝齐、梁时期，生卒年不详，史称其为济阳人，在中古时代这并非实指其出生地，而是指其祖籍郡望，意即蔡法度出自济阳蔡氏。济阳蔡氏在西晋以来即聚居济阳考城，考城县西汉时称甾，属梁国，东汉章帝时更名考城，属陈

---

① 杨鸿烈：《中国法律发达史》，上海书店出版社 1990 年版，影印商务印书馆 1930 年版，第 283 页。

② 程树德：《九朝律考》，中华书局 2006 年版，第 311～312 页。

③ 近年来已有一些学者对此说有所反思。例如，邓长春：《论南朝律学之新发展》，载《西部法学评论》2008 年第 2 期；王娟：《〈九朝律考〉"北优于南"说献疑》，载《河北法学》2009 年第 5 期；吕志兴：《梁〈律〉〈令〉的修订及其历史地位》，载《西南大学学报》（社会科学版）2007 年第 5 期；吕志兴：《南朝法制的创新及其影响——兼论"南北朝诸律，北优于南"说不能成立》，载《法学研究》2011 年第 4 期；吕志兴：《南朝律学的发展及其特点——兼论"中原律学，衰于南而盛于北"说不能成立》，载《政法论坛》2012 年第 1 期等文。然而以上论述或为宏大视野下的概观要览，或在法典体例上作纵向比较，而本文将奉持史学叙事传统，以具体人物蔡法度为主轴切入相关问题，对前说加以申述，兼作考订，聊补前贤，备为注脚。

留郡。西晋惠帝时分陈留为济阳国,考城县自此被划归济阳。[①] 济阳治所位于今河南兰考县东北。

东晋承永嘉之乱局,为安置北来流民,抚慰恋土乡情,遂在境内大量设置侨州郡县,取北方州郡县名命之,以示不忘北归之志。晋安帝义熙七年(公元411年),在淮北设北徐州,淮南设徐州。刘宋武帝永初二年(公元421年),将徐州改称为南徐州,领十七郡,济阳郡即在其列,其下亦设有考城县。[②] 济阳郡后又改称南济阳郡,南齐建武三年(公元496年)废置,考城县被划归北兖州的鲁郡,不过很快也被废置。[③] 但很显然,宋齐时的济阳考城名号虽存,实则已非故地,后来更是连名号也废弃不用了。不过,蔡法度郡望却不因此而有改变,这是当时史书传纪的通例,也是世族时代崇尚门第族望观念的产物。

那么,蔡法度究竟生于何处呢?这是难以回答的问题。因为在蔡法度生活的时代,南北政权屡有战事,领土边界反复拉锯于江淮之间。加之乱世之中,济阳蔡氏由北南迁的具体过程又无确切记载,所以蔡法度究竟生于何时何地并不能够明确知晓。总之,关于蔡法度的身世,我们只能确定他出自济阳蔡氏,其祖籍为济阳考城,即今河南省民权县东部。

蔡法度家世、父祖皆不可详考。然而可知的是,他自幼就开始接触并沉潜于法律研究,"少好律书,明晓法令,世之所废,笃志不怠"[④]。在当时以家族教育为主的时代背景下,蔡法度少好律学想来也免不了受到父祖学业乃至职业的影响。故可推知,其父祖叔伯之中当有人研习律学或者出任法务官员,遂形成了蔡法度自幼熏习律学的家学环境。

蔡法度成年后,仕于齐、梁两朝。南齐时,蔡法度出为郎官,史书称其为"齐时旧郎济阳蔡法度"[⑤]。所谓郎官,是当时中央各曹亦即具体事务部门的办公人员,属中级官员。依南齐官制,尚书台下辖各曹均置有郎官,诸公、大将军亦有权开府征辟各曹郎官。则蔡法度当时隶属于哪个部门呢?据《隋书·刑法志》记载,南齐武帝时尚书删定郎王植之"集注张、杜旧律,合为一书,凡一千五百三十条,事未施行,其文殆灭"。王植之的这个律注文本未能施行,当存留于删定曹而并未传抄公布,所以才险些失传。但是蔡法度口能言之,可见其当见过该文本,甚至极有可

① (梁)沈约:《宋书》卷三五《州郡志一》,《文渊阁四库全书》257册,影印文渊阁四库全书本。

② 同上。

③ (梁)萧子显:《南齐书》卷一四《州郡志上》,中华书局1972年版。

④ (宋)李昉等:《文苑英华》卷三九七《授蔡法度廷尉制》,《文渊阁四库全书》1336册,文渊阁四库全书影印本,第582页a。《全梁文》卷二六亦收录此文。

⑤ (唐)魏征:《隋书》卷二五《刑法志》,中华书局1973年版,第697页。

能当时曾参与其事。而其任郎官,职能当与律法关系密切且其在南梁时出任尚书删定郎,又被称为“齐时旧郎”。依笔者推之,蔡法度极有可能在南齐时也是出任尚书删定郎之职,不过南齐政权短命,蔡法度的仕途恐亦仅止于此。

南梁政权建立后,蔡法度得到梁武帝重用,被任命为尚书删定左曹郎中,①作为律学专家参与制定律令。尚书删定曹郎源自三国魏时的定科郎,刘宋文帝时始置,②主要负责律、令、科、格、制诏等法律文本的草撰、拟定、删削、整理等工作,在当时法制建设中作用突出。南齐时,删定曹郎隶属于吏部尚书。③ 梁时议律虽有数人,然而独以蔡法度精通法律而得以主持其事。其后律成,朝廷授予蔡法度廷尉卿之职对其律学成就和修律之功以示表彰。廷尉卿④掌管廷尉寺,主刑狱诉讼,史书常径称为廷尉,有时也称廷尉寺卿。梁时廷尉卿为秋卿,班第十一,位第三品,⑤虽不为时俗所重,但已属中央高级官员之列。此时蔡法度已经达致其仕途顶点,此后便不见其再升高位的记载了。

蔡法度任职廷尉卿,十分体恤下属。时任廷尉正的顾协,⑥为人清简率直而有志操。蔡法度见他冬装单薄,就对人说:“我愿解身上襦与顾郎,恐顾郎难衣食者。”⑦虽然顾及顾协的性情、节操,蔡法度最终没有贸然解衣给他穿,但仍可见蔡法度对下属关怀有加。在此期间,蔡法度曾办理过吉翂请死赎父一案,以孝义断狱,取得较好社会效果,事详后文。其后,蔡法度又曾出任义兴太守,⑧义兴治所在今江苏宜兴。不过其任太守的具体事迹史无所载,只能遗憾地付之阙如了。

---

① 关于蔡法度此时所任官职,《隋书·刑法志》载为“尚书删定郎”,《文苑英华》《全梁文》所收录的《授蔡法度廷尉制》所称“尚书删定左曹郎中”则更具体。故笔者采此说。

② 参见《宋书》卷三九《百官志上》,第745页a,“(元嘉)十八年,增删定曹郎”。

③ (梁)萧子显:《南齐书》卷一六《百官志》,中华书局1972年版。

④ 参见《隋书》卷二六《百官志上》,第724页,“诸卿,梁初犹依宋齐,皆无卿名。天监七年……廷尉为廷尉卿”。此说不确。观《宋书》《南齐书》多有“廷尉卿”的称呼,非自梁始。

⑤ (唐)张九龄:《唐六典》卷一八《大理寺鸿胪寺》,《文渊阁四库全书》595册,文渊阁四库全书影印本。

⑥ 廷尉正、廷尉监、廷尉评为“廷尉三官”,属于廷尉寺内部官员,辅助廷尉卿。廷尉正在南朝时为第六品。参见《唐六典》卷一八《大理寺鸿胪寺》,第177d页,“廷尉正,魏氏第六品,晋置二人,宋齐梁陈并一人,品同魏氏”。

⑦ (唐)姚思廉:《梁书》卷三〇《顾协传》,《文渊阁四库全书》260册,影印文渊阁四库全书本,第263页d。

⑧ 参见《隋书》卷三三《经籍志二·史志》,第972页,“《梁律》二十卷,梁义兴太守蔡法度撰”。

二、蔡法度之律学成就

(一)济阳蔡氏之律学传承

古人治学讲究家学渊源,一家之内祖孙并事其业,累世不绝。清人赵翼云:“古人习一业,则累世相传,数十百年不坠。盖良冶之子必学为裘,良弓之子必学为箕,所谓世业也。工艺且然,况于学士大夫之术业乎?”①这一特色在律学传习中同样十分鲜明。两汉法学,多以律学作为家族世代传承的事业。六朝时代,作为血缘、地缘、学缘中枢的各品世族更成为律学传播的主要途径和场域。蔡法度是南朝时重要的律家,他的律学修为正是来自家族熏习,这就是济阳蔡氏世代相承的律令家学。

蔡氏由来久远,相传为黄帝后裔,姓氏则出自古国名。周初分封,武王之弟姬叔度受封蔡国,是为蔡叔。蔡国后因参与三监之乱被周公剿灭。蔡叔之子蔡仲则因辅佐伯禽治鲁有功,得以复封蔡国,其地在今河南上蔡县境内。东周乱世,蔡国被灭,国人四散,以蔡为姓。战国末期燕人蔡泽仕秦为相,死后葬于陈留,子孙遂移居其地,是为陈留蔡氏。两汉魏晋之际,陈留蔡氏毗邻汝、颍、沛之地,深受当地尚奇变、兼经律之民风与学风的影响,犹长于经术律令等务实之学,故多有经纶世务的知名人物。陈留蔡茂汉光武帝时为司徒,其曾孙蔡携汉顺帝时为蔡县长,蔡携长孙即为汉末文学家、大学者蔡邕,蔡邕之女则为汉魏才女蔡文姬。

晋惠帝时分陈留郡为济阳,蔡氏所聚居的考城亦划归济阳。西晋末,考城人蔡谟南渡避难,因辅助东晋建政有功而被任为司徒。史载其人博学,曾参与制定东晋的礼仪制度,“于礼仪宗庙制度多所议定”②。其后,济阳蔡氏就成为东晋南朝重要的高门士族,以汉儒礼律兼修的家学与务实质朴的家风在江南世族中独树一帜。

蔡谟之孙蔡琳为晋礼部尚书,掌朝廷礼仪制度。蔡琳之子蔡廓生当晋宋之际,曾参与桓玄提议恢复肉刑的讨论。针对当时刑制畸轻畸重的不合理现象,他主张恢复肉刑,认为肉刑既能填补死刑与徒刑间的空缺,同时还可以大量减少死刑,达到降死为生的效果。他还反对当时法律关于强制子孙证明父祖有罪的规定,提出“鞫狱不宜令子孙下辞明言父祖之罪”③的主张。蔡廓认为法律应以人情为本,而不应亏教伤情。他建议,只需让子孙家人与嫌犯见面,若其对于被诉的罪

① (清)赵翼:《廿二史札记》卷五《后汉书》“累世经学”条,《四部备要·史部》,上海中华书局据原课本,第59页。

② (唐)房玄龄等:《晋书》卷七七《蔡谟传》,中华书局1974年版。

③ (梁)沈约:《宋书》卷五七《蔡廓传》,《文渊阁四库全书》258册,第176页b。

名不提出异议,即表示默认,足以定其有罪。这样就可兼顾人情、法律,故为朝廷所采纳。可见蔡廓是一位既明于律法又通人情、富于司法经验而又懂得变通的律家。蔡廓为人刚直,不容邪枉,后出任御史中丞,纠奏不法,令朝中百官为之震肃。蔡廓之子蔡兴宗也继承了乃父家学,“少好学,以业尚素立见称”①。他曾两任吏部尚书,后又出任廷尉卿,司法断狱,为史家所称道。蔡兴宗之子蔡撙为法曹行参军、吏部尚书。此外,济阳蔡氏还有蔡景历由梁入陈后,担任御史中丞之职;②蔡延寿后入北周亦为御史中丞;蔡徵南陈时出任廷尉卿,掌刑狱审判,入隋则为中书令,掌诏书草拟。

总之,济阳蔡氏世习律学,并以之为家族事业,在南北朝律学中占有重要的地位。蔡廓关于禁复肉刑的议论足见他深得刑律演变之要义,其“鞫狱不宜令子孙下辞明言父祖之罪”的建议更能说明他善于把经义、伦理与法律结合加以考虑。蔡兴宗、蔡徵等多人出任法务官员,是能以自身之学为国所用,并致以成就功名。南朝皇帝亦啧啧称赞:“蔡氏故是礼度之门。”③蔡法度就是在这样的家族学术与文化背景下成长起来的。故《隋书·刑法志》载:“齐时旧郎济阳蔡法度,家传律学。”所谓“业尚素立”和“家传律学”,都证明研习律令之学已经成为蔡氏家学门风特色所在。

(二)蔡法度之律学贡献

蔡法度深受济阳蔡氏家传律学的熏陶与影响,在律学研究上取得了较高的成就。

一方面,他在继承了蔡氏家族世代传承的律学成果的同时主动吸收和学习了南朝前期的其他律学成果。尤其是南齐永明年间的大规模议定律注的活动,蔡法度对其最终成果更是精心研习,完全掌握。

宋齐以来大体上承用西晋《泰始律》并且同步适用张斐、杜预对晋律的注释,故《南齐书·孔稚珪传》曰:“江左相承用晋世张杜律二十卷。”南齐武帝永明年间,在武帝授意下,尚书删定郎兼廷尉平王植删正张杜律注,④其后又由公卿八

---

① 《宋书》卷五七《蔡廓传附蔡兴宗传》。

② 御史中丞负责监察官员,“奏劾不法”(《宋书·百官志下》),亦需精通法律方可担任。

③ (梁)萧子显:《南齐书》卷四六《蔡约传》,《文渊阁四库全书》259 册,中华书局 1972 年版,第 463 页 a。

④ 此人姓名有两种记载。《隋书·刑法志》载“王植之”,《南齐书·孔稚珪传》载“王植”,当为一人。对此,程树德先生已有阐述。参见程树德:《九朝律考:“梁律系用南齐王植旧本”条》,中华书局 2006 年版,第 316 页。陈寅恪先生则从文化史方面给出了更深入的解释:“盖六朝天师道信徒之以‘之’字为名者颇多,‘之’字在其名中,乃代表其宗教信仰之意,如佛教徒之以‘昙’或‘法’为名相类。东汉及六朝人依公羊春秋讥二名之议,习用单名。故‘之’字非特专之真名,可以不避讳,亦可省略。”参见陈寅恪:《金明馆丛稿初编:崔浩与寇谦之》,三联书店 2001 年版,第 121 页。

座、廷尉孔稚珪等人集中讨论参议。王植结合宋齐以来的司法实践,对张杜二家律注内部的歧义烦琐之处进行删削取舍,最后整理出1522条,①集为一书,与修订而成的律文一起上奏朝廷。此次修正律注集中体现出当时南朝律学研究水准,遗憾的是最后竟然不了了之,律注与律文都未能颁行天下,王植的这个律注文本只得秘藏府禁,后来竟在乱世中亡佚。然而,可能是基于精通律学的专业习惯,也有可能是由于身为郎官的职务便利,蔡法度不仅接触到了王植的这个律注本甚至口能言之,可见其肯定悉心钻研过,这才达到了烂熟于心的程度。幸而如此,到南梁准备议定律令的时候,蔡法度才能令其重见天日,成为梁代定律的蓝本。于是梁武帝任命蔡法度为尚书删定左曹郎中,根据王植的律注本等材料制定《梁律》。可见,蔡法度对于保留和传承前代律学成果功绩巨大。

另一方面,对于自身家传律学以及王植等人律学的成果,蔡法度不仅能够兼收并蓄,而其还能取前辈律家之所长并将之发扬光大,更凭自身努力在祖尚玄虚、鄙薄律令的南朝将律学研究传递后人并推向前进。史载,蔡法度"少好律书,明晓法令,世之所废,笃志不怠。至于章句踳滞,名程乖碍,莫不斟酌厥里,允得其门"②,并因之而被擢奖拔升为廷尉卿,成为律学后进的楷模。

更重要的是,蔡法度对律学研究方式进行了创新性发展,成为推动南朝律疏诞生的关键性人物,而这正是其最大的律学贡献。蔡法度在继承魏晋律家追求法律语言的逻辑概括性和抽象准确性的基础上,进一步吸收并融入了佛学研究中新涌现出来的"合本子注"和"格义科判"这样两种比照研究的方式。蔡法度曾撰有《晋宋齐梁律》二十卷,③沈家本先生指出其为"比较之书",④这反映出他已开始有意识地将佛家"格义科判"对比研究的形式借鉴到私人的律学研究之中。而且,他还将这种对比研究的模式运用于修定《梁律》的过程中。当时议律取舍律

---

① 关于律注条数,有几种不同的记载。《南齐书》称1532条,《南史》称1732条,《隋书》则称1530条,而《南齐书》所载数目亦不能吻合,其曰:"取张注七百三十一条,杜注七百九十一条。或二家两释,于义乃备者,又取一百七条。其注相同者,取一百三条。集为一书。凡一千五百三十二条,为二十卷。"沈家本提出应为1522条,他说:"疑所谓一百七条、一百三条即在一千五百二十二条之内,而传文二十二伪为三十二也。"参见《历代刑法考》,中华书局1985年版,第903页。笔者认为合理,故取是说。参见邓长春、朱海:《程树德〈九朝律考〉补遗一则——南齐永明定律考》,载《西南政法大学学报》2013年第4期。

② (宋)李昉等:《文苑英华》卷三九七《授蔡法度廷尉制》,《文渊阁四库全书》1336册,文渊阁四库全书影印本,第582页a。

③ (唐)魏征:《隋书》卷三三《经籍志二·史志》,中华书局1973年版,第972页。《新唐书》卷五八《艺文志二》另载蔡法度撰《条钞晋宋齐梁律》二十卷,疑与《隋志》所载《晋宋齐梁律》为一部作品,为何异名则不得而知。不过这却更彰显了其比较研究律学作品的性质。

④ (清)沈家本:《历代刑法考》,中华书局1985年版,第900页。

注的方式是："载一家为本，用众家以附。丙丁俱有，则去丁以存丙。若丙丁二事注释不同，则二家兼载。咸使百司，议其可不，取其可安，以为标例。宜云：'某等如干人同议，以此为长'。"①也就是选取一家注文为本（母本），将其他各家相关注文附录于后，作为参考（子本）。如意见相同，则不重复记录。如意见不同，则并录入以供详议，寻出其中较为有力的注文，然后附录记载：哪些人同意这种说法，认为此种注文更为合理。很显然，这种对不同律注的处理方式带有极强的佛家"合本子注"的色彩，而且还直接效法了佛家讲经辩论而后作记录的方式，而这正是一种新兴的法律注释形式——律疏的原始模型。

《唐律疏议·名例》曰："近代以来，兼经注而明之则谓之为义疏。"唐代律家将律疏的诞生归之于义疏这种经学注释方法的影响。而义疏之学这种新兴潮流原不产于因循汉魏故物的北朝，实最先肇起于南朝，皇侃的《论语义疏》就出在南朝梁。对此已多有学者留意。而为学者所忽视的是，南朝律学业已经先期受到新兴义疏之学的影响而开始酝酿律疏这种将大行于后世的律学注释方法了。这种律学的研习方式和律文的注释方法在后来《唐律疏议》中得到了很好的继承和淋漓尽致的发挥。以蔡法度为代表的南朝律家正是此学术演变的亲身见证者，其议定《梁律》的模式就是这种演变的一个典型例证，这同时也是南朝律学不衰，且并不输于北朝律学的一个有力明证。

三、蔡法度之法制功业

律学本是务实之学，以注释律令、完善立法并将其恰当地适用于司法为宗旨，而非脱离实际、纯粹务虚的理论之学。蔡法度精通律学，当然有学以致用、将律学之能转化为法制之功的能力与意愿。恰逢其时，蔡法度赶上了齐、梁易代，国家大规模组织修订律令立法活动的浪潮。于是，蔡法度得以施展才华，将其律学造诣运用到立法和司法的过程中去，这正是南朝律学延绵不息，且以其实用性而贡献于当时法制建设的例证。

南梁之前，法制秉承西晋泰始以来的律令制度。刘宋未见修订律令的记载，只是沿用晋律而直接易名而已。南齐永明年间曾组织大规模议定律本和律注的立法活动，删正张杜律注得1522条，成《律文》二十卷，《叙录》一卷，上奏齐武帝。但是，律本和律注均未施行，幸遇蔡法度方得以留存下来，最终成为梁律修订的蓝本。故《隋书·刑法志》曰："时欲议定律令，得齐时旧郎济阳蔡法度，家传律学，

① （唐）魏征：《隋书》卷二五《刑法志》，中华书局1973年版，第697页。

云齐武时,删定郎王植之,集注张、杜旧律,合为一书,凡一千五百三十条,事未施行,其文殆灭,法度能言之。于是以为兼尚书删定郎,使损益植之旧本,以为《梁律》。"不过,蔡法度主持的南梁立法是全方位的立法活动,并不拘泥于南齐王植的律文和律注旧本,也不局限在"律"这一种法律形式上。

(一)蔡法度与《梁律》的制定

据《隋书·刑法志》记载,梁天监元年(502年)八月武帝下修律诏曰:

"……若游辞费句,无取于实禄者,宜悉除之。求文指归,可适变者,载一家为本,用众家以附。丙丁俱有,则去丁以存丙。若丙丁二事注释不同,则二家兼载。咸使百司,议其可不,取其可安,以为标例。宜云:'某等如干人同议,以此为长',则定以为《梁律》。留尚书比部,悉使备文,若班下州郡,止撮机要。可无二门侮法之弊。"

这部诏书透露出以下重要信息:第一,皇帝诏书是当时启动立法活动的程序依据;第二,梁代修律的宗旨是革除律令不一的弊端,填补律令规定的空白,删除游辞费句,统一各家律注;第三,在吸收各家律注的时候,坚持"一家为本、众家为附"的原则,注释相同则只取其一,意见不同则讨论取舍;第四,有分歧的律注,交由朝廷各部门官员一起讨论,然后详细记录个人意见,想来内中一定杂陈着律家各说;第五,梁律由律文和律注有机结合,在中央完整的定本交由尚书比部郎存档保管,在地方则进行必要的简化,仅保留明确而重要的律文,律注以及议注记录则不班下州郡。

但是其中一个环节出了问题,即广泛征求朝廷官员的意见固然可以集思广益,然而亦有效率低下的弊端,蔡法度当然意识到了这一点。他说:"魏、晋撰律,止关数人,今若皆咨列位,恐缓而无决。"①于是梁武帝下诏由数人配合蔡法度一起议定律令,不过具体人员及数目各史书记载不一。《梁书·武帝本纪中》称:"(天监元年八月)丁未,诏中书监王莹等八人参定律令。"《隋书·刑法志》则记载有尚书令王亮、侍中王莹②、尚书仆射沈约、吏部尚书范云、长兼侍中柳恽、给事黄

---

① (唐)魏征:《隋书》卷二五《刑法志》,中华书局1973年版,第697页。

② 关于王莹修律时所任官职,梁、隋二书有出入。据《梁书·王莹传》载,王莹先任中书侍郎,后任侍中,并未曾任中书监,仅任中书侍郎,属于中书监的副手。据《隋书·百官志上》载:"梁武受命之初,官班多同宋、齐之旧。"据《南齐书·百官志》记载,侍中呼为门下,管知诏令。而中书则是另一部门,设中书监一人,侍郎一人。而据《武帝本纪中》记载,天监元年四月丁卯,王莹任中书监,天监二年六月甲午改任尚书右仆射,是则《王莹传》有漏载。另据《梁书·王亮传》记载,梁武帝即位后,王亮就任侍中、尚书令、中军将军,天监二年后迁左光禄大夫,同时仍任侍中,则此期间参与修律的王莹亦不可能担任侍中,则《隋书·刑法志》记载亦不准确。

门侍郎傅昭、通直散骑常侍孔蔼、御史中丞乐蔼、太常丞许懋九人。《南史》与《梁书》载同,而《唐六典》《资治通鉴》又与《隋书》相吻合。[①]《梁书》《隋书》孰说为是,目前尚无进一步求证的资料。然而无论如何,蔡法度为修律主匠当无疑问。

据《隋书·刑法志》记载,《梁律》有二十篇:《刑名》《法例》《盗劫》《贼叛》《诈伪》《受赇》《告劾》《讨捕》《系讯》《断狱》《杂》《户》《擅兴》《毁亡》《卫宫》《水火》《仓库》《厩》《关市》《违制》。与晋《泰始律》相比,《梁律》删《诸侯》,补《仓库》置于《水火》后,改《盗律》为《盗劫》,改《贼律》为《贼叛》,条文由1530条变为2529条,增加近千条,其必然凝聚着以蔡法度为首的南朝律家的心血。

《梁律》以罪名刑制为主要内容,主正罪定刑,是一部刑事法典。《隋书·刑法志》记载,其刑制有十五等之差。[②] 其中,死刑有两种:枭首、弃市。耐刑有四种:髡钳五岁刑笞二百、四岁刑、三岁刑、二岁刑。既然名为耐刑,则后三种刑罚也应该有髡钳的结合刑。以上死刑和耐刑,仿照《尚书·吕刑》的记载,设置了"五刑不简,正于五罚,五罚不服,正于五过,以赎论"的赎刑制度,又为十等。此外对刑讯、颂系、囚禁等内容,也都作了详细规定。而且所有刑罚对女、老、小都有矜悯优待。罪名方面,《梁律》对谋反、大逆、劫等重罪给予严惩,还对士人违犯清议等行为规定了禁锢之科。此外,《梁律》还对司法中各审判机关联合会审进行了制度性规定。

天监二年(公元503年)四月癸卯,蔡法度表上新律二十卷,梁武帝诏颁布于天下。整个修律过程仅费时八个月,这一方面说明蔡法度精通律学,"章句踳滞,名程乖碍,莫不斟酌厥里,允得其门"[③],故对于律令条文篇章他早已成竹于胸;另一方面也佐证了其限制定律人数以保障效率这一主张的先见之明。事后,蔡法度也因定律有功而得到由尚书删定左曹郎中破格擢拔荣升为廷尉卿的奖励。

宋齐沿袭晋律,无自定律典。《梁律》后为《陈律》所继受,但是《陈律》条流冗杂,博而非要,远未达到《梁律》的水准。由此,《梁律》成为南朝时修订而成的第

---

① 《南史》卷六《梁本纪上·武帝本纪上》载:"丁未,命中书监王莹等八人参定律令。"《唐六典》卷六《尚书刑部》注:"梁氏受命,命蔡法度、沈约等十人,增损晋律,为二十卷,凡定罪二千五百二十九条。"《资治通鉴》卷一四五《梁纪一》载:"(天监元年)秋八月丁未,命尚书删定郎济阳蔡法度损益王植之集注旧律,为梁律,仍命与尚书令王亮、侍中王莹、尚书仆射沈约、吏部尚书范云等九人同议定。"

② 《隋书·刑法志》所称"十五等之差",则是以枭首、弃市二刑为一等言之,否则则应为十六等。

③ (宋)李昉等:《文苑英华》卷三九七《授蔡法度廷尉制》,《文渊阁四库全书》1336册,文渊阁四库全书影印本,第582页a。

一部也是最重要的一部律典,是南支律系的代表性法典和南朝律学的浓缩结晶,直至隋唐皆有其文本留存于世。[①] 由此可见,蔡法度所修的梁律必定有足够的专业水准,并因而受到隋唐人的珍视与精心保管。

(二)蔡法度与《梁令》《梁科》的制定

修订《梁律》时,蔡法度还同步制定了《梁令》与《梁科》。《梁书·武帝纪中》《南史·梁武帝纪上》对此皆有记载:"(天监二年)夏四月癸卯,尚书删定郎蔡法度上《梁律》二十卷、《令》三十卷、《科》四十卷。"

汉魏以来,律令逐渐分野。西晋首创令典,制定《泰始令》,创设对国家基本制度。令典有系统性和同步性,篇章条文之间体系严整,且往往是同步生效,同步废止。宋齐继承《晋令》,皆无修订令典的记载。[②] 蔡法度唯有参酌《晋令》,结合当代制度为之。最后制成《梁令》三十卷,《录》一卷。据《唐六典》记载,其篇目共计三十,分别是:《户》《学》《贡士赠官》《官品》《吏员》《服制》《祠》《户调》《公田公用仪迎》《医药疾病》《复除》《关市》《劫贼水火》《捕亡》《狱官》《鞭杖》《丧葬》《杂上》《杂中》《杂下》《宫卫》《门下散骑中书》《尚书》《三台秘书》《王公侯》《选吏》《选将》《选杂士》《军吏》《军赏》。

《梁令》规定有官制、服制、户婚、军令乃至罚则等内容,广泛调整了各种社会关系,例如《官品令》规定了梁的官职品秩及其违规之罚则。《隋书·百官志上》曰:"天监初,武帝命尚书删定郎济阳蔡法度,定令为九品。秩定,帝于品下注一品秩为万石,第二第三为中二千石,第四第五为二千石。"其所谓"定令九品"应是蔡法度制定《官品令》的内容。《隋书·刑法志》所载之免官、夺劳百日等惩罚措施可能也规定在《官品令》中。另外,隋志对于鞭杖之罚的等级、刑具规格和执行方法的记载则恐源自《鞭杖令》。

与《晋令》相较,《梁令》篇幅大有缩减,删《俸廪》《赎》《军战》《军水战》及《杂法》(二篇)《军法》(六篇),计十二篇。增《劫贼水火》《军赏》二篇,将《贡士》《军吏员》分别改为《贡士赠官》《军吏》。又扩《佃》为《公田公用仪迎》。《梁令》结合时代发展对《晋令》进行了实质性内容的修改与增删,而非仅仅停留在文字层面。例如,吕志兴教授就认为其"将《晋令》中的《佃》改为《公田公用仪迎》",

---

① 《隋书》卷三三《经籍志二》载:"《梁律》二十卷,梁义兴太守蔡法度撰。"《旧唐书》卷四六《经籍志上》载:"《梁律》二十卷,蔡法度撰。"《新唐书》卷五八《艺文志二》载:"蔡法度,《梁律》二十卷。"

② 宋齐虽无修订令典的记载,但是当有《令》存在。据《唐六典》卷六《尚书刑部》注记载,《晋令》四十篇,"宋、齐略同晋氏"。沈家本先生据此认为当有《宋令》《齐令》,而且推测:"隋、唐《志》不录宋齐之令,是其书已亡,而《六典》云略同晋氏,当别有所据。"参见《历代刑法考·律令考:卷3"宋令"条》,中华书局1985年版,第902页。笔者认为是合理的,详俟另文。

仅为篇目名称的调整。① 这种说法是不够精准的。因为,"晋《佃令》,有民田,有王、公、侯官品田,有兵奴分屯田"②。而梁《公田公用仪迎》内容可分为三部分:公田、公用、仪迎。考诸史籍,亦各有例证。③ 以此观之,其调整内容大有扩张,篇名变化为其内容变化的反映,非仅限于易文换字而已。《梁令》内容篇目的每一处调整、充实,无不渗透着南朝律家与时俱进推动律令革新的努力成果,是南朝律学内容求新的重要体现。

汉魏时期,科作为一种法律形式,有定罪量刑的功能。"南朝时,作为法规的科再现,而其内容则与前不同"④,呈现出新的法律功能和特征。此处的科是指法典化的法律规范体系,即科典。蔡法度"易故事为梁科"⑤,其方法是"取故事之宜于时者"⑥。笔者认为,此处"故事"所指应是晋时所定之法律《晋故事》。⑦ 其所谓"易"既有删削简化之意,也可做转化理解。意即蔡法度将《晋故事》,按照"宜于时"的原则进行取舍,继而定为《梁科》。或许由此之故,《梁科》缺乏确定性,数代以后篇章亡佚较为严重。《梁书》《南史》皆称四十卷,而《隋书·刑法志》却称三十卷。⑧《隋书·经籍志二》载有《梁科》三十卷,可能《隋书》作者据隋唐之际所见文本而断定当为三十卷,亦未可知。其后,唐代则只存二卷。⑨ 而与之形成对比的是,《梁律》二十卷、《梁令》三十卷在隋唐皆得完整保存。

---

① 吕志兴:《梁〈律〉〈令〉的修订及其历史地位》,载《西南大学学报》(社会科学版)2007 年第 5 期。

② 张鹏一:《晋令辑存》,三秦出版社 1981 年版,第 139 页。

③ 例如,《梁书》卷三《武帝纪下》载武帝诏曰:"……自今公田悉不得假与豪家;已假者特听不追。其若富室给贫民种粮共营作者,不在禁例。"此涉公田之令。《梁书》卷一七《张齐传》载:"巴西郡居益州之半,又当东道冲要,刺史经过,军府远涉,多所穷匮。齐沿路聚粮食,种蔬菜,行者皆取给焉。"此涉公用之令。《梁书》卷二四《萧景传》载:"景初到州,省除参迎羽仪器服,不得烦扰吏人。"据《隋书》卷二六《百官志上》载,梁陈时"郡县官之任代下,有迎新送故之法,饷馈皆百姓出,并以定令"。此涉仪迎之令。

④ 张建国:《"科"的变迁及其历史作用》,载《北京大学学报》(哲学社会科学版)1987 年第 3 期。

⑤ 《唐六典》卷六《尚书刑部》。

⑥ 《隋书》卷三三《经籍志二·刑法篇》。

⑦ 《隋书》卷三三《经籍志二·刑法篇》云:"汉初,萧何定律九章,其后渐更增益,令甲已下,盈溢架藏。晋初,贾充、杜预删而定之,有律,有令,有故事。梁时,又取故事之宜于时者为梁科。"依其意,则《梁科》所采应为《晋故事》。据《晋书·刑法志》《唐六典》记载,晋初贾充制定《晋故事》三十卷,其后实又陆续有补充,故《隋书·经籍志》《旧唐书·经籍志》《新唐书·艺文志》均记载"《晋故事》四十三卷"。

⑧ 《隋书》卷二五《刑法志》载:"二年四月癸卯,法度表上新律,又上《令》三十卷,《科》三十卷。"

⑨ 《旧唐书》卷四六《经籍志上》载:"《梁科》二卷,蔡法度撰。"《新唐书》卷五八《艺文志二》载:"《梁科》二卷。"

(三)蔡法度与梁司法

在完成梁代设范创制活动之后,蔡法度的法制事业并未就此终结,而是旋即投入到梁代司法活动之中。天监二年(公元503年)四月,梁武帝在将新律颁布天下之同时,为表彰蔡法度定律之功,授予其廷尉卿之职,由此蔡法度成为当时中国南方政权最高的专职司法官员。

天监二年(公元503年),蔡法度任职廷尉卿不久,就发生了15岁的襄阳少年吉翂请求代父受死刑的棘手案件。[①] 吉翂之父原为吴兴郡原乡令,受人诬告,罪当死刑。吉翂挝登闻鼓,乞求代父受死。梁武帝认为他义诚可嘉,但是怀疑年幼的吉翂此举是受人指使。于是,蔡法度接受梁武帝的敕令查证此事实情。

蔡法度回到廷尉寺后摆开刑官架势,先是声色俱厉地以死刑的残忍威吓吉翂,而后又和颜悦色地诱其放弃求死之心,以此试探其是否真心代父受刑,不过吉翂始终不为所动。蔡法度见其乃出于一片孝义之心诚意代父受死,心生怜悯,遂将情况如实汇报梁武帝,萧衍于是下诏赦免了其父死罪,吉翂也得到朝廷表彰。不论历代史家对"代父受刑"之制作何评价,至少从吉翂后来的作为来看,[②]该案件的处理方式和结果取得了较好的社会效果。这也反映出一代律家蔡法度并非一味追求严苛执法、机械守法的法家酷吏,而是深受儒家矜悯、仁孝观念熏染,办案兼及律法、人情的优秀司法者。此案亦因而透露出更加深长的历史意蕴。蔡法度与梁武帝一起将对孝义的弘扬置于律法之上,既体现出梁代司法的一种风范,亦构成了中古时期礼法结合浩浩洪流中的一幅细微、生动而又真切的画面。

周一良先生说:"梁武帝及其统治时期的历史,在东晋南朝的历史中是颇为关键的一个阶段。"[③]南朝梁武帝在位前期所制定的政治、军事、文化政策,将南朝的国势推向最高峰,南朝社会亦展现出全新的风貌。当其时代,法制建设与法律之学也进入了南朝时期的一个高峰期。蔡法度正是在此背景下应运而生的一代律家。其律学成就与法制功业已如前述,不容勋业尽成浮云。

---

① 该案发生时间,《梁书》《南史》但言"天监初",《资治通鉴》则将其系在"天监二年",参见《资治通鉴》卷一四五《梁纪一》。

② 《梁书》卷四七《孝义·吉翂传》载:"丹阳尹王志求其在廷尉故事,并请乡居,欲于岁首,举充纯孝之选。翂曰:'异哉王尹,何量翂之薄乎!夫父辱子死,斯道固然。若翂有靦面目,当其此举,则是因父买名,一何甚辱!'拒之而止。年十七,应辟为本州主簿。出监万年县,摄官期月,风化大行。自雍还至郢,湘州刺史柳悦复召为主簿。后乡人裴俭、丹阳尹丞臧盾、扬州中正张仄连名荐翂,以为孝行纯至,明通《易》《老》。敕付太常旌举。初,翂以父陷罪,因成悸疾,后因发而卒。"

③ 周一良:《魏晋南北朝史论集续编:论梁武帝及其时代》,北京大学出版社1991年版,第23页。

四、律学“北优于南说”驳议

（一）“北优于南说”不合历史实情

由前述可见，实际上，蔡法度既是南朝一流的律家，也是中古法制文明演进中的关键人物之一，有特殊重要的地位。他一方面秉承济阳蔡氏律学传统，吸收前代律学成果并将之发扬光大，为律学的传承与发展作出重大贡献；另一方面为南朝创制立法，制定律令，参与司法，取得了突出的成就。正是其对南朝律学成果之传承、总结与发扬，才成就了南朝律学的延绵不息与独出新意，而其领衔典定的律令体系亦成为南朝法制演进之最佳总结，奠定了南北律系颉颃抗礼之态势。由蔡法度的事迹可知，南朝律学并未衰微且不输于北朝律学。南朝律学对于当时南朝和北朝的法制建设都有重大贡献，而且还继承整理了前代律学成果并为后世律疏之学开了先河，其历史成就不容抹杀。

陈寅恪先生在其《隋唐制度渊源略论稿》中已经点到南朝律学与法制对北朝乃至其后隋唐一统时代制度文明有暗助之功。南朝前期的王肃、刘芳进入北朝，辅助北魏制定礼仪、律令制度，贡献巨大。而南朝后期，经过蔡法度整理发扬之后，南朝律学益加充实而富有新意，影响及于律学后进，并借由他们进而又对北朝法制做出贡献。梁末裴政以俘进入北朝，先参与撰著北周朝仪、车服制度；而后又由于明习故事而得以参定《周律》，用法宽平。隋政权建立以后，又受命与苏威一起修订律令。他兼采魏、晋、宋、齐、梁历代律典，对其轻重加以折中。史载：“同撰著者十有余人，凡疑滞不通，皆取决于政。”①裴政律学属于南朝系统，制度设计也肯定多源自齐梁律令制度，则其所借助者自然多南朝律家尤其是蔡法度之功。

然而，如蔡法度这般重要的法律人物，史家却吝惜笔墨，不加表彰。究其原委，南朝祖尚玄佛虚浮之风，推重世族儒雅空名，勤政务实之辈反遭鄙薄讥讽。这种本末倒置的世风对当时史家有较大影响。南朝四书与《南史》皆不立《刑法志》。姚氏父子所著《梁书》内容单薄，更多注重记载帝王贵胄、一时恩幸、世家子弟的履历事迹，对梁代法制建设并不重视，相关记载陋略至极。蔡法度主定《梁律》，功绩卓著，《梁书》却无其传。清人赵翼认为，这是由于其悉据国史立传，故

① （唐）魏征：《隋书》卷六六《裴政传》，中华书局1973年版，第1549页。

而不能全面反映一代风貌。[①] 鉴于此,唐人撰《隋书·刑法志》时对梁陈法制大加追述,然而仍难以弥补缺漏。因此不能简单地将史不立传作为否定蔡法度及其时代法制文明的依据。然而近代以来的法史学前辈大多根据南朝史书中对律学的疏于记载而简单地断定南朝律学衰微至极,并且较之北朝史书对各位律家的特意重视与详加记述这一现象,进而提出律学北优于南说。如此看来,律学北优于南之说亦仅囿于表象而已。通过对以蔡法度为代表的南朝律家作为的钩沉考证,可知律学"北优于南说"并不符合当时律学发展的真实情况,故不可轻信。

(二)"北优于南说"源于错觉

律学北优于南说其实是一种似是而非的说法,是对南北朝时期律学和法制演进历程的一种错觉。之所以会有此错觉,笔者揣测原因大概有三:

首先,由于南朝时特殊的文化背景和社会风尚,南朝律家礼律并举。他们以礼制之学拟配律令之学,这与汉魏律家以经学缘饰律学的做法如出一辙。汉代经学鼎盛,律学也依附于经学,并因而享有较高社会声望。当时风尚,"吏服雅训,儒通文法"[②],甚而有很多大儒精研律学。由于种种原因,汉魏律学文化在北朝得以延续。北朝律学世家如渤海封氏、武功苏氏、泰山羊氏等都以律学名家,享有世誉。而南朝时文化多元繁荣,文、史、玄、佛、道等务虚之学都十分昌盛。作为务实之学,律学一方面摆脱经学走向独立,另一方面也蜕去了神圣光环,不为世人所重。南齐孔稚珪说:"古之名流,多有法学……今之士子,莫肯为业,纵有习者,世议所轻。"[③]南梁沈约感慨当时习律之风不振:"迄至于今,损弃顿尽。衣冠士子,耻复用心。"[④]南陈姚察也叹息道:"望白署空,是称清贵;恪勤匪懈,终滞鄙俗。是使朝经废于上,职事隳于下。小人道长,抑此之由。呜呼!伤风败俗,曾莫之悟……惜哉!"[⑤]有鉴于此,当时许多律家转攻礼学,故南朝专攻律令之学的人遂难以见诸史籍,这很容易让人以为律学已衰。实则,礼学与律学关系本就关联紧要,难于断然区分。总之,不能以此断定南朝律学已衰。

尤其需要申明的是,有学者称引西晋初人傅玄"论经礼者谓之俗生,说法理者

---

① 《廿二史札记》卷九《宋齐梁陈书》"梁书悉据国史立传"条曰:"梁书本姚察所撰,而其子思廉续成之。(说见前)今细阅全书,知察又本之梁之国史也。各列传必先叙其历官,而后载其事实,末又载饰终之诏。此国史体例也,有美必书,有恶必为之讳……梁书悉本国史,国史所有则传之,所无则缺之也。"

② (三国魏)王粲:《儒吏论》,载《艺文类聚》卷五二《治政部上·论政》,《文渊阁四库全书》888册,文渊阁四库全书影印本,第246页d。

③ 《南齐书》卷四八《孔稚珪传》,第478页a。

④ 《文苑英华》卷三九七《授蔡法度廷尉制》。《全梁文》卷二六亦收此文。

⑤ 《梁书》卷三七。

名为俗吏"[①]之议，以证明东晋南朝不崇名法，律学衰颓之势，[②]应当注意的是这里存在方法论上的问题。其一，傅玄生于晋初，卒于咸宁四年（公元 278 年），此时距司马睿建立东晋政权（公元 317 年）还有 39 年时间，距刘裕建立宋政权（公元 420 年）开始南朝历史还有 142 年，所以他说的话当然不能作为考察东晋南朝历史的依据。其二，就在傅玄说这话的前后数年间，作为一代典范的泰始律令颁布（公元 268 年），张、杜律注亦流行于世，其后又有刘颂（？ ~公元 300 年）这样的律学大家。这恰恰说明，即使律学不为世所重，律家仍会潜心术业，学以致用，并不为世风所动。故而，依据社会风尚推断律学盛衰，其结论并不能够成立。

其次，南朝官方对律学重视程度不如北朝。汉魏之后，律学地位就开始下降。于是曹魏明帝设立律博士，以挽衰局。[③] 其后南北朝皆有律博士，职掌法律传授。北朝统治者较为重视律学，从律博士的设置中就可以看出。据《隋书 · 百官志中》记载，北齐在大理寺下设置律博士四人，位第九品。而在南朝，廷尉仅设有律博士一人。[④] 据《隋书》卷二十六《百官志上》记载，梁时定官位十八班，律博士不得入班仅为三品勋位，后增设"胄子律博士"，地位有所提升，也仅仅列第三班，第八品，定员不详。南齐崔祖思说："今廷尉律生，乃令史门户，族非咸、弘，庭缺于训。"[⑤]当时律生多出身卑微，没有显赫背景。然而这只能说明官方律学不受重视，并不能就此推断南朝律学衰微不振。而由前文所述可知，济阳蔡氏这样的律学世家才是南朝律学得以保持律学传统并将之推陈出新的中坚力量。故而，依据官方重视程度推断律学盛衰，也难免牵强。

最后，南朝立法活动没有北朝频繁。北魏、北周、北齐等政权由于是边民入主中原，制度、文化、政治等各个方面更新较快，故而都曾多次组织定律、修律活动，法制变革极其频繁。因而当时律家有很多机会大展拳脚，并被记入史籍。而与之相比，南朝统治者对法制建设并不十分重视，立法活动相对较少，故而律家也难以得到展示才华的机会。而在仅有的几次立法活动中，他们也都有所施展，如王植、孔稚珪、蔡法度等。裴政由南入北，参定《周律》《隋律》，亦为一例证。故而，依据

---

① （南朝梁）萧统：《昭明文选》卷四九《干宝〈晋纪总论〉》注引王隐《晋书》。

② 例如，陈顾远曰："自东晋至宋初，律学虽衰，尚可示例也。晋律经杜张两家之注释后，历代相沿，均未离其范围。盖在当时以'论经礼者谓之俗生，说法理者名为俗吏'。"参见陈顾远：《中国法制史概要》，台北，三民书局 1977 年版，第 40 页。

③ 参见邢义田：《秦汉的律令学——兼论曹魏律博士的出现》，载《治国安邦：法制、行政与军事》，中华书局 2011 年版，第 1 ~61 页。

④ 《宋书》卷三九《百官志上》。

⑤ 《南齐书》卷二八《崔祖思传》。

修律活动推断律学盛衰,亦仅流于表面文章。

通过蔡法度的人物事迹,我们已经可以断言,南朝律学不仅并未衰弱,其富有新意和创造性的成就亦丝毫不输北朝律学。学者诸君,如能对南朝律学有切近的了解,就不该再囿于律学北优于南说这种似是而非的主观论断,而应在还原其本来面目基础之上,就其功过得失给予客观的历史评价。

(作者单位:洛阳师范学院)

藏镪壅塞：唐代私贮过限问题之法律规制[①]

陈　玺

现代“破坏金融管理秩序罪”中的“货币犯罪”，是指将《刑法》分则中以假币为行为客体的相关罪名犯罪，包括伪造货币罪，出售、购买、运输假币罪，金融工作人员购买假币、以假币换取货币罪，持有、使用假币罪、变造货币罪等罪名。值得注意的是，在中国古代，私人持有货币超过一定限额，竟也属于犯罪行为。本文将持有货币超过一定限度的行为，称为“私贮过限”。那么，中国古代为何会出现私贮过限问题？私贮对唐代金融秩序有何影响？唐代治理私贮过限的法律对策如何？相关著作对唐代私贮现象仅略有提及，迄今尚无专门研究成果问世。[②] 本文从法律史学和经济史学两个维度，深入考察了唐代私贮问题的社会影响和治理规则，以期对完善当代金融法制体系提供历史借鉴。

---

① 本文系国家社科基金项目（项目号：16XFX002）的阶段性研究成果。

② 关于唐代禁止私蓄的研究有：彭信威：《中国货币史》，上海人民出版社 1958 年版；傅筑夫：《中国封建社会经济史》（第 4 卷），人民出版社 1986 年版；千家驹、郭彦刚：《中国货币史纲要》，上海人民出版社 1984 年版；宁可主编：《中国经济通史 · 隋唐五代经济卷》，经济日报出版社 2000 年版；张靖人：《货币的储藏与唐宋钱荒》，载《河南财政税务高等专科学校学报》2006 年第 1 期。

一、私贮之风尚

资财积聚现象可谓自古有之,五铢钱铸行70余年,出现了"富人积钱满室,犹亡厌足"现象,①可窥汉代民间贫富之悬殊。在漫长的历史时期,民间持有货币数量相当惊人,"藏镪巨万"和"赀财巨亿"等词语成为私室富藏之形象指代。据《西京杂记》记载,"茂陵富人袁广汉,藏镪巨万"②,东汉樊宏善营产业"赀至巨万,而赈赡宗族,恩加乡闾"③。《魏书》记载,张僧皓"好营产业,孜孜不已,藏镪巨万"④。《隋书》有韦艺"大治产业,与北夷贸易,家资巨万"⑤的记载。除经营、继承等因素以外,官僚贵族合法获得之俸禄、赏赐等,也是积累巨额资产的重要来源。东汉时窦固"赏赐租禄,赀累巨亿"⑥。太和元年(公元227年)四月,魏明帝舅氏"叙用各有差,赏赐累巨万"⑦。北周孝闵帝践阼,太师李弼"邑万户,前后赏赐累巨"⑧。天宝十三载(公元754年)正月己亥,"安庆绪献俘于行在,帝引见于禁中,赏赐巨万"⑨。需要明确的是,本文讨论的"私贮"限定于私人合法持有货币领域,租赋、进奉、用度、官藏等所涉钱款,不在讨论之列。

私贮藏镪,秘不示人。但征诸唐人笔记、传奇、稗乘、杂著等,仍可窥唐代市井民间私贮之盛。据《开元天宝遗事》记载,都中巨豪王元宝"以铜线穿钱,甃于后园花径中,贵其泥雨不滑也"⑩。据《剧谈录》记载,京城光德坊豪士潘鹘硉"迁贸数年,藏镪巨万,遂均陶、郑"⑪。据《唐阙史》记载,秦川富室某少年颇善经营,"岁

---

① (汉)班固:《汉书》卷七二《贡禹传》,《文渊阁四库全书》250册,文渊阁四库全书影印本,第511页c。

② (晋)葛洪辑:《西京杂记》卷三"袁广汉园亭之侈",中华书局1985年版,第18页。

③ (南朝宋)范晔:《后汉书》卷三二《樊宏传》,《文渊阁四库全书》252册,文渊阁四库全书影印本,第124页a。

④ (北朝北齐)魏收:《魏书》卷七六《张烈传》,《文渊阁四库全书》262册,文渊阁四库全书影印本,第138页a。

⑤ (唐)魏征:《隋书》卷四七《韦艺传》,中华书局1973年版,第1269页。

⑥ 《后汉书》卷二三《窦融传》。

⑦ (西晋)陈寿:《三国志·魏书》卷五《后妃传·文昭甄皇后传》,中华书局1971年版,第162页。

⑧ (唐)令狐德棻等:《周书》卷一五《李弼传》,《文渊阁四库全书》263册,文渊阁四库全书影印本,第525页a。

⑨ (五代)刘昫:《旧唐书》卷九《玄宗纪下》,中华书局1975年版,第237页。

⑩ (五代)王仁裕撰,曾贻芬点校:《开元天宝遗事》卷下"富窟",中华书局2006年版,第37页。

⑪ (唐)康骈撰,萧逸校点:《剧谈录》卷上"潘将军失珠",《唐五代笔记小说大观》,上海古籍出版社2000年版,第1464页。

获美利，藏镪巨万”①。据《酉阳杂俎》记载，永贞年东市百姓王布“知书，藏镪千万，商旅多宾之”②。据《传奇》记载，贞元中，任翁“藏镪巨万”③。《金华子》记载，进士陆翱及第累年，“一游东诸侯，获镪仅百万而已”④。《玉堂闲话》云：“唐营丘有豪民姓陈，藏镪巨万。染大风疾，众目之为陈癞子。”⑤据《成都记》记载，唐末成都李氏，“夫妻孤老无子，藏镪十万”⑥。上述资料虽属巷议琐语，虚实参差，却可视作民间私贮富足的生动描摹。唐代除俸禄、账簿、计赃等特定情况数据详实外，民间私家持有货币数额无法详知，且受盈亏、收支、用度等因素影响，私贮数额时常处于变动之中。民间私贮，唐世犹言“藏镪”，《白氏六帖事类集》释作“巨万累百”⑦，颜师古又曰：“鉅，大也。大万，谓万万也。累者兼数，非止一也，言其赀财积累万万也”，⑧极言赀货之伙。白居易诗云：“蔵镪百千万，沉舟十二三”，⑨此于唐世，绝非个案。除官僚富民以外，佛寺道观是积聚财富的又一重要场所。据《尚书故实》记载，延和二年（公元713年）圣善寺佛殿僧惠范“以罪没入其财，得一千三百万贯”，⑩可见沙门聚敛之盛。开元九年（公元721年）四月壬寅，玄宗敕有司清查、监管化度、福先等寺布施钱款：

---

① （唐）高彦休撰：《唐阙史》卷上“秦中子得先人书”，阳羡生校点，《唐五代笔记小说大观》，上海古籍出版社2000年版，第1342页。

② （唐）段成式撰，方南生点校：《酉阳杂俎》卷一“天咫”，中华书局1981年版，第10页。

③ （宋）李昉：《太平广记》卷三四“崔炜”引《传奇》，《文渊阁四库全书》1043册，文渊阁四库全书影印本，第177页b。

④ （五代）刘崇远撰：《金华子》卷上，阳羡生校点，《唐五代笔记小说大观》，上海古籍出版社2000年版，第1751页。

⑤ （宋）李昉：《太平广记》卷二五七《嘲诮五》“陈癞子”引《玉堂闲话》，中华书局1961年版，第2006页。

⑥ 《分门古今类事》卷四《异兆门中》“李什名巷”引《成都记》，《影印文渊阁四库全书》1047册，台北，商务印书馆1985年版，第33页。

⑦ （唐）白居易：《白氏六帖事类集》卷二《钱六十一》。

⑧ 《汉书》二四上《食货志》。

⑨ （唐）白居易撰，朱金城笺校：《白居易集笺校》卷二七《律诗·不如来饮酒七首》，上海古籍出版社1988年版，第1900页。

⑩ （唐）李绰撰，萧逸校点：《尚书故实》，《唐五代笔记小说大观》，上海古籍出版社2000年版，第1159页。《旧唐书》载：“有胡僧惠范，家富于财宝，善事权贵，公主与之私，奏为圣善寺主，加三品，封公，殖货流于江剑。”参见（后晋）刘昫：《旧唐书》卷一八三《外戚·太平公主传》，中华书局1975年版，第4739页。延和二年七月甲子，“太平公主与仆射窦怀贞等谋逆。事觉，皇帝率兵诛之。穷其党与，太子少保薛稷、左散骑常侍贾膺福、右羽林将军李慈李钦、中书舍人李猷、中书令崔湜、尚书左丞卢藏用、太史令傅孝忠、僧惠范等皆诛之”。参见《旧唐书》卷七《睿宗纪》，中华书局1975年版，第161~162页。李绰《尚书故实》所记僧惠范赃贿，当即此事。

内典幽微,惟宗一相。大乘妙理,宁启二门。闻化度寺及福先寺三阶僧创无尽藏,每年正月四日,天下士女施钱,名为护法。称济贫弱,多肆奸欺。事非真正,即宜禁断。其藏钱,付御史台、京兆、河南府勾会知数,明为文簿,待后处分。①

民间持有一定数量货币,本属社会经济生活之必然。然古代社会宏观金融调剂手段相对有限,官府铸币投入与市场需求时常出现巨大差距。除盗铸恶钱、销钱逐利、税赋征纳等因素以外,巨额私贮成为通货紧缩,钱重物轻的另一重要因素。作为古代社会掌控财富的基本手段之一,民间私贮可谓积久成习,初唐之际,其风尚炽。长安三年(公元703年)二月,有司表请税关市,凤阁舍人崔融在《请不税关市疏》中即有"悍壮之夫,居则藏镪"②之说。景云初年(公元710年),监察御史韩琬上言:"往家藏镪积粟相夸,今匿赀示羸以相尚。"③上述论断足以证明,私贮货币是初唐百姓保有财富之常态,亦为民间富足之表彰。晚至五代,作为相沿已久之理财传统,私贮之风仍盛行不衰。《蜀梼杌》记后蜀广政中,太子太傅王处回家道殷实,"积镪比内藏三之二"④。《麈史》又云郑建中五季时徙家安陆,"赀镪巨万,城中居人多舍客也"⑤。

二、钱荒与私贮

伴随唐代经济发展,流通领域对于货币之增量需求不断提高。商品与通货比值失衡,出现了民间乏钱之"钱荒"现象。唐代钱荒成因较为复杂,其中,官方铸币匮乏是造成通货短缺,钱重物轻,以及民间私贮的根本原因。受开采数额、冶炼技术、铸币成本等客观因素制约,唐代官方通货投入数量持续不足。以开元末年(公元741年)为例,全国年铸币量仅三十二万七千余贯。据《通典》记载:

天宝中,诸州凡置九十九炉铸钱。绛州三十炉,扬、润、宣、鄂蔚各十

---

① (宋)王钦若:《册府元龟》卷一五九《帝王部·革弊》,凤凰出版社2006年版,第1774页。

② 《文苑英华》卷六九七《货殖上论不税关市疏》,《文渊阁四库全书》1339册,文渊阁四库全书影印本,第582页a。

③ (宋)欧阳修等:《新唐书》卷一一二《韩思彦子琬传》,中华书局1975年版,第4166页。

④ (宋)张唐英撰,冉旭校点:《蜀梼杌》卷下,载傅璇琮等主编:《五代史书汇编》丙编《十国史》,杭州出版社2004年版,第6095页。

⑤ (宋)王得臣:《麈史》卷下《鉴戒》,载朱易安、傅璇琮等主编:《全宋笔记》(第1编,第10册),大象出版社2008年版,第72页。

炉,益、邓、郴各五炉,洋州三炉,定州一炉。约每炉役丁匠三十人,每年除六月、七月停作,余十月作十番。每炉约用铜二万一千二百一十斤,白镴三千七百九斤,黑锡五百四十斤。约每贯钱用铜镴锡价约七百五十文,丁匠在外。每炉计铸钱三千三百贯,约一岁计铸钱三十二万七千余贯文。①

天宝年间,诸州置九十九炉铸钱,每炉计铸钱三千三百贯,年铸钱量约三十二万七千余贯。中晚唐之际,官府开发铜冶,添置钱炉,各地钱监铸钱数量有明显增长。以桂阳监为例,元和二年(公元 807 年)"置桂阳监,铸平阳铜山为钱"②。元和三年(公元 808 年)五月盐铁使李巽今请于郴州旧桂阳监置炉两所,"采铜铸钱,每日约二十贯,计一年铸成七千贯,有益于民。从之"③,此为新增钱炉铸钱数额。《元和郡县志》云:"桂阳监在(郴州)城内,每年铸钱五万贯。"④此乃元和年间桂阳监铸钱总数,约为天宝时期单炉铸钱数 15 倍有余。又如饶州鄱阳郡永平监,元和年间"每岁铸钱七千贯"⑤,亦较天宝时期单炉铸钱数翻番。

高昂成本是制约官铸增长的根本原因。⑥ 开元二十二年(公元 734 年)三月《议放私铸钱敕》明言:"顷虽官铸,所入无几;约工计本,劳费又多。公私之间,给用不赡。"⑦由于铸钱 1000 文,材料成本 750 文,另需"役丁匠三十",⑧官府铸币几无利可图。同时,受矿业自然分布地理条件所限,中国铜冶钱监多置于秦岭、淮河以南,高昂运费成为抬升铸币成本的又一负面因素。中唐之际,甚至出现本倍于

① 《通典》卷九《食货九·钱币下》,《文渊阁四库全书》603 册,文渊阁四库全书影印本,第 102 页 d。

② (宋)王溥:《唐会要》卷八七《转运盐铁总叙》,《文渊阁四库全书》607 册,文渊阁四库全书影印本,第 303 页 d。

③ 《唐会要》卷八九《泉货》。

④ (唐)李吉甫:《元和郡县图志》卷二九《江南道五·郴州》,载《中国古代地理总志丛刊》,中华书局 1983 年版,第 707 页。

⑤ 《元和郡县图志》卷二八《江南道四·饶州》。

⑥ 徐东升将铸钱成本(铸钱原料和人工费用)对铸钱量的影响进行了深入考察,认为"构成唐代铸钱成本主体的铸钱原料和人工费用呈现出升高的趋势,整个铸钱成本自然也会升高。虽然赢利不是铸钱的唯一目的,但当铸钱成本超过所得,铸钱越多赔本越多的时候,铸钱量自然受到影响"。同时,铸钱成本对于钱监设置也有直接影响,"唐代铸钱所在地附近必然产铜。这样做的目的是为了降低成本,显然,铸钱成本对钱监的分布起了决定性的作用"。参见徐东升:《唐代铸钱散论》,载《中国经济史研究》2007 年第 2 期。

⑦ (唐)张九龄著,熊飞点校:《张九龄集》卷七《敕议放私铸钱》,中华书局 2005 年版,第 499 ~ 500 页。

⑧ 《新唐书》卷五四《食货四》。

利的尴尬局面。建中元年(公元780年)九月,户部侍郎韩洄奏曰:"江淮钱监,岁共铸钱四万五千贯,输于京师。度工用转送之费,每贯计钱二千,是本倍利也。"①至文宗末年,全国铸币数额大幅锐减。据《新志》记载,大和八年(公元834年)"天下岁铸钱不及十万缗"②,新铸钱数约为天宝时期三分之一。终唐一代,由于官府始终无法在降低铸币成本方面取得根本突破,故铸币投入重量时常呈现乏力态势。

民间私贮又是促成唐代钱荒的重要因素。唐代民间持有十万贯家赀,在当时即属豪富。《幽闲鼓吹》记张延赏断狱,有"钱至十万,可通神矣"③之叹。相较之下,巨贾官僚掌控财富数额相当惊人。开元二十二年(公元734年)三月,"没京兆商人任令方资财六十余万贯"④。按照前述开元末期年铸钱三十二万七千贯计算,任令方私人掌握现钱数量接近国家两年铸币总和。中唐以后,社会财富继续向权贵富豪阶层积聚。大历初年,路嗣恭诛杀广州商户,"前后没其家财宝数百万贯,尽入私室,不以贡献"⑤。据《玉泉子》记载,昭宗时期,定州巨富王酒胡"纳钱三十万贯,助修朱雀门"⑥。上述资财虽尽非现钱,但民间资财分布状态,亦由此可见一斑。巨额现钱长期藏于民间,此与官钱不足、铜钱外流、销钱铸器等不利因素相互作用,"钱荒"爆发已成必然之势。

德宗朝推行两税改革,百姓以钱纳税,加速市面通货积聚速度,长吏、节将更"有藏镪滞帛以贻子孙者"⑦。钱重物轻,诱使大量铸币滞于民间,久藏不出,造成通货匮乏,轻重失衡。原本奇缺的通货更显匮乏,最终对唐代自然经济的主体地位构成严重冲击。关于两税改制对民间私贮的影响,元和十五年(公元820年)李翱《疏改税法》有精辟论证:

> 臣以为自建中元年初定两税,至今四十年矣……推本弊,乃钱重而督之于百姓之所生也。钱者官司所铸,粟帛者农之所出,今乃使农人贱卖粟帛,易钱入官,是岂非颠倒而取其无者耶?由是豪家大商,皆多积钱

---

① 《册府元龟》卷五〇一《邦计部·钱币第三》。

② 《新唐书》卷五四《食货四》。

③ 张固撰,恒鹤校点:《幽闲鼓吹》,《唐五代笔记小说大观》,上海古籍出版社2000年版,第1454页。

④ 《旧唐书》卷八《玄宗纪上》。

⑤ 《旧唐书》卷一二二《路嗣恭传》。

⑥ (唐)阙名撰,阳羡生校点:《玉泉子》,《唐五代笔记小说大观》,上海古籍出版社2000年版,第1441页。

⑦ (唐)元稹著,冀勤点校:《元稹集》卷三四《表状·钱货议状》,中华书局1982年版,第396页。

以逐轻重,故农人日困,末业日增,一年水旱,百姓菜色,家无满岁之食,况有三年之蓄乎?百姓无三年之积,而望太平之兴,亦未可也。①

可见,唐代“钱荒”与私贮互为因果,相互为用:钱货日重,谷帛价贱,豪民囤积求利,民间私贮遂盛;藏镪不出,市易阻滞,钱荒因此渐成痼疾。钱越少,民越藏;民越藏,钱越荒。因此,钱荒是刺激私贮的重要因素,私贮盛行使钱荒问题更加严峻,并直接促成唐代钱货立法之重要转向。

三、私贮之法禁

钱曰“泉布”,贵在流通。《周礼·外府》郑注:“布,泉也。其藏曰泉,其行曰布。取名于水泉,其流行无不徧。”②《礼记·檀弓》郑注又曰:“古者谓钱为泉布,所以通布货财。”③民间私贮积累至一定程度,势必对金融秩序、经济安全,乃至政治架构产生深刻影响。唐代对于私贮问题的法律调整,主要集中于政策分析、鼓励流通和限制私贮三大领域。

(一)政策研判

限制私贮政策是抑商传统在社会财富分配领域的直接表现,西汉“兴改币之制,立告缗之条,所以权蓄贾而防大奸也”④。玄宗先天至开元时期,货币立法在致力于恶钱治理的同时,已开始关注私贮问题,因恶钱与私贮综合作用引发的物价波动问题已初现端倪。先天元年(公元712年)九月二十七日,谏议大夫杨虚受针对恶钱滥行与藏镪不出问题,进呈上《请禁恶钱疏》:

伏见市井用钱,不胜滥恶,有加铁锡,即非公铸,亏损正道,夷乱平人。城外此钱,并不任用。中京且犹若是,远郡夫何以堪。《易》曰:“何以聚人?曰财。”故交易而退,各得其所。《诗》曰:“京邑翼翼,四方是则。”国家优尚宽典,吏人慢法。铜锡乱杂,伪钱转多,政刑渐失于科条,明罚未加于守长。有殊禁,人为非矣。日中为市,聚天下之货,而钱无准的,物价腾踊,干没相乘,盈虚失度,又非各得其所矣。帝京三市,人杂五

① (清)纪昀等:《李文公集》卷九《表疏七首》,《文渊阁四库全书》1078册,文渊阁四库全书影印本,第146页b。

② (汉)郑玄:《周礼注疏》卷六《秋官·外府》,《文渊阁四库全书》90册,文渊阁四库全书影印本,119页a。

③ 《礼记正义》卷八《檀弓上第三》。

④ 《册府元龟》卷五〇一《邦计部·钱币第三》。

方,淫巧竞驰,侈伪成俗。至于商贾积滞,富豪藏镪;兼并之家,岁增储蓄;贫素之士,日有空虚。公钱未益于时须,禁法不当于代要,四方无所取则矣。夫作法于凉,其弊犹贪。容奸于非,弊将若之何?其恶钱,臣望官为博取,纳铸钱州,京城并以好钱为用。①

民间藏镪传统由来已久,杨虚受奏疏意对"私铸"与"私贮"迭相为患的判断,并未引起当局足够重视。《册府元龟》曰:"书奏,付中书门下详议,以为扰政,不行。"与此同时,杨虚受也并未就私贮问题提供任何破解之策。唐代首次对私贮问题的法律规制,可溯至开元十七年(公元729年)八月辛巳《禁铸造铜器诏》:

古者作钱,以通有无之乡,以平小大之价,以全服用之物,以济单贫之资。钱之所利,人之所急。然丝布财谷,四民为本。若本贱末贵,则人弃贱而务贵。故有盗铸者冒严刑而不悔,藏镪者非倍息而不出。今天下泉货益少,币帛颇轻。欲使天下流通,焉可得也。且铜者馁不可食,寒不可衣,既不堪于器用,又不同于宝物,唯以铸钱,使其流布。宜令所在加铸,委按察使申明格文,禁断私卖铜锡。仍禁造铜器,所在采铜锡铅,官为市取,勿抑其价,务利于人。

显然,开元中期,"私铸"与"私贮"仍是困扰唐代金融的两大痼疾。开元十七年(公元729年)诏之核心内容在于强调源头治理,通过控制铜锡交易、遏制私造铜器等。籍此保障官方铸钱原料供给,增加官铸物资保障,其意义主要在于防止民间私铸犯罪肆意蔓延。而对于私贮问题,却仍未提出具体应对措施。其实,《禁铸造铜器诏》的上述做法,恰是正确认识私贮问题本质属性的重要表现。安史之乱后,鉴于豪富藏镪有增无减,遏制私贮之政策分析仍在继续。贞元十年(公元794年),陆贽《请两税以布帛为额不计钱数奏》曾对官府通货之控制职能及货币积聚之危害由精辟论断:

乃物之贵贱,系于钱之多少;钱之多少,在于官之盈缩。官失其守,反求于人,人不得铸钱,而限令供税,是使贫者破产,而假资于富有之室,富者蓄货,而窃行于轻重之权。下困齐人,上亏利柄,今之所病,谅在于斯。②

---

① 《册府元龟》卷五〇一《邦计部·钱币第三》。

② (唐)陆贽:《陆贽集》卷二二《中书奏议六》,中华书局2006年版,第737~751页。

民间藏镪本身是社会财富积累和积聚的必然产物，若豪民富贾利用巨额现钱控制物价，渔利百姓，官府自当采取措施予以惩禁。但是，对于百姓持币过限之原因和影响，不可一概而论，更不应采取强制或胁迫措施。归根结底，官府应在充盈通货和平抑物价方面有所作为，通过振兴财政，延揽民心，从而根本控制民间私贮问题的恶化。

（二）鼓励流通

"钱是通流之货，居之则物以腾踊。"①民间私贮已对社会经济发展构成严重威胁，以至官府被迫对此予以规制。唐代私贮之禁创始于元和三年（公元808年）六月，宪宗发布《条贯钱货及禁采银敕》，督促商贾"蓄钱者，皆出以市货"②，借此促进资金融通。此敕立限一年，鼓励富户豪强出钱易货：

> 泉货之法，义在通流。若钱有所壅，货当益贱。故藏钱者得乘人之急，居货者必损己之资。今欲着钱令以出滞藏，加鼓铸以资流布，使商旅知禁，农桑获安，义切救时，情非欲利。若革之无渐，恐人或相惊。应天下商贾先蓄见钱者，委所在长吏，令收市货物，官中不得辄有程限，逼迫商人，任其货易，以求便利。计周岁之后，此法遍行，朕当别立新规，设蓄钱之禁。所以先有告示，许其方圆，意在他时行法不贷。③

唐代官方资金融通方式的相对落后，亦是促使民间资本壅滞的重要因素。民间重视现钱交易，官府却长期禁止行用"便换"。元和六年（公元811年）二月二十八日《赈恤百姓德音》仍强调"茶商等公私便换见钱，并须禁断"。④ 元和七年（公元812年）五月，兵部尚书、判户部事王绍，户部侍郎、判度支卢坦，盐铁使王播等奏：允许商人于"三司"兑现。同时，禁止诸司诸使巨额收贮现钱：

> "伏以京都时用，多重见钱，官中支计，近日殊少。盖缘比来不许商人便换，因兹家有滞藏，所以物价转轻，钱多不出。臣等今商量，伏请许令商人于户部、度支、盐铁三司，任便换见钱，一切依旧禁约。伏以比来诸司诸使等，或有便商人钱，多留城中，逐时收贮，积藏私室，无复通流。

① 《李相国论事集》卷四《论内库钱帛》，《文渊阁四库全书》446册，台北，台湾商务印书馆股份有限公司1982年版，第231页。

② 《新唐书》卷五四《食货四》。

③ 《唐会要》卷八九《泉货》。

④ 《文苑英华》卷四三五《货殖上论不税关市疏》。

伏请自今已后,严加禁约。”从之。①

唐代“便换”和“飞钱”属商业汇票性质,是商品经济发展之必然产物。更是“在钱币短缺,而政府又想掌握一定数量的钱币以控制市场的情况下的产物”②。《因话录》云:“有士鬻产于外,得钱数百缗,惧川途之难赍也,祈所知纳于公藏,而持牒以归,世所谓便换者,置之衣囊。”③《新志》云:“时商贾至京师,委钱诸道进奏院及诸军、诸使,富家以轻装趋四方,合券乃取之,号‘飞钱’。”④“便换”依托商业信用异地兑付,既可克服地理环境客观限制,降低资金流转成本;又可摆脱地方势力人为干预,规避金融政策风险。此为商品经济发展条件下,资金融通便捷化之必然趋势,亦对缓解现钱滞留具有重要作用。元和时期采取的出钱易货和开禁便换等鼓励措施,一定程度缓解了因私贮、阻滞引发的资金短缺问题。但是,晚唐对于“便换”的态度时有反复,据长庆元年(公元821年)正月三日《南郊改元赦文》记载:“其公私便换钱物,先已禁断,宜委京兆府及御史台切加觉察。”上述规定显然是唐代金融政策之严重倒退。

钱帛兼行是唐代弥补通货短缺的又一举措,却无法有效缓解现钱短缺问题。唐代秉承“布帛为本,钱刀是末”⑤理念,绢帛作为唐代通货之本,亦是大宗交易之主要支付手段。但由于粟帛在储存、运输、估价方面存在先天缺陷,伴随商品经济发展,铜钱逐步承担主要流通职能。自开元晚期,“钱货兼行”原则仍在历次诏令中得以反复重申。开元二十年(公元732年)九月二十九日《令钱货兼用制》规定:“绫罗绢布杂货等,交易皆合通用。如关市肆,必须见钱,深非道理。自今以后,与钱货兼用,违者准法罪之。”⑥开元二十二年(公元734年)十月六日《命钱物兼用敕》又曰:“自今以后,所有庄宅、口马交易,并先用绢布、绫罗、丝纬等,其余市价至一千以上,亦令钱物兼用,违者科罪。”⑦安史乱后,钱帛兼行原则更为朝廷所重。贞元二十年(公元804年)“命市井交易,以绫、罗、绢、布、杂货与钱兼用。”⑧元和六年(公元811年)二月二十八日《赈恤百姓德音》放宽交易额度,要求

① 《唐会要》卷八九《泉货》。

② 张剑光:《对唐代便换的几点新认识》,载《中国钱币》1992年第3期。

③ (唐)赵璘:《因话录》卷六《羽部》,上海古籍出版社1979年版,第112页。

④ 《新唐书》卷五四《食货四》。

⑤ 《唐会要》卷八九《泉货》。

⑥ 《通典》卷九《食货九·钱币下》。

⑦ 《唐会要》卷八九《泉货》。

⑧ 《新唐书》卷五四《食货四》。

"交易十贯钱已上,即须兼用疋段,委度支盐铁使及京兆尹即具作分数,条流闻奏。"①大和四年(公元830年)敕:"凡交易百缗以上者,匹帛米粟居半。河南府、扬州、江陵府以都会之剧,约束如京师。"②从官府不断发布的限制私贮和收市布帛诏敕不难看出,铜钱交易在商品流通领域所占份额呈现不断攀升趋势,继续将绢帛作为主要流通手段已明显不合时宜。

(三)严控私贮

按照元和三年(公元808年)六月敕精神,商人出钱易物,以一年为限。设立私贮禁令的下限,应在元和四年(公元809年)。当时或因蓄钱渐出,通货紧缩局面暂时缓和。直至元和十二年(公元817年)正月,官府方才正式设立私贮禁令:私人持有货币,以五千贯为限:"富家藏钱过五千贯者死,王公重贬,没入于官,以五分之一赏告者。"③《唐会要》对此有详尽记载:

> 近日布帛转轻,见钱渐少,皆缘所在壅塞,不得通流。宜令京城内自文武官僚,不问品秩高下,并公、郡、县主、中使等,下至士庶商旅等,寺观坊市,所有私贮见钱,并不得过五千贯。如有过此,许从敕出后,限一月内任将别物收贮。如钱数较多,处置未了,其任便于限内于地界州县陈状,更请限。纵有此色,亦不得过两月。若一家内别有宅舍店铺等,所贮钱并须计同此数。其兄弟本来异居曾经分析者,不在此限。如限满后有违犯者,白身人等,宜付所司,痛杖一顿处死;其文武官及公主等,并委有司闻奏,当重科贬;戚属中使,亦具名衔闻奏。其剩贮钱不限多少,并勒纳官。数内五分取一分充赏钱数,其赏钱止于五千贯。此外察获,及有人论告,亦重科处,并量给告者。④

《禁私贮见钱敕》明确规定了私贮限额、出钱时限、私贮罚则、举告赏额等。但此敕发布的背景,与方镇积钱和军司干预直接关联。《唐会要》云:"京师里闾区肆所积,多方镇钱,如王锷、韩弘、李惟简,少者不下五十万贯。于是竞买第屋,以变其钱,多者竟里巷佣僦,以归其直。而高赀大贾者,多依倚左右军官钱为名,府县不得穷验。"⑤《唐会要》专门提及王锷、韩弘、李惟简三人,皆称雄于藩镇,因

① 《文苑英华》卷四三五《货殖上论不税关市疏》。
② 《新唐书》卷五四《食货四》。
③ 同上。
④ 《唐会要》卷八九《泉货》。
⑤ 同上。

敛财而闻名。岭南节度使王锷借掌控榷利、外贸之便,“家财富于公藏”[①]。元和初年,累纳进奉、厚赂中贵,元和五年(公元810年),“锷自见居财多,且惧谤,纳钱二千万”[②],足见其私贮之富。《唐国史补》又曰:

> 王锷累任大镇,财货山积,有旧客诫锷以积而能散之义。后数日,客复见锷,锷曰:“前所见教,诚如公言,已大散矣!”客曰:“请问其目。”锷曰:“诸男各与万贯,女婿各与千贯矣!”[③]

宣武军节度使韩弘储钱巨万,据《旧传》记载,其“有私钱百万贯、粟三百万斛、马七千匹,兵械称是,专务聚财积粟”[④]。韩愈撰《司徒兼待中中书令许国公赠太尉神道碑铭》对韩弘私贮现钱之鉅有详尽记载:

> 师道之诛……献马三千匹,绢五十万匹,他锦纨绮缬又三万,金银器千;而汴之库厩,钱以贯数者尚余百万,绢亦合百余万匹,马七千,粮三百万斛,兵械多至不可数。[⑤]

李惟简乃成德节度使李宝臣第三子,德宗朝因奔赴奉天,从幸山南,“得‘元从功臣’之号。封武安郡王”[⑥]。元和六年(公元811年)五月,检校户部尚书,凤翔尹,陇右节度使。元和十三年(公元818年)五月乙酉卒于任上。李惟简于凤翔任职七载,“市耕牛佃具给农,岁增垦数十万亩”[⑦]。《凤翔陇州节度使李公墓志铭》云:

---

① 《旧唐书》卷一五一《王锷传》。

② 《新唐书》卷一七〇《王锷传》,第5170页。王锷所进家财数额,文献记载略异。《李相国论事集》载:“是时锷自顾年老,恐积财生谤,遂上表进家财二十万贯。”参见(唐)李绛:《李相国论事集》卷五《论王锷加平章事》,商务印书馆1939年版,第33页。《资治通鉴》载:“进家财三十万缗,上复欲加锷平章事。”参见(宋)司马光:《资治通鉴》卷二三八“宪宗元和五年十一月”,中华书局1956年版,第7681页。今从《新唐书》。

③ (唐)李肇:《唐国史补》(卷中),上海古籍出版社1979年版,第43页。

④ 《旧唐书》卷一五六《韩弘传》。

⑤ (唐)韩愈,马其昶校注:《韩昌黎文集》卷七《碑志九》,上海古籍出版社1986年版,第506~507页。

⑥ 《旧唐书》卷一四二《李宝臣子惟简传》。

⑦ 《新唐书》卷二一一《藩镇镇冀·李宝臣附惟简传》。

> 公以为国家于夷狄当用长算,边将当承上旨,谨条教,蓄财穀,完吏农力以俟;不宜规小利,起事盗恩禁;不得妄入其地。益市耕牛铸镈钐鉏斸,以给农之不能自具者;丁壮兴励,岁增田数十万亩。连八岁,五种俱熟,公私有余。贩者负入褒斜,船循渭而下,首尾相继不绝。①

李惟简经营凤翔多年,公私皆利,蓄藏丰足。其私贮当不载少数。《唐会要》言方镇积钱"少者不下五十万贯",或惟简欤?显然,藩镇聚敛是促使唐代钱荒的又一重要原因。元和十二年(公元817年)《禁私贮见钱敕》难于有效实施,亦无法对藩镇、军司贮藏现钱进行有效调整。限制私贮政策在文宗朝得以继续推行。大和四年(公元830年)十一月《纠告私贮蓄积现钱敕》在大幅提高私贮上限的基础上(七千贯),将民间持有货币数额划分为两档(一万贯至十万贯、十万贯至二十万贯),分别设定出钱期限(一年、二年)。举告赏格则基本援用元和十二年(公元817年)敕旧例:

> 应私贮见钱家,除合贮数外,一万贯至十万贯,限一周年内处置毕;十万贯至二十万贯以下者,限二周年处置毕。如有不守期限,安然蓄积,过本限,即任人纠告,及所由觉察,其所犯家钱,并准元和十二年敕纳官。据数五分取一分,充赏纠告人赏钱,数止于五千贯。应犯钱法人色目决断科贬,并准元和十二年敕处分。其所由觉察,亦量赏一半。②

唐代私贮传统在五代时期仍具有相当影响,据同光二年(公元924年)二月已巳《南郊赦文》:"宜令所司,散下州府,常须检校,不得令富室分外贮见钱。"③对于此处分外贮钱之理解,或可参照大和四年(公元830年)七千贯之限。

富户藏钱、积习难除。元和十二年(公元817年)敕和大和四年(公元830年)敕是以法令形式限制私贮的典型代表,却先后遭遇"法竟不行"④甚至"未几皆罢"⑤之尴尬境遇。同样,同光二年(公元924年)诏令的实施状况亦大可怀疑。归根结底,限制私贮法令与货币基本职能相悖。对此,马端临曾如此评价元和十二年(公元817年)私贮之禁:

---

① 《韩昌黎文集》卷七《碑志九》。

② 《唐会要》卷八九《泉货》。

③ 《册府元龟》卷五〇一《邦计部·钱币第三》。

④ 《唐会要》卷八九《泉货》。

⑤ 《新唐书》卷五四《食货四》。

> 今以钱重物轻之故,立蓄钱之限。然钱重物轻,正藏镪逐利者之所乐闻也。人弃我取,谁无是心。正不必设法禁以驱之,徒开告讦之门,而重为烦扰耳。①

元稹认为,各地法令贯彻不利,也是促成积钱不出的原因之一。元和十五年(公元820年)正月,元稹《钱货议状》奏曰:"钱帛不兼于卖鬻,积钱不出于墙垣,欺滥遍行于市井,亦未闻鞭一夫,黜一吏,赏一告讦,坏一蓄藏。岂法不便于时耶?盖行之不至也。"②其实,所谓官吏执法懈怠乃皮相之谈,盖因藏钱者非富即贵,加之中晚唐藩镇强悍,积弊难除;富户因求自保,则挂名军籍,托名庇护,长吏实束手无策。元和十二年(公元817年)限制私贮,"京师区肆所积,皆方镇钱……然富贾倚左右神策军官钱为名,府县不敢劾问"③。《新唐书·兵制》云:"夫所谓天子禁军者,南、北衙兵也。南衙,诸卫兵是也;北衙者,禁军也。"④诸军之中,左右神策军曾抵御安禄山反叛和吐蕃入寇,"外入赴难,国家遂以倚重"⑤,故而最为骄横。以后又因宦官担任左、右神策军护军中尉,其势更居诸军之上。⑥ 由此,受中晚唐王室衰微、藩镇割据、禁军干政、钱重物轻等因素综合影响,财富向特定阶层和区域的迅速集聚,已成不可扭转之必然趋势,钱荒成为唐代甚至五代、两宋时期难以破解之死结,后世交子、会子、纸钞、白银等其他通货逐步取代铜钱,已成社会经济发展之必然。

时至今日,合法持有大量货币已不再为律法所禁,但唐代因融资理财方式短缺所进行的限制私贮立法,以及由此引发的社会波动却值得深思。法律是客观反映特定历史阶段经济发展水平的上层建筑,立法规划与法律创制只有顺应经济规律的客观要求,才可能与社会进步相得益彰,并从根本上保障政策调整与经济发展的高度契合。

(作者单位:西北政法大学)

---

① (宋元)马端临:《文献通考》卷八《钱币考一·历代钱币之制》,《文渊阁四库全书》610册,文渊阁四库全书影印本,第187页c。

② 《元稹集》卷三四《表状·钱货议状》。

③ 《新唐书》卷五四《食货四》。

④ 《新唐书》卷五〇《兵志》。

⑤ 《文献通考》卷一五五《兵考七·禁卫兵》。

⑥ 陈玺:《军司审判权能对中晚唐司法的影响》,载《社会科学辑刊》2009年第5期。

情理法：南宋地方官的司法实践

——以范应铃为例的讨论

顾　浩

一、前言

在传统观念中，中国基层社会的长期道德教化，使"无讼"成为社会的常态，而打官司反而成为无可调解时的被迫性行为。① 传统"父母官"在公堂上的司法行为或多或少也带有伦理道德审判的色彩，于是，在乡土社会的礼治秩序中，司法官员对于情理法的运用一般被视为中国司法文化的特殊现象。对此，学术史上曾有不同角度的讨论，其中尤以黄宗智先生与滋贺秀三先生的情理法之争最为典型。黄宗智先生强调法理因素，并以诉讼案件档案为据，提出中国传统的法官大都"坐庭判案"，作为"一个庞大复杂官僚机构的底层分子，为自己的官僚前途，最安全妥当的办案方法，是按律例规章行事"②，因此

---

① 费孝通：《乡土中国》，人民出版社2008年版，第66页。

② 黄宗智：《清代的法律、社会与文化：民法的表达与实践》，上海书店出版社2001年版，第5页。黄宗智先生在该文章中亦阐述了自己与滋贺秀三先生之分析方法差异，从根本上讲，黄宗智和滋贺秀三的情理和法理之争的争论焦点就在于双方对何谓"情"，何为"理"各自解释都不同。黄宗智认为，情是"实情"而非"人情"，理是"道理"而非"天理"，因此，实情、道理、法律三者之中，法律地位最高。滋贺秀三认为，情就是现实存在的人情，理就是天理，法律是依据情理而定的。笔者认为，滋贺的说法太过夸大情理的不确定性，太过绝对；而黄宗智把法律只定为律例，也太过狭隘。因此笔者在下文的论述中，试图兼顾融合情理法三者中较为合理的部分。

公堂之上必须依法办案。日本学者滋贺秀三则强调情理,并以清代司法为例,归纳出中国民事审判的原型是"父母官型诉讼",提出所谓"教谕的调停",即"国家的法律是部分情理的实定化",而司法不过是行政中的一环而已。① 在此之外,另有部分学者较为强调情理法的融合与协调,例如瞿同祖从儒家与法家从对立走向融合的历史趋势中,总结出情理法的内在统一性和"中国法律儒家化"的进程。②又如赵晓耕则强调文化传统与法律变迁的关系,并认为情理法三者的和谐才是中国传统法律文化的"价值目标和最高理想"③。以上研究对于中国法制史提供了一种鸟瞰式的论述,颇有启发性,而具体到南宋时期仍有待进一步地深入探讨。

南宋司法具有特殊的研究价值,情、理、法三者都得到了前所未有的强调。南宋名公真德秀曾评价本朝司法说:"公事在官,是非有理,轻重有法,不可以己私而拂公理,亦不可瓦公法以徇人情。……以轻为重,以重为轻,则违乎国法!……故愿同僚以公心持公道,而不汨于私情,庶几枉直适宜,而无冤抑不平,此所谓当勉者二也。"④情的方面,盖由历代法治之固有矛盾继承而来,又因南宋商品经济与私有财产的合法化而趋向复杂。理的方面,儒学自汉初董生以来经学者不断地修正与解释,至南宋终于形成注重道德修养以及"尊德性之学"⑤的理学体系。法的方面,有《宋刑统》与诸多律章借鉴了《唐律疏议》框架与现实的社会矛盾,形成了繁复的法律体系,这一点在后文亦将详解,因此一位佚名法官在处理立继案件的判词中指出,"命继有正条,有司惟知守法,而族属参之以情,必情法两尽,然后存亡各得其所","合其族党,求折衷而为一说者,盖欲情法之两尽","庶几觊觎之望塞,争竞之心息,人情、法理两得其平,而词诉可绝矣"⑥,这也从侧面揭示了试图此种矛盾之心。受黄与滋贺二者的影响,情理法之争在南宋法制史学界曾多有讨论,重视法治者,如郭东旭认为宋代法治观念中存在一种文明精神,即"法为治

① [日]滋贺秀三:《清代中国の法と裁判》,(东京)创文社1984年版。此外,南宋孝宗进士叶适亦曾评论说:"长民者示之以意,其次为条教,其次号令之,最下者挞罚,胁之意难从久矣。"可见在当时,刑罚被视为最等而下之的手段,道德和人情的感化基本是司法者的最佳选择。参见(宋)叶适:《水心先生文集》卷九《绩溪县新开塘记》,影印乌程刘氏藏明正统本,台北,台湾商务印书馆股份有限公司1979年版,第114页。另有霍存福将情理法视为中国法文化的文化性状,详尽地叙述了情理在传统立法和司法中的体现。可参见霍存福:《中国传统法文化的文化性状与文化追寻》,载《法制与社会发展》2001年第3期。

② 瞿同祖:《中国法律与中国社会》,中华书局1981年版。

③ 赵晓耕主编:《观念与制度——中国传统文化下的法律变迁》,湘潭大学出版社2012年版。

④ 《名公书判清明集》卷一《官吏门·申儆》真德秀"谕州县官僚",中华书局1987年版,第5页。

⑤ 余英时:《清代思想史的一个新解释》,载《历史与思想》,台北,联经出版社1976年版,第126~131页。

⑥ 《名公书判清明集》卷八《户婚门·立继类》,拟笔"命继与立继不同"及"再判",第265页。

本"的法治思想和"以法为公"的公法理念,在此基础上也会兼顾"以人为本"、同情弱者的法律意识。[①] 重视情理者,如张利认为南宋法官以"义理决狱",以儒家的伦理道德作为司法审判的标准,以调解为手段,以宁人息讼为目的,贯穿着道德规范和人情教化。[②] 然而,尽管研究相同的课题,使用相同的史料,学术界对于宋代乃至中国传统司法中的情理法冲突仍会有如此大相径庭的主张,笔者认为这很大程度上是因为他们忽视了对于特定个案的综合研究。

宋代法学被誉为"中国古代法学的成熟甚至高峰期"[③],中央政府给予法律建设相当的重视,宋太祖在建国之初即下诏言:"王者禁人为非,莫先于法令。"[④]士大夫蔡襄云:"法者,天下大公之本也。"[⑤]但是,即使面对同样的法律文献和同类性质的案件,不同的法官之"用法"多有所不同,从中我们既可以看到时代精神在法官身上的反映,也应注意他们作为历史主体的的特殊性。一方面,南宋法官的判决受到当时的客观条件和特定环境的制约,反映出那个时代的普遍价值倾向,在南宋中后期,这种价值倾向包括理学的道德意识、传统的礼序观念以及法律体系的日益完善乃至芜杂等。[⑥] 另一方面,我们不能忽视法官通过具体判决所表达的个体生命价值,[⑦]要研究司法活动,必须重视法官在司法运作机制中的个人经验,在特定时期和特定场所,法官就是穿着法袍的立法者。南宋的百姓并没有精

---

① 郭东旭、王晓龙:《宋代法律文明研究》,人民出版社2016年版。又如佐立治人,认为宋代判词集合《名公书判清明集》中的民事裁判是依据法律对当事人主张的是非对错进行二选一的判定,而非在情理基础上的教谕式的调停,且以人情凌驾法律的例子为数有限。参见[日]佐立治人:《〈清明集〉的"法意"与"人情"——由诉讼当事人进行法律解释的痕迹》;杨一凡编:《中国法制史考证》丙编第三卷《日本学者考证中国法制史重要成果选择》宋辽金元卷,中国社会科学出版社2003年版,第438~478页。

② 张利:《"义理决狱"探析——以〈名公书判清明集〉为主要论据》,载《河北学刊》2006年第2期。此外亦有王志强等,主张南宋司法的指导思想为兼顾情理法、从轻处刑、重视伦常和追求无讼等。另参见王志强:《〈名公书判清明集法律〉思想初探》,载《法学研究》1997年第5期。

③ 柳立言:《青天窗外无青天:胡颖与宋季司法》,载《中国史新论·法律史分册》,台北,联经出版公司2008年版,第235页。

④ 《宋大诏令集》卷二〇〇《政事·刑法上》,"改私盗赃计钱诏",中华书局1962年版,第739页。

⑤ 《历代名臣奏议》卷二一八《赦宥》,上海古籍出版社1989年版,第2866页。

⑥ 昆廷·斯金纳认为,我们在进行历史研究时,需要"将我们所要研究的文本放在一种思想的语境和话语的框架中,以便于我们识别那些文本的作者在写作这些文本时想做什么,用较为流行的话说,我们强调文本的言语行为并将之放在语境中来考察"。参见李宏图:《语境·概念·修辞——昆廷·斯金纳与思想史研究》,载《世界历史》2005年第4期。

⑦ 现实主义法学派霍姆斯认为,"法律的生命不是逻辑,而是经验"(The life of the law has not been logic:it has been experience),这种经验"既包括历史经验,又包括社会经验"。参见徐爱国:《霍姆斯〈法律的道路〉诠释》,载《中外法学》1997年第4期。另外,由于法学实用主义者强调法律史和法哲学的重要性,他们的观点对中外传统社会有很强的适用性。

力去阅读浩繁的法律典籍,也无心琢磨朝廷的立法制度和“皇帝诏曰”的本意,这就意味着法律工作者已经具备相当的专门性和职业性。除了瓦舍戏台和一般经验,百姓们对司法的基本印象的重要来源是法官真实鲜活的司法判决。他们也许“甚至简单地认为,好的法官代表好的法律,而不深究他有没有依法行事”①。由此看来,作为连接顶端政府“立法”和底层百姓“守法”的关键枢纽,法官所扮演的角色非常关键。因此,研究南宋的情理法问题的关键为如何选择适合的法官作为研究的切入点。②

本文摭拾范应铃作为研究对象,因为范应铃是南宋地方司法官员的典型代表,他身上具有这些时代精神和丰富经历外,还有重视法理、依法判案,同情弱者、宽人恤刑,重视伦理、情法结合,视恶如仇、惩贪治吏等优秀品质。范应铃的主要活跃时间在宋宁宗嘉定十一年(公元1218年)前后,曾历任湘、赣、鄂、桂州县官员,后累官至大理寺少卿,其司法实践经验较为丰富。他的同乡徐鹿卿曾对其给予了极高的评价:“应铃经术似儿宽,决狱似隽不疑,治民似龚遂,风采似范滂,理财似刘晏,而正大过之。”③《名公书判清明集》收录有不少关于范应铃的判词。学术界对范应铃的法律思想虽也有过讨论④,但对于他的司法实践尚缺乏足够的关注,有待进一步探讨。本文拟以范应铃为例,探讨南宋地方官在司法实践中如何应对情、理、法关系。

二、原情

宋人所谓“原情定罪”,是指官员在定罪之前,必须首先调查清楚事实,了解案件的原本实情,同时兼顾人情世故,甚至要像现代欧美法系一样,充分阅读以往的案牍记录。“法一定而不易,情万变而不同,设法防奸,原情定罪,必欲当其实而已”⑤,因此所谓“情”,既可指案件发生来龙去脉之“实情”,又可指案件中所反映

---

① 柳立言:《青天窗外无青天:胡颖与宋季司法》,载《中国史新论·法律史分册》,台北,联经出版公司2008年版,第235页。

② 笔者认为,合适的法官研究对象应当体现一时代精神与一时代之种种特殊点,如比较法学者格伦顿所说:“当马克斯·韦伯将其注意力转向世界法系的研究时,他看到每一法系的形成都曾决定性地受一批特定的领头人物的影响,他把这些人称为‘法律名流’。”另参见张利:《“义理决狱”探析——以〈名公书判清明集〉为主要论据》,载《河北学刊》2006年第2期。

③ (元)脱脱:《宋史》卷四一〇《范应铃传》,上海古籍出版社1986年版,第1398页。

④ 李倩文:《南宋范应铃法律思想探析——以〈名公书判清明集〉为中心》,载《河北北方学院学报》2016年第1期。

⑤ (宋)李心传编:《建炎以来系年要录》卷一五三,“绍兴十五年五月庚申”条,中华书局2013年版,第2898页。

的“人情”,但绝非根据司法官员的主观意识决案的“私情”。“原情”是传统中国的亲民州县官判决民讼的基础。宋高宗赵构有云:“原情以观法。”①南宋理学家黄干有云:“听讼之道固当执法,亦当原情。”②由此可见,原情定罪作为传统的判断原则之一,已经成为中央和地方的普遍共识。这种原则更因宋诏令的明文规定而具有国家强制力的保证,《宋大诏令集》有“原情定罪,邦有常刑”及“原情定罪,有国之通规”③等语,认为审判必须查明事实清楚后才能决断,“愚民有犯到官,必须因事察情”,若有“好任私意,肆为异说”者,则可能因“闇于听讼,短于治剧”而被“放罢”④。从《清明集》判词内容中可见,名公范应铃自己曾明确承认和赞许朝廷“原情定罪”的法律原则:“祖宗立法,参之情理,无不曲尽。傥拂乎情,违乎理,不可以为法于后世矣。”⑤名公的判词虽然繁简不一,但都贯彻了这一条基本原则。正如明人在整理《清明集》的《叙》中所说:“皆宋以来名公审判,其原情定罚,可谓曲尽矣。顾其始末,不著作者姓氏,其详不可考,然益足见古人用法权衡,真锱必慎哉!”⑥

重视“实情”除了法制精神的要求,亦由客观环境所决定。南宋虽然偏安一隅,但人口众多,且辖下地区往往彼此风俗相差极大,因为地形较为闭塞和受北方中原文化影响较少,而保留了大量与儒家传统道德信仰迥异的地方习俗。这样就需要法官充分了解地方民风才能了解案件发生的来龙去脉。宋高宗谓:“朕昔为元帅时,见州县官员,在官者,以三年为一任,一年立威信,二年守规矩,三年则务收人情,以为去计。今止以二年为任,虽有葺治之心,亦无暇矣,可如所奏。”⑦正是为了使地方官员了解当地民情,宋高宗在后来恢复了三年为一任的任官制度。范应铃曾长期担任地方长官,仕途遍布湘、鄂、赣、桂等多地,这些地区相对偏远,民风剽悍,“未蒙开化”,与传统正统思想不尽相同,如果对辖下地区的民间信仰一无所知,生搬硬套传统儒家道理,就难以实现官府与民间的有效沟通,因此范应

① 《建炎以来系年要录》卷一七七,“绍兴二十七年六月庚戌”条,第3386页。

② (宋)黄干:《勉斋集》卷二七《申抚州辨危教授诉熊祥》,《文渊阁四库全书》1168册,影印文渊阁四库全书本,第288页a。

③ 分别参见于《宋大诏令集》卷二一〇《政事三六·贬责八》,“李諶散官安置制”,中华书局1962年版,第795页。《宋大诏令集》卷二一二《政事六五·贬责十》,“邓洵仁落职官官制”,第806页。

④ 《宋会要辑稿》职官七三之一八“绍熙五年七月二十四日,知临安府王厚之放罢”条,上海古籍出版社2014年版,第5010页。

⑤ 《名公书判清明集》卷一二《惩恶门·奸秽》,范应铃“因奸射射”,第448页。

⑥ (明)张四维:《名公书判清明集》,中华书局1987年版,第563页。

⑦ (元)马端临:《文献通考》卷三九《选举十二》,中华书局1986年版,第376页。

铃特别留意当地的本土资源。如“宁乡段七八起立怪祠”[①]案:宁乡段七八“因劫墓事发,祷神得免,竭力为祠,奉于水滨,谓之东沙文皇帝”,这种信仰本身无功于民,何况“据本县体究回申,朱书年命,埋状屋下,更相诅咒,专行巫蛊之事,庙非所当,今栋宇宏壮,图像炳焕,愈为民惑”。范应铃深知“楚之为俗,荒于巫风,久其日矣,牢不可破”,前代狄仁杰持节江南、李德裕观察浙西,都有大规模的毁淫祠行动,以重设风俗教化,因此对于始作俑者的段七八,范应铃予以“决脊杖五十,刺配武冈军,并家口押发,置在厢军,使之改业”的判决,一为警戒,一为劝良。但范应铃之惩处并不意味着他对民间信仰的完全抵制,尤其吴楚之地巫风盛行,要想整治当地的奇风异俗,堵截之力往往不如疏导之功。范应铃在判词中宣示了他对民间信仰的底线要求:“夫祭祀之典,法施于民,则祀之,故以死勤事,以劳定国,则祀之;能御大灾,捍大患,则祀之。”对于普罗众生和社会稳定有所裨益的才允许祭祀,对于“尉有定力,不惑于众,以身行之,可为善俗之助,亦古之所谓贤德者也”,甚至加以表彰和鼓励。如“提刑司押下安化曹万胜讼曹九师符禁事”案:

> 假于鬼神以疑众者,杀,此圣人之格言也。曹万胜状论曹九师,将一家年命埋庙中,以兴灾患,系是王魂三凭神报知,就庙搜寻,果有铁符在内。准提刑判下,则曰邪巫惑众,岂可不治,遂送县追曹九师根究。据知县所申,则曰巫蛊在庙,王自为之,启其终讼,罪当坐王。然曹以师名,王以魂名,二者皆假鬼神以疑众者也,不可偏恕,各脊杖十二,刺配邻州,不许放还。余人并放。无得再词,违定惩断。[②]

“假鬼神以惑众者”既已违背范应铃所构建的基本祭祀和崇拜原则,并严重威胁社会秩序与安定,因此应当予以“脊杖十二,刺配邻州,不许放还”的严厉惩断。

另外,“原情定罪”要求官员有且近人情的能力,所谓“人情”也即人之常情,以此方可更好地发掘事实,谋求公平;而想要洞察人情,首先必须具备丰富的见识与经验,从法律社会学的角度来说,“在许多案件中,法官往往会碰到这种情况,要么不止有一个可适用的法律规则,要么没有任何足够的、可适用的法律规则”[③],因此法官的这种“准立法”是司法权力的必要组成的部分。充足的司法与人生经

---

① 《名公书判清明集》卷一四《惩恶门·淫祠》,范应铃“宁乡段七八起立怪祠”,第554页。

② 《名公书判清明集》卷一二《惩恶门·奸秽》,范应铃“因奸射射”,第448页。

③ 张乃根:《西方法哲学史纲》,中国政法大学出版社2002年版,第341页。

验有助于法官自身充分了解当时的价值观念和人情世故,而其裁决乃不至于有悖常理。从《清明集》中所反映的审判经验上看,范应铃留下的案件记录较为集中在财产、土地、婚姻、家庭方面,这些案件彼此之间有很多的共通之处,可以相互借鉴,提高司法效率。如"吕文定诉吕宾占据田产"案:

> 吕文定、吕文先兄弟两人,父母服阕,已行均分。文先身故,并无后嗣,其兄文定讼堂叔吕宾占据田产。今索到干照,系吕文先嘉定十二年典与吕宾,十三年八月投印,契要分明,难以作占据昏赖。傥果是假伪,自立卖契,岂应更典。县尉所断,已得允当。但所典田产,吕文定系是连分人,未曾着押,合听收赎为业,当元未曾开说,所以有词。当厅读示,给断由为据,仍申照会。①

吕文定、吕文先兄弟2人均分父母田产,吕文先身故后其兄讼堂叔吕宾占据田产,针对典卖干照的真伪问题范应铃曾略有怀疑,但根据以往经验,"傥果是假伪,自立卖契,岂应更典",由此推断文先与其堂叔之交易合法。类似的案件还有"漕司送邓起江淮英互争田产"案:

> 照对江子诚于开禧二年以后,典入邓文礼田三契:一曰九姑坛,一曰大畈尾,一曰水井。续系亲邻邓震甫备钱收赎,内水井、大畈两项已尝退讫,唯有九姑坛田累年争讼,未有予决,以此互相布种,更迭作闹,此人情之所必致。邓震甫有亲有邻,径行赎回,本自合法。追上江子诚之子淮英,当官取问,谓是未准告示之先,已尝退与邓先为业,见今九姑坛田产自是邓先之物,于己无预。及唤邓先供对,其说一同。元出业人邓文礼已死,其子见在光州,无从追逮。窃详江淮英之谋,本是假邓先影占,邓先之供不过为江淮英承认,其实田在江子诚户,往往如故。倘果是邓先所赎,元已交业,见今此田合是邓先主之,何缘更言每岁布种,系邓文礼之子邓十二用工?中心既疑,其辞必枝。然邓震甫与邓文礼为从兄弟,邓先与邓文礼为亲兄弟,邻赎之法,先亲后疎,邓先既已供认收赎在前,则邓震甫无缘与之争讼,揆之于法,自有专条。况其田元是典契,业主之子尚存,纵邓震甫可得,他日取赎,亦须退还,无强留之理。合且听邓先为主,异时邓十二收赎,仰邓先退业。邓先不用,或卖与他人,邓震甫却

① 《名公书判清明集》卷四《户婚门·争业上》,范应铃"吕文定诉吕宾占据田产",第106页。

> 以从兄弟邻赎,自合法意。况入词之初,已尝凭陈彦等对定,将大畈、水井二契退与邓震甫,将九姑坛一契逊与江子诚。质剂尚存,要约可考,实与批退一同,不可谓之当问邻而不问,尤难受理。其间因夺花利,互相殴击,彼此各有词说,当虽经县,在乡不曾究实,当官不曾验伤,今经隔多日,无从考究。当自今始各自管业,如更生事,定行惩断。缘其间案沓不全,唤上两争人,再凭供对,参酌看定,就先读示,合与具申,听自施行。①

江子诚典入邓文礼三份田地,亲邻邓震甫备钱收赎其中两份,另有一份土地曰"九姑坛"争讼难决,因江子诚之子江淮英说此田已经"退与邓先为业"而与自己无关,邓先之供词亦如是说。范应铃在略加考察之后就推断出江淮英的心机,他收买邓先令其名义上占据九姑坛,然而实质上田产却属于江子诚户,因为假设是邓先所赎,则应当邓先主之,这与"每年布种,系邓文礼之子邓十二用工"相互矛盾,也是豪民强占土地的惯用手法之一,范应铃先辨明这一基本背景,剩下的案情也就可以顺理成章地得到解释。南宋是商品经济迅速发展的时代,私有化使土地作为不动产的商业价值尤为重要,在此种背景下,范应铃审理财产问题的案件,数量与质量都相当可观,这种丰富的经验保障了他决狱的公正性和处置的合理性。

此外,"人之常情"的意义中也包含着对于弱势群体的同情。范应铃有时也会在遵守法律规定的基础上略加酌情处置,其目的在于平衡弱势群体的利益关系,维持地方秩序的稳定。例如,妇女在传统社会中始终处于不利地位,她们的财产和利益也往往最容易受到侵害,因而特别需要"名公"在判决赏罚的适当加以"人情"元素。如"熊邦兄弟与阿甘互争财产"案:

> 熊赈元生三子,长曰邦,次曰贤,幼曰资。熊资身死,其妻阿甘已行改嫁,惟存室女一人,户有田三百五十把。当元以其价钱不满三百贯,从条尽给付女承分。未及毕姻,女复身故。今二兄争以其子立嗣,而阿甘又谓内田百把系自置买,亦欲求分。立嗣之说,名虽为弟,志在得田。后来续买,亦非阿甘可以自随。律之以法,尽合没官,纵是立嗣,不出生前,亦于絶家财产只应给四分之一。今官司不欲例行籍没,仰除见钱十贯足埋葬女外,余田均作三分,各给其一。此非法意,但官司从厚,听自抛拈。

① 《名公书判清明集》卷四《户婚门·争业上》,范应铃"漕司送邓起江淮英互争田产",第119页。

如有互争,却当照条施行。①

妇女阿甘之丈夫熊资早逝,独女"未及毕姻"复身故,可怜还有熊资之兄弟来争祖业之田产,虽然"律之以法",阿甘只能分得四分之一田产,然范应铃却破例分给阿甘三分之一,特别说明:"此非法意,听自抛拈。如有互争,却当照条施行。"是为扩大丧夫、丧子之妇女的利益,可算作一种精神慰藉和补偿手段。除了对女性权力根据人情予以扩展性的法律解释,对于法律规定的女性继承权范应铃则坚决进行捍卫。宋代法律中有特别规定女子之继承权,特别是对命继状况下的户绝之家,女儿与命继子皆有继承权,并且继承份额依女儿的身份而有差别,如在另一位无名法官的判词中有载:

又准户令:诸已绝之家立继絶子孙谓近亲尊长命继者,于絶家财产者,若止有在室诸女,即以全户四分之一给之,若又有归宗诸女,给五分之一。止有归宗诸女,依户絶法给外,即以其余减半给之,余没官。止有出嫁诸女者,即以全户三分为率,以二分与出嫁诸女均给,余一分没官。②

又如范应铃所审之"吴盟诉吴革卖田"案:

吴锡继吴革之絶。未及壹年,典卖田业,所存无几,道逢其人,两手分付,得之傥来,殊无难色。吴肃乘其机会,未及数日,连立五契,并吞其家,括囊无遗,不自属餍,尽而后已。吴盟遨游二者之间,即与评议,又同佥押,志在规图,岂复忠告,少未满意,入状于官,以势劫持。吴锡之破荡,吴肃之贪谋,吴盟之骗胁,三子之情,其罪惟均。所立交易,固非法意,然复避元主,不过适以资其游饮之费,终成一空,又且何益。要知吴革家业,其得之也不义,其去之也亦不义,此理之常,初无足怪。吴肃今又从而効之,将见后之视今,犹今之视昔。吴盟、吴锡各勘杖壹百,且以吴肃正身未曾到官,并与听赎。五契田产纽计五十二亩半,以乡原体例计之,每亩少钱三贯足,今亦不复根究。但北源一项四百五十把,元系摽拨与吴革之女,吴锡不应盗卖,吴肃不应盗买,当厅毁抹,计其价直,与所

① 《名公书判清明集》卷四《户婚门·争业上》,范应铃"熊邦兄弟与阿甘互争财产",第110页。

② 《名公书判清明集》卷八《户婚门·立继类》,"再判",第266页。

> 少钱数亦略相当。其余四契,却听照契为业。仍押吴锡出外,对定元拨女分田产,申。①

吴革继子吴锡,在继承了其父田产后,大加挥霍,"未及一年,典卖田业,所存无几",有吴肃趁机吞并,吴盟周转二者之间牟取不义之财,对此3人的非法交易,范应铃自然不会手软,各自勘杖处罚,算是罪有应得。但此案问题在于吴革还有1个女儿,根据法条也继承了父亲的部分田产,却也被吴锡盗卖、吴肃盗买,对此范应铃特别强调,虽其他田产因交易已定,按照现存法律之规定,官府只能任由木已成舟的现状,但吴锡之女应得的部分必须由吴锡原样返还,这样就保护了女儿作为受害者的合法继承权。

在很多时候,"人情世故"的考虑往往会与礼运之说相沟通,传统道德和儒家的义利观也会成为"原情定罪"的考察内容之一。如"女合承分"案:

> 郑应辰无嗣。亲生二女,曰孝纯、孝德,遇房一子曰孝先,家有田三千亩,库一十座,非不厚也。应辰存日,二女各遗嘱田一百三十亩,库一座与之,殊不为过。应辰死后,养子乃欲掩有,观其所供,无非刻薄之论。假使父母无遗嘱,亦自当得,若以他郡均分之例处之,二女与养子各合受其半。今只人与田百三十亩,犹且固执,可谓不义之甚,九原有知,宁无憾乎?县丞所断,不计其家业之厚薄,分受之多寡,乃徒较其遗嘱之是非,义利之去就,却不思身为养子,承受田亩三千,而所拨不过二百六十,遗嘱之是非何必辩也。二女乃其父之所自出,祖业悉不得以沾其润,而专以付之过房之人,义利之去就,何所择也。舍非而从是,此为可以予,可以无予者?设舍利而从义,此为可以取,可以无取者?设今孝先之予,未至伤惠,二女之取,未至伤廉,断然行之,一见可决。郑孝先勘杖一百,钉锢,照元遗嘱各拨田一百三十亩,日下管业。②

郑应辰家有田3千亩,有亲生2女,又有养子郑孝先,父亲生前遗嘱2女可以各自得到家田130亩,然而在其死后养子却贪得无厌,想要霸占全部的田产。范应铃认为若按法令,养子与女儿本应各半,现根据遗嘱郑孝先本已占了不少便宜,却仍然不满足范应铃站在义利观的高度对养子予以严厉批评,更"勘杖一百,钉

---

① 《名公书判清明集》卷四《户婚门·争业上》,范应铃"吴盟诉吴革卖田",第100页。

② 《名公书判清明集》卷八《户婚门·遗嘱》,范应铃"女合承分",第290页。

锢"后才宣布依原遗嘱执行。应当说田产分配与法意相当,而对此刑罚范应铃并未给予明显的法律依据,或为范应铃根据人之常情的警戒和劝导。

综上所述,在南宋的司法实践中"情"的考虑是必不可少的,"原情定罪"是决狱审判的根本宗旨,体现了司法审判客观和真实的要求。无论是为了保护弱势群体,亦或是打击豪强恶霸,"人之常情"的善恶判断都是维护社会秩序公平正义的需要,也是影响最终判案的重要因素之一。

三、据理

南宋以降的传统司法审判中,以礼序、经义、天理为代表的理学意识常常在审判中有所体现。黄宗智在论述清代的民间审判和调解时,曾指出"理"在传统社会存在官方和民间两种不同的概念,就官方来说,"理"是指"朱熹以来的天理",就民间来说,"理"是指"人们的一般性道理",这种观点同样适用于南宋的情况。① 但另一方面,就南宋实际而言,"一般性道理"从根本上是从属于整体的理学体系和构架之下,正如《清明集》中的一篇判词有云:"私欲既炽,天理益昏,为之亲戚故旧者,所当开明义理,反复敷陈,良心一还,则百念皆正,岂有天理终于晦蚀者哉!"②南宋司法官员"开明义理,反复敷陈",唤回百姓的良知,其最终目的仍然是使天理不为私欲所蒙蔽,彰明理学的精神。

南宋理学作为"德性之学",以经义的解释为本,它与实际审判是一种内与外、体与用的关系,南宋李昂英认为:"吾儒本领在所学,而发用在所笔,心正则笔正矣。平居辩经疑,破众史百氏误,以袪天下后世惑,此笔也。其至外服,则除恶束奸,恤嫠伸枉,片言分双方之曲直,此笔也。时有用舍,用有内外,而所学所志无不行。"③因此,从以心正为本的角度来说,读经义与审案件都是袪除疑惑、伸张曲直之业。但是,依法与据理,从本质上来说是审判宗旨的问题,两者各有所长,南宋名臣包恢在《敝帚稿略》中称赞邓州通判曰:"徒法者,以权术为先,若甚奇而非奇。据理者,以道义为本,若甚迂而非迂,故公之所论,本正而不谲,体全而不偏,用周而无缺。"④依法容易趋向权谋手段,据理容易变得迂腐不堪,而之所以包恢

① 黄宗智:《民事审判与民间调解:清代的表达与实践》,中国社会科学出版社 1998 年版。

② 《名公书判清明集》卷一〇《人伦门·兄弟》,天水"兄弟争葬父责其亲旧调护同了办葬事",第 376 页。

③ (宋)李昂英:《文溪集》卷三《方帅山判序》,《文渊阁四库全书》第 1181 册,影印文渊阁四库全书本,第 131 页 d。

④ (宋)包恢:《敝帚稿略》卷五《跋邓州通判饶公将鉴》,载《丛书集成续编》130 册,台北,新文丰出版公司 1988 年版,第 750 页。

大力称赞邓州通判,就是因为他能够调衡两者的关系,做到周而无缺、全而不偏。然而想要合理处理二者关系又何其难哉,陈宓曾感叹:“至于民讼,岂能一一使之当理,亦诚心求之而已!舛政谬令已猥自知,况敢欺人乎?每引状,辄与同官终日决事,至昏而退,而户婚不决者,又取次分委,以此少滞讼。”①在繁多的案件面前,陈宓必须与其他官吏齐心合作方可使之一一“当理”。司法是重视传统经验的学问,从古至今不同的朝代和官员在据理审判方面采取的态度不尽相同,汉代有“春秋决狱”之法,桓宽谓:“故春秋之治狱,论心定罪。志善而违于法者,免;志恶而合于法者,诛。”②至南宋其精神仍然有所保留,洪迈在《容斋四笔》中抄录了一段考课官员的评语,考课者称许受考察的官员:“法者,礼之防也。其用之以当人情为得,刻者为之,则拘而少恩。前件官以通经义进士,始掾于此,若老于为法者,每抱具狱,必传之经义然后处,故无一不当其情,其考可书中。”③法律是为了保护礼序而存在的,该受审官员的每件案件在定罪前必先考于经义,照本宣科,这与“春秋决狱”的形式何其相似,但是我们也应注意,这只是个别法官的原则,而非所有法官的态度。

宋人“读书而讲究其义理,判别其是非,临时即此理”④,范应铃亦不能脱离此氛围。范应铃少时“习《礼记》,嘉泰甲子举”⑤,另有“读书明大义,尤喜《左氏春秋》”⑥,西堂先生所擅经义固然不止于此,但见诸史料者惟此二书,从中我们大概可以推断出儒学礼序对他的司法实践的潜在影响。《礼记》是记录中国古代重要典章制度的书籍,是儒家学者对“礼”的解说、补充和有关资料的汇编。从汉末到清朝的地位逐渐上升,在唐代已为“九经”之一,在宋代被列入“十三经”,宋太宗曾诏刻《礼记·儒行篇》赐给新科进士,谕以“更励精文采,无坠前功”⑦,因此可以想见当时士人圈内《礼记》的重要。范西堂的判词中有“礼运之说,亦前圣之格言,夫人食味、别声、被色,而生斯世,岂容不知”⑧的记载。《左氏春秋》即《左传》,亦为十三经之一,唐刘知几称《左传》“其言简而要,其事详而博”⑨,清刘熙载称

① (宋)陈宓:《复斋先生龙图陈公文集》卷一一《回真西山书·又》,宋集珍本丛刊,北京线装书局2004年版,第73册。

② (汉)桓宽著,王利器校注:《盐铁论校注》卷十《刑德》,中华书局1992年版,第567页。

③ (宋)洪迈:《容斋四笔》卷七《考课之法废》,上海古籍出版社1996年版,第699页。

④ (宋)黎靖德编:《朱子语类》卷一一《学五·读书法下》,中华书局1988年版,第183页。

⑤ 《丰城范氏进士名录》,《江西丰城县志辑》,江苏古籍出版社1996年版。

⑥ 《宋史》卷四一〇《范应铃传》。

⑦ 《宋史》卷一五五《选举一》。

⑧ 《名公书判清明集》卷一二《惩恶门》,范应铃“因奸射射”,第449页。

⑨ (唐)刘知几著,(清)浦起龙释:《史通通释》卷一《六家》,上海古籍出版社1978年版,第11页。

《左传》"百世史家,类不出乎此法"[①];且《左传》中亦有相当的司法实践,[②]这或许也是为范应铃所推崇的原因。从具体的经义内容来看,对范应铃有一定影响的主要是"罪疑惟轻"的原则。刘克庄有云:"谓杀人无证,法有刑名疑虑之条,经有罪疑惟轻之训。"[③]其实,"罪疑惟轻"在法条上的出现主要得益于经义的解释,《尚书》谓:"宥过无大,刑固无小。罪疑惟轻,功疑惟重。"[④]《礼记注疏》谓:"附从轻者,附谓施行。施行之时,此人所犯之罪在轻重之间,可轻可重,则当求可轻之刑附之,则罪疑惟轻是也。"[⑤]此项原则也被写入《宋大诏令集》而得到国家层面的肯定:"罪疑惟轻,古有成训。"[⑥]《清明集》中载有范西堂"贡士奸污"之判词:

> 钻穴隙相窥,踰墙相从,父母、国人皆贱之,此圣贤格言也。王桂、王荣兄弟习儒,俱登名于天府,号乡曲之英,预贤能之选者,孟子之书,安可不读?读其书而犯其所戒,是圣贤之罪人也,挞之市朝,夫何足恤。较以愚而无知,罪当加等,王桂其人也。桂之邻墙有何十四者,纳彭氏之女为存养妇,年二十有三矣,犹未成毕,父母之过也。桂不能以礼自防,钻穴踰墙,靡所不至。初隔篱以道其消息,既开户以通其往来。抱布贸丝,彼固有意,投梭折齿,此岂无尤。展转踰年,竟成久假,及其怀孕,其事方露。何吐刚而不敢发,桂恃强而不伏认。其父彭二十四入状于官,数何之罪,词虽激切,若有所愤,实何有以使之也。桂乃执彭说以自解,谓何之家本自扰杂。不知彭之讼何,乃所以讼己也。倘能介然自立,如颜叔之有节,杨秉之不惑,隔比邻而分尔汝,纵有丑言,初无相干。今自反不缩,已行供认,以速淫泆之辜,他何尤焉。且兄弟迭偕计吏,亦是儒家,金昆玉友,更相磨琢,不能以前修自勉,而卑陋之见,以至于此。使他时售仪曹子贾,居风化之职,岂不惭其庭中人,无复可望其有江汉、汝坟之效也。王荣打何十四之门,虽无实证,迹有可疑。此必怒其讼王桂而为之。

① (清)刘熙载:《艺概》卷一《文概》,上海古籍出版社1978年版,第2页。

② 许歌阳、杨欣:《〈左传〉中的法律实践》,载《法制与社会》2009年第3期。

③ (宋)刘克庄:《刘克庄集笺校》卷一九二《饶州州院推勘朱超等为趯死程七五事》,中华书局2011年版,第1715页。

④ (唐)孔颖达:《尚书正义·虞书》卷四《大禹谟》,中华书局1998年版,第177页。

⑤ (汉)郑玄:《礼记注疏》卷一三《王制》,《文渊阁四库全书》第115册,文渊阁四库全书本,第290页a。

⑥ 《宋大诏令集》卷二〇七《政事六十·贬责五》,"陆佃落职知河阳制",第778页。

> 彼以爱兄之道来,亦不阔略,但惜其未出于正尔。王桂系犯私罪徒,乡举不免,且从轻典,送学夏楚二十,仍令屏出院,毋贻岳麓之羞。①

王桂、王荣儒生兄弟2人,“俱登名于天府,号响曲之英,预贤能之选者”,然而王桂却与邻居何十四之存养妇勾搭成奸,“展转逾年,及其怀孕,其事方露”,且王桂恃强,欺何十四软弱而拒不伏认,何十四于是托妇人之父“入状于官,数何之罪”,才使范应铃得以听断此案。通奸之罪本已严重,王桂身为贡士知法犯法,“较以愚而无知”,理当罪加一等,在判词中范应铃亦多次强调经义和礼法秩序:“钻穴隙相窥,踰墙相从,父母、国人皆贱之,此圣贤格言也。”“读其书(孟子之书)而犯其所戒,是圣贤之罪人也,挞之市朝,夫何足恤。”“且兄弟迭偕计吏,亦是儒家,金昆玉友,更相磨琢,不能以前修自勉,而卑陋之见,以至于此。”即便如此,范应铃还是顾念其贡士之位来之不易,而减免其刑,最终的判词警戒之意重于惩罚。且王桂兄弟亦被起诉打何十四之门,范应铃虽然推测“此必怒其讼王桂而为之”,但既无实证,“迹有可疑”,“彼以爱兄之道来,一不阔论,但惜其未出于正尔”,因此秉持“罪疑从轻”的原则而不予深究。

尽管执法过程中受到礼序、经义、天理潜移默化的影响,但范应铃依然尽力排除经义理学对司法审判的外来干涉和介入,维持司法权力的独立性和纯粹性。如“因奸射射”②案,本案已先有县官审理,范应铃之职责是审核县司的审判,范应铃在审阅后的评断如下:

> 临桂黄渐,穷衣缝掖,以小斅为生,侨寓永福,依于陶氏之家,携妻就食,贫不获已,此已可念。寺僧妙成与主人陶岑互相衣物,遂及其妻,因谓有奸。尉司解上,县以黄渐、陶岑与寺妙成各杖六十,其妻阿朱免断,押下军寨射射。此何法也?黄渐有词,县司解案,并追一行供对,与所诉同。如此断事,安能絶讼。在法:诸犯奸,徒二年,僧道加等。又法:诸犯奸,许从夫捕。又法:诸妻犯奸,愿与不愿听离,从夫意。今黄渐即不曾以奸告,只因陶岑与寺僧交讼,牵联阿朱,有奸与否,何由得实。捕必从夫,法有深意。黄渐即非愿离,县司押下射射。淫滥之妇,俾军人射以为妻,此固有之。当职昔在州县,屡尝施行。第三人以上方为杂户,或原来无夫,或夫不愿合,无可归宿之人,官司难于区处,方可为此。未闻非夫

① 《名公书判清明集》卷一二《惩恶门・奸秽》,范应铃“贡士奸污”,第444页。

② 《名公书判清明集》卷一二《惩恶门・奸秽》,范应铃“因奸射射”,第448页。

> 入词,而断以奸罪,非夫愿离,而强之他从,殊与法意不合。若事之暧昧,奸不因夫告而坐罪,不由夫愿而从离,开告讦之门,成罗织之狱,则今之妇人,其不免于射者过半矣。况阿朱有子,甫免襁褓,使之分离,遽绝天亲,夫岂忍为!数岁之子,贫而无恃,虽曰从公,焉保其生。以政事杀民,此其一耳。寺僧犯奸,加于常人可也,今止从杖罪。妇人和奸,从徒二年可也,今乃免断。妇断,寺僧减降,不妨从厚,胡为黄渐与之同罪?胡为阿朱付之军人?重其所当轻,而轻其所当重,为政如此,非谬而何?守令亲民,动当执法,舍法而参用己意,民何所凭?家人一卦,古今不可易之理也。凡人有家,当日置于座侧。然必于天下之家道,尽合乎易之家人,比屋可封矣,岂复有男女之讼更至官府。……

寺僧妙成与主人陶岑颇有来往,而零工黄渐就食陶氏之家,妙成遂与黄渐之妻阿朱渐生奸情。当时法官判决"黄渐、陶岑与寺妙成各杖六十,其妻阿朱免断,押下军寨射射",而范应铃则不以为然。就经义而论,初审法官判决将阿朱"付之军人",完全符合宋代理学传统对于男女之防的要求和一般百姓对于犯奸案件的痛恨谴责,从"礼"的角度上来说确实"大快人心"。然而范应铃首先列举宋法敕文:"诸犯奸,徒二年,僧道加邓。""诸犯奸,许从夫捕。""诸妻犯奸,愿与不愿听离,从夫意。"继而阐述此案通奸事既是由其他案件牵连而发,未见丈夫黄渐告诉,且阿朱有子"甫免襁褓",若按原判,不仅有违法意,也"遽绝天亲","成罗织之狱",因此作出阿朱暂"付元夫交领"的判决,努力避免家庭关系的破裂。从本案的分析中我们可以看出情理法三者的错杂关系,但判词中最根本的依据,还是他在判词最后对礼法关系基本原则的论述:

> 礼运之说,亦前圣之格言,夫人食味、别声、被色,而生斯世,岂容不知。然断天下之讼,尽于舍法而用礼,是以周公、孔子之道,日与天下磨砻浸灌,为羲皇之世矣。双方具备,岂复有人。敕令格式之文不必传,详定一司之官不必建,条法事类之书不必编,申明指挥之目不必续,文人儒士固愿为之,何待武弁始知有此。圣王垂训,所以经世,祖宗立法,所以治讼,二者须并行而不悖也。

礼运之说作为圣贤之训,自然应当时时严守。然而,礼序与法律各有自己的管辖范围,经义用来处理国家行政和政府运作,法律用来判断案件曲直和处罚犯罪行为,两者本应各自独立、各有所长、互不干涉,迂腐的儒士文人一厢情愿地抛弃敕令格式、审判机构、条法事类、申明指挥,而单以理学与礼运处理案件,那么国家制定法律的意义又何在呢?客观来说,礼运之说在范应铃之判词中仍然多见,尤其是家庭乡邻之间为了土地财产而大动干戈时,范应铃也会"厚睦族之义,任恤孤之责"①,或者强调"义利之去就"②,但一般情况下只是作为司法条款的补充,或者出于父母官的一片劝善之心,并没有引经义作为审断的决定性依据,从而避免了经义决狱的弊端,没有致使治罪者"得以因缘假饰,往往见二传所谓责备之说、诛心之说、无将之说,与其所谓巧诋深文者相类耳!圣贤之意岂有是哉?"③宋代继承唐代的法律精神,礼是法的核心精神,儒家思想是国家法律的意识形态准绳④,然而治国是治国,司法是司法,法官在审判决案之时所能依据的只能是国家的法律档,而不能将经义作为司法审判的全部依据,否则就会架空法律的地位。这与清末薛允升之论有异曲同工之妙:"古人多以经术断狱,后世一准以律。律之为言,整齐划一之谓,亦轻重得平之谓也。"⑤可见,范应铃身上具有的现代独立行使审判权的意识使其敢于以法律独立之精神力排众议。

可以说,南宋理学之风对司法实践带来深刻的影响,名公们不可避免地会援引理学经义从而使自己的判词上升到权威的高度。但由于复杂的客观案情和法律意识的提高,南宋法官们在司法实践中还是以法典规章为本,经术只是起辅助性的说明,而非决定性的作用。

四、检法

根据南宋法官的经验和上文的论述,依法决断要求法官"事既到官"⑥,就必须依照规定处理,"只当以理法处断"⑦,并"当其究竟""文移追证"⑧。刘馨珺曾指出,"理法"是官府判断的根据,又是官府推论究竟的方法,也是查证的行政程序。"以理法处断"就是依程序了解案情,当官府受理词讼后,按照审究事理,追查证据等顺序判决。⑨ 因此需要强调的是,依法决断所涉及的主要是法律的形式

---

① 《名公书判清明集》卷八《户婚门·女承分》,范应铃"处分孤遗田产",第287页。

② 《名公书判清明集》卷八《户婚门·遗嘱》,范应铃"女合承分",第290页。

③ 《文献通考》卷一八二《经籍九》,"春秋决事比",第1567页。

④ 熊逸:《春秋大义:中国传统语境下的皇权与学术》,陕西师范大学出版社2007年版,第53页。

⑤ (清)薛允升:《唐明律合编》,中国书店出版社1954年版,第1页。

⑥ 《名公书判清明集》卷七《户婚门·立继》,"不当立仆之子",第207页。

⑦ 《名公书判清明集》卷一〇《人伦门·母子》,天水"子与继母争业",第365页。

⑧ 《名公书判清明集》卷一二《惩恶门·豪横》,蔡久轩"为恶贯盈",第456页。

⑨ 刘馨珺:《论宋代狱讼中"情理法"的运用》,载宋史座谈会主编:《宋史研究集·第三十三辑》,台北,兰台出版社2003年版,第373~440页。

要件,法官依法决断的根本目的依然在于原情定罪,依法是原情的最重要手段。袁说友曰:“夫天子之与有司,若名号则殊,而缘情定法至意则一。天子立是法以付有司,有司守是法以正天下,故天子无私法,有司无私刑,然后上下齐一,而刑法以正。”①定法之意既原情而来,执法部分就必须严格依照法律程序行事,守法以正天下。“守法”并非纸上谈兵,它要求在内容和形式上具备一定的前提条件,即内容上要求有法可依,形式上要求程序完备。

有法可依意味着国家须有相当完备的法律体系。《唐六典》载:“凡文法之名有四:一曰律,二曰令,三曰格,四曰式。”②《新唐书·刑法志》云:“唐之刑书有四:曰律、令、格、式。令者,尊卑贵贱之等数,国家之制度也。格者,百官有司之所常行之事也。式者,其所常守之法也。凡邦国之政,必从事于此三者。其有所为及人之为恶而入于罪戾者,一断以律。”③唐律上承隋《开皇律》而集其大成,基本定型了后代律令格式的法典体系,因此宋代《刑统》的体系来自唐律,并加以补充。北宋开国后太祖即督促宋代法典的编纂,建隆四年(公元964年)即北宋建国后第四年,即由工部尚书判大理寺窦仪于是年七月完成《宋建隆重详定刑统》,世称《宋刑统》,并由太祖颁行全国。④ 以周密为代表的宋代法律学界基本承认“《宋刑统》只是《唐律》的翻版”的说法是“不无道理的”⑤。虽然有学者极力证明《宋刑统》相对于《唐律》之更新与特色⑥,两者的形式内容极为相似是基本事实,这并不能排除宋代法律体系的独创性价值。一方面,《刑统》在制定后不是一成不变的,随着社会的发展,“至少有六分之一的内容被修改订正”⑦。正是这种与时俱进,使《刑统》通行整个宋代,终宋之世未被取代。另一方面,除了《刑统》之外,宋代还逐步完善了法典体系。宋神宗熙宁末年正式确立了“敕令格式”的立法模式,南宋又在此基础上形成了“条法事类”和“条法总类”的编纂体例,加之从北宋以来一直存在的断例、编敕、令式等方式,因此,南宋范应铃所面对的是非常繁复充实的法典体系,这也不难理解,南宋名公整体上对当时客观的法典体系还有相当

---

① 袁说友:《东塘集》卷二〇《张释之证》,影印文渊阁四库全书本。

② (唐)李林甫等撰,陈仲夫点校:《唐六典》卷六《尚书刑部》,中华书局1992年版,第180页。

③ (宋)欧阳修、宋祁:《新唐书》卷五六《刑法志》,中华书局1975年版,第1407页。

④ (宋)窦仪著,吴翊如点校:《宋刑统》,中华书局1984年版。

⑤ 周密:《宋代刑法史》,法律出版社2001年版,第18页。

⑥ 参见郭东旭:《〈宋刑统〉的制定及其变化》,载《河北学刊》1991年第4期;另参见李俊:《〈宋刑统〉的变化及法史料价值探析》,载《吉林大学学报》1998年第5期;另参见周密:《宋代刑法史》,法律出版社2001年版,第19~28页。

⑦ 戴建国:《〈宋刑统〉制定后的变化——兼论北宋中期以后〈宋刑统〉的法律地位》,载《上海师范大学学报》1992年第4期。

的信心,愿意且能够根据朝廷法令进行审断。据孔学统计,仅《清明集》中明确标明引用各种形式法律的有120篇,占总数的1/5稍强,且有的判词虽没有明确说明所引用的法律条文,但实际上也是根据相关法条断案的,①而并非所谓的“卡迪司法”②或者滋贺秀三式的“父母官型”的司法模式。

程序完备要求国家具有合理的监督机制和兜底条款,以下以南宋的“奏议”制度为例说明。所谓奏裁,《庆元条法事类》将其定义为:“诸断罪下无正条者,比附定刑,虑不中者,奏裁。”③尤其南宋常有因法情轻重问题不明而使案件决断存疑的情况,皇帝的“特旨”是具有最高审判力的最后屏障,“盖法者,天下之取平;特旨者,人君之利柄,以法令与罪人之情或不相当,则法情情重者,特旨重之,法重情轻者,特旨轻之,此乃所以利柄也”④,这体现了皇权的介入与调衡。然而从上送奏议的案件来看,有司普遍以“情重法轻”而“请假罪”,少有以“法重情轻”而“请奏减”。直到南宋绍兴三年(公元1133年),这种重法轻情的现象仍然存在,当时的大理寺少卿元兖言:“今奏案来上,大率皆引用情重法轻之制,而所谓情轻法重者鲜矣。岂人只犯法而无情轻者乎?”⑤从情感上说,朝廷不愿因为情重而加大法律力度,但是地方法官仍然强调重法轻情。这种情况随着南宋“罪疑惟轻”等据理意识的强调而略有改观,但依法而断始终贯彻于宋朝始终。这种信念不仅是对官员自我素质的约束,也是对朝廷的要求。哲宗元佑元年(公元1086年)有诏曰:“大理寺每受天下奏到刑名疑虑,情理可悯、情重法轻公案,须分明铺坐疑虑可悯、情法重轻等条,若无上项情状,须分明用敕律何条断遣,刑部看详,次第申省取旨。”⑥除非特殊情况,法官必须按照法定程序和规范审断案件、书写判词,否则将有执法不当之警告。

---

① 孔学:《〈名公书判清明集〉所引宋代法律条文论述》,载《河南大学学报》2003年第2期。

② 马克斯·韦伯认为,中国法传统存在“自然法与法律逻辑形式的欠缺”,“中国的官僚就是典型的世袭制法官,完全是家长式的判案。他们在神圣的传统允许的范围内,不是按照一视同仁的形式规则判案,而是按照当事人的具体资质、具体状况和具体礼仪来适度断案”,并称为“所罗门式”的司法,即卡迪司法。参见[德]马克斯·韦伯:《儒教与道教》,人民日报出版社2007年版,第108~111页。相关论点亦曾得到贺卫方支持:“我们的古典司法真正就像德国著名的思想家马克斯·韦伯所提出的卡迪司法……没有法律可以遵循,而只是一个伦理型的准则或原则。”另参见贺卫方:《法学方法的困惑》,载《未名法学》2007年第1期。

③ (清)薛允升等编:《唐明律合编·庆元条法事类》卷七三《刑狱门·检断》,中国书店出版社1954年版,第392页。

④ (宋)李焘:《续资治通鉴长编》卷四五八,“哲宗元佑六年五月丙子”条,中华书局1990年版,第10964页。

⑤ 《建炎以来系年要录》卷六九,“绍兴三年十月庚寅”条,第1348页。

⑥ 《续资治通鉴长编》卷三九一,“哲宗元佑十一月丙子”条,第9520页。

法律框架的完善和法律程序的要求,是南宋法官依法决断的客观保证,然而宋代立法与司法之间实际存在一定差距,往往立法虽严而用法斟酌。《宋史·刑法志》载:"宋兴,承五代之乱,太祖、太宗颇用重典,以绳奸慝。"《重刻唐律疏议序》云:"其君一以宽仁为治,故立法之制严,而用法之情恕。"①这也对法官的法律素质提出了更高的要求,法官如果不了解法律体系的基本状况,不懂得法律技术的操作,甚至不仔细揣摩朝廷的真实旨意和社会环境,就不能维护社会的公平秩序,如沈家本所强调的"用法平恕":"设使手持三尺而不知深切究明,而取决于临时之检案,一案之误,动累数人,一案之差,贻害数世,岂不大可惧哉。"②南宋赵鼎谓:"且如杀人者死,古今常法。比年皆从贷例,而臣亦多酌情依断。圣人以罪疑惟轻,既无所疑,何为而贷? 贷一有罪,则犯者愈罪,而善人咸被其祸。"③虽然宋代存在奏议机制和罪疑惟轻的原则,但从某种程度上说这只是对现实的妥协和让步,司法审判的期望值在于法官可以排除疑惑、查清事实,并找到切合的法条拟判,既使社会秩序安定,又不会为中央带来困扰。李彦之有言:"夫狱讼者,所以平曲直、雪冤枉也。……愿士大夫司听断者,在在持平如衡,事事至公如鉴,天下何患不太平。"④如何持平如衡、至公如鉴以及排除疑惑,在实际执行中就转化为检法的技术问题。这种技术问题非常琐碎,宋代少有对此进行系统性、理论性的总结论著,但从大量的判词中的案例中可以总结出南宋法官们的司法技术。它们体现着法官的专业性和职业性,与法官的个人审判积累和司法群体的经验交流密切相关,以下针对其中的一些检法技术进行简单的分析。

首先,最基本的要求在于熟习法条,官员除了讲究法条的形式,也要兼顾法意。⑤ 宋代政府所颁行的法律文件之杂多足以让普通的法官头疼,也为他们的依法判决带来不小的挑战;然法条又是依法决案的基础,唯有牢记法条并且时刻自我学习、更新,方可讨论决案的细节及其他方面。此外,不能仅仅停留在能将法条熟读成诵的高度,更重要的是要理解法条本身的意义。孟子有云:"尽信《书》,则不如无《书》。"⑥南宋的许多地方官员也希望在决断案件时引经据典,甚至谈论起法条滔滔不绝,可是却不明白个中含义,往往与现实脱轨,贻笑大方。在"漕司送

① 《宋史·刑法志》卷一九九。

② (清)沈家本:《寄簃文存》卷六《重刻唐律疏议序》,商务印书馆 2015 年版,第 177 页。

③ 《建炎以来系年要录》卷一〇二,"绍兴六年六月戊午"条,第 1933 页。

④ (元)徐元瑞:《吏学指南》,浙江古籍出版社 1988 年版。

⑤ 刘馨珺:《论宋代狱讼中"情理法"的运用》,载宋史座谈会主编:《宋史研究集·第三十三辑》,台北,兰台出版社 2003 年版,第 373 ~ 440 页。

⑥ (清)焦循:《孟子正义》卷一四《尽心章句下》,中华书局 1957 年版,第 565 页。

下互争田产”案①中,范应铃就此代表官府审判者进行了深刻的自我反省,认为乡民持讼“屡断不从”,除了百姓原因,很多时候也是“有失在官府,是以起争”。本案之事由、始末大致如下:

有余焱状告黄子真盗买其叔余德庆田产,认为应由余家按亲邻法收赎,而黄子真反驳说余德庆之田产源自本祖黄文万墓田,自己买回的是本家祖产,与亲邻法无关。由于经办官员不力,此案拖延多年难断,范应铃重新调查后发现置黄文万之田者余俊明,是为余德庆之父,德庆后将田产卖给原业之孙黄子真,现在余德庆堂兄德广(余焱之父)欲赎回土地,然德广之父俊民,与俊明之后略不相干。因为他的“置田”本就为“别位田产,典卖入户,本非一家之业,既无交互”,若按照亲邻法收赎,则“殊失立法之本意”,因此杨权县之说“堂兄余德广以亲邻收赎,委有接连,合应退业”自然不当。又有厉史君之说:“断卖田产,经涉五十余年,乃欲以认为己物,是朝廷之法可废。”然而他却忽视了南宋法令有一项基本原则:墓田之亲邻拥有第一优先回赎权。范应铃指出,“诸典卖田宅,具账开析四邻所至,有本宗缌麻以上亲,及墓田相去百步内者,以账取问”,并进一步解释说,“墓田之与亲邻两项,俱为当问,然以亲邻者,其意在产业,以墓田者,其意在祖宗。今舍墓田,而主亲邻,是重其所轻,而轻其所重,殊乖法意”。鉴于此案性质之中墓田大于亲邻,因此“典卖经年”绝不可当断由。最后还有狱官赵知录对黄子真“赤契”②之“计价钱二千贯”提出异议,因两千贯中实际只有一千六百贯,另有二百贯为增添,二百贯为折准,范应铃批评说:“增添之真伪,固未可知,法云不许折准,只为有利债负,今以谷与绵帛准还价钱,岂得谓之违法?”况且当初入钱于官府时没有异议,现在却欲加违法的罪名,其善变嘴脸可见一斑。从该案件中我们可以看出,无论是其他司法人员是庸庸碌碌还是居心叵测,他们都会借用法律条文来决案,但不合理、不确当地引用法条,只会令民诉不止,加重政府负担,甚至影响朝廷法律的权威形象。

其次,南宋法官强调对过往案牍记录的查阅。在南宋地方官的墓志铭中屡见“一阅得其情”之类的语句。如朱熹:“居官听断,分别枉直,详审惬当,岁累岁不

---

① 《名公书判清明集》卷四《户婚门·争业上》,范应铃“漕司送下互争田产”,第120页。

② 宋代买卖田宅一般要在签订契约六十日内报官投印,缴纳契税,再过六十日割移税赋,偷漏契税未盖该官印的契书为“白契”,逾期不纳契税者罚缴倍税。而“白契”者经过“投印”,即经过官府审核通过并盖上官印后方为官方认可的合法买卖契约,后者即为“红契”。参见魏天安:《论宋代的亲邻法》,载《中州学刊》2007年第4期。

决之讼,案牍如山,一阅尽得其情。"[①]戴栩:"连年累讼,一阅牍底,立剖不留,其委折曲直参互者,呼至前,儿女论之,或释怨不争。"[②]真德秀:"漳浦吏谋夺民杨家赀,械置狱,累岁弗决。公一阅得其情,坐吏以罪,而还杨氏家赀。"[③]一阅前人的案牍,往往是法官在处理累岁不决之案件的重要解决途径之一。在《清明集》中,与"一阅"概念相对应的是"拖照"一词,意谓阅读历来的案牍和官府文书,在范西堂的判词中,这种方式尤为多用,且往往以此作为证明的依据。如"比并白脚之高产者差役"判词:"拖照案牍,初据张世昌所供,本户昔尝出产与鲍通、阿蔡,未曾过割,取到合状,乞为照行。"[④]另如"赡坟田无免疫之例"判词:"拖照省簿,乐侍郎户有税钱一贯七百七十二文,并无告敕、砧基簿书,可以稽考。"[⑤]再如"限田外合同编户差役"判词:"拖照省簿,各有税钱三贯一百八十九文,除限田一贯七百五十文外,尚计一贯四百三十文,合同编户差役。"[⑥]无论是案牍还是省簿,范应铃拖照文件的原因,都是为案件发生始末找到客观性的依据,交代基本情况,并以此作为案件的基本案情,且以上案件多为赋役或限田问题,尤其需要准确的数据和事实作为分割财产、确定差役的权威资料,如此方可上合天理,下服民心。

最后,南宋法官注重证据、证物的利用。刘克庄谓:"虽律文死罪减至徒而止,然为证而情重者设,非为无证而情轻者设也。"[⑦]可见原情定罪乃至酌情减刑都是建立在确凿证据的基础之上的,这一点尤其体现在田宅纠纷案件中。随着宋代土地私有制深化、财富频繁流转,百姓生活中关于田宅转移、土地买卖、财产继承的案件数量大大增加。这些涉及私有财产归属与合法性的案件往往因当事人追求一己之私利或者年代久远而事实不清,此时契约、文书、借据、收据等物证就因其真实性和具体性而显得尤为关键。南宋法官在处理案件时所参照的物证主要包括干照(田宅交易中的一应契约及向官府过割、投印交税的法律凭证)、文字遗嘱、当事人交易时的陈述笔录、官府的砧基簿和书铺的检验报告,这些也是南宋民

① (宋)朱熹:《朱子全书·晦庵先生朱文公文集》卷九三《转运判官黄公墓碣铭》,上海古籍出版社2010年版,第4282~4283页。

② (宋)戴栩:《浣川集》卷一〇《存斋蒋弋杨墓志铭》,影印文渊阁四库全书本。

③ (宋)真德秀:《西山真文忠公文集》卷四六《通判和州叶氏墓志铭》,台北,商务印书馆1979年版,第113页。

④ 《名公书判清明集》卷三《赋役门·差役》,范应铃"比并白脚之高产者差役",第73页。

⑤ 《名公书判清明集》卷三《赋役门·限田》,范应铃"赡坟田无免役之例",第85页。

⑥ 《名公书判清明集》卷三《赋役门·限田》,范应铃"限田外合同编户差役",第91页。

⑦ (宋)刘克庄:《刘克庄集笺校》卷一九二《饶州州院推勘朱超等为趯死程七五事》,中华书局2011年版,第7524页。

事审判的重要原则之一①。纵览判词全本,《清明集》卷四《户婚门·争业上》几乎成为范应铃判词的集锦,他个人的判词占到该项条目总数的2/3以上,可见财产案件是范应铃的主要审理对象,而物证证据的作用尤为凸显。如"罗琦诉罗琛盗去契字卖田"案:

> 赵宅买罗琛庚难字号晚田一亩二角二十二步,既有契字,又缴到受分关书,即无批破,交易已正,纵有不明,亦非知情。今据罗琛亲兄罗琦陈状,谓是本位已曾买入,复被罗琛偷去于照,转行典卖。盗窃之事,理或有之。但罗琦并无片纸执手,考之省簿,又是兄弟合为一户,税钱苗退受,复无稽考,官司将何所凭退回交易,其田合与照契为业。又据罗琛所供,此田元系典与姊夫谢瑜,又有一兄罗球,亦系连关受分,必能知证,况是亲戚兄弟,自宜从公和对。如当来委有曲折,合就罗琛名下监还价钱。②

有赵宅买罗琛田,契约、受分关书等干照一应俱全,各种交易手续合法正当。罗琛亲兄罗琦状告罗琛盗窃干照而典卖土地,但是原告"并无片纸执手",二人又合为1户,详情难以考证。即使范应铃疑惑赵、罗二人之交易或有不明,且"盗窃之事,理或有之",也没有办法宣判交易无效而将土地还于罗琦,而只能按元契完成交易。即使另有姊夫、兄弟等其他人证或可证明事情的原委如罗琦所述,然而契约白纸黑字,土地交易已成定局,最多也只是由被告罗琛返还价钱而已。可见在确凿的物证面前,即使是范应铃也难以逾越法律的界限。

对于范应铃来说,证据的考证只是基本技能,更重要的是他基于证据之上的合理推理,这无疑得益于其独特的理财能力。《宋史》评价他"理财似刘晏"。在其平吉州之乱时,范应铃曾深入了解当地的财政情况,对"榷酤兴利"持鄙视的态度。吉州是南北往来的枢纽之地,商贸频繁,车水马龙,人口众多。在面对榷酒的提议时,范应铃义正辞严地回绝:"理财正辞,吾宗不能禁百姓群饮,其可诱之利其赢耶?"显然范应铃以为酤酒之利非长远之计,不能从根本上解决财政问题。迁军器监兼尚左郎官后,范应铃提出了自己的理财建议,即用"祖宗入粟易盐之法"③以稳定当时的盐市,抑制大商贾的利益。应当说,范应铃的理财观偏向求稳、平

① 陈景良:《宋代司法传统的叙事及其意义》,载《南京大学学报》2008年第4期。

② 《名公书判清明集》卷四《户婚门·争业上》,范应铃"罗琦诉罗琛盗去契字卖田",第102页。

③ 《宋史》,第12345、12346页。

和、长远和经验之道,而这些能力也渗透在其审判田产、财产等利益纠纷的过程中。高超的理财能力令其处理众多的“限田”和“争业”案件时得心应手。如“倍役之法”案:

> 准倍役法:税钱一倍,歇役十年,税钱两倍,歇役八年,税钱三倍,歇役六年,并理为白脚。张茂兄弟三人,有母在堂,产钱共计五十一贯,未应均分,合作一户,不可谓未应充保正。然保内有张法政产钱四百十六贯,有邓汝贤产钱二百四十贯,较之张茂产钱,一系四倍,一系八倍,又各歇役十年已上。今张法政、邓汝贤两户比较,张法政执役在嘉定七年,邓汝贤执役在嘉定元年,邓汝贤歇在先,而张法政未及一倍,难用倍法。合告示邓汝贤先充,次及张法政,又次及张茂。本里保正只差一人,今乃三名并追,显是卖弄。乡司、役案合从杖六十,牒县施行。①

范应铃基于利用清晰的理财思路判断了保内的差役情况,但是其判词的背后是案件当事人财产和差役的确凿核查。准倍役法:“税钱一倍,歇役十年,税钱两倍,歇役八年,税钱三倍,歇役六年,并理为白脚。”②在此基础上分析保内张茂、邓汝贤、张法政 3 人的产钱情况,发现后二者与张茂资产成倍数关系,理应适用“倍役法”;而张法政之资未及邓汝贤之一倍,故不适用倍役法,再加上邓之执役比张早 6 年因此歇役在先,综合两者故令 3 人的差役顺序为邓汝贤、张法政及张茂。但乡司、役案却“三名并追”甚至“显是卖弄”,因此给予他们“合从杖六十”的惊惩。

综上所述,随着法典体系和法律程序的完善,南宋司法官员的法律专业性大大提高。他们相当信服南宋的法律条文并将其熟记于心,重视案牍记录的积累和强调证据、证物的证明力,并充分利用法官自身的司法经验和特长使审判的结果更加合理、准确和公正,体现着一名法官应有的素质和能力。

五、结论

宋代法律体制下的情理法关系一直是法史学者留意的问题,这关乎着宋代法律体系在整个中国法律史上的地位。从范应铃身上我们可以看到一个与传统印

---

① 《名公书判清明集》卷三《赋役门·差役》,范应铃“倍役之法”,第 75 页。

② 据孔学总结,此条属于宋代敕令,参见孔学《〈名公书判清明集〉所引宋代法律条文论述》,载《河南大学学报》2003 年第 2 期。

象不同的“名公”形象,以他为代表的同时代的法官们强调情理法的平衡和协调。他们要求原情定罪,既要切近人情,又要发掘案情。他们的判案结果符合天理的要求,但又要求不能完全以经义作为判案的根据。他们具有极高的法律素质,强调证据的证明力,对复杂的法条熟记于心并能参悟其中的法意,最大限度地排除案件疑点并找到合理的法条对应。从中我们可以看到南宋地方官在司法实践中处理情理法问题的精神,法官们试图维持情理法三者之间的平衡关系,其中除了“原情”与“检法”是普遍性的共识,在“据理”方面,理学的影响固然根深蒂固,但在公堂之上法律仍然是最重要的审判依据,体现出南宋司法的专业性和相对独立性。

在对待经义礼序的态度上,范应铃在某种程度上展现了一名司法者的尊严。在尊重天理、礼法的同时,他更加强调司法的独立性和专业性,认为经义之用在处理政事、施政于民,而治讼审案则只能依据国家制定的法律档,二者须并行不悖,不能互相干扰。范应铃对于如何尽职狱讼有自己的独到见解,情理法三者的平衡并不意味着三者的比重完全相等。他根据实际情况对三者的地位进行微妙的调解,这是他维持拟判公正和社会秩序的出路所在。在以息讼为宗旨、以公平和稳定为目的处理情理法的纠纷的历史背景下,范应铃代表了司法判案的时代新风,呈现出南宋地方官的鲜活形象与生命价值。

综上所述,笔者认为在南宋时期,情是指“原情定罪”,其中既有黄宗智先生提出的实情,亦有滋贺秀三先生强调的人情。理的含义中既有天理的意思,又有坊间一般性道理的意义,但是从根本上来说后者是从属于理学的框架之下,以经义之用为表现形式。法在南宋则表现为更加完备和系统化的法律体系,敕令格式的架构更为精密和繁复。对于南宋执法者来说,以“公心公道”调和情理法之间的矛盾,避免产生厚此薄彼、有失公平的局面是他们的普遍要求。息讼止诉是他们的根本目的,为此则须在情理法之间做到合理折中,实现人情和法、理的平衡。尤其是在当时复杂的社会背景下,作为正义象征的法官面对民间诉讼,当功利主义与德性原则发生冲突时,当维护个人权益与追求社会无讼发生矛盾时,作为连接国家意志和地方管理纽带的州郡官员,折中、平衡的司法态度往往会成为一般性的选择方向。

(作者单位:厦门大学)

论北宋敕之整理

裴会涛

在帝制时代，皇帝对朝廷政务"事无不统"，朝廷政事大多是具体的人或事，因此其制敕都是针对特定的事项或特定的人物所作的裁决，从形式上看类似于今日通常所说的行政命令。通过皇帝的敕对社会事务进行规范和管理，这固然给北宋政府的管理活动带来了极大的便利，但相应地，也带来了一些问题，即敕的内容往往过于具体，抽象性不强，普适性不足。一个规范性文件的制定，是为了能有效实现对相应事项的规范作用，而现实社会千变万化，那些简单的、固定的文字总是不能够适应社会变化，随着社会的变迁，往往既没能起到对社会事务的规范作用，又没能对社会发展起到推动作用，甚至还会成为社会发展的桎梏，因此，必须对这些文件进行整理、修改。例如，元丰六年(公元1083年)，宋神宗下诏：

> 内外官司，见行敕律令格式，文有未便，于事理应改者，并申尚书省议奏，辄画旨冲革者，徒一年。即面得旨，若一时处分，应著为法，及应冲改者，随所属申中书盛枢密院奏审。①

观察本条史料，所谓"文有未便，于事理应改者"，首

---

① (清)徐松辑：《宋会要辑稿》刑法1之12，中华书局1957年版，第6467页。

先即道出了正是敕、律、令、格、式条文的内容于所要规范的事项的"事理"有所不便,所以需要修改。这些整理后的敕条尚且如此,那些"面得旨"的"一时处分"还未曾经历"著为法"的程序,更加需要进行整理。

另外,在北宋因为"律不足以周事情",而敕则因一时、一事而制定,以至于"虽老于为吏者不能遍览",为了精简法的规模,便利政府人员翻检使用,使敕书内容更抽象、更简洁是一个必然选择。编辑和整理编敕书是达到此目的的一个较好选择。一方面,所编之敕大量翔实,不缺乏材料;另一方面,敕在被编之前已然行用,不至有衔接的缺失,增加社会成本。

北宋对敕条进行整理的方式也是多种多样,在不同阶段有不同的方式,基于立法的视角来审视,北宋对这些敕条的整理的形式有"准立法"的编类"续降"和重要立法形式的编敕。通常,史书中多能看到"编敕"一语,其含义有三:其一是对敕的整理活动的泛称,包括对"续降"的编类和下一层面要讲的"编敕"。因在此层面所称的编敕本为泛称,故在本文中为了作出区分将之称为对敕的整理,本文的题目即取其意。其二是指一种对敕的编辑整理的立法活动。这种法律整理活动类似于法典编纂。而对敕的编纂和整理的形式是多样的,包括在下一层面要提到的狭义的"编敕"、单独的编令、格、式以及将敕令、敕式、敕令式、敕令格式等混合编修方式。其三是狭义的"编敕",就是对有关刑名的敕条的单独编修,成为一个单独文本,也可以称为当时的刑法典。为避免混淆,在本部分中所称的编敕,仅采此层面的意义,其余的形式则各自用其完整名称进行指称。就第三层面的"编敕"来讲,在北宋前期,其是相对于对令、格、式的单独编修的整理活动。随着社会的发展,社会生活日趋复杂,敕所需要规范的事项越来越多,敕条也越来越多,才逐渐出现了将刑名的敕和其他法律形式的令、格、式按类混合编修形式。这种从将敕条编修为某一类法律形式到将相关的敕条归类后混合编修的演变过程,体现了北宋立法应时而变的特点。这种将敕混合编修的方式对于及时有效处理社会问题,便利执法人员查阅具有重要作用。到了北宋中后期因为各种混合编修形式被普遍采用,尤其是到了神宗以后,几乎不再单独编刑名敕了。但是因为敕令格式这些法律形式的实质都是诏敕,则无论对其单独编修还是混合编修都可以称为对敕的整理,按照当时的语言都是编敕,所以仍持续存在编敕的说法,不过其内涵已然发生较大变化,已不是上面提到的第三层面的编敕,而是第二层面的意义。

北宋一代,敕条繁多,为了将其整理,便利使用,从最初的派员编修,到因事置局,最终形成诸如"编敕所"这样的临时性机构,这些机构因为长期、断续性被设置,几乎有成为正式政府机构的趋势。北宋从单独编修到混合编修的方式,也影响了其整理机构的设置。

一、北宋整理敕的社会背景及原因

基于立法研究的视角,北宋的敕之所以需要整理,是因为存在三个方面的问题:其一,立法敕和其他类型的敕混杂一起。在一条敕被制定之际,并没有严格按照立法程序去进行,而是按照王言之制的文书形式去制定,从形式上看,其立法之敕和其他敕是混同关系,这个问题的解决,主要依赖于在对敕进行编辑整理之际进行取舍的方法。因为编修的臣僚往往法律素养较高,因此,对敕进行取舍在当时并不被视为一个重要的问题,本文不对此进行专门研究。其二,既然敕条是按照"王言之制"来进行制定的,则其格式、内容必然有不符合严格立法要求的部分,这些内容是需要整理的。这个问题的解决,主要是通过清理避讳的内容,删除礼节性的繁文来进行的,该问题是本部分研究的重点。其三,在对单独敕条进行编类以及内容的整理后,因为敕条之间没有天然的、内在的联系,颁布的时间各异、颁布的原因不同,难免造成一些敕条之间的冲突,这就需要按照一定的规则,比如时间顺序或者所规范事项内容等,将之归类,消解冲突,形成一个体系化的文本。另外,我们如果将这些活动和北宋的社会状况联系起来会发现,其实这些整理活动具有深刻的社会原因,包括政治、经济和社会生活的变化以及基于这些变化而发生的法制自身的变化,本部分将对此进行研究。

(一)北宋整理敕的社会背景

从北宋建立到灭亡共计167年,其社会、政治和经济各方面都发生了巨大的变化,苏轼曾说过"风俗之变,法制随之"①,面对社会的变迁,法制必然会有相应的因应,现分别就社会变化、政治变化和经济变化三个方面进行述说。

1.社会变化

北宋建立之初,概括承袭了前代的法制,宋太祖、太宗两朝社会秩序尚未恢复,基于"刑乱国,用重典"的原则,又制定了一些严刑酷法。随着统一的完成,社会秩序的恢复,有了回归"中典"的要求。如《玉海》中记载,在太宗淳化二年(公元991年),翰林学士宋白等"上《淳化编敕》二十五二卷,《赦书德音目录》五卷",太宗审阅后,对宰相说:"其间赏罚条目颇有重者,难于久行,宜重加裁定"。② 其实建国之初君主就提到了法典存在重刑的问题,而这问题并没有解决,直到真宗

---

① (元)脱脱:《宋史》卷三三八《苏轼传》,中华书局1977年版,第10803页。

② (宋)王应麟:《玉海》卷六六《律令》,江苏古籍出版社,上海书店联合影印文渊阁四库全书本1987年版,第1255页。

咸平元年(公元998年)一次对“持杖行劫”罪的一次争议才最终得以修改:

先是,朝议以淳化后尽至道末续降宣敕颇为繁密。张齐贤时为户部尚书,诏齐贤专知删定,监察御史王济等同知删定。旧条,持仗行劫,不计有赃无赃,悉抵死。齐贤议贷不得财者,济曰:“刑期于无刑,以死惧之尚不畏,可缓其死乎?”因与齐贤廷诤数四。济词气甚厉,手疏言齐贤腐儒,不知适时之要。齐贤复表陈济当同议定,而复有异论。上问辅臣:“孰可从者?”吕端对曰:“立法尚宽,忌于严急。《周官》‘刑平国,用中典’,此经制也。然利不百,不变法。当改革者,宜从众议。”乃诏尚书省集百官议之,并劾济。未几,齐贤入相。丁酉,齐贤奏:“臣今在中书,不欲与庶寮争较曲直,愿收前诏。”上欣然嘉其容物,遂罢集议,济得免劾,而刑名卒如齐贤之请。自是,犯盗者岁亦不增。先是,三班不免杖罚,齐贤请以赎论,遂为定制,论者称其平允。①

观察史料中张齐贤和王济的争论,王济所言“刑期于无刑,以死惧之尚不畏,可缓其死乎”看似有理,但若皆不缓其死,过多刑杀,除却从肉体上消灭了一些生命,对于“期于无刑”的目标是不会产生任何作用的,重刑从来不是使立法得到实施的有效手段。法官的这种苛刻、严急的做派,使其在合法外衣之下会做出许多无视民命,以刑杀为手段的司法裁断。一个成熟的政治家,不仅要如张齐贤一样“立法尚宽,忌于严急”,更要学习吕端“利不百,不变法。当改革者,宜从众议”的理念。

持杖行劫之罪,其主观恶性、社会危害性确实比较严重。但是,如果不分是否抢劫得到财产,仅以持杖与否作为断定依据对其一律处以死刑,严刑峻法以图消灭犯罪,结果会适得其反,反而会误导抢劫者。因为如果无论是得财与否、被抢劫对象是否受伤害都是唯一死刑,丧心病狂者必然选择得财并杀人,如不得财则也要杀人以掩盖罪恶。如果按照张齐贤意见,不得财并不伤人得以减轻处罚,犯罪分子的选择必然是以不杀人为最高追求和底线,如不得财必然不杀人以图万一事发后能轻刑。这样一来,就会在相当程度上使许多侵犯人身权利的刑事案件转化为侵犯财产权利的刑事案件,或者是使许多侵犯财产权利的案件不至于转化为侵犯人身和生命权利的恶性刑事案件。重刑止奸只能是乱世,起到杀一儆百的作用,在社会稳定的时期,刑贵“轻而必行”。

① 《续资治通鉴长编》卷四三,咸平元年十月,第918~919页。

北宋时期为了清理所继承的前代的重刑举措,做出了持续的努力。但是还有一个重要的领域,军事管理中是一直存在重刑思潮的,如宋仁宗天圣六年(公元1028年),开封府推官、监察御史王沿为河北转运副使,王沿上言称:

> 本朝制兵刑,未几于古。自北人通好三十年,二边常屯重兵,坐耗国用,而未知所以处之。请教河北强壮,以代就粮禁卒之阙,罢招厢军,以其冗者隶作屯田,行之数年,渐成销减,而强壮悉为精兵矣。古者"刑平国,用中典",而比者以敕处罪,多重于律。律以绢直代之,律坐髡钛而役者,敕黥窜以为卒。比诸州上言,谪卒太多,衣食不足,愿勿复谪者七十余州。以律言之,皆不至是,是以繁文罔之而置于理也。诚愿削深文而用正律,以钱定罪者悉从绢估,黥窜为卒者止从左钛,此所谓胜残去杀,无待百年者也。①

虽然最终从违不知,但是王沿提出了一个重要的话题,即一部分敕中规定的刑罚过重,远远超出律中的规定,这些严刑酷法的规定是需要整理和清理的。军事事务固然应该比较严肃,但是从北宋士大夫的观点来看,在国家承平百年之际,如此规定仍然是不符合"刑平国,用中典"的原则。

此类的例证还有,明道元年(公元1032年),开封府上言称"《编敕》禁军粮钱三百犯阶级者斩,刑名太重",于是宋仁宗下诏"增至五百"②。

这种社会变迁,法制滞后的现象是普遍存在的,不仅仅是社会相对稳定需要改变战乱时期的苛法,还有因为一些特殊的社会变化导致的需要改变法制的情形。如天圣七年(公元1029年),有十余人越过黄河,被关在郓州狱中,当地官员称罪当徒,知郓州孔道辅将他们全部释放了,并且指出:"异时河决南燕,至于郓,故有禁。今河水复故道,为干河,何禁也。"③

另外,帝制时代,为了凸显王言为命,往往在下命令之际在语言使用上会突出不得违误。如熙宁八年(公元1075年),宋神宗下诏:"一司、一务、一路、一州、一县敕有称当行、亟断、决配之类,并改为徒二年。"之所以下此诏是因"旧一司等敕参用嘉祐海行敕,如此之类,并以违制论,而熙宁敕乃删去其文,法官无刑名可守,

① 《续资治通鉴长编》卷一〇六,天圣六年七月,第2476页。

② 《续资治通鉴长编》卷一一一,明道元年五月壬辰,第2582页。

③ 《续资治通鉴长编》卷一〇八,天圣七年十二月辛亥,第2529页。

至是,三司检法官王振为言,而降是诏"①。在发布命令之际,强调令出必行,规定了严格的制裁措施,但是事过境迁,颁布命令所处的条件已然不复存在,其后相类似的情形如一概以之论处就显得不合情理,于是就需要作出修改。

2. 经济变化

据南宋人赵彦卫的《云麓漫钞》记载:

> 本朝凡前代僧寺道观,多因郊赦,改赐名额,或用圣节名,如承天圣寿、天宁、乾宁之类是也,隋唐旧额,鲜有不改者。后来创建寺,多移古名,州郡亦逼于人情,往往屈从;岂有敕赐于彼,而臣下可移易于此?特不思耳。甚者富民功德寺,皆有名额;申令两府以上得造功德寺赐名,往往无力为之,反不若富民也。②

赵彦卫基于一个士大夫的立场,从谴责的角度对这种因郊赦对僧寺道观"敕赐名额",但是"后来创建寺,多移古名,州郡亦逼于人情,往往屈从"。另外还有"申令两府以上得造功德寺赐名,往往无力为之",而一些富民"功德寺,皆有名额",两府以上大臣"反不若富民也"。这虽然是一种很小的社会现象,却也反映了社会的变迁,正是这些社会经济条件的变化,才导致了一些新的社会现象,冲击了政治。而在宋仁宗嘉祐七年(公元1062年),司马光所上的《论寺额札子》中对仁宗所下赦书中"应天下系帐存留寺观院舍,自来未有名额者,特赐名。其在四京管内者,虽不系帐,今日前已盖到舍屋及百间以上者,亦赐名额"的内容进行论争时,指出"是以国家明著法令,有创造寺观一间以上者,听人陈告,科违制之罪,仍即时毁撤",但是"今若有人公然违法令,擅造寺观及百间以上,则其罪已大。幸遇赦恩,免其罚罪可矣。其栋宇瓦木,犹当毁撤,没入县官。今既不毁,而又明行恩命,锡以宠名。是劝之也"③。这充分说明了在官僚政治体制下,为政不得罪于"巨室"中的"巨室"不仅仅包括政治上的巨室,还包括经济上的巨室,这种经济力量对立法的冲击是北宋立法中的一个突出现象。

随着社会经济的发展,生产产品的丰饶,物价下跌是一个必然的趋势,这种社会经济的变化也会成为整理敕条的原因。如元丰二年(公元1079年),成都府、利州路钤辖司言:

---

① 《续资治通鉴长编》卷二七〇,熙宁八年十一月乙亥,第6623页。

② (宋)赵彦卫撰,傅根清点校:《云麓漫钞》卷五,中华书局1996年版,第75页。

③ (宋)司马光撰,王根林点校:《司马光奏议》卷九,山西人民出版社1986年版,第98页。

> 往时川峡绢匹为钱二千六百，以此编敕估赃，两铁钱当铜钱之一。近岁绢匹不过千三百，估赃二匹乃得一匹之罪，多不至重法，盗贼浸多。法寺乞以一钱半当铜钱之一。

神宗批示"从之"①。观察史料中所提的问题，我们可以知道，因为社会经济的发展，物价有了变动，一匹绢之价格仅为原来的一半，这就为计赃定罪提出了一个难题，为了适应新的形势，就需要变更原来的规定，对敕进行整理、修改。

3. 政治变化

立法是政治活动的一部分，而一些其他的政治活动也会对立法产生影响，如在哲宗改元为元祐元年（公元1086年）时期，《长编》中的一条记载中，有一段附注文字就很好的可以为此作出注解：

> 吕陶《记闻》云：元祐之政，谓元丰之法不便，即复嘉祐之法以救之。然不可尽变，大率新、旧二法并用，贵其便于民也。议者乃云："对钧行法。"朝士善谑乃云："岂独法令然，至于年号，亦对钧矣。"然谑戏之谈亦有味，此可见当时改元意，姑附注此。②

这种因为官僚集团斗争而引起的政局的变化，也会引起法制的变化，相应地就会对整理敕产生影响，比如材料中提到的"新、旧二法并用"，其实是一种政治斗争妥协的产物。此外，还有因为政治改革而产生的官制变化，例如，元祐四年（公元1089年），宋哲宗下诏：

> 枢密院诸房条例，久未经编修；又自官制后，旧事隶属他司，所存者亦未删正，冗杂难以检用。命承旨司取索编修，以奉议郎蔡骃、宣德郎衡规充编修官。③

正是因为官制改革，才出现了"旧事隶属他司，所存者亦未删正，冗杂难以检用"的局面，为了解决遗留问题，需专门派员编修。

也有因为打着"绍述"口号，将已被弃置的法制重新行用的，如崇宁元年（公

---

① 《续资治通鉴长编》卷三〇一，元丰二年十二月戊戌，第7325页。

② 《续资治通鉴长编》卷三六四，元祐元年正月庚寅，第8697页。

③ 《续资治通鉴长编》卷四三五，元祐四年十一月壬午，第10486页。

元1102年),枢密院奏:"今来追复元丰法制,已冲改元祐条件不行者,其元祐条件有原系枢密院指挥。"于是宋徽宗下诏:"今有司勾收,申枢密院焚毁。本院今后依此遵守。仍令进奏院遍牒,并依此施行。"①

徽宗一朝"绍述"的举动是有一系列举措的,如在崇宁元年(公元1102年),中书省、尚书省上奏,提出勘会以下几项:

> 一,元符三年已后冲改元符敕令格式续降指挥并板,合依朝旨并行毁弃,其创立条件不系冲改元符敕令格式者,自依旧行用。
>
> 一,七月二十六日,诏:书,今来追复元丰法制,已冲改元祐条件不行者,其元祐条件勾收,申尚书省焚毁。勘会所有未曾冲改元祐年条件,自合依旧行用。
>
> 一,勘会昨修元符敕令格式,内有系幹一司一路等条法,并行釐出,不曾编修,今来自合依旧行用,颁行新法日即依新法施行。
>
> 一,勘会昨修元符敕令,为户部见修禄秩,其录令更不曾编修。后来建中靖国元年十月二十七日得旨罢修禄秩,遵依见管令式条贯施行。今欲申明,将见行禄令条件且依旧行使,仍令一司敕令所将元祐年冲改旧法禄令条贯详看,申尚书省。

徽宗批示"从之"②。

崇宁元年(公元1102年)十一月九日,都省白劄子称:"契勘一司一路等条,内有系元祐以来续降指挥,虽不系釐出条件,若系冲改动元丰法制者,亦合具利害因依申尚书省诏令刑部申明,遍牒行下。"③

一年之内,多次下令,以图回归元丰法制,其决心不可谓不大,但是这种"绍述"招牌下的"追复"能不能有效落实,就北宋徽宗朝的状况来讲,答案是否定的。为了政治的口号随意变更成法,对法制的危害是巨大的。

(二)北宋敕需要整理的原因

就北宋的敕需要整理的原因来讲,即有敕文自身内容的原因,也有敕条之间协调的原因。现分别述说如下:

---

① (清)徐松辑:《宋会要辑稿》刑法1之21,中华书局1957年版,第6472页。
② 同上。
③ 同上。

1. 敕中繁文需要删去

据南宋人赵彦卫所著的《云麓漫钞》中记载：

> 世传艺祖登内南门，指牌上"之"字问近臣，用此字何意，或对是助语。艺祖云："之乎者也，助得甚事！"命去之。①

对于该事，北宋僧人文莹在《湘山野录》中记载得更为详细：

> 太祖皇帝将展外城，幸朱雀门，亲自规画，独赵韩王普时从幸。上指门额问普曰："何不秖书朱雀门，须著之字安用。"普对曰："语助。"太祖大笑曰："之乎者也，助得甚事。"②

两书记载略有差异，僧文莹为了显示其资料的神秘，故意说"独赵韩王普时从幸"，不合情理，但是两书中关于太祖皇帝所说的"之乎者也，助得甚事"的记载确实一致。作为助语的"之"字既是语气助词，也是为了将城门题额从3字变为4字，显得更为壮阔。这些助词，虽然助不得甚事，但在传统时代却是写作中的一个典型特征。诸如此类的助语在北宋的敕中也是大量存在的，因此需要对之进行整理。北宋政府在整理敕之际通常会删除敕中礼节性用语以及其他的不关立法的事项，为了能完整、正确地理解敕条的原定之意，北宋政府还采取制定"看详卷"的方式：

（1）删去敕中的礼节性用语

北宋敕的制定主要是依据臣僚上请进行的，而臣僚的上请必然要有一定的文书格式和写作上多有礼节性语言的特点，这些格式和特点是不符合立法规范要求的。其格式性文字最大的特点就是，臣僚上请中有大量的敬语，在敬语之后才是真正的起请事项，而在起请之后还要有皇帝的批示"从之"。对于这种臣僚起请，只有通过皇帝批示"从之"，才算完成了敕的制定，也就具有了法律的效力。在修订诏敕之际，不能说只要削去那些开头的敬语和结尾的"从之"这些格式性文字，将起请事项直接作为敕之"节文"，就完成了一项立法，在北宋，对于这些格式性文字的修订是有一定的"体式"的，这种规范是有明确立法依据的。如天圣七年（公元1029年），宋仁宗下诏：

---

① 《云麓漫钞》卷二。

② （宋）释文莹：《湘山野录》（卷中），中华书局1984年版，第35页。

> 审刑院、大理寺、刑部三司,自今参详起请,改定条贯,当降敕行下者,并依《编敕》体式,简当删定,于奏议后面别项写定,于降敕之际,止写后语颁下。①

可知,在北宋如何"参详起请,改定条贯"是有一定的"体式"规定的,最后编订的结果是"止写后语颁下"。如徽宗宣和六年(公元1124年)正月十三日,秦凤路经略安抚使郭思奏:

> 访闻管下州县将人户籍充乐人、百戏人,寻常筵会接送,一例有追呼之扰。乞降指挥,除圣节开启外,截日改正。

事下礼部,经过讨论,礼部提出:

> 将人户籍充乐人、百战人,勒令阅习百戏、社火,寻常筵会接送追呼等,即未有禁约条法。看详除圣节开启并传宣抚问之类外,并合立法禁止。于是下诏州县辄抑勒人户充乐人、百戏、社火者杖一百。②

通过查阅《庆元条法事类》可知此敕条的最后形态,"诸州令县因筵会接送,辄抑人户充乐人、百戏者,杖一百"③。《庆元条法事类》中的内容是将起请中的事由"因筵会接送"和诏中的规定结合起来,形成一个完整的规范条文。观察材料可知,所谓的"止写后语颁下",从字面上看仅应该"州县辄抑勒人户充乐人、百戏、社火者杖一百",为了法条的完整性,在整理之际还要将起请所针对的事项适用的具体情形"因筵会接送"添入。

(2)制定"看详卷"以备检详

为了避免因为整理而裁去一些内容,不能够了解立法的原意,北宋采取了制定"看详卷"的方式,通过观察"看详卷"可以了解为裁取的缘由。例如,元丰七年(公元1084年),御史黄降言:

---

① (清)徐松辑:《宋会要辑稿》刑法1之4,中华书局1957年版,第6463页。

② (清)徐松辑:《宋会要辑稿》刑法2之88~89,中华书局1957年版,第6539~6540页。

③ (宋)谢深甫监修,戴建国点校:《庆元条法事类》卷九《职制门六·迎送宴会·杂敕》,黑龙江人民出版社2002年版,第162页。

> 朝廷修立敕令，多因旧文损益，其去取意义，则具载《看详卷》藏之有司，以备照使。比者，官司议法，于敕令文意有疑者，或不检会《看详卷》而私出已见，裁决可否。乞申饬官司，自今申明敕令及定夺疑议，并须检会《看详卷》考其意义所归。所贵法定于一，无敢轻重，本台亦得以据文考察。

神宗诏“下刑部”。刑部言：“《元丰敕令格式看详卷》共二百二十册，难以颁降。乞自今官司定夺疑议，及申明敕令须《看详卷》照用者，听就所掌处抄录。”神宗“从之”。① 观察本条材料可知，北宋修敕“多因旧文损益”，为了能完整、准确理解该法条的制定，就将“去取意义”载于“看详卷”。在检法使用之际，“看详卷”可以用来“定夺疑议”，作为相关部门定夺公务的依据。看详卷的制定，弥补了因裁取而导致的不能全面、完整了解法条制定的前因后果，是对北宋政府对敕进行整理活动的重要补充。

2. 前后敕之间的抵牾需要消除

既然敕有新旧之分，我们就要先对新敕和旧敕作出界定。在北宋，基于其对前代法制的继承性，所言旧敕或者前敕，其时间的起点并不以本朝为限，包括本条敕制定前的与本条内容基本一致的本朝敕条和唐、五代的敕条。如建隆二年(公元961年)九月，宋太祖下诏：

> 幕职、州县官、检法官因引问检法雪活得人命乞酬奖者，自今须躬亲覆推，方得叙为功劳。馀准唐长兴四年、晋开运二年敕施行。若引问检法雪活，不在叙劳之限，自后凡雪活者，须元推勘官枉死已结案，除知州系书官驳正本职不为雪活外，若检法官或转运但他司经历官举驳别勘，因此驳议从死得生，即理为雪活。若从初止作疑似不指事状，或因罪人翻异别勘雪活者，即覆推官理为雪活，仍勘元推官一案断遣。或逢赦亦须招罪状。其雪活得人者，替罢日刑部给与优牒，许非时参选。或雪活一人者，幕职循一资。州县官、幕职二人以上加章服。已有章服加检校官。检校至五品以上，及合赐章服，并京朝官雪活，并许比附奏裁，或覆推官妄欲变移，希翼酬奖，却为元推勘官对众凭者，其完驳议及覆推官各以出入人罪论。②

---

① 《续资治通鉴长编》卷三四七，元丰七年七月壬戌，第8336页。

② (清)徐松辑:《宋会要辑稿》刑法4之93，中华书局1957年版，第6668页。

可见,在当时,五代之后唐、后晋所制定的敕条是被行用的,而北宋对唐、五代的法制的直接适用并不局限于这两代。那么,相应地,新敕即是指当时所制定的敕条,这种所谓的“新”,仅仅是一时的,不久即会被更新的敕条取代而成为旧敕或者前敕。因此,对于新敕和旧敕之间的异同,就需要通过一定的方式来解决,北宋政府采取如下措施:

第一,前后抵牾,直接冲改。

前敕和后敕有了不同,为了协调一致,就需要作出修改,直接冲改是最有效的也是最简洁的方法。如元丰二年(公元1079年),以都承旨韩缜等言:“自降将敕后,陈请不一,虑冲改不明,诸将或未谕,恐误施行故也。”因为陈请不一,冲改众多,恐怕“诸将或未谕”,于是神宗“命枢密院编类文字、大理评事蔡硕等编类将官敕令,承旨司修定”[①]。冲改的原因是臣僚起请,冲改的方式则有直接删除抵牾之处,如元祐元年(公元1086年),枢密院言:“诸路将兵那移阙人处,自有近降朝旨合申枢密院外,若本处依自来条例差使,即不须申。其元丰将官敕军防令差讫申枢密院一节,欲乞删去。”哲宗“从之”。[②]

政和七年(公元1117年)八月九日,中书省上言:

> 检会律文,在官犯罪,去官事发,犯公罪流以下勿论。盖谓命官立文,后来敕文相因修立。掌典解役,谓出职归农,已离本司,及勒停,永不收叙,亦同去官免罪。如此,若犯罪之后,则生奸弊,解役归农,侥免重罪,兼与命官犯罪去官不同。

徽宗下诏:“政和敕内掌典解役者,听从去官法,一节删去不行。”[③]

第二,前降指挥,“更不施行”。

通过颁布新敕宣布将之前的诏敕停用,有的采用直接明确指出某年某月某敕。如天圣八年(公元1030年),宋仁宗诏曰:“三班使臣监当一任回,别无遗阙,并依旧条,却与监押、巡检差遣,所有天圣六年正月敕勿行。”[④]有的虽不明言,但因为承受命令的对象所熟知,则仅言“旧制”。如嘉祐四年(公元1059年),宋仁宗用包拯之议,下诏曰:

---

① 《续资治通鉴长编》卷二九七,元丰二年三月辛卯,第7226页。

② 《续资治通鉴长编》卷三九一,元祐元年十一月庚申,第9511页。

③ (清)徐松辑:《宋会要辑稿》刑法1之30,中华书局1957年版,第6476页。

④ 《续资治通鉴长编》卷一〇九,天圣八年十月,第2547页。

君臣同德，以成天下之务，而过设禁防，疑以私慝，非朕意也。旧制，两制臣僚不许诣执政私第，执政尝所荐举，不得为御史，其悉除之。①

诏书中的“旧制”其实就是一条前敕，通过制定新敕宣布旧敕限制的内容被“悉除之”。

嘉祐六年（公元1061年），枢密院言：“勘会两省使臣磨勘条例，欲除景祐二年九月诏并入内省自来黄门转高班例依旧外，并依今年十月三日指挥，其余条例，更不施行。”仁宗下诏：“合该改转高班已上，内元因劳绩者及无劳绩有公罪杖已下者，并理十年磨勘；无劳绩有赃私及公罪徒已上者，并理二十年磨勘；内私罪情理轻取旨。余并从之。”②

元祐元年（公元1086年），哲宗下诏：“元丰七年七月二十日修立应典卖田宅私写契书并不系籍定牙人衷私引领交易法，更不施行。”③

政和二年（公元1112年）十一月，宋徽宗下诏：

古我先王，绥厥兆民，一夫不获，时予之辜。朕嗣守祖宗鸿业，休养生息，四海泰定，夙兴夜寐，罔不惟民之承。比年以来，诏令数下，训迪戒谕，毋得骚动，播告之修，不匿厥旨。吏辄托法自便，废格违戾，夺其农时，害其常生，役使无艺。其令诸路监司检举，前后不得科买、科配、率敛、差顾、假借、制造、纽折之类条诏，申明榜谕，咸使知之。自今后有违者，罪加一等，吏人配二千里。即以强为和、以抑勒为情愿者，罪亦如之。因而乞取以自盗论赃，轻配千里，若陈诉而不为理直者，徒二年。其大观三年以后许差顾（雇）及和预买指挥可更不施行。④

最为迅速被确定为不予施行的前敕是在宋徽宗时期，据《宋会要》记载，宣和五年（公元1123年）六月十一日，中书省言：

近降指挥，禁止市井营利之家，不得以官号揭榜门肆，其医药铺以所授官号职位称呼，自不合禁止。检准宣和五年三月十七日延康殿学士赵

① 《续资治通鉴长编》卷一八九，嘉祐四年五月戊戌，第4564页。

② 《续资治通鉴长编》卷一九五，嘉祐六年十月乙未，第4728~4729页。

③ 《续资治通鉴长编》卷三七四，元祐元年四月辛卯，第9065页。

④ （清）徐松辑：《宋会要辑稿》刑法2之58，中华书局1957年版，第6524页。

通奏,乞降睿旨,禁止市井营利之家、伎巧贱工不得以官号揭榜于门肆。

徽宗下诏:“令开封府禁止,外路依此诏。宣和五年三月指挥更不施行,令开封府出榜晓谕。”①短短不到3个月时间,即被事实否定,出令不慎,必然的结果。

第三,越过“前敕”,回归更前法。

如果在施政中,出现一些新情况且已经有了前敕指挥,前敕因系“一时指挥”,当时虽然还算恰当,但事后感觉不甚妥当,则必须对其进行修正。北宋采取了通过新敕命令以后本类事件要回归“前敕”之前的规定,这些前敕之前的规定包括回归律文和回归前敕之前的敕。这种回归,其实是一种对前敕的法律效力的暂时中止,留档备查,或许在某些事后还会被翻检出来,重新行用。

天禧二年(公元1018年),诏“皇太子月给钱二千贯”。礼仪院言:“至道中敕百官于皇太子称名,宫僚称臣。续准敕,依皇太子所请,宫僚止称名。”于是又诏“如至道之制。”②

元祐三年(公元1088年),吏部言:“熙宁敕,知州、通判川、广以二年为满。元丰敕,川、广以三十月。元祐敕,知州、通判并以三十月为任,即不分川、广。请川、广知州、通判除有专法指定及酬奖外,无论见任、新差官,并二年为任。其使阙满替,悉依本法。”哲宗“从之”。③

3. 不具有普适性的敕条需要清理

北宋一代,用敕指挥政事,大量颁降宣敕,岁久数多,虽当时行用方便,却为后来编辑整理以及使用造成了困难。举仁宗朝为例,景祐二年至庆历三年(公元1035~1043年)这8年之间,“所增又四千七百余条,丁酉,复命官删定”。指派翰林学士吴育、侍御史知杂事鱼周询、权判大理寺杜曾、知谏院王素欧阳修并为详定官,宰臣晏殊、参知政事贾昌朝提举。④ 而到了嘉祐二年(公元1057年),韩琦上言中提到:“天下见行编敕,自庆历四年以后,距今十五年,续降四千三百余件,前后多抵牾,请加删定。”于是仁宗诏令宰臣,参知政事曾公亮同提点详定编敕。⑤15年间又有4千余件,两次记载前后24年合计9千件,日积月累,可谓繁多。

而这繁多的敕条,又有相当多的部分仅仅是针对个别地方的暂时性的指挥,不具有普遍适用性,如天圣五年(公元1027年),提举详定编敕所上言:

---

① (清)徐松辑:《宋会要辑稿》刑法2之87,中华书局1957年版,第6539页。

② 《续资治通鉴长编》卷九一,天禧二年九月辛酉,第2124页。

③ 《续资治通鉴长编》卷四一二,元祐三年六月,第10017页。

④ 《续资治通鉴长编》卷一四二,庆历三年八月丁酉,第3415页。

⑤ 《续资治通鉴长编》卷一八六,嘉祐二年八月丁未,第4487页。

据《编敕》众官参详前后宣敕内，只是约束一路或三两州军事件，若一例编敕，未得允当。今欲令看详不销（疑为"消"）遍行天下宣敕类聚抄录，尽一开生，都为一卷。候将来详定了毕，编所于头尾开说删定行用因依，同《编敕》进呈。乞降中书门下看详，只乞逐处都作散敕一道，降下刑部，令翻录，下逐路合要行用州军施行。冀免差互，易为检断。

仁宗"从之"。① 虽然从编敕的角度来讲，对于这些"只是约束一路或三两州军事件"的敕条，"若一例编敕，未得允当"并不适合，但对当地续降整理来讲，仍是重要的素材。

还有些敕条系是一时特别恩典。如熙宁十年（公元1077年），学士院言：

编修内诸司式所送本院式十卷，编学士员数并录表疏、青辞、祝文、锁院、敕设、宿直之类。看详学士员数系朝廷临时除授，若表疏、青辞、祝文，或请祷之意不同，难用一律。况朝廷待学士礼意稍异，宣召敕设尽出特恩，关白中书、枢密院，止用谘报，不同诸司。乞下本所以吏人差补及官物出入之类并立为式，学士所职更不编载。

宋神宗"从之"。② 对于这些数量繁多却又不具备普遍适用效力的敕，需要详细审定，进行整理。

我们制定一项法令的目的不仅仅是要当时有效，还希望能"永为典则"。但是，北宋法令如此繁多，必然会有相互的抵牾。为了避免这种法律冲突，使之成为一个相互协调的体系化文本，必然要解决这些问题。如元祐元年（公元1086年），司马光在札子中提到：

勘会近岁法令尤为繁多，凡法贵简要，令贵必行，则官吏易为检详，咸知畏避。近据中书、门下后省修成尚书六曹条贯，共计三千六百九十四册，寺监在外；又据编修诸司敕式所，申修到敕令格式一千余卷册。

实际用法的是官吏，官吏在用法之际为了便利起见，必然期望法律简易然若司马光所言，"六曹条贯，共计三千六百九十四册，寺监在外"，则"虽有官吏强力

① （清）徐松辑：《宋会要辑稿》刑法1之4，中华书局1957年版，第6463页。
② 《续资治通鉴长编》卷二八五，熙宁十年十月庚辰，第6971页。

勤敏者,恐不能遍观而详览,况于备记而必行之”？司马光在札子中还提道：

> 其间条目苛密,抵牾难行者不可胜数。昨者条贯初下,吏部侍郎左选差注不行者数日,不免再有奏陈,复依旧法。必料诸曹条贯皆有似此拘碍难行者。今将特降指挥下尚书六曹,委长贰郎官同共看详本曹新旧条贯,内有海行已久及全无义理,于事无益,防禁太繁,难为遵守者,尽令删去。惟取纪纲大体切近事情,朝夕不可无者,方始存留作本司条贯,限两月申奏施行。

宋哲宗“从之”。① 司马光的札子其实是一个立法建议,他所提出的问题确实是深切道明了北宋法令繁多、检详不易、相互抵牾的弊病,其指出,“惟取纪纲大体切近事情,朝夕不可无者,方始存留作本司条贯”,虽“持义甚高”,未免无济于事。但是清理其间的不具有普遍适用性的敕条,最大限度精简敕条的规模,便利翻检确实是一个不容回避的举措和思路。

4. 敕中有应回避的名讳需要清理

既然敕条需要被整理,就说明其内容中有不适宜的部分,所谓不适宜,既有规范方法、规范手段、规范对象的变化等导致的不适宜,也有在特定历史时期的特别事项。比如避讳,北宋对敕条进行整理之际,即要将此纳入考量范畴。陈垣先生称“宋人避讳之例最严”②,并举了北宋时期避讳之字有“匡、胤、玄、郎、珽、敬、弘、殷、光、义、炅、恒、祯、曙、顼、煦、佶、桓”等字,提到了《淳熙重修文书令》和《文书式》中对此作出的规范。这种对当朝皇帝名讳的避讳,一般在皇帝登基之后即开始,如建隆元年(公元960年)“三月乙巳,改天下郡县之犯御名、庙讳者。”③此外,宋英宗治平元年(公元1064年),学士院奏:“详定改律、敕、官文书与御名同者凡二十字,余令依此以音义改避。”④基于孝道之故,当朝皇帝还会对自己父祖辈的名讳进行立法规范,如治平元年(公元1064年),英宗下诏:“中外文字不得用‘受’、‘益’二字。”究其原因是“翰林学士贾黯奏仁宗旧名所当避也”⑤。仁宗在真宗大中祥符三年出生,到大中祥符七年三月被封为庆国公,八年封寿春郡王,到

① 《续资治通鉴长编》卷三八五,元祐元年八月丁酉,第9380页。

② 陈垣:《史讳举例》,刘梦溪编《中国现代学术经典·陈垣卷》,河北教育出版社1996年版,第298页。

③ 《宋史》卷一《太祖一》。

④ 《续资治通鉴长编》卷二〇一,治平元年五月丙辰,第4872页。

⑤ 《续资治通鉴长编》卷二〇三,治平元年十一月甲子,第4914页。

真宗天禧元年二月被册封为“寿春郡王祯兼中书令”①,由此可知,至迟在天禧元年(公元1017年)之前,“受益”为仁宗使用之旧名。仁宗在位四十年,讳“祯”,并不讳“受、益”。英宗以藩邸承大统,过继给仁宗,为表示孝道,扩展了避讳的范围。

也有一些避讳本是无甚意义的,如玄、朗,朱熹指出:“‘玄朗’讳起于真庙朝,王钦若之徒推得出,这也无考竞处。”②虽无所考,却也被作为避讳进行立法,这种避讳的立法,会对社会产生很多的影响,如吴处厚在《青箱杂记》中记载:

> 太祖庙讳匡胤,语讹近香印,故今世卖香印者不敢斥呼,鸣锣而已。仁宗庙讳祯,语讹近蒸,今内庭上下皆呼蒸饼为炊饼,亦此类。

不仅仅是皇帝的名讳,一些地方割据势力的名讳也会产生类似的效果:

> 钱武肃王讳镠,至今吴越间谓石榴为金樱,刘家、留家为金家、田家,留住为驻住。又杨行密据江淮,至今民间犹谓蜜为蜂糖。滁人犹谓荇溪为菱溪,则俗语承讳久,未能顿易故也。③

就北宋对敕的整理来讲,所需要考虑的避讳的不仅仅包括本朝皇帝名讳,还要考虑到基于其对前代法制概括继承性而产生的对前代、伪国的名讳的改正。如宋太宗至道元年(公元995年)十二月十五日,权大理寺陈彭年言:“法寺于刑部写到令式,皆题伪蜀广政中校勘,兼列伪国官名衔,云奉敕付刑部。其帝号、国讳、假日、府县、陵庙名悉是当时事。伏望重加校定改正,削去伪制。”于是太宗下诏命“直昭文馆勾中正、直集贤院胡昭赐、直史馆张复、秘阁校理吴淑、舒雅、崇文院检讨杜镐于史馆校勘,翰林学士承旨宋白、礼部侍郎兼秘书监贾黄中、史馆修撰张佖详定”④。我们参照之前宋太祖建隆年间详定《刑统》“有上书言《刑统》条目之不便者”可知,所谓“不便”并不仅仅是律文内容的不便,当还有避讳之考量。如律文中有“十恶有大不恭”之名,本为“大不敬”,因避太祖之祖赵敬之讳改为“大不恭”。

---

① 《宋史》卷八《真宗三》。

② (宋)黎靖德《朱子语类》卷一二八《本朝二·法制》,中华书局1986年版,第3066页。

③ (宋)吴处厚撰,李裕民点校:《青箱杂记》卷二,中华书局2007年版,第19页。

④ (清)徐松辑:《宋会要辑稿》刑法1之1,中华书局1957年版,第6462页。

二、北宋政府对敕整理的方式

敕是对相关事项的规定和指挥,具体政务千头万绪,言辞之间,必然难以穷尽。为了使颁布的指挥不限于当时,就需要编修敕。北宋对敕的整理既有对单独敕条的个别整理,也有对相关的敕条的整体编修。从形式上讲,北宋对敕整理的方式有编类"续降"和对敕的编纂整理。对"续降"的编类,更类似于一种对诏敕的汇编,严格来讲,可将其视为一种"准立法"行为。因为这种编类活动所编类的内容中有许多敕条并非属于立法范畴,且仅仅按照时间顺序编排,并不会改变诏敕的内容。

除却编类"续降",在北宋,对敕的具体整理方式还有编"一州一县敕"、编"一司一务敕"还有对通行全国的敕令格式的编修。对敕令格式的编修包括单独的编修和混合编修两个阶段,即按照法律形式将敕令格式单独编修分别修成狭义的"编敕"、单独的令、格和式以及将敕令格式混合编修成为"敕令格式"两个阶段。深入考察可知,在单独编修和混合编修之间,还有一个过渡形态和过渡阶段,就是将敕和式、敕和令、敕和令式混合编修的阶段,究其实质也是一种混合编修的形式。本部分将对其进行分别述说。

(一)编类"续降"

关于"续降",南宋人赵升曾作过如下叙述:

> 法所不载,或异同,而谓利便者,自修法之后,每有续降指挥,则刑部编录成册,春秋二仲颁降内外遵守,一面行用。若果可行,则将来修法日,增文改创也。①

观察本段史料可知,所谓"续降"是指,面对一些新的问题,虽已立法而有新举措或未有立法,则颁布诏敕对之进行处分,"续降"这一称谓是与前敕相对的。之所以和"指挥"联称,是因为其本是对具体事项的处分举措,具有对相关事项进行指挥的效力。基于"王言为命"的原则,诏敕一旦发出,则"当时为是",立即行用。刑部半年一次对"续降"进行编录,然后颁降,在未正式成为编敕或者被编敕令格式之前也是作为法律适用的,等到了正式的修法,编敕或者编敕令格式时,再编录进去。对于续降的整理,是"编敕"或者编敕令格式的前提,也是一种重要的

① (宋)赵升撰,王瑞来点校:《朝野类要》卷四《法令·续降》,中华书局2007年版,第81页。

立法活动。对续降的编类，主要是要求相应的承受机关按照时间顺序对其进行编录，这一过程按照从承受敕书到编类的顺序可以分为如下几个步骤：

1. 设置专门机构承受敕书

北宋的中枢机构都设置有"制敕库房"负责承受和保存制敕，如门下省"凡分房十：……曰制敕库房"，中书省"分房八：……曰制敕库房"，尚书省"分房十：……曰制敕库房，主编检敕、令、格、式，简纳架阁文书"①。尚书省六部专设"主管架阁库：掌储藏帐籍文案以备用。择选人有时望者为之。旧有管干架阁库官，宣和罢之，绍兴十五年复置，吏、户部各差一员，礼、兵部共差一员，刑、工部共差一员，以主管尚书某部架阁库为名，从大理寺丞周楙请也"②。刑部、御史台这些专门的法司又设置有专门的"检法官"，其他部门虽没上述设置，却设有"主簿"，这些当都是专门的承受机构或者主管职员。

北宋各级地方各级政府也设置有专门的敕书承受机构。建隆三年（公元962年），宋太祖令"诸州属县各置敕书库"③，这样就在各地设置了专门的敕书库，地方政府接收到敕书后，就有了一个专门机构对之进行管理，这也为对"续降"进行整理奠定了制度基础。据《宋朝事实》记载，太宗曾下诏："天下前后诏敕，并听于敕书楼著以籍，受代日交相付，仍于印纸历及南曹历内批书。"④规定了主管官员的交接手续。

可见，北宋地方政府都有专门的机构存放敕书，对于敕书的承受不仅仅要进行简单的收发和照办，还要按照时间顺序对承受的敕书进行简单的编类并誊抄副本，地方主官和法律适用机关各一本，官员替任后还要有交接手续，此外还规定了由转运使负责的严格的监督管理制度。通过上述规定，地方对续降编录的制度基本得以确立，即依次编录共计两本，转运使监督，长吏替代要向后任交付。

2. 设官置局，许人建言

对于"续降"进行编录是一件大事，北宋政府是很重视的，在决定编录后，一般先指定某部门、某官员或者设定一个全新的机构进行该项活动，在编录的专职机构和人员确定后，为了群策群力、博采众智，许臣僚建言，对建言之人加以推恩。如天圣四年仁宗下诏："见行编敕及续降宣敕，其未便者听中外具利害以闻。"⑤元丰六年（公元1083年），门下、中书外省言："自官制行，已及期月，其间利害，官吏

① 《宋史》卷一六一《职官一》。

② 《宋史》卷一六三《职官三》。

③ 《续资治通鉴长编》卷三，建隆三年十一月丁巳，第74页。

④ （宋）李攸：《宋朝事实》卷一三《仪注三》，商务印书馆1936年版，第212页。

⑤ 《续资治通鉴长编》卷一〇四，天圣四年十一月甲辰，第2425页。

固已习知。今编修敕条,理当博采众智,欲乞许见任官局参议,及许其余人具所见利害,赴本省投状,如有可采,量事推恩。"神宗"从之"。① 上述两条史料提到的诸如"听中外具利害以闻","许见任官局参议","许其余人具所见利害,赴本省投状"以及"如有可采,量事推恩",表明了北宋政府对建言的重视。

另外熙宁二年(公元1069年),中书门下言:

> 勘会《嘉祐编敕》断自三年以前,后来续降条贯已多,理须删定。自来先置局,然后许众人建言,而删定须待众人议论,然后可以加功,故常置局多年乃能成就。宜令内外官及诸色人言见行条贯有不便及约束未尽事件,其诸色人若在外,即许经所属州府军监等处投状缴申中书。俟将来类聚已多,即置局删定编修,则置局不须多年,而编敕可成。仍晓示诸色人,所言如将来有可采录施行,则量事酬赏,或随材录用。

神宗"从之"。② 观察本条史料可知,除了内外官员,各色人等也可以向本地政府递交立法建议,如果建议被采纳会有经济奖励,也会有任职奖励。此举极大地调动了各级官员尤其是年轻官员的积极性,也为他们提供了升迁的途径,对于官员法律素养的提升也是一个重要的促进举措。

3. 承受机构,各自编录

北宋中央部门对所承受宣敕进行编录的主体主要有:

(1)枢密院

作为中枢机关的枢密院在北宋是一个重要的机关,如,宋仁宗嘉祐三年(公元1058年),韩琦时任枢密副使,称其在河北任上,此前所下诏令,都是未与契丹讲和以前经武御戎之事,请下本院编录,其后枢密院"上端拱以来宣敕札子六十卷,以一本留中,一本送龙图阁"③。此次整理有了一个副产品,如《长编》记载,到了嘉祐六年(公元1061年),枢密院"上所编机要文字一千一百六十一册,自初纂集讫成书,凡四年余"④。枢密院这次不仅仅整理了宣敕札子,还对相关的机要文字进行了整理。这说明了宣敕是和其他机要档案在一起存放的,进行整理必然要互相牵涉。例如,熙宁五年(公元1072年),枢密院言:

---

① 《续资治通鉴长编》卷一〇四,天圣四年十一月甲辰,第2425页。

② (清)徐松辑:《宋会要辑稿》刑法1之7,中华书局1957年版,第6465页。

③ 《续资治通鉴长编》卷一八八,嘉祐三年十二月甲辰,第4535页。

④ 《续资治通鉴长编》卷一九五,嘉祐六年十一月乙亥,第4731页。

自来颁外司文字有未晓所得指挥,乞申明等事例,亦拟进,颇烦圣览。欲只用本院札子行下,次日编类进入,乞内中画,进呈讫,降出照会。

神宗"从之"。①

元丰六年(公元1083年),枢密院言:

日画圣旨,诸房月终类聚成册进呈。元丰四年正月,诏枢密院所得圣旨,并当日覆奏施行,月终更不进入。逐房因此拖滞,不即钞录,已责限攒写。欲自今诸房所得圣旨,并当日关送院杂司置簿钞录,月关时政房。

神宗"从之"。② 观察本条史料,枢密院作为"掌军国机务"和"出纳密命"③的机构,几乎每日都要承受相当数量的圣旨,在本院杂司置簿钞录,有关机构每月将之编类成册,原来要进呈。到了元丰六年(公元1083年)后改为关报时政房,作为时政记的素材,关于北宋史官记时政记,据《长编》载:

太祖初,以扈蒙之言,诏卢多逊录时政,月送史馆,多逊讫不能成书。于是右补阙、直史馆胡旦复言:五代自唐以来,中书、枢密院皆置时政记,中书即委末厅宰相,枢密院即委枢密直学士,每月编修送史馆。周显德中,宰相李谷又奏枢密院置内庭日历。自后因循阙废,史臣无凭撰集。望令枢密院仍旧置内庭日历,委文臣任副使者与学士轮次记录送史馆。上采其言。是日,诏自今军国政要,并委参知政事李昉撰录,枢密院令副使一人纂集,每季送史馆。昉因请以所修时政记每月先奏御后付所司,从之。时政记奏御,自昉始也。④

可知所谓关报时政房是作为存档,以备国史编修的,这也向我们表明,北宋对敕的整理以及立法都与其修史制度具有密切的关联性。

① 《续资治通鉴长编》卷二三七,熙宁五年八月,第5782页。

② 《续资治通鉴长编》卷三三三,元丰六年二月甲戌,第8027页。

③ 《宋史》卷一六二《职官二》。

④ 《续资治通鉴长编》卷二四,太平兴国八年八月,第550~551页。

(2)大理寺

大理寺是帝制时代的“法司”,对于宣敕这种重要的法律文件具有特殊的义务,如咸平六年(公元1003年),宋真宗下诏“续降宣敕令大理寺写本,封驳司看详”。[①] 大理寺不仅仅要负责抄写宣敕,还要负责编类宣敕,如庆历四年(公元1044年),司勋员外郎吕绍宁“请以见行编敕年月后续降宣敕,令大理寺检法官,依律门分十二编,以颁天下,庶便于检阅而无误出入刑名”。仁宗“从之”。[②]

(3)学士院

嘉祐三年(公元1058年),从欧阳修之请,宋仁宗下诏:“学士院编录国朝以来所撰制诰文字。”[③]

也有单独命官进行整理的,一般都是差法律素养较高的官员。如元丰五年(公元1082年),考功员外郎蔡京上言:“奉诏编中书御笔手诏,凡千三百四十六事,自治平四年抵熙宁十年(公元1077年),为二十一册,乞颁付中书省。”神宗“从之”。[④]

北宋政府不仅仅要求有关中央部门和官员对所承受的诏敕进行编类,对于地方官员也有相应的要求。如太宗太平兴国五年(公元980年)诏:“诸路转运使,诸州除旧编敕外,所授宣敕并依次编录,长吏以下职官受代日,递相交付。”[⑤]

景德二年(公元1005年),宋真宗下诏:“咸平编敕后续降宣敕,所在编录二本,一长吏主之,一法司行用,转运使检察,无漏落。”[⑥]

天禧四年(公元1020年),知制诰吕夷简言:“诸州军续降宣敕,多阙编录,望令诸路提点刑狱司常切检视。”真宗“从之”。[⑦]

也有地方官员主动要求整理的,如庆历二年(公元1042年)九月二十一日,知开封事贾昌朝言:“检会在府迎颁下令颇多,欲令检法官类聚编次,以便检阅。”仁

---

① 《续资治通鉴长编》卷五五,咸平六年九月辛亥,第1213页。

② 《续资治通鉴长编》卷一四九,庆历四年五月癸酉,第3609页。《宋会要》载:“庆历四年五月十二日,司勋员外郎吕绍宁请以见行编敕年月以后续降宣敕,令大理寺检法官依律门类分十二卷,以颁天下,庶便于检阅,而无误出入刑名。从之。”《宋会要辑稿》刑法1之5,第6464页。观察两书记载,其差别在于《续资治通鉴长编》为“依律门类分十二编”,《宋会要》为“依律门类分十二卷”。《宋刑统》虽继承唐律十二门,但其分卷为三十,当以《续资治通鉴长编》为确。

③ 《续资治通鉴长编》卷一八七,嘉祐三年六月甲寅,第4514页。

④ 《续资治通鉴长编》卷三二八,元丰五年七月辛卯,第7897页。

⑤ 《续资治通鉴长编》卷二一,太平兴国五年七月己巳,第477页。

⑥ 《续资治通鉴长编》卷六一,景德二年八月戊子,第1358页。

⑦ 《续资治通鉴长编》卷九五,天禧四年正月乙丑,第2178页。

宗“从之”。①

4. 类聚成册，颁布行下

对于“续降”，要删去繁文，编类成册，以备修法。这种类聚，一般是对该敕条的内容进行修改，以保持其完整性，但也有一些会对敕条中没有价值的“繁文”进行裁取。随着编类“续降”活动的日益频繁，北宋采取了参照编敕的方式进行编类“续降”。如熙宁元年（公元 1068 年），宋神宗下诏：

> 近年诸司奏辟官员，就本司编录条例簿书文字，颇为烦冗。今后应系条贯体例，仰本司官依《编敕》分门逐时抄录入册，不得积留，别差辟官。如续降宣敕岁久数多，合行删修，即依祖宗朝故事，奏朝廷差官修定。见今诸司有官编录处，如替移，更不差填。②

观察神宗诏书可知，各司有专门官员依照“编敕”将续降宣敕分门抄录入册并不能随意删修，如需要删修要奏请朝廷差官修定。就绪将编类的方式来讲，最简单的就是按照时间顺将之保存，但是这样一来，对于翻检使用就不便利了。最好的方式是分门别类之后按照时间顺序保存，如宣和三年（公元 1121 年）六月二十七日，提举利州路常平韩思俨奏：

> 窃见朝廷逐时颁下申明续降条制，但以年月先后编次，月日浸久，在官者未能通知，奸吏因之得为轻重，乞照有司应被受见行敕令，逐门编入，庶使良法美意粲然易见。

宋徽宗下诏：“令尚书省立法。”③可见，作为编敕基础的编类“续降”，到了徽宗时期仍存在只是“以年月先后编次”，而不是分门别类存放。为了便利以后对敕进行整理，在进行编类之际参照编敕的方式分门抄录入册，为进一步整理奠定了基础、提供了便利。

在对敕条类聚之后，随着使用中出现的问题，相关的政府主管官员会提出一些修改建议。如元祐二年（公元 1087 年），根据枢密院上言，宋哲宗下诏：

---

① （清）徐松辑：《宋会要辑稿》刑法 1 之 5，中华书局 1957 年版，第 6464 页。

② （清）徐松辑：《宋会要辑稿》刑法 1 之 6，中华书局 1957 年版，第 6464 页。

③ （清）徐松辑：《宋会要辑稿》刑法 1 之 32，中华书局 1957 年版，第 6477 页。

创立改法并先次施行,应修条者,类聚半岁一进呈,以正条入册颁行。若非海行法,即书所入门目,裁去繁文,行下所属,仍类奏。六曹季轮郎官点检删节,具事目申尚书省、枢密院,令左右司、承旨司看详当否,甚者取旨赏罚。①

观察诏书内容可知,对于"先次施行"的敕条,如果需要修改则先"类聚半岁一进呈"。对于需要修改的敕条,主管机关并不能随意删改,必须将修改意见汇聚上报中枢机关,得到皇帝批准后方能删修,以维持敕的权威性和法制的统一性,如元祐四年(公元1089年)八月六日,宋哲宗下诏:

自今应修条,除法意小有不足当修补外,其更易增损并须类聚申尚书省,候得指挥,方许编修。其尚书省所修条,先经左右司看详,执政官笔削,方许更改。②

对敕条进行编类之后,不仅仅应当用来存档备查,还要定期颁布,这种活动定期进行,半年一次。如熙宁九年(公元1076年),宋神宗下诏:

自今应删立海行条贯,专委官详定讫,中书、枢密院同进呈取旨,类聚半年一覆奏颁行。事应亟行者,取旨,中书委检正五房并本房检正与制敕库官,枢密院委都副承旨并本房检详提举宣旨库官司详定。

之所以颁下此诏是因"诏令数易故也",书中记载其缘起如下。中书同日奏修令式二事,上批:"如上二事,既非不得已须当改定,可俟岁终或半年一次类聚颁行。自今海行条式,宜半年一修定进呈,取旨颁降,毋使纷纷改易,疑扰四方。"③

续降整理后,称为"条贯",负责颁布的机构是刑部,因为北宋造纸术和印刷术的发达,往往将整理的续降进行"雕印"。如熙宁九年(公元1076年),宋神宗下诏:"自今颁降条贯,并付刑部雕印行下。"④

在将续降编类颁行之后,仍将有新的续降,在此后的续降被称为"后敕",续

① 《续资治通鉴长编》卷四〇四,元祐二年八月癸未,第9832页。

② (清)徐松辑:《宋会要辑稿》刑法1之15,中华书局1957年版,第6469页。

③ 《续资治通鉴长编》卷二七六,熙宁九年六月辛亥,第6752页。

④ 《续资治通鉴长编》卷二七九,熙宁九年十二月甲辰,第6845页。

降是相对编敕的指称，后敕则是相对整理后的续降指称的。如元祐元年（公元1086年）四月八日，门下中书外省言：

> 取到户部左右曹、度支、金部、仓部官制条例，并诸处关到及旧三司续降并奉行言制后案卷宣敕，共一万五千六百馀件，除修敕令所该载者已行删去，他司置局见编修者名牒送外，其事理未便，体制未顺，并系属别曹合归有司者，皆釐所改正，删除重复，补缀阙遗，修到敕令格式共一千六百一十二件，并删去一时指挥共六百六十二册，并申明尽一一删，乞先次颁行，以《元丰尚书户部度支金部仓部敕令格式》为名。所有元丰七年六月终以前条贯已经删修者，更不施用。其七月以后条贯自为后敕。

哲宗“从之”。[①] 观察史料可知，在“修到敕令格式”后，有一个为期3个月的过渡期，以便新法典颁行，在7月以后所颁行的“条贯自为后敕”。

（二）编“一州一县敕”

《宋史．刑法志》曾提到，“一州一县又别有敕”[②]，其实所谓的“一州一县别有敕”可以有两种解释：一是有指挥一州一县的敕书，二是关于一州一县事务的编敕。太祖乾德元年，窦仪等人上《宋刑统》之际曾指出，“其厘革一司、一务、一州、一县之类不在焉。至八月二日上之”[③]。其意当是在上《宋刑统》的七月并没有同时将整理好的一州一县敕呈上，直到八月才呈上，这应该是北宋第一次对厘革一司、一务、一州、一县之敕的整理。之所以要编录一州一县之敕，在于有大量专门就一地事项进行指挥的敕。如嘉祐三年（公元1058年），宋仁宗下诏：“开封府陈留、襄邑、尉氏县兵马都监自今差诸司副使以上，三年一代之，与减一年磨勘。”[④]

虽然专门针对一州一县的事项进行指挥的敕数量很大，但是专门进行一州一县敕的记录并不多。准确地说，从总量上来讲单独指挥一州一县的敕很多，具体到某一地区则数量并不多，不需要编辑整理。史书中关于整理一州一县敕的记载主要有：真宗天禧四年（公元1020年），参知政事李迪等“上《一州一县新编敕》三

---

① （清）徐松辑：《宋会要辑稿》刑法1之13，中华书局1957年版，第6468页。
② 《宋史》卷一九九《刑法一》。
③ （清）徐松辑：《宋会要辑稿》刑法1之1，中华书局1957年版，第6462页。
④ 《续资治通鉴长编》卷一八七，嘉祐三年正月己丑，第4501页。

十卷"[①]。庆历七年(公元1047年),宋仁宗下诏"删定一州一县敕"[②]。庆历八年(公元1048年),宋仁宗命翰林学士钱明逸、翰林侍读学士张锡"同详定一州一县编敕"[③]。对于此次编修,《宋史》记载较详,"(庆历编敕)后,又修《一司敕》二千三百十有七条,《一路敕》千八百二十有七条,《一州一县敕》千四百五十有一条"[④]。

在北宋,负责一州一县敕编辑整理的不仅仅是中央官员,为了更好地进行编修整理,也有从各地选调官员进行的。如元祐六年(公元1091年),御史中丞郑雍言:

> 元祐复差役法,于兹六七年,户部未尝一日无申请更改。乞朝廷先自一路详择监司、知州各一二人,召诣三省,令亲受朝旨,先从一二州召诸县令长各采民间役法利害,与监司长吏参议,各为一州一县之法。[⑤]

可见,各地监司、知州和县的长官都是直接和民众打交道的官员,谙悉地方利病,参与修定整理一地敕较为妥帖。

(三)编"一司一务敕"

南宋人赵升称:"在京内外百司及在外诸帅抚监司财赋兵马去处,皆有一司条法。如安抚司法许便宜施行之类是也。"[⑥]观察本条史料,我们可以知道,所谓的"司"包括"在京内外百司"和"在外诸帅抚监司",所规范的对象是其主管的诸如"财赋兵马"等事项。之所以将该类敕称为"一司敕",是因为有专门的政府机关作为分类的依据;而所谓的"一务",则是按照所规范的事项进行分类;规范某一项事务的一类敕就称为某"敕"。

1. 编一务敕

在北宋,因为所谓的"一务"的敕往往是涉及某一个或者某几个政府职司的职能,所以往往将一司敕和一务敕合起来编修。如真宗天禧四年(公元1020年),

---

① 《续资治通鉴长编》卷九五,天禧四年二月辛卯,第2180页。原书按语指出:"本志作一州一县,会要并言一司一务一州一县,今从本志。"

② 《续资治通鉴长编》卷一六一,庆历七年九月丁酉,第3877页。

③ 《续资治通鉴长编》卷一六五,庆历八年十一月己未,第3975页。

④ 《宋史》卷一九九《刑法一》。

⑤ 《续资治通鉴长编》卷四六六,元祐六年九月己亥,第11133页。

⑥ 《朝野类要》卷四《法令·一司》。

宰臣李迪等“上《删定一司一务编敕》三十卷”①。到了明道二年(公元1033年),宋仁宗命翰林学士章得象、知制诰郑向“编定《一司一务敕》”②。到了景祐二年(公元1035年),章得象等“上所修《一司一务及在京编敕》四十四卷”,据《宋史》记载,六月“乙亥,颁《一司一务及在京敕》”③。宋仁宗对章得象等修敕臣僚“并赐阶、勋及器币有差”④。

所谓的一务敕,在北宋主要是财税和军事等事务,这些非常重要的管理事务,不是任何一个政府机关职能所能完全涵盖,没有一个相应的、单独的政府管理部门,于是就将规范这些事务的敕称为一务敕。除却军事方面的还有个别单项政府管理事务的,如天圣五年(公元1027年)“十月己丑,颁新定《五服敕》”⑤。因为服制属于礼制,政府中有能对此类事务有管理权的不仅仅是礼部,还有其他诸如礼仪院、閤门,这就需要制定一部单项法律文本。

据笔者所知,最早的关于一务敕的整理记录是在真宗时期,景德二年(公元1005年),宋真宗下诏令权三司使丁谓“取户税条目及臣民所陈农田利害,编为书”。丁谓与户部副使崔端、盐铁判官张若谷、度支判官崔曙、乐黄目、户部判官王曾等人参议删定,最后成“《景德农田敕》五卷,庚辰,上之,令雕印颁行,民间咸以为便”⑥。

财政税收是一个政府存在的基础,也是北宋中央集权的最核心方面。在神宗元丰改制前,三司是全国财政主管部门,《宋史》称:“国初沿五代之制,置使以总国计,应四方贡赋之入,朝廷之预,一归三司。通管盐铁、度支、户部,号曰计省,位亚执政,目为计相。”⑦到了元丰改制后,全国财计归户部。因为财税方面的问题异常繁多,所以相关方面的敕很多,故有关此类敕的整理的记载也较多。

真宗景德二年(公元1005年),权三司使丁谓等“上《三司新编敕》十五卷”。真宗下诏:“雕印颁行之。”⑧到了大中祥符六年(公元1013年)六月丙子,真宗诏:“翰林学士陈彭年等删定《三司编敕》。”⑨真宗天禧元年(公元1017年),“有司上

---

① 《续资治通鉴长编》卷九六,天禧四年十一月甲子,第2222页。
② 《续资治通鉴长编》卷一一三,明道二年八月辛酉,第2634页。
③ 《宋史》卷一〇《仁宗二》。
④ 《续资治通鉴长编》卷一一六,景祐二年六月乙亥,第2739页。
⑤ 《宋史》卷九《仁宗一》。
⑥ 《续资治通鉴长编》卷六一,景德二年十月庚辰,第1369页。
⑦ 《宋史》卷一六二《职官二》。
⑧ 《续资治通鉴长编》卷六一,景德二年九月癸亥,第1367页。
⑨ 《宋史》卷八《真宗三》。

条贯在京及三司编敕,共十二卷”①。

熙宁十年(公元1077年),宋神宗命宝文阁待制、权发遣三司使李承之“兼详定编修《三司令式》”②。

在北宋,枢密院“掌军国机务、兵防、边备、戎马之政令”,与中书“对持文武二柄”。枢密院负责军事方面敕的整理,宋仁宗嘉祐二年(公元1057年),“命枢密副使田况提举《殿前、马、步军司编敕》”。对于此事,知制诰刘敞上言反对:

> 臣伏闻朝廷选官删定殿前、马、步军等司编敕条贯,诚为要务。臣以谓科律虽详,执而用之者吏也,若不审,则狱容有滥。今殿前等司所以统诸军,刑罚不少,而鞠讯论决一委胥吏,曾无掾曹士大夫参其间,即有猾吏因事侮文,其势不难。狱者重事,人命所系,自古以来,未尝独任小吏,不关缙绅者也。又汉、唐大将军营卫幕府,或设军政议郎、录事、兵曹,分职联事,其员甚众。今诚制度太简略,欲尽如古难矣。且每司置狱官一员,专典鞠狱,令流内铨选补,如左右军巡判官例。如此狱可使不冤,刑可使不误,庶几上副朝廷钦恤之意,愈于专修编敕而已。③

这些“编敕条贯”涉及了多个部门的职能,不能以某某一司来命名,于是就诸司合称。虽然刘敞提出此事“诚为要务”,却明确反对此事,任务选择官吏优于立法。然而不管其意见如何,立法为施政的要务是被认可的。

神宗熙宁十年(公元1077年),枢密副都承旨张诚一上“《删定义勇保甲制敕》五卷、《总例》一卷”④。

徽宗崇宁中,修“《诸路将官通用敕》二十卷”⑤。

2. 编一司敕

现按照时间先后顺序,将史书中所见一司敕陈述。

(1)编太常礼院敕

仁宗天圣五年(公元1027年),太常博士、直集贤院、同知礼院王皞“上所撰《礼阁新编》六十卷”。书中记载其缘起如下:

---

① 《续资治通鉴长编》卷九〇,天禧元年六月甲戌,第2068页。

② 《续资治通鉴长编》卷二八三,熙宁十年七月甲子,第6937页。

③ 《续资治通鉴长编》卷一八五,嘉祐二年二月癸未,第4478页。

④ 《续资治通鉴长编》卷二八三,熙宁十年七月乙丑,第6937页。

⑤ (宋)晁公武撰,孙猛校正:《郡斋读书志校正》卷八《刑法类》,世纪出版集团、上海古籍出版社2005年版,第334页。

> 初，天禧中，同判太常礼院陈宽请编次本院所承诏敕，其后不能就。鯈因取国初至乾兴所下诏敕，删去重复，类以五礼之目，成书上之。赐五品服。①

到了熙宁十年（公元1077年），宋神宗下诏："太常礼院续修《礼阁新编》。"②虽不能断言本次所续修的即是天圣时期所定之文本，但应当是对此文本的一次编修。

（2）编閤门敕

景祐三年（公元1036年），四方馆使、荣州刺史夏元亨言："《閤门仪制》自大中祥符中陈彭年详定后，续降诏敕，或有重复，请复编次之。"于是仁宗命学士承旨章得象、知制诰李淑同详定。到了康定元年（公元1040年）四月，"修成《閤门仪制》十二卷，《客省条例》七卷，《四方馆条例》一卷"③。

元丰三年（公元1080年），因为致仕官范镇"失仪"之事，《长编》中有了关于制定"一司敕令"的记载：

> 同判太常寺王存言："近诏秘书监刘几赴详定郊庙礼文所议乐。伏见礼部侍郎致仕范镇常论辨雅乐，乞召镇与几参考得失。"从之。初，镇致仕，居都城外之东园，每遇同天节，即乞随散官班上寿。寻有诏镇班见任翰林学士上，仍自今致仕官遇诞节及大礼，许缀旧班。后镇迁居颍州，于是入对，閤门奏镇失仪，有诏放罪。仍诏自今致仕官造朝失仪勿劾，二者著为一司敕令。上优待故老类此。④

观察上述记载可知，其所制定的"一司敕令"当是将所载的两条敕编入《閤门仪制》。

（3）编三班院敕

宋仁宗嘉祐三年（公元1058年），"太常博士韩缜修三班院编敕。"⑤

（4）编大宗正司敕

嘉祐六年（公元1061年），"判大宗正事允弼请以潭王宫教授周孟阳等编修

---

① 《续资治通鉴长编》卷一〇五，天圣五年十月辛未，第2451页。
② 《续资治通鉴长编》卷二八三，熙宁十年七月丙子，第6941页。
③ 《续资治通鉴长编》卷一一八，景祐三年正月丙午，第2775页。
④ 《续资治通鉴长编》卷三〇五，元丰三年六月庚子，第7418页。
⑤ 《续资治通鉴长编》卷一八七，嘉祐三年二月丙午，第4503页。

本司所降宣敕、札子”。仁宗“从之”。①

(5)编审官院敕

治平元年(公元1064年),知审官院王珪“奏新编本院敕十五卷”,英宗“行之”。②

(6)编御史台敕

所谓的《御史台敕》,其制定日期不详,但是,观察熙宁九年(公元1076年),侍御史周尹弹奏河北西路转运判官李稷的上言,当有其存在,现录其上言:

> 昨以河北西路转运判官李稷庸很刻薄,众所共嫉,不可使为监司,曾具弹奏。今又闻稷父龙图阁直学士绚死二十余年,寄榇僧寺,终不迁葬。按《御史台敕》官员父母殁十年不礼葬者,委台司弹奏。臣方令人根问稷父骸骨所寄,欲具举劾,乞行降黜,勒令以礼葬父。今闻稷乃奏乞往邛州取祖父骨榇欲葬许州。夫亲莫如父,尚或忍之,祖之与孙,于稷何有?盖稷知臣欲举劾,故先奏请,妄以改葬祖父为名,以延岁月。案稷凡猥无行,父死二十年不葬,此名教之所必废,典刑之所不容。唐颜真卿为监察御史,劾奏朔方令郑延祚母死不葬二十年,有诏终身不齿,当时闻者莫不耸然。臣欲乞罢稷职事,勒令葬父,废弃终身,牓示朝堂,戒敕臣僚,使知忘亲悖逆之人,不容于圣世。③

看到周尹上言,宋神宗诏:“札与李稷令知。”并作出处分,“十月二十一日稷改军器丞”。

(7)编军马司敕

熙宁十年(公元1077年),“宰臣吴充以提举详定删修《军马司编敕》成,赐银、绢各三百,删修官改差遣,减磨勘年有差”④。

(8)编刑部敕

熙宁十年(公元1077年)十二月六日,详定一司敕令所言:

> 准送下《刑部敕》二卷,今将所修条并后来敕札一处看详,其间事系

---

① 《续资治通鉴长编》卷一九三,嘉祐六年正月辛卯,第4661页。

② 《续资治通鉴长编》卷二〇一,治平元年四月辛未,第4861页。

③ 《续资治通鉴长编》卷二七八,熙宁九年十月戊子,第6795页。

④ 《续资治通鉴长编》卷二八〇,熙宁十年正月壬申,第6853页。其按语称“八年二月三日初修”。

> 别司者，则悉归本司。若两司以上通行者，候将来修入。在京通用敕已有条式者，更不重载。文义未安者，就加损益。其后来圣旨札子批送中书颁降者，悉名曰敕，枢密班降者，悉名曰宣。共修成一卷，分九门，总六十三条。乞降敕命，以《熙宁详定尚书刑部敕》为名。

神宗"从之"①。观察史料记载可知，既然有《熙宁详定尚书刑部敕》，则之前当有《尚书刑部敕》以为详定之对象。

(9)编司农寺敕

元丰三年(公元1080年)，宋神宗下诏："权同判司农寺、太常博士周直孺升一任，丞、主簿各减磨勘三年，仍赐银绢有差。以修《司农敕》成也。"②

(10)编都提举市易司敕

元丰五年(公元1082年)，户房检正官吴雍、王震"上《都提举市易司敕》"③。

这些一州一县一司一务的专门指挥，因为更加具体，更具针对性，在北宋时被优先行用的。如政和四年(公元1114年)，中书省言：

> 检会《政和名例敕》：诸律、《刑统疏议》及建隆以来赦降与敕令格式兼行，文意相妨者，从敕令格式。其一司，学制、常平、免役、将官在京通用法之类同一路一州一县，有别制者，从别制。其诸处有被受专降指挥，即与一司一路一州一县别制事理一同，亦合各行遵守。专降指挥，缘未有明文该载。

宋徽宗下诏："令刑部申明行下。"④该敕的制定定下了各种法律形式适用的原则，律、疏议、赦降和新定的"敕令格式"有冲突，则从"敕令格式"。一司一务一州一县有专门指挥的，从专门指挥；另外有"被受专降指挥的"，从专降指挥。这些都体现了特别法优先普通法适用的原则。

(四)单独的刑名"编敕"

本部分所称"编敕"，是指对有关"刑名"的诏敕的编辑整理后形成的法律文本。太平兴国四年(公元979年)，太宗"命有司取国初以来敕条纂为太平兴国编

---

① (清)徐松辑：《宋会要辑稿》刑法1之11，中华书局1957年版，第6467页。

② 《续资治通鉴长编》卷三〇二，元丰三年二月丙申，第7351页。

③ 《续资治通鉴长编》卷三二五，元丰五年四月甲寅，第7817页。

④ (清)徐松辑：《宋会要辑稿》刑法1之28，中华书局1957年版，第6475页。

敕五十卷,行于世”[①]。因为所编的对象是敕条,所以也简称为敕。如,景祐二年(公元1035年),宋仁宗曾令“审刑院、大理寺别减定配隶刑名,为敕五卷”[②]。单独的“编敕”,在北宋被称为“海行敕”,所谓“海行”,按照南宋人赵升的解释,意即全国通行,“敕令格式,谓之海行。盖天下可行之义也”[③]。单独事关刑名的《编敕》往往是在大规模整理敕书后的成果的一部分,我们很难将之和大规模整理敕书相区别,只能通过观察最后的结果,才能知道最好事关刑名的《编敕》的情况。北宋制定《编敕》的活动主要有如下几次:

1.《建隆编敕》

乾德元年(公元963年),判大理寺事窦仪等上《重定刑统》三十卷,《编敕》四卷,宋太祖下诏:“刊板模印颁天下。”[④]《宋会要》中完整记载了窦仪的上言,宋太祖建隆四年(公元963年)二月五日,工部尚书、判大理寺窦仪言:

> 《周刑统》科条繁浩,或有未明,请别加详定。乃命窦仪与权大理少卿苏晓、大理正奚屿、大理丞张希让及刑部、大理寺法直官陈光乂、冯叔向等同撰集。凡削出令或宣敕一百九条,增入制十五条,又录律内“余条准此”者凡四十四条,附于《名例》之次,并目录成三十卷。别取旧削去格、令、宣敕及后来续降要用者,凡一百六条,为《编敕》四卷。其厘革一司、一务、一州、一县之类不在焉。至八月二日上之。[⑤]

该《编敕》共计四卷,一百六条。

2.《太平兴国编敕》:据《玉海》记载,太平兴国三年(公元978年)六月,宋太宗下诏:“有司取国初以来敕条纂为编敕颁行,凡十五卷,名曰《太平兴国编敕》。”[⑥]《宋史》中记载,太平兴国中“增《敕》至十五卷”[⑦],《宋史》中提到的《敕》实际应是该次“编敕”之简称。

---

① 《续资治通鉴长编》卷二〇,太平兴国四年,第466页。

② 《续资治通鉴长编》卷一一七,景祐二年十一月,第2762页。

③ 《朝野类要》卷四《法令·海行》,第81页。到了南宋,不再单独“编敕”而是将敕令格式合编,其实所谓的“敕令格式”也都是诏敕的合编,不过是其内容包括以敕制定的关于刑名的敕和令、格、式,按照一定体例合编,究其实质也是编敕,所以在此赵氏虽称“敕令格式”,而将之用在“编敕”也是可以的。

④ 《续资治通鉴长编》卷四,乾德元年七月己卯,第99页。

⑤ (清)徐松辑:《宋会要辑稿》刑法1之1,中华书局1957年版,第6462页。

⑥ 《玉海》卷六六《律令》。

⑦ 《宋史》卷一九九《刑法一》。

3.《淳化编敕》:据《玉海》记载,端拱元年(公元988年)十月,宋太宗诏令"翰林学士宋白等详定端拱以来诏敕",到了淳化二年(公元991年)三月,宋白等"上《淳化编敕》二十五卷,《赦书德音目录》五卷"。[①] 据《长编》记载,淳化二年,翰林学士宋白等"上《新定淳化编敕》三十卷"[②]。《长编》所提到的三十卷其实是《淳化编敕》二十五卷和《赦书德音目录》五卷合计卷数。

太宗审阅了淳化二年《编敕》后,对宰相说:"其间赏罚条目颇有重者,难于久行,宜重加裁定。"于是又命翰林学士承旨苏易简、右谏议大夫知审刑院许骧、职方员外郎李范同详定。到了淳化五年(公元994年)八月二十一日庚子,许骧、李范上"重删定《淳化编敕》三十卷",宋太宗下诏"《编敕》与《刑统》并行",颁行天下。《长编》记载,淳化五年(公元994年),左谏议大夫、知审刑院许骧等上"《重删定淳化编敕》三十卷",宋太宗下诏"颁行之"[③]。淳化五年的《编敕》其实是对二年《编敕》进行的删定。

4.《咸平编敕》:据《宋会要》记载,咸平元年(公元998年)二月,真宗下诏,令"户部尚书张齐贤专知删定淳化后尽至道末续降宣敕,权判刑部李范、职方员外郎马衮、同知审刑院刘元吉、权判大理寺尹玘、直集贤院赵安仁、监察御史王济、大理寺丞刘去华同知删定"。十一月,"齐贤等上新敕"。于是真宗又诏:"(柴)成务与知制诰师颃、侍御史宗度、直秘阁潘慎修,直史馆曾致尧、晁回、杨嵎、张庶凝,史馆检讨董元亨重详定。"十二月二十三日,给事中柴成务上删定《编敕》《仪制》《赦书》《德音》十三卷,宋真宗下诏"镂版颁行"。《长编》中柴成务等人的上言中详细说明此次整理敕的缘起和经过:

> 自唐开元至周显德,咸有格敕,并著简编。国初重定《刑统》止行《编敕》四卷。洎方隅平定,文轨大同,太宗临朝,声教弥远,遂增后敕为《太平编敕》十五卷,淳化中又增后敕为《淳化编敕》三十卷。编辑之始,先帝亲戒有司,务存体要。当时臣下,不能申明圣意,以去繁文。今景运重熙,孝心善继。自淳化以后,宣敕至多。命有司别加删定,取刑部、大理寺、京百司、诸路转运使所受《淳化编敕》及续降宣敕万八千五百五十五道,遍共披阅。凡敕文与《刑统》、令、式旧条重出者及一时机宜非永制者,并删去之;其条贯禁法当与三司参酌者,委本部编次之,凡取八百

① 《玉海》卷六六《律令》。

② 《续资治通鉴长编》卷三二,淳化二年三月,第714页。

③ 《续资治通鉴长编》卷三六,淳化五年八月,第792页。

五十六道,为《新删定编敕》。其有止为一事前后累敕者,合而为一;本是一敕,条理数事者,各以类分取。其条目相因,不以年代为次,其间文繁意局者,量经制事理增损之;情轻法重者,取约束刑名削去之。凡成二百八十六道,准律分十二门,并目录为十一卷。又以仪制、车服等十六道别为一卷,附《仪制令》违者如违令法,本条自有刑名者依本条。又以续降赦书、德音九道别为一卷,附淳化赦书合为一卷。其厘革一州、一县、一司、一务者,各还本司,令敕称依法及行朝典勘断,不定刑名者,并准律、令、格、式;无本条者,准违制敕,分故失及不躬亲被受条区分。臣等重加详定,众议无殊,伏请镂板颁下,与律令格式、刑统同行。①

本次编敕的原因是"自淳化以后,宣敕至多",达到"万八千五百五十五道"。本次大规模整理敕书,最好的成果有事关三司的"八百五十六道,为《新删定编敕》";"取约束刑名"的敕条"凡成二百八十六道,准律分十二门,并目录为十一卷",为单独的刑名《编敕》;另有《仪制令》以及"厘革一州、一县、一司、一务"的敕。对于柴成务等人的辛苦工作,真宗"优诏褒答之",《宋史》中对此次编敕活动称赞是"当时便其简易"②。

《宋会要》中的记载与此有如下几处差异:第一,"太宗朝遂增后敕为《太平兴国编敕》三十卷"。第二,"准律分十一门,并《目录》为十二卷"。第三,"附《淳化赦书》合为四卷"。第四,《宋会要》更详,多了如下记载:

又请定诸司使至三班有罪当续条例。诸司使以上领遥郡者从本品,诸司使同六品,副使至内殿崇班同七品,閤门祗候、供奉官、侍禁同八品,殿直内品同九品,奉职、借职同九品下。

宋真宗下诏"著于令"。另外:

旧条持伏行切,得财不得财并处死。张齐贤以为大重。议贷不得财者,济坚执,乃诏尚书省集议,卒用。

还有柴成务等上言:

---

① 《续资治通鉴长编》卷四三,咸平元年十二月丙午,第922~923页。

② 《宋史》卷一九九《刑法一》。

> 强窃盗刑名比例文用一年半法，及《配军条例》品官犯五流不得减赎，除名配流如法。臣等详定，并可行用，欲编入敕。

宋真宗下诏："诸司使臣至三班使臣所犯情重者奏裁，馀并从之。"①

5.《大中祥符编敕》：大中祥符六年(公元1013年)，判大理寺王曾等上言：

> 自咸平元年编敕后，至大中祥符五年八月，续降诏敕千一百馀道，及诸路同引到行用诏敕并新编敕、三司编敕、农田敕共三千六百馀道，内有约束一事而诏至五七者。条目既广，虑检据失于精详，望差官删定。

真宗诏令："编敕所依咸平删录。"②据《长编》记载，判大理寺王曾上言，"自咸平编敕后，续降宣敕千一百余道，及杂行者又三千六百余道，条件既众，检视尤难，望遣官删定"。宋真宗乃诏："曾与翰林学士陈彭年等同加详定。"③参照两条记载可知，此次成立的编敕所当以王曾为首，具体参与人员主要有翰林学士陈彭年。《宋史》中记载："大中祥符间，又增三十卷，千三百七十四条。又有《农田敕》五卷，与《敕》兼行。"④大中祥符共九年，所谓"大中祥符间"当指此次，然其数字难以互相印证，故存疑。

大中祥符九年(公元1016年)，翰林学士陈彭年等上言：

> 先准诏看详新旧编敕，及取已删去并林特所编三司文卷续降宣敕，尽大中祥符七年，总六千二百道，千三百七十四条，分为三十卷。其仪制、敕书、德音别为十卷，与《刑统》《景德农田敕》同行。其止是在京及三司本司所行宣敕，别具编录。若三司例册，贡举、国信条制，仍旧遵用。

真宗对宰相曰："彭年等删去繁文，甚为简便。然有本因起请，更相难诘，冲改前后，特留一敕者，今既删去，恐异日或须证验，即无从得之。宜令录所删敕一本，别付馆阁，以备检详。"⑤

6.《天圣编敕》：天圣四年(公元1026年)，宋仁宗命翰林学士夏竦、蔡齐、知

---

① (清)徐松辑：《宋会要辑稿》刑法1之2，中华书局1957年版，第6462页。

② (清)徐松辑：《宋会要辑稿》刑法1之63，中华书局1957年版，第6493页。

③ 《续资治通鉴长编》卷八〇，大中祥符六年四月庚辰，第1823页。

④ 《宋史》卷一九九《刑法一》。

⑤ 《续资治通鉴长编》卷八七，大中祥符九年八月，第2004页。

制诰程琳等重删定编敕,因为“时有司言编敕自大中祥符七年至今复增及六千七百八十三条,请加删定”。仁宗问辅臣曰:“或谓先朝诏令不可轻改,信然乎?”王曾曰:“此憸人惑上之言也。咸平中,删太宗诏令,十存一二。盖去繁密之文以便于民,何为不可。今有司但详具本末,又须臣等审究利害,一一奏禀,然后施行也。”仁宗然之。① 到了天圣七年(公元1029年):

> 编敕既成,合《农田敕》为一书,视祥符敕损百有余条。其丽于法者,大辟之属十有七,流之属三十有四,徒之属百有六,杖之属二百五十有八,笞之属七十有六,又配隶之属六十有三,大辟而下奏听旨七十有一,凡此皆在律令外者也。

于是,宋仁宗下诏:“下诸路阅视,听言其未便者。”其后下又诏:“尽一年无改易,然后镂版颁行。②”实际上试行了三年,到宋仁宗明道元年(公元1033年)“始行天圣编敕”③。从命官编辑开始,三年方成,又三年后方正式颁行,可谓慎重。然方一年就又有人提出修改建议。为了维护成法的稳定性,明道二年(公元1034年)下诏曰:

> 敕令者,治世之经,而数动摇,则众听滋惑,何以训迪天下?天圣所修敕令,既已颁宣,自今有司毋得辄请删改。有未便者,中书、枢密院具奏听裁。④

7.《庆历编敕》:庆历三年(公元1043年),宋仁宗命令“史馆修撰王质,集贤校理、天章阁侍讲曾公亮同详定《编敕》”⑤。四年后修成,《长编》记载如下:

> 《庆历编敕》成,凡十二卷,别为《总例》一卷。视《天圣敕》增五百条,大辟增八,流增五十有六,徒减十有六,杖减三十有八,笞减十有一;又配隶减三,大辟而下奏听旨者减二十有一。详定官张方平、宋祁、曾公

---

① 《续资治通鉴长编》卷一〇四,天圣四年九月壬申,第2423页。
② 《续资治通鉴长编》卷一〇八,天圣七年九月,第2523页。
③ 《续资治通鉴长编》卷一一一,明道元年三月戊子,第2578页。
④ 《续资治通鉴长编》卷一一二,明道二年五月己丑,第2618页。
⑤ 《续资治通鉴长编》卷一四四,庆历三年十月丁巳,第3484页。

亮并加勋及赐器币有差。①

本次详定《编敕》其实是单独对《天圣编敕》的一次整理，整理的对象是一个固定的文本。据《宋会要》记载，天圣八年(公元1030年)四月二十八日，提举管勾编敕宰臣贾昌朝、枢密副使吴育上“删定《编敕》《赦书》《德音》《附令敕》《目录》二十卷”，宋仁宗下诏“崇文院镂版颁行”。书中记载其缘起：

先是，诏以天圣编敕止庆历三年续降宣敕删定。命屯田员外郎成奕、太常博士陈太素、国子监博士卢士宗，秘书丞郝居中、田谅，殿中丞张太初、刘述充删定官，翰林学士张方平、侍读学士宋祁、天章阁侍讲曾公亮、权大理寺少卿钱象先充详定官，昌朝、育提举，至是上之。②

与上条《长编》之记载时间有误差，但观其所称的详定官，因都有称张方平、宋祁、曾公亮的，故疑为同一次。

8.《嘉祐编敕》：据《长编》记载，宋仁宗嘉祐七年(公元1062年)：

宰臣韩琦等上所修《嘉祐编敕》，起庆历四年(公元1044年)，尽嘉祐三年(公元1058年)，凡十二卷。其元降敕但行约束而不立刑名者，又析为续附令，帙凡五卷。视《庆历敕》大辟增六，流减五十，徒增六十有一，杖增七十，笞增三十有八，配隶增三十，大辟而下奏裁听旨增四十五云。③

《庆历编敕》所整理的敕条时间断自庆历三年(公元1043年)，自庆历三年到嘉祐三年(公元1043～1058年)十六年间所增敕条很多，据《宋史》载，枢密使韩琦上言：

自庆历四年(公元1044年)，距嘉祐二年，敕增至四千余条，前后抵牾。请诏中外，使言《敕》得失，如天圣故事。七年，书成。总千八百三

① 《续资治通鉴长编》卷一六〇，庆历七年正月己亥，第3861页。

② (清)徐松辑：《宋会要辑稿》刑法1之5，中华书局1957年版，第6464页。

③ 《续资治通鉴长编》卷一九六，嘉祐七年四月壬午，第4745页。本条所称“续附令”中华书误为“合”。

十四条,视《庆历敕》大辟增六十,流增五十,徒增六十有一,杖增七十有三,笞增三十有八。又配隶增三十,大辟而下奏听旨者增四十有六。又别为《续附令敕》三卷。①

据《宋史》记载,十余年间新增加敕条四千余条,《长编》和《宋史》所载的数字有冲突,当考。《玉海》中记载:

(嘉祐)二年八月丁未,枢密使韩琦言:天下见行编修敕,自庆历四年以后距今十五年,续降四千三百有余条,前后多抵牾,请删定为嘉祐敕。从之。壬子,以宰臣富弼、参政曾公亮、提举钱象先等三人详定,齐恢等六人删定官。七年五月壬午(九日)提举宰臣韩琦、曾公亮上《删定编敕》《赦书德音》《附令敕》《总例》《目录》三十卷,取敕在刑统而行于今者附益,总一千八百三十四条,视庆历敕初有所增减。诏编敕所镂板颁行。②

观察上述3条记载可知,编敕从嘉祐二年(公元1057年)臣僚奏请,到嘉祐七年(公元1062年)五月方完成。《编敕》共计12卷,合《赦书德音》《附令敕》等共计30卷。

9.《熙宁编敕》:据《玉海》记载,熙宁六年(公元1073年)八月七日,提举编敕宰臣王安石"上删定《编敕》《赦书》《德音》《附令敕》《申明敕》《目录》共二十六卷",宋神宗下诏:"编敕所镂板,自七年正月一日颁行。"③

10.《元丰编敕》:据《宋史》记载:

熙宁初,置局修敕,诏中外言法不便者集议更定,择其可恒采者赏之。元丰中,始成书二十有六卷,复下二府参订,然后颁行。④

《元丰编敕》是北宋最后一次编修单独的刑名《编敕》。

在北宋前期,之所以有单独的刑名《编敕》,是与将令格式单独编纂的模式相

---

① 《宋史》卷一九九《刑法一》。
② 《玉海》卷六六《律令》。
③ 同上。
④ 《宋史》卷一九九《刑法一》。

配合的，可参见第三章关于令典、格典和式典的编修。据《宋史》记载，自宋神宗将敕令格式进行界定之后：

> 神宗以律不足以周事情，凡律所不载者一断以敕，乃更其目曰敕、令、格、式，而律恒存乎敕外。……帝留意法令，每有司进拟，多所是正。尝谓："法出于道，人能体道，则立法足以尽事。"又曰："禁于已然之谓敕，禁于未然之谓令，设于此以待彼之谓格，使彼效之之谓式。修书者要当识此。"于是凡入笞、杖、徒、流、死，自名例以下至断狱，十有二门，丽刑名轻重者，皆为敕。自品官以下至断狱三十五门，约束禁止者，皆为令。命官之等十有七，吏、庶人之赏等七十有七，又有倍、全、分、厘之级凡五等，有等级高下者皆为格。表奏、帐籍、关牒、符檄之类凡五卷，有体制模楷者皆为式。①

自此，敕令格式成了各自一类法律形式的代称，而不再是一种法典形式的代称，这就为将这些不同的法律形式混合编修奠定了基础。

（五）敕令格式的混合编修

因为敕、令、格、式都来源于皇帝的诏令，其区别仅在于其所规范的内容的不同，将敕令格式按照规范事项进行混合编修是很自然的事情，早在唐玄宗开元时期就有了这样的做法，据《旧唐书》记载：

> 二十二年，户部尚书李林甫又受诏改修格令。林甫迁中书令，乃与侍中牛仙客、御史中丞王敬从，与明法之官前左武卫胄曹参军崔见、卫州司户参军直中书陈承信、酸枣尉直刑部俞元杞等，共加删缉旧格、式、律、令及敕，总七千二十六条。其一千三百二十四条于事非要，并删之。二千一百八十条随文损益，三千五百九十四条仍旧不改。总成律十二卷，《律疏》三十卷，《令》三十卷，《式》二十卷，《开元新格》十卷。又撰《格式律令事类》四十卷，以类相从，便于省览。②

本条史料所称的"以类相从，便于省览"正是将各种法律形式混合编修的根本原因。在北宋中后期，对各种法律形式的混合编修有如下两个阶段：

① 《宋史》卷一九九《刑法一》。

② （后晋）刘昫等：《旧唐书》卷五〇《刑法》，中华书局2002年版，第2150页。

1. 敕令格式混合编修的过渡阶段

北宋前期,对敕的整理以《编敕》和对令、格、式的分别单独整理为主要形式。因为无论是敕、令、格和式都来源于诏敕,基于便宜的原则,通过诏敕对所需规范事项作出指挥之际并不会专门考虑该诏敕未来归入何类合适,也不会为了让诏敕内容合乎某一类法律规范而刻意对其内容进行限定。另外,法律的目的是规范相关的事项,事实上并不能通过一类法律形式就达到对该事项的规范目的,必须要综合多种法律形式,这就必然要求法律分类应当更加切合实际的需要。早在宋太宗时期就有了沿袭了唐代的做法,即将令式合编。在宋神宗熙宁时期,出现了"敕式""敕令式"等混合编修的形式。这些对敕的整理形式使对某一类事项的规范集中一起,便于检阅,最终形成了"敕令格式"这一混合编修形式。具体来说,这些先后出现的形式有如下三种:

第一,令式。据《玉海》记载,"太宗以开元二十六年所定令式修为《淳化令式》"①。

第二,敕式。据《宋史·艺文志》记载,宋仁宗庆历年间,有以贾昌朝为作者的"《律学武学敕式》,共二卷"②。

宋英宗治平二年(公元1064年),提举在京诸司库务王珪、尚书都官郎中许遵"上新编提举司并三司额例一百三十册,诏颁行,以《在京诸司库务条式》为名"③。

熙宁十年(公元1077年),太原府司法参军、馆阁校勘、中书刑房习学公事范镗为大理评事、权检正刑房公事,"以编修《贡举敕式》毕也"④。

元丰元年(公元1078年),宋神宗下诏:"兵部以《贡举敕式》内武举敕条,再于诸处索文字,删类成《武举敕式》以闻。"⑤

元丰二年(公元1079年),宋神宗下诏:"编《茶场一司敕》。"⑥

元丰二年(公元1079年),"详定编修诸司敕式所上《入内内侍省敕式》",神宗"行之"。⑦

元丰二年(公元1079年),宋神宗下诏:"看详太学条制所,以国学条贯与见

---

① 《玉海》卷六六《律令》。

② 《宋史》卷二〇四《艺文三》。

③ (清)徐松辑:《宋会要辑稿》刑法1之6,中华书局1957年版,第6464页。

④ 《续资治通鉴长编》卷二八四,熙宁十年八月癸未,第6949页。

⑤ 《续资治通鉴长编》卷二九三,元丰元年十月乙巳,第7147页。

⑥ 《续资治通鉴长编》卷二九七,元丰二年四月癸卯,第7230页。

⑦ 《续资治通鉴长编》卷二九九,元丰二年八月辛酉,第7288页。

修学制，定为《国子监一司敕式》。”①

第三，敕令式。熙宁八年(公元 1075 年)，编修内诸司敕式向宗儒上言：

> 面奉德音，所修文字干赏格刑名为敕，指挥约束为令，人物名数、行遣期限之类为式，今具草编成敕、式、令各一事。

于是宋神宗下诏：“沈括兼编修内诸司式，仍罢详定一司敕。”②向宗儒提到的神宗德音“干赏格刑名为敕，指挥约束为令，人物名数、行遣期限之类为式”，其实正是其后北宋政府乃至南宋政府混合编修各种法律形式的制定原则，也是各种法律形式界定的标准。在实际中，将“赏格”也视为敕的做法并没有得到实施，而是将格单列并且沿用了格这种法律形式。

元丰元年(公元 1078 年)，御史中丞、判司农寺蔡确言：“常平旧敕多已冲改，免役等法素未编定，今除令删修为敕外，所定约束小者为令，其名数、式样之类为式，乞以《元丰司农敕令式》为目。”宋神宗“从之”。③

元丰二年(公元 1079 年)，“司农寺上《元丰司农敕令式》十五卷”，神宗“行之”。④

令与式、敕与式、敕与令式合编的出现标志着这些法律形式混合编修有了雏形，也为以后敕的混合编修奠定了基础。值得注意的是，无论哪种混合编修形式都有式的存在，这是和式这种法律形式的特性相关的，按照宋神宗的说法，“使彼效之之谓式”，这种法定的模式一般都是要和一定的规范事项相联系的，相关的事项总是和相关的政府职能联系。而在北宋，相关的政府职能都是由敕和令来规范的，这样一来，将敕、令和式结合起来规范相关事项既是由于式这种法律形式独立性不足也是基于现实需要。

将敕令式混合编修的形式，直至北宋晚期一直存在。如元祐二年(公元 1087 年)，宋哲宗下诏：“颁《元祐详定编敕令式》。”本次立法由苏颂等人负责，编成后，苏颂等人在上表中详载了本次立法的过程和内容。该奏疏较长，但对理解北宋混合编修敕令格式甚为重要，现全文摘录并作分析：

---

① 《续资治通鉴长编》卷二九九，元丰二年八月甲子，第 7290 页。
② 《续资治通鉴长编》卷二六九，熙宁八年十月辛亥，第 6604 页。
③ 《续资治通鉴长编》卷二九三，元丰元年十月甲寅，第 7152 页。
④ 《续资治通鉴长编》卷三〇〇，元丰二年九月甲午，第 7305 页。

> 臣等今以《元丰敕令格式》并元祐二年十二月终以前海行续降条贯,共六千八百七十六道,取嘉祐、熙宁编敕、附令敕等,讲求本末,详究源流,合二纪之所行,约三书之大要,弥年捃摭,极虑研穷,稍就编誊,纛成纲领。随门标目,用旧制也,以义名篇,仿唐律也。其间一事之禁,或有数条,一条之中,或该数事,悉皆类聚,各附本门。义欲著明,理宜增损,文有重复者削除之,意有阙略者润色之,使简而易从,则久而无弊。

奏疏开篇即讲明了本次详定的对象,包括"《元丰敕令格式》并元祐二年十二月终以前海行续降条贯"、《嘉祐编敕》、《熙宁编敕》、《附令敕》等,其编纂体例有二,即"随门标目"和"以义名篇":

> 又按熙宁以前编敕,各分门目,以类相从,约束赏刑,本条具载,以是官司便于检阅。元丰敕则各随其罪,厘入诸篇,以约束为令,刑名为敕,酬赏为格,更不分门,故检用之际,多致漏落。今则并依熙宁以前体例删修,更不别立赏格。又以古之议刑,必询于众,汉以春秋断疑狱,发自仲舒;唐以居作代肉刑,成于弘献;复有因人奏请,随事立条,谳报实繁,去取尤谨。曩时修熙宁敕,止据嘉祐旧文,元丰敕亦只用熙宁前例增损删定,更不修考日前创法改作之意。今则断自嘉祐,至今凡二十余年,海行宣敕及四方士庶陈述利害,参酌可否,互有从违。
>
> 又以人情多辟,法意未周,须藉增裨,乃为详密。考东都之议,应邵有"臣所创造"之言;按庆历之书,群官有参详新立之例。今来敕令式内,事有未备,与删定官等共同讨论具为条目者,即依庆历故事,注曰"臣等参详新立"。

本次立法的原因是元丰时期立法体例存在瑕疵,"各随其罪,厘入诸篇,以约束为令,刑名为敕,酬赏为格,更不分门",这样的结果就是"检用之际,多致漏落"。本次立法"更不别立赏格",将敕令式合编,对于"群官有参详新立之例"则参照庆历修法的惯例,注曰"臣等参详新立"。

> 又以法令所载,事非一端,郡、县、省、台,纪纲繁委,前纪所述,皆有别书。魏律则尚书、州、郡,著令自殊;唐格则留司散颁,立名亦异。皆所以便于典掌,不使混淆。其元丰敕以熙宁敕令中合尚书六曹在京通用,并一路、一州、一县事并厘归逐处,若尽收还,虑致丛脞。今合以该五路

以上者，依旧敕修入敕令，其余有事节相须，条制相类，可以随事生文，不须别立条法者，虽止该一路、一司，并附本条编载。

又有专为一事特立新书，若景德农田、庆历贡举，皆别为条敕，付在逐司。今元祐差役敕先已成书，并近岁专为贡举、出使立条者，既不常行，遇事即用，并已厘出，不使相参。其有一时约束，三省奉行，废置、改更、蠲除、省约，既关治体，须俟佥同，大则奏禀于清衷，次则咨议于执政，既有定论，咸用著篇。又按刑统录出"律内余条准此"附名例后，旁举诸条，各以类见，今亦以敕令中如此例者六十四件，别为一篇。

凡删修成敕二千四百四十条，共一十二卷，内有名件多者，分为上下，计一十七卷，目录三卷；令一千二十条，共二十五卷；式一百二十七条，共六卷；令式目录二卷，由明一卷，余条准此例一卷，元丰七年以后赦书德音一卷。一总五十六卷，合为一部。

在各个地方和各个政府机构（一州一县和一司）"有别书"（别有专门敕）的情况下，敕令仍存原机关。对于一些敕条"以该五路以上者，依旧敕修入敕令"。诸如农田、贡举的一务敕，"付在逐司"。"旁举"之条，"别为一篇"。最后，修成一个综合性法典，凡一十二卷，二千四百四十条，宋哲宗下诏"雕印行下"。书中按语提到，"元祐敕令，崇宁元年七月十日诏并行毁弃，今诸州法司亦往往无之，恐因循失坠，乃掇取苏颂表词具载于此"，"明年二月十八日，苏颂等推恩"①。关于本次立法推恩行赏，《长编》中有所记载。元祐三年（公元1088年），宋哲宗下诏：

光禄大夫、吏部尚书苏颂，朝散郎、试大理卿杜纮，奉议郎、试侍御史王觌，朝散郎王彭年，朝奉郎宋湜、祝康，奉议郎王叔宪，宣德郎石谔、李世南，承务郎钱盖，各迁一官；蔡州观察判官晁端德循资；宣议郎张益减磨勘一年；奉议郎陈兟、承奉郎刘公噩减磨勘二年。

书中提到是"以详定元祐敕令式成书推恩也"②。

2. 编修"敕令格式"

从理论上讲，按类将事关刑名者整理为"编敕"，将事关制度者编为令；按主管机构和规范事项将之分为一司、一务之敕，既合理又便利，但是一件诏令在对一

① 《续资治通鉴长编》卷四〇七，元祐二年十二月壬寅，第9912~9914页。

② 《续资治通鉴长编》卷四〇八，元祐三年二月乙未，第9940页。

个事项作出处分之际,并不会刻意为使自己符合某种法律形式而限缩其内容,其内容往往具有令格式等规范形式。另外,之所以通过诏令的形式来规范事项,根本原因在于其便利性,这种为了政事处理的便利而采取的形式,配合为便利而设置的"叠床架屋"的北宋政府机构,即使是当朝最聪明的脑袋也难以将一条诏令界定为究竟是哪司、哪务的敕或者令格式。法律的制定是为了便利实施,为了达到此目的,必然要有新的整理思路。因此,因事归类,将敕令格式合编成为北宋政府的选择。宋神宗在对格、式、敕、令的概念作出界定后,将原来以法律形式为依据改变为以规范事项为依据的"因事归类"立法技术,这样则出现了某某事项的敕令格式合编。最初,敕令格式只是用于某一专项事务,这其实也是上述"敕式""敕令式"合编形式的一种自然演进,这种因事归类的编修方式为政事处理和使用者翻阅提供了便利,在神宗时期就演变为将所有通行敕按照这种归类方式进行编修。

我们首先要探讨一下所谓的敕令格式说法的意思。元丰二年(公元1079年),左谏议大夫安焘等"上《诸司敕式》"①,宋神宗谕安焘等曰:

> 设于此而逆彼之至曰格;设于此而使彼效之曰式;禁其未然之谓令;治其已然之谓敕。修书者要当知此。有典有则,贻厥子孙,今之格式令敕,即典则也。若其书全具,政府总之,有司守之,斯无事矣。②

宋神宗的这种分类思想影响了其后北宋政府的立法,但是因为基于这种分类方法进行的立法仅仅是按照法律形式的不同进行了分类,而这种分类又很容易导致细琐的弊病,到了哲宗时期,就有许多臣僚对峙进行批评,最有代表性的是元祐元年刘挚的《上哲宗乞修敕令》:

> 臣窃以法者,天下之大命也。先王制法,其意使人易避而难犯,故至简至直,而足以尽天下之理。后世制法,惟恐有罪者之或失也,故多张纲目,而民于是无所措其手足矣。世轻世重,惟圣人为能变通之。祖宗之初,法令至约,而行之可久,其后大较不过十年一变法。岂天下之大,民物之众,事日益滋,则法不可以不密欤?臣窃以谓非事多而后法密也,殆法繁而后奸生也。神宗皇帝达因革之妙,慎重宪禁。元丰中,命有司编

---

① 《续资治通鉴长编》卷二九八,元丰二年六月辛酉,第7259页。

② (清)徐松辑:《宋会要辑稿》刑法1之12,中华书局1957年版,第6467页。

修敕令,凡旧载于敕者多移之于令。盖违敕之法重,违令之罪轻,此足以见神宗仁厚之德,哀矜万方,欲宽斯人所犯,恩施甚大也。而所司不能究宣主德,推广于其间,乃增多条目,离析旧制,用一言之偏而立一法,因一事之变而生一条,其意烦苛,其文隐晦,不足以该万物之理,达天下之情,行之几时,盖以屡变。今所谓续降者,每半年一颁,每次不减数帙矣。夫法者,天下之至公也。造之而不能通,故行之而不能久,其理然也。又续降多不显言其所冲改,故官司州县承用从事,参差牴牾,本末不应,非所谓讲若画一、通天下之志者也。臣愚以谓宜有所加损润泽之,去其繁密,合其离散,要在简易明白,使民有所避,而知所谓迁善远罪之意。伏望圣慈酌时之宜,完法之用,选择一二儒臣有经术,明于治体,练达民政者,将庆历、嘉祐以来旧敕,与新敕参照去取,略行删正,以成一代之典,施之无穷。①

刘挚在上书中提到了"祖宗之初,法令至约,而行之可久,其后大较不过十年一变法",即其不认为是"天下之大,民物之众,事日益滋,则法不可以不密",而认为是"法繁而后奸生也"。刘挚提出是有司"增多条目,离析旧制,用一言之偏而立一法,因一事之变而生一条"才导致"今所谓续降者,每半年一颁,每次不减数帙矣"。另外,"续降多不显言其所冲改,故官司州县承用从事,参差抵牾,本末不应,非所谓讲若画一,通天下之志者也"。刘挚指出,正是因为按照神宗的意思,将敕条按照不同的法律形式混合编修,才会出现"续降"冲改不明的现象。对于元丰时期立法的弊端,右谏议大夫孙觉亦上言:

臣窃闻中外之议,以为今日之患,切于人情者,莫甚于元丰编敕细碎烦多,难以检用。而因事立法,不可通行者,其间不一。虽有老于为吏,习于用法者,抑或莫能通晓。至有一条分为四五,缓急不相照会,其细碎如此,岂所谓王者之法如江河,使人易避而难犯也?臣愚窃以谓,今者朝廷务为简易,使就宽平,法当使人人通晓,不难了知,累朝编敕是也。至于引用断罪,先据律文,后乃铺编敕、格、令。今敕条如律,即是律可废也。伏乞圣慈特置一修敕局,格、令、式附之,择取臣僚中晓经术义理,法律详明,不至深刻者五七人,依故事大臣典领,应省、寺修敕令格式者并

① (宋)赵汝愚编,北京大学中国中古史研究中心点校整理:《宋朝诸臣奏议》卷九八《刑赏门·法令》,上海古籍出版社1999年版,第1053页。

付之,事有损益即可施行者,先次行之。如此,则朝廷仁厚爱育之意可以宣布四方,而刻薄之风浸以衰息矣。

孙觉上言指出了元丰立法的弊端在于"细碎烦多,难以检用",甚至"有一条分为四五,缓急不相照会,其细碎如此",以至于"虽有老于为吏,习于用法者,亦或莫能通晓",于是哲宗下"刊定修立之命"。① 在当时,基于为尊者讳的原则,臣僚并不会指出这种立法上的弊病是由神宗皇帝界定后修法体例又发生变化所导致的,而是将之归罪于有司。但是从立法的角度来讲,在对各种法律形式进行界定后再混合编修并不能确定为一种好的归类原则,必然会导致法律的烦琐。因此,需要将法律形式类型的分别原则和规范事项区分的原则结合,以期形成一种针对性强且法律形式区别显著的法典编纂体例。

在北宋,首先出现的是规范诸司事务的"敕令格式",这也是和上节所讲的规范诸司事务的敕令式相衔接的,由于这种"敕令格式"来规范单项事务的混合编修形式,所以巨大基础性原则就是因事归类。随着北宋中央集权制度的发展,中央各部门的事务繁多,相应地,对事务的规范也与日俱增,中央诸部门间相互之间并没有统属关系,将敕令格式进行混合编修的现象首先就出现在一些中央部门,即当时的各司。熙宁十年(公元1077年),"详定编修诸司敕式所上《诸司敕令格式》十二卷",宋神宗下诏"颁行之"。该法典的内容是:"翰林医官院五,广圣宫一,庆宁宫一,大内钥匙库一,资善堂一,后苑东门药库一,提点军器等库一,入内内侍省使臣差遣一。"②该法典还没有明确以规范事项为命名原则,但是这种因为规范事项不能被政府机构的职能涵盖而产生的混合立法,为进一步的因事归类混合立法奠定了基础。

在北宋后期,随着将多个政府部门的敕混合编修的日益增多,逐渐出现了在多个政府部门之后添加所要规范事项的命名方式。如元祐元年(公元1086年),门下、中书外省言:

取到户部左右曹、度支、仓部官制条例,并诸处关到及旧三司续降并奉行官制后案卷、宣敕,共一万五千六百余件。除海行敕令所该载者已行删去,他司置局见编修者各牒送外,其事理未便顺,并系属别曹合归有司者,皆厘析改正,删除重复,补缀阙遗。修到敕令格式一千六百一十二

① 《续资治通鉴长编》卷三七三,元祐元年三月,第9026~9027页。

② 《续资治通鉴长编》卷二八〇,熙宁十年正月戊申,第6874页。

> 件，并删去一时指挥，共六百六十二册，并申明画一一册，乞先次颁行，以《元丰尚书户部度支金部仓部敕令格式》为名。所有元丰七年六月终以前条贯，已经删修者，更不行用。其七月以后条贯，自为后敕。

哲宗"从之"。[①] 观察史料中提到的《户部左右曹、度支、仓部官制条例》就是这样的一个典型。另外还有，元祐元年（公元1086年），宋哲宗下诏："颁门下、中书后省修到度支、大礼、赏赐等敕令格式，并删去共一百二十四册。"[②]

元祐六年（公元1091年），尚书省言："门下、中书后省详定诸司库务条贯，删成敕令格式，共二百六册，各冠以'元祐'为名。"哲宗"从之"。[③]

这些将涉及多个政府部门职能并且将所规范事项合并命名的混合立法形式，因为政府各司都在其主管职能方面具有全国性，则成为通行全国的法典。但是这些毕竟是规范单项事务的法典。到了元祐元年（公元1086年），哲宗诏令御使中丞刘挚、右正言王觌、刑部郎中杜纮"将《元丰敕令格式》重行刊修"[④]。到了元祐三年（公元1088年），宋哲宗下诏"颁《元祐敕令格式》"。[⑤]

徽宗崇宁三年（公元1104年）二月二十九日，蔡京上言：

> 奉诏令讲议司修立，以六尚局条约闻奏。谨以元陈请画一事件并稽考参酌，修立成殿中省提举所、六尚局、供奉库敕令格式并看详共六十卷。内不可著为永法者，存为申明。事干两局以上者，总为殿中省通用，仍冠以"崇宁"为名。所有应幹条画起请续降申明及合用旧司条法已系新书编载者，更不行用，不系新书收载，各合依旧引用。

徽宗"从之"。[⑥] 观察蔡京提到的"殿中省提举所、六尚局、供奉库敕令格式并看详共六十卷"可知，因为"事干两局以上"，所以就"总为殿中省通用"，对于本次修订的法典，冠以"崇宁"之名，其名当为《崇宁殿中省敕令格式》。

北宋混合编修敕令格式，形成了一个以规范事项为分类基础，以法律形式混合编修为体例的综合性通行法典的编修原则。

---

① 《续资治通鉴长编》卷三七四，元祐元年四月乙未，第9079~9080页。
② 《续资治通鉴长编》卷三八五，元祐元年八月丁酉，第9381页。
③ 《续资治通鉴长编》卷四五八，元祐六年五月丁亥，第10972页。
④ 《续资治通鉴长编》卷三七三，元祐元年三月己卯，第9025页。
⑤ 《续资治通鉴长编》卷四九九，元祐三年闰十二月，第10143页。
⑥ （清）徐松辑：《宋会要辑稿》刑法1之22，中华书局1957年版，第6472页。

三、北宋整理敕的机构

严格来讲,在北宋只有皇帝拥有立法权,即皇帝是北宋唯一的立法者,其立法的形式就是制定立法的诏敕和整理诏敕后形成的新文本。在北宋,无论是作为诏敕制订的实施部门的"两制",还是通常所称的诸如"编敕所""敕令所"等专门整理机构,都不应该称为立法机构,而是立法活动的具体实施部门。就对敕的整理来讲,在北宋并不存在一个明确具体的机构专职其事,而是采取了随事命人的方式,即因所整理的敕的内容指定人员、指定相关政府部门或者指设机构专门进行其事。

这种将与职责相关的立法活动归于本部门的立法方式主要是基于现实的考量,其沿用贯穿北宋一代,在北宋前期更多使用。如乾德六年(公元968年)九月十四日,南郊礼仪使上言:

> 旧制,皇帝致斋于崇先殿。伏见乾元殿乃正寝受朝之所,宜为斋庭。诏宿斋乾元殿。十月二十七日,判太常寺和岘言:建隆四年,郊礼望燎之位去燎坛远,有司不闻告燎柴之声。臣时为礼官,新闻德音令举烛相应,按《史记》秦常以十月郊见通权,其状若今桔槔,欲令光明远照,通于祀所,有人知宸心博远,宜合古典,方今再行郊礼,望下礼院与省府监率循前制,编入《仪注》。

宋太祖批示"从之"。① 另外,熙宁九年(公元1076年),宋神宗诏:"司农寺常平等敕,就差本寺丞、簿、编修、主判看详。"②

现将北宋整理敕书的机构分类述说如下:

(一)各种政府机构

基于北宋用敕指挥政事的施政特点,绝大多数的敕书都会被发往相应的政府部门,而承受敕书的部门会对敕书进行保存,作为政务处理的依据。如此一来,让相应的政府部门对该类敕进行整理,就是很自然的选择。

1. 中央三法司

御史台、大理寺和刑部号称"三法司",作为职司法律的机关,这3个部门的官员经常被委以整理敕的任务。

---

① (清)徐松辑:《宋会要辑稿》礼12之8《群臣士庶家庙》,中华书局1957年版,第569页。

② 《续资治通鉴长编》卷二七九,熙宁九年十二月,第6845页。

《宋史·职官志》将御史台的功能称为“掌纠察官邪,肃正纲纪”①。作为纠弹官吏“不如法者”的机构,在履行职责之际必然需要对官吏行为的合法性进行审查。这种工作特性要求御史台官员比其他官员更懂法,而官员的法律素养较高就为其参与对敕条进行整理活动提供了必要条件,于兹谨举几例:

元丰二年(公元1079年),宋神宗诏令:“御史台重修一司敕。”②同年又下诏:

取编敕所海行在京官司见行条贯,并一时指挥,并录送御史台。如官司有奉行违慢,即具弹奏。除中书、枢密外,仍许暂索文字看详。

根据诏令的规定,“条贯并一时指挥”,“并录送御史台”以及可以向“二府”之外的所有机构索取文书,这就为御史台整理敕条提供了极大的便利。而基于御史台弹奏不如法官吏的职能,在录送文书中“奉行违慢,即具弹奏”,使御史台独具优势。本次大规模整理敕条,对御史台的机构设置也产生了影响,直接表现为增加了工作人员。为了及时完成任务,御史中丞李定上言:“乞依故事,复置吏、兵、户、刑、礼、工六案,点检在京官司文字,每案置吏二人,罢推直官二员。”神宗批示:“从之,仍增置台官一员。”③御史台在整理敕的活动中作出较大贡献,但是执法者犯法的现象也是存在的,如上述元丰二年(公元1079年),重修一司敕之际,就出现了御史台官员违法的情况。元丰六年(公元1083年),尚书省言:“御史台编一司敕,于官制后违法请公使钱。御史中丞舒亶直学士院日,于官制后违法请厨钱。台察官朋蔽不言,乞并付有司推治。”为了避嫌,下诏由“大理寺鞫之”④。

据《宋史·职官志》记载,刑部“掌刑法、狱讼、奏谳、赦宥、叙复之事”,刑部“尚书掌天下刑狱之政令”,另有“有司更定条法,则复议其当否”的规定。刑部机关设置有十三案,其中一个为“曰颁降,掌颁条法降赦”⑤案。据《长编》记载,元祐元年(公元1086年),刑部尚书苏颂“兼详定重修敕令”⑥。

据《宋史·职官志》记载,大理寺“凡狱讼之事,随官司决劾,本寺不复听讯,但掌断天下奏狱,送审刑院详讫,同署以上于朝”,大理寺详断官“择他官明法

① 《宋史》卷一六三《职官四》。

② 《续资治通鉴长编》卷三〇一,元丰二年十二月庚子,第7326页。

③ 《续资治通鉴长编》卷三〇一,元丰二年十二月,第7329页。

④ 《续资治通鉴长编》卷三三二,元丰六年正月,第8000页。

⑤ 《宋史》卷一六三《职官三》。

⑥ 《续资治通鉴长编》卷三九一,元祐元年十一月丙寅,第9512页。

令者”①。

2. 枢密院

枢密院作为“掌军国机务、兵防、边备、戎马之政令,出纳密命”的机构,在北宋经常负责对于有关军事方面的敕的整理活动。如熙宁八年(公元1075年),宋神宗皇帝阅览枢密院所拟定措置蕃兵法,认为“条目未详”,“手诏以为此法初未书契勘见修条约,及诸路团结补职次序,而遽颁之,则当有抵碍无疑,傥旋用诸处奏请改更,乃所以启有司奉行灭裂不谨之意,朝廷号令数易,如此非便”,于是诏“李承之参定蕃兵法”②。

元丰二年(公元1079年),宋神宗皇帝上批:“见修敕令格式,诸所析正,自朝廷立法付有司者,委枢密承旨司详定闻奏,付诸房遵行。”③

哲宗元祐五年(公元1090年),枢密院言“修将官敕书成”。参加的编修官有都承旨刘奉世、韩川、王岩叟,副都承旨李綖,下诏对各人“赐银绢有差”④。

3. 閤门

閤门即东上閤门和西上閤门,李心传称:“閤门,右列清选也。旧有知閤门事,同知閤门事,多以外戚、勋贵为之。其下有閤门宣赞舍人,掌唱赞书命。”⑤《宋史》记载:

> 东上閤门、西上閤门使各三人,副使各二人,宣赞舍人十人,旧名通事舍人,政和中改。祗候十有二人。掌朝会宴幸、供奉赞相礼仪之事,使、副承旨禀命,舍人传宣赞谒,祗候分佐舍人。凡文武官自宰臣、宗室自亲王、外国自契丹使以下朝见谢辞皆掌之,视其品秩以为引班、叙班之次,赞其拜舞之节而纠其违失。若庆礼奉表,则东上閤门掌之;慰礼进名,则西上閤门掌之。月进班簿,岁终一易,分东西班揭贴以进。自客省而下,因事建官,皆有定员。遂立积考序迁之法,听其领职居外,增置看班祗候六人,由看班迁至使皆五年,使以上七年,遇阙乃迁,无阙则加遥郡。⑥

---

① 《宋史》卷一六三《职官五》。

② 《续资治通鉴长编》卷二六四,熙宁八年五月乙亥,第6466页。

③ 《续资治通鉴长编》卷二九九,元丰二年八月庚子,第7278页。

④ 《续资治通鉴长编》卷四四九,元祐五年十月丁巳,第10799页。

⑤ (宋)李心传撰,徐规点校:《建炎以来朝野杂记》卷一〇,中华书局2006年版,第211页。

⑥ 《宋史》卷一六六《职官六》。

阁门"掌朝会宴幸、供奉赞相礼仪之事",则相应的事关仪制方面的敕的整理活动会由其主管。关于阁门整理敕,既有直接以阁门名义参与整理的,也有在阁门之下设置专门机构进行整理的。在阁门之下设置专门机构本应放在下部分,为了不至于隔离,特在此处一并述说。

阁门是对有关朝请仪制方面的敕的制定的重要参与者和实施者,如熙宁八年(公元1075年),阁门上言:

> 诸司使至内常侍,有职事非繁重,而止赴大起居者;有初无朝旨,例不赴常朝者;有在新城外,虽令五日赴朝,而隔门不能至者,其类不一。今请特旨免常朝起居如故外,东西作坊、八作司、文思院、商税院、内酒坊、酒库、水碾磨务、市易务下界、仓草场、王府内知客听赴大起居,并朝会拜表;官局在新城外者,听免常朝起居及朝请。余并赴常朝起居。所贵朝请、厘务两不妨废。从之。①

由于阁门参与了有关的敕的制定,故其相应地会熟知相关事项,其中,对于该敕的制定缘由应当最为熟悉,在对敕进行整理之际,阁门是最为合适的对象。例如,元丰三年(公元1080年),阁门言:"仪制有车驾省方、出猎、大阅、大酺之类,行之希阔,欲并置旧本,余以仪制修定。"从之。②

宋真宗崇信道教,大中祥符之际,先后有迎天书、东封泰山、西祀汾阴,广营宫观之举。又"推本世系,遂祖轩辕",以轩辕皇帝为赵姓始祖。于大中祥符五年(公元1012年)闰十月,"戊寅建景灵宫、太极观于寿丘"。③ 景灵宫曾在仁宗天圣年间遭火灾,旋即修复。到了宋神宗又进行整修,元丰五年(公元1082年),宋神宗下诏:"景灵宫成,岁时朝拜荐献之礼,其令礼官、阁门参酌条上。"书中按语指出:"八月庚申,条上。"④其后,入内供奉官冯宗道上"《景灵宫供奉敕令格式》六十卷"⑤。因为礼制方面的敕的整理不仅仅要对相关敕条进行编纂,还要求编修者对礼仪沿革通晓,于是派员并设置"修定景灵宫仪注所"。元丰五年(公元1082年),修定景灵宫仪注所上言:

---

① 《续资治通鉴长编》卷二六六,熙宁八年七月戊寅,第6528页。
② 《续资治通鉴长编》卷三〇三,元丰三年四月,第7382页。
③ 《宋史》卷八《真宗三》。
④ 《续资治通鉴长编》卷三二八,元丰五年七月乙未,第7898页。
⑤ 《续资治通鉴长编》卷三二九,元丰五年九月辛丑,第7939页。

> 《仪制令》：诸庙社门、宫门各二十四戟，唐太清宫九门亦设画戟。窃惟景灵宫天兴门及宫外门本以钦奉天神，不应立戟。神御诸殿，既缘生礼以事祖宗，谓宜依仪制令宫门之制，每门立戟二十四。从之。又言：旧制：国忌无神御殿者，赴佛寺行香。今诸神御殿皆在景灵宫，忌日并赴本殿，僖祖、翼祖请设位于天兴殿，文懿、简穆皇后请设位于保宁阁，忌日并张次于天兴殿前之左，宫官先迁神位于次，事毕而复。

神宗"从之"。[①] 同年，修定景灵宫仪注所"上《景灵宫四孟朝献仪》二卷、看详十三卷，大礼前《天兴殿仪》一卷、看详一十八卷"，神宗"从之"。[②]

因为事关閤门仪制的敕条很多，所以在閤门之下设定专职的机构去立法有如下几种：

第一，閤门编纂条例所。嘉祐五年（公元1060年），閤门编纂条例所上言：

> 伏见臣僚以疾乞免大起居舞蹈之类，窃以臣下见君，当极恭肃，一有不至，罚必及之；以疾自言，乞损拜伏，人取其便，非所以致恭肃、尊朝廷也。且有疾与告，著令所容，杀礼见君，古训无有。自今敢干请者，乞令閤门弹奏，重致其罚。惟勋德大臣，必藉任使，自从特旨。又昨崇政殿进呈大乐，依观双竹例，宣召群牧判官。检会仪制，游晏宣召皆着定式，而群牧判官不与。盖当时有司之失，遂开此例。欲乞今后非次游宴观看，不须更召。其带馆职充者，自从馆阁官例。又都知押班如趁班不上，令别作一班起居。臣等以为，朝廷之仪皆有定制，苟不及礼，谓之不恭。不恭有罚，未闻预设别班以待不及礼者，伏请蠲去。又三人内及第，正、权三司判官者并赐绯。臣等以为，古制有其官者服其服，未闻一官之中，更以入仕之阶为之轻重，恐非圣朝平均奖劝之道，伏请蠲去。又大朝会，缀中书门下班坐杌子、戴凉伞，中书、枢密院下马处之类，皆是特恩异礼，近岁大臣例多得之。看详前件礼数，皆朝廷所以尊异执政大臣也，非其人无其位者，不当有也。若人人得之，则车服轻而不尊。车服轻而不尊，则贤者怠，而不肖者有慢上之心矣。其渐不可不谨也。已别具编录，非以为例，盖备天子非常之诏，加礼于老成勋德之臣，访故事于有司，则以对也。仍乞令閤门，从今非诏旨询问，不得辄自申举。并从之。又言：诸赐

① 《续资治通鉴长编》卷三二九，元丰五年九月癸卯，第7940页。

② 《续资治通鉴长编》卷三三〇，元丰五年十月丙辰，第7949页。

与物等，多是逐人自乞，方得支给。然赐与者，乃人君所以优宠臣下，有祗受之礼，无自请之文。今当赐者，有司不即举行，必待自言，或至援引比例，章诉纷然，殊失上下之体。内文臣及军员授右职者，多是进状乞赐公服、鞾、笏、腰带。乞今后凡换右职者，便令閤门举例支赐。又臣僚放免朝辞，更不支赐分物。看详，连值假故，或有急速差遣，方许放免。有当赐分物，例须自陈，亦有近侍、朝臣不免如此，尤失事体。乞今后臣僚放免朝辞，非罪累被谴者，便于特降指挥后，著合得分物，令閤门依例支给。又使臣朝辞，虽非亲民差遣，如宣命内理为亲民资序，并依监押例支朝辞分物。如宣命不著本官，称合系亲民资序，即会问三班院支给。则是使臣分物不以差遣高下，乃系本人资序。乞下三班院，今后如使臣受差遣理为亲民资序，不是情愿乞充监当者，画时关报閤门。其知州折资充通判，通判折资充签判、知县，非因过降授者，并依资序支朝辞分物。欲乞令审官院依三班院体例关报。

仁宗"从之"。①

第二，详定编修閤门仪制所。元祐六年（公元1091年），详定编修閤门仪制所言：

尚书、侍郎、郎官除改别曹，乞仍旧许告谢、正谢。门下、中书省谏议大夫已上，尚书省权侍郎已上，侍从官待制已上凡转官，并寄禄官太中大夫已上，新授正任横行、新授及加恩差遣大将军至内常侍已上，差充一州总管，路分钤辖、都监，三路及沿边知州军，乞并许告谢。从之。②

在北宋，让相关职能部门整理其职能范围的敕条是最为普遍的方式，如武学：元丰三年（1080年），武学"上《新修敕令格式》诏行之"，③兹不赘举。另外，就对敕条整理的不仅仅有中央各部门，还有委托各地的转运使进行的，如哲宗元祐三年（公元1088年），诏"详定《重条一司一路一州一县敕令》委诸路转运司、府界提举司各选官一员，同本司属官删修，令刑部看详以闻"。④

---

① 《续资治通鉴长编》卷一九一，嘉祐五年六月甲申，第7898页。

② 《续资治通鉴长编》卷四五八，元祐六年五月壬午，第10970～10971页。

③ 《续资治通鉴长编》卷三〇五，元丰三年六月己酉，第7427页。

④ 《续资治通鉴长编》卷四一〇，元祐三年五月乙卯，第9994页。

(二)因事而设的临时机构

通观北宋一代,为了对敕进行整理,设置了各种名目的“所”,这些称为所的机构的共同特征就是,因事而设,事消而废。其废置系于所从事的事业,在有事之际为了能及时有效办理该事项,并不影响其他职能部门正常履行职责,往往会抽调人员组成新的机构专门处理该项具体事项,其性质和专门派员办事,如宋初曹彬平江南回朝称“奉旨勾当江南公事”是一样的,都是奉旨承办某事。

在北宋初期,因为所需要编类的敕条较少,派出几员职务级别较高、法律素养较好的官员专职办理即能完成。到了北宋中期,敕条越来越多,需要更多的人士从事该项活动,对人员、经费、办公场所等各方面问题都要加以解决。有了这些条件,一个临时性机构就成立了。此类所名目繁多,兹按照出现的先后顺序将之述说如下:

第一,详定减省所。庆历二年(公元1042年)六月十五日,详定减省所上言:

> 请今后宗室及郡县主、两地臣僚、节度使、殿前马步都知押班母妻依旧赐冠帔。两府许乞长女或长子之妻,馀并不许。僧道紫衣、师号除御前特恩赐外,臣僚不得奏荐。如于延州纳细色军粮一百万石,赐衣或师号。

仁宗下诏:“中书、枢密院、郡王、使相、宣徽、管军、节度并皇亲正刺史以及长公主,许依旧奏荐,馀如所请。”①

第二,看详编修条例所。熙宁七年(公元1074年),中书上奏:

> 看详编修条例所言:大礼,臣僚加恩,旧无定例,推恩不一。有宗室皆为诸王、使相而充献官及免者,食邑并加千户,或不充献官加七百户,今并改作千户。有皆为知枢密院、枢密副使、宣徽使而带节度使者,食邑七百户,实封三百户;不带节度使者,食邑加五百户,实封二百户,今并改作七百户,实封三百户。从之。②

第三,编修令式所。宋神宗曾“命官修式令”,到了熙宁九年(公元1076年)九月二十五日,编修令式所上“《诸司敕式》二十四卷”,其内容为:“閤门抬赐式一

① (清)徐松辑:《宋会要辑稿》刑法2之26,中华书局1957年版,第6508页。

② 《续资治通鉴长编》卷二五七,熙宁七年十月辛未,第6271~6272页。

本、支赐式二、支赠式十五、问疾浇奠支支式一、御厨食式三、炭式二。”神宗下诏“颁行”。①

第四，中书、门下外省条贯所。元丰六年（公元1083年），给事中韩忠彦等言：“奉敕详定六曹条贯，乞以详定六曹条贯所为名。”神宗下诏回复：“宜称中书、门下外省。”②

第五，删定在京当直所。元丰元年（公元1078年）“删定在京当直所修成敕式三卷，乞以《元丰新定在京人从敕式》为目颁降”，神宗“从之”。③

第六，详定朝会仪注所。元丰二年（公元1079年）七月十二日，详定朝会仪注所上言：

> 太常乐节乐器。并文武二舞未应典礼。按乡饮酒及君飨燕乐有四节：一升歌，二笙，三间歌，四合乐。升歌示德且贵人声，故为先下管，示事且贵人气故为次间歌德事互见合乐八音相错且主欢心故为后歌者席于堂西阶之上与搏拊琴瑟相和谓之升歌歌阕笙者立于阶间以笙播诗谓之笙堂上一歌阶间一笙更代而作谓之间歌堂上堂下众乐俱作谓之合乐。④

第七，编类将官敕所。元丰三年（公元1080年），编类将官敕所上言：

> 应将副兼知州军者，乞免逐营巡教，庶免官属就营过厅。神宗下诏应兼知州将官，若于巡教悉免，则与独任将副一同，其诸军武艺进退皆不与责，尔后更无以考验职事修废以为赏罚。可改令五日一赴，即当巡日在营，其州军职事，非急速不得行遣及接见官属。⑤

第八，编修学制所。元丰三年（公元1080年），编修学制所言：

> 奉旨立势要及国子监生、太学官亲属，许不以乡贯就开封府应举之法。臣等看详，监以国子为名，而无国子教养之实，恐未称朝廷建学育士

---

① （清）徐松辑：《宋会要辑稿》刑法1之10，中华书局1957年版，第6466页。

② 《续资治通鉴长编》卷三三四，元丰六年四月癸亥，第8050页。

③ 《续资治通鉴长编》卷二九二，元丰元年九月丁丑，第7131页。

④ （清）徐松辑：《宋会要辑稿》乐3之18，中华书局1957年版，第316页。

⑤ 《续资治通鉴长编》卷三一〇，元丰三年十一月壬子，第7519页。

之意。乞应清要官亲戚,并令入监听读,以二百人为额,解发毋过四十人。

神宗"从之"。①

第九,措置帐法所。元丰四年(公元1081年),措置帐法所言:

被旨措置京西一路帐法,今已修立法式奏闻。参详诸路可以依仿推行,欲乞颁下。内京西一路可自来年先行,其余路自元丰五年依新法。

神宗批示:"从之,仍令提举三司帐司官候及一年取旨,诸路委转运司官一员,专推行帐法,候将来修定条式止,付逐司遵守。"②

第十,编修军器什物法制所。元丰五年(公元1082年),编修军器什物法制所上言:

准朝旨,应将敕所载军器什物,择其精致者修为法式。本所据军器监弓弩作尹扦见造插稍弓工料,阎守懃所定模则法度,最为详密,乞更旧造弓法。

神宗"从之"。③

第十一,官制所。元丰四年(公元1081年),宋神宗下诏:"审官东院所请重详定令敕,并归官制所。"④官制所本是官制改革的实施机关,其组成人员的法律素养较高,所以在元丰五年(公元1082年),应高丽使者李子威之请,诏令"官制所检详文字刘赓、贾种民诣馆伴高丽国使所应答所问律令"。⑤ 由于官职改革的工作对于组成人员法律素养的要求较高,在元丰五年(公元1082年),以"通直郎、考功员外郎蔡京为起居郎,仍同详定官制"。蔡京此前为官制所检讨文字,于是神宗上批:"京久在官制所,谙知创法本末。其弟卞虽见充详定,缘系暂置官局,所职止于看详文字,别无政事关由,虽兄弟共处,理亦无害。"⑥因为蔡京的法律素

① 《续资治通鉴长编》卷三〇四,元丰三年五月乙丑,第7404页。
② 《续资治通鉴长编》卷三一一,元丰四年正月己亥,第7537页。
③ 《续资治通鉴长编》卷三二九,元丰五年八月癸酉,第7954页。
④ 《续资治通鉴长编》卷三一一,元丰四年二月庚午,第7545页。
⑤ 《续资治通鉴长编》卷三二四,元丰五年三月丙戌,第7801页。
⑥ 《续资治通鉴长编》卷三二八,元丰五年七月庚子,第7903页。

养较高,所以为了进行该项工作,兄弟两人可同在一个部门,特批不需回避。

第十二,看详国子监太府条制所。元祐元年(公元1086年),宋哲宗下诏:"武学上舍生补中及一年、公试弓马策义两次皆入优等、不曾犯五等罚,令保明闻奏,量材录用。仍每年不得过一名,令看详国子监太府条制所立法。"①

第十三,详定编修国信条例所。绍圣二年(公元1095年)五月十四日,详定编修国信条例所言:"欲依《元丰海行敕》体例分修为敕令格式,其冗不可入者,即著为例。"哲宗"从之"。② 因为国信条例事关重大,往往会派重要官员参与其事,如元符二年(公元1099年)七月四日,中书舍人赵挺之"详定编修国信条例"。③

上述因事而设的称为"所"的机构,由于都是因事而设,所以也会随着所要处理的事项终结而被撤销。

(三)专门整理敕的机构

在北宋,还有一些专门的、长期断续存在的整理机构,这些机构从命名上可以看出就是以整理敕为职责的。从性质上讲,这些机构其实和前述的因事而设的机构一样同属于临时机构,但是因为在北宋几乎每个皇帝在位期间都会整理敕,甚至一个皇帝在位期间要数次整理,这些机构就断断续续存在。其名目有:编敕所、一司敕令所、诸司敕式所等,现分别对之进行述说。

1. 编敕所

朱瑞熙先生在《中国政治制度通史.宋代卷》中曾对"编敕所"的前后兴废沿革作出描述,朱先生指出:"从真宗开始正式设置立法机构'编敕所',一直到理宗时设置编修敕令所,显示宋朝的立法机构长期存续达两个半世纪,立法活动也是很少间断。这与前朝的立法惯例即每当开国皇帝建立王朝法制后,继位者守成而极少立法的情况颇不相同。"④戴建国先生在《宋代刑法史研究》中,针对编敕所的设置与沿革、编敕所官员的选任和职责,提出了早在真宗大中祥符七年(公元1014年)即正式设立了编敕所以及"宋代在中国历史上第一次在司法职能部门大理寺、刑部之外建立起专门的立法机构"的说法。⑤ 本文认为,编敕所并不是一个固定的机构,而是专事编敕的一类机构的通称。编敕所之所以能看似长久持续存在是因为在北宋一朝,乃至于整个南宋时期,几乎每个皇帝在位期间都要进行对敕的整理工作。从编敕所的机构性质来讲,由于编敕,是一种临时差遣,所以,这

---

① 《续资治通鉴长编》卷三八三,元祐元年七月甲申,第9640页。

② (清)徐松辑:《宋会要辑稿》刑法1之16,中华书局1957年版,第6469页。

③ (清)徐松辑:《宋会要辑稿》刑法1之18,中华书局1957年版,第6470页。

④ 白钢主编:《中国政治制度通史》,人民出版社1996年版,第373页。

⑤ 戴建国:《宋代刑法史研究》,上海人民出版社2008年版,第15页。

项工作并不是由一个固定的政府机构或者组成部门完成的。但是因为在北宋几乎无时无刻不在进行整理敕的活动,这个名称就会持续存在,从名称上看似乎成了一个固定的机构。

编敕所整理敕,有的直接以编敕所名目出现。据《宋会要》记载,真宗大中祥符九年(公元1016年)九月二十一日,编敕所上"删定编敕、仪制、赦书、德音、目录四十三卷",真宗下诏"镂版颁行"。书中如此记载该次整理敕的缘起:

> 先是,六年四月,判大理寺王曾等言:得法直司状称,咸平元年编敕,后来续降宣敕,条同无贯,检坐失详,望差官删定。诏曾与翰林学士陈彭年、右谏议大夫慎从吉、知制诰盛度、太常博士仇象先、慎锴,殿中丞阎允恭、太子洗马韩允、大理寺臣赵廓、司徒昌运同详定,止大中详符六年终。又以《三司编敕》条目烦重,亦令彭年等重详定增损。至是上之,彭年而下各加阶勋。帝以彭年等所编诏敕删去繁文甚简,然有本因起请,更相诘难冲改,前后特留一敕者,今悉删去,恐异日或须证验,乃令录所删一本,别付馆阁,以备检详,不得行用。又命屯田员外郎王汝能、太常寺博士张宗象,太常寺奉礼郎谢绛充勘读官。①

经观察,此次整理敕的原因是"后来续降宣敕,条同无贯,检坐失详",所差官员有判大理寺曾、翰林学士陈彭年、右谏议大夫慎从吉、知制诰盛度、太常博士仇象先、慎锴,殿中丞阎允恭、太子洗马韩允、大理寺臣赵廓、司徒昌运等人,这些人组织到一起,必然要有一定的场所,一些辅助的工作人员,这就组成了一个"编敕所"。

另外,据《宋会要》记载,天禧元年(公元1017年)六月七日,"编敕所上《条贯在京及三司敕》共十二卷",真宗下诏"颁行"。②

元丰五年(公元1082年)九月,宋神宗下诏:"详定官制所罢局,六曹等条贯送编敕所,其未了事,限十日结绝,先罢官吏请给。"③

还有一些不是直接以编敕所的名目出现的,而是一些修正性的名目出现,主要有:

第一,详定编敕所。庆历五年(公元1045年),宋仁宗诏:"枢密院,凡言边防

---

① (清)徐松辑:《宋会要辑稿》刑法1之3,中华书局1957年版,第6463页。

② (清)徐松辑:《宋会要辑稿》刑法1之4,中华书局1957年版,第6463页。

③ 《续资治通鉴长编》卷三二九,元丰五年九月辛丑,第7939页。

利害,更改兵器、军阵、乡军、牧马事,并付详定编敕所,酌其经久可行者具为令。"[①]嘉祐五年(公元 1060 年),详定编敕所言:"皇亲宫院有违禁衣服、首饰、器用之类,及虽系所赐或父祖所置者,听百日中改造。如违令,本宫使臣觉察,申大宗正司施行。"仁宗"从之"。[②] 从其名称可知,所谓的详定编敕所,意为执行对已修成的敕典进行详定的临时机构。

第二,重修编敕所。熙宁九年(公元 1076 年),宋神宗诏令:"权三司使沈括、知制诰熊本详定重修编敕。"当是以沈括和熊本为首设置了一个名为"重修编敕所"的机构,《长编》中如下记录此事的缘起。重修编敕所言:"勘会《熙宁编敕》昨来编修之时,系两制以上官详定,宰相提举。本所昨奉朝旨重行编修,今来虽有次第,窃虑不曾经近上官详定,将来颁行,于体未便。伏乞依例差官详定。"故有是诏。书中按语提到:"此据中书时政记,元丰七年三月六日书成。"[③]据《宋会要》记载,熙宁九年(公元 1076 年)十二月二十日,中书门下言:"重修编敕所勘会《熙宁编敕》时系两制以上官详定,宰相提举。乞依例差官。"宋神宗诏令:"知制诰权本司使公事沈括、知制诰判司农寺熊本详定。"[④]可知是为了郑重其事,特命位高权重的沈括和熊本负责编敕工作。观《长编》和《会要》记载可知,关于上言的程序有所不同,《长编》中的记载当是重修编敕所直接向皇帝上言,而《会要》记载则是中书门下上言。本文认为,当以《会要》为确,因为所谓的重修编敕所的名义上的主管当是时任宰臣,即所谓的"宰相提举",而两制官员如沈括和熊本则是实际负责人,若有奏请事项,当以中书门下的长官宰相具名领衔上言。从重修编敕所的名称以及前述史料记载可知,本机构当是以《熙宁编敕》为对象进行重修。

第三,详定重修编敕所。元丰三年(公元 1080 年)五月丁丑,详定重修编敕所言:

> 奉诏月具功课以闻,缘参取众议,研究义理,及照会抵牾、重复、遗略,正是难立课程之时,乞免奏功课。

宋神宗不许,仍诏"中书立式"。[⑤]

元丰五年(公元 1082 年)十月,详定重修编敕所言:"准朝旨,六曹等处条贯

---

① 《续资治通鉴长编》卷一五五,庆历五年三月乙酉,第 3763 页。
② 《续资治通鉴长编》卷一九一,嘉祐五年六月辛巳,第 4628 页。
③ 《续资治通鉴长编》卷二七九,熙宁九年十二月甲申,第 6830 页。
④ (清)徐松辑:《宋会要辑稿》刑法 1 之 10,中华书局 1957 年版,第 6466 页。
⑤ 《续资治通鉴长编》卷三〇四,元丰三年五月丁丑,第 7407 页。

送至编敕所修定,乞自朝廷于官制见在属官内选差六员为删定官。"神宗"从之"。书中按语提道:"七年三月六日,重修编敕书成。"①联系到前文元丰五年(公元1082年)九月,宋神宗下诏:"详定官制所罢局,六曹等条贯送编敕所,其未了事,限十日结绝,先罢官吏请给。"②我们可以断言,其实详定重修编敕所和编敕所就是一个机构,编敕所是简称。

2. 一司敕令所

在北宋到了中后期,出现了以一司敕令所为名的机构来编修敕令格式,这个机构应该是始于宋神宗时期,在熙宁八年(公元1075年),宋神宗诏:"并令式及内诸司敕式入一司敕令所。"③由此可知,一司敕令所在此之前已设,但是在此后,因为吸收了令式所,内诸司敕式所,则其职能极大扩展。在这个机构设立之后,会有对所立之法进行"详定"即再整理,就会将之命名为"详定一司敕令所",其实质还是一司敕令所。如熙宁十年(公元1077年)十二月六日,详定一司敕令所针对收到的《刑部敕》二卷"并后来敕札一处看详,其间事系别司者,则悉归本司。若两司以上通行者,候将来修入。在京通用敕已有条式者,更不重载。文义未安者,就加损益",提出"乞降敕命,以《熙宁详定尚书刑部敕》为名",神宗批示"从之"。④

政和四年(公元1114年)"四月十五日,殿中监、详定六尚供奉敕令兼详定一司敕令高伸等上修立到《诸路岁贡六尚供奉物法》",宋徽宗下诏"令颁行"。⑤

政和五年(公元1115年)八月九日,徽宗手诏:

> 法以制人,不以便已,故法出于至公,无牵于私意,稽考《元丰官制》,刑部为议法之官,尚书省为创法出令之地。今有司请立法,往往自便。应修敕令格式并归一司敕令所,候修毕,送刑部议定立法,申尚书省详覆,取旨颁行,如《元丰格》其逐处见编修官吏并罢。⑥

观察手诏内容可知,其中提到的"应修敕令格式并归一司敕令所"一句话很是关键,一司敕令所实际上指的就是之前的编敕所。

---

① 《续资治通鉴长编》卷三三〇,元丰五年十月己未,第7950页。
② 《续资治通鉴长编》卷三二九,元丰五年九月辛丑,第7939页。
③ 《续资治通鉴长编》卷二六八,熙宁八年九月辛酉,第6559页。
④ (清)徐松辑:《宋会要辑稿》刑法1之11,中华书局1957年版,第6467页。
⑤ (清)徐松辑:《宋会要辑稿》刑法1之27,中华书局1957年版,第6475页。
⑥ (清)徐松辑:《宋会要辑稿》刑法1之29,中华书局1957年版,第6476页。

政和五年(公元1115年)八月十三日,宋徽宗下诏:

一司敕令所张官置吏,以删立法令为职。而有司辄自请立法,不归本所立文,盖欲自便。近降指挥申饬,以革其弊。访闻敕令吏人往往不习法令,又多三盛枢密院给使之人,食其俸而身不在役,以故法久不成,虚縻廪禄。可自今并不得差三盛枢密院人,其见在吏人并行试补,汰其不能者,如违,以违御笔论。仍仰御史台弹奏。①

本诏书中首先即道明了一司敕令所"以删立法令为职"。这种立法机构本来应该是随事而设,事终而消,在官僚体制下,一旦有新设机构,必然意味着一些可以从中谋取私利的机会,许多"吏人往往不习法令",并且"三盛(当是省)枢密院给使之人,食其俸而身不在役,以故法久不成,虚縻廪禄"。这种局面出现的根本原因其实在于政府高层随意创设机构,而不是根据实际需要来兴废。

宣和元年(公元1119年)五月十九日,中书省言:

检会臣僚上言,臣闻天下之所恃以为治者曰法,而敕令格式者,法之具也。臣契勘一司敕令所上下官属,无虑三十馀员,而详定官居半,臣窃恠之。今详定官类多中台长贰或侍从官领宫祠者兼之,盖甚重也。然中台长贰或有本职,使其究心力,或有所不给,而侍从官领宫祠者,朝廷本以优赏,不可责以职事。且十羊九牧,甲可乙否,为属官者,将奚所取正而为之适从?非特如此,凡兼详定,其赏给人从之类率皆添给,又书成奏功,例有增秩之赏。此在朝廷,固不较其多寡也。诚恐于法诚之,损益利害,实未有补,而徒为此纷纷尔。伏望睿断,量立员数,择其练达典章、深晓法令者,俾兼详定则著敕令格式,以辅成一代之治,岂小补哉。奉旨:员额、犒设等令尚书省措置取旨。勘会详定检阅官已有立定员额外,详定官系临时取旨差除,难以立额。

于是徽宗下诏:"本所官请给,并依九域图志所则例支破,不得例外添破酒食犒设之类,违者以违制论。"②观察中书省上言提到的一司敕令所"上下官属,无虑三十馀员"可知,这些官员都是兼职,因为有了俸给,所以即使是在没有立法任务

① (清)徐松辑:《宋会要辑稿》刑法1之29,中华书局1957年版,第6476页。

② (清)徐松辑:《宋会要辑稿》刑法1之31,中华书局1957年版,第677页。

的时候也不愿意放弃这些利益。

在对一司敕令所官员进行管理的过程中,不仅存在上述的吃空饷的弊病,还有官员为了避免繁忙的立法工作,在占有了一个名位后,却要求调外任,"虚占名阙"的问题。如政和四年(公元1114年)三月二十三日,殿中监、详定六尚供奉敕令兼详定一司敕令高伸等上言:

> 契勘本所见责限编修一路法及禄秩、六曹条例等。文字浩瀚,全籍官吏夙夜协力。缘比来人吏避见督责,往往幹求他外差遣,兼带请给。本所虽差人权行管勾,然虚占名阙、积滞课程之弊未之能免。伏望圣慈特降睿旨,应今后差出人并行开落姓名,不许带行本所诸般请给。除系传宣、内降外,徐降到,如有一切违碍,且依今来指挥,亦许本所奏知不行。其已差出人,亦乞开落姓名。庶几人各赴功,杜绝侥求之幸,速得成书。又奏:契勘本所无旧请人,吏禄稍簿,如允臣等今来所乞,欲望圣慈许依九域图志所无旧请人则例支破,其有旧请人,愿依无旧请人者亦听。

徽宗下诏:"并依,虽奉传宣、内降、宣押,亦不许。"①

3. 编修诸司敕式所

在北宋,涉及政府各司职能的敕条很多,而许多敕条设计的内容往往是任何一个政府部门的职能所不能涵盖的,于是就需要将这些涉及多个政府部门的敕条编修为诸司敕,负责编修诸司敕的机构就是编修诸司敕式所。在编修诸司敕式所对相关敕条编修整理后,又有了"续降"和"后敕",为了避免相互抵牾,就需要对之进行详定,这个机构被称为"详定编修诸司敕式所",北宋后期多以此名目出现。

熙宁十年(公元1077年)二月二十七日,详定编修诸司敕式所"上所修《敕令格式》十二卷",其内容为:"翰林医官院五、广圣宫一、庆宁宫一、入内钥匙库一、资善堂一、后苑东门药库一、提点军器等库,入内内侍省使臣差遣",神宗下诏"颁行"。②

熙宁十年(公元1077年)十一月四日,详定编修诸司敕式所"上所修《敕令格式》三十卷",神宗下诏"颁行"。③

---

① (清)徐松辑:《宋会要辑稿》刑法1之27,中华书局1957年版,第6475页。

② (清)徐松辑:《宋会要辑稿》刑法1之11,中华书局1957年版,第6467页。

③ 同上。

元丰元年(公元1078年)三月二十三日,详定诸司敕式所言:“今修定学士院、龙图、天章、宝文阁等处敕令式,如得旨施行,后续降朝旨,乞从本所详定,编入见修内诸司令式。事于有司奉行者,并分入诸司。”神宗“从之”。①

熙宁十年(公元1077年),“详定编修诸司敕式所上所修《敕令格式》三十卷”,宋神宗下诏“颁行之”,其内容为:

龙图、天章、宝文阁四,延福宫一,起居院一,四方馆一,玉牒所一,入内内侍省合同凭由司二,翰林图画院二,提点内弓箭南库并内外库二,后苑御弓箭库一,入内内侍省使臣差遣四,内侍省使臣差遣三,御药院二,在内宿直人席荐一。②

元丰五年(公元1082年)详定编修诸司敕式所上言:

国家大礼,曰南郊,曰明堂,曰祫飨,曰恭谢,曰籍田,曰上庙号。今若止以明堂、祫飨、南郊三事共为大礼式,则恐包举未尽,兼明堂、祫飨、南郊,虽以并合一名,须用旧文离修为式。恭谢、籍田,历年不讲,诸司案检散亡,今若比类大礼斟酌修定,又缘典礼至重,品式或有未具,则奉行之际,恐致废阙抵牾,以此未敢修拟。

神宗下诏:“恭谢、籍田,据文字可推考者修定。”③

观察上述记载可知,详定编修诸司敕式所将事关政府诸司的敕条编修成《敕令格式》,这些敕令格式以相应的政府机构来分门类。作为专门的整理敕的机构,编修诸司敕式所还对涉及政府各司职能的事项提出了立法建议,如:

元丰五年(公元1082年),详定编修诸司敕式所言:“本朝每遇大礼,皆循故事,分使典领。宰臣为大礼使,两制、两省分领四使。今朝廷正官皆备,乞更不差五使。”神宗“从之”。④

元丰六年(公元1083年)详定编修诸司敕式所请求:“将来大礼,乞且仍旧差官专提点事务一次。”神宗皇帝上批:

---

① (清)徐松辑:《宋会要辑稿》刑法1之11,中华书局1957年版,第6467页。

② 《续资治通鉴长编》卷二八五,熙宁十年十一月辛亥,第6987页。

③ 《续资治通鉴长编》卷三二三,元丰五年二月己巳,第7787页。

④ 《续资治通鉴长编》卷三二三,元丰五年二月,第7787页。

> 式令析正之初,诚虑及期有司奉行疑惑,于事外错有害,不悦造令之人,得以借口归咎成法。且谙详始末,惟本司官吏最为可委检察应接。宜依所奏,止就差本司官提点应式令所该一行事务。①

元丰八年(公元1085年),礼部言:"太皇太后生辰,欲令详定编修诸司敕式所定所奉物,各于旧令式外增一倍,其花(上乃下木)各增十二。皇太妃生日并节序物色,亦合如皇后例。"神宗"从之"。②

哲宗元祐元年(公元1086年),礼部上言:"太皇太后坤成节,已有朝旨,诸般恩礼并增一倍外,其岁时合供奉物色,亦合增一倍供纳。乃乞下详定敕式所编修施行,更不增奉。"③

(四)北宋整理敕机构变迁的特点

从前面的论述中我们可以发现,北宋政府对敕进行整理的机构,经历了从单独命官编修到设局编修;从有关部门派员编修到在部门下置局编修;从事无定所到事由专局这样一个从因事命官到因事置局的过程。这种发展趋势体现了立法机构的逐渐固定化,主要表现为以下三点:首先,从名目上看,编敕所这样的机构时断时续的出现。其次,之所以出现这样的演变过程,可直接归因于北宋整理敕这种立法活动的频繁性。最后,无论是因事命官还是因事置局都与北宋大的政治社会局势相联系,尤其是这种随事而命官设局的举措,更是表明了官僚体制的低效性或者说体制配备的不合理性。其实这样的举动更是一种惯性,是一种从中唐以来惯以"使职差遣"而不是依赖现存机构来处理新事项的方式延续。如熙宁八年(公元1075年),中书上言:"堂后官王笃等编定命官四等过犯,乞付有司,更不置详定命官过犯及看详编配罪人所两局,遇赦令刑部比例定夺,上中书施行。"神宗"从之"。④ 一个人犯罪却要"置详定命官过犯及看详编配罪人所两局",这即体现了对现有政府机构的不信任,也不利于政府机构依法履行职能,虽然在中书上言后就作出了改变,但观察本条史料可知,在此前肯定是有这样做法的。

北宋时期主要采取因事置局,事终而消的做法来设定机构进行整理敕的活动。从积极的一面讲,这种方法可以及时有效地完成任务,但是这种因事置局的做法也有许多消极的方面,比如,扰乱了政府机关的正常活动,引起了一些反弹。

---

① 《续资治通鉴长编》卷三三六,元丰六年闰六月壬寅,第8113页。

② 《续资治通鉴长编》卷二五七,元丰八年六月,第8530页。

③ 《续资治通鉴长编》卷三七四,元祐元年四月乙未,第9079页。

④ 《续资治通鉴长编》卷二六〇,熙宁八年二月庚辰,第6343页。

如熙宁八年(公元1075年),宋神宗下诏:"中书有置局取索文字,烦扰官司,无补事实者,宜并罢之。"于是编修中书条例司、编修司农寺条例司皆罢。① 这种因事置局的方式也导致了北宋立法的一些困境,如元丰元年(公元1078年),宋神宗上批:

> 重修编敕所修海行敕令未成书,又将委官删定一司敕,不惟次序失伦,二书交举,亦广占官吏,去取难于照类,或致遗落切要事,或与海行敕令相妨,则人功廪赐,亦所宜惜。可令且并力修海行敕令,俟成书,以一司敕相继照会编修。②

因事置局,虽其所宜,这种随意的做派就造成了置局之间的冲突,其实也干扰了整理的工作。

另外,这些机构随事而设,事终却不及时取消,如元丰四年(公元1081年),宋神宗手诏:

> 官制所分拨事类已见次第,已得旨减省官吏。缘使臣、吏人中其有昨编修内诸司敕式所取到之人,其本局已令厘正,编修敕式已经取会,未能了当事务不少,宜令元编修官张诚一等比前占之数,量行裁减,精选可用者,依旧置局结绝。③

观察手诏中所称的"分拨事类已见次第,已得旨减省官吏"可知,其抽调的编修内诸司敕式所之人回归本所,但是"未能了当事务不少",这就需要这个机构继续残存下去,也为一些官吏的拖延塞责奠定了基础。

既然这种因事置局的方式有如此严重的弊端,那么应当如何解决呢?其实只要让这些临时的机构在设置之初限时完成,到期让其消亡就可以了。北宋采取了如下的举措:

第一,合并于新的或者并存的机构。如元丰元年(公元1078年),宋神宗下诏:

---

① 《续资治通鉴长编》卷二六九,熙宁八年十月庚戌,第6603页。

② 《续资治通鉴长编》卷二九四,元丰元年十一月戊子,第7169页。

③ 《续资治通鉴长编》卷三一九,元丰四年十一月辛卯,第7714页。

> 编修明堂式所并归提点南郊事务所,比较熙河财利所并归经制熙河财利司,其详定编修令式及详定一司敕并并归修内诸司式所,一路一州一县敕并归重修编敕所,详定闲冗文字所令孔目房检正官结绝。以上除见存外,并罢局,余并依限了毕,限外官吏罢添给。①

将这些临时机构合并,并且明确"以上除见存外,并罢局,余并依限了毕,限外官吏罢添给",因为只要停止了俸给,就没有官员会愿意无偿奉献,机构也就自然消亡了。

第二,规定时限。如元祐元年(公元1086年),御史刘次庄言:"门下、中书外省置局设官,编修六曹寺监条例,岁月浸久,殊未就绪。欲乞罢局,送六曹随事修立,委三省属官详看。"宋哲宗下诏:"见修条贯限一季毕,如出限官吏添给勿给。"②

通过本文的研究,我们可以知道,从北宋的敕需要整理社会背景及原因来看,既有敕自身的原因,也有敕以外的诸如社会、经济、政治条件变化的原因。从敕自身的原因来看主要有:(1)敕是按照皇帝命令的文书格式制定的,其中有许多格式性文字需要被清理。(2)许多敕都是按照政事指挥文书的格式制定的,其中许多内容并不具有普遍适用性,在整理之际就要清理出去,成为重要的档案而不是立法。对于具有普遍适用效力的内容则应当予以保留并编入新的法典。(3)在北宋100余年间,敕的数量众多,因此难免会有前后敕冲突的现象。为了消解前后敕间的冲突,一般采取以后敕为准的原则,但是在整理之际,有些后敕并不一定就比前敕更为合乎需要,就会对之进行取舍,确定存留,消解相互间的抵牾。

北宋政府对敕整理的方式包括:"准立法"形式的编类续降,立法形式的编一州一县敕、编一司一务敕、编单独的刑名《编敕》以及将敕令格式混合编修形式。北宋编类续降主要有四个步骤,即设置专门机构承受敕书;指设机构,许人建言;命官设置,进行编录;类聚成册,颁布行下。编类续降虽然不改变续降敕的内容,但是会按照时间和性质分类,对续降进行整理,这就为正式的立法活动奠定了基础。编"一州一县敕"其实是编一州敕和编一县敕的合称,因为州县都是地方政权层级,所以所谓的编"一州一县敕"其实就是编修规范地方事务的敕条。编"一司一务敕"也是一种合称,所谓的一司敕包括政府百司和地方监司,是指规范该司事项的敕条的编辑整理。一务敕就内容上讲其实也是政府百司的政务,但是因这

---

① 《续资治通鉴长编》卷二八七,元丰元年闰正月甲申,第7029页。

② 《续资治通鉴长编》卷三六四,元祐元年正月丁未,第8714页。

些事项具有庞杂性、重要性的特点，往往涉及多个政府机构的职责，不是一个政府司的职能所能完全涵盖的，因此，应当就将这类敕条编成某某事项的单独法典。严格来讲，在北宋时期，狭义的“编敕”就是将涉及刑名的敕条编辑成为一个刑事法典文本，这种方式主要在北宋中前期，是和相应令典、格典和式典各自单独编修相配合的。到了北宋中后期，因为在实践中，将各种法律形式单独编修成为相应的单行法典虽然从形式上看可行，但面对一个日益复杂的社会局面，只有综合使用各种法律形式才能实现有效规范，因此就出现了将各种法律形式混合编修的方式。最初是有一个过渡阶段，主要是将式这种独立性最弱的法律形式和敕、令混合编修成敕式、敕令式。随着北宋专制主义中央集权制的强化，官僚体系的完备，中央政府各部门尤其是财经部门所管理的事项日益复杂，就出现了将敕令格式混合编修用以规范政府一司或者多个司或者某一专项事务的《敕令格式》混合法典。

北宋整理敕的机构多种多样。有各种政府机构，如中央三法司（大理寺、御史台和刑部），枢密院（负责有关军事和机密事项的立法），閤门以及其他政府机关。北宋政府多采取随所要整理敕条规范事项的内容设立临时的机构进行整理活动，这些机构名称各异，其特点就是因事而设，事终而消。在北宋有一些专设机构以整理敕条为事业，从其名称即可看出，诸如编敕所、敕令所。此外，因为所从事工作的具体任务不同，还会有以详定敕为任务的详定编敕所，以整理一司敕书为任务的一司敕令所。这些专设机构本来也是因事而设，事终而消，但是因为北宋几乎每个皇帝在位期间都要进行整理敕的活动，甚至在一个皇帝在位期间就会有几次大规模整理敕的活动，所以这些机构常会以相同的名称设立。官僚体制下，行政效率低下，官员办事拖沓，有些工作人员有意拖延任务以图多领取俸给，从而出现临时设立的机构尚未被取消，新的整理任务又下达的局面，这不免导致这些临时设立的机构继续以同样的名目从事类似的工作。

（作者单位：河南大学）

论宋例之渊源、编纂及与法律体系之关系

王文涛

一、宋例的渊源

(一)来源于判决

宋例中研究最多的是来源于审判形成的断例,对于例的这一类渊源,相关学者已经作了较深入的研究,所收集到的史料也比较充分。一般都认为,法寺机关所判决的案例会在日后作为审判的依据,所以这些案例自然就成为了例的重要渊源。对于这部分的例,学术界也存在争议。有的学者认为,断例不是法律,因为被编纂的断例都是皇帝独断裁决,是皇权专制干涉司法的结果,并非正常的判例。这一观点的问题在于:且不说将皇帝裁决排除在司法判决之外这样一种价值判断是否适用于中国古代的历史实际,仅仅从还原史实的角度来说,认为断例都是出于皇帝专断,无疑是简单粗暴的。史料反映出,很多判决虽然并非出于皇帝裁决,也被用于编修断例。

曾旼编纂刑房断例时提到:

> 取索到元丰四年至八年、绍圣元年、二年断草,并刑部举驳诸路所断差错刑名文字共一万余件,并旧编成刑部大理寺断例。将所犯情款看详,除情法分明,不须立例外,其情法可疑,法所不能该者,共编到四百九件。许依元丰指挥,将诸色人断例内可以令内外通知,非临时移情就法之事,及诸处引用差互,曾被刑部等处举驳

者，编为刑名断例，共一百四十一件，颁之天下，刑部雕印颁行。其命官将校依条须合奏案，不须颁降天下，并诸色人断例内不可颁降者，并编为刑名断例共二百六十八件，颁降刑部大理寺检用施行。勘会申明，颁降断例系以款案编修刑名行下检断，其罪人情重法轻，情轻法重，有荫人情不可赎之类，大辟情理可悯并疑虑，及依法应奏裁者自合引用奏裁，虑恐诸处疑惑，欲乞候颁降日令刑部具此因依申明，遍牒施行。从之。①

从上述史料可见，收集整理的断例中只有一部分是"命官将校依条须合奏案"，也就是说只有这部分是经皇帝裁夺的案例，这部分案例因性质特殊而不被公开印行颁降到各地使用，只是留在刑寺备用。而在这部分之前所提到"非临时移情就法之事"，"被刑部等处举驳者"等，并没有提及是经过皇帝决断的，这些案例已经单独被编纂成册，而且公开在全国范围内下发使用，其适用范围甚至比经过皇帝裁决的案件更广泛。

以上史料是从编修的角度来说明非经皇帝裁决的断例的效力，而下面两则史料则直接从刑部、大理寺审判程序的角度来说明这个问题。

元丰五年七月壬辰……诏："刑部贴例拟公案并用奏钞，其大理寺进呈公案，更不上殿，并断讫送刑部。贴例不可比用，及罪不应法，轻重当取裁者，上中书省。"②

可见，要求大理寺自行断决后送刑部无须上殿奏裁，需要取裁的案件仅限于无例可以比用，是否能够定罪以及轻重情节难以判断的案件，而这些情况之外的案件大理寺是可以自行决断后直接上交刑部复核的。那么刑部拿到这些案件复核后是不是一定要上报皇帝裁决呢？下面的史料给出了答案。

诏刑部："今后官员犯公罪杖已下，依赦文及有正例别无违碍者，关吏部施行。"③

---

① 《续资治通鉴长编》卷二〇八，哲宗元符二年四月辛巳，第12106页。

② 《续资治通鉴长编》卷三二八，神宗元丰五年七月壬辰，第7897页。

③ 《续资治通鉴长编》卷四八二，哲宗元祐五年九月甲申，第10772页。

这里刑部复核之后的案件,也不需要上报,而且处理这些案件也是有“正例”可依的,所以,只要有例可依,就不一定要皇帝裁决,这些刑部依正例自行决断处理的案件本身也是例的体现,因此可以为以后的司法实践提供参照。

实际上,《郡斋读书志》中记载的断例就直接标记为“法寺所断例”,这应该指的就是上述这种法寺自行决断,刑部自行复核后直接执行案件,这些案件也是可以成为断例编纂的来源的。

(二)来源于政府机关的命令

判决之外,有些宋代政府机关可以直接制定例,比如:

> 远方寒士预乡荐,欲试礼部,假丐不可得,则宁寄举不试,良为可念。谨按开宝二年十月丁亥,诏西川、山南、荆湖等道,所荐举人并给来往公券,令枢密院定例施行。盖自初起程以至还乡费皆给于公家,如是而挟商旅于关节,绳之以法,彼亦何辞。今不复闻举此法矣。①

这条史料是说有些偏远地方的读书人因路途遥远,无力承担路费而无法参加。开宝年间,为了解决这一问题,下诏针对一些偏远地方的读书人,由国家给他们“来往公券”,以便其能够到达京城参与考试,而具体的实施方式,就是通过枢密院制定具体的“例”来进行的。

(三)来源于其他法律形式

以上的两类案例渊源都是针对具体事务案例,或由法寺断决,或由有司立制,有一定的临时应对的特性。在此之外,宋人还将另外一些稳定性更强的,已经是固定法律形式的法条内容也作为例的一部分。其他法律形式的条文内容会被作为例来引用。

> 绍圣元年五月十四日,详定编修国信条例所言:欲依《元丰海行敕》体例分修为敕令格式,其冗不可入者即著为例。从之。②

如上所述,条例在宋代有着较为广泛的含义,有时是作为一般法规的泛称,有时是作为某部具体法规的名称,在更多情况下,是指的一条条单行规定。像本条

① (宋)王栐:《燕翼诒谋录》卷一,《文渊阁四库全书》407册,台北,台湾商务印书馆股份有限公司1986年版,第718页。

② (清)徐松辑:《宋会要辑稿·刑法》1之16,中华书局1957年版,第6469页。

这样,上奏的是“详定编修国信条例所”,其编修的当然是“国信条例”;而根据后文,“分修为敕令格式”的建议,可见上述的“国信条例”是有待编纂的散颁法条。针对这样的散颁法条,需要作出不同的处理,一部分是修为正式的“敕令格式”;另一部分由于内容细碎,故不适于修入上述几类,应当“著为例”。从来源上看,“例”和常见的几类宋代法律并没有本质的区别。

这里需要说明的是史料中“冗不可入者即著为例”的意义,这条不但涉及例的来源,也涉及其效力。不可入的是“敕令格式”,不可入是不是就意味着无效呢?显然不是的,否则就无须“著”了。在宋代其他史料中,对于“令”等通常认为的正式法律,也使用“著”的字眼,所以一旦著了,就应当有效。那么“不可入”应当如何理解呢?众所周知,根据《宋史·刑法志》的记载,神宗曾从适用方式的角度对“敕令格式”下了定义,所谓“禁于已然之谓敕,禁于未然之谓令,设于此以待彼之谓格,使彼效之之谓式”。参考现有史料中的敕令格式的具体内容,应该说神宗作为一代明君,其定义是非常精确的,但一国的政务纷繁复杂,需要解决的问题各式各样,并非是四种形式所能够完全涵盖的,所以超出的部分就要“著为例”,也就是说“冗不可入”并不影响例作为正式法规的来源的性质和其效力。

除了与上述来源相同,单列于“敕令格式”之外的“例”,还有直接与敕令格式内容一致的“例”。

《宋会要辑稿》记载:

> 太平兴国九年三月三日,诏:“自今天下系囚,依旧例十日一具所犯事因、收禁月日申奏。其间留寄禁店户将养、保明出外知在,并同见禁人数,仍委刑部纠举。如事理可断及事有小虚,有禁系者,本处官吏重行朝典,人吏仍勒停,配重处色役。奏禁人数不以实及淹延日月,当密行察访,许人告。”①

这条史料出于太平兴国年间,说的是为了防止狱囚稽留、刑案拖延,要求每十天汇总记录在押囚犯的案由、羁押时间等情况,并对故意拖延办案的官员作出处罚。而史料中用了“旧例”一词,足见在此之前,实务中已经有了这样的规定。如果进一步查找史料可以发现,相同的规定曾出现在天圣令中。

> 诸在京及诸州见禁囚,每月逐旬録囚姓名,略注犯状及禁时日月、断

① (清)徐松辑:《宋会要辑稿·刑法》6之52,中华书局1957年版,第6719页。

处刑名……①

从时间上来看,天圣令形成的时间是晚于上述太平兴国的记录的,加上太平兴国的记录中已经使用了"旧例"这个词,说明这个做法在太平兴国之前已经沿用了一段时间。另外,经查唐代开元令关于相同事务的规定,可以发现其与上述太平兴国的记载及天圣令的规定内容是不一样的,说明天圣令的内容并不是照搬唐令而来,可能是由于宋代在实务中对前代的做法进行了改进,其后,其作为一项长久合理的做法,逐渐固定,先成为"旧例",最终修入《天圣令》。这样看来,令典的内容来源于例,而例又获得了令典条文的形式和效力。

绍圣三年正月十九日,刑部言:"权提点湖北路刑狱周鼎言:按例,鞫狱必据告者本章,非本章所指而蔓求他罪,以故入人罪坐之。比有司劾囚,囚茫然莫知所以被劾者,或自疏他过,奏请穷治,滋长犴狱,绝无爱利之风,与律意不合。"诏鞫狱请治状外事者,论如求他罪律。②

这条史料中,地方司法官周鼎要求禁止司法官在审案的过程当中超出原来指控的内容,随意追查其他罪名。他认为,一方面,这样会让被告人在没有准备的情况下没有必要地陈述其他罪过,从而导致刑狱案件越发膨胀,纠治无极,违反律意。但更值得注意的是,周鼎提出的首要依据是一条"例",而通过翻找史料就可以发现,这条例其实是《唐律疏议》断狱律中的原条文。这样的现象发人深省。在宋代,一方面,唐律作为前代的法制经典,是被广泛熟知的。另一方面,唐律毕竟是前朝法制,无法作为现行法条直接引用。作为司法官的周鼎,深知这一条款在实践中的正面意义,为了加强说服力,在直接引用唐律作为依据的时候,就借用了"例"的规范。在条文效力的问题上,"例"具有特殊的效用,虽然是唐律的条文,但是只要其内容与现实问题有联系,符合引例处理的原则,就可以作为依据。这大大拓宽了司法行政处断依据的来源,为作出更加合理有效的决断创造了条件。

(四)来源于诏书

史料中还有一大类的例,其渊源没有说明,需要进行分析之后才能发现,这类

① 天一阁博物馆、中国社会科学院历史研究所编:《天一阁明藏本天圣令校证》卷二七,《狱官令》(下册),中华书局2006年版,第327页。

② (清)徐松辑:《宋会要辑稿·刑法》3之68,中华书局1957年版,第6611页。

就是直接来源于皇帝日常颁布的诏书敕令的例。

所谓没有说明,就是说史料中没有明说是根据几月几日某诏形成的例,往往简称为"某某例",这类例又分为如下几种情况。

第一类情况是最模糊地称为"近例"或"旧例"。比如:

> 绍圣元年十一月一日,刑部言:"被旨:六曹、寺、监检例必参取熙宁、元丰以前,勿专用元祐近例;旧例所无者取旨。按□降元祐六年门下中书后省修进《拟特旨依断例册》,并用熙宁元年至元丰七年旧例,本省复用黄贴增损轻重。本部欲一遵例册,勿复据引黄贴。"诏:"黄贴与原断同,即不用;内有增损者,具例取旨。"①

由此可见,旧例与近例是对称的,于绍圣而言,熙丰年间的做法就是旧例,而元祐年间的是近例。当然,这条记录中很可能也反映了绍圣年间恢复熙丰旧制,去除元祐更化遗迹的情况。

关于"旧例"和"近例"的含义,我们可以通过一组因"狱空"而奖励官员的记录的史料来探究。古代中国以羁押场所无囚犯在押作为"刑错之风"的体现,一旦狱空说明仁政大行,对此要奖励审判机关的官员,宋代就是如此:

> 绍熙元年十二月二十二日,大理寺丞周晔言:"旧例奏狱空,犒赏胥吏,凡所经由,等第支给,至数千缗。寺库既不能办,狱虽无系囚,但申省部,不敢陈奏,遂至赊作狱空,常欠利债。且屡空屡奏,尽善尽美,岂可以犒吏之故有隐于君父乎?臣又见狱空有奉表称贺之礼,有降诏奖谕之文。陛下谦冲,抑称贺而不许;人臣何德,受奖谕而不辞!且职事无旷,分所当然。乞明诏寺臣,凡遇狱空,悉以闻奏,无用犒吏,降诏奖谕亦乞特免。"从之。②

可见,前述北宋徽宗年间因狱空而奖励官员的做法,到了南宋光宗绍熙年间就被称为旧例了。同时我们还应注意到这种"旧例"在适用当中是存在变化的,原来是狱空之后臣僚上表奏贺,皇帝降诏奖谕,但由于财政困难,朝廷无财力奖赏,所以改成只上表奏贺,朝廷不再嘉奖,随后,这一情况又发生了改变,到了开禧

① (清)徐松辑:《宋会要辑稿·刑法》1之16,中华书局1957年版,第6469页。
② (清)徐松辑:《宋会要辑稿·刑法》4之90,中华书局1957年版,第6666页。

元年(公元1025年)二月二十五日,大理寺官员上奏:

> 本寺数月之间,狱凡再空。昨尝陈请,欲循故事上表,未蒙朝廷赐报。照得顷年特以犒吏薄费乞行请免,因此成例,恐非所以彰圣世无穷之休。欲望许令上表称贺,宣付史馆,以明帝王错刑之极功。所有依例合支犒设,本寺自于见追赃罚籍没钱内那融支遣,取自朝廷指挥施行。①

上述绍熙年间的做法,在开禧年间已经"成例"。针对这个"例",绍熙年间官员提出了恢复狱空之后奖赏官员的真正"旧例",但不再由朝廷拨款,而是由大理寺从其追缴罚没所得款项内支出。这样做的好处有三:一来彰显皇帝刑错之功,二来鼓励法寺官员,三来不增加朝廷负担。这样的做法在后世又成为了被效仿的"旧例":

> 嘉定九年五月十二日,大理卿钱仲彪言:"本寺狱空实及一年,即与时暂狱空不同,欲遵典故,乞令上表称贺,宣付史馆。所有犒设吏人,即照旧例于本寺赃罚钱内减半支给。"诏依,令学士院降诏奖谕。②

可见,开禧年间大理寺"自筹资金"奖励狱空的做法,在嘉定年间成为被引用的旧例。而上述这个变化的过程,都是通过臣僚建议,皇帝下诏批准的方式定立和变化的。

第一类情况,旧例与诏书之间存在的关系,在近例中也有所体现。比如:

> 徽宗崇宁九月十三日,大理寺札子:"勘会本寺今月七日狱空,已具奏闻去讫,伏观开封府第一次狱空,申乞支破杂供库钱管设官吏,依立春祈神例,用衙前乐祗应。二狱空,蒙下户部支降钱二百贯文。欲望朝伏廷特依近例,支赐钱下寺排设。"诏依例支赐钱二百贯文。③

可见,所谓的"近例",也就是近期对狱空官员奖励的做法,其方式也必然是下诏奖励。

---

① (清)徐松辑:《宋会要辑稿·刑法》4之91,中华书局1957年版,第6667页。
② 同上。
③ (清)徐松辑:《宋会要辑稿·刑法》4之86,中华书局1957年版,第6664页。

在“旧例”和“近例”之外，单称的“例”实际上也具备上述的性质。比如：

明道二年十一月十七日，中书门下言：“检会先诏，外任臣僚有贪污不公，被转运司体量闻奏者，候得替与降等差遣。欲今后显有不公，即依例施行。若别无显状，不降等差遣。”从之。①

此处所依之“例”，明显是检会先诏所得，也就是以往诏书中的规定，只是本次适用的条件从“贪污不公”改为“显有不公”，也就是不以贪污赃款为条件。

第二类情况是以时间称例，比如：

大观元年九月二十九日敕，检会大观元年八月刑部、大理寺断绝狱空，未曾推恩。取到大理寺状，勘会七月二十五日起首称办，到二十九日终断罪尽绝，八月一日申奏。今具到断绝官职位、姓名，数内王依、周泽、商守拙、林渊并自七月二十六日中书差。诏依崇宁四年例减半推恩，内周泽、商守拙各与减二年磨勘，王依、林渊比类施行，大理寺卿马防、少卿任良弼各转一官。②

这里是说徽宗大观元年（公元 1107 年）大理寺、刑部两狱空，需要对官员嘉奖，标准是按崇宁四年（公元 1105 年）例减半。那么“崇宁四年例”是什么呢？《宋会要辑稿》中就有直接的答案：

徽宗崇宁四年闰二月六日，诏开封府狱空，王宁特转两官。两经狱空，推官晏几道、何述、李注，推官转管勾使院贾炎，并转一官，仍赐章服；……司录李士高减二年磨勘，候叙用了日收使；检法使臣刘禹臣特与转一官，减二年磨勘。③

由此可见，“崇宁四年例”就是崇宁四年（公元 1105 年）徽宗因为开封府狱空，对相关官员进行奖赏的诏书，而大观元年（公元 1107 年）之所以要依照崇宁四年（公元 1105 年）的标准减半，很可能是因为崇宁时开封府是“两经狱空”，而大

---

① （清）徐松辑：《宋会要辑稿・刑法》2 之 20，中华书局 1957 年版，第 6505 页。
② （清）徐松辑：《宋会要辑稿・刑法》4 之 86，中华书局 1957 年版，第 6664 页。
③ 同上。

观时就是一次。

实际上,徽宗年间因为狱空而奖赏相关官员的情况非常多,《宋会要辑稿》中保留了大量的例子:

> 重和元年十二月五日诏:开封府狱空,已降指挥等第推恩,并依政和六年九月例施行。盛章转一官;张徽言、王吉甫、李中正、梁立、戚廉、庞思转一官,并回授本宗有官有服亲;孟彦弼、范榛依条减四年磨勘;秦焘更不推恩。①

此处所依的"政和六年九月例"在《宋会要辑稿》中也有记录:

> (政和六年)九月十七日,开封尹王革等奏:"契勘七月初十日,本府六曹两狱、四厢十六县狱空,已具表称贺讫。今保明到合推恩官吏下项……"诏:"第一等官员各转一官,人吏有官资人各转一官资,无官资人各支赐绢一十匹。第二等官并有官人吏减三年磨勘,无官人吏各支赐绢七匹。……提刑钱归善等转一官,属官减三年磨勘。内王序、钱归善转行,余碍止法人依条回授,年限不同人依条施行。"②

所以"政和六年九月例"也是一条奖励官员的诏书。通过上述两个例子可知,后面诏书所称的某某年某某月的例都是这个时间所颁布的诏书。

第三类情况是以地名称例,比如:

> 景德元年八月十八日,左巡使艾仲儒言:"在京勘公事,乞依外处例,许指射推司姓名,抽差一两人祗应。"③

这里用的"外处"还只是区别于京城的模糊范围,下一条就更加明显了:

> 政和七年二月十一日诏:"怀、卫二州界于太行、大河之间,奸宄凭恃险阻,倚为渊薮。访闻诸处间将犯强盗之人配填逐州,至则逋逃,难于缉

---

① (清)徐松辑:《宋会要辑稿·刑法》4之89,中华书局1957年版,第6666页。

② 同上。

③ (清)徐松辑:《宋会要辑稿·刑法》3之55,中华书局1957年版,第6605页。

捕。可依商、虢二州例，更不配填。立法行下。"①

这一条直接用商州、虢州两处地名来界定，用地名来界定某例也就是以该地范围内的做法作为范例处理他地的相应问题。那么这种做法是如何出现的呢？下面的记录给我们提供了答案：

天圣七年七月四日，知滑州李若谷言："河清军士盗伐堤埽榆柳，准条凡盗及卖、知情者，赃不满千钱以违制失论，军士刺配西京开山军，诸色人决讫纵之；千钱已上系狱裁如持杖斗敌，以持杖窃盗论。臣所部州多此辈，盖堤埽重役，故图徒配。欲望自今河清军士盗不满千钱者，决讫仍旧充役；千钱以上及三犯者，决讫刺配广南远恶州牢城；诸色人准旧条施行。"事下法寺，请如所奏，凡京东西、河北、淮南濒河之所，悉如滑州例。从之。②

这条的意思是说，滑州的军士故意违法砍伐河堤树木，受到处罚后就被配往他处，借此逃避了本来在滑州的重役。当地官员要求针对这类人员改变原来处罚，仍服旧役。该奏请经过法寺审议，表示应准许。而且京东西、河北、淮南等地凡是濒临江河之处也按照这一做法实施，实际就是在皇帝下诏同意滑州一地的做法的基础上，再下诏要求其他地方参照实行，这里所谓的"滑州例"实际上就是皇帝对滑州地方官员奏请表示许可的诏书。

第四类情况是以适用的对象称例。

其中，有的是以适用这一"例"的"官司"为名，比如元丰年间多次禁止官员接受拜见：

元丰二年二月十五日诏："大理寺官属可依御史台例，禁出谒及见宾客。"③

（元丰）五年五月十三日诏："州郡禁谒，并依在京百司例，仍令详定重修编敕所立法。"从前知湖州唐淑问请也。④

① （清）徐松辑：《宋会要辑稿·刑法》4之36，中华书局1957年版，第6639页。
② （清）徐松辑：《宋会要辑稿·刑法》4之17，中华书局1957年版，第6630页。
③ （清）徐松辑：《宋会要辑稿·刑法》2之35，中华书局1957年版，第6513页。
④ （清）徐松辑：《宋会要辑稿·刑法》2之36，中华书局1957年版，第6513页。

还有一种是适用这一“例”的人员,如:

> 绍兴二十三年十二月十三日,知临安府曹泳札子:“契勘本府近缘贼盗稍多,虽不住缉捉根勘,断配往远恶州军,其配军多是不旋踵复到本府作过。缘本府系车驾驻跸去处,理宜措置禁止。今相度,今后凡遇断配贼人,欲望许依海贼例,应有合配之人,量远近分配池州、建康府、镇江府、鄂州、太平州驻札军分重役。”①

曹泳要求将杭州附近盗贼按照海贼的方法处理,防止他们潜回本地继续作恶。

那么上述这些“某某官司例”和“某某人员例”本身都是什么呢?我们尝试从《宋会要辑稿》和相关古籍中寻找答案。

> 天禧三年八月十八日,诏:“谋杀、故杀、劫杀人罪至死,用今月三日赦原者,诸州并依强劫贼例配本城,情重不可宥者部送京师,自今用为定式。”②

此处提到了“强劫贼例”,而且指出了对于强劫贼的处理方式是“配本城”,那么这种规定来源于何处呢?《续资治通鉴长编》中有相关的记载:

> 大中祥符九年七月辛酉诏:“强劫贼人,罪当死以赦降从流者,决讫,仍隶本城。”③

可见,在大中祥符年间的就有要求将强劫贼人配隶本城的诏书,以后在天禧年间被引以为例,这就是“强劫贼例”的来源。

第五类,是以文书名称例。在这种情况下,诏书与例的关系就比较明显了:

> 景祐二年八月五日,淮南转运使言:“准诏往辖下州军疏理见禁罪人,其加役流已下徒役人,乞许依德音例疏放。”诏:“应系今年五月二十

---

① (清)徐松辑:《宋会要辑稿·刑法》4之48,中华书局1957年版,第6645页。

② (清)徐松辑:《宋会要辑稿·刑法》4之10,中华书局1957年版,第6626页。

③ 《续资治通鉴长编》卷八七,真宗大中祥符九年七月辛酉,第2001页。

五日以前配到者,并放逐便。"①

《续资治通鉴长编》卷一百十七中也有相应的记录:

八月丙辰,诏:"天下配役人,在今年五月戊申诏书前者,并释之。"

《续资治通鉴长编》中的"八月丙辰"就是《宋会要辑稿》中的八月五日,"五月戊申"就是五月二十五日。此外,虽然没有查找到五月二十五日德音的内容,但一般认为,德音属于皇帝的命令,②根据《宋史·刑法三》的解释:"凡德音,则死及流罪降等,余皆释之……所被广狭无常"。从这两条史料的文意可以推断,五月二十五日曾经颁布过德音对在押犯人进行减释。在八月,根据淮南官员的建议,下诏明确规定,全国所有五月二十五日之前在押的犯人均可依照德音减免刑罚。至于为什么淮南地方官员要在八月申请适用五月的德音,其原因可能在于德音"所被广狭无常",五月的德音可能只适用于部分地区,如《续资治通鉴长编》卷一百六记载:"天圣六年三月庚寅,德音,以星变,斋居不视事五日,降畿内囚死罪,流以下释之,罢诸土木功,赈河北流民过京师者。"然而这只是针对京畿之内囚犯的德音,如果景祐二年五月的德音也是如此,那么八月通过诏书,要求天下均以五月的德音为范例,也就顺理成章了。但无论如何,"德音例"是来源于皇帝的命令、诏书,这一点是可以肯定的。

除了上述通过推断得到的结论之外,还有一些史料直接将诏书与例联系起来:

绍兴二十八年四月二十七日,三省言:"每岁三伏内,圣恩疏决虑囚,其外路委官旨挥同时行下,缘川广等路去朝廷遥远,旨挥到日已过盛暑,窃虑未称矜恤之意。伏观政和六年五月十四日圣旨,盛暑点检囚禁,外路限四月下旬预行检会。欲乞依政和例,预于四月检会行下。"③

这里就直接将以前圣旨诏书称为"例",而且这里政和六年(公元1116年)五月十四日的诏书也确实要求在四月开始对各地囚禁情况进行点检。

① (清)徐松辑:《宋会要辑稿·刑法》5之22,中华书局1957年版,第6680页。

② 参见吕志兴:《宋代法律体系与中华法系》,四川大学出版社2009年版,第104页。

③ (清)徐松辑:《宋会要辑稿·刑法》5之38,中华书局1957年版,第6688页。

通过比较《宋会要辑稿》和《续资治通鉴长编》也可以发现同样的情况,《宋会要辑稿》记载:

> 大中祥符八年八月十九日,知密州孙奭言:"本州岛累有强劫贼,结案遇赦或赦后捉获,准诏配本城。据官吏众称,准例配本城者,并配牢城。朝廷以本城、牢城分为轻重,今若一概处断,虑失诏意,请下法官参议。"诏:"自今准诏刺配牢城者,并止配本城,有军额指挥,不得例配牢城。"①

《续资治通鉴长编》中相应的记录为:

> 甲申,知密州孙奭上言:"本州岛屡有强盗结案遇赦或赦后捕获,准诏配本城者并配牢城。臣愚窃谓朝廷盖以本城、牢城分为轻重,今若一概取断,虑失诏意,请下法官参议。"诏:"自今诸州军准诏刺配本城者,止配本城有军额指挥,不得例配牢城。"②

两条记录内容大致相同,但有一点值得注意的是,《宋会要辑稿》称"准例配本城者,并配牢城",《续资治通鉴长编》则称"准诏配本城者,并配牢城"。可见,针对一事,可称"准例",也可称"准诏",两者几乎是通用的。

通过上述的分析可知,宋例可以来源于皇帝圣旨诏书。此外,由于皇帝颁布诏令的频率、随意性相对其他形式都高,所以可以说它也是例最重要的来源之一,甚至可能是金口一开便成例:

> 仁宗圣性仁恕,尤恶深文,狱官有失入人罪者,终身不复进用。至于仁民爱物,孜孜惟恐不及。一日晨兴,语近臣曰:"昨夕因不寐而甚饥,思食烧羊。"侍臣曰:"何不降旨取索?"仁宗曰:"地闻禁中每有取索,外面遂以为例。诚恐自此逐夜宰杀,以备非时供应,则岁月之久,害物多矣。岂可不忍一夕之馁,而启无穷之杀也?"时左右皆呼万岁,至有感泣者。③

---

① (清)徐松辑:《宋会要辑稿·刑法》4之7,中华书局1957年版,第6625页。

② 《续资治通鉴长编》卷八五,大中祥符八年八月甲申,第1944页。

③ (宋)魏泰:《东轩笔录》卷三,《文渊阁四库全书》1037册,第430页。

这条记录本来是为了赞颂仁宗仁民爱物的，但从侧面也让我们了解了圣旨称例的史实。即使是一时兴起的口腹之欲，一经颁旨，便可能成为惯例。由此可见，通过对宋例的研究，让我们对天子的“金口玉言”有了更加深入的了解。

（五）渊源成例的机制

1.随事生例

例一开始是为了处理某些具体事务而形成的。正如宋末的名臣许应龙所说：“或出于一时之特恩，或出于一时之权宜，有循亲故而开事例者，有迫于势要而创事例者。”①而无论是特恩、还是权宜，都是针对一时一事的具体问题而作出的。循亲故，授特恩固然有封建王朝君主专断，坏法用情的嫌疑，但为一时应急而作出的权宜之计，古今中外一直都有，这也是例不断出现并能存在下去的真正原因。如下面的一条史料所显示：

> 国朝承五季之旧，置三司使以掌天下利权，宰相不与，王荆公为政，始取财利之柄归于中书……由是版曹但能经画中都百官诸军廪给而止……然所取大率出于经制之外焉，自罢总制司，版曹但掌经费，岁入仅五千缗，出亦称是，一有不足即告于朝，或遇军兴则除禁帑应付外，版曹但能预借民间坊场净利……乾道初，孝宗尝计户部岁入之数较之，岁用但阙三百万缗，时会子初行，李侍郎若川因请增印二百万缗，然上半年尚阙五十万，上命左藏南库以银会中半与之（三月壬辰），自是版曹岁借南库钱百余万缗，因以为例，淳熙中韩子师为户书，始免例借，自后皆守其规约焉，先是，上以诸路财赋收支浩繁，令两侍郎分路管认，（乾道六年正月乙酉）淳熙十年王宣予为户部尚书，始请于次年四月将诸道监司守倅所起上供钱比较，以定赏罚，许之（八月甲午）。其后减展磨勘年有差，由是罕有遗欠者，迄今遂为定制。②

这则史料不但展示了三司的权限变更，更表明了宋代中央财政的一些情况。在孝宗年间，户部出现财政赤字，即使增印纸钞会子也不能补足，最后只能动用皇帝的私库，这虽然是应一时之需，但由于户部财政紧张的情况始终存在，所以这种应急的办法逐渐成为惯例，一直沿用到淳熙年间。

---

① （明）杨士奇等编：《历代名臣奏议》卷二一四《法令》，《文渊阁四库全书》439册，第156页。

② （宋）李心传：《建炎以来朝野杂记·甲集》卷一七，《三司户部沿革》，中华书局2000年版，第380页。

> 绍兴二十七年七月十三日,中书舍人周麟之言:“国朝稽古建官,分三省以厘天下之务,凡有令命,则中书省取旨,门下省审驳,尚书省颁行,三省相参……当军兴时,则有事干机速,不可少缓。及休兵之后,因仍不改。用事者又私意自任,废弃成法,故有所谓报者;有所谓中入报者;有所谓尚先行者;有所谓入己者,往往皆成定例。”①

按照规则,中书、门下、尚书三省有明确的分工,遇有政务并须经过取旨、审驳、执行三道程序,但是在遇到战时紧急状态时,就会减少中间环节以尽快作出决策,由此也就出现了“中入报”、“尚先行”和“入己”这些做法,仅从字面上就可以看出,它们要么是不按程序直接奏报,要么是不经奏报或审驳直接执行。当然,战局瞬息万变,一时应急,从速处断是有其现实意义的,但是通常这些做法一经出现,随后就变成了定例,并且以后一直被拿来当作固定的行政程序适用。从中可见,因实务需要逐渐固定的“例”最后改变了行政中枢的决策程序。

而下面一条史料涉及的事务虽然不如上则重大,但却更充分体现了一时应急的措施最终固定为先例规则的过程。

> 纳粟补官,国初无。天禧元年四月,登州牟平县学究郑河,出粟五千六百石振饥,乞补弟巽。不从。晁迥、李维上言,乞特从之,以劝来者,丰稔即止。诏补三班借职。自后援巽例以请者,皆从之。然州县官不许接坐,止令庭参。熙宁元年八月,诏给将作监主簿、斋郎、助教牒,募民实粟于边。此古人募民实粟塞下遗意也。因记淳熙间,诏以旱故募出粟拯民,二千石补初品官,而龙舒一郡应格者数人,郡以姓名来上,孝宗皇帝疑而不与,仲父轩山先生力谏,以为失信于人,恐自后歉岁无应募者,孝宗亟从之,已而应募者众。②

从这则记录可知,宋初并没有纳粮补官的做法。天禧年间,登州地方的郑河拿出大量的粮食帮助朝廷赈济饥民,他提出的奖励条件是让他的弟弟郑巽享受补官待遇。由于以往没有过这种情况,所以一开始他的要求被否决了,但为了鼓励其他人帮助朝廷赈济灾民,在臣僚建议下皇帝最终还是同意了,但是要求灾荒一结束就要停止这种做法,但结果却是“自后援巽例以请者,皆从之”。本来是一时

---

① (清)徐松辑:《宋会要辑稿·职官》一153,中华书局1957年版,第6688页。

② (宋)王林:《燕翼诒谋录》卷二,《文渊阁四库全书》407册,第723页。

应急的措施，后来变成了惯常的做法。这种做法不但沿用到北宋熙宁年间，甚至到了南宋还继续适用，成为惯例，以致孝宗皇帝因为一地上奏补官人数太多而有疑虑，这时就有大臣提出，如不同意就是“失信于人”。原来应急的一时之举，经过时间的累计和实际的检验，最终成为连皇帝都不能轻易违反的规则。

2. 沿用成例

上一部分最后的例子，已经向我们展示了一时应急的举措经过长期的沿用，反复引用而成例的过程，所以从“生例”到“成例”是有一个过程的。

之所以原来是针对一件事务的决策处理能够在以后被反复适用，是因为在宋代处理政务的过程中，以往事务的处理方式和结果对于日后同类事务都有天然的参考和指导意义。可以说，任何以往的决策在观念上都是例，如欧阳修在一则札子中提到：

> 臣近准閤门告报，蒙恩授臣给事中。臣寻曾沥恳，乞赐停寝。今准中书札子，奉圣旨，不许辞让，便令授告敕者。臣本庸材，蒙陛下擢在翰苑。言语侍从，既无所纳，以申报效；任以烦使，又自陈疲病，诉以不能。然则如臣久冒宠荣，果堪何用？上赖圣君优容，未加黜责。岂可授命之日，已蒙加职，不久罢去，又复转官？此臣所以惭惧徊徨，不敢即受也。臣窃见前知府吕公弼差知益州，授枢密直学士，及公弼辞免不行，徙领郡牧，遂却只依旧充龙图阁直学士。王素、蔡襄，并因方面之寄乃迁职。是则罢府供职京师者，不当别有迁转，此近例也。臣非敢饰伪，上烦圣聪，直以恩宠频并，理当辞避。欲望圣慈，察臣无所堪用，矜臣能自揣量，俾寝新恩，免贻群议。今取进止。①

这则札子是欧阳修第二次推辞了给事中的任命时所上。给事中本是门下省长官，但在宋代早期已经是虚职，完全作为荣誉头衔且品位极高，朝廷极少授除，所以欧阳修极力推辞。在第一次推辞被否决之后，欧阳修这次就引用了和自己地位相近的吕公弼、王素、蔡襄等人的情况来加强自己的理由，这些人除授官职的情况被欧阳修引为“近例”。实际上欧阳修这类高级官员的任职除授和荣誉褒奖并没有绝对的禁止和规范，基本以皇帝的恩宠程度为准，所以欧阳修只能用类似的情况来推辞。但从中可以看到，欧阳修引用这些“近例”的行动本身就说明他认

① （宋）欧阳修：《欧阳修集》卷九一《再辞转给事中札子》，《文渊阁四库全书》1102 册，第 730 页。

为以往授除高官的事例对于皇帝是有说服力的,可见在宋人的政务决策过程中,引用以往做法作为依据是有效力的。

可以证明行政决策对今后事务具有先天指导意义的,还有反面的例子,如以下两则:

> (元丰)三年三月二十六日,景灵宫使、开府仪同三司、检校太尉、兼侍中曹佾为检校太师、守司徒、兼中书令,充景灵宫使。仍诏出入如二府仪,公使半给见钱,后毋得为例。又给宣借人兵五十人。①
>
> (淳熙)四年八月十六日,诏:"除授太尉,自今止与初除恩数。其数迁除,止依转厅减半。如无特旨许依执政之人,不得援例。"②

这两则也都是有关高级官员恩遇优待的诏令,而且这两则诏令的后面都有专门的说明:一为"后毋得为例";二为"不得援例"。从这种禁止援例的规定可以看出,如果不作禁止,这些做法天然地可能在以后的其他类似事务中被引用作为依据,为了防止届时因本次先例而出现日后无法拒绝的情形,干脆直接规定这次的做法以后不得被援引为例,但这反过来证明了如不特意禁止,已经作出的决定原则上都可以被引为先例。

实际上,这类情况在史料中多有体现:

> 嘉定八年十二月三日,臣僚言:"迩者毕再遇、周虎、庄松辈盗请钱米银两,罪状显著,圣心宽恕",以其守御微劳,止从镌秩,略行追索,仅移所居,旋令自便。昔汉魏尚为云中守,厥功茂矣,上功首虏差六级,文帝下之吏,削其爵,不少贷。夫再遇等区区之功,何足比魏尚……文帝用法则如彼,陛下用法止如此,臣知陛下措心积虑,拳拳念功,过文帝远甚。乞下此章,播告天下,继今如有赃败,自从本条,更不为例。庶几中外知宽恩不可幸得,成法所宜遵守。从之。③

对于罪臣的判决处罚,如果不特加说明,也可能成为日后引用的依据,所以要专门指出"更不为例"。

---

① (清)徐松辑:《宋会要辑稿·职官》1之1,中华书局1957年版,第2330页。

② (清)徐松辑:《宋会要辑稿·职官》1之14,中华书局1957年版,第2336页。

③ (清)徐松辑:《宋会要辑稿·刑法》6之50,中华书局1957年版,第6718页。

上述的内容都是对宋人沿用前例的简单说明,实际上,从上述分析诏书作为“例”的来源的内容中就可以看出,以前作出的各类诏书所成的先例都被反复沿用,有些甚至从宋初一直被沿用到南宋。所以说,只要没有明确的禁止,前例即可为后世反复沿用。

3. 著以定例

除了上述在实践中反复沿用先例的情况,宋人有时会特意强调某些决策对今后的指导意义和参考价值,并通过某种程序将其固定下来。

同样是出于欧阳修的札子,前面引用过的一则史料是欧阳修引用他例为己用,而下面一则中,欧阳修提出意见后,不但希望被采用,还希望它成为今后其他类似事务的先例:

> 臣今欲乞凡王伦所过州县夺却衣甲处官吏,并与追官勒停。其巡检仍先除名,令白身从军自效,俟贼破日,却议叙用。仍今后用此为例。①

在这里,欧阳修建议对于那些应对盗贼王伦集团不利的地方官员,不只是追夺他们的官职,还要让他们从军参与剿匪,将功补过,待到肃清匪患之后,再行叙复使用。一般而言,宋代对于有过错的官员给予处分之后,是停职一段时间之后叙复使用,这是有法条规定的,让受处分官员参军补过,且叙复时间以剿匪完成的时间为准的做法异于常规。欧阳修也是意识到了这点,但认为这样做,一方面,可以激励已经受罚的官员在战场上立功;另一方面,也可以鼓励其他官员为避免受罚而努力剿匪,所以特地要求以后都以此为先例,参照执行。

实际上,在一些诏书中,皇帝也直接要求以后以本诏的内容为先例。如太宗太平兴国七年(公元982年)八月诏曰:

> 朕以刑法之官重难其选,如闻自来月给随例折支,宜令三司自今后少卿、郎中已上料钱,于三分中二分特支见钱;员外郎已下并全支见钱。如他官任刑法官者,亦依此例。②

再如:

---

① (宋)欧阳修:《欧阳修集》卷九八《再论王伦事宜札子》,《文渊阁四库全书》1102册,第31页。

② (清)徐松辑:《宋会要辑稿·刑法》1之62,中华书局1957年版,第6492页。

(景祐三年)四月七日河北转运司言:"沧州南皮县令朱谷,部民论取受不公,惧罪逃走,已行收捉。"诏:"将来遇赦不原,永不录用。今后命官使臣依此例。"①

在两条史料中,皇帝都在诏书中直接规定,以后处理某一类问题时都按照自己这次诏书的规定来处理。

此外史料中还有更加明确的关于"著为例"的记载,可以理解为固定例的程序。

皇祐三年十月十三日,翰林学士曾公亮言:"昨奉敕,以明堂赦后看详诸道编管配军人罪犯轻重,逐时具状贴黄奏讫。伏思自前南郊赦令,虽与今一体,及其奏到罪人犯状,久不蒙移放。不惟赦令失信,其间甚有州军妄行编配,遂致一二十年羁囚至死,伤害和气,众所共闻。欲乞特降恩旨,今后依此,永为著例。"②

这里值得注意的是"永为著例"的提法,曾公亮不但要求皇帝下诏解决赦令贯彻不利,囚犯羁縻不得释放的问题,还希望从根本上解决问题,以后的同类情况依本次为范例解决,更要求本次的范例成为"著例"。所谓"著",无疑是记录固定的意思,也就是要求将本次的诏书规范内容专门记录固定下来,成为今后可以参照的范例。那么曾公亮的这种要求在当时能否得到满足呢?从史料来看,宋代"著例"的情况是很多的。如:

神宗熙宁九年五月十六日,中书门下言:"在京左右军巡院、司录司、开封府祥符县,当此暑月,应有刑狱淹延。"诏:"遣检正中书刑房公事张安国计会当职官,疾速结绝以闻。"自是岁著为例。③

南宋孝宗隆兴元年(公元1163年)四月二十三日:

诏:"每岁盛暑,合虑囚徒,诸路州郡委提刑于六月内遍诣所部,将见

---

① (清)徐松辑:《宋会要辑稿·刑法》2之22,中华书局1957年版,第6506页。

② (清)徐松辑:《宋会要辑稿·刑法》1之23,中华书局1957年版,第6507页。

③ (清)徐松辑:《宋会要辑稿·刑法》5之26,中华书局1957年版,第6682页。

禁公事催促结绝。事理轻者,先次决放。内僻远州县,即州委守臣,县委通判、职官,各具已施行事件申尚书省。"自是岁著为例。[①]

六月十九日:

诏:"以时当盛暑,深虑囹圄淹延,追逮枝蔓,行在所委刑部郎官及御史各一员,临安府委提点刑狱,前往催促结绝。事理轻者,先次决断。临安府属县徒已下罪,一面断遣。"自今岁著为例。[②]

上述三段史料都在诏书后面有"著为例"的字样,说明曾公亮所要求的将诏书"永为著例"的做法是存在的。值得注意的是,熙宁年间诏书后面的"自是岁著为例"在原文中是小字,应是后来编纂时增加的注文,而孝宗隆兴年间的两条,在原文中都是大字。[③] 众所周知,现存的《宋会要辑稿》系从《永乐大典》中辑出,而根据研究《宋会要辑稿》的权威学者王云海先生的考证,《永乐大典》所依据的《宋会要辑稿》是南宋李心传编纂的《十三朝会要》,而这部会要中孝宗乾道九年(公元 1173 年)之前的内容是张从祖所编《总类国朝会要》,[④]张从祖是将《元丰增修五朝会要》、《续会要》、《中兴会要》和《淳熙会要》四部会要整理后编成了《总类国朝会要》,所以熙宁的记录应出自《元丰增修五朝会要》,隆兴年间的记录应出自《淳熙会要》,由此可见,《淳熙会要》的编录者是直接记录了当时"著为例"的做法,而张从祖在编辑时,遇到熙宁九年(公元 1076 年)五月十六日的记录,则补充了这条诏书也被著为例的情况。首先,张从祖和李心传都是有相当造诣的学者,又是宋代本朝人,如此补注,一定有其依据。而且从张从祖特意补注"著为例"这一点来看,著例的活动在宋人眼中是有一定意义的,所以特地予以注明。最后,从隆兴两条同一年的记录来看,第一条末尾是"自是岁著为例",第二条末尾是"自今岁著为例",语气明显不同。前一条似是编纂记录者的身份站在第三方的角度事后记录了诏书内容被"著为例"的情况;而后一条则是发于当事人之口,似是诏书原文的一部分。那么按照这样解读,某些诏书之内可能就直接规定将该诏书"著为例"。

① (清)徐松辑:《宋会要辑稿·刑法》5 之 39,中华书局 1957 年版,第 6689 页。

② 同上。

③ 本书中所引用的《宋会要辑稿》的版本均为中华书局 1957 年版,该版本系采用原北平图书馆影印本复制重印。

④ 参见王云海:《宋会要辑稿考校》,河南大学出版社 2008 年版,第 137 页。

既然有将诏书"著为例"的现象,那么这种著成的"例"的效力应该如何理解呢?

首先,应从"著"字的含义入手。《天圣令·狱官令》中记载:

> 诸奉敕处分,令著律、令及式者,虽未附入,其有违者,即依违律、令、式法科。

一般认为,宋人编修敕、令、格、式作为正式法典,但这难免让人以为只有编修完成的敕令格式才是有效的法律。从上述史料可知,实际情况肯定不是这样的。敕令格式中很多也是来自于日常的圣旨诏令,一些圣旨中也会像上述要求"著为例"一样要求著为律令格式,而这里的规定告诉我们,一旦被打上了"著为某"的标记,即使还没有真正经过编修,没有编入正式的律敕令格式,也具有了法律效力,可以作为行事的依据。那么相对而言,针对例所特地标记的"著为例",即使不能确认其具有与律令等一致的效力,也不能否认其一定程度上具有法律效力。

其次,结合相关史料,也能查明"著为例"的效力,《宋会要辑稿·刑法》中记载了徽宗初年的一条诏书"著为例"的情况:

> 徽宗建中靖国元年四月二十九日,中书省勘会,正当时暑,窃虑刑狱淹延枝蔓。诏:"在京委刑部郎官及御史一员,开封府界令提点,诸路州军令监司,分头点检催促,结绝见禁罪人。内干照人及事理轻者,先次断决讫奏。内府界徒以下罪人,罪状分明、不该编配及申奏公事,或虽小节不圆,不碍大情,并许一面决断讫奏。其府界及诸路监司如委有事故,亲去未得,即选官前去,仍具每到处月日、事故因依径申尚书省决。"自是岁著为例。①

该条诏书命令中央地方官员在暑期迅速结决在押囚犯,如果长官自己不能去,就要选派属员前往,这一诏书内容被"著为例"。到了10年之后的政和二年(公元1112年):

> 七月二十二日,臣僚言:"诸路监司岁奉诏旨分部决狱,而承例差官,吏或不虔,徒为文具。乞令监司每被旨决狱,皆依当日亲行,若计程旬日

---

① (清)徐松辑:《宋会要辑稿·刑法》5之29,中华书局1957年版,第6684页。

未周,方听差官。"从之。①

该条记录应当是与上条建中靖国的记录是有关的,两条都是暑期前后颁布,都是关于地方官限期结决案件的内容,而且政和年间的记录是"诸路监司岁奉诏旨分部决狱,而承例差官",所"承"的就是建中靖国诏书所说的"诸路监司如委有事故,亲去未得,即选官前去"的"例"。可见,建中靖国所著之例确实在10年后仍然为各地所"承"。政和年间的记录紧接着又称"吏或不虔,徒为文具",也就是地方官所选派的官吏不能尽心尽责,使建中靖国所"著"之"例"没有产生实效,所谓"文具",也就是"具文",就是不起作用的制度规范,宋会要辑稿用这个词,就是来形容所"承"之"例"的,这样一方面能说明这个例在当时的实际适用情况不尽如人意,另一方面又能说明,经"著"之"例"本来应该具有正式的规范效力的,不要说违反其中的规定,即使像记录中所说的那样,在形式上遵守规定派遣属吏,但属吏没有尽责而使例没有达到应有的效力,都是不被接受的,所以徽宗最终接受了建议,要求地方监司官员必须亲自决狱,不得再委派属吏前往。

最后,要谈一下"著为例"的形式。

主要的情况当然应该是专门进行记录整理,如编排法令一样将要著的例以专门的序列记录成文档,这种方式更符合我们今天对于立法性活动的理解。但也不排除宋人是用另一种方式来"著例"的。

雍熙三年四月四日,诏:"诸道州府凡禁系之所,并须洒扫牢狱,供给浆饮;械系之具,皆令洁净;疾者为致医药,无家者官给口粮;小罪即决遣,大罪审辩其情,无致淹延。"自是每岁首夏下诏书如此例②。

还有:

(大中祥符)三年二月十九日,诏:"诸州应粘竿、弹弓、罝网、猎捕之物,于春夏依前诏禁断,犯者委长吏严行决罚。"自后每岁降诏申戒。③

可见,宋代存在针对同一事务每年定时颁布相关诏书的做法,这种做法和"著

① (清)徐松辑:《宋会要辑稿·刑法》5之31,中华书局1957年版,第6685页。
② (清)徐松辑:《宋会要辑稿·刑法》6之52,中华书局1957年版,第6719页。
③ (清)徐松辑:《宋会要辑稿·刑法》2之159,中华书局1957年版,第6575页。

为例”的形式就有关系。比如上述建中靖国元年(公元1101年)四月的诏书规定了暑期各地差官虑囚的做法,并著为例,随后在六年五月十四日:

> 每岁大暑,差官虑囚,外路限四月,在京限六月行下。以川广路远,受命多后时,故有是诏。①

也就是说针对上述著为例的状况又作了进一步的规定,要求川、广诸路比东京早两个月开始进行虑囚,这个内容应该看作著为例的一部分。

到了孝宗隆兴二年(公元1164年):

> 三月十四日,中书门下省言:“外路州军每岁盛暑虑囚,四月下旬方检会行下,窃虑二广、四川道路遥远,指挥到日亦已过时。”诏二广、四川乞令提刑于六月初亲诣所部点检结绝。内僻远州县,即州委守臣,县委通判、职官,各具已施行事件申尚书省。自是岁著为例。②

也就是说,北宋徽宗年间的关于川广地区从四月开始虑囚的规定到南宋还在施行,而且又有臣僚认为,即使是四月开始还是来不及,所以要求地方官员不必等候指令,直接以六月为限要求当地司法官员直接处理虑囚事宜,而且也著为例。

到了开禧二年(公元1206年):

> 九月十七日,诏:“四川、二广州军,令逐路监司依每岁所降盛暑虑囚指挥,各随置司去处地里远近,分诣所部州军,限十一月下旬起发……”余路州军亦同此制。每岁如之。③

可见,针对虑囚事务每岁都有指挥降下给川广两地的地方官司,也就是说这件被“著为例”的事务,会每年以诏书指挥的形式反复作出指令。这种情况在《宋会要辑稿》中并不鲜见。所以“著为例”的方式不一定是将某一次的做法概括抽象为文字规定,也有可能是每年针对同一事务反复下达相同内容的诏令,让这一做法反复发生,活生生地在实务之中存在下去。

---

① (清)徐松辑:《宋会要辑稿·刑法》5之31,中华书局1957年版,第6685页。

② (清)徐松辑:《宋会要辑稿·刑法》5之39,中华书局1957年版,第6689页。

③ (清)徐松辑:《宋会要辑稿·刑法》5之47,中华书局1957年版,第6693页。

4. 例定成则

一旦例成，就有了约束的效力。《说论集》记载了陈次升的一则奏疏：

臣伏闻新除右正言陈祐与中书侍郎许将有亲嫌乞避免不蒙俞允者，窃以朝廷之事行之乎宰执，差除或有未当，法度或有未安，台谏皆得论列以闻，若以亲而不言，则负国舍亲，而言之则伤恩，故祖宗以来每除台谏官，若系执政之亲，不以有无服纪，并不除授，将以防微杜渐为万世之法也，今若不许祐之避免，此例一开，异日缘执政之亲而除授台谏者举以此为例，恐台谏官亲附执政而蔽陛下之聪明，伏望圣慈特许祐之避免，以全祖宗之良法以慰万世之远虑，不胜幸甚，取进止。①

该则史料是关于官员任职回避制度的。有亲嫌关系的陈祐和许将分别担任了言官和中书侍郎，陈祐提出回避，但朝廷并未允许。陈次升就指出，本次如果不应允陈祐的回避请求，那么以后被引为先例，言官监督有司的作用将被完全架空，后患无穷。我们发现，虽然这次的除授只是一次单独发生的事件，但却引起了陈次升的担忧。陈次升的担忧并不是个案，在许多史料中，都有官员提出，此例一开，后果不堪设想的担忧。以下再举一例：

绍兴三年三月十九日，左司员外郎王庭秀言："近见尚书省户部额外都事郑宪合该盐赏转资，情愿更不收使，亦不比换支赐，乞于见今名目上降一等支破请受。缘额外都事与正额都事不同，宪系额外，依条合破书令史请受。今所乞乃请正额主事俸禄，优厚太甚。此例一开，则凡该赏者皆援此以进。欲乞合该盐赏者止依已降指挥推恩，其前降支破请受旨挥更不施行。"从之。②

此处，王庭秀的担忧正与陈次升相同，一旦郑宪所提的要求被采纳，那么今后所有类似的人员都有可能引用他的事例作为依据，日积月累，便成定制，原来的迁转规则就成为具文。

当然，这里要考察的并不是以例代法的合理性，只是想以陈次升、王庭秀这样的事例来说明：在宋代，单独发生的事例先天具有对后事的参考借鉴价值，一旦在

① （宋）陈次升：《谠论集》卷四《弹奏陈祐》，《文渊阁四库全书》427册，第368页。

② （清）徐松辑：《宋会要辑稿·刑法》3之37，中华书局1957年版，第6596页。

实践中重复,其效力就会逐渐固化,最终无法改变,成为实际上的法规。

二、宋例的编纂

(一)编纂的机构

有哪些机构负责编修宋例,是明确宋例编纂史实的首要问题,如上所述,作为一个大的概念,宋例涵盖的范围非常广泛,相应地,史料反映出的参与编例的机构也很多,主要可以分为3类:

1. 审判机关

在宋代,承担案件审判工作的机构主要是刑部及大理寺,他们也当然地承担了断例的编修工作。

> 审刑院详议官贾士彦,乞差官以熙宁以来得旨改例为断,或自定夺,或因比附,办定结断公案,堪为典刑者编为例。又乞委官以诸州奏狱格式及敕律令文断狱之事,裁损编载,立为案式,颁之天下。诏刑部编定。①

《宋会要辑稿·职官》的一五之一九至二〇也记载,徽宗年间"诏令刑部编修大辟断例"。

除了刑部之外,大理寺也会编修断例:

> 绍兴九年三月六日,臣寮言,请以建炎以来断过刑名近例分类门目编修,亦得旨限一月。是年十一月一日,臣僚复建言:"前后所降指挥非无限期。取到大理寺状,虽曾编修审复,即未上朝廷。……"遂诏刑部委员官张柄、晏孝纯,大理寺委评事何彦猷、赵子籈,依限一月。
>
> 时编集止绍兴十年。其后汤鹏举奏:"敕令所且言:照得《绍兴断例》,大理寺元止编到绍兴十五年以前,所有以后至二十六年终即未曾编类,理合一就编集。"②

此外还有刑部、大理寺共同编例的情况,《长编》仁宗庆历三年(公元1043年)三月戊辰朔记载:

---

① 《续资治通鉴长编》卷二五四,神宗熙宁七年六月乙未,中华书局1995年版,第6217页。

② (清)徐松辑:《宋会要辑稿·刑法》1之47,中华书局1957年版,第6485页。

刑部大理寺前后断狱及定夺公事编为例。

值得注意的是,这次编例的内容包括“前后断狱”和“定夺公事”。从字面上看,前者是属于现代意义上的司法案例性质,而后者近似于现代意义上的行政事务,如果按照现代的标准来划分,负责司法职能的刑寺机构所编的例又不局限于现代意义上的司法判例。

2. 中书机构

这里所说的中书机构,是对宋代中央负责现代意义上行政事务的机关的统称。宋代的这类机构有一个变迁的过程,前期是效仿唐代,以中书门下为核心决策机构。神宗年间改制,将中书、门下、尚书三省并立。但总体来说,中书省始终是拟定政令,作出决策的核心要害部门。根据史料也可以得出中书省是编例重要部门的结论。

(1)中书各房编例情况

根据史料记载,中书作为行政机关的中枢,内设诸房,每房负责一个方面的政务工作,对本房在实务过程中所形成的例自然最为了解,所以中书的编例活动实际是中书各房的编例活动,而其中尤以中书刑房编例最为突出。

中书省掌承天子之诏旨及中外取旨之事……凡分房八:曰刑房,主行赦宥、契勘刑狱、除授官贬降叙复。《大观格》:刑房主行赦宥、德音、制勘推官及命官诸色人公案、催促刑狱,差官编排罪人、灾伤降下司敕、创修条法。本省差除之官贬降责授牵复、应尚书刑部、都官、比部、司门所上并特旨若起请、台谏章奏、内外臣僚官司申请无法式应取旨之事。①

刑房:一、诸官司申乞展限文字,及候取会圆备日勘当,约法看详定夺等文字。一、诸州申奏到无吃菜事魔及无平反刑狱。一、刑部、大理寺具到已未断事因状案。一、刑部旬具到已未结绝公事。一、御史台察、刑寺等处行遣文字违法灭裂,迂枉留滞,失错不当。一、应陈乞给使减年与官司私名补副尉。一、应官司申到已依旨挥施行事。一、大理寺自申因由。一、诸处缴到依旨挥合毁抹文字。……刑上房:一、诸处送到先经呈覆及书押,宰相互关照应,无可施行,合呈知并已行文字,呈知请知尚书省奏知,并尚关照会文字,已行奏状,已降指挥,申状又到,合请已行文字。欲望宰执厅轮日请笔。未经宰相呈押者,如谓刑部大理寺申。断绝

① (清)徐松辑:《宋会要辑稿·职官》3之5,中华书局1957年版,第6580页。

之类,并类聚,每月单具事目,呈宰相请笔。一、诸路申奏百姓等合取旨公案,如有一般体例,并令刑部依条具抄上省。如体例大同小异,欲令参酌增损具钞。……一、应合检具文字,欲于宰执厅轮日请笔取索,候圆备,赴宰相厅呈覆。

刑下房:一、百姓犯罪,情法与例一同者,自来合坐例具钞。今却有似此狱案,尚有坐例上中取旨。欲令刑部比例拟抄施行。一、应官司申到奏无平反过刑狱文字,欲更不送中。一、应官员已得旨转官,吏部拟申,乞给付身,除合命词送中外,余给付身人欲更不送中,一面勘验,出给付身。一、应合呈知文字,欲于宰执厅轮日请笔。一、应使臣重迭效用八资上所得资级,比例合作减年者,欲乞行下吏部,开坐前后所得旨挥因依,合得若干减年具抄。①

以现在的观点来看,中书刑房分别负有行政和司法两方面的职责。如"应合呈知文字,欲于宰执厅轮日请笔",无疑是一般的行政性事务;而"诸路申奏百姓等合取旨公案,如有一般体例,并令刑部依条具抄上省。如体例大同小异,欲令参酌增损具钞",则是现代意义上对司法案件审查复核的职责。相应地,中书省负责编修的也包括中书刑房例和中书刑房断例两种。

诏中书省编修刑房断例,候编定付本省舍人看详讫,三省执政官详定,取旨颁行。②

这无疑是关于中书刑房断例情况的描述。

还有:

中书习旧弊,每事必用例,五房吏操例在手……公令删取五房例及刑房断例,除其冗缪不可用者……每用例必自阅,自是人知赏罚可否出宰相,五房吏不得高下于其间。③

刑房为中书五房之一,这里将中书五房例与刑房断例相区别,可见中书五房,

---

① (清)徐松辑:《宋会要辑稿·职官》3之36,中华书局1957年版,第2415页。

② 《续资治通鉴长编》卷三九二,哲宗元祐元年十一月壬午,第9542页。

③ (宋)朱熹:《宋名臣言行录·后集》卷一《丞相魏国韩忠献王行状》,顺治辛丑林云铭刊本。

各房均有例，且刑房既有刑房例，又有刑房断例。需要说明的是，这里的“中书五房”是前文提到的北宋初期中书门下作为行政中书时的内设机构，而前面引文所提“八房”是神宗改制之后独立的“中书”的内设机构，虽然内部划分不一致，但刑房的职能都包括一般事务和审判工作，所以前后“刑房”一个是“中书八房”之一，一个是“中书门下”五房之一，但责任职能基本相似。

还需要说明的是，在宋人眼中，中书刑房断例与一般的断例也是有区别的。

> 中书省言：“刑房断例，嘉祐中宰臣富弼、韩琦编修，今二十余年。内有该载不尽者，欲委官将续断例及旧例策一处看详情理轻重，去取编修成策，取旨施行。”从之。①

上述的史料出自哲宗元祐元年（公元1086年），其中称韩琦、富弼修中书刑房断例“至今二十余年”，但从其他史料中可见，在元祐之前的熙丰年间实际上编纂过多部断例，可见宋人认为这些断例与刑房断例是不一样的东西。《国史经籍志》卷三记录了元祐法寺断例，而上述史料中的是元祐元年的刑房断例，可见元祐年间的断例按照编纂部门被分为了法寺断例和刑房断例。同时长编卷三十七元丰三年八月丁巳条也记载“刑房并法寺断例，送详定编敕所”，这里则直接将刑房和法寺的断例并称，足见两者的区别。

(2)刑房编例中负责修纂的人员

与中书刑房断例编纂相关的问题是，具体由什么人员进行该项工作，有观点认为是由“中书刑房检例官”来进行编纂的。② 我们认为这一观点是错误的。

第一，早在中书刑房检例官设立之前就有编纂中书刑房断例的活动。从上述《续资治通鉴场边》中元祐元年十一月戊午的记录中可见，最早的刑房断例是由富弼、韩琦等一代名臣编纂，决定再编刑房断例的时间是元祐元年年末。

而关于刑房检例官设立的时间，史料记载：

> 三省言：“古者道揆在上，法守在下。今既责有司以守法，又委之以引例，则为职不专，而奉法有二。如此，则乱上下之分，长出入之弊。欲例之在有司者，收还中书。缘修例于法外别作轻重，尤难于创法，非深识义理善揣情法者，不能精也。今修例专委吏人，恐未能充此任。欲择烛

---

① 《续资治通鉴长编》卷三九一，哲宗元祐元年十一月戊午，第9509页。

② 赵旭：《论北宋法律制度中“例”的发展》，载《北方论丛》2004年第1期。

理明审者二人,充中书刑房检例官,使议去取类例,因令阅大理、刑部所上奏案,签贴差失,以告于执政。古者,狱疑则司寇以告于王,王命三公参听之。今大理、刑部所上奏案,必先经尚书省,次上中书,中书贴例取裁,乃过门下。门下职在省审,见其差误,理须驳正。不惟事涉迂滞,稽留犴狱,亦有逐省退下有司,其间轻重相反,有司缘此益增眩惑。欲刑部、大理奏案,两司所议皆同,即令具指疑虑可悯、情法轻重之状;若两司所见异同,则各为一状,并上中书三省参听;若州郡元作疑虑可悯及情法轻重奏上,而有司以为罪不当谳,却行改断,依例具钞奏上,内尚书、门下省点检,尚有可疑,亦委三省同议。"从之。①

此外还有一条记录:

范百禄新传:奏狱,门下省多驳正,当贷者皆欲杀。百禄屡以告执政,执政言于上,有诏:"例在有司者,悉收还中书。置检例官二人,使议去取,阅刑部,大理所奏疑虑若可悯,情法轻重之状有异同,各以上。"百禄请去,且上疏论之,悉如所请。自是例复归刑部矣。

该条后的附注是:

百禄旧传同此,当附二年三月,或元年九月,仍辨其误。②

虽然第二条记录中对于范百禄建议设官的时间有两种讲法,但结合第一条,认定为元祐二年(公元1087年)应当不错,所以编纂刑房断例的时间早于设立中书刑房检例官的时间,可以认为刑房检例官并不执行编纂工作。

第二,检例官存在时间很短,甚至可能没有真正设立过。虽然存在以上的时间差距,但两者相距不远,也可能存在先决定编例,后设任官员的情况。但有史料显示,刑房检例官是否实际设立过是有疑问的。

元祐元年,三省言:中书置刑房检例官,从之,独刑部员外郎刘赓上疏,言元丰官制以例藏刑部,可比则取钞,不可则取旨,今非故事,诏如所

① 《续资治通鉴长编》卷三九六,哲宗元祐二年三月庚午,第9659页。

② 《续资治通鉴长编》卷三五八,神宗元丰八年七月甲寅,第8571页。

言请，而例复藏刑部，自是中外奏谳无所避矣。①

根据这一段记载，设立中书刑房检例官的时间相对提前了，但和上面所记载的范百禄的事迹一样，也有人提出反对意见。无论其中具体的情况如何，综合各方面的记录可以断定，检例官刚刚设置就因刑部官员的反对旋即废止。这里蕴含的不仅仅是一个官职的存废，实际上是中书省和刑部对于刑事审判权的争夺。

第三，中书刑房例的实际编纂人员。

左司员外郎兼提举编修刑房断例曾旼等奏："准尚书省札子编修刑房断例……"②

这里是由"提举编修刑房断例"左司员外郎负责编修，再结合上述韩琦、富弼最早编纂刑房断例的情况，2 人也没有出任过"刑房检例官"。实际上，根据宋人编纂法律的常规做法，一般都是由朝廷专门差除高级官员担任"提举官"，专门负责修纂的工作，所以刑房例的编纂也是应该按照这一程序完成的，虽然具体工作不可能由这些提举官 1 人完成，但修例人员应当都是临时专门调派的，而非以"检例官"作为常设编纂工作人员。实际的情况应该是：编纂时刑房必然要派出熟悉规则的工作人员参与协助编例。

3. 编敕所

（建炎）四年夏，诏敕令所将嘉祐、政和条制对修成书，大理卿兼同详定一司敕令，王衣乃乞召人言编敕利害，仍以详定重修敕令所为名，令寺官局官同共对修，六月初七日丁丑，后三日始命宰臣范宗尹提举重修敕令，参知政事张守同提举，其秋言者乞令省部百司吏人将所省记条攒类成册闻奏，八月辛未朔，至绍兴元年秋，守等始以绍兴重修敕令格式及申明看详等总七百六卷上之，八月四日甲戌自是迄于三十年之秋敕局所修之书又一千八百六十三卷……（三十年八月陈康伯上参附吏部敕令格式申明等共七十二卷，又上刑名疑难断例二十一卷）……三十一年遂罢之……三十二年夏，有旨裒集上皇圣政，吏部侍郎徐度乞复置敕令所，从

① （元）富大用编：《古今事文类聚·新集》卷一五《例藏刑部》，《文渊阁四库全书》928 册，第 252 页。

② 《续资治通鉴长编》卷五〇八，哲宗元符二年四月辛巳，12016 页。

> 之,六月二十九日甲午乾道四年冬……乃以重修敕令所为名,六年冬又以详定一司敕令所为名……新修之书又为三千一百二十五卷乾道二年六月刑部侍郎方滋上特旨断例七十卷……四年五月,上淳熙新编特旨断例四百二十件。①

从中可以看出,编敕所所上的法规中包括断例,该类机构无疑也承担着编例责任。

4. 私人编例的情况

日本学者川村康在其《宋代断例考》一文中,引用了另一名著名日本学者宫崎市定的观点,认为韩琦、富弼是私人编纂的例,这与国家统一编纂的断例是没有关系的。② 宫崎氏论证其观点的主要依据是韩琦行状以及其他一些史料中记载的韩琦将编成的断例放在手边,每遇到疑问就翻阅查找的史实。由此证明,所谓的编例是韩琦自己编辑的工作手册,作为个人书籍使用。但是根据长编卷三百九十二"元祐元年十一月戊午"提到的"中书省言:刑房断例,嘉祐中宰臣富弼、韩琦编修,今二十余年……",可见这里是将韩琦等人的刑房断例作为国家法律的一部分,并以此为依据要求修改增修,所以认为韩琦、富弼等人所编例为私人著述的依据是不足的。

(二)编纂的程序、时间、方式:以断例编纂为核心

1. 编纂程序的总体情况

(1)宋人对于编例必要性的认识

> 臣僚言:"臣闻自昔天下之所通行者法也,不闻有所谓例也。今乃于法之外,又有所谓例。法之所无有者,则援例以当法……今朝廷既已复置详定敕令一司,臣以为凡有陈乞申请,傥于法诚有所不及,于例诚有所不可废者,乞下敕令所详酌审订,参照前后,委无抵牾,则着为定法,然后施行。如有不可,即与画断,自后更不许引用。如是,则所行者皆法也,非例也,彼为吏者虽欲任情以出入,弄智而重轻,有不可得,奸弊自然寖消。举天下一之于通行之法,岂不明白坦易而可守也?"从之。

在上述史料中,臣僚提到,例是为了补充法所没有规定的内容而设立,虽然在

① 《建炎以来朝野杂记·乙集》卷五《炎兴以来敕局置废》,第59页。

② (清)徐松辑:《宋会要辑稿·刑法》1之56,中华书局1957年版,第6489页。

实务中存在用例为奸的情况，各方面也希望废除例，但实务中确实有“法所不及”的情况，需要例来规范，废例用法的做法未免教条，应将合理有价值的例固定下来成为通行之法，这就是宋人修例的初心。

(2)基本的程序

先来看一则记录编修“条件”的史料：

> 三年七月一日，臣僚上言：“今朝廷名为看详元符增重及创立条件，其实将熙宁、元丰以来条制一概率意增损。欲乞置局重修敕令，委详定官举辟刑部、大理寺官或历任内曾任法寺及外任检法者充属官。其已行增损条制，并乞付本局再行修完。”诏差郭知章、周鼎看详，王吉甫、钱盖同看详。应合删改增损条例事件，并依累降指挥施行。仍令看详所逐旋具删修到条件申仆射厅点检，详正取旨。其梁士能等依旧于仆射厅看详祗应，左右司更不详定。①

从文中可见，“条件”是“条例事件”的简称。从例、事、件这几个名词来看，它们必然指的都是单独发生的具体事务，而非固定通行的规则。所以本条所称的“增重及创立条件”实际就是熙丰之后，在熙丰法制之外，改变和增加的一些临时做法，经过一段时间之后成了惯常的规则，但这些做法并没有成文化，所以本次就要对这些“条件”进行筛选修订。那么对于这些条件如何处理呢？从下一则史料可以看出：

> 元祐八年六月十六日，门下中书后省言：“准朝旨编修在京通用条贯，取到在京诸司条件，收为一书。除系海行一路一州一县及省曹寺监库务法，皆析出关送所属，内一时指挥不可为永法者，且合存留依旧外，共修成敕令格式若干册。所有元祐三年十月终以前条贯已经删修收藏者，更不施行。其十一月一日以后续降，自为后敕；及虽在上件月日已前，若不经本省去取并已行关送者，并合依旧施行。仍乞随敕令格式，各冠以元祐为名。”从之。②

这里是说为了编修“条贯”而收集在京诸司的“条件”。如果说“件”指的是单

① （清）徐松辑：《宋会要辑稿·刑法》1之20，中华书局1957年版，第6471页。

② （清）徐松辑：《宋会要辑稿·刑法》1之15，中华书局1957年版，第6469页。

独一件件的事例,那么"贯"就是通过汇编整理,将单独的"件"进行综合整理,使之相互贯通,所以"条贯"就是对条件进行分门别类整理的结果。此外,将条件分门整合为条贯仅仅是编纂的一道工序,对于条贯还可作进一步的处理。其中可以为永法的,会直接修成敕令格式,成为定法;而不可为永法的,也不是完全抛弃,而是存留依旧,应该是作为条贯的一部分继续保存。

可见,宋人是将实务中形成的单个条件、事例经过整合成为条贯,又将条贯一部分编修成为敕令格式,另一部分留存作为故事和事例继续存在。

笔者推测的这一过程,也得到了下面两条记录的印证。

> 绍兴二十六年闰十月一日,臣寮言:"文昌,政事之本。今户部之婚、田,礼部之科举,兵部之御军,工部之营缮,以至诸寺监一司专法之外,窃意无条而用例者尚多有之。欲望深诏大臣董正治官,悉令有司子细编类,条具合用之例,修入见行之法。一有隐匿之弊,重置典宪。"从之。①
>
> 大观二年十一月二十九日御笔:"批阅近奏,以六曹事修例为条。且法有一定之制,而事有无穷之变,苟事一为之法,则法不胜事。又其轻其重、其予其夺,或出于一时处断,概为定法,则事归有司,而人主操柄失矣。宜令详定一司敕令所,应于六曹已施行事为永制者,修为敕令格式外,其出自特旨,或轻或重,非有司所决,可以垂宪者,编为定例,以备稽考,余悉删去。庶使官吏不得高下其手。"②

在这条绍兴二年(公元1132年)的记录中,"条具合用之例,修入见行之法",就是将具备合理性,便于使用的例固定下来,逐条列明,修入"条""法",而对于不再适用的例,则予以废止。这一过程是整个法律编纂过程中的一个部分,在下面大观二年(公元1108年)记录中可以看出上述南宋绍兴年间的做法在北宋后期的大观年间已经发生,当时也有"以六曹事修例为条"的做法,"条"这一概括的称谓,实际上就是指的"敕令格式"的形态。但是对于事例的编纂处理还有另外一种情况,也就是编为"定例",这种定例不是以敕令格式的形式存在的,而是用来"以备稽考",作为日后处理事务的参考依据。

上述两组4条史料都证明,对于事例的编纂是一个甄别和分类的过程,将实务中的惯常做法进行筛选,具有普遍适用价值的就作为"永制"进行固定,修入敕

---

① (清)徐松辑:《宋会要辑稿·刑法》1之44,中华书局1957年版,第6482页。

② (清)徐松辑:《宋会要辑稿·刑法》1之23,中华书局1957年版,第6472页。

令格式，确认其作为规范的效力。对于那些不具备立为永制资格的事例、做法，也不是完全抛弃，而是统一汇编，留备日后参考。

(3)例的形成演变过程

综合上述关于宋例的渊源，形成以及编纂的讨论，我们尝试使用图1来描述整个过程。(见图1)首先，是针对具体事务的处断，其形式可能是皇帝的诏令、行政命令、司法判例。这些处断有些会直接打上不得为例的标签，从此以后禁止引用；有些则因自身情况特殊，日后再未被引用，这两种都自然消失，无法成例。其他的处断，有些被"著为例"，要求日后参照实行；有些则因为本身的合理性而被后世反复引用，这些处断都因其适用性而成为定例。因为是日积月累，逐条成立的，所以宋人称之为"条件"，条件会被进一步编纂，这一步类似现代意义上的立法编纂活动，操作方法是对条件内容进行审查，一部分编入"敕令格式"等法律形式，另一部分因其繁杂细碎或不具备普遍适用价值而另行编订，以备稽考。

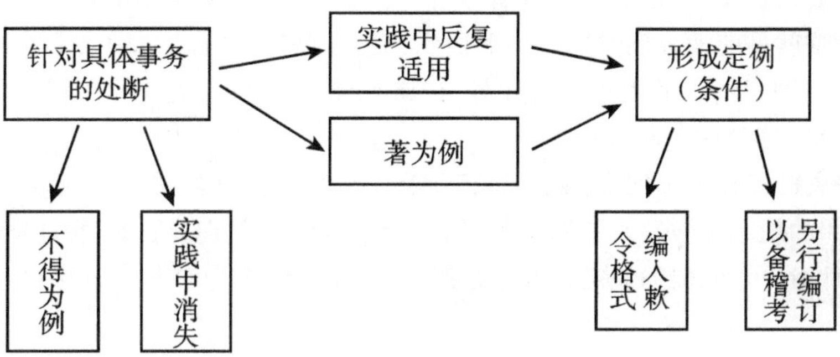

图1 宋例的形成演变过程

下面我们还可以结合一则史料来理解上述流程：

> 哲宗元祐元年十二月十七日，尚书省言："左司状，失入死罪未决并流徒罪已决，虽经去官及赦降原减，旧中书例各有特旨。昨于熙宁中，始将失入死罪修入海行敕，其失入流徒罪例为比死罪稍轻，以此不曾入敕，只系朝廷行使。近准朝旨，于敕内删去死罪例一项，其徒、流罪例在刑房者依旧不废，即是重者不降特旨反异于轻者，于理未便。本房再详，徒罪已决例既不可废，即死罪未决例仍合存留，乞依旧存留元丰编敕全条。"从之。①

① (清)徐松辑：《宋会要辑稿·刑法》4之77，中华书局1957年版，第6660页。

元祐元年(公元1086年)尚书省提出,对于官员断案时误判造成"失入死罪未决"以及"失入流徒罪已决"两种情况,以往都有专门的特旨作出赦免减轻的处理,并记录在"中书例"当中。在熙宁年间,将"失入死罪未决"的条文修入了海行敕,而"失入流徒罪已决"的条文因为所涉及的错误没有那么严重,所以没有被修入。然而,近来根据圣旨,从敕文中删除了"失入死罪未决"的内容,这就造成了处理相对较轻的错误时有现成的规定可循,而处理较严重的错误的规定却不在敕内,反而必须每次颁降特旨。尚书省认为"失入死罪未决"不应当删去,建议在编敕中保留这条的内容。

这条史料的意义在于为我们清晰地展示了"特旨"、"敕"和"例"这几种法律形式关系。

第一,针对失入官员的原减赦免的规定,最初是通过特旨的方式来规定的,而且从"各有"一词来看,特旨都是分别针对一事一例的具体规定。

第二,结合文中"旧中书例各有特旨"与"其徒、流罪例在刑房者依旧不废"两句可见,这就是前面提到过的中书刑房例,而且应该是区别于"中书刑房断例"的一般"中书刑房例",而上述包括针对"失入死罪"和"失入流徒罪"的特旨都成为了"中书刑房例"的一部分。

第三,已经在中书刑房例中记录下来的上述规定,又经过了筛选。其中针对失入死罪的规定又被编入了海行敕,海行敕一般认为是向全国颁布的公开法典;而剩下针对失入流徒的规定也并不是废除,而是继续作为中书刑房例的一部分继续适用。

2. 断例编纂方式

以上所描述的是宋例形成和编纂的一个大致情况,实际上,宋例的编纂过程有着更为细致的程序和步骤,限于史料,现在尚难以完全恢复所有类型的编纂情况。目前,学术界研究相对较多的是断例的编纂,但是相关问题还有进一步明确和厘清的必要,以下将借助史料,从选择的范围、标准、编纂的程序、方法、技术等方面来说明断例编纂的过程。

(1)断例选择的标准——轻重相当、情实可悯

司法审判工作面对的一件件具体案件,其间情状千差万别,虽然朝廷一直在编纂断例,但始终无法应付不断出现的新案情,比如:

> 刑部郎中潘景珪言:"朝廷钦恤用刑,以条令编类成册,目曰《断例》,可谓曲尽。昨有司删订,止存留九百五十余件,与见断案状,其间情犯多有不同,难以比拟。乞下刑部将隆兴以来断过案状编类成册,许行

参用，庶几刑罚适中，无轻重之弊。”①

可见，即使在已经有了编订断例的情况下，仍然遇到现有案情差异太大，无法借助已有案例进行参照比拟的困难，所以潘景珪建议重新编辑案例。

对情节错出，纷繁复杂的大量案例，哪些才能够作为今后参照的依据呢？必须按照合理的标准进行取舍。关于断例取舍的标准，学界并无太多争议，这方面的史料也比较充分，在选择断例时，基本上有两个方面的要求。

第一个方面的要求是与既有的法规差异不大，符合法律的基本原则。完全背离一般法律原则的判例只能作为一时的特例，这些案例可能出于皇帝决断，也可能由于罪犯身份特殊，它们都不能作为其他案件参考的依据。真正能被其他案件引为范例的，必须是那些具有普遍意义，符合人情法理的案子。所以在上述史料中，皇帝许可了潘景珪提出的意见之后，“诏刑部长贰选择元犯与所断条法相当体例，方许参酌编类；其有轻重未适中者，不许一概修入”。该史料体现了两方面的要求：①“与所断条法体例相当”，“条法”指的是与案件相关的法规，也就是说编选的断例必须与相关法条相适应；②“轻重未适中者，不许一概修入”，也就是说，必须是判决轻重适当的断例才能够修入，换成今天的法律术语也就是量刑情节的认定和刑种、刑期必须恰当。不符合这些标准的案件就不能被选为断例。

第二个方面的要求是“情实可悯”。很多需要借助以往断例的案件，问题都出在量刑情节上。宋人的判断标准就是案情是否事出有因，或者情有可原，值得同情，所以作为参照而选定的案例必须是确有值得从轻处罚的情节，比如：

> 乾道元年七月二十日，权刑部侍郎方滋言：“乞将绍兴元年正月一日以后至目今刑寺断过狱案，于内选取情实可悯之类，应得祖宗条法奏裁名件，即编类成书；及将敕令所修进《断例》更加参酌。”从之。②

（2）编纂的程序和方法

宋代不像今天有国家直接颁布的立法法，可以直接对制定、颁布法律的程序作出规定，所以包括断例在内的各种法律形式的立法程序都是散见于一条条史料对于编纂过程的客观描述。因此，要重现编纂程序和方法，只能综合这些史料进行拼接复原，管中窥豹。此外，这里所研究的断例编纂过程是所有宋例编纂过程

① （清）徐松辑：《宋会要辑稿·刑法》1之52，中华书局1957年版，第6487页。

② （清）徐松辑：《宋会要辑稿·刑法》1之48，中华书局1957年版，第6485页。

的一个缩影,其编纂的程序方法与其他宋例,甚至其他宋代法律形式都有共性,所以在复原断例编纂过程的时候我们也可以借鉴其他相关法律形式的编纂过程的相关史料,互为参照。

首先是编纂的基础。如上所述,一般例的编纂中存在一个条件到条贯的编辑过程,我们认为断例的编纂也是以"条件"这一类材料为基础。

如《续资治通鉴长编》卷五百零八中元符二年四月辛巳条的记录中,负责编纂《元符断例》的曾旼在上奏编纂情况的时候提到的编纂的基础材料时提到:

> 元丰四年至八年、绍圣元年二年断草,并刑部举驳诸路所断差错刑名文字共一万余件,并旧编成刑部大理寺断例……

所谓的"断草"应该就指的是作为基础有待进一步取舍的断例案件。

接下来针对断草如何处理,我们需要借助其他相关史料来判断。

> 臣僚言:"伏见近日将绍兴续降重行删修,缘四十年间,前后申请无虑数千,重复抵牾,难以考据。乞且委大理寺官同共看详,先经正、丞,次至卿、少,一如狱案详难,定其可否,类申刑部。"……十一月二十九日,秘书少监、兼权刑部侍郎汪大猷言:"切见绍兴以来续降几至二万余条,间见层出,前后舛牾者不可一二数。比因臣僚所请,命刑寺官如断案例以次删修……"①

上面这段史料记录的是编修续降敕的史实,臣僚发现由于需要编修的续降太多,而且纷繁复杂、矛盾抵牾,必须进行筛选,所以要求刑寺官员参与共同审核,按照审核案例的标准判断续降是否恰当,是否应当予以保留。也就是说,续降的编修是参考断例编修的程序、方法进行的,甚至编修的人员都是同一批人。所以,我们在探究断例编修的程序方法的时候,可以借鉴参照续降编修的程序和方法,由此可以尽量还原史实。

第一步,笔者认为,在正式的编纂之前,应该存在一个收集汇总的过程,这一点在续降的编纂过程中有所体现。

> 绍熙二年正月二十七日,臣僚言:"淳熙新修《新书》止乾道四年,自

① (清)徐松辑:《宋会要辑稿·刑法》1之49,中华书局1957年版,第6486页。

> 乾道五年至今二十二年之间，申明、续降，未经修纂。比因臣僚有请，令诸处各条具修书以后，凡经引用续降指挥，并行置册编类，供申刑部，候齐足日缴申朝廷，委官参订。经涉二年之久，诸处供申未足。乞行下刑部，立限催督，蚤与参订颁行。”从之。①

续降在编修之前是由各处申报曾经引用的申明续降，再汇总后进行编订的。这是因为续降数量太多，朝廷对于曾经颁布的续降在实务中的运用情况并不了解，如果实务中从没有被采用过，就说明这类续降涉及事务少见或处理显为特例，并没有参考价值，所以这样一种按照是否曾经被采用为标准，要求汇总上报的程序，本身就起到了筛选的作用，留下来的都是曾经在实践中发挥过作用，具有实务价值的续降。

笔者认为，断例数量上可能在不及续降，但二者在适用原理等方面有着共通之处，必然存在各地司法机关引用既有断例的情况，比如范仲淹在其奏章中就提到：

> 一天下官吏，明贤者绝少，愚暗者至多，民讼不能辨，吏奸不能防，听断十事差失者五六，转运使提点刑狱但采其虚声，岂能徧阅其实，故刑罚不中，日有枉滥，其奏按于朝廷者千百事中一二事耳，其奏到案牍，下审刑大理寺，又只据案文不察情实，惟务尽法，岂恤非辜，或无正条则引谬例，一断之后，虽冤莫伸，或能理雪，百无一二，其间死生荣辱，伤人之情，实损和气者多矣。②

从中可见，各地司法官在进行审判的过程中，也需要引用断例进行裁决，引例的过程中必然存在取舍，如果取之不当，就形成了引文中所称的引用“谬例”。但客观上，这样一个过程就是地方基层司法机关选择用例的过程。在实务中从未被引用的断例，必然不具备指导意义，而在断例编纂的过程中也必然需要对实务中使用的断例进行汇总。由于从未在实务中被引用的断例没有被以后案件借鉴引用的价值，所以断例的编纂肯定是先经汇总，再由此筛选出在实践中被引用过，具有实效的案例作为备选案例。

---

① （清）徐松辑：《宋会要辑稿·刑法》1之55，中华书局1957年版，第6489页。

② （宋）范仲淹：《范文正奏议》卷一《治体·奏灾异后合行四事》，《文渊阁四库全书》427册，第36页。

需要说明的是,这样一种筛选过程在操作中却无可避免地会遇到一个问题——迁延时间过长,这一现象在续降的编纂中已经出现。

> (绍熙二年)五月六日,臣僚言:"淳熙所修《新书》止乾道四年而已,自乾道五年至书成之日凡十有余年,自书成以迄于今又十有余年矣,则是二十二年之间,申明、续降未经修纂也。比因臣僚有请,令诸处各条具修书以后,凡经引用续降指挥,并行置册编录,供申刑部,候齐足日,缴申朝廷,委官参订。此淳熙十六年八月所降指挥也。今诸路州军抄录到部者纔五十余处。且朝廷法令不可一日而不齐,诸处编录不过数日而可办,顾乃经涉二年之久,而供申有未足乎……"从之。①

从这段史料可知,从淳熙十六年到绍熙二年(公元1189~1191年)之间的两年多内,始终无法完成各路续降的汇总工作,编纂的工作迁延日久。

第二步,在汇总了案例之后,就是对收集到的断例进行编纂,去芜存菁。

范仲淹在上述的奏章中提到:

> 臣请诏天下按察官,专切体量州县长吏及刑狱法官,有用法枉曲,侵害良善者,具事状奏闻,候到朝廷详其情理,别行降黜。其审刑大理寺乞选辅臣一员,兼领以慎重天下之法令。检寻自来断案及旧例,削其谬误,可存留者着为例册。

从中可见,断例编纂即是由刑寺的副官,检寻所有案例,进行编纂。因为续降的编纂是刑寺官员按照断例编纂方法进行的,编纂续降的方法就是编纂断例的方法,所以我们可以借助编敕的编纂方法进行探究。下述史料中,汪大猷等臣僚在要求法寺官员参与编修续降的同时,也提到具体的编纂的方法:

> 然后以所隶事目分送六部,六部长贰、郎官更加参详,委得允当,即著为定令。庶几敕令之颁,可以经久。……然至今数月,未知所裁。欲望明诏有司,亟赐编集。有旧法不能尽而续降可以参用者,即分类编次之;有旧法文不分明而续降因事重出,即参酌损益之;有旧法所无而后不因事立制者,即修立以为法;有一时权宜处分不可着为成制者,即存留以

---

① (清)徐松辑:《宋会要辑稿·刑法》1之57,中华书局1957年版,第6490页。

照用;有旧法本自可用而续降不必行者,即皆删去。庶几一代法令,粲然备具。①

大理寺官员看详完毕之后,由长官判断取舍,然后再编为法令,随后针对不同的续降作不同的处理:①对于以往没有规定,而续降内容合理的续降,那就直接进行分类编辑,也就是"著为定令";②对于旧法规定不够明确,造成后来不得不用续降重新规定的这种情况,要比较前后规定哪个更加明确合理,相互参照修改;③针对旧法未作出规定,而后来颁布的续降具有一定的普遍性,可以推广,这就要立为定法;④第四种情况与第三种相对应,如果续降只是临时应急处置,不具备普遍的效用,那么就作一般性的记录保存,以备日后遇到特殊情况时参照使用;⑤旧法已经明确规定了的续降应当删除。

从上述内容可见,编纂工作将续降分为3类:一是编次使用,或者著为令或者立为法,或者是与旧有法条相互参照修改,确定合理的内容;二是不立为定制,作为一般留存,记录下来以备参考使用;三是彻底删除。

以下的史料也印证了上述的内容:

臣僚言:"近者朝廷复置敕令删修官,盖将会粹续降,编缉无遗,使章程条目昭然可见,诚为中外之利。然则法贵乎简,不贵乎繁。今敕令格式既勒成书,余外建请冲改,不知其几,皆百姓所未闻。……猾吏黠胥,掩藏玩弄,得以容奸。民庶冒昧,陷于非辜;郡县奉行,乖于定令。若斯之类,为害实多。靖循其原,盖繇立法以病法,革弊而滋弊,文书猥冗,非所以明邦典而定民志也。乞诏攸司,将前后续降指挥非已编成书者,精加审订,冗并者省之,异同者析之,可久者着之,难行者削之。搜剔汇萃,各有伦要,使中外共观,无或瞀乱,是为一代之良法。"从之。②

可见删修编纂的方式就是"省之"、"析之"、"著之"和"削之",而这些编纂方法是宋代立法活动的通例,即使是"律、令、格、式"的编纂也无非是上述的立法工作的结果。从上面的分析中已经可以看到,一些续降被筛选之后,或者直接记录,或者参酌修改,最终就是成为令的一部分,所以"令"就是这种编纂工作的结果。而下一条史料则显示,"格"也是这么形成的。

① (清)徐松辑:《宋会要辑稿·刑法》1之47,中华书局1957年版,第6486页。

② (清)徐松辑:《宋会要辑稿·刑法》1之57,中华书局1957年版,第6490页。

> 《御史台弹奏格》,旧无有。淳熙初,柴叔怀瑾为殿中侍御史奏言:本台觉察弹劾事件,前后累降指挥,经今岁久,名件数多文辞繁,又有止存事目别无可考,恐奉行致有抵牾。乞下敕令所逐一删修成法,各随事宜,以六察所掌,分门别类,缴申朝廷取旨降下本台遵守。仍令刑部镂板颁降中外。单夔时以户部侍郎兼敕局详定,被旨编写成册,送台审覆。会谢廓然新除殿中侍御史,与其寮审覆凡三百五条具奏,乞以弹奏格为名行下,从之,四年七月丙午也。绍熙元年二月刘德修为御史,又摘其有关于中外臣寮握兵将帅后戚内侍与夫礼乐讹杂风俗奢僭之事,凡二十余条以奏,乞付下报行令知谨恪,上从之。①

所谓《御史台弹奏格》,其内容来源也是实务中的"弹劾事件"和"累降指挥",为了减少这些法条之间的抵牾矛盾,所以要进行编修。具体的程序,首先就是删除,所以最终形成的文本才只有三百余条,然后再按照御史台内设机构六察来分门别类,这与上述的续降和断例的编纂方法是完全一样的。

所以,宋代包括断例、编敕、令、格、式在内的各种法律形式的编制方式,与现代成文法国家的立法方式是迥然不同的。现代成文法国家的模式是由立法机关对某一领域的事务统一定立法规,正式颁布生效后,司法、行政机关才能依照施行。而上述材料描述宋代法律编纂的过程,都不约而同地提到一个问题:由于长期积累的各项敕令、事例相互抵牾矛盾,所以需要编纂,所以在宋代未经编纂整理的单件断例、敕令、指挥等在实践中都具有法律效力。实际上"法律效力"一词也仍然是现代法律概念,如果站在宋人的角度上来讲,应该理解为,有效的法律并不局限于一般认为的"律令格式"或"敕令格式",即并不是只有经过编纂固定成册的法规才是宋人处理政务、审判案件的依据。对于宋代的政府机关来说,已经颁布的单行命令或者司法机关作出的裁决,都是他们在处理事务的参考依据,而确定这样一个事实,对于正确理解宋例的性质、适用程序和方式等问题都有着重要的意义。

(3)编纂后的形式

以上大致复原了包括断例在内宋例编纂的程序和方法,接下来有个无法绕开的问题,即经过编纂之后的断例等到底是以什么形式存在的。由于宋代断例的文本已经无法找到,我们无法直观地确定宋例的形式,但能够确认的是,宋代的断例是在审判实务中形成,并且被反过来运用到司法实践当中去的案件实例。虽然古

---

① 《建炎以来朝野杂记·乙集》卷一一《御史弹奏格》。

今中外的法律内容千差万别，但是审判工作的本质和方式是古今一理的，如果宋代断例的来源和作用方式和今天的判例在本质上是相通的，那么我们就可以结合我们现代的司法实践情况，对宋代断例的形式作合理的推测。

在审判实务中，所谓的案件形式其实是反映案件事实的所有证据。现代的刑事案件卷宗中通常包含着反映案件诉讼程序的文书、相关人员的言词证据笔录、书证、照片、鉴定结论等。司法工作人员审查案件之后除了正式的起诉书、判决书，还会有分析案件事实、证据、法理的结案报告。所以所谓的一起案件，其实体就是这些证据、法律文书。当然，这是最初始状态的案件形态。所谓的案例，是为了在今后的实务中可以作为参照使用的案情概况。在一起案件中，并不是所有的事实、证据或者涉及的法律问题都有参考价值，有些可能是犯罪事实不清晰，有些可能是法律适用有争议，有些则可能是量刑情节需探讨。所谓的案例，就是要在相对完整记录案件基本事实的前提下，将这些有价值的内容凸显出来。

以今天的情况为例，最高人民法院刑庭定期编纂出版的《刑事审判参考》中所记录的案例大致就是这样的情况。一个案例的内容一般由事实和分析两部分组成：其一，事实部分包括被告人的身份，简要的案件诉讼过程、控辩双方意见、审判结果和案件事实；其二，分析部分是重点，其中将案件中存在争议的问题以及最终判决的结论逐一列出，说明理由。司法实务部门的人员在办案过程中遇有问题就会进行查找，找到罪名、案件事实与自己承办案件类似的案例，再寻找其中与自己承办案件的问题相关的分析和论点，一旦情况相似，就可以按照案例中的结论解决自己的问题。美国联邦最高法院的案例，实际上也大致是如此，既记录有案件的事实，也有最终判决及其理由，还有持反对意见的法官的观点和理由。

实际上，只要是为了解决司法实务中的问题，无论是被称为“案例”还是“断例”，应当包括的就是上述的内容。考虑到古代复制技术相对落后的情况，其保存的文本应当更加精简，所以笔者完全有理由认为，宋人“断例”的形式应该也是对案件事实、处理结果、法律适用分析的归纳和记录。

上述是从实务角度对宋代“断例”的形式进行的分析推测。对于这一问题，学界也进行过探讨，其中较鲜明的观点是由戴建国在《宋代刑法史研究》一书中所提出的。他认为，断例在编纂的过程中是经过删节的。其主要依据是《郡斋读书志》卷八的《元丰断例》下的注文“右元丰中法寺所断罪比节文也”，随后其又引用了《二程文集》中引用“律节文”的情况，由此证明，“节文”在宋代就是对于某些法律规范的摘录，而《元丰断例》既然被描述为“节文”，那么“断例”就“并非原案的全文,是经过整理删节的”。①

上述认为,“断例”并非“原案全文”的观点肯定是正确的。如上所述,所谓“原案全文”这种东西在实务中并不存在,“原案”本身并不是一篇“全文”,即使是宋代,所谓的“原案”也必然表现为一组司法文书和证据记录。所以来源于“原案”的“案例”或“断例”都必然是对司法文书和证据记录的归纳和摘要。

但是,如果认为在“断例”之前存在更加详细的“原案全文”,并且以《郡斋读书志》的记录作为依据来证明“断例”是对“原案全文”的删节,就不对了。根据杨鸿烈先生《中国法律发达史》一书针对《郡斋读书志》的同样引文,内容应该是“右元丰中法寺所断罪,此节文也”②;翻找《郡斋读书志》原文进一步确定,是“此节文也”。实际上如果将“此”作为“比”,则原句中间不断开,文义也不通顺。

另外,《郡斋读书志》中不光记录了一部《元丰断例》,该书第一卷中还记录了《断例》四卷,其后注文为“熙丰绍圣中,法寺决狱比”。由此可知,这里的《断例》在时间跨度上是涵盖了上述《元丰断例》的,但这里却没有使用“节文”的提法。如果说所有的断例都是“原案全文”的“节文”的话,则作为当朝人的晁公武在记录和说明时,要么会一律注释为“此节文也”,要么就会认为理所当然、没有必要专门说明,而不作任何关于“节文”的注释。而同一部书中既有标为“节文”的,又有不作标注的。这样一来,断例是不是所谓“节文”就存在疑问了。

正如戴建国先生在《宋代刑法研究》中引用的一样,文献中关于宋代法规“节文”的记录有很多。比如《庆元条法事类》卷三十中有“检会今年六月二十七日敕节文”,《宋大诏令集 · 刑法》中有“依重详定刑统节文”③;《续资治通鉴长编》中有“哲宗元祐元年二月丙戌,右司谏苏辙言:‘臣伏见二月七日三省、枢密院札子节文’”,“哲宗元祐元年九月癸未,臣窃见今年九月九日朝旨节文”,“哲宗元祐元年十二月乙巳,刑部言:赦书节文:应赦书该载不尽事件,所属看详,比类条析闻奏”,可见敕、刑统、札子、朝旨、赦书都有节文,所以,节文只是一般性地截取某部法律中的一部分,无法证明它是一种用于“断例”的删选编辑方法。

(三)断例编纂相关问题

1. 断例编纂数量

在宋代断例编纂问题的相关研究中,宋代编纂的断例数量也是一个重点。对此,各家均给出了不同的答案,如郭东旭提到了7部断例、日本学者川村康罗列了

---

① 戴建国:《宋代刑法史研究》,上海人民出版社2008年版,第110页。

② 杨鸿烈:《中国法律发达史》,上海书店影印《民国丛书》1992年版,第566页。

③ (宋)宋敏求编:《宋大诏令集》卷二〇〇《刑法上》,中华书局1962年版,第739页。

10 部，戴建国则找到了 14 部。从这些研究成果来看，这些学者都是在史料中查询到关于某部断例的名称，找到一个名称则确定有一部断例。如以戴建国所列 14 部为例，分别为《庆历断例》、《嘉祐中书刑房断例》、《熙宁法寺断例》、《元丰断例》、《元祐法寺断例》、《绍圣断例》、《元符刑名断例》、《崇宁申明断例》、《崇宁刑名例》、《宣和断例》、《绍兴编修刑名疑难断例》、《乾道新编特旨断例》、《淳熙新编特旨断例》和《开禧刑名断例》。

由于断例编纂的史料散见各处，要完全统计编纂数量当然很困难，按照史料所见的名称进行统计不失为一种权宜之计，但同时也应该注意到史料中一些记载虽然只体现出一部断例的名称，但实际情况可能复杂得多。

以上述的《绍兴编修刑名疑难断例》为例，《玉海》卷六七和《宋会要辑稿 · 刑法》一之四七中都记录了"这部"断例的编纂过程。其中《玉海》的记载为：

> 绍兴四年，命大理刊定现行例，刑部乞将现行断例并臣僚缴进元符断例汇集为一，如特旨则别为一书……九年十月戊寅，命评事何彦猷等编集刑名断例，刑部郎张柄等看详……二十六年九月二十九日戊辰，臣僚请以吏刑部例修入现行之法，闰十月一日刑寺具崇宁绍兴刑名疑难断例三百二十条二十七年吏部尚书详定敕令王师心编修，以绍兴刑名疑难断例为名。

《宋会要辑稿 · 刑法》所引《中兴会要》的记载如下：

> 绍兴三十年八月十一日，同日，尚书右仆射、同中书门下平章事、兼提举详定一司敕令陈康伯等又上《刑部断例》，《名例》《卫禁》共二卷，《职制》《户婚》《厩库》《擅兴》共一卷，《贼盗》三卷，《斗讼》七卷，《诈伪》一卷，《杂例》一卷，《捕亡》三卷，《断狱》二卷，《目录》一卷，《修书指挥》一卷。诏下刑寺遵守，仍以《绍兴编修刑名疑难断例》为名。以绍兴二十六年九月二十九日御史中丞汤鹏举言："三尺之法，天下之所通用也。四海九州岛，万邦黎献，知法之所载而已，安知百司庶府之有例乎？例之所传，乃老奸宿赃秘而藏之，用以附下罔上，欺惑世俗，舞文弄法，贪饕货赂而已。望诏吏部、刑部条具合用之例，修入见行之法，以为中兴成宪。"后敕令所详定官王师心言："据刑、寺具到崇宁、绍兴《刑名疑难断例》，并昨大理寺看详本寺少卿元衮申明《刑名疑难条例》，乞本所一就编修。"从之。

> 初,绍兴四年四月二十三日,刑部侍郎胡交修等乞编集《刑名断例》,当时得旨,限一季编集。又绍兴九年三月六日,臣寮言,请以建炎以来断过刑名近例分类门目编修,亦得旨限一月。是年十一月一日,臣僚复建言:"前后所降指挥非无限期。取到大理寺状,虽曾编修审复,即未上朝廷。窃详编类之意,盖为刑部进拟案引用案例。高下用情,轻重失当。今既未成书,不免随意引用。乞下刑寺根究节次立限之后如何编类,再立严限,专委官看详。"遂诏刑部委员官张柄、晏孝纯,大理寺委评事何彦猷、赵子籈,依限一月。时编集止绍兴十年。其后汤鹏举奏:"敕令所且言:照得《绍兴断例》,大理寺元止编到绍兴十五年以前,所有以后至二十六年终即未曾编类,理合一就编集。"至是成书,与《参附吏部法》同日上焉。诏:令所修进《吏部参附法》,并《刑名疑难断例》,依昨进御试等条法进书推恩。其本所差到大理正周自强、丞冯巽之、评事贾选、潘景珪,各与减一年磨勘,以尝兼权删定官,编过《断例》及审覆故也。①

两方面的史料相互补充,一个比较完整的面貌得以呈现(见表1):

表1 断例编纂的时间和基础

要求编纂的时间	编纂的基础
四年四月二十三日	现行断例和元符断例
九年三月六日	建炎以来断过刑名近例(未上)
九年十一月一日(会要)	止绍兴十年以前断例
九年十月戊寅(玉海)	同上
二十六年九月二十九日	绍兴十五年以前断例以及十五年至二十六年断例
三十年八月十一日	完成

从上述的简单表格中可知,最早是在绍兴四年(公元1134年),就有臣僚提出要编纂断例,而其基础是"现行断例"和北宋的"元符断例"。随后九年初,又提出将南渡后建炎以来的刑名案例进行编纂,但一直到该年下半年编纂工作似乎都停留在大理寺,没有及时完工上报,引起臣僚不满,所以再次建言,要求将绍兴十年(公元1140年)以前的断例尽快编辑上报。再后面的记录就是二十六年臣僚建议编例的记录,其中提到,当时适用的编例是截至绍兴十五年(公元1145年)的,最

① (清)徐松辑:《宋会要辑稿·刑法》1之47,中华书局1957年版,第6485页。

终二十六年提出的编例工作在三十年才完成。

根据上述的内容，我们会发现以下问题：

第一，按照戴建国等学者罗列的断例名，《绍兴编修刑名疑难断例》是南宋第一部断例。同时，一般认为南渡之后，大量典籍散失，朝廷面临无法可依的困扰，那么四年时作为基础"现行断例"是从北宋带来的断例还是南渡后的新编的断例呢？从前后文义来看，后面紧接着出现了《元符断例》的名称，可见如果是北宋带来的断例，当时一定会按照原有的名称来称呼，因此这里的"现行断例"有可能是南渡后重新编辑过的断例，也有可能是南渡之后实务中出现的零散断例。

第二，绍兴九年(公元 1139 年)的断例编纂基础是"建炎以来断过刑名近例"，其范围显然不包括四年编纂时运用的北宋"元符断例"，那么绍兴九年最终编成的断例很有可能与四年时的断例并非一部，至少在是否包括"元符断例"这一问题上应当存有明显差异。

第三，截至九年的记录，当时编订的应该是绍兴十年(公元 1140 年)以前的断例，而且记录反映催逼时限很紧，且大理寺已经形成初稿，所以当时应该编纂完成了。但绍兴二十六年(公元 1156 年)的记录则反映，当时施行的不是十年修成断例，而是绍兴十五年(公元 1145 年)修成的断例，可见绍兴十五年又形成过一部断例。

第四，也是对上述问题的总结，绍兴三十年(公元 1167 年)上奏的断例"仍以《绍兴编修刑名疑难断例》为名"，也就是说，以前有断例名为《绍兴编修刑名疑难断例》，本次仍沿用之。可见，宋人有用一个名称重复为不同时间编纂的断例命名的习惯。

根据上述情况可知，在绍兴年间有数次编辑断例的活动：首先是四年四月的第一次，这次限期一季，但最终成果没有说明；其次是九年初到九年底的一次，这次因臣僚的促请，以十年前的断例为基础；再次是以十五年以前的断例为基础修成的例册，这次是明确完成的；最后是针对十五年至二十六年的断例的编纂，最终是在三十年完成。可见，如果认为四年的那次编纂没有完成，则全部断例的数目应该增加绍兴十年和十五年的 2 部，也就是一共 16 部，如果认为四年的那次编纂也成立的话，数量就应进一步增加到 17 部。

至此，我们一方面分析了断例编纂的实际数量，另一方面应当注意到：现有研究中仅用"断例名称的数量"来描述宋人"断例的数量"是不够准确的。从上述的史料可知，宋人编例时，有的是在已经形成的文本上进行不断的堆叠添加，虽名称可能同一，但内容已经发生了变化；有的则另起新的名称，但内容未必焕然一新，其中也会包含以往的断例。所以单看史料中出现的断例名是无法准确复原宋人编例情况的。

实际上如果后世修纂中华人民共和国法制史时也会发现:同样名为《中华人民共和国刑法》的法典,1979年有1部,1997年也有1部,虽然名称相同,但其中的理念、具体的条文已经发生了巨大的变化。如果届时引文材料不足,很有可能误以为是同一部刑法。同样地,我们研究宋人编纂的断例时,也要避免单纯从名称上进行统计,在每一部断例名称下还要细致划分编纂次数。如上述的《绍兴编修刑名疑难断例》,即使引文中都是用的这一名称,前后的数量也在4部以上,每部的之间平均间隔有5年至10年,其间积累的新案例数量可想而知,但每一部的内容必然有巨大区别。

2. 关于特旨断例的研究

在上述罗列的断例名称中有一个现象值得我们注意,那就是一些断例被冠以"特旨"两字,如戴建国所列《乾道新编特旨断例》和《淳熙新编特旨断例》。"特旨断例"的性质也是宋例研究中一个存在争议的问题,学者分别从两个角度进行了分析:第一个角度是从特旨来源和其政治特征角度来看,比如戴建国在提及特旨断例的时候就认为特旨是皇帝违反一般法律原则的专断案例,而王侃则更明确强调特旨是君主专制意志的体现,并以此来否定例作为法律的性质。另一个角度是按照特旨所涉事务性质来界定,《中国政治制度通史》一书认为,特旨是专门针对大理寺刑部处理官员时所做的决定。①

所以这里就需要解决两个问题:

第一,特旨适用的范围是不是限于命官犯案?

持肯定态度的依据,主要是一篇司马光的奏议:

> 勘会,守法者有司之职,揆道者君相之权。伏见从来命官犯罪,大理寺既依法定断,更令刑部检例或追官或勒停或冲替或差替之类,朝廷依而行之,谓之特旨。凡人之罪犯千端而事体万计,岂可求其此类,能得正同?又既谓之特旨,当临时断在朝廷,若先令刑部贴例,朝廷依此施行,乃是轻重之权反在有司也。欲今后应命官犯罪,大理寺既定断,委刑部看详,内有法重情轻,并具状申中书省,更不贴例。委中书省官度情理轻重同共商量。除依法外,自贷命编配至特放临时拟定,进呈取旨施行。其百姓犯大辟罪,诸州奏称刑名疑虑及情理可悯之状,大理寺依法定断,委刑部看详,委有疑虑可悯之状,即具状申门下省,更不贴例。委门下省

① 参见白钢主编:《中国政治制度通史》(第6卷),社会科学文献出版社2011年版,第399页。

官相度事理同共商量,临时拟定或依法委贷命编配,进呈取旨。①

从文中可见,官员犯罪的裁决,确实被称为特旨。但能不能反过来说特旨就是仅限于命官犯罪的呢?《宋会要辑稿·职官》一五之二七有如下内容:

> 诏:"刑部自今将情法相当、别无疑虑案状依条施行外,即于已抄录在部例册内检坐体例,比拟特旨申省。如与例轻重不等,亦令参酌拟断,申取指挥。"既而中书省言:"诸路州军申奏狱案依已降指挥,刑部敕令所删订修立到断例共九百五十余件,左右司拘收掌管。自今刑部、大理寺断案如无疑虑,依条申省取旨裁断。有情犯可疑合引例拟断事件,申省参照施行。仍抄录断例在部,委长贰专一收掌。今刑部所申案状虽有拟立特旨,并不曾检坐体例申省。窃虑处断轻重不伦,未应已降指挥。"故有是命。

从上述史料可见,需要比拟特旨申省的案件标准是"有情犯可疑"。刑部处理的案件并不仅限于命官犯罪案件,在史料原文没有注明的情况下,没有理由认为"有情犯可疑"的案件仅限于命官犯罪的案件。

第二,特旨是不是君主专制意志的体现?

如果仅从字面意思上来看,"特"当然是区别于一般,"旨"是皇帝的圣旨,所以就可以解释为皇帝特地作出的圣旨,那肯定是凌驾于司法权的君主专制。但应当注意的是,如果站在宋人的角度,皇帝本身就是法制的最高点,其作出的裁决谈不到是以专断来干涉司法。

再结合史料从"特旨"形成的过程来看,以上引的《宋会要辑稿·职官》一五之二七中,刑部遇有"情法相当、别无疑虑"以外的案件,要"检坐体例,比拟特旨申省"。所谓"比",也就是按照"检坐"的"体例",判断其是否属于类似情况,"拟"应该是按照"比"的结果初步拟定意见,可见"特旨"的内容在刑部审案过程中已经存在。

再看同书职官一五之二六相关的一段内容:

> 诏:"刑部将拟断案状照自来体例依条拟定特旨,申尚书省,仍抄录断例在部,委长贰专一收掌照用。"以都省言:"刑部拟断案状,后来并不

① (明)杨士奇等编:《历代名臣奏议》卷二一一《法令》,《文渊阁四库全书》439 册,第 91 页。

> 比例,系本部照情犯轻重临时参酌拟定特旨申省取旨。近降指挥拘收断例,自今断案别无疑虑,依条申省取旨裁断。如有情犯可疑合引例拟断事件,申尚书省参照。今来刑部将合奏裁案状一例不拟特旨上省,照得已降指挥内即无令刑部不拟特旨之文,其本部自合依旧,于已降旨挥别无相妨。"故有是诏。

都省在奏章中又谈到,在刑部遇到疑难案件并不参例的情况下,是交由刑部自行根据具体案情斟酌裁量,再拟定"特旨",然后再"取旨"的,联系前述司马光的奏议,其所提到的所谓"朝廷依而行之,谓之特旨"的含义就清晰了。特旨的内容实际上是经过刑部检例或都省参酌之后,再上报皇帝的。此时的裁决已经是经过司法部门深思熟虑,详加研讨的结果,是有案例或法理分析依据的。而皇帝此时所做的,也无非是"依而行之",其中所谓"君主专制"的成分已经大打折扣。上述涉及的史料既有北宋中期的名臣奏议,又有南宋淳熙年间的记录,可见"特旨"的运作机制在整个宋代基本如此。

我们不否认在中国古代的基本权力构架中,君主居于权力体系的中心,对于全国的所有事务都有着至高无上的权力,生杀予夺在于一人。但同时也要注意,正因为君主存在于权力的中心,所以他也不可避免地成为了整个权力构架的一部分,这个"中心"的位置,使皇帝在行使其至高无上的权力的时候不得不借助于其周围一层层、一圈圈的官僚体系。在中国这样一个庞大的帝国中,有待处理和裁决的案件,根本不是皇帝一个人"宸衷独断"所能应付的。所以当我们在整体描述我国古代政制的时候,就可以强调君主专制这样的特性。但是在讨论具体制度和概念的时候,则应当避免直接套用预设的评价,否则得到的结果可能与真相南辕北辙。

三、宋例与宋代法律体系的关系

以上我们讨论了宋例的渊源以及这些渊源以怎样的方式成为了例,这些例又是经过什么样的程序成为了一种法律形式。

在现有的宋代法律体系研究成果中,主要的描述方式不外乎以刑统、敕、令、格、式作为主干,另外再有选择地对条例、指挥、编例等进行讨论,研究的着眼点都是各种法律形式本身的内涵和外延、编修的程序、在实务中的作用地位等,但针对各个法律形式之间的关系如何,这类问题尚未有充分研究。现有的著作中,吕志兴所著《宋代法律体系与中华法系》一书,在相关问题上取得了一定成果,尤其是该书对于宋例与律、敕等法律形式的关系进行了探讨,提出了例的作用是补充法,但不得破法;例对创立新制有影响两方面的观点。这些观点具有一定的价值,但尚有待进一步澄清和探讨的余地:第一,该书是将“例”与“法”两个概念对立起来的。在宋人的记录中,二字对称的情况是存在的,但细看书中的“法”,又不是宋人的“法”概念,而是现代的制定法概念,该书将“律”“敕”等法律形式预设为现代意义上的制定法,并认为其是宋人的“法”;将“例”设定为案例、事例汇编,在此基础上讨论“例”“法”的关系。那么问题就在于“制定法”的概念是否适用于宋人的编敕等法律形式呢?第二,该书提到了例对于创立新制的作用,这一观点是正确的,但对于其中的具体过程描述比较模糊,所举两个例子实际上都是一时的诏敕被规定“著为例”的过程,对宋人以例创立新制的过程以及例与刑统、敕等法律形式的关系,没有进行深入阐述,所以本文也拟从宋代例与法的关系以及例与敕令格式等具体法律形式的关系两个方面进行进一步研究。

(一)例与法的关系

大部分著作在谈到宋例与法的关系的时候,都会提到宋代朝廷上下关于用例废例的争论,而且绝大部分著作所强调的都是宋人对于例的否定态度。如吕志兴在上述著作中就引用了几条宋人对于以例破法,以例破条现象的批评,批评的重点集中于以下几点:一是认为,例的适用架空了成文的法令;二是认为,例的适用会造成具体事务处理不公正;三是认为,例在实务中的大量适用,与胥吏侵夺职权,徇私舞弊有着直接的因果关系。这样一来,似乎宋人自己对于“例”基本是持一种否定态度的,宋代的政府始终是在限制例的适用,甚至是和失控的例作着无尽的斗争。那么这样的景象,是否就是宋代例、法关系的真实全貌呢?我们应该更加全面地考查史料,以寻求更为贴近史实的结论。

在认定宋人对例持否定态度的一派观点中,有一类比较核心的观点,该观点持有者认为,宋人认为例不是法,宋人本身就将“例”和“法”对立看待,所以宋人对例是持否定态度的。有的学者为了论证这一观点,就从文献中“例”和“法”两个字眼的用字规律入手分析二者的关系,一旦发现二者互分彼此,就将例从法中剔除。比如王侃在其《宋例辨析》一文中就一口气罗列了九条史料,来说明“例与法经常是并提而且是对立的”。[①] 比如:“法者、率由故常,着为会典,难以任情而出入;例者,旋次创建,藏于吏手,可以弄智而轻重”;“事或无条,乃可用例;事既有条,何名为例”;“法者,公天下而为之者也;例者,因人而立以坏天下之公者也”。[②] 从这些史料的表述上来看,宋人确实将法和例对称,那么是不是这种对称

① 王侃:《宋例辨析》,载《法学研究》1996 年第 2 期。

② 同上。

就一定反映出二者相斥呢？这还是有待商榷的。我们注意到，上述的史料有两个特点：第一，从口吻来看，几乎全都是出自反对用例的人；第二，从内容来看，这些史料都是直接针对例、法的区别作了概括阐述。那么相应地就出现了两个问题：首先，是不是这些将"例"和"法"对立看待的人就代表了全体或者大多数宋人的观点呢？其次，除了这些专门为了反对用例而发表的意见之外，宋人在实务中是如何使用"例"和"法"这两个字眼的，又是如何理解二者的关系的呢？对此我们也可以通过查找史料来寻求答案，尤其是那些宋人在处理具体事务过程中留下的记录，这些记录可能更有助于我们了解宋人眼中例与法的关系。

1."例"和"法"文辞通称

在一些史料中我们发现宋人在使用法、例两个词的时候并不是绝对的泾渭分明，经常出现同义混用的情况，尤其是在处理具体问题时，针对同一个规则有时称为法，有时称为例。比如下面两条同样来自于《宋会要辑稿·刑法》的史料：

> 徽宗建中靖国元年九月六日，刑部言："元符令，定罪以绢者，每绢一匹准钱一贯三百。近岁物价踊贵，非昔时比，一绢之直多过于旧价，乞于令文添入若犯处绢价高者，依上绢计直。"从之。大观元年闰十月二十日，诏："计赃之律，以绢论罪，绢价有贵贱，故论罪有重轻。今四方绢价增贵，至两贯以上，而计绢之数独循旧例，以一贯三百足为率。计价既少，抵罪太重，可以一贯五百足定罪。"高宗建炎元年六月七日，大理正、权尚书刑部郎中朱端友言："看详见今犯罪计绢定罪者，旧法以一贯三百足准绢一匹，后以四方绢价增贵，遂增至一贯五百足。州县绢价比日前例皆增贵，其直高下不一，欲应州县犯赃，合计绢定罪者，随当时在市实直价计贯伯纽计绢数科罪。其铁钱地分，并以铜钱计数科罪。"诏自今计绢定罪，并以二贯为准。①

以上两条的内容都是涉及犯罪赃值的问题，宋人沿用唐律的规定，对财产犯罪的量刑是按照在唐代作为一般等价物的绢来衡量的，但宋代的经济状况发生了变化，流通使用的多是铜钱，以贯为单位，原则上是一贯一千钱，所以在司法实践中就出现了铜钱和绢折算的问题。从第一条史料中可以得知，在哲宗元符年间制定了计赃的折算标准，也就是一匹绢值铜钱一贯三百文，而且这一规定在《元符令》中被固定下来。第二条史料是大观年间徽宗针对同一问题所发的诏书，其中

---

① (清)徐松辑：《宋会要辑稿·刑法》3之5，中华书局1957年版，第6580页。

提到，当时绢价上浮，一匹绢市价值两贯铜钱，但当时官方的换算还是以哲宗元符年间确定的一匹绢值铜钱一贯三百文①为标准，在此这一标准被称为“旧例”。到了南宋建炎年间，臣僚向高宗上书提出，绢价在继续上涨，要求再次提高计赃标准时的绢价，在这里，臣僚提到了以往哲宗和徽宗年间的绢价的标准，其中又将哲宗一贯三百文的标准称为“旧法”。可见，对于一条被著为令的成文规定，后世可以将其称为“例”，也可以将其称为“法”，说明在皇帝和臣僚眼中，“令”、“例”和“法”之间可以通称，“例”与“法”二者并无界限。宋人在文字上将“法”“例”混用通称是表面现象，其实在实务中，宋人也并不将“例”区别于“法”来看待。

2.“例”与“法”效力同等，违“例”即是违“法”

例和法不但在文辞上通用，而且宋人认为二者对实际事务都有规范作用，有大量的史料可以证明例在宋代政务中起到不可替代的作用，这里仅举一例，即《儒林公议》中提到的庆历年间兴学的情况：

> 庆历初，令贾相国昌朝判领国庠，予贰其职。时山东人石介、孙复皆好古醇儒为直讲，力相赞和，期兴庠序。然向学者少，无法例以劝之。于是史馆检讨王洙上言，乞立听书日限，宽国庠荐解之数以徕之，听不满三百日者，则屏不得与。②

根据该史料可知，当时求学的人太少是因为政策鼓励不足，而能够起到鼓励作用的既包括“法”，也包括“例”，二者在实务上都能够起到实际作用。

在实务中，宋人不但并不明确区分“例”和“法”，违“例”和违“法”的结果也是一样的，两种讲法可以混用，而且效果一致。《挥麈三录》记载：

> 会尚书左丞王和甫与御史中丞舒亶有隙。元丰初改官制，天子励精政事，初严六察，亶弹击大吏，无复畏避，最后纠和甫尚书省不用例事，以侵和甫。③

这里记载的是元丰年间，时任御史中丞的舒亶和任尚书左丞的王安礼之间政治斗争的事情。舒亶以王安礼任职的尚书省在处理行政事务的过程中不用例为

---

① 参见(清)徐松辑：《宋会要辑稿·刑法》3之2，中华书局1957年版，第6578页。

② (宋)田况：《儒林公议》，《文渊阁四库全书》1036册，第284页。

③ (宋)王明清：《挥麈三录》卷一《吴处厚与蔡持正不和》，上海书店出版社2001年版，第185页。

由,来弹劾王安礼,希望追究王安礼的责任。由这条记录可知,官员不以例行事,是要承担相应责任的。那么这个“例”到底是什么呢?《宋史·舒亶传》对同一事件也有记载:

> 初,亶言尚书省凡奏钞法当置籍,录其事目。今违法不录,既案奏,乃谩以发放历为录目之籍,亶以为大臣欺罔。①

这里记载了舒亶弹劾王安礼过错的内容,也就是尚书省没有将文书“奏钞”进行记录,而对于这件事,宋史所使用的是“违法不录”。同一件违反规定的事,既可以说成是“不用例”——也就是违例,也可说成是“违法”。可见在当时人的眼中,二者并没有界限。违例和违法的效果是一样的;反言之,也就是“例”和“法”的效力是一样的。

“例”与“法”的效力关系,在下一则史料中体现得更为明显:

> 臣近准敕与孙升同举监察御史二人,寻准尚书省札子,以一员不曾实历通判,令别举官闻奏。臣检会元祐三年六月八日圣旨,左右司谏、左右正言、殿中侍御史、监察御史,并用升朝官通判资叙实历一年以上人,举官准此。臣窃观上条,本为朝廷除授而设。后来朝廷升除谏官,如吴安诗、刘唐老、司马康三人,皆未曾实历,遂再奏乞比附施行。寻又蒙尚书省札子,令依条别举。臣退复思念,岂以除谏官皆出圣意,故得不依条法,举台官出于有司,故不得援例耶。窃惟前件三人,惟司马康故相光之子,光被眷任最深,康亦素有清誉,或为二圣所知。至于吴安诗、刘唐老此二人者,何缘得被圣眷,若非大臣进拟,或密有荐导,陛下何缘知之。窃谓本台所举,亦合依例施行,况朝廷前后所用百官亦多不应格,岂固违法,盖不得已也。若独于台官固执近法,中外必以为疑。伏乞检会前奏,早赐施行。取进止。②

在这则札子中,苏辙讨论了台官、谏官的任用标准。按照元祐三年(公元1088年)的圣旨,谏官、台官都要有地方任职通判一年的资历,但在实务操作中,皇帝破格任用了并无资历的吴安诗、刘唐老等人担任谏官。然而当御史台举荐本

---

① (元)脱脱:《宋史》卷三二九《舒亶传》,中华书局1977年版,第10604页。

② (宋)苏辙:《栾城集》卷四四《三论举台官札子》,《文渊阁四库全书》1112册,第508页。

部官员要求比附上述两人的情况破格任用其他人的时候，却被尚书省驳回，要求依条施行。苏辙提出异议：难道“除谏官皆出圣意，故得不依条法，举台官出于有司，故不得援例耶”。这句话的逻辑是：同样是违反法条的规定破格任用，前者出于圣意，即可畅行无碍；而后者因为是有司的决定，居然连引用前例为据都不可以。从他的意思可以推论，用法和援例是等价的。后面他进一步谈到，虽然任官有格，但实践中不应格的情况非常多，都是违法的，但因为有实际需要所以不得已而为之，所以对于这次台官一定要依法任用的要求，他表示不能理解，认为是“固执”。从这里更可以看出，当时的诸项制度固然有法规定，但实践中破法行事的情况非常多，这种破法行事的依据往往就是援例，所以实践中，用“例”和用“法”的作用是相当的。

在这部分的最后，为了进一步说明宋人眼中“例”和“法”的关系，我们再引用一则王侃曾经作为“例”和“法”对立关系的证据。在《宋例辨析》中，王侃曾经以《宋会要·刑法·格令三》中的“或例宽而法窄，则引例以破法；或例窄而法宽，则援法而废例”作为依据，而这句的原文是这样的：

> 嘉泰元年二月十四日，礼部尚书兼吏部尚书张釜言：“《吏部七司法》盖尚左、尚右、侍左、侍右、司勋、司封、考功通用之条令。自绍兴三年迄淳熙二年，凡四经修纂，订正去取，纤悉备尽。孝宗皇帝尚虑条章泛滥，不便观览，复诏大臣分门编类。然编类之后，迨今又及二十有七年，其间有朝廷一时特降之指挥，有中外臣僚报可之申请，历时寖久，不相参照，重复抵梧，前后甚多。或例宽而法窄，则引例以破法；或例窄而法宽，则援法而废例。予夺去取，一出吏手。若更迟以岁月，则日复一日，积压愈多，弊幸愈甚。窃见孝宗皇帝乾道五年，尝诏七司郎官并吏部架阁将未经修纂指挥置局编类，仍委长贰同共点检。乞检照乾道五年已行体例，将吏部七司未经修纂应干申请画降，委官编类，正其抵牾，删其重复，辑为一书，颁降中外。”从之。

从这段首先可以看到，被引用的一句话是时任吏部尚书的张釜为了解决实务中出现的问题而有针对性地提出的。具体的内容是：绍兴年间编成的《吏部七司法》几经编修，历时久远，实务中出现了大量后来颁布的指挥和臣僚奏请，其内容和已有的《吏部七司法》矛盾，张釜建议设立专门的机构进行整理编修。首先，我们单看王侃所引用的那句话则能看出，对于“例”和“法”使用了不同的称谓，但是在效力上，二者并无高下区别，“例”和“法”一旦出现“宽”“窄”不一的情况，就适用“宽”的,不用“窄”的,并不存在“法”优于“例”或“例”优于“法”的现象,一切以实用为准。其次,我们结合上下文来看,张銮提出,经过多年适用,新生的指挥和臣僚奏请这些“例”和现有的《吏部七司法》之间存在矛盾,要求编修,但编修的原则是“正其抵牾,删其重复”。这里反映出两方面的情况:第一,宋人并不认为“例”的效力较“法”要低,也正是因为二者效力没有明确区别,他们真正需要解决的问题就是二者如果有矛盾,应当如何适用的问题。由此产生了第二方面的情况,也就是“例”和“法”在形式上不是决然对立的。经过编修,一些“例”就成了“法”,而这些变成“法”的“例”也未必是因为其内容与“法”一致,因为编修的原则是“正其抵牾”,也就是说,在“例”与“法”矛盾的情况下,并不完全按照法的规定,而是以“正”为目的进行选择。①

可见,“法”与“例”之别更多地体现为宋人行文措辞方面的区别,正如王侃所说的“法例经常并称”,但是对于二者作为规范的效力,宋人并没有作明确的区分和排列。同样作为规范,二者的效力并非如王侃所说是“对立”的,相反,二者时而效力一致相当,时而互为补充,相互转化,并不对立。

3.“例”是广义的“法”的一部分

通过上述的分析可知,宋人眼中“例”和“法”的关系并不如一些学者所称的是决然对立,相互排斥的,因此,由“例法对立”这样错误的认识而推导出“例”不是法律这样的结论显然有些操之过急了。②

在判断“例”与“法”的关系之前,我们首先应该明确宋人眼中“法”的概念。从史料可见,宋人所用的法字实际上有着几层不同的含义。

首先,法是指一部具体的法律,比如《直斋书录题解》中记载了“《绍兴贡举法》五十卷,丞相万俟高等绍兴二十六年表上,《绍兴监学法》二十六卷……《役法撮要》一百八十九卷”③,这里的用法和现代的《中华人民共和国刑法》以及《中华人民共和国刑事诉讼法》中法的用法是完全一致的,是最具象和狭义的法的含义。

其次,法是一类具有一定共性法律形式的总称。正如上述王侃所引用的“法

---

① 这里还涉及未经编修的“例”出于何种地位,具有何种效力的问题,这将在其他部分进行论述。

② 实际上,即使宋代文献中“例”确实与“法”对立,以此为基础推导出“例不是法律”的观点也是有待商榷的,因为这种推论的逻辑是:例不是法,所以例不是法律,其中实际上隐含着一个预设前提,即宋代的文献中的“法”就是我们现在一般意义上所说的“法律”,在没有充分说明论证的情况下,将宋人的“法”等同于我们“法律”这样一个预设前提,无疑是望文生义,偷换概念的做法。这样一来,例不是法律的结论当然就存在问题了。

③ (宋)陈振孙:《直斋书录解题》卷七《文渊阁四库全书》674册,第667页。

者、率由故常,着为会典"这一类,这里的"法"是指形式和内容相对固定的法典,宋人称为"成法",也正是由于宋人的法有这一层含义,所以史料中出现了很多例法对称的现象。实际上,在这一层面上使用"法"的概念的不只有宋人,前代的史料中也有很多在这一层面上使用法字的例子。比如汉代的史料:"春夏生长,圣人象而为令。秋冬杀藏,圣人则而为法。故令者教也,所以导民人;法者刑罚也,所以禁强暴也。"①这里很明显的是将令与法对称,但联系文义即可知道,这里的法指的是规定有出发措施的法规,大致指的是汉律,而令则是指的与这一性质相对应的另一类法规。如果按照分析宋代例与法关系的方式来分析这则汉代史料,则必然会得出汉代的令不属于法律的结论,这显然是不正确的,所以我们不能将第二层次的法概念,视为古代法的全部含义。

最后,宋代法的含义除了相对于例的成法之外,还有更广泛的含义。正如我们今天所说的法律的概念包括最高权力机关颁布的狭义的法律,也包括行政法规、部门规章、地方法规等一系列内容,宋人也有最广泛意义上的"法",而且正是由于法具有这一层面的含义,所以史料中又会出现例和法统称互用的现象。宋人在最广泛的层面上使用法的概念,所以自然也将例纳入其范围,这与我们今天将违反各种行政规章条例的行为、触犯刑法的犯罪行为都统称为违法行为的现象是一样的。这样的类比不是要把现代法律体系和法的广义概念强加给宋人,相反,宋人自己就是如此理解"例"与"法"关系的。如果上面的史料还不能说明的话,下面一则史料则能从细微处体现宋人的观念。在宋代名臣包拯的奏议集中,有如下一则《请法外断魏兼》的奏折:

> 臣访闻勘到:前淮南转运使工部郎中魏兼,以先在任日,于部内置买物业并剩量过职田斛斗等罪犯,奏案已下法寺详断。魏兼蚤践周行,荐叨烦使,专总察之任,在表率之地。固当正身莅下,竭节奉公,而乃不顾朝章,自为非法。窃虑疎决在近,乞不从原减之例,臣伏见先朝以崔端知华州日于部下创置物产,事发被劾,先帝置之散秩,摈弃终身。其魏兼伏望圣慈特出宸断,法外重行,以警贪猥。②

这是一则包拯建议皇帝对犯罪官员从严处罚的奏章。在宋代,一定级别以上的官员犯罪,都要经过皇帝的裁处,而皇帝在裁处时一般都会对官员从轻发落,这

① (汉)桓宽:《盐铁论·诏圣》,《文渊阁四库全书》695 册,第 659 页。

② (宋)包拯:《包拯集》,黄山书社 1999 年版,第 11 页。

实际上成为一种司法惯例。包拯意识到这一惯例将再次顺理成章地适用到魏兼这样一名贪官污吏身上,所以特地请求皇帝对他不按惯例予以从轻发落,也就是不用"原减之例"。这里值得注意是,这道奏折的名称是《请法外断魏兼》,在包拯的观念里,不用惯常的"原减之例"的处断,是一种"法外"的处断,那么反过来讲,依照惯例处断,也就是法内处断的例也属于宋人法的范畴。由此看来,吕志兴、王侃等人将宋人的"法"局限于制定法的概念,并依此得到"例"不是"法",只能补充"法"的观点,显然不正确。

笔者不否认,"例"的适用在实务中确实可能引起公正平衡方面的问题,也有可能沦为贪官污吏营私舞弊的工具。宋人对此也进行了思考和争论,所以不可避免地要将"例"作为一个特殊概念,与其它法律形式的概念区别开来,史料中也就出现了"例法对称"的现象。但这只是"例"与特定意义层面上的"法"的关系,而非宋例与宋法在整体上相互矛盾的体现,所以不应简单以个别的史料来简单推导出宋代"例"与"法"对立以及"例"不是"法"的结论。

(二)例与其他法律形式的关系

如上所述,笔者认为,宋人眼中"例"与"法"的关系并不是决然对立的,而是根据不同的语境、内容有所变化。为了进一步弄清宋人对"例"的态度,接下来我们从宋人如何看待"例"与其他常见法律形式的关系入手作进一步探讨。

1."例"与其他法律形式并称

在中华法系逐渐发展完善的过程中,产生了各种各样的法律形式,中国法制史学在描述中华法系发展轨迹的时候,都是围绕着这些法律形式展开的,各朝出现的法律形式也就是这一朝立法成果、法制特色的集中体现。比如汉代的"律令科比";唐代的"律令格式";谈到宋代的时候,都会论述刑统、编敕、令、格、式、条法事类等。所以在今人眼中,这些法律形式就体现了宋代法律的概貌。那么在宋人眼中,"例"的作用地位与这些法律形式相较又如何呢?笔者认为,宋人是将例与其他法律形式平等看待的。

宋末陈世崇所著《随隐漫录》中有这样的记载:

> 夫子之徒三,一贯之道独语曾子,而曾子一唯几到列圣处。大学十章为后世帝王治天下之律令格例,絜矩即忠恕也。中庸一书弥纶天地,参赞化育,孔子之道益着而曾思位在弟子下,度皇即位首升侑食,举数千载未行之典,为亿万世将来之法度,皇之圣至矣。①

---

① (宋)陈世崇:《随隐漫录》,中华书局2010年版,第4页。

这一段谈的是曾子和子思的地位问题，其中提到了《大学》一篇的价值，这里把它比作了帝王治理天下的法令，以强调其地位之高。而在这里陈世崇用了"律令格例"的讲法，也就是将"例"与"律""令""格"等我们经常提到的宋代法律形式并称。还有一点值得注意的是，这一段话不是陈世崇专门为了讨论法律问题而写的，而是为了说明《大学》十章的地位之高，所以他拿来作比喻的例子应该是在当时成为共识的事实，由此可见例与其他法律形式并称的情况在宋末已经是文人士大夫阶层的共识了。

2. "例"与其他法律形式的关系

第一，"例"与其他法律形式的效力没有绝对界限。有的学者认为，宋人治国存在这样的程序：遇到问题先看有没有法令规定，如果没有再按照先例处理，这就意味着例的效力低于其他法律形式，但这样的观点的前提是宋人有着现代的法律观念，先考虑成文法的规定，然后才考虑先例。在一些史料中确有宋代臣僚强调优先适用成文法或制定法的记录，但也有史料表明宋人并不区分"例"和其他法律形式的效力，比如《宋会要辑稿》记载：

> 神宗熙宁五年七月二十二日，知大宗正司宗旦言："宗室所投文字或违例碍条，退回即生诬怨。或情有可怜，而例无其事；或事涉违冒，而理或可容。乞自今有疑难事，许上殿敷奏，或许同见执政禀议。"从之。①

首先，从这一段可以看出"违例"与"碍条"是同等的，而根据现在学术界对于"条"的概念的主流观点，条也就是条贯，是宣敕等成文法，②那么"碍条"的概念就应当是违反成文法律形式中的规定，而"违例"虽然在此处单独列明，但其效果和"碍条"都是无法实施的，要予以退回。其次，从"情有可怜、而例无其事"一句可以看出："例"是有着明确效力的，也就是某些事务，虽然具有合理性或情有可原，但由于没有"例"或违反"例"，所以不能随意施行，必须向皇帝禀明之后才能处理，这里的"例无其事"几乎可以和常见的"律无正条"凑成一副对联，可见"例"是必须遵照参考的规范。

第二，"例"和其他的法律形式多有混称的情况。对于同一事务，有时是通过"律"或"令"成文法来规定，有时也会以例的形式存在，这种情况在史料中经常出现。《挥麈录》记载：

① （清）徐松辑：《宋会要辑稿·职官》20之18，中华书局1957年版，第2628页。

② 参见白钢主编：《中国政治制度通史》（第6卷），社会科学文献出版社2011年版，第403页。

> 蒲传正在翰林,因入对,神宗曰:"学士职清地近,非它官比,而官仪未宠,自今宜加佩鱼。"遂著为令。旧假服色,不佩鱼,崇宁末,王诏尚书详定敕令启请,许之,自是为例。仍许入衔,具载诏书。其后以除敕中不载,多不署鱼袋二字。①

佩鱼袋是唐宋官员的服色,只有一定官阶以上的官员才能佩戴,以区别尊卑。神宗出于对蒲传正的器重,特地准许翰林学士加佩鱼袋,并将这一规定"著为令",成为定法。崇宁末年,王诏针对假服制度提出建议,认为原有的假服制度中仅借紫绯服而不佩鱼的做法不合理,要求允许佩鱼,被徽宗采纳,但这次没有著令,而是自是以为例。同样的官员服色问题,用"令"或"例",效果都是一样的。

此外,《宋会要辑稿》中还有这样的记载:

> 建炎二年十一月二十二日赦:"应刺面不刺面配军、编管、羁管人等,除谋叛已上缘坐入强盗已杀人外,并特与减三年,三岁理为拣放年限。其系永不移放而祖父母、父母年及八十以上或笃疾者,具元犯因依奏裁。以上情理巨蠹及蕃部溪洞人,具元犯因依及自到后有无过犯开析奏裁,当议看详情犯,特与量移。"②

这一段是高宗针对流配人员赦免放还问题作出的规定,在这一段的后面还有《宋会要辑稿》的编纂者加上小字,内容是:

> 绍兴元年九月十八日明堂赦、四年九月十五日明堂赦、七年九月二十二日明堂赦、十年九月十日明堂赦、十三年十二月八日南郊赦、十六年十一月十日南郊赦、十九年十一月十四日南郊赦、二十二年十一月十一日南郊赦、二十三年十一月十九日南郊赦、二十八年十一月二十三日南郊赦、三十一年九月二日明堂赦恩,并同此制。③

编纂者罗列了内容相同的诏书,说这些诏书"并同此制","制"也就是"制书",指的就是皇帝的诏令敕文。

---

① 《挥麈前录》卷二《翰林佩鱼自蒲传正始》。

② (清)徐松辑:《宋会要辑稿·刑法》3之52,中华书局1957年版,第6603页。

③ (清)徐松辑:《宋会要辑稿·刑法》4之42,中华书局1957年版,第6642页。

继续查《宋会要辑稿》,我们就可以在后面看到以上罗列的赦文中的一条,也就是"绍兴四年九月十五日明堂赦"。

> 九月十五日明堂赦:"勘会流配役人依条会恩则放,访闻州军不遵条令,遇赦则尚行拘留,情实可矜。仰限赦到日,须管日下放令逐便。仍仰提刑司觉察,如违奏劾。"①

而在这道明堂赦文的后面也附有编纂者用罗列的以后其他条文:

> 七年九月二十二日明堂赦、十年九月十日明堂赦、十三年十一月八日南郊赦、十六年十一月十日南郊赦、十九年十一月十四日南郊赦、二十二年十一月十八日南郊、二十五年十一月十九日南郊赦、二十八年十一月二十三日南郊赦、三十一年页月一日明堂赦,并同此例。②

稍加对比就可发现,前后两部分的小字罗列制书多有重合。这些文书说的都是一回事,而不同的是,前一段末尾写的是"并同此制",到了后面就变成了"并同此例",在这里,"制"与"例"基本上混称通用了。

第三,实务中例与其他的法律形式并行通用。众所周知,宋代对于官员的管理非常严格,为了防止私请受赇,朝廷禁止官员随意在办公地会见来客以及外出拜访会客。史料中记录了朝廷为此反复颁布许多规定,下面就是相关的几则:

> 神宗熙宁元年二月十六日,大理寺言:"敕阁自来轮差详断、法直官兼监,半年一替。缘断官日诣审刑院商量文字,及中书、密院勾唤不定,难为专一监守,欲乞专差检法官二员监敕阁,更不轮管本寺纸库、钱库,签书铨曹、审官院文字。及移法直官房依旧于阁下,仍差归司官二人、府史二人同共管勾。旧条:审刑院、刑部、大理寺不许宾客看谒及闲杂人出入,如有违犯,其宾客并接见官员并从违制科罪。乞并亲戚不许入寺往还,所贵杜绝奸弊。"从之。

元丰二年(公元1079年)二月十五日:

① (清)徐松辑:《宋会要辑稿·刑法》4之46,中华书局1957年版,第6644页。

② 同上。

诏:大理寺官属可依御史台例,禁出谒及见宾客。

同年十二月二十八日:

诏:在京管军臣僚,外任路分兵官、将副、押队使臣,禁出谒及见宾客,著为令。

元丰五年(公元1082年)五月十三日:

诏:“州郡禁谒,并依在京百司例,仍令详定重修编敕所立法。”从前知湖州唐淑问请也。

同年六月十七日:

尚书右司郎中杨景略乞左、右司官依枢密都承旨例禁谒。从之。

元丰七年(公元1084年)十月二十二日:

诏诸路兵官、沿边都监、武臣知县、堡寨主,如尚书左右司禁谒法。

元祐元年(公元1086年)四月四日:

诏:“诸路分兵官、将副、沿边都监、武臣知城县及堡寨主,非本处见任官不得往谒及接见。如职事相干并亲戚,并听往还。其往谒及接见宾客违法,并见之者各杖一百。”知大名府韩绛言:“路分兵官、将官不得出谒接见宾客,仅同囚禁,恐非待将佐之体,乞赐删除禁约,以示优恩。”故有是诏。

二十四日,监察御史韩川乞除官局依旧不许接宾客外,内谒禁并废。监察御史上官均乞除开封、大理官司依旧行谒禁外,其余一切简罢。如罢谒禁后小大之臣或敢挟私背公,慢职玩令,执法言事之吏得以纠举上闻,黜之适之。于是尚书省看详,参用旧条,申饬谒禁之制。其旧条中徒二年者，悉从杖一百。本应轻者，听从本条。并从之。①

从第一条熙宁年间的记录来看，违反不许宾客看谒的规定，要按违制论罪，由此可以推知，最早的禁令是出于皇帝的制书。到了元丰二年(公元1079年)，原来不许接见前来看谒宾客的大理寺官员又被禁止出谒，而依据是仿效御史台官员，御史台官员的禁令被称为"例"。随后，许多官员的相应禁令都是按照这一"依例"的模式进行规定的，比如元丰五年(公元1082年)六月的记录显示：尚书左右司的禁令是以枢密都承旨的禁令为例的；而七年十月的记录则显示：尚书左右司的禁令又成为"诸路分兵官、将副、沿边都监、武臣知城县及堡寨主"相应禁令所依据的"例"。由此形成了一种承例行事的模式，但同时，专门立法的模式也没有被排除，如元丰二年(公元1079年)十二月的记录显示：在京管军臣僚等的禁谒规定就被要求著为令。而且立法的模式还和承例模式有交错情况，如元丰五年(公元1082年)五月的记录显示：地方官员的禁谒规定以在京官员为例，这是承例的模式，但随后又规定由重修编敕所机关编订成文法，也就是先承例，后立法。

上述这些针对官员的谒禁规定由来已久，但似乎是以熙丰年间最为严格广泛，到了元祐年间，禁令又开始放宽，元祐元年(公元1086年)四月四日的诏令中将熙宁以来规定的违规出谒按照违制罪徒两年的规定改为了杖一百，并且要求对相关的"条"都作出调整。

综合上面的这些史料可知，同样是针对官员接待宾客或出谒的禁令，宋人会用多种方式加以规范。其中有皇帝诏令制书，有专门机构编订的法令，有作为处罚依据的《宋刑统》，当然也包括本文所讨论的"例"。在这些规定禁令中，"例"和其它法律形式的关系相互交错，某些禁令是以既有的"旧条"法令作为依据，某些禁令则是参照以前类似的做法发出，而这种做法以后又会被固定形成正式法令，法令条文和"承例行事"的做法相互依托、相互转化，交织形成一整套规范体系。

第四，在编纂固定的过程中，例与其他的法律形式相互渗透。如果说以上史料可依证明例与其他法律形式并行共用的情况的话，那么下面的这则史料则进一步说明了编纂时的例与其他法律形式之间的关系。

皇祐三年十月十三日，翰林学士曾公亮言："昨奉敕，以明堂赦后看详诸道编管配军人罪犯轻重，逐时具状贴黄奏讫。伏思自前南郊赦令，虽与今一体，及其奏到罪人犯状，久不蒙移放。不惟赦令失信，其间甚有

① (清)徐松辑：《宋会要辑稿·刑法》1之67，中华书局1957年版，第6495页。

州军妄行编配,遂致一二十年羁囚至死,伤害和气,众所共闻。欲乞特降恩旨,今后依此,永为着例。兼详益、梓、利、夔四路地里至远,凡取索干证文字,经年未得齐足。况此四路各有钤辖司,欲乞今后益、梓、利、夔四路编管配军人,如经大赦,只就本路转运、钤辖司同共看详,据犯状轻重量移释放。"诏依奏。其益、梓、利、夔路编配人内情理重及干碍条贯者奏裁。①

曾公亮提出,前日根据皇帝颁布的赦免制书,审录各地在押囚犯的情况,并"逐时"上奏。由此想到,以往也曾多次颁布赦令,但由于没有限定期限,各地执行中拖延日久,致使本该移放的囚犯久不得放,甚至有的地方稽囚至死。为了能够避免迁延羁押,曾公亮希望皇帝"特降恩旨",将上述逐时具状的做法推广延续"永为著例"。这里"特降恩旨"就是相关研究中提到的"特旨",这次是通过特旨的形式,将一次性赦免的做法拓展到今后所有类似的情况中去,永为著例。如前所述,"著"在宋代具有一定立法程序意义,"令"等被认为是成文法,都是由通过"著"来成立的情况,所以这里"永为著例"等于是将这种做法固定下来。

实际上,宋人还有将断例与其他法律形式统编的做法。据《直斋书录题解》卷七记载,"《刑名断例》十卷,不著名氏,以《刑统敕令》总为一书",实际上是将断例纳入了一部名为《刑统敕令》的书内。当然,这部书没有著明年号时间,可能是私人编著,但宋人能将断例和"刑统""敕""令"统编为一书,足以说明他们认为二者在性质上没有区别。宋人之所以会如此理解,正是因为在宋代,二者在实务上没有绝对的界限,上一节引的哲宗元祐元年(公元1086年)十二月十七日的史料就说明了这个问题,为了便于说明,下面简要复述这则史料的内容:

元祐元年(公元1086年),尚书省提出,对于官员断案时误判造成"失入死罪未决"以及"失入流徒罪已决"两种情况,在赦免减轻处理时分别有专门的特旨,并记录在"中书例"当中。熙宁年间,"失入死罪未决"的条文被修入了海行敕,而"失入流徒罪已决"的条文因为所涉及的错误没有那么严重,所以没有修入。后来"失入死罪未决"的内容从敕文中被删除了,这就造成了处罚相对较轻的错误的规定还在,有例可循;而处理相对较重的错误的规定已被删除,反而必须每次颁降特旨。对于这种情况,尚书省认为"失入流徒罪已决"的规定是有必要保存的,而"失入死罪未决"不应当删去,建议在编敕中保留这条内容。

从上述的过程可见,内容相近的特旨诏令在神宗时都成为中书刑房例的一

① (清)徐松辑:《宋会要辑稿·刑法》4之23,中华书局1957年版,第6633页。

部分，后来一条被编入了海行敕；另一条仍留存于刑房例，但哲宗时编敕中的条文被删除，刑房例却仍留存，官员认为这引起了不平衡，要求恢复编敕中的内容。由这个过程，“中书刑房例”与《海行敕》之间的紧密关系已经昭然若揭了。

第一，从来源来看，无论是《中书刑房例》还是《海行敕》，最初都来自以敕令形式发出的特旨，是针对一时一事所做的具体指令。在本条史料中，例和其他正式法典有着共同的渊源——敕令。

第二，从筛选标准来看，内容相近的特旨之所以有的编入编敕，有的仍然留存为刑房例，原因在于“失入死罪”的情况相对严重，而“失入徒流”的“比死罪稍轻”，可见中书刑房例与海行敕的关系，其中的内容其实只有轻重之分，性质上没有区别。

第三，从适用的效力来看，上述的筛选标准只有轻重之分，这种区别只影响条文的适用范围，而不影响含有该条文的效力大小。也就是说，针对较轻错误的刑房例，其效力并不低于针对较严重错误的海行敕。如果以今天的观念来看，同样是殴打他人的行为，致人轻伤以上的就被列入刑事犯罪的范畴，未构成轻伤的归入行政处罚法调整的范畴。但这并不是因为未构成轻伤的结果比构成轻伤的结果轻，而认为处罚前者的规范不是法律，处罚后者的规范才是法律。推而广之，行政治安处罚所针对的违法行为相较刑罚所针对的违法行为，其危害结果一般都较轻，但不能认为治安处罚法作为法律的效力和地位低于刑法。实际上二者都是法律，只有适用对象和范围的区别，并无效力等级的高下。同样在宋代，效力相当的刑房例和海行敕都是作为法律体系中的组成部分，相互均衡，互为补充。无论刑房例还是编敕，在宋人那里都是法律规范的来源，而且地位平衡，不可偏废。

(三)由宋例所见宋代法律体系的特点

1. 宋代法律体系与现代法律体系的本质区别

由于我国在近代以后是成文法国家，所以在法律史的研究中也惯常将古代法律的主干设想为制定成文的法律，因此，在研究古代法律的时候，也应按照制定法与非制定法的标准对古代的各个法律形式进行界定，按照法律形式是否通过某种程序被制定出来以确认其性质和效力。一些学者在研究宋例与法的关系时就按这一思路，将律、编敕、令、格、式等规定为制定法。但是，要作这样的界定，就必须先明确制定法的概念。通说认为，制定法也就是成文法，是指有立法权或立法性职权的国家机关制定或认可的以规范化的成文形式出现的规范性法律文件，是与不成文法对应的,而不成文法又包括习惯法和判例法。①

宋人治国时所处理的各项事务肯定可以分别归入上述3类,但因国家机构并不划分为立法、行政、司法3类,因此,要区分哪部是制定法,哪部不是,现有的标准就失效了。比如就敕和编敕而言,敕来源于由皇帝颁布诏书,如果将皇帝作为立法机构看待,那么颁布的散敕可以作为成文法,但是宋代历史上编修散敕的时候,又会成立专门的编修所,那么皇帝和编敕所到底谁是立法机构?而临时颁布的散敕和编修而成的编敕是不是都具有成文法、制定法的性质呢?

结合以上引文中的状况,类似的问题就更加明显了:同样以敕令形式颁布的特旨,其中的一部分编入中书刑房例,而另一部分则编入了海行敕。按照吕志兴等人的分类,将敕和编敕作为制定法,将例作为其他的法律形式,那么,就会出现这些特旨先是制定法后来又变成非制定法的奇怪现象。所以按照现代的制定法、成文法、判例法、习惯法等概念来区别宋代的各种法律形式就达不到预想的效果。

2. 宋代法律体系自身的特点

既然用现代的观念和体系无法有效解释宋人的法律体系,那么我们只能回到宋人的观念世界中去寻找答案。我们认为宋人的法制体系相较于现代有着如下的特点:

(1)设立:随事立制

如上所言,宋人没有明确的司法立法机关之分。现代将国家机构划分为立法、司法、行政3部分,其标准在于3种机构不同的职权,立法机构只能制定抽象的规则,但不能将其适用于具体事务;而行政和司法机构只能处理具体的事务,在立法机构已经确立的法律的范围内取舍依据,不能自设规则。但宋人的大部分法律形式都来源于皇帝的诏令,“宋代的(编)敕、令、格、式都是编辑、提炼皇帝的制敕而成”②,或者是上级行政机关的命令。但一方面,这些制敕诏、命令基本上都是针对具体事务或案件作出,是为了处理具体事务,类似于今天的具体行政行为或个案判决,好像并不具有现代意义上规范性;另一方面,这些宋代的制敕诏、命令天然地可以被引为今后处理其他同样事务的依据,由此又具有了一定的普遍性和规范性。通过这样一个机制,宋人不需要现代法制中专门设立抽象规则的立法程序,为应对具体事务而作出的处理决定都具有规则的价值,立法是一种“随事立制”。

① 参见张文显主编:《法理学》,高等教育出版社2003年版,第80页。

② 吕志兴:《宋代法律体系与中华法系》,四川大学出版社2009年版,第147页。

(2)修纂:随时修法

基于上述的这样一种机制,宋人必然会遇到这样一个问题:司法行政实务中出现的问题永无止境,相应地,作出的决策也不断增加,整个法律体系不断膨胀,必须进行整理,但是宋人并没有现代国家机构权力的分工和层级观念,各机构颁布的敕令没有高下层级之分。所以我们发现,即使是敕令格式这种相对正式的法律形式,宋人也没有对其间的效力等级进行划分。《宋史·刑法志》中神宗对于敕令格式的描述虽然精到,但只是描述了这些规则的效力模式,如果这些规则之间出现了矛盾,神宗的定义也无法指导臣僚进行取舍。为了解决这个问题,宋人不得不常年、反复、频繁地进行法令编纂活动,这种编纂活动的目的是确认临时发布的命令决策是否具有长久适用的价值。所以在宋人眼中,法律形式之间只有确定与不确定以及确定程度的区别,而没有制定法和判例法或者上级机关所设法与下级机关所设法的区别。所以对于例,一方面,宋人会将行之有效的做法著为定例,以便沿用;另一方面,也会因为例与成法的关系引起争论。结合上述哲宗元祐年间的史料可以发现:其间都是程序阶段和确定程度上的区别。一则宋例先是出于特旨,随后进入中书刑房例,最后又修入编敕的,最终被删除,前后都是固定和确认流程中的一环,没有绝对的层级和界限。

(3)适用:参酌互用

由于各条法令的渊源近似,修纂时又只有时间先后和固定程度的区别,所以在实际适用中,宋人无法像我们今天一样,用全国人民代表大会颁布的法律否决国务院的行政法规或者最高人民检察院的司法解释。敕令格式等法律形式都是参酌适用的对象,只能从合理性角度进行选择,无法从效力高低角度进行取舍。

下面的一则例子就充分地说明了上述情况:

首先,《庆元条法事类》卷十五《吏卒令》中记载:

> 诸应部送罪人逐州专委职官一员主管常切预差禁军二十人,籍定姓名,在营祗备,遇有押到犯人,依次差拨,实时交替不得越过。

嘉定年间,地方官史弥坚针对这一规定相关的问题,上奏了一份详细的奏章。

> 嘉定七年八月五日,知镇江府史弥坚言:"关防传送配隶强盗走逸之弊,前后颁降指挥,可谓详密。然续降申明,颇与旧法抵牾,所合检坐条法指挥,画一开具。乞从朝廷更切审订,分明颁降施行。
>
> 检准庆元令,诸应部送罪人,逐州军常切预差禁军二十人,籍定姓

名,在营祗备。遇有押到罪人,依次差拨,实时交替,不得越过。

弥坚看详,此项系旧法,应被差防送军兵,许令逐州交替。

检准庆元随敕申明,乾道七年八月内,断配海贼并凶恶强盗,有配广南远恶或海外州军去处,若只循例逐州传押前去,窃虑交替稍频,纵其走透。

弥坚看详,此项申明盖为海贼并凶恶强盗配广南远恶及海外州军者设,系专差人管押,逐路传递,押至路首,州军交替。

嘉定四年八月内,臣僚奏请,凡四方极刑来上,情有可悯,悉从原贷,黥隶远方。必置之广南恶弱之地者,所以尉谢死者之冤。今所在州军押发罪人,名曰长送,往往前途走逸,甚者毙于远行,没于无辜。欲乞朝廷遇有贷配,不必使之长送远役,遇逐州交替即止。除批行程历外,别具公状判凭回州照会,以验至否。倘有走逸,即行根捕,责以必获。

弥坚看详,此项奏请盖为矜怜押送军兵,类因长送,往往至死,故欲将贷配之人使防送军兵逐州交替,免致无辜毙于远役。

嘉定五年正月内,臣僚言守将纵奸,犯盗黥徒或配遐方,(群)[郡]惮所费,付之递铺传押,一得所欲,随即释去。所配之郡,守将吝于衣粮,牒至未必受,受则与之空文,无所廪给,率皆窜逃,复出为害。乞申戒郡将,犯有此徒,必专人押往。宪司岁终检察,或中道而遁,或回牒不至,先追推吏根究。仍申捕亡之令,其逃军被获,诘其窜逸之由,或配所不支衣粮,则将守臣重加镌责。

弥坚看详,此项盖因州郡守将不切留意防传,或致纵奸,是致臣僚有此奏陈。弥坚看详旧法与节次臣僚申明,关防走逸,矜恤无辜,皆有深意,恐难以一时臣僚申请尽行更改,致使州郡引用,未免疑惑。若不画项指陈,尤恐有违法意,官吏得以用情出入,关系槩非轻。欲望送有司审计,分别重轻,某罪可以逐州,某罪可以逐路,某罪可以专人押至配所,明赐指定,颁降诸道州军,使有凭据,恪意奉行,免有疑惑。”从之。①

在奏章中,史弥坚详细罗列了与押运囚犯相关的所有规则,其中既有《庆元条法事类》中《吏卒令》的内容,也有随敕申明和臣僚奏请,而其中的内容前后反复变化,莫衷一是。按照《吏卒令》的规定,各州预备差押人员二十人,押解到本州

① (清)徐松辑:《宋会要辑稿·刑法》3之65,中华书局1957年版,第6610页。

边界为止,逐州交换,不得越界,而随敕申明所载乾道年间的规定则是为了防止逐州交替致使囚犯走脱,要求专人押送,一路到底。随后嘉定四年又有臣僚上奏称,押送囚犯路途遥远艰辛,致有押送的官兵途中劳顿而死,建议还是逐州替换,以示体恤。第二年,又有臣僚上奏,因沿途替换,地方吏卒徇私懈怠,走脱囚犯,要求严加追责。

对于上述的法规奏请,史弥坚无法给出取舍的答案。

首先,史弥坚没有确定这些法规和奏请的效力高低。史弥坚虽然引用了作为法典的庆元令的内容,但其中的规定不但不足以否定随敕申明的相反规定,甚至臣僚可以直接以奏章的形式反对其中的内容,要求在实务中采取相反的做法。臣僚奏请仅是决策过程中商议谋划的过程,而上述史料中甚至没有说明这些奏请是否被采纳,史弥坚却将这些奏请作为参酌的依据。

其次,史弥坚也无法按照法规和奏请出现的时间先后来确定其效力高低。史料所引的庆元令在史弥坚的分析中被称为"旧法",而随敕申明中提到的乾道年间的规定,其时间是在庆元之前,史弥坚之所以称庆元令为旧法,是因为庆元令中的内容是编辑于庆元间,实际成立的时间却比乾道要更早,但即使如此,乾道年间仍然作出了内容相反的规定,更何况是时间更晚的嘉定年间。

最后,史弥坚真正拿来作为标准的是各项法规、奏请的合理性。正如他在总结中说的:"关防走逸,矜恤无辜,皆有深意",无论是为了防止逃脱而要求专人押送到底,还是因矜恤吏卒而允许逐州替换,都是有合理性的,不能简单地以庆元令的时间较早而否定后来的指令,也不能因为已经编纂成为所谓"法典"而否定臣僚奏请的合理性,必须整体参酌考虑。

最终史弥坚给出的建议是,细致划分被押囚犯不同的罪名,某些罪名的囚犯专人押送,某些罪名的囚犯则可逐州替换押解人员。

以现在的眼光来看,史弥坚的困惑其实是源于宋代法制结构的特点,没有区别立法行政权,法律体系内部未划定效力位阶,致使实务中分歧互出,引用无措。但如果我们反过来将现代的规则移植到当时,比如以经过编纂的庆元令的效力为高,不许专人押送,那么实务中走脱囚犯的问题就将成为顽疾;而如果以乾道随敕申明的内容颁布时间较新为准,那么老吏幼卒、万里跋涉、客死他乡又会成为我们后世讥讽古人暴政的口实。

实际上,上述的史料恰恰反映了宋人为提高法规合理性所做的努力。宋人没有明确地界定各个法规、奏请的效力等级,将各方面规定的效力都拉平,即使在随敕申明中,编著在令的规定也只是被称为"例",所有的规定和奏请都只是一种发生过的处理方式或者意见,都可以进一步改进和完善,所以整个法律体系被赋予了灵活性。当然,从静态角度讲,这种灵活性使事务处理的可预见性减低,但从动态方面看,使法律体系更易向合理的方向变化,不断优化完善。

(作者单位:华东政法大学)

明代刑部大理寺职能嬗变考

朱志培

一、导言

明代是我国封建时期的一个重要朝代，在元代对唐、宋时期的体制进行了较大的变革以后，明代起到了为我国封建后期的制度重塑定型的作用。其对清代影响正如秦之于汉，隋之于唐，而且其国祚远比秦、隋长久，我国封建后期的制度框架，在这段时期就已经成型，清代则大体上承袭明代，仅仅在此基础上有小规模的损益而已。就司法制度而言，在这一时期完成了刑部主审判，大理寺主复核的职能格局，刑部中设有十三清吏司，各司针对地方，其职能更有针对性，无论是机构职能，还是机构设置，较之唐、宋皆嬗变颇大。

明代在中央司法审判制度上的变革，是我国司法制度史上的一次重大变革，从其影响来看，刑部主审判，大理寺主复核的格局直接为清朝所继承，延续影响400年，是我国封建后期中央司法制度的主要格局。

本文以明代的刑部、大理寺的职能格局和机构设置嬗变过程作为研究对象。虽然刑部在元代就已经开始职掌审判权，对唐、宋体制产生了巨大的影响，但是元代毕竟统治时间较为短暂，而且元朝统治者作为少数民族统治者，汉化不深，虽然仍然承认其曾经作为中国的正统政权存在，并且其制度遗产也为明朝所继承，但是这一时期的各项制度仅仅起到了为明朝最终确立我国封建后期的中央司法体制起到了奠基作用。这一时期的制度并不完善,其最终的定型仍在明代,故而本文将研究对象定为明代的职能格局和机构设置嬗变过程,造成这种嬗变的因素不但包括诱发性因素,如宰相废除等,还包括影响性因素,如明太祖在其中发挥的个人作用等。

本文主要采用的第一手资料是明代典籍如《大明会典》等,清代典籍如《续通典》《明会要》《春明梦余录》等官修,民修典籍和清人笔记。在今人的研究成果方面,对于明代法制的研究并不是学界的重点所在,有关的论著相比于唐律的研究和近代法制的研究来说,非常少,而且这些论著中很多是明清并举,其主要的研究方向也在清代,明代的研究则为附带。所幸的是,我国台湾地区学者在明代司法审判制度的研究方面,有一些突破,尤其是那思陆先生的《明代中央司法审判制度》,通过大量的史料,以史带论,对明代中央司法审判制度的形成、运行机制和审判制度等都进行了非常详细的介绍。其在自序中写道:“海峡两岸虽有研究明代法制之学者,但有关明代司法审判制度的研究,则尚罕见学者从事。近年来,有关明代司法审判制度的重要史料陆续整理编印出版……便利了本书的撰写。”该书史料详尽,囊括了大部分海峡两岸学界所整理收集之明代司法审判制度的相关史料,对明代中央司法审判制度也作了非常全面和详细的介绍,勾勒出了明代中央司法审判制度的整体架构和内部运行机制,有非常高的学术价值,本文也多有参考。虽然该书中对于这些机制形成的过程描述得非常详细,但是对于其成因却仅仅是如蜻蜓点水,往往模糊地一笔带过,如书中对宰相制度的废除对明代中央司法审判制度的影响也有认识,书中第二章第一节序言中提到,“洪武十三年,胡惟庸案件之后,朱元璋罢中书省,废丞相,直接统领六部,成为中国历史上最集权的君主。这种政治制度上的变革,直接影响到司法审判制度上的变革”。但是仅仅只是在此提到一句,对于丞相制度的废除到底是如何影响到了司法审判制度上的变革,只是从内阁制度的形成上略略提及,未同大理寺设立、新的三法司体系的形成和刑部最终掌管审判权结合起来。事实上,从文中可以看出,丞相的废除的影响,不仅体现在内阁制度的形成上,还体现在明代新的三法司体系的形成上,三法司体系和刑部官制职权等重要的改革都是在废除丞相以后进行的就可以说明这一点。可以说,丞相制度的废除为明代新的三法司体系的改革构建拉开了帷幕。而对于大理寺在明代从唐、宋时的审判机关变为复核机关,以及在洪武时期反复废、置的问题,书中也有所提及:“元代不设大理寺达九十年。宋代大理寺运作方式,明初君臣似乎所知有限……对于大理寺的存废及其职掌和定位,明太祖似乎是犹疑不定的。”此外,书中还提到了元代典籍毁损严重对明代恢复三法司制度所带来的困难,但是也只是作了初步说明,并未详细地对元代为何会革废大理寺,为何会将审判权划归刑部作出说明。而这些蜻蜓点水似的描述,给笔者带来了困惑,也带来了启发,促使笔者对明代刑部、大理寺职能格局转变的原因作更深入的研究,是本文选择这个题目的动因。在明代法制的研究领域,不能不提的学者是杨一凡先生。杨一凡先生可以说是明代法制研究领域的先行者,其在20世纪80年代写的《明初重典考》等著作,为后来明代法制研究打下了基础。虽然近年来,杨先生将主要的精力放在了史料的收集和整理等上游工作方面,但是其在《明代法制考》中关于解京送审制到遣官会审制的转变过程的考证,为本文的写作提供了重要的帮助。关文发、颜广文先生的《明代政治制度研究》,对明初废相的过程作了详细的描述,提出了从洪武九年(公元1376年)废除行中书省制度,洪武十一年(公元1378年)六部奏事"毋关白中书省"到洪武十三年(公元1380年)胡惟庸案爆发的明初废相三个阶段,并且认为明初丞相的废除,并不是偶然渐变的,而是有预谋的有步骤的。虽然本文未采纳此观点,但是书中对明初丞相废除的描述,对本文亦有帮助。在元代的刑部研究方面,吴航海先生在《元代法文化研究》中研究得较为详细,尤其是就元代刑部掌握司法权和大理寺的废除的原因,书中提出了元代统治者为了保留自己行政和司法合一的制度文明传统而对汉法进行改造的观点,该观点为元朝废除大理寺,将审判权划归刑部提供了一个较为合理的解释,对本文的帮助很大。在唐代刑部的研究方面,陈灵海先生的《唐代刑部研究》中的研究做得非常的详细,全书从唐代刑部的渊源、建制、职官、职能、官员的知识结构和信仰以及与国家的关系等多方面、全方位的角度,对唐代刑部做了非常深入的研究。提出了唐代刑部并非专业性的司法行政机构,其不过是中书、门下省的执行机构的观点,职能较小,并且缺乏专业性。

二、明代刑部、大理寺渊源

(一)唐、宋时期刑部大理寺职能

在论述明代刑部、大理寺职能格局之嬗变之前,需要对唐、宋时期刑部、大理寺的职能格局进行一番简要介绍,以追本溯源。唐、宋时期,大理寺主审判,刑部主复核的格局并非是从一开始就形成的,而是经历了长时间的演变。就刑部的职能而言,唐代和宋代的变迁差异是十分明显的,具体表现为唐代刑部职能的行政色彩更为浓烈。根据《续通典》的记载,唐代的刑部尚书"掌律令刑法徒隶按覆职禁之政令",在唐代刑部中,有侍郎一人,员外郎二人来辅佐刑部尚书治理刑狱政事,再有都官郎中一人,员外郎一人掌"俘隶部录给衣粮、医药而理其诉免",另有比部郎中一人,员外郎一人掌"句会内外赋敛、经费俸禄、公廨勋赐、赃赎徒役课程逋欠之物及军资械器和罗屯收所入京师仓库",又有司门郎中一人,员外郎一人"掌门阙出入之籍及阑遗之物"。从这些职官的设定我们可以看出,唐代刑部的职能基本上集中在对司法行政机构的人事、财政等事务的管理,对关禁和遗失物的管理以及对少量的司法部门吏员内部案件纠纷的审理,与司法机构相比,更加像一个单纯的行政机构。另外,在《续通典》卷二十九《职官七》关于大理寺的记载中,还提到"唐置大理寺……掌折狱详刑,凡罪抵流死,皆上刑部覆于中书门下",这里的所谓"凡罪抵流死,皆上刑部覆于中书门下"应该并非是指由刑部来对判死流罪名的案件进行复核,而是指由刑部转交中书省、门下省,由它们来对这些案件重新进行复核,刑部仅仅只承担一个转送机关的角色,并不参与到具体的复核案件的司法工作中。可见刑部在唐代对于大理寺审理案件的影响非常的微小,其职能主要都是行政性的职能。[①] 有关这一点,陈灵海先生在其所著的《唐代刑部研究》一书中研究得更为透彻。书中认为,唐代刑部"如果不是因为使职化的需要,刑部常常派员作为'三司使',参与一些重要案件的审判,则刑部纯粹是一个法务执行机关而已。……退一步讲,刑部也不过是一个以司法行政部门面貌出现、实际上兼有立法、咨议、司法、监督、行政等多重性质的综合性法务部门"[②]。此外,书中对于唐代刑部的职能有了更为细致的研究,如其中将唐代刑部的职能分为立法和法律修改、法律解释、死刑复核、狱政管理、赦免管理、审计复核、关口管理、人事档案管理、贱民管理和遗失物管理等,从中我们可以更加清楚地看到除了死刑复核外,在大部分情况下,其行使的都是行政职能。

宋代刑部尚书的职责与唐代不同,这一时期刑部复核大理寺所理案件的职能已经非常的明确了。根据《续通典》记载,宋设刑部尚书一人"掌天下刑狱之政令,凡录于法者审其轻重,平其枉直",淳化二年置审刑院知院事一人"充掌详谳大理所断案牍而奏之"。刑部还有郎中二人,员外郎二人分左右厅,掌"详覆叙雪

---

① 详见《续通典》卷二七《职官・尚书下》:"唐刑部尚书一人掌律令刑法徒隶按覆职禁之政令,凡刑法之书有四,一曰律,二曰令,三曰格,四曰式。凡决大狱以尚书、侍郎与御史中丞、大理寺卿为三司使。凡国有大赦,集囚徒于阙下以听。侍郎一人为尚书之贰,郎中二人,员外郎二人赞尚书、侍郎治其事。都官郎中一人,员外郎一人掌俘隶部录给衣粮、医药而理其诉免。比部郎中一人,员外郎一人掌句会内外赋敛、经费俸禄、公廨劻赐、赃赎徒役、课程逋欠之物及军资械器和罗屯收所入京师仓库,三月一比。……司门郎中一人,员外郎一人掌门阙出入之籍及阑遗之物。凡着籍,月一易之。流内记官爵姓名,流外记年齿状貌,非迁解不除。凡有召者,降墨敕勘,铜鱼木契,然后入监门。校尉巡日送平安。凡奏事,遣官送之。昼题时刻,夜题更筹。阑遗之物,揭于门外,榜以物色,期年没官。凡关二十有六,有上中下之差。度者,本司给。过所出塞逾月者,给行牒,猎手所过,给长籍。三月一易。番客往来,阅其装,重入一关者,余关不査。"(清)纪昀等:《文渊阁四库全书》639册,台北,台湾商务印书馆股份有限公司1982年版,第408~409页。

② 陈灵海:《唐代刑部研究》,法律出版社2010年版,第332页。

之事"。此外如都官郎中、比部郎中等,其职责与唐代大致相同。①

另《续文献通考》中对宋代刑部的职能描述更为确切,根据它的记载,宋刑部官"有尚书掌天下刑狱之政令,侍郎为之二,郎中员外郎分掌其事。凡听讼狱或轻重失中,有能驳正,诏其赏罚,若颁赦宥,则纠官吏之稽违者。大祀,则尚书莅誓,鹰熟则奉牲;大礼肆赦,则侍郎授赦书,付有司宣读承旨释囚"。宋代刑部职能分为十三个,即"曰制勘,曰体量,曰定夺,曰举叙,曰纠察,曰检法,曰颁降,曰追毁,曰会问,曰详覆,曰捕盗,曰帐籍,曰进拟"②。

可见唐代和宋代刑部的职能大不相同,唐代刑部的职能比较单一,较多地体现在它的行政职能上。根据《续通典》中对唐代的刑部官员的设定及其职能的记载,刑部除了三司使审判的时候会参与到司法活动中,在大理寺审理了死流案件后作为中转机关将之转覆中书省、门下省外,极少参加司法活动。其职能更加接近一个单纯的行政性的部门,其能够受理的案件,也仅局限于司法机构内部吏员之间的纠纷,这与当代的行政机关的职能设定颇为类似。但是到了宋代,刑部对大理寺所断案件的复核的职能早在宋初淳化年间就已经确立,这个时候的刑部就与唐代的刑部大不一样,它俨然已经不是一个单纯的行政部门,而是集行政权与司法权于一身。同时根据《续文献通考》的记载,刑部不但有司法行政和复核案件的权力,还有"捕盗"的侦查缉捕权,"制勘"的立法权,"纠察""检法"的监察权,职能范围非常全面,权能不可谓不大。

而唐、宋时期的大理寺的职能却几乎没有什么变化,根据《续通典》的记载,"唐置大理寺卿一人,少卿二人,掌折狱详刑,凡罪抵流死,皆上刑部覆于中书门下。宋初置判寺一人兼少卿事一人……凡狱讼之事,随官司决劾,本寺不覆听讯,但掌断天下奏狱送审刑院详讫同署"③。由此可见,无论是唐宋,还是往前追溯到秦汉时期的廷尉,大理寺一直是作为专门的司法审判机构而存在的,近千年没有发生大的变化。而大理寺除了可以审判,还有所谓"检断"之权,也就是对一些案

① 详见《续通典》卷二七《职官·尚书下》:"宋刑部尚书一人掌天下刑狱之政令,凡录于法者,审其轻重,平其枉直。淳化二年置审刑院知院事一人以郎官以上至両省充详谳大理所断案牍而奏之。凡狱具以上,先经大理寺断谳,既定报审刑,然后知院与详议官定成文草奏,记上中书,中书以奏。……侍郎二人为尚书之贰,一治左曹,一治右曹。……郎中二人,员外郎二人分左右厅掌详覆叙雪之事。……都官郎中一人,员外郎一人旧制判司事……置郎中员外郎掌徒流配隶……比部郎中一人,员外郎一人掌句覆中外帐籍……司门郎中一人,员外郎一人掌门阙津梁道路之禁令及其废置移覆之事,建炎以后率以都官兼司门之事。"《文渊阁四库全书》639册,第409~410页。

② 《续文献通考》卷五三《职官考》,《文渊阁四库全书》627册,台北,台湾商务印书馆股份有限公司1982年版,第480页。

③ 《续通典》卷二九《职官·诸卿上》,《文渊阁四库全书》639册,第443页。

件自行复核的权力,直到宋代规定"凡狱讼之事,随官司决劾,本寺不覆听讯",才将这种自审自查的制度予以革除。由此可见,从唐代到宋代,并没有扩大大理寺的职能,而是不断地限制和分离其权能。宋代以前,大理寺作为一个最高级别专门的司法审判机关,除了审理案件,对自己审理的部分案件还有复审的权力,这种集中的司法权,只靠御史台的力量是无法平衡的,这也无异于让比赛者自己当裁判,结果自然是不利于审判的公正。笔者认为,正是在这种情况下,才产生了这种由唐及宋时大理寺和刑部此消彼长的变化,这种变化反映了由唐代到五代十国,再到宋代,统治者在司法机构的构建上扩大刑部司法职能,削弱大理寺的权能的趋势。这种趋势有可能是与宋代加强皇权对司法权控制的集权思想的影响有关,还有可能是出于平衡三法司之间的权力,使三者互相牵制制约,实现司法公正的考虑。无论如何,在宋代,三法司之间互相平衡牵制的格局已经趋于完善。但是元朝的建立却打破了这一较为平衡的格局,以大都护府取代了大理寺,将审判权归于刑部,出现了司法权、立法权、复核权、司法行政权尽集中于刑部的极端情况。

(二)元代司法机构构建及其影响

元朝的建立在我国古代司法机构制度史上是一个"分水岭"。作为第一个少数民族政权入主中原建立的大一统的中央王朝,元代第一次将审判权从大理寺转移到了刑部,颠覆了我国封建大一统王朝自秦始皇确立三公九卿制,隋唐确立三省六部制以来,由大理寺(廷尉)作为专门审判机构的传统格局。这番变化对明、清时期我国封建时期司法机构构建的最终成型有着深远的影响,因此专辟一节在这里对于元代的司法机构的构建作一番介绍。

根据《续通典》记载,元刑部尚书3人,掌"天下刑名法律之政令,凡大辟之按覆、系囚之详谳、孥收产没之籍、捕获功赏之式、冤讼疑罪之辩、狱具之制度、律令之拟议,悉以任之"①。元代刑部官制不定,根据《续通典》,"元刑部尚书……中统元年设右三部,置刑部尚书二人。至元元年,合兵刑为一部,尚书四人。七年特立刑部尚书一人。二十三年定尚书员额为二人。大德四年增置一人。侍郎二人为尚书之贰。中统元年设右三部侍郎二人,七年特立刑部侍郎一人,二十三年定六部侍郎员额仍置二人,郎中二人,员外郎二人。中统元年设右三部,置郎中五人,员外郎五人。至元元年,合兵刑为一部,置郎中四人,员外郎五人。七年特置刑部郎中一人,员外郎二人,二十三年定郎官员额各置二人"②。

而大理寺在元代,不但职能被刑部所取代,甚至连其机构建制都被取代湮没

① 《续通典》卷二七《职官·尚书下》,《文渊阁四库全书》639册,第410页。

② 同上书,第410~411页。

了,而《续文献通考》和《续通典》在此处的考证也有所不同。据《续通典》记载,"元世祖至元二十年,置大理寺,掌领旧洲城及畏吾儿之居汉地者,有词讼则听之。二十二年,改为大都护府,置大都护四人,同知二人,副都护二人,废大理寺不置"①,而在《续文献通考》中则记录为:"元大理寺先为都护府,掌领旧洲城及辉和尔之居汉地者,有词讼则听之。大都护四人,同知、副都护各二人,又经历都事照磨兼承发架阁库管勾各一人。至元十一年初,置辉和尔断事官,十七年,改领北庭都护府,置官十二人。二十年改为大理寺,二十二年复为大都护,延佑七年,置官如上。"②

从这些考证记载中可以看出,元代司法机构及官制曾几经变化,甚至刑部也曾经和兵部合并过,后来才分离出来,大理寺则被大都护府取代。这与唐、宋之际,中间经历了五代十国的乱世,宋室南迁的动荡,仍然保持了司法机构构建的相对稳定,且官制变化不大,仅就职能进行了微调的情况形成鲜明的对比。③ 而《元史》中对废除大理寺的原因表述为:"诸大小机务,必由中书,惟枢密院、御史台、徽政、宣政诸院许自言所职。"④由这段记载我们可以看出,元代只有枢密院、宣政院、徽政院以及后文将提到的宗正府可以独立地行使司法审判权,其他机构都不能"自言所职",而这些机构都无一例外的是行政机构。

为什么在元代会产生这样的巨大的变化?笔者认为,这同元代特殊的政治文化背景有很大关系。元朝是蒙古人入主中原后建立的大一统王朝,而蒙古人作为世界征服者,一直对保留自己的民族特色,对避免被被征服地区的文明同化这一问题十分重视。元朝征服了金朝和南宋以后,依照金朝的制度构建了自己的制度体系,但也十分重视保留自己的文化传统,将自己的制度特点杂糅进所接受的汉族制度中,从而体现出自己的文明特色,体现在司法机构的构建上就是行政司法合一的体制。

吴航海先生在他的《元代法文化研究》中认为,元朝有行政和司法合一的制度传统。他以大宗正府为例,认为大宗正府是蒙古帝国司法、行政合一的体制在

---

① 《续通典》卷二九《职官·诸卿上》,《文渊阁四库全书》639 册,第 443~444 页。

② 《续文献通考》卷五五《职官考》,《文渊阁四库全书》627 册,第 528~529 页。

③ 详见《续文献通考》卷五五《职官考》:"宋南渡后并省官寺,唯大理寺不并。"《文渊阁四库全书》627 册,第 528 页。

④ 《元史》卷一二〇《刑法一》,中华书局 1976 年版,第 2616 页。

入主中原以后的继承和依托。[①] 但不可忽视的是,以行政机构作为司法机构的却并非只有大宗正府一个,还包括拥有了司法、行政、立法、监察等职能的刑部以及其他诸如枢密院、宣政院、徽政院等行政机构都有独立的审判权,而恰恰是原来专职行使审判权的大理寺却被废止了。事实上,大理寺的废止是这种制度设计的必然结果,大理寺所具有的审判职能被大宗正府和刑部以及其他行政机构分别吸收了,其也就失去了存在的必要。这些机构虽然都是行使审判权,但是它们的区别在于审判的管辖权。如大宗正府的权力管辖范围是一步步扩大并确立下来的,"至元九年……(大宗正府)止理蒙古公事,以诸王为府长,余悉御位下及诸王之有国封者,又有怯薛人员,奉旨署事,别无颁受宣命。……皇庆元年,以汉人刑名归刑部,泰定元年,复命兼理。……致和元年,以上都、大都所属蒙古人并怯薛军站色目与汉人相犯者,归宗正府处断,其余路府州县汉人、蒙古人、色目词讼,悉归有司刑部掌管"[②]。可见大宗正府最后所管辖的范围只限于两都蒙古人和怯薛军站、色目人与汉人之间发生的非常重要的且与蒙古人统治息息相关的案件,而其余地方上的普通词讼案件,则悉归于刑部掌管。它们的共同点就是都是行政和司法合一的机构。显然,为了维护蒙古人的政治体制传统,大理寺成了牺牲品,而这一在历朝历代精简各寺的裁撤中屹立不倒,有着几千年历史的审判组织,在元朝的司法体系中居然消失了。

虽然在汉民族王朝时期,地方上的审判体制也是行政和司法合一,但是在元代以前的中央层面,一直有一个专门的审判机构,元王朝的这一变动,彻底改变了这一个格局。历史上的民族融合时期,少数民族在同化的过程中总能为中华的制度文明留下一些重要的遗产,比如北齐建立大理寺,南北朝时期的北朝最终确立三省六部制并实行科举等,蒙古帝国建立的元朝虽然汉化不深,但是作为一个近百年统治的大一统的中央王朝,在这一点上的影响却有过之无不及。它为了保留自己的政治体制传统而实行的这套行政和司法合一的体制,对后来的明朝统治者构建自身的制度体系产生了不可忽视的影响,是明朝统治者在构建明代体制的时候的重要借鉴和基础,审判权在明、清两代一直由刑部掌握,其历史渊源皆在于此。

---

① 吴航海:《元代法文化研究》,北京师范大学出版社2000年版,第286~287页。"元朝'大宗正府'制度乃起源于大蒙古国时期的'扎鲁忽赤'制度。……也是司法、行政合一的体制,代表了草原蒙古帝国传统政治制度的特点。入元以后,对这一制度的继承便依托在汉地大宗正府制度下。"

② 《元史》卷八七《百官三》。

三、明代刑部、大理寺职能嬗变及机构设置过程

(一)概述

关于明代刑部、大理寺的职能格局,《明史·刑法志》中记载:“三法司曰刑部、都察院、大理寺。刑部受天下刑名,都察院纠察,大理寺驳正。”①按照《明史·刑法志》所描述的,明代的中央刑部和大理寺的职掌划分情况是,刑部掌管天下刑名,大理寺负责复核驳正。从大体上来说,《明史·刑法志》的记载是正确的,与《大明会典》中关于刑部职掌的描述仅在字面上有所出入,而《大明会典》中记载的刑部和大理寺的职掌与《唐六典》中的记载虽在字面上完全相同,但内涵和实质内容却大相径庭,具体的情况将在后面论及刑部职掌时详述。

明代刑部、大理寺职掌划分的基本原则在洪武年间虽多有变化,但是最终在这一时期得到初步确立。洪武十七年(公元1384年)闰十月癸丑,洪武帝“命天下诸司刑狱皆属刑部、都察院详议平允,有送大理寺审复,然后决之。其直隶府、州、县州狱,自今亦准此令,庶几民无冤抑”②。这项敕令的意思指的是所有京师、直隶及各省衙门的刑名案件,均应当移文至刑部或都察院详议平允,即刑部在详议平允后,应当送至大理寺进行审查复核,都察院在详议平允之后,也应当送大理寺进行审查复核。刑部和都察院都是明代中央的初核(审)机关,大理寺则是明代中央的复审机关。这项制度在洪武十九年(公元1386年)正式确立了下来,到了洪武二十六年(公元1393年)制定的《诸司职掌》中,则正式以记录于典籍的方式予以确定。

自此以后,即从洪武十七年(公元1384年)至明末,尤其是在《诸司职掌》颁布以后,明代大理寺虽然又经历过短暂革罢和机构上的多次变化,但是刑部主审判,大理寺主复核的格局基本上没有什么大变动,并为清朝所继承。大理寺作为曾经专门的审判机关,在经历了元代的革废后,在明代重新建立了起来。但是,其不但职能已经改变,地位也大不如前。如嘉靖二年(公元1523年)六月乙卯,都察院左都御史金献民在奏折中说:“祖宗稽古,建设刑部、都察院,专以理刑为职,不得参与他务,所以明法守也。”③在这里,金献民只将刑部和都察院都作为专门的司法机关,而一字都未提及作为复核机关的大理寺,可见当时大理寺的地位较刑

---

① 《明史》卷九四《刑法志二》,中华书局1974年版,第2305页。

② 《明太祖实录》卷一六七“洪武十七年闰十月癸丑”条,《钞本明实录》,线装书局2005年版,第2559页。

③ 《明世宗实录》卷二八“嘉靖二年六月乙卯”条,《钞本明实录》,第774页。

部为低,司法活动的中心在刑部和都察院,这里已经反映出元代制度的痕迹。

嘉靖二年(公元1523年)十二月辛卯,刑部都给事中刘济等又上奏说:"国家置三法司,专理刑狱,或主鞫问,或主评审,权奸不得以恩怨出入,天子不得以息怒重轻。其后乃有锦衣卫镇抚司,专理诏狱,而三法司几于虚设。"①刘济等在这里所说的"鞫问"是由刑部及都察院掌理的,而所提及的"评审"则由大理寺掌理,可见大理寺除了少数特别的案件审判外,并不经常参与到案件的直接审判中,复核评审已经判决的和刑部初核过的案件是否公允合律是其主要工作。

(二)南京刑部、大理寺的形成

明太祖建都金陵(南京),二法司衙门也就设在金陵。② 洪武十七年(公元1384年)三月丙寅,明太祖在建立了三法司制度以后,下诏改建刑部、都察院、大理寺、审刑司、五军断事官署等衙门于太平门之外。太平门在当时的南京城之北,因为明初君臣认为刑主阴肃,北主阴,根据传统的天人感应的理论,所以将刑司统一建于此。其诏曰:"肇建法司于玄武之左,钟山之阴,名其所曰'贯城',贯,法天之贯索也。是星七宿,如贯珠环而成象,乃天牢也。若中虚而无凡星于内,则刑官无邪私,政平讼理,狱无囚人,若凡星外贯内者,刑官非人,若中有星而明者,贵人无罪而狱。今法司已法天道建置,尔诸职事各励乃事,当以身心法天道而行之。如贯之中虚,则狱清而无事,心静而神安。鉴玄武之澄波,睇钟山之苍翠,以快其情,庶不负朕肇建法司之意也。尔其敬哉!"③

明成祖朱棣在"靖难之役"后,考虑到自己离开北平以后北方对蒙古的防务出现缺口,同时自己和身边的功臣勋戚的根基也在北平,一直希望能将都城从现在的应天府(南京)迁到北平。因此,早在永乐元年(公元1403年)正月,建北京为顺天府,将之称为"行在",以为迁都做准备。永乐元年二月,又废除了北平布政使司和按察使司,设置了直隶北京行部取代了这两个衙门。④ 北京行部设有尚书二人、侍郎四人,以吏、户、礼、兵、刑、工六曹清吏司为官署,各司设郎中、员外郎、主事等官,⑤其品秩和南京六部一样,而其职掌则仍和原布政使司、按察使司二司一样,这为后来明代中央政府迁都北京后的机构设置提供了雏形,也为后来两京制度(南京、北京)各有一套相同的机构设置埋下伏笔。永乐十九年(公元

---

① 《明世宗实录》卷三三"嘉靖二年十一月辛卯"条,《钞本明实录》,第857页。

② 洪武元年废大理司,到洪武十四年之前只有磨勘司,磨勘司非专门法司,故为二法司,后有详述。

③ 《明太祖实录》卷一六〇"洪武十七年丙寅"条,《钞本明实录》,第2487页。

④ 参见《明史》卷四〇《地理一》,第883页。

⑤ 参见《明史》卷七二《职官一》,第1738页。

1421 年)正月,明成祖改北京为京师,废除了北京行部和直隶六部,并以金陵应天府为南京,作为留都。自此,形成了明代北京和南京两京制,两京各自独立的拥有一套一模一样的包括三法司在内的中央政府机构建置,从而形成了北京刑部、大理寺和南京刑部、大理寺。其中,在明代历史中占主导地位、发挥主要作用的是北京的刑部和大理寺,因后文中在论及刑部、大理寺之设置沿革、组织及职掌时,会涉及南京的刑部、大理寺,故而在此对南京刑部、大理寺的设置的背景作一简要说明。

(三)明代刑部设置沿革、组织及职掌

1. 刑部设置沿革及组织

洪武元年(公元 1368 年),明太祖登极后,仿照前朝体例设置包括刑部在内的六部。洪武六年(公元 1373 年)六月辛未朔,"定六部及诸司设官之数。部设尚书二人、侍郎二人……刑部设总部、比部、都官、司门四部,每部设郎中、员外郎各二人。惟都官一人。主事,总部、比部各六人,都官、司门各四人,通三十四人"①。也就是在刑部之下设总、比、都官、司门四子部,四子部的名称与唐、宋时刑部四司之名相同,说明明太祖在初期规划明朝体制的时候,就希望恢复唐、宋之旧,因此借鉴参考了唐、宋时期的制度。洪武八年(公元 1375 年)十一月丁丑,"命增设六部官员。中书省议奏户、刑、工三部,庶事浩繁,今定……刑部为四科,每科设尚书、侍郎、郎中各一人,员外郎二人,主事五人"②。刑部官员总额增至四十人,将刑部四子部改成四科,扩大了其编制。洪武十三年(公元 1380 年)春正月甲辰,"定六部、御史台等官品秩。六部尚书正二品,侍郎正三品,郎中正五品,员外郎从五品"③。

洪武十三年(公元 1380 年)定六部各官员品秩后不久,当年三月戊申,明太祖即更改并确定了六部官制,定刑部尚书、侍郎各一人,又将原来的四科扩编为四属部,其名为总部,设置郎中、员外郎各一人,主事四人;都官,设置郎中、员外郎各一人,主事二人;比部,设置郎中、员外郎各一人,主事四人;司门,设置郎中、员外郎各一人,主事二人。④ 洪武二十二年(公元 1389 年),又将总部改为宪部,仍为四部。

洪武二十三年(公元 1390 年)九月乙巳,"分刑部四部为十二部,其部各设

① 《明太祖实录》卷八三"洪武六年六月辛未朔"条,《钞本明实录》,第 1481~1482 页。

② 《明太祖实录》卷一〇二"洪武八年十一月丁丑"条,《钞本明实录》,第 1723 页。

③ 《明太祖实录》卷一二九"洪武十三年春正甲辰"条,《钞本明实录》,第 2053 页。

④ 参见《明太祖实录》卷一三〇"洪武十三年三月戊申"条,《钞本明实录》,第 2071 页。

官,如户部之制”①。其所谓“如户部之制”,就是分四部为河南、北平、山东、山西、陕西、江西、四川、湖广、浙江、广东、广西等十二部,每部官制为郎中、员外郎各一人,主事二人。每部仍然分为四科,十二部总共有四十八科。洪武二十九年(公元1396年),以上十二部正式更名为十二清吏司,首领官主事改称为司官,每司各一员。建文年间,又曾将刑部十三司缩编为四司。明成祖靖难登极后,就恢复了洪武旧制。“永乐元年(公元1403年)以北平为北京。十八年革北京司,增置云南、贵州、交阯三司。宣德十年(公元1435年)革交阯司,遂定为十三清吏司。”②这里设云南、贵州、交阯三司,是因为明成祖时期安南(今越南)曾发生叛乱,建立了黎氏政权,安南国王向明政府求援,明政府出兵平息了叛乱,并趁机占领了安南,建立了交阯承宣布政司,故而增设此西南三司。后来明宣宗时期,由于明朝制度对基层控制并不严密,交阯叛乱不断,再加上国力已经远不如永乐时期强盛,无法控制边远地区,因此最后不得不承认交阯独立,安南重新为国,故而又罢交阯司。

至于刑部中官员的设置,正统、成化及万历年间,均有所添设及裁革。据万历十五年(公元1587年)编纂完成的《大明会典》记载,“刑部正官,尚书一员,左右侍郎各一员”,至于刑部十三清吏司之属官,其员额如表1所示:③

表1　北京刑部十三清吏司之属官员额

清吏司名	员额
浙江清吏司	郎中一员、员外郎一员、主事三员
江西清吏司	郎中一员、员外郎一员、主事三员
湖广清吏司	郎中一员、员外郎一员、主事二员
陕西清吏司	郎中一员、员外郎一员、主事二员
广东清吏司	郎中一员、员外郎一员、主事三员
山东清吏司	郎中一员、员外郎一员、主事二员
福建清吏司	郎中一员、员外郎一员、主事二员
河南清吏司	郎中一员、员外郎一员、主事三员
山西清吏司	郎中一员、员外郎一员、主事三员

① 《明太祖实录》卷二〇四“洪武二十三年九月乙巳”条,《钞本明实录》,第3056页。

② 《明史》卷七二《职官一》,第1744页。

③ 表格内容由作者收集整理,参见《大明会典》卷二《吏部一》,商务印书馆1936年版,第23~26页。

续表

清吏司名	员额
四川清吏司	郎中一员、员外郎一员、主事三员
广西清吏司	郎中一员、员外郎一员、主事三员
云南清吏司	郎中一员、员外郎一员、主事三员
贵州清吏司	郎中一员、员外郎一员、主事三员

此处再对南京刑部之设官作番叙述，以作对比。

据《大明会典》记载，南京刑部设尚书一员、右侍郎一员，其十三司属官员额如表2所示：①

表2　南京刑部十三清吏司之属官员额

清吏司名	员额
浙江清吏司	郎中一员、主事一员
江西清吏司	郎中一员、主事一员
湖广清吏司	郎中一员、主事一员
陕西清吏司	郎中一员、主事一员
广东清吏司	郎中一员、员外郎一员、主事一员
山东清吏司	郎中一员、主事一员
福建清吏司	郎中一员、主事一员
河南清吏司	郎中一员、主事一员
山西清吏司	郎中一员、主事一员
四川清吏司	郎中一员
广西清吏司	郎中一员、主事一员
云南清吏司	郎中一员
贵州清吏司	郎中一员

从表1、表2可见，明代虽有两京，但是以北京刑部为主导的。各司员额，北京刑部均多于南京刑部，且南京刑部除广东司外均无员外郎，有些甚至没有主事。

① 参见《大明会典》卷三《吏部二》，第58～59页。

2. 刑部职掌

明朝初年,面对当时复杂的战争和政治环境,为权宜计,并没有明确刑部职掌,但是这一时期的刑部的权力已经非常之大。根据《明会要》记载:"洪武元年,置刑部,以周桢为尚书,盛元辅、张仁为侍郎。帝初即位,用法太严,奉行者重足立。桢定律令,吏士始知循守。其后数有釐正,皆以桢书为权舆云。"①这里所谓的"桢定律令"中的"律令",应该指的是指导官吏审判的规章一类的文件,②目的是纠正洪武初年,洪武帝偏好严法,下面的官吏投其所好,滥用苛刑严法的现象,这说明刑部作为中央司法行政机构,有管理天下司法官吏的职权。同时,刑部还参与了《大明律》的制定。如《明会要》记载:"(洪武)四年正月,以刑部郎中刘惟谦为尚书……遂命惟谦定《大明律》,每奏一篇,命揭两廡,亲加斟酌。"③此外,洪武元年(公元1368年)革大理司,按元代旧制实行御史台和刑部二法司制度,因此刑部在洪武元年到洪武十三年(公元1368~1380年)这段期间,一直是有审判权的,例如洪武八年(公元1375年)九月,山西理问所坐出囚死罪,刑部就曾就此案议刑,认为应当以参政连坐,明太祖却仅令罚俸,④这说明刑部当时延续了元朝旧制,是有议刑和审理案件的权力的。虽然到洪武十四年(公元1381年),审判权时隔百年重新被短暂地划归大理寺,但是洪武十七年(公元1384年)却又归于刑部。

明朝初期刑部职掌未明的局面,一直到洪武十三年(公元1380年)三月戊申制定六部官制时,才迟迟以敕令的方式才得以确定。据《明太祖实录》记载,刑部设有"刑部尚书、侍郎各一人,总掌天下之刑法及徒隶、勾复、关禁之政令"⑤。洪武末年⑥订定的《诸司职掌》记载:"尚书侍郎之职,掌天下刑名及徒隶、勾复、关禁之政令。"⑦两书记载之差异只在于,一为"刑法",一为"刑名",大体上并无实质差别。⑧《大明会典》记载:"刑部尚书、左右侍郎,掌天下刑名及徒隶、勾复、关禁之政令。"⑨由此可知,《大明会典》的记载与《诸司职掌》完全相同。

刑部所执掌的4项职权具体内容如下所示:

---

① (清)龙文彬:《明会要》卷三二《职官四》,中华书局1956年版,第543页。

② 其理由为此时虽无《大明律》,却有《大明令》可照行。

③ 《明会要》卷三二《职官四》,第543页。

④ 参见《明太祖实录》卷一〇一"洪武八年九月癸未"条,《钞本明实录》,第1708页。

⑤ 《明太祖实录》卷一三〇"洪武十三年三月戊申"条,《钞本明实录》,第2071页。

⑥ 洪武末年约洪武二十六年间。

⑦ 《诸司职掌·刑部》,《中国珍稀法律典籍续编》(第3册),黑龙江人民出版社2002年版,第275页。

⑧ 虽然洪武十四年大理寺曾短暂执掌审判,但是不影响洪武十三年时,审判权在刑部的情况。

⑨ 《大明会典》卷一五九《刑部一》,第3273页。

(1)刑名:指复审直隶及各省徒刑以上的案件。

(2)徒隶:指执行并监督徒刑、流刑、充军等刑罚。

(3)勾复:指对死罪重囚的判决的确认、执行。

(4)关禁:指对监狱事务的管理和监督。

如前文所述,关于明代刑部职掌,《大明会典》中所记载的与《唐六典》所定几乎是完全一致,但是事实上只是字面上一致,在实践中,唐代刑部之职掌与明代刑部之职掌的内涵大不相同。《唐六典》记载:"刑部尚书、侍郎之职,掌天下刑法、徒隶、勾复、关禁之政令。"在唐代刑部的4项职掌中,仅仅只有刑法及徒隶这两项与司法有些关系。所谓的"勾复"指的是中央及地方机关财务的勾检,也就是现在的财务稽核;所谓"关禁"则指的是关津与门禁的管理。① 唐代刑部的"勾复"与"关禁"两项职权均与司法无关,如前所述,唐代刑部行政职能的色彩较浓,并非是专门的司法机构。而《大明会典》中所定刑部的4项职掌,其文字描述虽与《唐六典》刑部4项职掌几乎完全一致,但实际上,其实质内容已经大相径庭,其4项职掌全部与司法活动相关。

刑部在司法审判上的职掌,主要有四项,现分述如下:

(1)复核直隶及各省徒刑以上案件

明代中央的直辖地区分为北直隶和南直隶(顺天府北京和应天府南京所在),两直隶均没有设立提刑按察司,其刑名案件都是由刑部直接复核的。原则上说,两直隶的徒、流刑案件,在各府州审理完结后,应当申报刑部及大理寺复核,在刑部并大理寺复核后,应当奏闻皇帝裁决。经过这番程序,两直隶的徒、流刑犯人即可在各府、州、县服刑。至于两直隶的死刑案件,在各府州审理完结以后,应当送交巡按御史复核(此项复核亦被称为审录)。在经过巡按御史复核后,由巡按御史再转达给刑部及大理寺复核,并由刑部奏闻皇帝裁决。至于各省中的徒、流刑及死刑案件,各府州在审理完结以后,均应当送交该省的提刑按察司复核,再由提刑按察司转达给刑部及大理寺复核,并由刑部奏闻皇帝裁决。

对于需要刑部、大理寺参与复核的徒刑以上案件,在明代初期,都是将犯人押送到京师,由刑部和大理寺直接审理的,也就是所谓的解京送审制,但是随着时代的发展以及基于避免不必要的风险以及降低司法成本,提高效率的考虑,后来出现了各省徒、流刑以上案件解京送审制和中央法司遣官会审制交替使用的情况。这最早源于洪武十六年(公元1383年)四月,根据《续通志》的记载,洪武十六年(公元1383年)四月,太祖敕天下州县官,"凡民有犯笞杖罪者,县自断决,具实以

---

① 参见本文"明代刑部、大理寺渊源"部分。

闻。其有犯徒、流、罪者,县拟其罪,申州若府,以达布政司定拟。其有犯死罪者,县拟其罪,申州若府以达布政司,达刑部定拟,或准工赎罪,或奏闻遣官审决”①。其后,在正统四年(公元1439年)以前的大部分时间里,徒刑流刑以上的案件仍然以解送京师复审为主,解京送审制仍然占据主导地位。但间或死刑罪犯需“具其罪状申刑部,刑部详拟既定,然后遣官审决”②,而在正统五年(公元1440年)以后,只有文职官吏犯罪需要解送刑部复审。到了景泰六年(公元1455年)则彻底废止了解京送审制度,在杂犯死罪以下案件中,中央法司遣官会审制取代了解京送审制度。“景泰六年七月癸巳,命南京法司及各布政司,官吏人等杂犯死罪并流罪以下并免解京师详审。就彼照例纳米,径发为民。以四方水旱,从文渊阁大学士陈循请也。”③自此以后,遣官会审制作为定制确定了下来,并一直延续到明末。以上的刑部所复核的刑名案件皆是指普通百姓的案件,若是两直隶及各省职官的犯罪案件,则应系都察院复核。

(2)审理京师笞刑以上案件

明代京师为北京,南京为留都,故而这里所谓京师仅仅只是指北京内城、外城及顺天府而言,而不包括南京。《明史·刑法志》曰:“京师自笞以上罪,悉由部议。”④原则上来说,京师笞刑以上的案件,均应当由刑部进行初审,由大理寺进行复审,在大理寺复审完毕以后,刑部再将案件奏闻皇帝裁决。同直隶及各省徒刑以上案件一样,这里的京师笞刑以上案件是普通民人案件,若是明代京师职官的犯罪案件,常由都察院审理,至于南京刑部,则仅仅有权初审南京城及应天府之笞刑以上的案件。

(3)委派官员复核直隶之斩绞监候案件

《大明律》第435条规定:“至死罪者……直隶去处,从刑部委官,与监察御史……公司审决。”⑤但依照弘治二年(公元1489年)的一项敕令,审决南北直隶死罪人犯,应当由刑部主事、巡按御史以及都司府卫三者共同进行。所谓“审决”中兼含了“审理”和“处决”两个部分,且是在立秋以后才予执行,这实质上是明代直隶死罪犯人之“秋审”和“秋决”,是清代“秋审”制度的前身,只是当时没有“秋审”之名罢了。

在元代,斩绞死罪原本没有监候、立决的区分,到了洪武初年才开始区分二

① 《续通志》卷一四八《历代刑制·明上》,《文渊阁四库全书》394册,第372页。

② 《明太祖实录》卷二〇三“洪武二十三年七月辛亥”条,《钞本明实录》,第3040页。

③ 《明英宗实录》卷二五六“景泰六年七月癸巳”条,《钞本明实录》,第5522页。

④ 《明史》卷九四《刑法志二》,第2306页。

⑤ 此处所谓的监察御史,系指巡按监察御史,又简称巡按御史。

者。洪武初年(公元1368年)定有的真犯死罪,在洪武三十年(公元1397年)时改名为决不待时,洪武初年(公元1368年)定的杂项死罪,在洪武三十年(公元1397年)时改名为秋后处决。虽然在《大明律》上并没有"决不待时"与"秋后处决"两者的区分,但是这种区分来自明太祖的敕令,并且一直保留了下去,可见敕令在明初也有着非常重要的立法作用。经过几度变迁,到弘治十年(公元1497年)时又将这两者的名称更定为"真犯死罪决不待时"和"真犯死罪秋后处决",前者是立决的意思,后者是所谓的监候(监禁候决),差官审决是对直隶斩绞监候案件的复核程序。

(4)复核京师斩绞监候案件(朝审案件)

明初,对于京师斩绞监候的犯人(重囚)的审理便常常由多个官员参加。到了天顺二年(公元1458年),多个官员参加审理斩绞监候案件就成为了定制。已经结案的斩绞监候犯人,由刑部、大理寺、都察院三法司会同五府九卿等衙门,加上锦衣卫各堂上官以及科道官共同逐一审录。这就是所谓的"朝审"制度,即对京师斩绞监候案件的复核程序。

明代刑部的权能较之都察院及大理寺都更为重要,是行使司法权的核心机构。洪武十五年(公元1382年)十二月丙戌,"诏吏、户、礼、兵、刑、工部,凡又逮系罪人,不许自理,俱付刑部鞫问"①。也就是说,京师一切普通百姓的案件均应当由刑部审理,其他各部都无权过问。至于南京刑部,它的审判权的管辖范围要远远小于北京刑部。宣德二年(公元1427年)九月庚子,"命南京法司不得理在外诉讼……,命行在刑部、都察院移文禁止,凡有告讦者,俱送北京。惟京城军民词讼许其鞫问"②。正统年间更明确规定了南直隶法司的管辖区域,正统十二年(公元1447年)五月甲辰,"南京刑部奏:'南直隶及附近都司、布政司有诉冤者,请受理之。'事下刑部,谓:'旧例南京法司第令收问在京并应天所属囚犯,余俱呈递如京。'上命从旧例"③。

3. 刑部各机构及职掌

刑部中最重要的机构莫过于十三清吏司,明代的十三清吏司实际上是刑部行使审判权的主要机关。根据《续通典》的记载,"明刑部尚书一人掌天下刑名及徒隶、句复、关禁之政令。领十三司,每司各掌其分省及兼领所分京府直隶刑名以赞

① 《明太祖实录》卷一五〇"洪武十五年十二月丙戌"条,《钞本明实录》,第2368页。
② 《明宣宗实录》卷三三"宣德二年九月庚子"条,《钞本明实录》,第847页。
③ 《明英宗实录》卷一五四"正统十二年五月甲辰"条,《钞本明实录》,第3013页。

尚书"①。根据《明史》的说法,"十三司各掌其分省及兼领所分京府、直隶之刑名"②。在明代,虽然由尚书掌刑名,但是事实上,如果不是死罪案件,刑部尚书对于一般的刑案多不会亲自过问览视,如《明会要》载:"杨志学为刑部尚书。刑部狱词既经侍郎详定,尚书多不覆视,惟死罪始自裁决。志学凡笞以上必经亲览,而后定。"③可见,在明代刑部中,十三司才是中央刑部对地方司法活动控制和对案件进行详谳的主要机构,而刑部尚书作为刑部的最高官员,多从事行政工作和死刑案件的审理裁判,对于死刑以下案件,则极少参与。因此,十三司是在明代刑部中发挥司法审判职能的主要机构,其在刑部行使司法审判权中的重要地位,可见一斑。

《大明会典》中对于十三司职责的记载为:"浙江等十三司,各设郎中、员外郎、主事,令各清理所隶布政司刑名,仍量其繁简,带管直隶州府,并在京衙门。凡遇刑名,各照部分送问发落。"④从这段记载中可知,明代十三司的职掌主要划分为专管和带管两部分。所谓专管,是指十三司分别执掌它分省的布政司、都指挥使司、行都指挥使司、按察司、盐运司的相关刑名,如以浙江司为例,其专管浙江布政司、浙江都指挥使司、浙江行都指挥使司、浙江按察司、两浙盐运司的刑名。而所谓的带管,是指十三司在专管以外还兼领分省王府及公侯伯府,在京诸司,两京两直隶卫所、州郡的相关刑名,如仍以浙江司为例,其带管崇府、中军都督府、御用监、司设监、成国公、刑科、神策卫、留守中卫、合阳卫、广洋卫、金吾前卫、腾骧左卫、武功右卫、沈阳右卫、涿鹿中左二卫、蕃牧千户所、直隶和州之刑名。明代十三清吏司是明代首创的中央机构中非常独特的机构设置,为前古未有,为清朝所继承,是明代体制变化的重要成果之一。而且不但刑部中有十三司的设置,在户部和都察院中也有类似对应的机构。为详明十三司的职掌,现将十三司职掌分述详明如表3所示:⑤

---

① 《续通典》卷二七《职官·尚书下》,《文渊阁四库全书》639册,第411页。

② 《明史》卷七二《职官一》,第1755页。

③ 《明会要》卷三二《职官四》,第544页。

④ 《大明会典》卷一五九《刑部一》,第3273页。

⑤ 参见《大明会典》卷二〇九《都察院一》,第4165~4175页;《续通典》卷二七《职官·尚书下》,《文渊阁四库全书》639册,第411~412页;《明史》卷七二《职官一》,第1755~1757页;《大明会典》卷一五九《刑部一》,第3273~3277页。

表3 十三司职掌详情

清吏司名	职掌
浙江清吏司	专管浙江布政司、按察司及都指挥司；带管崇府、中军都督府、刑科、内官、御用、司设等监，在京金吾前、腾骧左、沈阳右、留守中、神策、和阳、武功右、广洋八卫，蕃牧千户所，及两浙盐运司，南直隶和州，涿鹿左、涿鹿中二卫之刑名
江西清吏司	专管江西布政司、按察司及都指挥司；带管淮、益、弋阳、建安、乐安五府，前军都督府，御马监，火药、酒醋、面觔等局，在京府军前、燕山左、留守前、龙骧、宽河、忠义前、忠义后、永清右、龙江左、龙江右十卫，及直隶庐州府，庐州、六安、九江、武清、宣府前、龙门各卫之刑名
湖广清吏司	专管湖广布政司、按察司及都指挥司；带管户部、太仆寺、户科、宝钞提举司、印绶、都知等监，甲字第十库，在京金吾后、应天、会州、武成中、武功中、孝陵、献陵、景陵、裕陵、泰陵十卫，牧马千户所，及福建盐运司，直隶常州府、广德州，中都留守左、留守中、定边、开平中屯各卫，美峪千户所之刑名
陕西清吏司	专管陕西布政司、按察司及都指挥司；带管秦、韩、庆、肃四府，后军都督府，大理寺，行人司，尚衣监，针工局，西城兵马司，在京府军后、腾骧右、豹韬、鹰扬、兴武、义勇右、康陵、昭陵、龙虎左、横海、江阴十一卫，及河东盐运司，陕西行太仆寺，甘肃行太仆寺，直隶太平府，建阳、保定左、保定右、保定中、保定前各卫，平凉中护卫之刑名
广东清吏司	专管广东布政司、按察司及都指挥司；带管应天府，在京锦衣、府军左、虎贲左、济阳、留守左、水军左、飞熊七卫，及直隶延庆州，怀来千户所之刑名
山东清吏司	专管山东布政司、按察司及都指挥司；带管楚、岷、吉、荣、辽五府，右军都督府，司礼、尚宾、尚膳、神宫等监，天财库，在京留守右、虎贲右、忠义右、武功左、茂陵、永陵、江淮、济川、水军右九卫，及兴都留守司，直隶宁国、池州二府，宣州、神武中、定州、茂山、保安左、保安右各卫，渤海千户所之刑名
福建清吏司	专管福建布政司、按察司及都指挥司；带管鲁、德、衡、泾四府，左军都督府，宗人府，兵部，尚宝司，兵科，典牧所，会同馆，供用库，戈戟司，司苑局，在京羽林右、沈阳左、长陵三卫，奠靖千户所，及山东盐运司，中都留守司，辽东都司，辽东行太仆寺，直隶凤阳府，滁州、凤阳、皇陵、长淮、泗州、寿州、滁州、沂州、德州、德州左、保定后各卫，安东中护卫，潮河、龙门、宁靖各千户所之刑名

续表

清吏司名	职掌
河南清吏司	专管河南布政司、按察司及都指挥司;带管周、唐、赵、郑、徽、伊、汝七府,礼部,太常寺,光禄寺,鸿胪寺,詹事府,国子监,礼科,中书舍人,神乐观,牺牲所,兵仗局,灵台、钟鼓等司,东城兵马司,教坊司,在京羽林左、府军右、武德、留守后、神武左、彭城六卫,及两淮盐运司,直隶淮安、扬州二府,淮安、大河、邳州、扬州、高邮、仪真、宿州、武平、归德、宁山、神武右各卫,海州、盐城、通州、汝宁各千户所之刑名
山西清吏司	专管山西布政司、按察司及都指挥司;山西司带管晋、代、沈、怀仁、庆成五府,翰林院,钦天监,上林苑监,南、北二城兵马司,混堂司,甜食房,在京旗手、金吾右、骁骑右、龙虎、大宁中、义勇前、义勇后、英武八卫,及直隶镇江府、徐州,镇江、徐州、沈阳中屯各卫,沈阳中护卫,倒马关、平定各千户所之刑名
四川清吏司	专管四川布政司、按察司及都指挥司;带管蜀府,工部,工科,巾帽、织染二局,僧道录司,在京府军、金吾左、济川、武骧右、大宁前、蔚州左、永清左、广武八卫,及直隶松江、大名二府,金山、怀安、怀来各卫,神木千户所
广西清吏司	专管广西布政司、按察司及都指挥司;带管靖江府,通政司,五军断事司,中城兵马司,宝钞、银作二局,在京羽林前、燕山右、燕山前、大兴左、通州、武骧左、镇南、富峪八卫,及直隶安庆、徽州二府,安庆、新安、通州左、通州右、延庆、延庆左、延庆右各卫之刑名
云南清吏司	专管云南布政司、按察司及都指挥司;带管顺天府,太医院,仪卫、惜薪等司,承运库,及直隶永平、广平二府,镇海、真定、永平、山海、卢龙、东胜左、东胜右、抚宁、密云中、密云后、大同中屯、潼关、营州五屯、万全左、万全右各卫,宽河、武定、蒲州各千户所之刑名
贵州清吏司	专管贵州布政司、按察司及都指挥司;带管吏部,吏科,司菜局,及长芦盐运司,大宁都司,万全都司,直隶苏州、保定、河间、真定、顺德五府,苏州、太仓、蓟州、遵化、镇朔、兴州五屯,忠义中、涿鹿、河间、天津、天津左、天津右、德州、宣府左、宣府右、开平、保安、蔚州、永宁各卫,梁城、兴和、广昌各千户所之刑名

其他刑部所属衙门还有司务厅司务2人,负责掌管本部庶务以及文移;司狱司,设司狱6人,负责管理监狱,主要是管理狱吏,典录囚徒;照磨所,设照磨、检校各1人,负责掌管照刷文卷,记录赃赎等。

(四)明代大理寺设置沿革、组织及职掌

1. 明代大理寺设置沿革及组织

关于大理寺,《明史》载:"初,吴元年(公元1364年),置大理寺卿,秩正三品,洪武元年(公元1368年)革。洪武三年(公元1370年)置磨勘司,凡诸司刑名、钱粮、有冤滥隐匿者,稽其功过以闻。寻亦革。"①《明太祖实录》载:"洪武三年四月,置磨勘司。上尝以中外百司簿书填委,思所以综核之。因览《宋史》,见磨勘司而喜。至是遂设其官。"②同时书中还记载了磨勘司的官制:洪武七年八月辛丑,"刑部侍郎茹太素言三事。……二言磨勘司初设官吏数少,难以磨勘天下钱粮,请增设官吏,各分为科。……上命磨勘司增设司令一员、司丞五员、首领官二员、书吏二十人、典吏四十人,分为四科"③。此时的磨勘司职责颇大,兼有监督诸司刑名、钱粮是否有冤滥隐匿的情况,是明代大理寺的前身。该司于洪武十年(公元1377年)革,于洪武十四年(公元1381年)复置,此时复置的磨勘司的职权较之前有所缩小,只能负责监察诸司刑名是否有冤滥的情况,是专门的法司监督机构,因为有关钱粮隐匿监察之权,已被户部所分。④ 洪武十四年(公元1381年)十一月己亥,"复置大理寺及审刑司,以平庶狱。大理寺,卿一人,正五品,左右少卿各一人,从五品,左右寺丞各一人,正五品。其属左右寺正各一人,正六品。……审刑司,左右审刑各一人,正六品。左右详议各三人,正七品。……凡大理寺所理之刑,审刑司复详谳之"⑤。

从这条记载中我们可以看出,从洪武元年到洪武十年(公元1368~1377年),大理寺一直以磨勘司的形式而存在,其职掌主要是监察的职能。此后磨勘司曾短暂被革罢,到了洪武十四年(公元1381年)时,复置大理寺和审刑司、磨勘司,大理寺主掌审判,审刑司主掌复核大理寺审理之刑,磨勘司执掌监察,此时大理寺之职掌已经接近唐时旧制。但是据《明太祖实录》记载,洪武十七年(公元1384年)闰十月癸丑,洪武帝"命天下诸司刑狱皆属刑部、都察院详议平允,有送大理寺审复,然后决之。其直隶府、州、县州狱,自今亦准此令,庶几民无冤抑"⑥,这说明洪武十七年时,大理寺的审判权被剥离,审判权重新归于刑部,而大理寺则专管复核刑部(都察院)所理之刑,自此初步确立了刑部审判,大理寺复核的格局。到洪武十

① 《明史》卷七三《职官二》,第1782页。

② 《明太祖实录》卷五一"洪武三年四月丁亥"条,《钞本明实录》,第1009~1010页。

③ 《明太祖实录》卷九二"洪武七年八月辛丑"条,《钞本明实录》,第1609~1610页。

④ 详见《明史》卷七三《职官二》,第1782页。

⑤ 《明太祖实录》卷一四〇"洪武十四年十一月己亥"条,《钞本明实录》,第2202~2203页。

⑥ 《明太祖实录》卷一六七"洪武十七年闰十月癸丑"条,《钞本明实录》,第2559页。

九年时(公元1389年),复罢审刑司。洪武二十年(公元1387年)又废置磨勘司。洪武二十二年时(公元1389年),升卿秩正三品。洪武二十九年时(公元1396年),再次罢除大理寺,尽移大理寺案牍于后湖。建文初年(洪武三十一年九月)复置大理寺。成祖初(洪武三十五年秋七月)保留了大理寺的设置,其左、右寺设官,复如洪武时。① 大理寺的设置及机构和官制,至永乐初年(公元1403年)才迟迟确定下来,并一直延续至明末。

至于明代大理寺之设官,依《大明会典》的记载,"大理寺正官,卿一员,左右少卿二员,左右寺丞二员",至于大理寺左、右二寺的属官,其员额如下:②

(1)左寺:左寺正一员,左寺副二员,左评事四员。

(2)右寺:右寺正一员,右寺副二员,右评事四员。

此处《大明会典》中所记载的是弘治元年改革后的员额情况。根据《续文献通考》的记载,"成祖初仍置大理寺、其左右寺设官复如洪武时。又因左、右二寺评事多寡不等、所治事亦繁简不均,以二寺评事分左右,各六人,如刑部、都察院十二司道,各带管直隶地方审录,永乐二年仍复旧。后定都北京,又改分寺属"③。永乐以后,根据《明会要》的记载,"初大理寺设左、右二寺。……左寺设评事四人,右寺倍之。其后天下罪囚类不解审,右寺简于左寺。弘治元年(公元1488年),裁减右寺评事四人,与左寺等"④,此处所谓"罪囚类不解审"指的就是景泰以后遣官会审制取代了解京送审制的情况。

至于南京大理寺之设官,依照《大明会典》所载,南京大理寺设卿一员,左右寺丞一员。其之属官,员额如下:⑤

(1)左寺:左寺正一员,左评事二员。

(2)右寺:右寺正一员,右评事二员。⑥

---

① 详见《明史》卷七三《职官二》,第1782页。

② 《大明会典》卷二《吏部一》,第33页。

③ 《续文献通考》卷五五《职官考》,《文渊阁四库全书》627册,第530页。

④ 《明会要》卷三五《职官七》,第607~608页。

⑤ 参见《大明会典》卷三《吏部二》,第62页。

⑥ 自唐以来大理寺官职之沿革,可见《续通典》卷二九《职官·诸卿上》:"明置大理寺卿一人,左右少卿各一人,掌审谳平反刑狱之政令。正,唐置二人,凡丞断罪不当,则以法正之。宋亦二人,元丰五年,刑部奏定,凡断案上正看详当与否,论难改正,然后上于长。……明左右二寺,各寺正一人,寺副二人,各随其所辖,而覆审之情允服,始呈堂具奏。丞,唐置六人,分判寺事,宋置推丞四人,断丞六人……明左右寺丞各一人。主簿,唐置二人,宋元丰中始置二人,建炎三年,省后复……明置司务二人。……狱丞……元明皆无。……司直,唐置六人,朱因之,……明无。评事,唐置八人,宋元丰官制行,始命张仲颖等十二人为评事,隆兴二年,诏大理寺评事,以八员为额……明置左右寺评事各四人。"《文渊阁四库全书》639册,第443~444页。

2. 大理寺职掌

《诸司职掌》曰："本寺官其所属左右寺官，职专审录天下刑名。凡罪有出入者，依律照驳。事有冤枉者，推情辨明。务必刑归有罪，不陷无辜。"①《大明会典》之规定与其大体上相同。《明史·职官志》记载曰："（大理寺）卿，掌审谳平反刑狱之政令。少卿、寺丞赞之。左、右寺分理京畿、十三布政司刑名之事。凡刑部、都察院、五军断事官所推问狱讼，皆移案牍，引囚徒，诣寺详谳。左、右寺寺正，各随其所辖而复审之。"②由《诸司职掌》及《明史·职官志》中的记载可知，平反冤狱，平允刑名是明代大理寺的主要职掌。明初，大理寺对于属京师的刑名案件的复审是可以直接审理的，但弘治以后，原则上大理寺对于京师的刑名案件，只能为间接审理，不能直接审理，故《明史·职官志》中记载："弘治以后，（大理寺）止阅案卷，囚徒俱不到寺。"③而根据那思陆先生的考证，这里所谓"弘治以后"应不包括弘治年即明孝宗时期，而是从正德时开始，其依据的是《明孝宗实录》中弘治十七年的一项记载。根据《明孝宗实录》的记载，"弘治十七年八月乙丑，刑部主事朱塗奏：'旧例，刑部所问罪囚议拟既成，送大理寺审录，有拟罪不当、狱情未明及囚人称冤者，则驳之。乃者，左右二寺分外用刑，使更其狱辞展转淹滞；甚者不能全生。乞令仍遵旧规，毋得擅加拷掠。'大理寺卿杨守随复奏：'本寺之职，虽止于参驳，然所审罪囚每有受财私和、隐匿重情者，问刑之官或察究不详，以致狱辞牵合，本寺往往审得其实，而囚徒奸顽不服，未免量加刑罚。况本寺亦号同法司，自永乐年间额设刑具，岂为分外？亦岂有情罪已明而复加刑罚，使改其狱词者乎？…… 今塗所奏，虽以修省为由，恐其心未必尽出公道。但问刑者固有自用聪明，而审刑者亦或至于过当，宜申明禁戒，令两京法司各遵《诸司职掌》问拟审录，务在同寅协恭，不许徇私怠忽。其所用刑罚亦各量轻重，毋得彼此执拗，以致滥刑久禁'"④。这番争论最后以明孝宗支持大理寺而告终。从这番争论的记载中可知，至少在弘治十七年（公元1504年）以前，大理寺审理，囚徒仍然要到寺受审，也就是说，大理寺复审仍是直接审理，不然不会出现刑部反对大理寺对囚徒用刑的情形。弘治皇帝在位二十三年，弘治十七年已经为弘治末年，所以《明史》中所载的"弘治以后"应为从弘治末年或正德初年开始起算。⑤ 从以上这篇史料中，我们也可以看出，刑部是以大理寺会另行拷掠囚徒为由，请求大理寺不得私自拷问囚

---

① 《诸司职掌·大理寺》，《中国珍稀法律典籍续编》第3册，第338页。

② 《明史》卷七三《职官二》，第1781页。

③ 同上书，第1783页。

④ 《明孝宗实录》卷二一五"弘治十七年八月乙丑"条，《钞本明实录》，第4047~4048页。

⑤ 本文采那思陆先生的观点，以正德初年为准。

徒,间接地要求囚徒不必到大理寺受审,后来废除大理寺审理,囚徒不必到寺的制度,应该也是根据这一理由。但是从后面《诸司职掌》的记载中可以发现,大理寺审理囚徒到寺是大理寺行使"番异""圆审"两大职权的基础,在正德废除了大理寺复审,囚徒到寺受审的制度以后,大理寺"番异""圆审"的两大职权也就随着这项制度的废除成为空文,关于此,后文会有详述。

三法司中,大理寺是慎刑机关,其功能与刑部、都察院都有所不同。弘治以后,明代京师刑名案件"三法司会审"制度逐渐确立,依《明史·职官志》记载,明代三法司会审分为初审和复审二级,《明史·职官志》曰:"大理寺之设,为慎刑也。三法司会审,初审,刑部、都察院为主,复审,本寺为主。"①

大理寺司法审判复核上的职掌,主要有三个方面,现分述如下:

(1)复核刑部及都察院移送之直隶及各省案件

这里是指刑部及都察院复核(此处刑部及都察院之复核为初核)完结的直隶以及各省案件,均须送至大理寺复核,其实此项两衙门直接审理完结的直隶及各省的案件均应送至大理寺复审或复核的原则早于洪武二十六年(公元1393年)时即已确定。"凡各问刑衙门转详,洪武二十六年定,在外都司、布政司、按察司,并直隶卫所府州。一应刑名问拟完备,将犯人就彼监收。具由申达合干上司、都司卫所,申都督府。布政司、并直隶府州,申呈刑部。按察司,呈都察院。其各衙门备开招罪,转行到寺详拟。凡罪名合律者,回报如拟施行。内有犯该重刑,本寺奏闻回报。不合律者,驳回再拟。中间或有招词事情、含糊不明者,驳回再问。"②上述大理寺对于各省及直隶案件之复核被称为"详拟罪名"。

(2)复审或复核刑部及都察院移送之京师案件

刑部及都察院直接审理完结之京师案件,均须送至大理寺复审或复核。除刑部直接审理之案件以民人案件为主,都察院直接审理之案件以职官案件为主以外,两衙门直接审理完结之京师案件均应送大理寺复审或复核的这一原则也早就于洪武二十六年(公元1393年)即已确定。"凡刑部十二部、都察院十二道、五军都督府断事官五司,问拟一应囚人,犯该死罪徒流者,具写奏本发审。俱由通政司挂号,另行入递,预先差人连案同囚,送发到寺。照依该管地方,先从左右寺审录。…… 如罪名合律者,准拟。……如罪名不合律者,依律照驳……驳回原衙门再拟。"③由此可知,大理寺将对于京师案件之复审称为"审录参详"。

---

① 《明史》卷七三《职官二》,第1783页。

② 《大明会典》卷二一四《大理寺》,第4287~4288页。

③ 《大明会典》卷二一四《大理寺》,第4283~4284页。

(3)参与复核京师斩绞监候案件(朝审案件)

天顺二年(公元1458年),多官审录重囚(斩绞监候犯人)一事成为定制,并形成了朝审制度。每年霜降以后将已结案之斩绞监候犯人,由三法司会同五府九卿衙门,并锦衣卫各堂上官及科道官,逐一审录。大理寺为三法司之一,也有权参与其中,但此处大理寺只限于北京大理寺,至于南京大理寺,仅有权复核南京城及应天府之斩绞监候案件。

3. 大理寺各机构职掌

大理寺下设左、右寺。左、右寺之职掌在有明一代数度变易,变化颇大,迟至万历时期才最终确定。现将左、右寺职掌分时期分述如下:[①]

(1)明太祖洪武年间:

①左寺:分管在京诸司及直隶卫所、府州县刑名案件。

②右寺:分管在外十三布政司、都司、卫所、府州县刑名案件。

(2)明成祖永乐年间至明神宗万历八年(公元1580年):

①左寺:分管两京、五府、六部、京卫等衙门刑名案件。

②右寺分管顺天、应天二府,南北直隶卫所、府州县并在外浙江等布政司、都司、卫所刑名案件。

③明神宗万历九年(公元1581年)以后,"以二寺事务繁简不均,题准刑部十三司、都察院十三道,左右分管"[②]:

①左寺:分管刑部及都察院浙江、福建、山东、广东、四川、贵州六司道刑名案件。

②右寺:分管刑部及都察院江西、陕西、河南、山西、湖广、广西、云南七司道刑名案件。明初,大理寺原设有监狱,约于弘治末年至正德初年期间罢革。

另附明代刑部、都察院同大理寺复核京师、直隶、各省(职官)案件职掌分配表,以方便对比查看(以万历九年以后左、右二寺职掌分配为准)。

---

① 参见《明史》卷七三《职官二》,第1782~1783页。

② 《明会要》卷三五《职官七》,第610页。

表4　万历九年以后明代刑部同大理寺复核京师、直隶、各省案件职掌分配①

二法司 京师、直隶、各省	刑部	大理寺
京师	各司带管	左寺右寺分管
北直隶	各司带管	右寺
南直隶	各司带管	右寺
浙江	浙江司	左寺
江西	江西司	右寺
福建	福建司	左寺
山东	山东司	左寺
四川	四川司	左寺
山西	山西司	右寺
湖广	湖广司	右寺
广东	广东司	左寺
广西	广西司	右寺
河南	河南司	右寺
陕西	陕西司	右寺
云南	云南司	右寺
贵州	贵州司	左寺

表5　万历九年以后明代都察院及大理寺复核京师、直隶、各省职官案件职掌分配②

二法司 京师、直隶、各省	刑部	大理寺
京师	各司带管	左寺右寺分管
北直隶	各司带管	右寺
南直隶	各司带管	右寺

① 参见《大明会典》卷一五九《刑部一》,第3273~3277页;另参见《大明会典》卷二一四《大理寺》,第4267~4268页。

② 参见《大明会典》卷二〇九《都察院》,第4165~4175页;另参见《大明会典》卷二一四《大理寺》,第4267~4268页。

续表

京师、直隶、各省 \ 二法司	刑部	大理寺
浙江	浙江道	左寺
江西	江西道	右寺
福建	福建道	左寺
山东	山东道	左寺
四川	四川道	左寺
山西	山西道	右寺
湖广	湖广道	右寺
广东	广东道	左寺
广西	广西道	右寺
河南	河南道	右寺
陕西	陕西道	右寺
云南	云南道	右寺
贵州	贵州道	左寺

4. 大理寺在明中后期职能被架空

元不设大理寺达90年，这导致了大理寺在司法审判上积累了千年的历史经验无法传承，其职掌也已经模糊不清，加上元朝统治者多不重视儒生，对唐、宋时期的典籍毁损颇重，故而虽然明太祖恢复了大理寺的设置，但明初君臣对于唐、宋大理寺司法审判上的运作流程和方式，实在所知有限。即便刑部作为中央主要审判机关的地位在洪武十九年（公元1386年）时已成为定制，但是大理寺是否应该设置以及关于其职权的定位，在洪武、永乐年间始终无法确定。

如前文所述，明代吴元年置大理司，洪武元年革。洪武十四年（公元1381年）复置大理寺，洪武二十九年（公元1396年）又罢。建文初复置，永乐初仍置大理寺。[①] 大理寺的反复革置说明大理寺的存废问题一直是明太祖无法解决的问题。洪武二十六年（公元1393年），明太祖颁行《诸司职掌》，初步确定了三法司的职掌分工，也初步确定大理寺的职能定位。但洪武二十九年（公元1396年），大理寺

① 参见《明史》卷七三《职官二》，第1782页。

又被罢革,《诸司职掌》规定的典制未能继续施行。直到永乐十九年(公元1421年),《诸司职掌》规定的典制才恢复施行,大理寺在明代的职权与定位自此获得确定。

就直隶和各省案件而言,刑部(或都察院)职司负责第一次复核,大理寺职司负责第二次复核;就京师案件而言,刑部(或都察院)职司负责初审,大理寺职司负责复审。弘治以前,大理寺审理(复审)京师案件时,犯人应到大理寺。正德以后,大理寺审理(复核)京师案件时,"人犯俱不到寺",言辞审理变为书面审理,大理寺的司法审判权由此因之大大受到削弱。

明代大理寺是慎刑机关,其主要职掌是驳正及平反冤狱。就各省案件而言,刑部、都察院负责初核,大理寺负责复核;就京师案件而言,三法司中,刑部及都察院都是问刑衙门,大理寺是审录衙门。刑部、都察院官员是问刑官,大理寺官员是审录官,这些都规定在《诸司职掌》中。同时,因为大理寺的复核监察之权极重,所以有多种措施来限制刑部、都察院的审判权。但事实上,洪武二十六年(公元1393年)制定的《诸司职掌》中所定大理寺"参驳"、"番异调问"及"圆审"等职权正德以后已经极少执行,几成一纸空文。

依《诸司职掌》所定,大理寺之职掌主要为:

"凡刑部十二部、都察院十二道、五军都督府断事官五司,问拟一应犯人,犯该死罪徒流者,具写奏本发审。笞杖罪名者,行移公文发审,俱由通政司挂号,另行入递。预先差人连案同囚,送发到寺。照依该管地方,先从左右寺审录。若审得囚无冤枉者,取讫各囚服辩在官,案呈本寺,连囚引领赴堂圆审无异。取据原问衙门司狱司印信收管入卷。将囚连案责付原押人收领回监,听候发落。候递到各项奏本公文到寺,将奏本抄白立案,务要仔细参详情犯罪名,比照律条。

如罪名合律者,准拟。本寺依式具本,同将原本奏本缴送该科给事中,编号收掌。然后印押平允,仍由通政司回报原衙门,如拟施行。如罪名不合律者,依律照驳。亦依式具本,将原来奏本缴送该科收编,驳回原衙门再拟。如二次改拟不当,仍前驳回议拟。但三次改拟不当,照例将当该吏具奏送问。或中间招情有未明者,必须驳回再问。若公文不必抄白,就即立案。其参详罪名,准拟合律,照驳不合律,及送问等项,并如前行。

若审得囚人告诉冤枉,果有明白佐证,取责所诉词状,案呈本寺。连囚引领赴堂圆审相同,将囚连案依前发回原问衙门,听候发落。待奏本公文到寺,将原来奏本,依式具本,如前缴送该科。公文止留本寺立案,然后仰令左右寺抄案,备开囚人供词,行移隔别衙门再问。若二次番异者,再取本囚供状在官,照例具奏。会同六部、都察院、通政司等衙门堂上官圆审,回奏施行。"①

根据《诸司职掌》及《大明会典》的记载,大理寺的主要执掌应有四项,分别为:驳正、参驳、番异调问以及各衙门堂上官圆审。其中,在明中后期除驳正一项大理寺尚可正常执行外,正德以后其余三项职掌多无法执行。这和刑部(都察院)地位较大理寺为高,对大理寺的职掌并不尊重和配合以及大理寺人微言轻,不得不屈从刑部(都察院)有很大关系,也和正德以后废除了大理寺审理"罪囚必须到寺"的制度有很大关系。现分别详述如下:

(1)参驳

《诸司职掌》规定:"候(刑部或都察院)三次改拟不当,照例将当该吏具奏送问。"②这项规定在正统至弘治年间即少有事例,正德以后,更是鲜见施行。如嘉靖六年(公元1527年)黄绾即上疏曰:

"法司所以专理刑名,至于大理寺,职司参驳,关系尤重。凡任两寺官,非精律例,见出原问官员以上,何评其轻重,服其心乎?近见两寺官,其间历年既久,谙谏事体,尽心职业者固多;亦有初入仕途,律之名例尚未通晓,即欲断按庶狱,未免有差。原问官因得指摘罅漏,借为口实。至于参驳,本寺亦不降心听从,辄逞雄辩,往复数次,淹累囚众。至不得已,将就允行。刑狱不清,职此之故。合无行令本寺,今后遇有新除评事,督令讲读律令半年以上。疏通者,方许干预平允;生疏者,比照试御史例仍令重历。若再不堪,参送吏部,对品降调在京别衙门叙用。其见在者,除寺正、寺副外,其余限三月内通加考验。有年久未谙者,一体参送吏部别用。若有究心刑名才识出众者,开送吏部,俟两寺正、副员缺,不论年资铨补。至为正、副,又能益励职业,比照刑部各道年深郎中御史一体超擢。"③

可见明代大理寺复核职权虽然重要,但欲行使参驳之权仍然受到很大限制,最重要的原因便是大理寺品秩低于刑部,地位弱于刑部。"以弱制强,以小制大","大小相制,上下相维",是明太祖在建立明朝的监察制度的时候的一个总体指导思想。在底层出身的明太祖看来,小官员身无长物,因此不怕牺牲,不惧直言,为博直名可置自己身家性命于不顾,能够最好地履行监察职能,这在都察院十三道的设置中表现得非常明显。大理寺作为牵制刑部司法权能的一个部门,也贯彻了明太祖的这一思想,但是与都察院有所不同。都察院主要监察官员的风纪,在明代较为宽松的言论环境中,其检举可以捕风捉影而不负责任,也可以不顾及

① 《诸司职掌·大理寺》,《中国珍稀法律典籍续编》第3册,第338~339页。

② 同上。

③ 《明会要》卷三五《职官七》,第609~610页。

与弹劾对象的身份差距,甚至连皇帝本身也是被弹劾的对象。但是大理寺所监察的是司法判案是否公允的问题,这其中又涉及许多的专业知识,这也决定了在明代这个礼制非常严格的朝代,大理寺要对品秩高于自己,地位也高于自己的刑部所断的案件行使复核职权,不但得不到刑部断事官员的尊重,反而会受到百般刁难。以至于在嘉靖四十二年(公元1563年),刑科给事中李瑜上疏说:"国家设大理寺以审谳,盖付以天下之平也。近闻该寺谳囚,非不间有参驳,苟见该部执拗,即无词以复之。甚至狱词已付廷评,而该部意有出入,辄复追改,寺臣亦尽从之。"①

在刑部权能日重且品秩日高的情况下,大理寺提供的复审意见必须要达到"见原问官员以上"才能"评其轻重,服其心",这就对大理寺进行复审平允工作的官员的素质提出了更高的要求,只有他们对律法的认识和断事的素养要高于刑部断事官,才能更好地履行职责,这也是如上所引黄绾奏疏中所说的第二个原因。大理寺的官员素质良莠不齐,有"历年既久,谙谏事体,尽心职业者",也有"初入仕途,律之名例尚未通晓"者,所以"欲断按庶狱,未免有差","原问官因得指摘罅漏,借为口实"。此外,在明代大理寺并非主要的监督机构,其地位和政治前途也很难跟同样是监督机构的都察院相提并论;作为司法机构又并非专门的司法审判机构,相关的优秀人才肯定是优先供刑部使用而非大理寺。因此,虽然黄绾说得委婉,但是可以想象的是,"初入仕途,律之名例尚未通晓"的人并非只占少数。

在这种情况下,大理寺提出的意见往往根本经不起刑部的追问推敲,因此,大理寺也就渐渐地丧失了作为复核机关所应当具备的权威性。而所谓"参驳"要求刑部对大理寺驳正的案件"三次改拟不当"才能进行,在大理寺失去了作为复核机关应当具备的权威性以后,往往连一次改拟都很难实现,更何况是三次改拟?因此在很长的一段时间里,大理寺"参驳"的职能只是《大明会典》中的一句空文,毫无可操作性。为了改变这一状况,嘉靖十一年(公元1532年),大理寺题准:"凡大小词讼,非经通政司准行,非由各衙门参送,不许听理。非由大理寺评允,不许发落。若徇私废法及改易发落者,俱听本寺及科道官参究检举。"②同年,刑部又题准:"今后招擬未当,大理寺驳回再问者,原问官即当更改,不得偏执己见。如招情已明,罪无出入,该寺即于评允,不得驳论一文一字,以致往返驳辩,有累罪犯。"③经过这番变革,大理寺的"参驳"职能才算有所发挥。

---

① 孙承泽:《天府广记》卷二四《大理寺》,北京古籍出版社1982年版,第329页。
② 《明会要》卷三五《职官七》,第610页。
③ 同上。

(2)有关"番异"和"调问"部分

根据《诸司职掌》的规定,囚人告诉冤枉,一次番异时,大理寺圆审相同后,行移隔别衙门再问。二次番异时,大理寺会同各衙门堂上官圆审后,奏闻皇帝裁决。[①] 但《大明会典》则规定:"(凡两法司发审罪囚)其或情词有异,议拟未当,囚犯番异,文移舛错。……候(大理寺)圆审相同,或参驳,或调问。"[②]依《诸司职掌》规定,在罪犯翻供,自称冤枉时,大理寺应当调问。但若依《大明会典》规定,在这种情况下,大理寺得或为参驳,或为调问,二者可取其一准用。由于《大明会典》晚于《诸司职掌》制定,故而应以《大明会典》为准。

根据《诸司职掌》的记载,所谓的"番异"和"调问"就是指在犯人翻供以后,大理寺对刑部所理案件进行重新审判的职权,这项职权的执行是以大理寺复审时,囚徒必须到大理寺接受审判为基础的。但是正德以后,因大理寺审理京师案件时,"人犯俱不到寺",导致大理寺之审理成为书面审理,而非言辞审理,有关"番异"和"二次番异"的规定,也就失去了实现的基础,已无适用的可能。其后,大理寺虽仍间或有"调问"一事,但并非因犯人"番异"而起。

(3)有关各衙门堂上官圆审部分

《诸司职掌》定曰:"若二次番异者,再取本囚供状在官,照例具奏,会同六部、都察院、通政司等衙门堂上官圆审,回奏施行。"[③]这同样是以大理寺复审时,囚徒到大理寺接受审判为基础的。但如前所述,正德年以后,由于"人犯俱不到寺",有关"番异""二次番异"的规定,已无适用可能,自然也就无法因为"二次番异"而进入圆审程序。

《大明会典》还规定:"凡发审罪囚,有事情重大,执词称冤,不肯服辩者,(大理寺)具由奏请,会同刑部、都察院或锦衣卫衙门堂上官,于京畿道问理。"[④]因正德初年以后,"人犯俱不到寺",故本项规定所称"执词称冤,不肯服辩"系人犯在刑部初审时所为。遇有此种情况时,大理寺得具由奏请实行三法司会审。这项规定说明,所谓的"各衙门堂上官圆审"一事,根本就是一纸空文,其已经被"三法司会审"制度所取代。

① 详见《诸司职掌·大理寺》,《中国珍稀法律典籍续编》第3册,第339页。

② 《大明会典》卷二一四《大理寺》,第4286页。

③ 《诸司职掌·大理寺》,《中国珍稀法律典籍续编》第3册,第339页。

④ 《大明会典》卷二一四《大理寺》,第4287页。

(五)总结

综上可知,明代洪武年间刑部、大理寺的职能格局虽然得到了初步确立,①但是在此之前,却几度变易。尤其是大理寺,置而又罢,反复多次。从洪武元年到洪武十四年(公元1368~1381年),大理寺一直以磨勘司的形式而存在,其主要执行监察职能;但到了洪武十四年(公元1381年)时,复置大理寺和审刑司,大理寺主掌审判,审刑司主掌复核大理寺审理之刑,此时大理寺之职掌已经接近唐时旧制;但是到洪武十七年(公元1384年)时,又将审判权归于刑部,大理寺执掌复核;到洪武十九年(公元1386年),则废置了审刑院和磨勘司,正式确立了审判职能归于刑部,而由大理寺主掌复核的格局。明代刑部、大理寺的机构设置及其职能,较之前代大为不同,体现了明代独创的特色,并对清代产生了直接的影响。以下,本文将主要从元代体制影响的角度对产生这些嬗变的原因进行探讨。

四、明代刑部、大理寺职能嬗变原因、影响

(一)明代刑部、大理寺职能嬗变的原因

明代刑部、大理寺之职能格局和机构设置等,较之前代皆大为不同,并且对后来的清代中央司法制度也产生了很大的影响。对于这种制度变迁的原因,过往学界前辈大多认为是出于集权制度以及加强皇权的需要。诚然,这是一个非常重要的原因,但是倘若以此作为唯一的原因,则稍显不妥。如果将元代中央司法制度和明代的中央司法制度进行比较,通过分析明代中央司法制度形成的过程,就可以看出,明代的中央司法制度带有很深的元代痕迹;而从大理寺在洪武十三年(公元1380年)之后的职能和机构设置中也可以看出,明初君臣也希望能恢复唐、宋旧制。因此,笔者认为,明代刑部、大理寺之职能格局,机构设置等之变迁原因,可归结为以下几点。

1. 受元朝统治的影响

首先,如前所述,元朝以少数民族入主中原,在建立了第一个少数民族的中央集权的大一统王朝之后,对于保留自己的制度文明传统非常重视,只是有限度地接受汉族制度文明的成果。因此,元朝在建立不久,就废除了大理寺这一有着千年历史的(自廷尉算起)专门的审判机构,其审判权为刑部、宗人府、宣政院、徽政院等机构所分割,这主要就是为了继承其行政权和司法权合一的制度传统。自此以后,大理寺在元代废置近九十年,其在前代累积的审判经验和制度运行也因此处于停顿状态。

---

① 以《诸司职掌》的颁布为标志,虽然后来洪武末年废除了大理寺,但是在永乐复建大理寺以后,基本上没有脱离《诸司职掌》对刑部、大理寺职能的规定。

其次,在元代,大多数元朝统治者对于儒生极不重视,多数皇帝在位时甚至不开科举(元朝九十余年的统治,仅有十六次科举),其官员主要任用蒙古人和色目人,汉人极少有能入仕的机会。缺乏了入仕途径的儒生在元代的地位极为低下,有"九儒十丐"之称,这些因不能入仕而失去了各种特权又身无长技的儒生在社会上的地位甚至连娼妓也不如,导致很多儒生或隐居山林或成为僧、道。因此元代的文风较之唐、宋亦大为不如,从事考证工作的人也就相应地减少了很多。①

最后,元代早期入侵南宋的战争和元代末期的农民大起义这几场战乱均极为惨烈,加上元朝统治者对于保管收集唐、宋时期的典籍资料也非常不重视,许多珍贵的资料典籍在战乱的环境下散佚毁损十分严重。儒者的缺失使制度文明传承的人才主体出现巨大断层,而典籍资料作为制度文明传承的载体,其散佚毁损更加使唐、宋时期已经趋于完善的制度模式很难得到完整复现。在明朝建立之初,虽然明初君臣也有复唐、宋之旧的愿望,奈何受以上种种因素的限制,明初君臣对于唐、宋时期的制度如同雾里看花,实在难以把握。明洪武十三年(公元1380年)以后虽然恢复了唐、宋时期三法司制度的传统,且明初君臣一直在摸索已经难以复现的唐、宋中央司法制度,但是经过长时间的摸索,仍不得要领,并产生了许多问题。比如到洪武十四年(公元1381年)时,确定由大理寺审判,审刑司复核,磨勘司监察,已经接近唐时旧制,但是大理寺身兼审判和复核,监察三项职权,这对于特别重视分权以制之的明太祖而言,显然是无法接受的。此外,元朝作为大一统的中央王朝九十余年统治的滥觞和制度惯性,使自洪武元年至洪武十三年(公元1368~1380年),明代长时间实行的都是二法司制度,刑部实际上长时间拥有审判权,而且元代的实践也给刑部执掌审判权提供了制度运行方式和审判经验上的借鉴,因此在经历了洪武十四年到洪武十七年(公元1381~1384年)短暂地将审判权归于大理寺以后,洪武十七年(公元1384年)又重新将审判权归于刑部,由大理寺执掌刑部(都察院)所理之刑的复核,至洪武十九年(公元1386年)时废置了审刑司和磨勘司,正式确立了由刑部审判,大理寺复核的职能格局。

2. 受明代废除宰相的影响

朱元璋在消灭了其主要竞争对手陈友谅、张士诚,阴谋杀死了当时起义军名义上的领袖小明王后,于1368年即帝位,建立明帝国,定都金陵,年号洪武。明帝

① 当然,有关"九儒十丐"的说法出自郑思肖的《心史》和谢枋得的《谢叠山集》这两个南宋遗老的遗著,最多只能反映元代前期的情况,而且还可能带有很强烈的主观色彩。有学人考证,元代儒生地位未必如"九儒十丐"一般悲惨,虽然不如宋、明、清时优越,却也好过一般的匠、军、娼、丐,享有很多的特权,但是当时儒生做官多通过吏进,而做吏多精于实务,短于学术,更少有著书立说,勤于考证者,因此,仍然无法继承前朝制度的传承。故而,不妨碍在此处的立论。

国建立之初,其统治根基并不牢固,因为虽然陈友谅、张士诚势力俱已覆灭,但是北方的元帝国仍然苟延残喘,并保有强大的军力,是当时明面临的主要敌人(当时,在今云南、广西、广东一带,元帝国仍然保有非常强大的残余势力,如云南有元梁王把匝瓦尔密等)。此外,从外部环境看,虽然当时的日本的室町幕府已经没落,但是日本开始进入战国初期,大量日本浪人和诸侯因觊觎中国的财富而时常劫掠东南沿海。可以说,明帝国建立之初,面临的是一个内忧外患的局面。面对这种复杂严峻的局面,明初君臣急需一种行之有效,并能拿来即用的制度框架。虽然明太祖及其谋士也希望恢复唐、宋旧制,甚至远追唐、宋,但是复杂的政治和军事环境使他们无暇仔细考证摸索这套已经消失达百年,且出现了人才断层、典籍资料不齐的制度,因此,元朝现行的体制便成为一个很好的参照,也就被明初君臣照搬了过来,这其中就包括了宰相制度。

元朝建立以后,以中书省掌管全国行政。元中书省实际上继承了金朝尚书省的制度,中书令由皇太子兼任,并不负责具体政务,中书省左、右丞相、平章政事、左、右丞及参知政事等都是宰相。元朝中书省职掌全国最高行政,但是其与前代的宰相制度又非常不同,既不像隋唐时期一样分三省制使其互相牵制、分权,又不像宋代的宰相制度那样严格地划分事权,将宰相的权力分割给多个机构掌管,使其互相掣肘,以防止专权,因此元代的相权极重。到了元英宗至治三年(公元 1323 年)八月五日,元英宗因为打压蒙古贵族丞相势力,重用汉官,被蒙古保守势力所忌,而后在南坡事变中被刺杀于上都返京途中,也铁木儿在上都被拥立即位,史称泰定帝。自此以后,元代相权再无人能制,先后出现了燕贴木儿、伯颜、脱脱等权相,相权之重甚至达到可以任意拥废皇帝的地步。在元代,皇权与相权争斗不断,成为当时纵横天下的蒙古骑兵实力不断下降,并为农民起义军所败的一大主因。如号称元末农民战争转折点的高邮之战,正是在元朝内部皇权相权争斗内耗之下临阵换帅,才使数万精锐土崩于高邮城下,元朝彻底丧失了对农民军军事上的优势,最后为明朝所亡。

明朝从洪武元年到洪武十三年(公元 1368 ~ 1380 年)设立中书省,中书省的首长是左、右丞相,还设有平章政事、左右丞、参知政事等高级官僚,以及作为职能办事人员的左右司郎中、员外郎、中书舍人等。从明朝中书省的官制中我们可以看出,其基本上沿袭了元朝旧制,在中书省下设吏、户、礼、兵、刑、工六部,由左、右丞相指挥监督。但是虽然当时为权宜计采用元朝旧制,明太祖却早就认识到这种丞相制度的弊端,早在吴元年(公元 1367 年)时,就尝谓徐达等言:“卿等为生民计推戴予。然建国之初,当先立纪纲。元氏昏乱,纪纲不立,主荒臣专,威福下移,由是法度不行，人心涣散，遂至天下骚乱。"①可见防止"主荒臣专，威福下移"是明太祖在建国伊始在总结元朝衰亡教训时就非常注意的事情。为此，明太祖虽然照搬了元代的丞相制度，但是在此后采取了很多限制相权的措施，比如为了防止言路被权臣堵塞，导致上下壅蔽，君主被权臣所愚，明太祖进行了很多削弱丞相在政务信息处理和传递程序中地位的改革。洪武十年（公元 1377 年）设通政使司作为皇帝的"喉舌之司"，长官称通政使，主管章奏出纳和封驳，以分中书省之权，取代中书省在百官和皇帝之间沟通渠道的地位；洪武十二年（公元 1379 年）又下令凡奏事不得先"关白"中书省。通政使司为明太祖的创制，是对此前察言司的承袭和完善，其"掌出纳诸司文书、敷奏、封驳之事"。明祖曾谕通政使曾秉正曰："壅蔽于言者，祸乱之萌，专恣于事者，权奸之渐。故必有喉舌之司以通上下之情，以达天下之政。……今以是职命卿等官，以通政为名。政犹水也，欲其常通无壅遏之患。卿其审命令以正百司，达幽隐以通庶务。当执奏者勿忌避，当驳正者勿阿随，当敷陈者无隐蔽，当引见者无留难……"②

但若仅有这些改革显然无法从根本上遏制相权的膨胀，以至于胡惟庸任丞相时，"专生杀黜陟，以恣威福。内外诸司封事入奏，惟庸先取视之，有病已者辄匿不闻。由是奔竞之徒，趋其门下"③。明初皇权和相权之争最后的激化就是胡惟庸案的出现，明太祖借此一举废除了存续千年的宰相制度。胡惟庸是否结党营私，阴谋篡位，自明以来一直是一桩悬案，学界对此至今没有定论，④但是由于胡惟庸案导致的宰相制度的废除，却是中国制度史上堪称大地震般的事件，宰相制度的废除，对明代刑部、大理寺的职能布局和机构设置产生了非常重大的影响。

从本文关于明初大理寺刑部、大理寺机构沿革及设置的介绍中，我们可以发现，在洪武十三年（公元 1380 年）之前（胡惟庸案在洪武十三年正月发），明朝一直沿袭元朝旧制，实行二法司制度，磨勘司虽然也有监察司法的职能，但是并非专门的监察司法的机构，更不能算是法司。在胡惟庸案爆发以后不久，由于宰相制度的废除，六部成为皇帝直属统领的政务机关，因此明太祖马上开始着手对六部进行改革。洪武十三年（公元 1380 年）春正月甲辰，"定六部、御史台等官品秩。

① 《明太祖实录》卷一四"甲辰春正月戊辰"条，《钞本明实录》，第 176 页。

② 《明太祖实录》卷一一三"洪武十六年六月甲申"条，《钞本明实录》，第 1869 页。

③ （清）谷应泰：《明史纪事本末》卷一三，中华书局 1977 年版，第 180 页。

④ 也有观点认为明太祖废丞相，发动胡惟庸案是早有预谋的有步骤的行动，而并非是在相权膨胀下的消极的防御性的行动并最后不得已以发动胡惟庸案做结。对于这两个观点，本文取前者，仅仅是因为此观点学界接受较广而已，因为与本文关系不大，不多赘论。

六部尚书正二品,侍郎正三品,郎中正五品,员外郎从五品”①。同年,定六部品秩后不久,三月戊申,明太祖即更定六部官制,定刑部尚书、侍郎各一人,又将原来的四科,扩编为四属部。② 此后,又一改洪武元年(公元1368年)以来沿袭元朝旧制的二法司制度,改为三法司制度,洪武十四年(公元1381年)十一月己亥,“复置大理寺及审刑司,以平庶狱。……凡大理寺所理之刑,审刑司复详谳之”③。只是很快大理寺的审判职权就被划入刑部,而大理寺则主要负责对刑部所理之刑的复核。此后三法司制度便基本稳定下来,其各自职权被记录于《诸司职掌》中,而大理寺虽然在洪武后期曾被短暂革除,但是在建文、永乐时期又按照《诸司职掌》的规定予以了复置,并一直保留了下去。

之所以在废除了宰相制度以后会出现这样的变革,一方面,是因为六部作为皇帝直接统领的机构,其品秩需要提高并确定,以便与身份相匹配。在洪武十三年(公元1380年)以后,刑部的四科变为四部,又变为十二部,最后成型为十三清吏司,这说明六部的机构一直在扩张(同样情况的还有户部,后有详述),这跟宰相制度废除以后六部的职能相应地分担了原来宰相所应当承担的职能,因此需要扩大机构来适应增加了的职能和更加复杂的事务有很大关系。另一方面,在宰相废除以后,皇帝的精力毕竟是有限的,其既承担了国家象征需要进行的礼仪活动,同时还要处理各种政务,便无暇去监督各部执行政务的情况,而这原本应当是宰相所应当承担的职责之一。因此,将二法司制度变为三法司,使三法司之间互相牵制,也正是出于遏制刑部职能,防止刑部职能过大的考虑。在设置三法司之初,可以发现明太祖是照搬了唐代的制度模式加上宋代的磨勘司制度,但是这样一来,大理寺便成为了集审判、监察和复核三项职权于一体的机构,而大理寺品秩较六部为低,品秩和权能严重失衡。同时,大理寺虽然是直接对皇帝负责的中央机构,但是毕竟不如六部那般紧密,在过去有宰相的时候,还能对大理寺有一些牵制作用,但在宰相制度既已废除,皇权又无力顾及的情况下难免会出现司法权滥用,而这正是明太祖所不能容忍的。因此很快到洪武十七年(公元1384年),审判职能就又被划归于刑部,此后审刑司、磨勘司逐渐被罢革,由大理寺专理复核。在明太祖的构思中,刑部和大理寺是对皇帝直接负责的中央机构,皇权不但可以借此控制司法权,同时还可以对司法审判有一定的控制和监督,同时,大理寺对刑部职权的膨胀有一定的牵制作用,皇帝可以居中担任仲裁者,从而轻松地控制住司法

① 《明太祖实录》卷一二九“洪武十三年春正甲辰”条,《钞本明实录》,第2053页。

② 参见《明太祖实录》卷一三〇“洪武十三年三月戊申”条,《钞本明实录》,第2071页。

③ 《明太祖实录》卷一四〇“洪武十四年十一月己亥”条,《钞本明实录》,第2202~2203页。

权。这既满足了明太祖的权力欲,又达到了三法司之间相互制约的目的。但是洪武二十九年(公元1396年)时,明太祖又罢革了大理寺,这说明明太祖对于大理寺的运作和大理寺对刑部的牵制力并不满意,"尽移大理寺案牍于后湖"的行为表明,明太祖认为牵制刑部、防止刑部滥用司法权还是需要皇权的力量,后来大理寺和刑部关系的变化也说明明太祖的担心是正确的。然而,明太祖的设想虽好,但是他忽略了并非所有的明朝皇帝都可以像自己那样勤政,也没有那么多的时间和精力代替大理寺履行复核监督的职能,因此,明太祖以后,大理寺很快就得以重新设立,刑部主审判、大理寺主复核的格局也因此得以延续,直到清末司法制度改革时才归于终结。

3. 受明代行省制废除的影响

明代初期的机构改革在中央层面以宰相制度的废除为核心,在地方层面则以废除元代建立的行中书省制度为契机。按照关文发先生在20世纪80年代发表的《试论明朝内阁制度的形成与发展》一文中的观点,行中书省制度的废除是废除宰相制度的前奏,是为了消除中书省在地方上的影响力。由于行中书省制度的废除对明朝中央机构设置和权能变化的影响颇大,因此笔者前面对废除宰相制度的影响进行论述时未作介绍,此处单从行中书省制度废除的角度,谈谈明代行省制度的废除对明代刑部、大理寺的职能格局和机构设置的影响。

行省制是元朝统治者在政治制度方面遗留下来的一个重要遗产。自元代行省制开始,行省、三司、督抚的高层督政区体制在后来的明清时期便较稳定地确立了下来,并对近现代中国的政体产生了非常久远的影响。按照李治安先生的观点,元代行省制的历史意义在于:"它创立了一种以行省为枢纽,以中央集权为主,辅以部分地方分权的新体制。"①元代行省具有两重性,其既长期代表中央分驭各地,又是地方的最高政府首脑,其主要职责既包括为中央收权又包括替地方分留部分权力,由于受到中央的牵制和约束监督以及自身组织机构内部的制衡,其所握权力虽大但是不能专权。

元代行省长期保留着朝廷派出机构的某些原有性质。元许有壬曾说:"都省握天下之十省分天下之治。"②《元史·百官志七》载:"行中书省……掌国庶务,统郡县,镇边鄙,与都省为表里。"以上资料均体现了行省"分天下之治","掌国庶务",且与中央的中书省互为"表里",密切相连的体系特征。终元一代,行省官员

---

① 李治安:《元代行中省制的特点和历史作用》,载《历史研究》1997年第5期。

② (元)许有壬:《至正集》卷三二《送蔡子华序》,《北京图书馆古籍珍本丛刊》95册,书目文献出版社2000年版,第166页。

一直属于“内任官”。据《元史》中的《明宗纪》和《达识帖睦迩传》记载,行省官仅仅是掌“方面之权”,充“方面之寄”,只是中央中书省的派出机关,元代行省的官员受到中央的制约非常大,且其直接对中央中书省负责。

但在行省职权方面,根据《元史·百官志七》记载,“凡钱粮、兵甲、屯种、漕运、军国重事,无不领之”这说明行省的职权非常的大。柳贯也讲,行省的职司包括“外廷之谋议,庶府之禀承,兵民之号令,财赋之简稽。”①元代程钜夫的说法则更是验证了行省的职权之重:

“……今天下疏远去处,亦列置行省……名称太过,威权太重。凡去行省者,皆以宰相自负,骄倨纵横,无敢谁何。所以容易生诸奸弊。钱粮羡溢,则百端欺隐,如同己物。盗贼生发,则各保界分,不相接应。甚而把握兵权,伸缩由己。”②该书中明人批注曰:“元末各省专恣不相救,以底于亡。大明革省立市政司,与相公言合云。”

行省权能极重到底是加强了中央集权还是削弱了中央集权,是否意味着实行的是地方分权,自古以来便有争论。在明人看来,行省制度似乎是削弱了中央权力,造成地方专权,是元迅速灭亡的根源之一,该观点从上述明人的批注中可见一斑。但是近代以来,则多认为行省加强了元朝中央政府对地方的控制。如李治安先生认为,元代行省职权虽大,但是并不能专权,程钜夫所言能反映其之权重,但是其中关于行省宰相专权的描述只能适用于某一时期。③ 李治安先生认为,元代行省不能专权的主要原因有以下几点:

第一,行省内部实行的是群官圆署和种族交参制,形成了互相牵制、分权制衡之势。

第二,行省辖区内宣慰司、路府州县、汉军万户府等机构仍然接受朝廷(吏部、枢密院)的任用、迁调、考课等管理,这就保证了行省辖区的地方官吏受辖于国家、效忠于朝廷的职业官僚的基本属性。④ 元代曹元用说的“方伯不敢专决大政,咨中书而后行”⑤则印证了这一观点,近代钱穆也主张,元行省制不是把政权分散,

---

① (元)柳贯:《柳待制集》卷一七《江浙行省左右司题名序》,《四部丛刊》,民国涵芬楼影印元刊本。

② (元)程矩夫:《雪楼集》卷一〇,《文渊阁四库全书》1202册,台北,台湾商务印书馆股份有限公司1982年版,第124页。

③ 李治安:《元代行中省制的特点和历史作用》,载《历史研究》1997年第5期。

④ 同上。

⑤ (元)苏天爵:《元文类》卷三六《送王编修代祀秦蜀山川序》,商务印书馆1936年版,第476页。

而是“完全把握集中在中央”①。

明太祖即位以后，于洪武九年（公元1376年）改地方行省制为三司制。行省制的废除是明太祖削弱相权的一系列步骤中的其中一步，目的就是削弱中书省对地方的影响。由于明朝是汉人王朝，不可能像元朝那样实行种族交参制，以达到互相牵制、分权制衡之势，再者，行省在元代把握军权，而明太祖一向主张军队和行政分离，地方行政机构不能握有军权。因此，明太祖将地方上的行政、司法、军政三项大权分别由三司代理，并使其分权制衡，不能独大，试图以此来代替权能过于集中的行省制。

三司制的推行，实际上只是行省制度的一个变体，即将原来由一个机构掌握的权力分散由三个机构职掌，但是在中央监督控制方面，与前代相比并无太大变化。三司官吏仍然要受到中央的管理、监督，地方大事，仍然需要向中央上报后才能进行。而三司制的推行，分散了地方的权力，三司之间往往互相掣肘、推诿，使中央对地方事务的控制和介入更加容易，这样同时也增加了中央机构的工作量。尤其是在废除宰相以后，中书省的废除导致原来中书省的很多包括对地方事务管理的职责分散到六部身上，这就直接导致了后来十三司的形成。

洪武八年（公元1375年）十一月丁丑，“命增设六部官员。中书省议奏户、刑、工三部，庶事浩繁，今定……刑部为四科，每科设尚书、侍郎、郎中各一人，员外郎二人，主事五人”②。此时距离洪武九年改地方行省制为地方三司制只有一年的时间，可以想见，这是明太祖为了地方制度的改革在中央层面作的铺垫。同时，此处所提户、刑、工三部都是所设地方事务较多的部门，尤其是户部、刑部。户部掌天下钱粮赋敛，刑部则掌天下刑名，正好对应后来的布政使司和提刑按察使司的职责。洪武十三年（公元1380年）定六部官制品秩后不久，当年三月戊申，明太祖即更定六部官制，定刑部尚书、侍郎各一人，又将原来的四科，扩编为四属部，即总部、都官、比部、司门。从明初机构改革的历程来看，户部机构之变革往往较刑部为先。

明朝户部始设于洪武元年（公元1368年）。六年，置五科为之属。十三年，改为四子部，曰总部、曰金部、曰度支部、曰仓部。二十三年，又按当时省区，分为十二子部。二十九年，改十二子部为十二清吏司。可以说，是户部先开了十三清吏司的先河，在户部改为十二子部后不久，洪武二十三年（公元1390年）九月乙巳，

① 钱穆：《中国历代政治得失》，三联书店2001年版，第100页。

② 《明太祖实录》卷一〇二“洪武八年十一月丁丑”条，《钞本明实录》，第1723页。

“分刑部四部为十二部,其部各设官,如户部之制”①。

十三清吏司作为刑部中最重要的机构,实际上就是刑部行使审判权的主要机关,而刑部(都察院)十三清吏司(科道官)的设立,也是大理寺左、右寺职能划分的基础。可以说,行省制度的废除成为了明代刑部、大理寺职能格局和机构设置嬗变的契机,是明代形成独具特色的司法机构体系的重要原因。

4. 受明太祖个人因素的影响

在以上的论述中总少不了提到一个人,那就是明太祖朱元璋。在洪武年间,从明王朝的礼制到政治制度,行政机构设置,再到律法,明太祖以其超越一般人的非凡精力,全程参与到了这些奠定了明王朝近三百年国祚的基本制度的制定中,并且一直是作为最后的决策者起着主导的作用,甚至说明太祖一手缔造了大明王朝的典章制度也一点都不过分。明王朝的典章制度深深刻上了明太祖的个人痕迹,因此从明太祖个人因素的角度出发来解析明代刑部、大理寺职能格局和机构设置变化的原因,也是有必要的。

明太祖朱元璋濠州钟离(今安徽省凤阳县)人,于元朝元文宗天历元年(公元1328年)九月十八未时出生于盱眙县(今江苏盱眙)太平乡(今安徽省明光市明光街道赵府村),其在家中排行第四,族中排行第八。父亲朱五四(后改为世珍),母亲陈氏。

朱元璋幼时甚贫困,无法读书,曾为地主放牛。至正四年(公元1344年)淮北大旱,朱元璋的父、母、兄先后去世,不得已而入皇觉寺当行童。入寺不到两个月,因荒年寺租难收,寺主封仓遣散众僧,朱元璋只得离乡为游方僧。

元至正十二年(公元1352年),朱元璋受幼时好友汤和信约,赴濠州投靠郭子兴,成为农民起义军,其后占集庆,破陈吴,灭张周,北伐蒙元,用十六年的时间缔造了从乞丐到皇帝的神话。

明太祖苦难的童年,坎坷的前半生,使他的性格极为复杂。因此对于明太祖的评价,一直以来都褒贬不一。贬损者认为他废相迁孟,大搞专政愚民之道,是中国史上的嬴政第二,中国近代专制之根源,大可追溯于此;认为他屠杀功臣,好杀成性,是类于桀纣的大暴君;认为他用法太酷,使中国刑罚重新从文明走向野蛮;认为他首开文字狱之先河,钳制思想等。褒扬者则认为,其严惩贪墨,肃清吏治,治下堪称中国史上吏治最清明的时期;认为其殚精竭虑,开有明一代体制,传承明清;认为其爱民如子,恢复生产,使连遭战乱和异族蹂躏的中华大地的元气迅速恢复,是一位贤君明君。《明太祖实录》中评价明太祖说,由于太祖的治理,“是以身

① 《明太祖实录》卷二〇四“洪武二十三年九月乙巳”条,《钞本明实录》,第3056页。

致太平三十余年,民安其业,吏称其职,海内殷富……功德文章巍然焕然,过古远矣"①。明代著名学者何乔远评价说:"仲尼圣汤武,岂不以救民哉?至其惭德,不逮汉高。高帝所由起与汉高同,抑不似其为秦亭长,至神武漠算、文学之长,不舍过之。若夫兢兢业业,不少宁荒,虽二帝、三王所称,蔑以加矣。"②而清朝统治者对于明太祖的评价也非常高,如康熙皇帝曾说:"联观明史洪武、永乐所行之事,远迈前王"③,并为明太祖孝陵亲题"治隆唐宋"碑文。如果说《明实录》和何乔远还有避尊者讳的嫌疑的话,那么来自清朝统治者的评价则相对来说会更加客观一些。

作为一个从底层出生的雄才大略的君主,一方面,他希望自己打下来的江山能够世世代代把握在自己的子孙后代手中,因此他用他全部精力来管理他手创的朱家皇朝,几乎参加了所有明朝典章制度的制定过程;他诛杀功臣,给自己的皇长孙拔除扎手的荆棘,使其在即位以后不会被那些文能安邦,武能定国的功勋老臣架空。就好像一个老农精心打理自己刚刚得到的土地一样,他为得就是让自己的子孙后代能靠这块土地生生世世的繁衍下去。另一方面,他也有希望自己王朝的制度能够远追唐、宋,并且可以超越唐、宋,可大可久的雄心。因此他殚精竭虑,在元代制度的基础上,根据实际的需要,吸取所能接触到的唐、宋时期的制度精华,将三朝制度融合在一起,来改造构建明朝的制度体系。正是这样,才形成了明朝独具特色、承上启下的一代体制。

如果说元朝余荫,丞相和行省制度的废除是刑部、大理寺的职能格局和机构设置经历多次变革的客观原因的话,那么明太祖这种心理就是主观原因。刑部、大理寺最后的职能格局的最后形态,充分体现了明太祖"上下相维,大小相制"和"以小制大"的制衡思想和策略。但是,从最后洪武二十九年(公元 1396 年)明太祖废大理寺,"尽移大理寺案牍于后湖"的举措中可以看出,虽然其对三法司的制衡体系还是不甚满意,但他已经没有时间和精力去帮他的子孙们完成所有的一切了。

(二)明代刑部、大理寺职能嬗变的影响

1. 大理寺无法发挥制衡作用

大理寺在明代的地位非常尴尬,由于品秩低于刑部,因此其职权逐步被刑部架空且渐不受尊重。大理寺对于这种情况也是无可奈何,大理寺官员往往只能屈

---

① 《明太祖实录》卷二五七"洪武三十一年闰五月"条,《钞本明实录》,第 3719 ~ 3720 页。

② (明)何乔远:《名山藏》卷四《典漠记》,北京大学出版社 1993 年版,第 291 ~ 292 页。

③ (清)蒋良骥:《东华录》卷一七,中华书局 1980 年版,第 280 页。

从于刑部定拟的判决意见。嘉靖四十年(公元1563年)四月,刑科给事中李瑜纠大理失平反之职,言:

"属者刑部开送囚数,动计五百余人,岂皆情罪允当无一可以议者乎?抑犹有过犯由于灾眚,而情法属于可疑者乎?臣等看详奏章,多称冤抑,间尝随时抄发,未见该部一为议行。国家设大理寺以审谳,盖付之以天下之平也。近闻该寺谳囚,非不间有参驳,苟见该部执拗,即以无词复之。甚至狱词已付廷评,而该部意有出入,辄复追改,寺臣亦径从之。"①

为了改变这一局面,大理寺也曾做出过努力,如嘉靖年间,大理寺卿刘玉上疏,言"祖宗良法废坏殆尽"。疏言:

"(朝廷)既设刑部以掌邦宪,又设都察院以司纠察,兼之问刑,又设大理寺以专审录。凡问过罪囚,具招送审。凡招不协情,情不合律,驳回三次,改拟不当,将当该官吏具奏送问,谓之照驳。照者,照其情律也。若问有冤枉,囚自番异不服,则取供行移,改调隔别衙门问拟。二次番异不服,则具奏会同九卿圆审。详载《诸司职掌》与《大明会典》,为制甚密。及查见行条例,遇有重囚称冤,原问官员辄难辨理者,许该衙门移文会同三法司、锦衣卫堂上官,就于京畿道会问辨理。果有冤枉,及情可矜疑者,奏请定夺。……奈何丰豫之余,人心玩怠……以求寔理为怪异,以论旧章为狂愚,遂使祖宗良法废坏殆尽,臣等又难尽言者……

伏望皇上特敕法司,今后问刑,凡有拟议未当者,容臣等查照旧规,照驳再问。驳回三次,改拟不当,将当该官吏具奏送问。若问有冤枉,囚自番异不服,取供改调隔别衙门问拟。二次不服,止照条例,会同三法司及锦衣卫上官会审。十分重情,遵照《会典》,会同九卿圆审。原问官及改问官若容私偏向,仍有冤枉不明者,一体参照问罪。其余事情,均乞敕本寺及各衙门钦遵施行。"②

虽然在大理寺和其他有识之士的努力下也有过一些改革和制度上的制约,但是刑部日益权重,大理寺难以制衡的局面在明代并未得到根本的解决,并且一直延续到清代,直到清末改革的时候,才最终回到正轨。

2. 皇权的加强

刑部受辖于行政办事机构,直属于皇帝;大理寺是独立于六部之外的办事机关,和九寺五监一起而直接隶属于皇帝。但是皇帝毕竟精力有限,纵观明代历史,除了少数几个皇帝外,大多数的皇帝根本无法对这么多的机构直接进行控制。因此从上面刑部、大理寺的职能布局和机构设置来看,明太祖不但希望通过直接控

① (清)孙承泽:《天府广记》卷二四《大理寺》,北京古籍出版社1984年版,第329页。

② (清)孙承泽:《天府广记》卷二四《大理寺》,北京古籍出版社1984年版,第326页。

制司法机构来控制司法权，而且希望刑部、大理寺能够互相分权，互相牵制，从而加强皇权对司法机构的控制，避免专权的发生。

刑部和大理寺在各自行使其独立的职能之外，又都可以参加审判（三法司会审）。虽然三法司中以刑部的地位为最高，并且随着中央集权的强化，三法司的权力也逐渐向刑部集中，但是大理寺在某些时候，借助皇帝的支持仍然可以对刑部形成一定的牵制作用。刑部负责受理复核直隶及各省徒刑以上的案件，审理京师笞刑以上案件和委派官员复核直隶之斩绞监候案件，也有权决定流刑案件，但需将罪犯连同案卷（正德以后则只移案卷）送大理寺复核，再由刑部具奏行刑。如果对于刑部的初核（审），大理寺认为有不允当之处，则可以根据《诸司职掌》和《大明会典》的规定予以驳回，驳回更拟三次仍有不当，还可以参驳，调问。至于死刑，确定无疑者，经大理寺复核同意，刑部需奏报皇帝批准；可疑者，经大理寺同意，刑部有权驳回地方，责令重审或更改原判，但这同样也需要奏报皇帝。由此可见，除了皇帝可以直接对死刑案件进行控制并且作出最终决定以外，刑部和大理寺之间也有很强的牵制，这使皇帝可以很轻松地防止司法权为一人或者一个机构所专。同时，由于刑部和大理寺都是复核机关，所以经常因为复核意见不同而出现冲突，这个时候就需要皇帝来作最后的裁决。比如隆庆三年（公元1569年），刑部与大理寺就曾因适用《大明律》意见不同一事发生争执。当时的大理寺左少卿王诤言："我朝设刑部以掌刑名，又设大理寺以评审之，本以相济而非以相病也。今问刑官不能输心服善，多务求胜，每每违背律例独任意见，或曰难以照常发落，或曰何比某事拟罪，自创一例，略无顾忌。臣请以近事一二征之"……"上令刑部、都察院公议以闻"……"都察院左都御史王廷、刑科左给事中陈行健等皆以诤议为是"……"上乃命更议买休卖休律，而戒恺（毛恺，当时的刑部尚书）等今后问拟评驳协心详审，以副朝廷钦恤之意"。[①] 从这段记载中可以发现，皇帝在这场刑部和大理寺的争端中处于最终仲裁者的位置，拥有超然的地位。刑部、大理寺的相互牵扯，使任何一个部门都无法大权独揽（虽然明中后期大理寺职权几乎被刑部架空，但是刑部仍无法达到独揽司法权的地步），皇帝在这其中可以大玩平衡权术，不用费多少力气和精力就能有效地控制司法权。

3. 对清代体制的影响

清朝的崛起时间非常短暂，在此之前，生活在东北苦寒之地的建州女真部落，文明十分的落后，几乎处于原始的状态，因此也没有专门的司法审判机构。清太祖在建立八旗制度以后，以"八贝勒共议国政""合议审判"的形式进行了一些司

① 《明穆宗实录》卷二八"隆庆三年正月己巳"条，《钞本明实录》，第749～751页。

法审判。清太宗皇太极即位以后,开始加强中央集权,逐步削弱八旗贝勒的权力,为此,开始大量地适用明朝的制度,借鉴汉法。天聪五年(公元1631年),皇太极按照《大明会典》所确定的体例,设置了刑部。此时,明朝的制度已经开始渗透进入清朝体制之中。

由于清朝入主中原的机遇几乎是在一个很偶然的情况下出现的,清统治者对于突然统治一个先进的文明并没有做好充分的准备,而且当时还面临对李自成等农民军的围剿和对南方南明的征伐两大战事,无暇去仔细地对前朝体制加以损益,以自己的体制以取代之。再加上其入关本身是打着为崇祯皇帝报仇的旗号,是以明朝的继承者的身份入主中原的,因此,为收拢人心,其也不敢大幅度地改动前朝体制。在这种种因素的作用下,清朝统治者几乎是完整保留了明朝的体制,甚至连《大明律》也在清前期适用了很长的时间,直至乾隆时期,《大清律例》才最终修订完成,颁布实施。

在清朝,刑部的职掌兼有司法审判和司法行政两个方面,"掌天下刑罚之政令,以赞上正万民,凡律例轻重之适,诉断出入之孚,决宥缓速之宜,赃罚追贷之数,各司以达于部。尚书侍郎率其属以定议,大事上之,小事则行,以肃邦纪"①。而且刑部之职权最重的情况和明朝也是一样的,"外省刑案,统由刑部核复。不会法者,院寺无由过问,应会法者,亦由刑部主稿。在京狱讼,无论奏咨,俱由刑部审理,而部权特重"②。清代刑部的职掌主要为主持修订律例,审理中央官员的违法犯罪案件、京师徒刑以上案件,审核地方的徒刑以上案件,管理地方的上诉案件与会同复核各省秋审案件,会同复核京师朝审案件,职能范围较明代虽有所扩大,但并无实质变化。清代刑部的机构与明朝相比虽然有所增加,但是大体未变,仍然保留了"十三清吏司"的体制,不过由于清朝版图扩大和中央集权加强的原因,"十三清吏司"扩大到了"十八司",其他刑部机构则有清档房、汉档房、司务厅、督催所、当月处、秋审处、减等处、律例馆、提牢厅、赃罚库、饭银处、赎罪处等,机构较明代为多,这主要是与清代刑部职能太重,事务繁多有关。从这里我们可以看出,清代刑部除了机构大幅增加,职能扩大之外,其总体的职能和机构设置与明代并无二致。

而清代大理寺则与明代更为相似。清代大理寺仍然是职掌案件的平允,专管复核,也同样是兼有司法审判及司法行政,"掌平天下之刑名,凡重辟,则率其属而会勘"③。此外,大理寺还参与秋审和朝审,其主要职能为会同复核各省死刑案

① 《大清会典》(光绪朝)卷五三《续修四库全书》794册,上海古籍出版社2002年版,第513页。

② 《清史稿》卷一四四《刑法三》,中华书局1977年版,第4206页。

③ 《大清会典》(光绪朝)卷六九《续修四库全书》794册,第661页。

件，会同审理京师死刑案件，会同复核各省秋审案件，会同复核京师朝审案件，与上文明代大理寺的职能相比，变化并不大。其机构设置的变化也很小，其主要机构有档房、司务厅、左寺、右寺。其中，左、右寺与明代一样，也是对应刑部十八司和都察院十五道来履行自己的职能。

虽然清代对明代的司法体制，根据自己的情况有所损益，如颁布了刑部、大理寺首长官员均满、汉各设一员的民族政策等，但是，无论是从职能布局，还是从机构设置来看，大体上并无变化，明代体制对清代的影响，由此可见一斑。

五、结语

综上所述，明代刑部、大理寺职能较唐、宋之转变，是以元代为转折点的。元代为了保留其制度文明传统，有限度地接受了汉制，革除了大理寺，将审判权划归包括刑部在内的行政机构，是后来明、清时期审判权归于刑部的铺垫。同时，由于欠缺牵制，相权膨胀的宰相制度和在地方上权力过于集中的行省制度在元代产生了许多的问题。明朝在建立以后，由于特殊的政治环境影响，对元朝的这些制度予以了继承，其后不久，这些制度在元代的弊端也在明初显现出来，成为不能不革除的弊政。在革除这些弊政的过程中，包括刑部在内的中央机构权力日重，这使原来的机构设置并不能满足行政需要，因此，产生了十三司等明代首创的机构。同时，明太祖抱着明朝体制能够远追唐、宋，并能超越唐、宋的想法，先后设置了磨勘司、大理寺，将明初继承元朝的二法司制度改成传统的三法司制度。但是由于大理寺的革废的时间久长，元代多经战乱，资料散佚严重，故而大理寺的运行机制、审判经验都出现了断层，模糊不可望，再加上元代体制的制度惯性，明太祖在设置大理寺的时候走了很多弯路，并且最终没有能够恢复大理寺专理审判的古制。在诸多因素的合力下，明代在洪武中后期最终确定了由刑部审判，大理寺复核的基本格局。

综上所述，笔者认为，在明代形成的这种对唐、宋时期司法体制的颠覆，虽然客观上起到了加强皇权的效果，但是并非是基于此目的而刻意为之，而是在历史传承、经验总结以及统治者个人原因等因素的综合作用下出现的结果，此外，元朝体制对明代刑部、大理寺职能格局和机构设置的嬗变影响尤大，不能不加以重视。以往在论及有明一代体制的时候，很少有将元代的影响作为重要切入口的文章，本文也是希望抛砖引玉，在此方面作一尝试。

（作者单位：华东政法大学）

明代法律俗语研究

蔡　煜

一、导言

俗语是语言的精华沉淀，"它言简意赅，寓意深刻，比喻恰当，形象鲜明，能绘声绘色地表现社会上各种人的精神面貌和人情世态"①。

法律俗语是俗语宝库中的奇葩，元明清三代是我国古代法律俗语发展的黄金时期。明代法律俗语上承元代，下启清代，具有很高的研究价值，它生动地反映了明代法律对民众的影响、民众对法律的看法和法律实施状况，足可补正史、律典之不道。盖此类官修史书、律令多记静态法制、精英法律思想，法律对民众影响，民众对法律所思所想几无可考。② 通过对明代法律俗语的发展变化研究，可以探究明代法律对民众实际生活的影响和民众法律观念差异变化，从而为深入探究明代法律制度提供语言学资料。诚可谓"六经皆史也"③，俗语亦史。

把明代法律俗语作为一个专题来进行研究，笔者至今未见有关研究成果，其他朝代的法律俗语亦未见有专题研究。目前学界主要是把法律俗语作为论据使用，如日本学者滋贺秀三曾引用法律谚语、格言作为论据之一来

---

① 徐宗才、应俊玲编：《俗语词典》修订本，商务印书馆2004年版，第3页。

② 参见翦伯赞：《史料与史学》，北京出版社2005年版，第46页。

③ （清）章学诚：《文史通义校注》，叶瑛校注，中华书局1994年版，第1页。

研究中国家族法，这些谚语、格言绝大多数属于法律俗语。① 梁治平先生在《民间法、习惯和习惯法》等论文中比较深入地探讨了"法语"、"法谚"和契约中的"套语"，并认为这是民间习惯法，是习惯法最有力最明晰的表达。② 另外徐忠明、徐晓光、高浣月诸先生论著中对法律俗语也都有精彩论述。③ 这些学者的辛勤开拓，为明代法律俗语的系统研究打下了基础。

二、明代法律俗语研究概论

本部分主要是研究明代法律俗语的定义、语言特点、来源与种类，试图从总体上概括介绍明代法律俗语。

（一）明代法律俗语定义

1. 俗语定义汇说与作者见解

俗语作为一种语言形式早就存在于汉语里，先秦文献中已有记载，只是那时还没有"俗语"这个名称，多叫作"野语""民语"，也有单作"语"的。在汉代的《史记》与《说苑》中开始出现了"俗语"一词。④ 目前语言学界关于俗语的定义主要有以下三种观点：

（1）通俗流行说

通俗流行说认为，俗语是指流行于民间的通俗语句，带有一定的方言性，是指谚语、俚语及口头上常用的成语等。⑤

（2）狭义说

狭义说认为，俗语是指民间创造并广泛流传，通过比喻（所谓"喻"）提炼和抽象（实际意义由字面意义提炼和抽象出来，所谓"指"）、描述（所谓"形容"）等方式得到的定型的语句。⑥

---

① 参见［日］滋贺秀三：《中国家族法原理》，张建国、李力译，法律出版社2003年版，第522～523页。

② 参见梁治平：《清代习惯法：社会与国家》，中国政法大学出版社1996年版，第42～43页。

③ 参见徐忠明：《包公故事：一个考察中国法律文化的视角》，中国政法大学出版社2002年版，第81页；另参见《案例、故事与明清时期的司法文化》，法律出版社2006年版，第261～263页；另参见徐晓光：《谚语与法律——论我国西南少数民族法律谚语的本质与特征》，载《西南民族学院学报》（哲学社会科学版）1995年第3期；另参见高浣月：《清代刑名幕友研究》，中国政法大学出版社2000年版，第50页。

④ 参见温端政、周荐：《二十世纪的汉语俗语研究》，书海出版社2000年版，第1～3页。

⑤ 辞海编辑委员会编：《辞海》，上海辞书出版社1979年版，第247页。

⑥ 竟成：《中国俗语》，农村读物出版社2017年版，第4页。

(3)广义说

广义说认为,汉语俗语是包括口语性成语和谚语、格言、歇后语、惯用语、俚语在内的定型化或趋于定型化的简练习用语汇和短语。①

上述三种观点以通俗流行说涵盖俗语范围最广,把口头使用的成语也列入俗语范围;广义说是对通俗流行说的理论概括,但提出俗语的结构特点要求,故范围较通俗流行说略窄;狭义说最窄,语汇要求最严格。笔者以为,综合上述三种观点可以将俗语分为广义与狭义两大类:广义说包括谚语、俚语、口头上常用的成语、歇后语、格言、惯用语等,只要具备通俗性、流行性与结构相对固定性三个特点,都可以成为俗语;②狭义说包括口头上常用的格言、谚语、惯用语等简练习用语,不包括俚语、歇后语等无比喻、提炼和抽象描述等方式得到的通俗定型语句。这样有利于对俗语的分类研究。③

2. 明代法律俗语定义与本文研究范围

按照笔者对俗语定义的理解,笔者认为明代法律俗语是指明代民间流行的与法律有直接关联的通俗定型语句,可以分为广义与狭义两说。广义说包括谚语、俚语、口头上常用的成语、歇后语、格言、惯用语等;狭义说包括口头上常用的格言、谚语、惯用语等简练习用语,不包括俚语、歇后语等无比喻、提炼和抽象描述等方式得到的通俗定型语句。所谓与法律直接关联,是指直接与立法,执法,司法,适用法律,法律原则,法律条文以及表达对法律、司法制度、司法官员评价的俗语,纯粹是伦理性、说教性的或其他非与法律内容直接相关的俗语不是法律俗语。

限于学力与篇幅,本文所研究的明代法律俗语的定义系采用狭义说,广义的法律俗语不在本文研究范围。

(二)明代法律俗语的语言特点

1. 通俗性

法律俗语首先要通俗,要口语化,主要用于书面的法律用语不能算在内。试举一例,如明代有针对少数民族刑事政策的法律谚语,叫“全剿不如歼魁,明捕不如暗执”④,这则法律谚语虽然很工整,也有一定道理,但是不够通俗,因此只能算是一条法律谚语。当然通俗性是相对的,一些古代的法律书面用语,经过长期的使用,普通民众也知晓了,也能说是具有通俗性。

---

① 屈朴:《俗语古今》,河北人民出版社1991年版,第16页。

② 参见温端政、周荐:《二十世纪的汉语俗语研究》,书海出版社2000年版,第104页。

③ 需要指出的关于俗语的分类标准,在语言学界至今仍无定论。作者观点是因则以语汇分类。有关争论参见温端政、周荐:《二十世纪的汉语俗语研究》,书海出版社2000年版,第248~273页。

④ (明)王士性:《五岳游草、广志绎》,中华书局2006年版,第313页。

2. 流行性

法律俗语应为较广范围的人群所知并使用，如果仅仅是在很窄的人群范围流传的关于法律的定型语句，社会公众普遍不知或不使用，那就不是法律俗语，只有流传开的关于法律的定型语句才有可能成为法律俗语。试举一例，明代笔记《典故纪闻》记载了一则太祖朱元璋与大臣讨论刑法时所讲的法律谚语，"法重则刑滥，吏察则政苛"①。这则法律谚语虽然很工整，也很有哲理，并且还被选录于《太祖宝训》②，但是这句话只在很小的范围内流传，不具有流行性，因此只能算一条法律谚语。

3. 专业性

法律俗语的内容是直接与法律相关，直接与立法，执法，司法，使用法律，法律原则，法律条文以及表达对法律、司法制度、司法官员评价的俗语，纯粹是伦理性、说教性或其他非与法律内容直接相关的俗语不是法律俗语。试举一例，"举头三尺有神明"③，此语在元代就成为俗语，流行很广。但是此语仅仅是劝告他人不要做坏事，凡事要行善积德，否则老天将要惩罚，说教性强，本身没有直接包含法律内容，也没有对法律的评价，所以不属于法律俗语范畴。

4. 结构相对固定性

法律俗语与法律民谣的其中一个区别就在于，法律俗语的结构比较稳定，句式通常为一两句，至多为三四句，比较简练，而民谣句式不稳定，既有三四句的，也有几十句的。④ 试举一例，明代况钟是大清官，老百姓作了不少歌谣歌颂他，有"况太守。民父母。众怀思。因去后。愿复来。养田叟"和"况青天。朝命宣。愿早归。在新年"⑤等谣，有六句，也有四句，句式不一，所以从语言结构上看，其不是法律俗语。

（三）明代法律俗语的来源与种类

1. 明代法律俗语的来源

按照马克思主义学说，"语言是从劳动中并和劳动一起产生出来的"⑥。因此

---

① （明）余继登：《典故纪闻》，中华书局1981年版，第42页。

② 《明太祖宝训》，《明实录》第96册，台湾"中央研究院历史语言研究所"校印，第319页。此书购自旧书店，系翻印本，出版者不详。

③ （元）乔梦符：《玉箫女两世姻缘》，载王季思主编：《全元戏曲》（第5卷），人民文学出版社1999年版，第136页。

④ 参见蒋茵楠编：《当代民谚民谣》，上海辞书出版社2005年版，第6～7页。

⑤ （清）杜文澜辑：《古谣谚》，中华书局1958年版，第857～858页。

⑥ （德）恩格斯：《自然辩证法》，载中共中央马克思恩格斯列宁斯大林著作编译局编译：《马克思恩格斯选集》（第4卷），人民出版社1995年版，第376页。

笔者认为,明代法律俗语也是社会各阶层接触、使用、适用法律过程中产生的,没有社会各阶层对法律的认识、实践,法律俗语是很难被创造出来的,也不可能会有生命力与影响力。究竟哪些内容会被融入法律俗语呢,归纳起来,明代法律俗语来源的内容类型主要有以下三种:

(1)习惯类

习惯类是指将明代社会中民众所使用的习惯融入法律俗语,用生动、形象、易记的俗语来宣传、解释这些被一定范围的公众认可或被官方法律、司法实践认可的习惯。这些法律俗语事实上具有习惯法性质,是习惯法的最生动表现。如关于民妇再婚的主婚权,明代法律中无明确规定,但民间部分地区有主婚权属妇女本人的习惯,反映此类习惯的俗语"初嫁从亲,再嫁由身"等也就成为法律俗语。①

(2)法律类

法律类是指将社会中存在的法律规范或者民众在法律实践中的经验体会融入俗语,使之成为法律俗语的一个重要组成部分。一些重要、常用、历代相承的法律规范在长期的社会实践中逐渐形成了一些通俗易懂民间广泛流传的定型解说语句,也就是法律俗语,有的法律规范还直接成为法律俗语。最典型的例子是"公取窃取皆为盗"这一法律俗语,源出唐律"公取窃取皆为盗"条,明律袭之。② 长期的法律实践使民众对这一罪名非常熟悉,因此到了明代,这条罪名条目也成为了法律俗语。③

(3)伦理礼教类

伦理礼教类是指将社会中的涉及法律调整范围的伦理礼教类规范融入俗语,使之成为明代法律俗语的一个重要组成部分。如关于婚姻聘礼问题,儒家有"婚娶而论财,夷虏之道也"④说。在明代严定官民婚礼的法律背景下,⑤这一礼教规范就流传为"婚姻论财,夷虏之道"⑥这样一条规范聘礼的法律俗语。

当然法律俗语具有传承性,明代法律俗语中有许多说法源自元代或者更早时代的法律俗语,反映了一种民族法律观,习惯、法律和伦理礼教之间也并非泾渭分

---

① (明)施耐庵、罗贯中:《水浒传》,上海古籍出版社1988年版,第363页。

② 《唐律疏议》,刘俊文点校,法律出版社1999年版,第409页;《大明律》,怀效锋点校,法律出版社1999年版,第148页。

③ (明)吴承恩:《西游记》,江苏古籍出版社1996年版,第445页。

④ (隋)王通:《文中子中说译注》,郑春颖译注,黑龙江人民出版社2003年版,第63页。

⑤ 参见(清)孙承泽:《天府广记》,北京古籍出版社1984年版,第208~209页。

⑥ (明)凌濛初:《二刻拍案惊奇》,上海古籍出版社1992年版,第78页。

明，但考其来源，大致如此。①

至于宗教，因明代实行政教分离原则，宗教对法律的直接影响是有限的，因此在现知的明代法律俗语中，与宗教直接相关的并不多。只有从“冤有头，债有主”和“若知牢狱苦，便发菩提心”②等这样的法律俗语中还能看清其源出宗教。

2. 明代法律俗语的种类

为了更好地研究明代法律俗语，分析其共性与特性，可以按照一定标准将明代法律俗语进行分类，主要有六类：

(1)按法律俗语定义范围分类

据此可分为广义明代法律俗语与狭义明代法律俗语。其分类标准第一节已论及。这种分类价值在于区别不同法律俗语语汇种类。

(2)按法律俗语涉及法律规范分类

据此可分为刑事法律俗语、民事法律俗语、诉讼法律俗语、国际法法律俗语等。这种分类价值可以研究不同法律规范对民众日常生活的影响力。

(3)按法律俗语的功能分类

据此可分为指引功能的法律俗语、教育功能的法律俗语、预测功能的法律俗语、评价功能的法律俗语、强制功能的法律俗语等。这种分类价值可以研究不同类型法律俗语的功能。

(4)按法律俗语流传的民族分类

据此可以分为汉族法律俗语、蒙古族法律俗语、彝族法律俗语等。这种分类价值可以研究不同民族间的民众法律心态的异同。

(5)按法律俗语流传的时代分类

据此按照皇帝执政年代可以分为洪武朝法律俗语、永乐朝法律俗语等，按时间段也可划分为明初法律俗语、明中法律俗语、明末法律俗语。这种分类价值可以研究不同时代间的民众法律心态。

(6)按法律俗语流传的地区分类

地区范围可按照行政区域、地理区域来分类。如依照行政区域划分，可分为北京法律俗语、南京法律俗语等；③若依照地理区域划分，可分为南方法律俗语、北方法律俗语等。这种分类价值可以研究不同环境下的民众法律心态。

---

① 参见王立民：《古代东方法研究》，学林出版社1996年版，第13页。

② 中国佛教文化研究所编：《俗语佛源》，上海人民出版社1993年版，第166、223页。

③ 明常制，设南北二京与十三布政使司。参见周振鹤：《中国地方行政制度史》，上海人民出版社2005年版，第187～192页。

三、明代法律俗语与明代法律

本部分系从实证角度具体研究明代法律俗语与明代刑事、婚姻家庭、诉讼及其他法律之间的关系。通过阐述法律俗语涉及的法律领域、法律制度、法律条文,从一个侧面反映了这些法律领域、法律制度、法律条文为民众所熟悉了解的程度。通过考察明代法律俗语表述内容与明代法律之间异同,探究民众对法律的认识与官方法的异同。

(一)明代法律俗语与刑法

1.明代法律俗语与刑法基本制度

(1)连坐制度

连坐,又称缘坐,指无罪之人因受有罪之人的某种牵连而入罪,是专制社会预防犯罪,提高犯罪成本的重要手段。有关俗语有三组:

第一,家人犯法与家长连坐。

俗语有"家人犯法,罪坐家主"[①]等说。

家主是民间对家长的俗称。家人范围明律未明,唐时规定为祖、父、伯、叔、子、孙、弟、侄,余度明制同于唐律,但从明律"应议者之父祖有犯条"[②]小注推测,家人除男系亲属含义外,又有奴仆之义。家人犯法,依照明律,非法定连坐情形,家长不承担刑责。

此俗语源出唐律"家人共犯,止坐尊长"[③],明律也有此条目,但尊长非定为家主(长),且依明律"共犯罪分首从"条,只有尊长与卑幼共同犯罪,并且涉嫌罪名不属于盗窃财物、斗殴杀伤等侵损于人类罪,才由尊长承担刑事责任,并且妇女尊长除外,仍由男夫承担,尊长八十以上及笃疾者,归罪于以共犯罪次长者。[④] 此条法律俗语的语义变化反映了在明代现实生活中家长责任之重,律外家长连坐情形突出。

第二,妇女犯罪与夫、子连坐。

俗语有"女子有罪,罪坐夫男"[⑤]和"妇女有罪,坐于夫男"[⑥]等说。

---

① (明)罗懋登:《三宝太监西洋记》,华夏出版社1995年版,第363页。

② 《唐律疏议》,刘俊文点校,法律出版社1999年版,第126页;《大明律》,怀效锋点校,法律出版社1999年版,第6页。

③ 《唐律疏议》,刘俊文点校,法律出版社1999年版,第125~126页。

④ 《大明律》,怀效锋点校,法律出版社1999年版,第17~18页。

⑤ (明)杨尔曾编次:《韩湘子全传》,(清)刘璋、(明)杨尔曾编次:《钟馗全传、韩湘子全传》,华夏出版社1995年版,第244页。

⑥ (明)方汝浩编:《东度记》,华夏出版社1995年版,第430页。

妇女犯罪牵连丈夫或儿子的实质是立法者认为妇女的行为能力是不完全的，要由其监护人丈夫或儿子承担责任，是男尊女卑的礼教观念在法律上的体现。明律中盐法、私茶、私矾、亵渎神明条，《问刑条例》中"应议者犯罪条例"、"典卖妻女条例"、"略人略卖人条例"以及"骂制使及本管长官条例"均有妇女犯罪由丈夫或儿子承担责任的条款。盐法、私茶、私矾条，丈夫、儿子的免责条件为"夫而远出，或有子幼弱"，其余条款免责条件一般为丈夫、儿子不知情，否则都要由丈夫、儿子承担责任。① 至于妇女其他犯罪是否连坐夫男，从明曲、小说中法律俗语的适用语境来看，妇女犯骂詈、男女婚姻罪名，均牵连丈夫、儿子，这不会是创作者的杜撰。明末清初著名学者、艺术家李渔在作戏曲《凰求凤》第十七出云："况从来官府加刑，妇人的罪犯都是男儿顶！"②可见妇女犯罪一般由丈夫、儿子承担责任，在明代是作为一种制度存在的。

第三，反对连坐制度。

俗语有"罪人不及于妻孥"③、"罪不及妻孥"④和"一人做(作)事一人当"⑤等说。

连坐制度虽对预防犯罪有一定效用，但往往株连无辜。《左传》曾引《康诰》批评连坐制度，说"父子兄弟，罪不相及"⑥。明时虽削减了个别元律连坐罪名如官守不勤于职，但新增了奸党、上言大臣德政、采生拆割人等连坐罪名，且删去了唐宋律中对道士，妇女，部曲，奴婢以及不附州县贯者的工、乐、官户犯反逆罪不株连他人的规定，反逆株连豁免条款亦被删除。⑦ 并且明代用刑惨刻，株连之案比比皆是，此组俗语一方面反映了明代罪责自负原则已为民众、开明官员所接受；另一方面也表达了民众对连坐制度的不满。

---

① 参见《大明律》，怀效锋点校，法律出版社 1999 年版，第 78～80、89、343、373、414、422 页。

② 明末清初李渔编次：《凰求凤》，载《李渔全集》(修订本·全十二卷)(第 2 卷)，浙江古籍出版社 1992 年版，第 475 页。

③ (明)李玉：《一捧雪》，载《李玉戏曲集》，上海古籍出版社 2004 年版，第 50 页。此曲系明末作品。

④ (明)阮大铖：《牟尼合》，载《阮大铖戏曲四种》，黄山书社 1993 年版，第 203～204 页。

⑤ (明)许仲琳：《封神演义》，上海古籍出版社 2005 年版，第 84、92 页。

⑥ 《春秋左传》(2)，辽宁教育出版社 1997 年版，第 309 页。

⑦ 如删犯谋反大逆罪之男夫年八十及笃疾、妇人年六十及废疾者可免受株连等。参见《唐律疏议》，刘俊文点校，法律出版社 1999 年版，第 348～352 页；另参见《宋刑统》，吴翊如点校，中华书局 1984 年版，第 271 页。

(2)犯罪主观要件

俗语有“不知者不坐”[①]和“不知者不坐罪”[②]等说。

犯罪主观要件是指刑法规定成立犯罪必须具备的犯罪主体对其实施的危害行为及其危害结果所持的心理态度。[③] 上述俗语系关于不知情与犯罪关系,基本符合明律。依明律,对他人普通犯罪行为不知情的一般不构成犯罪,意在慎刑。依大明律,除采生拆割人、造畜蛊毒杀人、杀死奸夫条、及杀一家三人条等重罪中有不知情亦构成犯罪内容以及奸党、交结近侍官员、上言大臣德政、谋反、谋叛等连坐罪名外,其它普通犯罪,不知情者不构成犯罪。[④] 此组俗语反映了明律中“不知者”一般不构成普通犯罪的原则,广为人知。

(3)刑罚赦免

俗语有“奴婢杀主,大赦不赦”[⑤]等说。

大赦是国家对犯罪者宣告免予追诉或者免除执行刑罚的全部或者一部分的法律制度,但对奴婢杀主等重罪,一般不赦。元时尚有对奴婢杀主大赦之例,明时已无,[⑥]此俗语符合明代实际司法情况。

2. 明代法律俗语与罪名、犯罪处罚、行为准则

(1)罪名

第一,不孝。

俗语有“五刑之属三千,而罪莫大于不孝”[⑦]等说。孝这一伦理规范,源于先民生殖崇拜和祖先崇拜的发展,不孝成为犯罪,商时或有之。《吕氏春秋·孝行》引《商书》:“刑三百,罪莫重于不孝。”[⑧]明律承唐宋元律定为十恶重罪条。此俗语源出孝经,[⑨]有一定法律依据,但已不确,不孝在明律十恶罪名中仅列第七,远在谋反等统治者更为关注的罪名之后。[⑩]

---

① (明)吴承恩:《西游记》,江苏古籍出版社1996年版,第288页。

② (明)许仲琳:《封神演义》,上海古籍出版社2005年版,第83页。

③ 苏惠渔主编:《刑法学》,中国政法大学出版社1994年版,第150页。

④ 《大明律》,怀效锋点校,法律出版社1999年版,第152~153页。

⑤ (明)徐冲由:《杀狗记》,(明)毛晋编:《六十种曲》(第11册),中华书局1958年版,第92页。

⑥ 参见《至元改元诏》《延祐四年正月初十日赦罪诏》《大元圣政国朝典章》,中国广播电视出版社1998年版,第3、18~19页;另参见李国祥、杨昶主编:《明实录类纂·司法监察卷》,武汉出版社1994年版。

⑦ (明)吴承恩:《西游记》,江苏古籍出版社1996年版,第267页。

⑧ (战国)吕不韦:《吕氏春秋新校释》,陈奇猷校释,上海古籍出版社2002年版,第737页。

⑨ 汪受宽:《孝经译注》,上海古籍出版社2004年版,第58页。

⑩ 《大明律》,怀效锋点校,法律出版社1999年版,第2页。

第二，夜无故入人家。

俗语有“黄夜入人家，非奸即盗”①，“无端黄夜入人家，不是奸夫作贼拿”②，“半夜入人家，非奸即盗拿”③和“夜深无故入人家，非奸即盗”④等说。

此组俗语源出唐律“夜无故入人家”罪名，与明律相符，可溯至周礼。⑤ 因“夜无故入人家，决非善类，奸盗十居八九”⑥，故明律仿唐律，惟处罚变之，重夜无故入人家人刑罚，由笞四十变为杖八十，轻擅杀者刑罚，其致死者，由加役流变为杖一百徒三年。⑦ 清人以为此变失当，明时已无夜禁，夜至人家来往视为常事，重其刑不合情，轻擅杀者刑则失周礼民不得私自杀戮之意。⑧ 不过明代雷梦麟对轻擅杀者刑作了解释，“恐其外有党与应援，则其祸尚有不可测者，故稍宽其擅杀之罪”⑨。

第三，公取窃取皆为盗。

俗语有“公取窃取皆为盗”⑩等说。

盗虽古罪，但至秦始有盗之概念，唐始有公取窃取皆为盗条，⑪明律袭唐律，删并律与疏议内容，仍存“公取窃取皆为盗”⑫罪名。此俗语源出唐律罪名，言盗之定义，与明律罪名一字不差。

(2)犯罪处罚

第一，谋反、谋叛。

俗语有“一人造反，九族全诛”⑬，“一人造反，九族遭诛”⑭，“一人谋叛，九族

---

① (明)周朝俊：《红梅记》，上海古籍出版社1985年版，第162页。

② 同上书，第159页。

③ (明)佚名：《八义记》，载《六十种曲》(第2册)，第35页。

④ (明)西湖渔隐主人：《欢喜冤家》，载陈华昌等主编：《中国古代禁毁小说文库(十美图、欢喜冤家、风流和尚、两交婚)》，太白文艺出版社1998年版，第182页。

⑤ 参见程树德：《九朝律考》，中华书局2003年版，第63页；另参见《唐律疏议》，刘俊文点校，法律出版社1999年版，第374页。

⑥ (清)薛允升：《唐明律合编》，法律出版社1999年版，第465页。

⑦ 《唐律疏议》，刘俊文点校，法律出版社1999年版，第374~375页；《大明律》，怀效锋点校，法律出版社1999年版，第146页。

⑧ (清)薛允升：《唐明律合编》，怀效锋、李鸣点校，法律出版社1999年版，第465~466页。

⑨ (明)雷梦麟撰：《读律琐言》，怀效锋、刘俊点校，法律出版社2000年版，第337页。

⑩ (明)吴承恩：《西游记》，江苏古籍出版社1996年版，第445页。

⑪ 参见蔡枢衡：《中国刑法史》，中国法制出版社2005年版，第132~134页。

⑫ 《大明律》，怀效锋点校，法律出版社1999年版，第148页。

⑬ (明)施耐庵、罗贯中：《水浒传》，上海古籍出版社1988年版，第922页。

⑭ (明)李开先：《新编林冲宝剑记》，载《李开先全集》，文化艺术出版社2004年版，第1001页。

遭诛"[①]和"一人造叛(反),九族皆诛"等说。[②]

谋反、谋叛是"逆天地"的重罪。[③] 九族范围,有"上自高祖,下至玄孙,凡九族"和"父族四、母族三、妻族二"之说。[④] 明律把这两类犯罪均作为十恶重罪加以严惩,不仅本犯重惩,还株连亲属。以谋反为例,只要参与,不分首从,凌迟处死,祖父、父、子、孙、兄弟及同居之人,不分异姓,及伯叔父、兄弟之子,不限籍之同异,年十六以上,不论笃疾、废疾,皆斩。[⑤] 方孝孺一案除九族外,朋友门生也受牵连,被收"十族"[⑥]。此组俗语虽有夸张之处,特别是对于谋叛罪行,除本犯外,其余亲属依律为奴或流,非为死刑,但生动地反映了明代对这两类犯罪的严厉处罚。

第二,杀人。

俗语有"杀人偿命"[⑦],"杀人的偿命,欠债的还钱"[⑧]和"杀人偿命,欠债还钱"[⑨]等说。

杀人偿命系古人原始复仇之义。《荀子·正论》云:"杀人者死,伤人者刑,是百王之所同也。"[⑩]就法律角度言,虽杀人者未必都会被处死(可能会遇大赦,甚至无罪,如本夫奸所亲获奸夫奸妇登时杀死者不构成犯罪),但作为一种原则性规定,杀人偿命说在明律中有具体体现。明律在刑律二人命二十条是有关故意杀人罪的规定,根据该条规定,除杀死奸夫,祖父母、父母故杀子孙及家长故杀奴婢图赖人者等特殊情况外,故意杀人者均处死刑。[⑪] 此俗语有一定法律依据,但不准确。

第三,发冢。

俗语有"开棺见尸者斩"[⑫]等说。

此罪汉律有之,因汉者发冢盗墓之事甚多,人或以之为业,所以汉律规定,发墓者诛。[⑬] 明律禁发冢,对已开棺椁见尸者,绞;对卑幼发尊长坟冢,开棺椁见尸者,斩。[⑭]

---

① (明)佚名:《八义记》,载《六十种曲》(第2册),第44页。
② (明)夷白堂主人重修:《东西晋演义》,上海古籍出版社1994年版,第80~81页。
③ 蔡枢衡:《中国刑法史》,中国法制出版社2005年版,第139页。
④ 辞海编辑委员会:《辞海》,上海辞书出版社1999年版,第64页。
⑤ 《大明律》,怀效锋点校,法律出版社1999年版,第134~135页。
⑥ 汤纲、朱元寅:《二十五史新编·明史》,上海古籍出版社1997年版,第60页。
⑦ (明)凌濛初:《拍案惊奇》,上海古籍出版社1992年版,第109页。
⑧ (明)罗懋登:《三宝太监西洋记》,华夏出版社1995年版,第714页。
⑨ (明)清溪道人编次:《禅真后史》,上海古籍出版社1996年版,第17页。
⑩ 《荀子》,辽宁教育出版社1997年版,第84页。
⑪ 《大明律》,怀效锋点校,法律出版社1999年版,第150~158页。
⑫ (明)冯梦龙编:《醒世恒言》,上海古籍出版社1992年版,第188页。
⑬ 参见刘俊文:《唐律疏议笺解》,中华书局1996年版,第1367~1368页。
⑭ 《大明律》,怀效锋点校,法律出版社1999年版,第145~146页。

此俗语与明律基本相符。

第四,诬告。

俗语有“告人死罪得死罪”①和“诬告加三等”等说。②

诬告扰乱司法秩序徒增司法成本。晋时已明确将诬告视为犯罪行为,③《大明令》云:“凡诬告者,抵罪反坐。”《大明律》诬告条规定:“凡诬告人笞罪者,加所诬罪二等;流徒、杖罪,加所诬罪三等;各罪止杖一百,流三千里。若所诬徒罪人已役,流罪人已配,虽经改正放回,验日于犯人名下追徵,用过路费给还。……至死罪,所诬之人已决者,反坐以死……未决者,杖一百,流三千里,加役三年。”④在司法实践中,各代对诬告处理不一,永乐时诬告十人以上竟至“凌迟,枭首其乡”。⑤此二条俗语虽不太准确,如诬告人笞罪者,为加二等非三等,诬告人死罪者,所诬之人未死,则并非得死罪,但生动地阐释了诬告律文的严厉性。

(3)行为准则

所谓行为准则,即这一准则,若被违反,行为人须承担刑事责任。俗语中也有关于杀奸地点的行为准则,如“从来杀奸,须在奸处可杀”⑥之说。

元时始定本夫需在奸所杀奸夫奸妇,否则就构成犯罪。《元史·刑法三》云:“诸妻妾与人奸,夫于奸所杀其奸夫及其妻妾,乃为人妻杀其强奸之夫,并不坐。若于奸所杀其奸夫,而妻妾获免,杀其妻妾,而奸夫获免者,杖一百七。”⑦明承元律又进一步予以规范,强调本夫要在奸所亲获奸夫奸妇,登时杀死,与元律相比,一则强调杀奸时间,必须是登时,二则允许可只杀奸夫,不杀奸妇,但是杀奸地点仍规定必须为奸所。⑧ 此俗语准确地描述了杀奸地点的法律规定。

3. 明代法律俗语与结婚法律

(1)结婚程序

俗语有“父母之命,媒妁之言”⑨,“匪斧不克,匪媒不得”⑩,“婚姻须由父

---

① (明)吴承恩:《西游记》,江苏古籍出版社1996年版,第741页。

② 同上书,第742页。

③ 程树德:《九朝律考》,中华书局2003年版,第204页。

④ 《大明律》,怀效锋点校,法律出版社1999年版,第176~178、269页。

⑤ 参见杨一凡主编:《中国法制史考证甲编》第6卷《历代法制考·明代法制考》,中国社会科学出版社2003年版,第235~239页。

⑥ (明)青莲室主人辑:《后水浒传》,春风文艺出版社1981年版,第90页。

⑦ 《历代刑法志》,群众出版社1988年版,第453页。

⑧ 《大明律》,怀效锋点校,法律出版社1999年版,第151~152、416页。

⑨ (明)张凤翼:《灌园记》,载《张凤翼戏曲集》,中华书局1994年版,第231~232页。

⑩ (明)邵璨:《香囊记》,载《六十种曲》第1册,第100页。

母"[①]和"男无媒而不婚,女无主而不嫁"[②]等说。

明代婚姻仍然反映了父母等尊长的意志,子女有婚姻意愿,一般要经父母等尊长同意,而尊长为子女包办婚姻,则无须征得子女同意,婚姻大都要通过媒妁,不能自行缔结。《大明令》明确规定:"凡嫁娶皆由祖父母、父母主婚。祖父母、父母俱无者,从余亲主婚。若夫亡携女适人者,其女从母主婚。但在律中又仿唐宋律,规定仕宦、卖买在外的卑幼自娶妻的特例。"[③]此组俗语源出《诗经》《孟子》,与明律基本相符,仅仕宦、卖买在外的卑幼自娶妻是特例。[④]

(2)聘礼规定

俗语有"婚姻论财夷虏之道"[⑤]和"婚姻论财,虏夷之道"[⑥]等说。

此二条俗语言及聘礼,聘礼系男家给付女家之财物也,聘礼交,则婚姻成。[⑦]明初为防平民因婚姻破财,洪武五年曾下婚姻毋论财诏,并详定官民婚礼,其聘礼规定甚细,连聘礼中衣服的质地、颜色都有明确规定,然此类诏令多成具文。[⑧] 此二条俗语源于隋王通语,与明制合,一方面反映明时婚姻不重聘财理念已为部分民众所理解,另一方面也反映婚姻重财现象为社会常态,实法所难禁。

(3)结婚禁止条件

俗语有"先奸后娶,于理有碍"[⑨]等说。

此俗语是言未婚相奸男女不得结婚,源自于"男女不以义交者,刑宫(尚书大传)"。唐律未禁,惟令容或有禁。宋令定诸先奸后娶为妻者离之,元从之。[⑩] 明律无禁未婚男女先奸后娶之文,只禁奸妇不得嫁卖与奸夫,不得用财买休、卖休与和娶人妻。[⑪] 此语符合明代法律,《盐梅记》中主人公宋道光与钱白珩、王媵儿的

---

① (明)佚名:《胭脂记传奇》,载吴书荫编:《绥中吴氏藏抄本稿本戏曲丛刊》(第4册),学苑出版社2004年版,第124页。

② (明)孟称舜:《花前一笑》,载《孟称舜集》,中华书局2005年版,第39页。

③ 《大明律》,怀效锋点校,法律出版社1999年版,第60、241、253页。

④ 参见周振甫:《诗经译注》,中华书局2002年版,第73、140页;另参见(宋)朱熹:《四书章句》,齐鲁书社1992年版,第81页。

⑤ (明)凌濛初:《二刻拍案惊奇》,上海古籍出版社1992年版,第78页。

⑥ (明)薄俊卿:《云台记传奇》,载《绥中吴氏藏抄本稿本戏曲丛刊》(第6册),第240~241页。

⑦ 陈鹏:《中国婚姻史稿》,中华书局2005年版,第340页。

⑧ 参见(清)孙承泽:《天府广记》,北京古籍出版社1984年版,第208~209页。

⑨ (明)佚名:《盐梅记》,(明)佚名:《惊鸿记》,中华书局2004年版,第93页。

⑩ 参见《中国婚姻史稿》,第487~488、516页;另参见《历代刑法志》,第444、453页。

⑪ 《大明律》,怀效锋点校,法律出版社1999年版,第197~198页。

关系都属男女未婚先奸，依明律，并不禁止他们结婚，[①]只与明时礼教相悖，故云"先奸后娶，与理有碍"。若在宋元，则不仅是与理有碍，而且是与法相悖。此处俗语使用正确，生动地体现了明律顺应人情，对未婚男女婚前性行为的放宽，国家不再强行干预他们之间的合法结合。

(4)反对悔婚

俗语有"一女不吃二家茶"[②]，"寸丝为聘，千金不移"[③]，"一言已定，千金不移"[④]，"一女不受二聘"[⑤]和"一家女子不吃二家茶"[⑥]等说。

对于悔婚行为，《大明令》规定除女家在定婚夫作盗及犯徒、流移乡者、五年无故不娶，男家在女家犯奸或订婚当事人死亡等特殊情况外，不得悔婚。明律加重了对非法悔婚的处罚，不仅女家悔婚，构成犯罪，男家的悔婚行为也被纳入刑法调整范围。明以前男家悔婚，仅损失聘财，明律则规定"男家悔者，罪亦如之，不追财礼"[⑦]。此组俗语与明律合。

4. 明代法律俗语与娶妾、离婚、守节、再婚法律

(1)娶妾

俗语有"四十无子理应取妾"[⑧]等说。

娶妾有年龄、无子条件限制，元时始定。至元十年(公元1272年)正月，中书省。御史台呈："……照得州县人民，有年及四十无子，欲图继嗣，再娶妻室，虽合听离，或已有所生，自愿者，合无断罪，听改为妾。"[⑨]明袭之，明律规定："民年四十以上无子者，方可娶妾。违者，笞四十。"[⑩]清初修律时仍保留这一段，乾隆五年修律时"遵旨删除"[⑪]。"四十无子理应娶妾"与律文"其民年四十以上无子者，方可娶妾"殊异较大，把"可以"为之行为认为是"应当"为之行为，反映了部分男性群体急于娶妾的心态。

---

① 当然，钱白珩娶二妻与和奸的行为依明律是构成犯罪的，参见《大明律》，怀效锋点校，法律出版社1999年版，第60、197页。

② (明)冯梦龙编：《醒世恒言》，上海古籍出版社1992年版，第65页。

③ (明)清溪道人编次：《禅真后史》，上海古籍出版社1996年版，第306页。

④ (明)凌濛初：《拍案惊奇》，上海古籍出版社1992年版，第251页。

⑤ (明)冯梦龙编：《喻世明言》，上海古籍出版社1992年版，第267页。

⑥ (明)金木散人编：《鼓掌绝尘》，江苏古籍出版社1990年版，第350页。

⑦ 参见《大明律》，怀效锋点校，法律出版社1999年版，第59、241页。

⑧ 明末清初素泯主人编次，李渔阅定：《十醋记》，载《李渔全集》(第3卷)，第92页。

⑨ 《通制条格校注》，方龄贵校注，中华书局2001年版，第163页。

⑩ 《大明律》，怀效锋点校，法律出版社1999年版，第60页。

⑪ 马建石、杨育棠主编：《大清律例通考校注》，中国政法大学出版社1992年版，第445页。

(2)离婚

俗语有“妇人有七出之条”①,“弃妻有七出之条”②,“贫贱之交不可忘,糟糠之妻不下堂”③和“糟糠妻不下堂”④等说。

此组俗语言及丈夫休妻,与明律合。“七出”是丈夫休妻的法定条件,是夫权统治的法律体现,“三不去”是对丈夫离婚权的限制,是为了维护家庭秩序的稳定。⑤ 明律令沿用唐宋“七出”“三不去”律,惟表述与处罚有异,明时犯恶疾妇女也受“三不去”保护,无故出妻的量刑标准也较唐宋律为轻。⑥

(3)守节

俗语有“烈女不更二夫”⑦,“忠臣不事二君,烈女不嫁二夫”⑧,“忠臣不易主,烈女不更夫”⑨,“烈女不更二夫,忠臣不事二君”⑩和“饿死事小,失节事大”⑪等说。

此组俗语均倡妇女守节,《礼记》云:“一与之齐,终身不改。故夫死不嫁。”⑫自程朱深刻地倡夫死不嫁之说,世俗遂以再嫁为耻。⑬ 元代为倡妇女守节,除明令禁止他人强迫寡妇改嫁,还从经济上予以帮助,“若志节卓异,无可养赡,官为给粮存恤”⑭。明承元制,《大明令》规定:“凡民间寡妇,三十以前夫亡守志者,五十以后不改节者,旌表门闾,除免本家差役。”⑮此组俗语符合明代的法律,特别是符合统治者提倡的伦理道德。

(4)再婚

俗语有“初嫁从亲,再嫁由身”⑯,“幼嫁从亲,再嫁由身”⑰和“幼嫁由亲,后嫁

---

① (明)佚名:《周羽教子寻亲记》,载《全元戏曲》(第11卷),第384页。系元代南戏明改本。

② 元末明初高明:《蔡伯喈琵琶记》,载《全元戏曲》(第10卷),第254页。

③ 同上书,第253页。

④ (明)罗贯中:《宋太祖龙虎风云会》,载《全元戏曲》(第5卷),第287页。

⑤ 参见丁凌华主编:《中国法律制度史》,法律出版社1999年版,第269~271页。

⑥ 《唐律疏议》,刘俊文点校,法律出版社1999年版,第290~291页;《宋刑统》,吴翊如点校,中华书局1984年版,第214、223页;《大明律》,怀效锋点校,法律出版社1999年版,第65~66、242页。

⑦ (明)汪廷讷:《种玉记》,载《六十种曲》(第10册),第22页。

⑧ (明)郑之珍撰:《新编目连救母劝善戏文》,黄山书社2005年版,第386页。

⑨ (明)孙柚:《琴心记》,载《六十种曲》(第5册),第6页。

⑩ (明)梁辰鱼:《浣纱记》,载《六十种曲》(第1册),第149页。

⑪ (明)方汝浩编:《东度记》,华夏出版社1995年版,第360页。

⑫ 《礼记》,辽宁教育出版社1997年版,第76页。

⑬ 陈顾远:《中国婚姻史》,上海书店1992年版,第229页。

⑭ 《通制条格校注》,方龄贵校注,中华书局2001年版,第147~148页。

⑮ 《大明律》,怀效锋点校,法律出版社1999年版,第242页。

⑯ (明)施耐庵、罗贯中:《水浒传》,上海古籍出版社1988年版,第363页。

⑰ (明)笑笑生:《金瓶梅》,《金瓶梅会评会校本》,秦修容整理,中华书局1998年版,第85~86页。

由身"①等说。

按明代法律,除禁止贵族妇女再婚外,妇女再婚的主婚权,未明之,但规定有祖父母、父母强迫妇女再婚不构成犯罪,而其他亲属为之则构成犯罪。② 此组俗语既反映了明代社会部分地区再婚妇女的婚姻自主权扩大,也反映了再婚妇女要求婚姻自主权的心声。③

5. 明代法律俗语与家庭财产法

(1)家庭财产制度

俗语有"同居无异财"④等说。

明代也实行家庭财产共有制,非家长同意,子孙不得分家,不得擅用家财,有敬宗之意。⑤ 明律明确规定"别籍异财"和"卑幼私擅用财"为犯罪行为,⑥此俗语准确地概括了这种财产制度。

(2)财产继承

俗语有"父母的家当,儿一分,女一分"⑦等说。

关于女儿的继承权,《大明令》有规定。"凡户绝财产,果无同宗应继者,所生亲女承分。""如招养老女婿者,仍立同宗应继者一人,承奉祭祀,家产均分。"⑧也就是说,女儿的继承权只有在没有儿子的前提下,才能由自身享有或通过丈夫享有,否则即无,较之宋律为倒退。⑨ 此语与明令明显冲突,主张女儿与儿子有平等的继承权,笔者认为随着明末部分地区妇女的平等意识提高,实践中或有女儿继承权扩大之例,故有此说。

(3)债务继承

俗语有"父债子还"⑩等说。

父死后其债务由谁承担,明律没有规定。民间习惯系由儿子承担,此义务与明令中父亲死后财产由一般儿子继承的权利相一致。明代司法实践也认可此类

---

① (明)笑笑生:《金瓶梅》,《金瓶梅会评会校本》,秦修容整理,中华书局1998年版,第128页。

② 《大明律》,怀效锋点校,法律出版社1999年版,第61页。

③ 在实践中亦有夫家作主之例证,故云部分地区,参见《中国婚姻史稿》,第309~310页。

④ (明)方汝浩编:《东度记》,华夏出版社1995年版,第398~399页。

⑤ (清)薛允升:《唐明律合编》,第294页;《大明令》《大明律》,怀效锋点校,法律出版社1999年版,第243页。

⑥ 《大明律》,怀效锋点校,法律出版社1999年版,第51页。

⑦ (明)西周生:《醒世姻缘传》,齐鲁书社1993年版,第712页。

⑧ 《大明律》,怀效锋点校,法律出版社1999年版,第241~242页。

⑨ 程维荣:《中国继承制度史》,东方出版中心2006年版,第286~287页。

⑩ (明)佚名:《后西游记》,春风文艺出版社1982年版,第216页。

民事习惯,这有利于维护债权人利益。①

(二)明代法律俗语与诉讼法及其他法律

1. 明代法律俗语与诉讼法

(1)诉状

俗语有"无刁不成状"②等说。

此俗语反映了明代民众诉讼技巧,与明律相冲突。受无讼思想与司法资源有限的影响,明时民众要使官府受理案件,非得采取夸大纠纷与情节来引起官员重视。明时承宋元旧制,诉状同样需由指定代书机构代书,并对诉状不实有处罚规定。③ 然官方代书人"其词质而不为,不能耸观,多置勿理。民乃不得不谋之讼师,田土而诬人命,斗殴而诬盗劫。对簿三日,官府即审,其情惘然,未必按以反坐之律"④。

(2)证据规则

第一,证据的形式要件。

俗语有"官凭文引,私凭要约"⑤和"官凭印信,私凭票约"⑥等说。

此组俗语言及证据形式要件,意为官府与民众交往要借助印章与官方文书,民众间民事活动要有书面契约。前者主要是为了防止官员任意作为,损害民众利益与官府形象;后者主要是为了使双方权利义务确切记载下来,避免纠纷。明律严格规范官印、官方文书使用,即使是官文书漏盖官印的,也要承担刑事责任。雷梦麟在释明律漏使印信条时说:"文书以印信为凭,若有漏使及全不用印者,则奸弊有所託,而文书不足凭矣。"⑦对重要民事活动,依明律例则要立契约,象典卖田产等契约还要经官方认可,否则即构成犯罪或者契约当事人权利不受法律保护。⑧ 故此组俗语皆有法律依据,生动反映了民众对日常生活证据形式要件的认识。

---

① 具体案例可见(明)颜俊彦:《盟水斋存牍》,中国政法大学出版社2002年版,第172页。

② (清)西周生:《醒世姻缘传》,武彰点校,中华书局2002年版,第627页。

③ 参见《大明令》、明律教唆词讼条、《问刑条例》教唆词讼条例、《大明律》第180、265、427页。

④ 《崇祯外冈志》,转引自[日]夫马进:《明清时代的的讼师与诉讼制度》,[日]滋贺秀三等著,王亚新、梁冶平编:《明清时期的民事审判与民间契约》,法律出版社1998年版,第405页。

⑤ (明)洪楩编:《清平山堂话本》,上海古籍出版社1992年版,第67页。

⑥ (明)李玉:《人兽关》,《李玉戏曲集》,上海古籍出版社2004年版,第171页。

⑦ 《大明律》,怀效锋点校,法律出版社1999年版,第43页;(明)雷梦麟撰:《读律琐言》,怀效锋、刘俊点校,法律出版社1996年版,第109页。

⑧ 见明律典买田宅条、男女婚姻条、大明令关于招婿规定、问刑条例对分书效力的规定,《大明律》,怀效锋点校,法律出版社1999年版,第55~56、59~60、241、372页。

第二,贼、奸、命、殴案的证据。

俗语有“捉贼见赃,捉奸见双”①,“拿贼见赃,厮打见伤”②,“拿贼见赃,捉奸见双”③,“捉奸见双,捉贼见赃,杀人见伤”④,“捉奸见双,杀人见伤”⑤和“拿贼要赃,拿奸要双”⑥等说。

关于奸案证据,在明律有明确规定,未在奸所捕奸夫奸妇是不能定二人犯奸罪名的。⑦ 对于赃对贼案,伤对命、殴案的重要性,清嘉庆抄本《招解说》曾有精辟之言足资参考。其盗案论言:“盗案第一,赃物要紧。盗凭赃定,赃物不符,必致驳诘。”其命案论言:“命案验伤,乃第一要紧。伤供必须相符。打伤,则报为何物所打;扎伤,则报为何物所扎;砍伤,则报为何物所砍;勒伤,则报为何物所勒。必将凶器与伤痕比对相符,倘有不合,不厌难求。若系跌碰发变等伤,必要声说明白,方免日后驳诘。”⑧对于人命案件验尸,明代定非特殊事由,必须验尸伤。⑨ 此组俗语与明律合。

(3)拷讯

俗语有四组:

第一,一般规定。

俗语有“马不吊不肥,人不打不招”⑩和“马不吊不肥,人不拶不直”⑪等说。

第二,人命事拷讯。

俗语有“人命事不打不招”⑫等说。

第三,贼情事拷讯。

俗语有“贼不打不招”⑬和“无赃不拷贼”⑭等说。

---

① (明)洪楩编:《清平山堂话本》,上海古籍出版社1992年版,第9页。

② 元末明初佚名:《八大王开诏救忠臣》,载《全元戏曲》(第8卷),第438页。

③ (明)沈自晋:《翠屏山》,载《沈自晋集》,中华书局2004年版,第73页。

④ (明)施耐庵、罗贯中:《水浒传》,上海古籍出版社1988年版,第379页。

⑤ (明)笑笑生:《金瓶梅》,《金瓶梅会评会校本》,秦修容整理,中华书局1998年版,第138页。

⑥ (明)单本:《蕉帕记》,载《六十种曲》(第9册),第32页。

⑦ 《大明律》,怀效锋点校,法律出版社1999年版,第197页。

⑧ (清)佚名:《招解说》,《明清公牍秘本五种》,郭成伟、田涛点校整理,中国政法大学出版社1999年版,第562、565页。

⑨ 《大明令》,《大明律》,怀效锋点校,法律出版社1999年版,第266、441页。

⑩ (明)汤显祖:《邯郸记》,载《汤显祖全集》(第3册),北京古籍出版社1999年版,第2532页。

⑪ (明)《牡丹亭》,载《汤显祖全集》(第3册),北京古籍出版社1999年版,第2208~2209页。

⑫ 《周羽教子寻亲记》。

⑬ 《双金榜》,《阮大铖戏曲四种》,第356页。

⑭ (明)佚名:《梼杌闲评》,齐鲁书社1995年版,第154页。

第四,谋反叛逆事拷讯。

俗语有"谋反叛逆,不打不招"①等说。

明代科技不如现今发达,司法官员视当事人口供为证据之王,无口供则难结案。在案件审理中,案犯特别是谋反、人命、贼盗案犯是不会轻易招供的,因招供得实,则将被处重刑。除应八议之人、废疾、老幼等特殊群体依律不予拷讯外,司法官员主要通过拷讯获得口供来审结案件。明初仿元制,《大明令》规定:"其犯重罪,赃证明白,抗拒不招者,众官圆坐,明立案验,方许用讯。"《大明律》规定:"若因公事,干连平人在官,事须鞫问,及罪人赃仗证佐明白,不服招承,明立文案,依法拷讯,邂逅致死者,勿论。对于应八议之人、若废疾者、老幼则仍规定不予拷讯,据众证定罪。"②明中期则强调对重大犯罪的犯人,要严刑拷讯。《问刑条例·凌虐罪犯条例》规定:"内外问刑衙门,一应该问死罪,并窃盗、抢夺重犯,须用严刑拷讯。其余止用鞭扑常刑。"③此组俗语反映了民众对刑讯存在的必要性认识,有一定法律依据。

(4)审判依据形式、原则与执行死刑时间

第一,审判依据形式。

俗语有"十法九例,无例不成法"④等说。

律是秦以来历代最正统、最稳定的法源,具有抽象力强、概括力强的特点,而例是一种比较具体、针对性强的法律形式,将二者有机结合,是明代立法者对长期司法实践经验的总结。⑤ 盖因律系祖制难改,而社会情势却日益复杂,故只能以例规范之。明律不过460条,至万历《问刑条例》已达382条,故有此语。⑥

第二,审判原则。

俗语有"律设大法,礼顺人情"⑦,"律依王法,理顺人情"⑧和"律设大法,理顺人情"等说。⑨

---

① (明)李素甫:《元宵闹传奇》,载傅惜华编:《水浒戏曲集》(第2集),上海古籍出版社1985年版,第335页。

② 《大明律》,怀效锋点校,法律出版社1999年版,第260、212、215页。

③ 同上书,第438页。

④ (明)罗懋登:《三宝太监西洋记》,华夏出版社1995年版,第175页。

⑤ 参见苏亦工:《明清律典与条例》,中国政法大学出版社2002年版,第167、173~174页。

⑥ 参见《大明律》,怀效锋点校,法律出版社1999年版,第336页。

⑦ (明)冯梦龙编:《警世通言》,上海古籍出版社1992年版,第297页。

⑧ (明)沈采:《千金记》,载《六十种曲》(第2册),第66页。

⑨ (明)金木散人:《鼓掌绝尘》,中国戏剧出版社2000年版,第333页。

此组俗语源出汉朝卓茂“律设大法，礼顺人情”[①]之说。至明则演变为关于审判原则的俗语，涉及律、礼关系，有司法实践依据。[②] 律系祖宗之法，不能轻改，更不能包罗社会各种情势，因此需要“礼”来作为补充调整，通过“礼”来实现个案正义。“礼”依据儒家伦理道德，兼顾社会大众心态，实质上是比律更高的规则。司法官员只有通晓人情与法律两者之后，才能正确运用法律，审判结果才能符合官方正义观，达到社会和谐。

第三，执行死刑时间。

俗语有“谋逆之人，决不待时”[③]等说。

此语言及谋逆犯的执行死刑时间。唐宋律对谋逆犯的死刑的复核程序较一般犯罪为减，其执行时间不受普通死刑案件不得于立春以后秋分以前处决之限，且在实践中复核程序也不严格。[④] 明律承之，明确规定谋反、谋大逆等十恶应死者，不受立春以后、秋分之前禁刑时限，是“决不待时”，但仍受禁刑日之限。[⑤] 弘治十年奏定的《真犯杂犯死罪》就有真犯死罪决不待时条中凌迟处死款首项即谋反及大逆，但共谋者，不分首从的规定。[⑥] 万历二年，刑部规定：“如有拿获响马及大伙强盗百人以上，干系城池衙门，赃证明白，即时奏请审决，不必概候决单。”[⑦]此俗语准确地描述了谋反、谋大逆之类重大犯罪的死刑处决不受普通时限之限制的规定。

2. 明代法律俗语与其他法律

(1)债法

第一，债之主体。

俗语有“冤有头，债有主”[⑧]和“冤各有头，债各有主”[⑨]等说。

此条涉及债之主体，源出佛教文献，明例规定“内外放债之家，不分文约久近，系在京住坐军匠人等揭借者，止许于原借之人名下索取，不许赴原籍逼扰”。此俗语符合例意。[⑩]

---

① (宋)范晔、(晋)司马彪：《后汉书》，岳麓书社1994年版，第376页。

② 此类案例甚多，朱元璋亦行之。参见李国祥、杨昶主编：《明实录类纂·司法监察卷》，武汉出版社1994年版，第681页。

③ (明)施耐庵、罗贯中：《水浒传》，上海古籍出版社1988年版，第585页。

④ 参见赵旭：《唐宋死刑制度流变考论》，载《东北师大学报》(哲学社会科学版)2005年第4期。

⑤ 《大明律》，怀效锋点校，法律出版社1999年版，第223页。

⑥ 《大明律》，怀效锋点校，法律出版社1999年版，第273页。

⑦ 李国祥、杨昶主编：《明实录类纂·司法监察卷》，武汉出版社1994年版，第1432页。

⑧ (明)吴承恩：《西游记》，江苏古籍出版社1996年版，第500页。

⑨ (宋)普济：《五灯会元》，中华书局2006年版，第1391页。

⑩ 《大明律》，怀效锋点校，法律出版社1999年版，第385页。

第二,履行债务。

俗语有“杀人偿命,欠债还钱”①等说。

此语言及履行债务,宋时已成谚。② 明律规定:“其负欠私债,违约不还者,五贯以上,违三月笞十,每一月加一等,罪止笞四十。五十贯以上,违三月笞二十,每一月加一等,罪止笞五十。二百五十贯以上,违三月笞三十,每一月加一等,罪止杖六十。并追本利给主。”③此语符合原始公平正义观,基本与律合。④

(2)国际战争法

俗语有“两国相争,不斩来使”⑤,“两国争战,不斩来使”⑥,“两国相争,不罪来使”⑦和“两国相争,不阻来使”⑧等说。

此组俗语言战争时期对敌国使节处置。明朝战争习惯法规定,在战争时期,敌国若遣使,应以礼相待。此习惯春秋已有之,⑨唯律无载。

四、明代法律俗语与民众法律意识

本部分的研究主旨是探究明代法律俗语背后所反映的民众法律意识,立论建立在对有关法律俗语流行原因的认真分析上,分别探讨了明代法律俗语中的民众惧法、渴望清官与寄托神明意识;民众学法与主张法律适用平等、维护既判力的意识;民众卖法与对清官失望的意识。

(一)惧法、渴望清官与寄托神明

1. 明代法律俗语中的惧法意识

(1)惧法意识俗语的流行

关于惧法的法律俗语,如“惧法朝朝乐,欺公日日忧”⑩在明初社会中就开始流行,是流行很广的俗语。明代法律俗语中还有许多关于惧讼、惧司法机构、惧官

---

① (明)清溪道人:《禅真后史》,上海古籍出版社1996年版,第17页。

② (宋)李之彦:《东谷所见》,载《中国古代小说俗语大词典》,第903页。

③ 《大明律》,怀效锋点校,法律出版社1999年版,第82~83页。

④ 当然,若债权人未按规定向有权机关诉讼,向其他机关提出诉讼并受理的,则债务不追。参见《大明律》,怀效锋点校,法律出版社1999年版,第82~83、385页。

⑤ (明)方汝浩编撰:《禅真逸史》,齐鲁书社1998年版,第174页。

⑥ (明)施耐庵、罗贯中:《水浒传》,上海古籍出版社1988年版,第1017页。

⑦ (明)冯梦龙编:《东周列国志》,(清)蔡元放订,安徽文艺出版社2004年版,第284页。

⑧ (明)许仲琳:《封神演义》,上海古籍出版社2005年版,第376页。

⑨ 参见孙玉荣:《古代中国国际法研究》,中国政法大学出版社1999年版,第186页。

⑩ 《蔡伯喈琵琶记》。

员等具体畏法的内容,如“公门不可入”①,“一字入公门,九牛拔不出”②和“人心似铁,官法如炉”③等说,这些法律俗语都是明代民众惧法意识的自然流露。

(2)惧法意识流行的原因

第一,明代地主阶级的残酷专政是民众产生惧法意识的阶级基础。

为了维持其专制统治,明代统治者从明初起用重典治国,大搞法外用刑,残酷刑罚为唐宋以来所未有,以致于有学者认为这是中华司法文明的倒退。④ 太祖朱元璋大肆杀戮功臣,成祖朱棣为泄一己之忿,致忠于建文帝的臣子于死地。明代广行廷杖制,堂堂大臣阁僚都难逃当众行刑之辱,于谦、袁崇焕等一代名臣皆惨死。朝廷大员尚且如此,更何况区区小民。锦衣卫、东厂、西厂等特务机构,遍行天下大肆欺压人民。⑤

第二,以刑为主、刑民不分的法律结构特点是产生惧法意识的法律基础。

明代法律与元律相比体系严谨,如正式向民众公布的《大明律》,然其法律依然是以刑为主,刑民不分,民事经济行政规范刑事化,民事、经济、行政纠纷采用刑事方式审理,根本没有现代意义上的所谓民法,所以以有“一字入公门,五刑凭受用”⑥的说法。

第三,司法的不民主性与黑暗性,是产生惧法的司法基础。

当事人打官司,从起诉时,官府就设置了诸多限制,如对起诉时间、起诉主体、诉状形式等进行了限制。当事人进了公堂要向官员跪下,自己要贬称“小民”、“草民”、“小的”或“民女(妇)”,对官员要称“青天大老爷”。在审理过程中,即使是清官,也经常采用酷刑审案。堂审完毕,当事人可能还要被关押。在审理中,官员如何理解法律,如何判案,小民不得而知,只好嘀咕“官断十条路”⑦,即使是死刑案件,官员也并非完全依律复核,嘉靖朝甚至还出现御史与录囚使者以抓阄定犯人生死的现象,所以民间流传“人凭阄下死”⑧这样的法律俗语。此外,案件的

---

① (明)周楫纂:《西湖二集》,江苏古籍出版社 1994 年版,第 510 页。

② (明)西周生:《醒世姻缘传》,齐鲁书社 1993 年版,第 357 页。

③ (明)冯梦龙编:《警世通言》,上海古籍出版社 1992 年版,第 126 页。

④ 王毅:《明代中后期法律文化的逆现代性》,载王春瑜主编:《明史论丛》(2),兰州大学出版社 2003 年版,第 36 页。

⑤ 关于特务机构情况参见丁易:《明代特务政治》,中华书局 2006 年版。

⑥ (明)方汝浩编:《东度记》,华夏出版社 1995 年版,第 121 页。

⑦ (明)西周生:《醒世姻缘传》,齐鲁书社 1993 年版,第 627 页。上述分析系笔者阅读数百种明代小说戏曲文集的印象。

⑧ (明)叶权:《贤博编》,载中国社会科学院历史研究所明史研究室编:《明史资料丛刊》(第 1 辑),江苏人民出版社 1981 年版,第 175 页。

审理期限全操官员之手,久拖不决之案比比皆是,所以有“一日官事十日打”[①]的法律俗语流行。在司法整个过程中,当事人、证人往往要向官、吏、员支付许多费用,倾家荡产家破人亡亦非个案,“衙门日日向南开,有理无钱莫进来”[②]等俗语正是对明代司法黑暗的真实写照。

2. 明代法律俗语中的渴望清官与寄托神明意识

(1)渴望清官与寄托神明的俗语流行

关于渴望清官的法律俗语,如“法正天心顺,官清民自安”[③],“国正天心顺,官清民自安”[④]和“国顺天心正,官清民自安”[⑤]等在明代都是流行很广的俗语。明代法律俗语中还有不少寄托神明的内容,如“明有王法,暗有神灵”[⑥]和“明有刑法相系,暗有鬼神相随”[⑦]等,这些法律俗语反映了明代民众渴望清官与寄托神明意识。

(2)渴望清官与寄托神明意识流行的原因

第一,渴望清官意识流行的原因。

法律无往不在,惧法的民众能够如何保证自己不受法律的非法追究,如何利用法律维护自身的权益呢?在明代吏治腐败的现实下,民众只有指望清官和“青天大老爷”们来为民做主、公正司法,这是渴望清官的俗语产生的直接原因。从政治制度的深层结构性事实言,与明代专制国家比,民间社会的政治力量极度微弱,百姓大众处于孤立无援的境地。在这样一种情境下,他们的唯一希望就是盼望有朝一日能有一位体恤民情和为民做主的清官出现,以便获得拯救,这是渴望清官俗语产生的政治制度的结构性原因。[⑧]

第二,寄托神明意识流行的原因。

清官可遇而不可求,普天下能有几个清官。后世学者曾作过统计,大明立朝275年,清官数目最多不超过250人,平均1年不到1个,而贪官滔滔者天下皆是,[⑨]因此,民众还把对法律公正、维护自身权益的期望寄托于神明。神明在民众

---

① (明)吴承恩:《西游记》,江苏古籍出版社1996年版,第745页。

② (明)田艺蘅:《留青日札》,上海古籍出版社1992年版,第337页。

③ (明)佚名:《认金梳》,载《古今俗语集成》(第4卷),第256页。

④ 《新编目连救母劝善戏文》。

⑤ (明)西周生:《醒世姻缘传》,齐鲁书社1993年版,第389页。

⑥ (明)施耐庵、罗贯中:《水浒传》,上海古籍出版社1988年版,第207页。

⑦ (明)冯梦龙编:《喻世明言》,上海古籍出版社1996年版,第257页。

⑧ 参见徐忠明:《法律与文学之间》,中国政法大学出版社2000年版,第45~46页。

⑨ 参见李白华:《从阶级本性看清官》,载《学术研究》1966年第3期。转引自徐忠明:《法律与文学之间》,中国政法大学出版社2000年版,第56页。

的心目中是公正廉洁、大公无私、救苦救难的，他们无往而不在，不会像凡世中官员一样贪赃枉法。神明的这一形象，官方也不能否认。民众通过神明这一精神威慑来制约官员的横行与腐败，警示大众不要犯法。为了昭现神明的无所不在，民众还把一些清官当作神灵在凡间的化身，在清官死后，将其作为神灵供奉，如北京的城隍庙供奉于谦，杭州的城隍庙供奉周新，上海的城隍庙供奉秦裕伯，①这是渴望清官意识与寄托神明意识的典型合流。

3. 小结

民众的惧法意识、渴望清官与寄托神明意识是相互依存的，这是明代统治者有效统治的表现。统治者不需要民众太熟悉法律细节，而是要求民众产生对法律的畏惧意识，敬而远之。所谓刑不可知，则威不可测。如果平民百姓都能熟悉律法甚至漠视、玩弄律法，律法的权威将不复存在，官府也不能再随心解释执行法律，这最终会威胁到明朝地主阶级统治。渴望清官与寄托神明意识是民众产生惧法意识后的自我心理安慰，这种安慰从心理上暗示民众安于现状，耐心等待清官出世与神明公正司法主持正义，而不去反抗地主阶级统治。

(二)学法与法律适用平等、维护既判力的期盼

1. 明代法律俗语中的学法意识

(1)学法意识的俗语的流行

明中后期，随着商品经济的发展，开始出现了“得谙三尺法，胜读五车书”②，“读书不读律，致君尧舜终无术”③和“读书万卷不读律，致君尧舜终无术”④等法律俗语。这些俗语源自苏东坡《戏子由》诗中“读书万卷不读律，致君尧舜知无术”⑤之语，反映了民众中兴起的学法意识。

(2)学法意识流行的原因

明初，太祖朱元璋搞过大规模普法教育运动，但这种普法教育运动是自上而下的，并非民众自愿想学，因此也就没能产生学法俗语。⑥ 到了明中后期，随着商品经济的发展，开始出现资本主义的萌芽，商人的地位普遍提高，不但皇帝、皇亲

① (明)谈迁：《枣林杂俎》，中华书局2006年版，第524页。

② 《琴心记》，《六十种曲》(第5册)，第9页。

③ (明)祁元孺：《错转轮》，载《古今俗语集成》(第4卷)，第330页。

④ (明)袁于令：《金锁记》，(明)孙钟龄、袁于令：《醉乡记、金锁记》，中华书局2000年版，第55页。

⑤ 这句诗有不同理解，有人认为，苏东坡之意是指朝廷新兴律学，非主张学律。参见(清)杭世骏：《订讹类编》，上海书店出版社1986年，第46页。

⑥ 参见何勤华：《中国法学史》(第2卷·修订本)，法律出版社2006年版，第205页。

国戚开始涉足商业领域,[①]就连迂腐的书生也捧起算盘去做生意,出现了弃儒经商的浪潮,商业意识弥漫了整个社会。[②] 商业活动的扩大以及对经济利益的追求,使以普通商人为代表的市民阶层迫切需要学习法律,掌握、利用官方公布的明规则,来维护自身的合法权益,避免无谓地被官吏敲诈勒索。在这种背景下,苏东坡的诗就演变成为学法的法律俗语。

2. 明代法律俗语中的主张法律适用平等意识

(1)主张法律适用平等意识俗语的流行

明中后期社会中开始流行"皇亲犯法,与庶民同罪"[③],"王子王孙犯法,与庶民同罪"[④]和"王法无亲"[⑤]等法律俗语,反映了民众主张平等适用法律的意识。

(2)主张法律适用平等意识流行的原因

第一,法律基础。对贵族官僚等级特权的法律保护已超出民众容忍程度,这是明代法律适用等意识流行的法律基础。自汉代以来,历代统治者为了维护本阶级的利益,先后创造了"先请"、"除名"、"免官"、"免所居"、"官当"和"八议"之制。至唐形成了所谓"议、请、减、赎、当、免之法八"等一整套保护贵族官僚等级特权的法律措施。[⑥] 至明,前朝保护贵族等级特权的法律大多袭之,在律文中还有新规定。如在盗买田宅条规定:若功臣初犯免罪,附过,再犯,往支俸给一半;三犯,全不支给;四犯,与庶人同罪。[⑦] 功臣要四犯,才与庶民同罪。明初,太祖、成祖比较有权威,重刑治国,贵族的等级特权还在可控范围内。然而,随后,贵族等级特权已经远远超出了平民大众的容忍程度,"占地土,敛财物,污妇女。稍有分辨,辄被诬奏。官校执缚,举家惊惶"。《明史》中这段言皇庄的记载,是明代贵族等级特权横行不法的真实缩影。[⑧]

第二,平等意识。商品经济发展中产生的平等意识是法律平等意识流行的思想基础,法律平等意识,在春秋战国时已有之。法家主张"法不阿贵"和"刑过不避大臣",[⑨]这种法律适用平等意识在商品经济发展不充分的时代,难与根深蒂固的等级特权意识相抗衡,也无法形成大众共识,只能是昙花一现。秦以后,处罚皇

① 唐力行:《商人与中国近世社会》,商务印书馆2003年版,第21~23页。

② 参见陈大康:《明代商贾与世风》,上海文艺出版社1996年版,第141页。

③ (明)欣欣客:《还魂记》,载吴白匋主编:《古代包公戏选》,黄山书社1994年版,第429页。

④ (明)天然痴叟:《石点头》,载《石点头等三种》,江苏古籍出版社1994年版,第210页。

⑤ (明)齐东野人:《隋炀帝艳史》,岳麓出版社2004年版,第3页。

⑥ 苏亦工:《明清律典与条例》,中国政法大学出版社2000年版,249~250页。

⑦ 《大明律》,怀效锋点校,法律出版社1999年版,第55页。

⑧ 《明史食货志校注》,李洵校注,中华书局1982年版,第44页。

⑨ (战国)韩非:《韩非子》,辽宁教育出版社1997年版,第12页。

亲国戚的案例不少,但都是情绪性、非制度性的个案,处罚的实质原因在于,被处罚者失去了最高统治者的欢心或者是最高统治者的眼中钉,而非最高统治者有什么法律适用平等的理念。

明代中后期,随着商品经济的发展,开始出现资本主义经济的萌芽。[①] 在日益扩大的商业贸易活动中,越来越讲究交易主体的平等性。平等者之间才会产生真正的交易,才会使交易繁荣,才能使商人获得更大的利益,明政府对皇亲国戚等特权阶层的法律保护严重损害了新兴商人阶层的利益,以商人为代表的市民阶层"在长时期的力量积聚之后,它开始对强加在自己身上的桎梏感到不能容忍"[②],对经济利益的迫切追逐下萌发的群体平等意识,在法律领域中就表现为主张适用法律平等。

3. 明代法律俗语中的维护既判力意识

(1)维护既判力俗语的流行

明初,关于既判力维护的俗语尚未流行。盖中国传统文化是讲究实体正义,有错必究,因此在司法上没有终审判决的说法。任何案件,只要官员觉得有必要,就有可能会重新审理。明后期开始流行"官无悔笔,罪不重科"这样的法律俗语,反映了民众对既判力的维护意识。[③]

(2)维护既判力意识流行的原因

第一,就官员角度而言,明际诉讼盛行,一案判后,不服甚多,多数继续上告或者过一段时间等新官上任再告甚至到北京去京控。受理旧案一方面,增加了自身工作量,把大量精力放到了陈年旧案上,既难出政绩,又易得罪人,推翻前判,必然是与前官或下级官员过不去,如果原上级衙门有批示的,那还与同级、上级过不去。根据明律"官司出入人罪"条,官、吏典办了错案,是要承担刑事责任的。另一方面,若不受理旧案,又要被老百姓骂,如果不推翻前案,当事人又会上告,影响自身官誉与前程。因此案件判决的效力应当具有稳定性,对一件案件不能反复处理。

第二,就开明地主士绅、商人角度而言,他们也同样主张维护判决效力。一个不公正的判决固然很难接受,但它的结果是确定的,对自身的损害是确定的,与之相比,无休止的诉讼更加难以接受。因为在诉讼中,需要投入大量的时间、金钱、精力,并且处理结果未必对自身有利即自身支付对价是不确定的,如果官员能够

---

① 参见胡绳:《从鸦片战争到五四运动(简本)》,人民出版社2005年版,第44页。

② 陈大康:《明代商贾与世风》,上海文艺出版社1996年版,第35页。

③ 魏同贤主编:《冯梦龙全集》(古今谭概),上海古籍出版社1993年版,第1215页。既判力维护的原则,在现代刑事诉讼法被称为禁止重复追究原则。参见叶青主编:《刑事诉讼法学》,上海人民出版社2004年版,第85页。

随心所欲地处理旧案,那就是为贪赃枉法大开方便之门,更无公正可言。

4. 小结

学法意识与法律适用平等、维护既判力意识也是相互关联的。学法是为了利用法律维护自身合法权益,主张法律适用平等是为了打破对贵族官僚阶级的法律特权,有利于形成平等的商品交易秩序,维护既判力是为了免受不公正的司法再度骚扰。这是明代社会中后期在出现资本主义经济萌芽后,民众法律意识的重大变化,是对惧法意识、渴望清官与寄托神明意识的颠覆,表明了民众开始主动利用法律来维护实现自身权益,而非坐等清官与神明保护。当然民众的这些意识在明代社会中不可能得到完全实现,如法律适用平等意识,在社会政治制度没有得到根本改变的情况下,就不可能实现。所以在明末小说《石点头》中,作者不无哀叹地借唐玄宗之弟宁王利用权势强占民妇时说:"若是平民犯了,重则论作强奸,轻则只算拐占,定然问大大一个罪名。他本是亲王,谁人敢问。若论王子王孙犯法,与庶民同罪,这句话看起来,不过是设而不行的虚套子,有甚相干。"①

(三)卖法与对清官的失望

1. 明代法律俗语中的卖法意识②

(1)卖法俗语的流行

明中后期,朝纲不振,法纪日驰。此时民间开始流行"惧法朝朝不乐,欺公日日笙歌"③这样的俗语,到明末,"卖法朝朝乐,欺公日日闲"④,"卖法朝朝乐,欺官日日闲"⑤和"卖法朝朝乐,欺心日日闲"⑥等俗语也开始流行,表明民众已经认同法律仅仅是官员手中谋取私利的商品,法可买卖,只有贪赃枉法的官员在社会中才能如鱼得水,民众对法律与官员极其失望,卖法意识在社会中弥漫。

(2)卖法意识流行的原因

卖法意识流行的最主要原因在于当清官的成本太高,当贪官的成本太低。

首先,当清官的成本。

第一,清官不贪污不受贿就难以体面地生活。明代官俸极低,朝廷还任意扣减官俸,官员的俸禄不足以养家糊口,官场上总有些人情来往,微薄的法定收入如

---

① (明)天然痴叟:《石点头》,上海古籍出版社1985年版,第210~211页。

② 所谓卖法,系指官员以法律为谋私利之商品,有钱系可卖,系贪赃枉法之意。

③ (明)佚名:《胭脂记》,载吴白匋主编:《古代包公戏选》,黄山书社1994年版,第755页。

④ 明末清初丁耀亢:《西湖扇》,载李增坡主编:《丁耀亢全集》,中州古籍出版社1999年版,第764页。

⑤ 丁耀亢:《赤松游》,载《丁耀亢全集》,中州古籍出版社2014年版,第824~825页。

⑥ 丁耀亢:《新编杨椒山表忠蚺蛇胆》,载《丁耀亢全集》,第824~825页。

何维持日常开销,除非祖上留有丰厚遗产。老婆孩子如何养,整日的唠叨,怕是愁也愁死了的。① 大清官海瑞的母亲过生日,海瑞买了二斤猪肉都能成为官场上的新闻,海瑞死后,连丧葬费都是同僚凑的。② 清官下场如此,对于广大明朝官员来说是很难学习的。

第二,清官必然待下苛,下必不尽心办事。官员要清,就是断了本衙门的其他官吏的财路,得罪的是本衙门的一个庞大的既得利益集团,况且这些官吏就依靠贪污、受贿来体面地生存,这些人必然要千方百计地让清官走人,所以明时有"清官不倒头"③俗语流行,海瑞在苏州当了不到一年南直隶巡抚,就不得不走人。

第三,清官必然绝无私情。在实际案件处理中,清官必不会因私情而废法,在明代中国这样一个注重人情的社会,必然是门可罗雀,亲故绝交,所以清官的家庭关系往往很紧张,朋友稀少。这种人情成本的代价也很高,清官的偏执往往缘于此,缺乏人际沟通交流,总以为自己正确无误。

其次,当贪官的成本。

反之,做贪官又有什么成本呢?在举朝皆贪的背景下,官吏被揭发处罚的概率很低,被查处的实质原因也往往不是因为经济原因,而是政治原因,即得罪于皇帝或上司。严嵩、严世蕃父子把持朝政多年,贪赃枉法,罪迹累累,但由于得到嘉靖皇帝的宠幸,一直未予惩处,后来失宠于帝才被处罚,家中抄出黄金 2 万余两,白银 200 余万两,其他金银珠宝不计其数。④ 当清官当得很辛苦,皇帝还不领情,明代清官大多下场不妙,有"南包公"之称的海瑞,被皇帝认为是迂腐,郁郁而忠,于谦则死于正统帝之手。贪可能亡,清更要亡。在此背景下,贪反成了官员的最理想选择。至于吏之属,本非官,清誉之名这样的激励对其而言更不重要。

(3)对清官失望意识流行的原因

盼星星,盼月亮,盼来清官,老百姓总该开心了,但经过一段时间观察,民众又会发现清官来了也未必能给小民带来福音。失望意识在一些法律俗语中像"清官难出滑吏手"⑤,"清官出不得吏人手"⑥,"清官难断家事"⑦,"亲官断不得家私事"⑧和

---

① 参见吴思:《潜规则——中国历史中的真实游戏》,云南人民出版社 2001 年版,第 45~53 页。

② [美]黄仁宇:《万历十五年》,生活·读书·新知三联书店 1997 年版,第 141 页。

③ (明)冯惟敏:《僧尼共犯》,载《古今俗语集成》(第 4 卷),第 219 页。

④ 李国章、赵昌平主编:《二十五史新编·明史》,上海古籍出版社 2002 年版,第 154 页。

⑤ (明)罗浮散人:《贪欣误》,载傅璇琮主编:《中国古代小说珍秘本文库》(卷 5),三秦出版社 1998 年版,第 401 页。

⑥ (清)周清源:《西湖二集》,人民文学出版社 1989 年版,第 463 页。

⑦ (明)冯梦龙编:《喻世明言》,上海古籍出版社 1996 年版,第 104 页。

⑧ 《永团圆》,载《李玉戏曲集》,此曲中"亲"字为"清"字俗体字。

"清官也断不得家务事"①中得到了自然流露。

第一,清官未必有能力当好官。

明代基层官员是南人北做,北人南做,许多人虽是举人、进士出身,但因未经系统的学习培训,加上各地风俗、语言、人情差异,千里迢迢从外地来任职的官员,纵有当清官之心,也很难处理好实际政务,往往被当地吏把持,所以有"清官难出滑吏手"等说。

第二,清官难断家务事。

清官难断家务事的实质原因在于家务私事涉诉各方存在特定的人情关系,他们之间的权利义务更多地不是由法律赋予的,而是由模糊的伦理道德观念来调整。这种观念在司法官员、两造之间并不一定会取得一致,于是像海瑞这样的清官也只能凭自身的价值观来断案,他说:"窃谓凡讼之可疑者,与其屈兄,宁屈其弟;与其屈叔伯,宁屈其侄。"②家务事的处断结果关系民众切身利益,如此断案,除了不收钱外,与贪官也没什么区别,民焉能服?

3. 小结

卖法意识与对清官的失望意识也是相互联系的。卖法意识表达了律法的权威在小民心中已无,惧法与学法已经不重要了,因为官员卖法已成为常态,法律已成为商品,官员只有通过卖法才能维持体面生存,小民必须通过钱来买法获得保障。对这一点,民众已不得不接受。对清官的失望意识,进一步加剧了卖法意识的影响力,使民众官员感到清官的能力也有限,清官难救世,这个世道还是卖法当贪官好,小民若当官,亦要卖法,只不过无此机会罢了。这是大明王朝走向灭亡前民众的真实思想。

五、明代法律俗语对法律的影响与其变化

本部分从宏观层面研究了明代法律俗语对法律的影响及明代法律俗语的发展变化原因与具体表现。关于明代法律对明代法律俗语发展的影响,也在本章第二节发展变化原因中作了介绍。

(一)明代法律俗语对法律的影响

1. 客观上起到了普及官方法律的作用

(1)明代法律俗语的内容绝大多数符合官方法律

从明代法律俗语的内容看,绝大多数符合官方法律,其范围涉及民众常见法

① (明)冯梦龙编:《醒世恒言》,上海古籍出版社1992年版,第508页。

② 陈义钟编校:《海瑞集》,中华书局1962年版,第117页。

律问题。有的法律俗语象“公取窃取皆为盗”、“不知者不坐”和“诬告加三等”等,均出自法律条文,“父母之命,媒妁之言”等法律俗语则出自官方认可的儒家经典文献,真正完全没有法律依据与法律明显冲突的法律俗语很少。特别值得注意的是,关于犯罪处罚的法律俗语向民众所宣传表达的处罚后果往往都要比律文重,明显带有夸大色彩。像谋反谋叛,律文虽规定牵连亲属家人,但也不是法律俗语所宣称的“一人造反,九族全诛”或“一人造叛,九族皆诛”。诬告他人死罪,也并非一定是“告人死罪得死罪”。这些夸大处罚后果的法律俗语虽与律不符,在司法实践中亦有负面作用,但考虑其主要功能系强化官方法律的惩罚性,因此从总体上看,明代法律俗语的内容是有利于官方统治的,与官方法律有较大的契合性。

(2)借助小说戏曲的载体广泛传播,法律俗语具有普法的功能

明代法律俗语的传播特点已经从狭小人群范围口耳相传的传统传播方式扩大为广泛采用小说戏曲等俗文学形式进行传播,这种传播方式时间快,范围广,形象生动,实现了法律俗语跨地域的高速流传,以通俗易懂易记的方式向民众普及了国家法律。

法律俗语之所以会在明代小说戏曲中大量出现,与明代统治者对小说戏曲严格管制有一定关系。明律甚至连舞台上角色都有严格限制,[①]作者如果不符合官方法律要求,将会遭受无妄之灾,不仅书、曲被禁,本人甚至家族成员还要承担刑事责任。[②] 作品内容的法律要求加上民众的喜好,使公案、婚恋等涉法内容成为创作的热门题材。涉法题材自然不能回避法律而且还要宣传法律,如果照本宣科地写或念律文,读者或观众自然了无兴趣,因为绝大多数律文艰涩不堪,况且还有例、敕等其他法律形式。因此必然需要借助那些带有强烈口语化色彩的能够正确阐述法律或有利于官方统治的法律俗语,来普及法律条文与官方认可的理念。在生动的案例演绎下,这些法律俗语所表达的法律条文和法律理念家喻户晓。

2. 是民众简明行为准则,具有民间习惯法性质

(1)明代法律俗语在民间具有很高的权威性

明代民众识字率很低,在许多人连名字都未必会写的背景下,复杂烦琐的法律对他们来说,无疑是天书。而法律俗语源自民间,是无数普通民众对法律的认识、经验的结晶,它们大多有法律依据、伦理依据与现实依据,有的还直接出自法

---

① 《大明律》搬做杂剧条,第 204 页。

② 如成祖时规定对亵渎帝王圣贤的词曲,“出榜后,限他五日都要干净将赴官烧毁了,敢有收藏的,全家杀了。”参见王利器辑录:《元明清三代禁毁小说戏曲史料》,上海古籍出版社 1981 年版,第 14 页。

律条文与经典古训,朗朗上口,通俗易懂易记,老少皆知,不少法律俗语还是宋、元或更早时流传下来的,在民众中有很大的影响力,因此具有民间习惯法的权威性。

(2)明代法律俗语具有广泛的社会调整功能

从内容上看,它涉及刑事、诉讼、婚姻、家庭财产、债务等各个领域,从杀人造反盗窃到如何写诉状,从结婚离婚到财产继承,从家庭财产制到债贷关系,普通民众在实际社会生活中遇到的常见法律问题一般都有相应法律俗语予以调整,因此,它们成为了民众的简明行为准则。

(3)明代法律俗语具有明确的社会规范作用

与国家法类似,明代法律俗语具有明确的社会规范作用,包括预测、指引、评价、教育、强制作用。如法律俗语中有关于犯罪的处罚预测,"一人造反,九族遭诛"和"杀人偿命"等;有关于债务偿还的预测,"欠债还钱"等。法律俗语中有杀奸行为准则的指引,如"杀奸须在奸处杀"等。法律俗语评价作用的表现范围更为广泛,从官吏的形象,到对法律形式的看法,都涉及之,如"清官难出滑吏手"和"十法九例,无例不成法"等。法律俗语的教育作用也有不少体现,像主张要学法,不要轻易诉讼,不要赌博、通奸,如"读书万卷不读律,致君尧舜终无术","衙头府第赔杯酒,赢得猫儿卖了牛"①和"赌近盗"、"奸近杀"②等。对于法律俗语的强制作用,有国家法依据的,由国家法、舆论、家法族规等来实施,没有国家法依据的,主要通过舆论与家法、族规来实现。如关于子孙违反"同居无异财"法律俗语的,被朱元璋称为"江南第一家"的《浦江郑氏义门规范》规定:"家长率众告于祠堂,击鼓声罪而榜于壁。更邀其所与亲朋,告语之。所私即便拘纳公堂。有不服者,告官以不孝论。"③即有家法、舆论和国法三种制裁方式。

(4)明代法律俗语的适用范围立足于民间

法律俗语流行于民间,发展于民间,其适用范围也主要在民间。一般来说,对于法律俗语传播范围内的民众,明代法律俗语具有较强的约束力、影响力,违反带有行为指引、教育性质的法律俗语,可能会遭到舆论谴责,甚至还会受到家法族规制裁。对于官方,除非法律俗语适用语境、内容与法律完全一致,否则法律俗语没有必然的约束力,是否适用,如何适用,完全取决于官员意志,特别是一些明显与法律相冲突的法律俗语,一般不会得以适用,这与明律例等国家法,官员必须予以适用不同。

---

① (明)凌濛初:《二刻拍案惊奇》,上海古籍出版社1992年版,第127页。

② 参见(明)冯梦龙编:《醒世恒言》,上海古籍出版社1992年版,第211页。

③ 费成康主编:《中国的家法族规》,上海社会科学院出版社1998年版,第271页。

3. 在一定程度上影响了统治阶级的司法活动

(1)通过对社会法律现象的评述,促使统治者调整司法政策

法律俗语具有一定的舆论监督功能,法律俗语的广泛传播,在一定程度上能给统治者施加压力,促使统治者调整司法政策。如海瑞在苏州当巡抚时,由于其政策不当,本意是要彻底清查当地的豪强土地违法行为,但却未考虑到司法力量有限性,未考虑到一个豪强背后可能就有一个特殊利益集团支持,未降低收案标准,结果民众纷纷前来告状,海瑞断疑案,是与其屈贫者不如屈富者,这样一来得罪了整个南直隶地区地主阶级利益群体,一些不法之民,通过诉讼,取得了经济实惠,以致当老百姓流传"种肥田不如告瘦状"之法律俗语,海瑞此时才知己身有误,不得不调整司法政策,再出告示严禁不实之状。①

(2)通过对司法官员劝谕的法律俗语,提醒官员要公正司法

"公庭里面好修行,不受人间枉法钱"②,"公门好修行"③和"公门渡口好修行"④之类劝谕官员为官清廉、不要贪赃枉法的法律俗语在明代很流行。这些法律俗语的特点是,民众借助佛教因果报应学说,以大众舆论的形式告知官员要公正司法,这不是为了小民,而是为了自身修行,今世利用职权救民,纵今世未获善报,来世也有善报或善报与子孙家人,若利用职权贪赃枉法,必有恶报。这些法律俗语对于一些官员而言有一定效果,属于对司法权力的软约束。

(3)法律俗语所反映的善良习惯,一般为官方司法所认可

明代法律俗语中有一些内容是来自没有直接法律依据的民间习惯,这些内容是民间习惯法的最生动体现。一般来说,对于法律俗语所反映的不与国家法冲突为民众所普遍认可的善良习惯,官方也都予以认可,典型例子是"父债子还"。此法律俗语所反映的民间习惯与法不悖,有利于维护债权人利益,为明代民众普遍认可,因此也得到了官府的司法确认。⑤

4. 少数与法不符的法律俗语客观上阻碍了法律的正确实施

(1)与法不符的法律俗语的产生原因与危害性

第一,产生原因

主要有两个原因。其一,法律俗语的简练通俗性使其语汇内容有时不能完整概括法律条文的精神与内容。其二,有的法律俗语源出民间习惯或民众对法律实

① 陈义钟编校:《海瑞集》,中华书局1962年版,第274~275页;《万历十五年》,第146~149页。

② (清)周清源:《西湖二集》,人民文学出版社1989年版,第308页。

③ (明)袁于令:《金锁记》,中华书局2000年版,第44页。

④ (明)罗懋登:《三宝太监西洋记》,华夏出版社1995年版,第457页。

⑤ (明)颜俊彦:《盟水斋存牍》,中国政法大学出版社2002年版,第172页。

践的经验体会,没有法律依据,甚至与法律条文相悖。

第二,危害性

由于法律俗语在民众中影响力很大,对于连自己名字都不会写的老百姓来说,法律俗语就是他们心中的法律,一旦官方的处理、判决与法律俗语指引的内容不一致甚至截然相反,那么他就会认为司法不公,这会极大地影响司法的效力与权威。

(2)与法不符的法律俗语阻碍法律正确实施的具体表现

第一,不准确的法律俗语阻碍了法律实施。

典型例子是关于"杀人偿命"的俗语(在第二章已述及渊源)。此法律俗语在民间影响力很大,在明律中确有杀人是要处死刑的条款,但杀人情形很复杂,如果过失杀人,依明律为"收赎,给付其家;窝弓杀人则杖一百,追徵埋葬银一十两;同谋共殴人因而致死者,下手者,绞,而原谋者为杖一百,流三千里。余人各杖一百"①。如果凶手没有被判死刑,许多死者家属受杀人偿命俗语的影响,就会认为这是司法机构判决不公,大则会采取一系列手段,向上级衙门直至京城反映,小则极大地干扰了正常司法秩序,这种影响至今仍存之。②

第二,与法相悖的法律俗语对法律正确实施的严重破坏。

"无刁不成状"这条法律俗语就是典型一例。明代法律对惩处内容虚假的刁状有明确规定,诬告人者重则处死,轻则罚种田罚钞,但是这条法律俗语将明代民众诉讼经验与技巧总结为"刁",状要刁,不刁,不把事情弄大,官府是不会受理的。③ 这种违法的诉讼技巧一旦通过法律俗语广泛传播,其后果非常严重,不仅浪费了宝贵的司法资源,而且使老百姓失去了对法律的敬畏。依法告实状不受理,违法告虚状则受理。虽然官府常出告示,但法不责众,只要不造成严重后果,告虚状者往往不了了之。这条法律俗语虽出于明代诉讼实践,然又反过来影响民众诉讼活动,实置诬告律为儿戏也。以后虽然官府每每出榜禁之,然终难以绝之。④

---

① 《大明律》,怀效锋点校,法律出版社1999年版,第150~157页。

② 在造成"佘祥林杀妻案"中一个重要原因就是受害者张在玉家属的压力,怕他们上访。当时作为受害者张在玉的家属联合220多名群众签名上访,要求快速处决"凶犯"佘祥林。参见李锐:《湖北京山法院副院长解释佘祥林杀妻冤案成因》,载人民网:http://www.people.com,最后访问日期:2006年10月29日。

③ 参见徐忠明:《案例、故事与明清时期的司法文化》,法律出版社2006年版,第32~38页。

④ 在海瑞、王阳明等诸多明代官员的文集、判牍中,有大量例证。

(二)明代法律俗语的变化

1. 变化的原因

(1)商品经济发展的原因

明代开始出现资本主义经济的萌芽,随着商品经济的发展,明代民众的法律观念发生变化,而法律观念的变化,会使民众对原有的法律有新的认识,这直接会导致法律俗语的变化。商品经济的发展,还会使一些民事活动的习惯演变为明代法律俗语,如"父债子还"等。

(2)法律、司法实践变化的原因

明代法律俗语的内容多数是对法律条文的解释或者是对司法实践经验的概括,形式也受到明代法律以刑为主、刑民不分的影响,①典型例子是如"杀人偿命,欠债还钱"这一类同时涉及刑事与民事规范的法律俗语。因此,法律内容的变化、司法实践的变化,必然会导致明代法律俗语的变化。

(3)文化繁荣的原因

明代市民文化高度发展,小说戏曲讲唱文学等俗文学之盛,为明以前所无,有的作品一出,即刻便通过刊刻、说书、舞台表演,家传户诵,②法律俗语通过此类通俗文艺形式传播,辐射面极广,使本来流行于一部分地区的法律俗语,成为全国皆知的法律俗语。许多法律俗语流传到其他地区后形成了共鸣,通过再加工,成为本地的法律俗语,这是为什么明代会出现许多意义相同表述差异的法律俗语的一个重要原因。

2. 对元代法律俗语的发展

(1)一些描述元时普遍存在的法律现象的法律俗语,在明代不再流行

如"停妻再娶妻"这条法律俗语在元曲中曾很流行,如《草桥店梦莺莺杂剧》第四本第三折[二煞]你休忧"文齐福不齐",我则怕你"停妻再娶妻"。休要"一春鱼雁无消息"!③ 这是因为在元代,作为统治民族的蒙古人不受"一夫一妻制"限制,可以再娶妻子,加上战争与人口流动的原因,唐律中确定的"一夫一妻制"原则在元代已经受到很大冲击,重婚现象很普遍,民不以为奇。④ 明律则大大加重了对重婚的处罚,重婚不仅要离异,并且其刑事处罚由"笞四十七"变为了"杖九十",这种重刑变化虽不能杜绝重婚,但此类现象已大为减少,⑤因此,此类俗语

---

① 参见张晋藩:《中国法律的传统与近代转型》,法律出版社 1997 年版,第 136 页。

② 参见(明)沈德符:《万历野获编》,中华书局 1959 年版,第 643 页。

③ (元)王实甫:《草桥店梦莺莺杂剧》,载《全元戏曲》第 2 卷,第 297 页。

④ 《唐律疏议》,第 278 页;《大元圣政国朝典章》,中国广播电视出版社 1998 年,第 713 页。

⑤ 《元史·刑法二》,载《历代刑法志》,第 444 页;《大明律》"妻妾失序"条,第 60 页。

便不再流行。

(2)一些元律不明、明律明确规定的内容,开始融入法律俗语

如"公取窃取皆为盗",此语系唐宋律盗罪之定义,但元律未明确对盗下定义,明律袭唐宋律,又对此予以了规定,久而久之,也就成为了法律俗语。又如"开棺见尸者斩"这条法律俗语。据元律规定,"开棺椁者同强盗"①,强盗之处罚并非定处死刑,依元《强窃盗贼通例》,有处死刑的,也有处徒刑的。② 而明律规定:"凡发掘培坟冢,见棺椁者,杖一百,流三千里;已开棺椁见尸者,绞;发而未至棺椁者,杖一百,徒三年。招魂而葬如是。若冢先穿陷及未殡埋,而盗尸柩者,杖九十,徒二年半;开棺椁见尸者,亦绞。其盗取器物砖石者,计赃,淮凡盗论,免刺。若卑幼发尊长坟冢者,同凡人论;开棺椁见尸者,斩。"③这条法律俗语生动地反映了明律加重对"开棺见尸"这类发冢犯罪行为的处罚。

(3)形成了一些反映明人特有的法律观念与社会法律现象的俗语

如明人对程序公正有"官无悔笔,罪不重科"的俗语;主张妇女自主再婚的,有"初嫁从亲,再嫁由身","幼嫁从亲,再嫁由身"和"幼嫁由亲,后嫁由身"等俗语;反对连坐制度,有"罪人不及于妻孥","罪不及妻孥"和"一人作(做)事一人当"等说法。这些法律俗语的流行,与明代商品经济发展带来的民众平等公正意识的提高有很大关系。

(4)一些元律规定明律沿用的内容,也形成了明代法律俗语

如关于杀奸地点的法律俗语"从来杀奸,须在奸处可杀"即源自元律,明律袭之,通过长期司法实践与宣传,明代民众对此律文已经很熟悉了,在此基础上形成了这样一条俗语。关于娶妾限制条件的法律俗语"四十无子理应取妾"的形成原因也是如此。

3. 明代法律俗语在清代的变化

(1)一些明代法律俗语根据清代的法律实践特点与民众思想观念的变化,有了新的带有质变的说法

如关于法律平等的法律俗语,明代只主张"皇亲犯法,与庶民同罪"以及"王子王孙犯法,与庶民同罪",而对于天子犯法是否与庶民同罪的问题,没有涉及。到了清代,随着商品经济进一步发展,民众法律平等观念进一步增强,对王公贵族的法律特权变得越来越难以忍受,特别是在清世宗胤禛于雍正六年发布八议不可

---

① 参见《历代刑法志》,群众出版社1988年版,第456页。

② 《大元圣政国朝典章·刑部》,祖生利、李崇兴点校,山西古籍出版社2004年版,第236页。

③ 《大明律》发冢条,第145~146页。

为训的上谕背景下,贵族官僚在适用司法上的特权在司法实践中仍然没有得到完全削减,即使在雍正朝,这道上谕的精神也没有完全得到落实。① 上谕与现实的反差引发了民众的普遍的不满,因此,在清代民间不仅流传着"王子犯法皆同罪"②,"王子犯法,与庶民同"③和"王子犯法,与庶民同罪"④的俗语,甚至还流行"天子犯法与庶民同"⑤以及"天子犯法民同"⑥之类的法律俗语。这种法律俗语语汇变化是清代封建皇权走向没落的语言学标志。

(2)大量的诉讼法律俗语的流行是清代法律俗语的一个重要特点

这种现象与清代民众丰富的诉讼实践经验与清律对诉讼制度的完善有关。清代已经进入了一个诉讼爆炸的时代,在官方限诉与民众健诉的博弈下,产生了许多新的法律俗语。如清代法律俗语总结了官方犯罪追究模式,有"民不告,官不究"⑦之说。关于起诉限制,在长期的司法实践中,产生了"妇人告状,必有主唆"⑧以及"身在黉门,片纸不入公门"⑨这样的法律俗语。⑩ 关于起诉时证据要求,产生了"有状必有证"⑪和"有告必有证"⑫等俗语。关于人命案件作证之苦,有"宁做盐盗贼犯,莫做人命干证"⑬之俗语。

---

① 苏亦工:《明清律典与条例》,中国政法大学出版社2000年版,第262页。

② (清)蒲松龄:《寒森曲》,盛伟主编:《蒲松龄全集》,学林出版社1998年版,第2631页。

③ (清)佚名:《五虎平西演义》,上海古籍出版社1995年版,第180页。

④ (清)佚名:《再续彭公案》,群众出版社2001年版,第101页。

⑤ 参见(清)江南随园主人:《绣戈袍全传》,人民出版社1993年版,第106页;此书刊刻年代有乾隆、道咸说。另参见(清):《海公大红袍全传》,上海:上海古籍出版社,1993年,第548,713页;(有嘉庆十八年刊本)另参见(清)佚名:《万年清奇才新传》,第618页。另参见傅璇琮主编:《中国古代小说珍秘本文库·卷四》,三秦出版社1998年版,第548页(光绪年间海左书局石印本)。

⑥ 《绣戈袍全传》。

⑦ (清)佚名:《四进士》,载《戏考大全》第1册,上海书店出版1990年版,第543页。

⑧ (清)佚名:《天豹图》,载陈华昌、黄道京主编:《辽海丹忠录、天豹图、锦绣衣》(中国古代禁毁小说文库),太白文艺出版社1998版,第162~163页。

⑨ (清)吴敬梓:《儒林外史》,中州古籍出版社1997年版,第56页。

⑩ 妇女与生员起诉限制,明时已有之。参见《大明律》,第268~269页;另参见《大明会典》,广凌古籍刻印社1989年版,第1241~1242页。清律虽未明限制妇女为已起诉,但并不意味着妇女诉讼权利有了提高。在司法实践中,依然禁之。参见(清)吴宏:《纸上经纶》,载《明清公牍秘本》,第220页。生员起诉限制,清时亦有类似规定。参见《清会典》,中华书局1991年版,第273页。

⑪ 《四进士》,载《戏考大全》第1册,第544页。

⑫ (清)佚名:《四进士》,刘烈茂等主编:《车王府曲本菁华》(明清卷),中山大学出版社1992年版,第321页。

⑬ (清)佚名:《天豹图》,载陈华昌、黄道京主编:《辽海丹忠录、天豹图、锦绣衣》(中国古代禁毁小说文库),太白文艺出版社1998版,第90页。

(3)一些与清代法律实践不相符的俗语开始不再流行

如关于诬告罪处罚的法律俗语,在元明时代很流行,到了清代,诬告律虽未变,然民多告虚状,法不责众,除非造成严重后果,一般按照控告依据不足结案,并未按诬告罪处罚。[①] 关于法律形式的俗语"十法九例,无例不成法"和明例与律的比例大体相当,清之例数远超律,至乾隆五年律,律不过四百三十六条,例竟达一千四百零九条,所以这条反映明代律例关系的俗语就不再流行了。[②] 另外像"父母的家当,儿一分,女一分"这样的俗语在清代也不流行,盖此与律例不符。

(4)在长期的司法实践后,一些元明行为规则也有了法律俗语描述

典型例子是关于禁擅移尸的规定。清代法律俗语有"尸不离寸地"[③]之说,此语意为发现死尸,民众不得擅移,要报官府,否则可能构成犯罪。元时,移尸已被明确规定为犯罪。《元典章》碾死人移尸条云:"法司拟:既是殷定僧等称崔中山自来弄米,别无定夺。止据阎喜僧不合移尸出碾,不告身死人本家得知,合从不应,为事轻,合笞四十。部拟三十七下,呈省准拟。"[④]明律则明确规定移尸之罪,且处罚较元律为重。《大明律》发冢条规定:"若地界内有死人,里长地邻不申报官司检验而輙移他处及埋藏者,杖八十。以致失尸者,杖一百。残毁及弃尸水中者,杖六十,徒一年;弃而不失者,及髡发若伤者,各减一等。因而盗取衣服者,计赃,准窃盗论,免刺。"[⑤]清律沿用明律,唯增注、例。[⑥] 经过长期的司法实践,民众就这类犯罪行为也偏作了法律俗语。

六、结语

通过上述四章对明代法律俗语的研究,可以初步得出以下三条基本结论:

第一,明代法律俗语中习惯法内容与官方法内容有较大的契合性。

明代法律俗语中,习惯法的内容绝大多数源自官方法律与官方认可的礼教、民间习惯,因此从内容上看,二者具有较大的契合性。即使是一些与官方法律表述有差异且带有夸大色彩的刑事法律俗语,其本意也是强化官方法律的权威性,这种契合性是法律俗语成为官方法律与民众有效沟通的语言工具的根本原因。

---

① [美]欧中坦:《千方百计上京城:清朝的京控》,载高道蕴等编:《美国学者论中国法律传统》,中国政法大学出版社1994年版,第490页。

② 《大清律例》,田涛、郑秦点校,法律出版社1999年,第5页。

③ (清)佚名:《蝴蝶杯》,载《戏考大全》第1册,第1072页。

④ 《大元圣政国朝典章·刑部》。

⑤ 《大明律》,怀效锋点校,法律出版社1999年版,第146页。

⑥ 马建石、杨育棠主编:《大清律例通考校注》,中国政法大学出版社1992年版,第755~759页。

第二，同一主题内容相反的明代法律俗语，反映了不同时代不同社会阶层、群体间法律观念的差异。

在明代，法律俗语存在一些主题同一，内容却完全相反的情况。如关于对法律的态度，有惧法、学法和卖法之别；关于连坐问题，既有反映、强化连坐制度的“家人犯法，罪坐家主”及“女子有罪，罪坐夫男”等俗语，又有“一人做事一人当”等反对连坐制度的俗语。这种法律俗语间的碰撞，反映了不同时代、不同社会阶层、不同社会群体间法律理念的差异。

第三，明代法律俗语内容既是明代法律对民众生活影响力的真实写照，又是明代民众对习惯法的生动语言记录。

明代法律俗语中的习惯法内容主要集中于刑事、婚姻家庭、债务、诉讼领域，刑事领域也仅仅是一些涉及常见犯罪与常见法律制度，这反映了在明代，依然是这些传统中国法领域对民众影响力最大，法律俗语生动地展现了明代民众对法律的看法和民间习惯法。

学术探索无止境，本文对明代法律俗语的研究仅仅是一个开始，论述还很粗糙肤浅，希望能得到有关专家的批评指正。

（作者单位：华东政法大学）

上海法租界第二特区法院杀人案探析

——以上海档案馆馆藏的1933年度至1935年度杀人案档案为例

崔雅琼

自古以来,杀人行为就被历代统治者视为需要严厉打击的犯罪行为。汉高祖刘邦曾与民众约法三章,第一个即为"杀人者死"(《史记·高祖本纪》),可以看出对杀人罪的规定自古以来就在律法中占据了重要的位置。"杀人偿命"透视了我国传统观念中人们对杀人行为的态度,对杀人行为如何审判、如何用刑在一定的程度上可以看出这个时代法制的特征和发展状况。上海法租界第二特区法院(以下简称第二特区法院)设立于1931年8月1日,①代替了原法租界会审公廨,是上海法租界内第一个中国法院。其内部组织和适用的法律均依照民国司法的规定进行,但是由于地缘因素和政治因素的影响,原法租界会审公廨的影响并没有消失,在这个中国法院中仍能见到法国人的身影。② 也正是受这些因素的影响,第二特区法院的司法理念比华界其他的法院更加先进,尤其是在审理杀人案这样重大的刑事案件上,显得更加严谨。

---

① 1931年7月28日,中法双方在南京签订了《关于上海法租界内设置中国法院协定》,该协定成为法租界第二特区法院设立的依据,中法选定法租界薛华立路和玫坊为其办公地点,与此同时,控制上海法租界司法近70年的法租界会审公廨宣告终结。

② 当时的法国人杜克担任第二特区法院的法律顾问。

现选取第二特区法院1933年7月至1936年6月这段时间的杀人案件为研究对象是基于两点考虑:第一,档案资料具有完整性。第二特区法院距今已有近百年时间,很多档案因时间关系已经不能完整地呈现。在这样的条件下,上海档案馆馆藏的第二特区法院的杀人案件从侦查到审判,在连续3个年度内均保存完整,①实属难得。第二,审判实践具有代表性。1933年至1936年正是法院发展的稳健时期,这段时期的审判能准确、完整地展现法院法官的司法素质和案件审理的水平,具有代表性。结合上海档案馆保存的1933年7月至1936年6月的第二特区法院杀人案档案,对杀人案的犯罪主体、犯罪原因和案件审理方面进行分析,能够清晰展现第二特区法院的法制实况。

一、第二特区法院29件杀人案概况

在29件杀人案件中,犯罪主体的性别均为男性,年龄在20~50岁,从事的职业多种多样。一审对犯罪主体的量刑最低为7年有期徒刑,最高为死刑。一审开庭次数最少为3次,最多为10次。犯罪主体使用的犯罪工具绝大多数为手枪,并且有10人属于累犯。大部分案件是有预谋的杀人案,并且以共同预谋、帮助杀人的情形居多。以上海档案馆馆藏的29件杀人案判决书为依据,现将犯罪主体的年龄、职业、作案方式、是否累犯、一审处刑情况、一审开庭次数以及是否上诉统计如下(见表1)。

表1 第二特区法院1933年度至1935年度的29件杀人案简介②

姓名	年龄(岁)	职业	是否累犯	作案工具	一审开庭次数(次)	一审判决主文	是否上诉
张殿臣	25	无业	否	枪支	6	预谋杀人,处无期徒刑,褫夺公权终身	是
朱全兴	20	无业	否	枪支	6	杀人,处有期徒刑15年	是
张金宝	32	无业	否	枪支	5	共同预谋杀人,处有期徒刑20年	是

① 三个年度:1933年度、1934年度、1935年度,分别对应1933年7月~1934年6月、1934年7月~1935年6月、1935年7月~1936年6月。

② 整理自上海档案馆馆藏:档案号Q182-2。

续表

姓名	年龄(岁)	职业	是否累犯	作案工具	一审开庭次数(次)	一审判决主文	是否上诉
李德才	31	小工	否	枪支	3	共同预谋杀人,处无期徒刑	否
郭善余	33	小工	否	枪支	3	共同预谋杀人,处无期徒刑	是
郭玉山	31	无业	否	木棍	3	帮助杀人,处有期徒刑20年	否
张炳荣	31	无业	是	枪支	5	累犯,共同杀人,处有期徒刑15年	是
王得玉	26	铁匠	否	棍石	10	预谋杀人,处死刑,褫夺公权终身	是
陈金兰	31	无业	是	枪支	5	杀人,累犯,处有期徒刑15年	是
王玉和	48	商贩	否	刀具	9	杀人,处有期徒刑12年	是
钱其昌	22	无业	是	帮助	4	帮助预谋杀人,处有期徒刑14年	否
张阿四	24	无业	是	枪支	6	帮助预谋杀人,处有期徒刑15年,褫夺公权15年	是
顾有亭	33	无业	是	枪支	4	杀人,处死刑,褫夺公权无期	是
王锡堂	37	摇船	否	枪支	8	故意杀人,处无期徒刑,褫夺公权无期	是
皮盎纪泥侠高夫	29	铜匠	否	刀具	4	预谋杀人,处有期徒刑12年,褫夺公权10年	是
俞德发	36	无业	是	枪支	8	故意杀人,处无期徒刑,褫夺公权无期	是

续表

姓名	年龄(岁)	职业	是否累犯	作案工具	一审开庭次数(次)	一审判决主文	是否上诉
张小毛	27	看门	否	用拳头	6	共同伤害致人于死,处有期徒刑 7 年,褫夺公权 7 年	是
费金海	20	卖饭	否	用拳头	6	共同伤害致人于死,处有期徒刑 12 年,褫夺公权 12 年	是
杨文昌	27	菜贩	否	锤子	4	预谋杀人,处有期徒刑 15 年	是
桂金虎	25	菜贩	否	锤子	4	预谋杀人,处有期徒刑 12 年	是
张德宝	40	无业	是	枪支	5	累犯,携带凶器杀人,处有期徒刑 20 年,褫夺公权 10 年	否
赵广福	29	木匠	否	枪支	10	共同预谋杀人,处无期徒刑,褫夺公权终身	是
王兴高	39	探员	否	枪支	9	共同预谋杀人,处无期徒刑,褫夺公权终身	是
张亭桂	36	小工	否	枪支	10	帮助杀人,处有期徒刑 20 年	是
顾竹轩	50	商人	是	教唆	7	教唆杀人,处有期徒刑 15 年,褫夺公权 10 年	是
王思荣	29	稽查	否	刀具	3	杀人,处无期徒刑,褫夺公权终身	是
金林富	31	摇船	是	枪支	4	杀人未遂,处有期徒刑 10 年,褫夺公权 10 年	否
富德利克	28	看门	是	枪支	9	杀人,累犯,处有期徒刑 13 年 6 个月,褫夺公权 10 年	是
潘家衍	35	厨役	否	刀具	4	处无期徒刑,褫夺公权终身	是

因29件杀人案犯罪主体性别均为男性,故不再单列性别;统计顺序以审判开始的时间先后为序;犯罪主体的具体分析、案件审判的分析,将在文章的第二部分、第三部分进行阐述。

二、犯罪主体及犯罪案由

在29件杀人案件中,因犯罪主体的性别全为男性(在档案卷宗曾出现两名女性被以帮助杀人的罪名提起公诉的案例,后因一审判决无罪,故不属于本次犯罪主体的统计研究对象),以下不做专门论述。以下对犯罪主体的其他方面和犯罪原因进行分析,以了解当时杀人犯的社会地位、经济状况及犯罪方式等。

(一)犯罪主体

根据对犯罪者的年龄、职业、籍贯、是否累犯及作案方式的统计,对犯罪主体进行全方面的分析。

1. 年龄

表1显示,犯罪主体的年龄处于20~50岁,并且大部分主体的年龄小于35岁。为了更细致地了解犯罪主体的年龄分布,特以5年为一个统计区间。因20岁的犯罪主体有2人,故与21~25岁的放在一起统计。经统计:20、21~25岁犯罪主体有6人,占比为20%;26~30岁犯罪主体有7人,占比为25%;31~35岁犯罪主体有9人,占比为31%,36~40岁犯罪主体有5人,占比为17%;41~45岁无犯罪主体,占比为0;46~50岁犯罪主体有2人,占比为7%。

2. 职业

犯罪主体从事的职业多种多样,从无业游民、流氓地痞到公务人员,从做生意的商贩到靠手艺为生的工匠,涉及多个行业。具体比例为:无业的11人,占总人数的38%;商贩为5人,占总人数的17%;小工、匠人均为3人,均占总人数的10%;公务员、摇船、看门的均为2人,均占总人数的7%;厨役为1人,占总人数的4%。统计发现,犯罪主体多为无业,超过总数的1/3;虽有公务人员,但人数只有2人;而商贩也多是做一些小营生维持家计。从中也反映出绝大多数犯罪主体的经济条件、生活水平状况处于劣势地位。

3. 户籍

在29件杀人案中,犯罪主体的户籍全为外地户籍。在这些户籍中,来自江苏的有13人,占总人数的45%;来自浙江的7人,占总人数的24%;其次有安徽5人,占总人数的17%;天津、山东各1人,各占总人数的3%;苏联2人,占总人数的7%。从户籍信息中可以看出,第二特区法院杀人案的罪犯主要来自江、浙、皖3个接近上海的地区,占总人数的86%,将近九成。

4. 累犯情况

民国时期已经明确出现了累犯的概念,并将其作为加重量刑的依据。1935年《中华民国刑法》第47条规定:"受有期徒刑之执行完毕或受无期徒刑或有期徒刑一部之执行而赦免后,五年以内再犯有期徒刑以上之罪者,为累犯,加重本刑至二分之一。"①

上述杀人案中,属于累犯的犯罪主体有10人,占总人数的34.5%。在对应的判决书中,法院也在判决书中写明行为人是否构成累犯,以及因累犯导致量刑加重。例如,在张炳荣杀人案的一审判决书主文部分这样表述:"张炳荣,累犯,共同杀人处有期徒刑15年,裁判确定前羁押日数,以二日抵有期徒刑一日。"②但是在该案的二审判决中,法院认为,一审法院对累犯情节量刑偏轻,所以加重刑罚,改为无期徒刑。在民国的司法实践中,对于累犯,在量刑时会在原判决刑罚的基础上加重1/3或者1/2,③这样的改判正是遵循了上述《中华民国刑法》第47条关于累犯的规定。

5. 作案工具

杀人案件中出现的作案工具有枪支、刀具、锤子、木棍、石头等。其中,使用手枪杀人的案件最多,共17件,占总案件数的59%。其次为使用刀具杀人,共4件,占总案件数的14%。

(二)犯罪案由

在29件杀人案件中,有的因钱财杀人,有的因生活琐事杀人,大多数因报复杀人,因报复杀人中又有帮助他人报复杀人的情况。杀人的案由具体分7种,其中,因报复杀人、帮助他人报复杀人共13件,占总案件的45%。具体统计见表2。

表2 杀人案由统计

杀人案由	件数(件)	比例(%)
因报复杀人、帮助他人报复杀人	13	45
因钱财,激情杀人	4	14
因情感纠纷杀人	3	10

① 《中华民国刑法》,吴瑞点校,法政学社1936年版,第12页。

② 上海档案馆藏:档案号Q182-2-32。

③ 姚远:《上海公共租界第二特区法院研究》,上海人民出版社2011年版,第155页。

续表

杀人案由	件数(件)	比例(%)
被雇佣杀人	4	14
因琐事纠纷杀人	2	7
因受胁迫杀人	1	3
帮助杀人	2	7

从表2中可以看出,第二特区法院杀人案的犯罪案由,主要集中在因报复杀人、帮助他人报复杀人,因钱财,激情杀人,因情感杀人,被雇佣杀人4项,总占比为83%。因受胁迫杀人的案件只有1件,所占比例最少,仅为3%。

三、杀人案件的审判

依照民国实行的三审终审制,第二特区法院作为地方法院,为杀人案的第一审级,对该法院判决不服的,可于收到判决书后10日内向江苏高等法院第三分院(以下简称高三分院)提出上诉,进入案件的二审环节;对二审判决不服者,可于收到判决书后10日内向最高法院上诉,进入第三审级,即终审。29件杀人案的庭审记录和判决书中记载了一审的开庭时间、审理期限以及上诉审的情况,详尽的档案资料为全面地了解和分析第二特区法院杀人案的审判提供了丰富的材料。

(一)审判法庭的组成

根据29件杀人案档案资料的记载,法租界巡捕在捕获犯罪嫌疑人之后,先将其押至法租界警务处,即法巡捕房,并进行审问,同时制作调查报告书,并于次日(星期日除外)将嫌疑人连同报告书一起送至第二特区法院,由刑庭庭长将案件分配至各推事手中。

1.一审法庭的组成

一审法庭实行独任制审判,由一名推事负责案件的审理,同时配置一名书记官负责法庭的记录,参与审判的还有检察官、原告、被告及其辩护律师、捕房律师。

在杀人案件中,在第二特区法院第一法庭开庭审理的有25件,在第二法庭审理的有2件,在第五、第六法庭审理的各有1件。有22个案件由同一个推事和书记官进行审理,有7个案件在开庭审理中更换过推事和书记官。审理杀人案的推事有李昌年、熊彙苹、章朝佐,书记官有王葆熏、陶宗侃、郑荣,检察官王任。值得注意的是，因法租界会审公廨收回之时，根据中法双方签订的设立中国法院协定的规定，一部分刑事案件的公诉权由法租界警务处行使（包括杀人案），[①]所以此时庭审中的检察官空有其名，其公诉权由代表法租界警务处的捕房律师代替行使。检察官虽然可以对案件提出自己的意见，但是在已有的档案资料中没有看到这样的记载。杀人案的被告都有辩护律师，因为杀人案属于民国法律规定的强制辩护的范畴，[②]即使被告自己不聘请律师，法庭审判长也会为其指定辩护律师。因此，一审中有12个被告任选辩护律师，剩下的17人被指定辩护。审判开始后，先由推事核对被告身份，然后由捕房律师介绍案情，宣读公诉意见，继而由原告、被告发表陈述。[③]

2. 上诉审法庭的组成

高三分院和最高法院分别作为第二特区法院的二审和三审法院，受理杀人案的上诉。上诉审同一审的区别有两点：第一，法庭组成不同。二审法庭为合议形式，由1名审判长推事和2名推事组成；三审由1名审判长推事和4名推事组成。二审审理杀人案件都在高三分院刑事第三法庭进行，由郭德彰担任审判长推事，案件检察官分别由张宗儒、赵士北担任；杀人案的三审在最高法院刑一庭至刑十庭都有开庭，合议庭的组成也各不相同。第二，上诉审的公诉方由法租界警务处改为高三分院的检察官代替，并由检察官出具意见书。

（二）一审的审限及量刑

1. 一审的审限

首先，表1显示，一审开庭次数为3～10次不等。其中大多数案件的一审开庭次数为5～9次，每次开庭的时间间隔为10天左右。

其次，在2个月以内审结的案件有17件，3个月以内审结的案件有7件，3个月以上审结的案件有5件（占比见图1）。

---

① 《关于上海法租界内设置中国法院协定》第4条："……检察官办理检察事务，并关于适用刑法第103～186条之一切案件，依照中国法律执行期职务。但已经租界行政当局或被害人起诉者不在此限……"参见滕一龙主编：《上海审判志》，上海社会科学院出版社2003年版，第532～534页。

② "最轻本刑为五年以上有期徒刑，或高等法院管辖第一审之内乱、外患、妨害国交等罪，以及其他刑事认为有设辩护人之必要者，如被告人自己未经选任辩护人时，法院审判长亦应指定辩护人为之辩护。"参见张知本：《法制国家律师之地位》，载《东方杂志》第33卷。

③ 《法院判决》，载《申报》1931年9月6日，第18版。

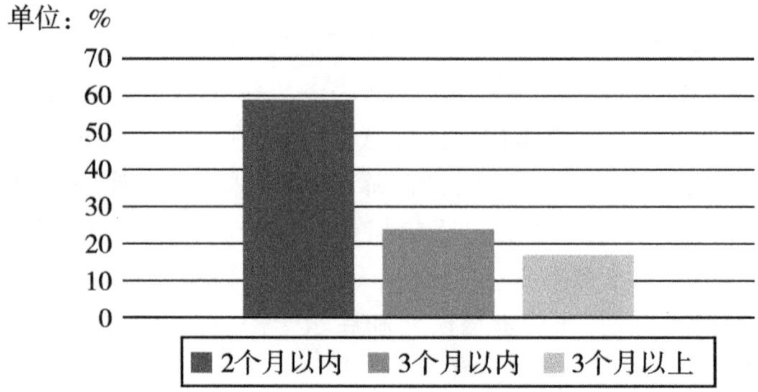

图1　审结案件时限示例

从图1中可以看出,大部分案件审结时间为2个月以内,其次为3个月以内,少数案件审理时限超过3个月。在超出3个月结案的5件杀人案中,审理时间最长的为富德利克杀人案,经历了9次开庭,用了8个月时间审结。但是需要肯定的一点是,大部分案件在法律规定的审限内审结,对于不能按期审结的案件,会由检察官向本院院长申请延长该案审理期限。

最后,杀人案件审结的月份分为两个阶段:3月至5月、8月至1月。在2月、6月、7月没有审结案件,尤其是2月的前半月没有开庭记录。此外,在29件杀人案中,大部分案件的结案时间为月底,在1月结案的案件有7件,其他月份的结案件数为2~3件。除了7月和8月的审判开庭时间都为上午外,其余月份上午、下午都有开庭,并且上午开庭时间多为9时、10时,下午开庭时间多为2时。

2. 一审量刑

29件杀人案件中,属于共同杀人的有16人,共涉及8个案件,占总犯罪人数的55%,所以,有必要将一审量刑分为普通杀人案件的量刑和共同杀人案件的量刑两部分进行分析。

(1)普通杀人案件一审的量刑情况

除了16件共同杀人案件外,其余13件杀人案件为普通杀人案件。普通杀人案件中,一审判刑最低为10年有期徒刑,最高为死刑。将量刑范围分为三个阶段(10~20年有期徒刑、无期徒刑和死刑)进行分析可知:判处10~20年有期徒刑的人数有7人,占普通案件总数的54%;判处无期徒刑的有4人,占普通总案件数的31%;判处死刑的有2人,占普通案件总数的15%。判处10~20年有期徒刑的人数最多,占比最大;其次为无期徒刑,判处死刑的人数最少。这说明民国1933年度到1935年度,第二特区法院大部分普通杀人案件的量刑处于10~20年有期徒刑，对死刑的适用比较谨慎。

(2)共同杀人案件一审量刑情况

属于共同杀人行为的有16人，共涉及8个案例。分别是：张殿臣和张金宝共同预谋杀人案；①李德才伙同郭善余以及郭玉山3人共同预谋杀人案；②张炳荣和王世龙(于1936年9月审判，不在研究范围之内)共同预谋杀人案；③钱其昌帮助他人报复杀人案；④张阿四帮助报复杀人案；⑤张小毛和费金海共同预谋杀人案；⑥杨文昌和桂金虎共同预谋杀人案；⑦顾竹轩教唆杀人案，该案涉及四个犯罪主体，判决文书主文分别表述为：顾竹轩教唆王兴高杀人，王兴高同赵广福共同预谋杀人，张亭桂帮助杀人。⑧ 属于共同预谋杀人的有12人，共涉及6个案件；属于帮助杀人的有3人，共涉及3个案件；属于教唆杀人案的有1人，为顾竹轩杀人案。

在这些案件中，判处10年以下有期徒刑(包括10年)的有2人，占共同杀人案件的13%；判处10～20年有期徒刑的有8人，占共同杀人案件的50%；判处无期徒刑的有6人，占共同杀人案件的37%。

(三)上诉情况

在29件杀人案中，多数被告选择上诉。据表1统计，上诉案件共有24件，占所有案件的83%。然而在24件上诉案件中，并不是所有的案件都经历了三审，在24件上诉案件的判决中，有维持原判、上诉驳回、发回重审、改判加重、减轻或判决无罪的情况，具体统计如下(见表3)。

表3　上诉案件判决结果

姓名	一审判决	二审判决	三审判决
张殿臣	预谋杀人处无期徒刑，褫夺公权终身	处有期徒刑20年，褫夺公权无期	上诉驳回
朱全兴	杀人，15年有期徒刑	维持原判	有期徒刑13年

① 上海档案馆藏：档案号Q182－2－24。
② 上海档案馆藏：档案号Q182－2－29。
③ 上海档案馆藏：档案号Q182－2－32。
④ 上海档案馆藏：档案号Q182－2－43。
⑤ 上海档案馆藏：档案号Q182－2－44。
⑥ 上海档案馆藏：档案号Q182－2－56。
⑦ 上海档案馆藏：档案号Q182－2－58。
⑧ 上海档案馆藏：档案号Q182－2－67。

续表

姓名	一审判决	二审判决	三审判决
张金宝	共同预谋杀人,处有期徒刑20年	上诉驳回	上诉驳回
郭善余	共同预谋杀人,处无期徒刑	上诉驳回	上诉驳回
张炳荣	累犯,共同杀人处有期徒刑15年	处无期徒刑,褫夺公权无期	上诉驳回
王得玉	预谋杀人,处死刑,褫夺公权终身	维持原判	维持原判
陈金兰	杀人累犯被判处有期徒刑15年	原判决撤销,处有期徒刑12年	上诉驳回
王玉和	杀人处有期徒刑12年	上诉驳回	上诉驳回
张阿四	帮助预谋杀人处有期徒刑15年,褫夺公权15年	有期徒刑20年,褫夺公权15年	无
顾有亭	杀人一罪处死刑,褫夺公权无期	原判决撤销,处无期徒刑,褫夺公权无期	上诉驳回
王锡堂	故意杀人处无期徒刑,褫夺公权无期	原判决撤销,处有期徒刑20年,褫夺公权无期	撤销一审、二审判决,处有期徒刑15年,褫夺公权10年
皮盎纪泥侠高夫	预谋杀人处有期徒刑12年,褫夺公权10年	上诉驳回	上诉驳回
俞德发	故意杀人处无期徒刑,褫夺公权无期	上诉驳回	上诉驳回
张小毛	共同伤害致人于死,处有期徒刑7年,褫夺公权7年	上诉驳回	维持原判
费金海	共同伤害致人于死,处有期徒刑12年,褫夺公权12年	上诉驳回	处有期徒刑12年,褫夺公权10年

续表

姓名	一审判决	二审判决	三审判决
杨文昌	预谋杀人处有期徒刑15年	上诉驳回	上诉驳回
桂金虎	预谋杀人处有期徒刑12年	上诉驳回	无
赵广福	共同预谋杀人,处无期徒刑,褫夺公权终身	维持原判	无
王兴高	共同预谋杀人,处无期徒刑,褫夺公权终身	判决无罪	发回二审重审
张亭桂	帮助杀人,判处有期徒刑20年	维持原判	无
顾竹轩	教唆杀人,判处有期徒刑15年,褫夺公权10年	判决无罪	发回二审重审
王思荣	杀人处无期徒刑,褫夺公权终身	上诉驳回	无
富德利克	杀人累犯,处有期徒刑13年6个月,褫夺公权10年	上诉驳回	上诉驳回
潘家衍	处无期徒刑,褫夺公权终身	上诉驳回	无

根据表3的统计,有18件案件用尽诉讼的审级,其中有些案件因被判发回法院重审而不止经历了3次审判,如档案记载的顾竹轩教唆杀人一案,就经历了6次审判。二审中对原审改判的有8件,占所有上诉案件的33%,其中改判加重的有2件;其余的二审判决中维持原判的有4件,上诉驳回的有12件。三审中改判的有3件,占三审案件的17%,且无改判加重的情形,剩余的判决结果中,发回二审重审的有2件,维持原判与上诉驳回的分别有2件和11件。

从上诉判决的结果中可以看出,改判的概率并不大,其中有两件案件还加重了原判决的刑罚,这点不同于我们现今《刑事诉讼法》中的上诉不加刑原则。被告在选择上诉时,其律师肯定将上诉的风险以及减轻刑罚的可能性不大等情况予以告知,但是杀人案仍然有很高的上诉率。究其原因有两点可能:一是杀人案的量刑重,所以只要有一点减轻处罚的机会,当事人都不会放弃,特别是被判处无期徒刑、死刑的案件,其本身已经到了最高刑罚,所以上诉后的判决结果不会比现在的更差;二是杀人案中的被告人存在被冤枉的可能,通过查看一些杀人案的侦查笔录以及庭审记录,确实发现了一些矛盾之处,比如在张金宝杀人案中,死者的妻子顾金氏作为告诉人,在向捕房报告杀人凶手时,并没有提到张金宝的名字,且张金宝在答辩中也称自己不在杀人现场等,然而这些矛盾之处,在所有判决书中均未提及。

四、从审判杀人案件看民国上海租界法制

通过对29件杀人案档案中犯罪主体和审判资料的分析,揭示了民国上海重刑犯的社会地位、经济条件以及第二特区法院的审判风格。

(一)折射出民国上海重刑犯的面相

档案资料显示,杀人案的犯罪主体多为年轻、生活贫困的外来人员,且犯罪手段残忍。

1. 犯罪主体多为年轻、贫困的外来人员

首先,从犯罪主体的年龄、户籍、职业信息中可以看出,犯罪主体的年龄多为26~35岁,说明年轻人犯罪比例较大。这与年轻人遇事不冷静、爱冲动等性格特点有关。青年人所体现的特征是社会阅历少、情绪控制差、容易受外界蛊惑,再加上身体素质处于人生较佳阶段,因此很容易选择用暴力方式去解决一些因琐事而引起的矛盾,从而触犯法律。犯罪主体年轻化与近年来上海统计的故意杀人案中犯罪主体的年龄阶段分布情况相像。因此也可以说明,如果社会想要达到减少暴力犯罪较好的效果,应将预防对象集中于年龄段为26~35岁的主体。

其次,从犯罪主体主要为无业可以看出,犯罪可能性与个人的生活水平的高低有密不可分的联系。无业代表着生活没有固定的经济来源,也就意味着穷困的生活环境是导致他们走向极端的重要因素。

最后,从29件杀人案件的户籍信息中可知,杀人犯多来自江苏的一些城市,还有来自绍兴和安徽的,但没有出现来自宁波、广东等地的记载。从户籍信息中得出两点信息:第一,外地人为该类案件的犯罪主体;第二,犯罪主体主要来自附近较贫穷的城市。当时的广东和宁波较为富有,而江苏、绍兴则相对贫穷,犯罪人主要来自江苏和绍兴。贫困的经济条件、低下的社会地位以及物质和精神上的压迫是产生犯罪的主要原因,这也再一次印证了犯罪的可能性与个人的生活水平的高低有密不可分的联系。

2. 犯罪手段残忍

在29件杀人案件中,大多数杀人案件的犯罪手段残忍、选择的犯罪工具杀伤力强、主观恶性大。根据表1的统计,枪支为杀人犯使用最多的作案工具。用枪杀人的案件有17件,并且多数案件为几个人一同开枪射击1人,或者由1人连开几枪将被害人击毙。比如在轰动上海的顾竹轩杀人案中,档案中记载其所雇用的赵广福对被害人唐嘉鹏连开三枪致其死亡。枪支是杀伤力强的犯罪工具,因其当时没有被纳入禁止持有的范围,大部分杀人案件的犯罪主体选择使用枪支杀人。可见犯罪主体的主观恶性大,以及枪支不被禁用对社会安全构成了重大威胁。

犯罪主体心理严重扭曲。在王得玉杀人案中,将被害人骗至荒僻处,用木棍将其打死后,王得玉担心其并未死亡而用石头猛砸被害人尸体。本案中的被害人年龄只有13岁,与王得玉并无仇怨,王得玉仅因与被害人母亲结怨,遂报复于被害人身上,行为人这种极其残忍的手段恰恰说明了其内心的恐惧和人性的扭曲。钱其昌杀人案中,虽然在案中属于帮助犯,但在该案主犯谭冷雨将被害人杀死后,两人一同将被害人尸体肢解并烧毁,手段之凶残,人性之泯灭都揭示了杀人案这种恶性犯罪的畸形的犯罪心理。

(二)体现了第二特区法院的刑事审判风格

第二特区法院虽然适用的是民国的法律,但是因其受地缘因素,以及为收回法租界会审公廨,中法双方签订的《关于上海法租界内设置中国法院协定》的影响,第二特区法院体现出了较高的审判水平。

1. 司法人员的法律素养高

民国政府在上海法租界设立中国法院时,因考虑到法租界以前受大陆法系的影响,其法制比华界法制先进,所以挑选了一批具有较高法律素养的法律人员来承接法租界的司法工作。根据档案记载,1933年7月至1935年6月,第二特区法院的司法人员共有48人。其中,国内法学院校毕业的有43人,欧美法学毕业的有3人,其他2人,①例如,任职时间最长的王思默院长是毕业于法国巴黎大学的法学硕士。另外,从杀人案的审判期限以及庭审笔录和判决书的书写上,也可以看出第二特区法院司法人员具有较高的司法素质。

2. 案件审理期限适当

杀人案是严重的刑事案件,对人身和社会都造成重大的危害。案件性质严重,牵涉利益多,都会导致案件审理时间增长。第二特区法院杀人案件审理期限较短,大部分杀人案的审理在2个月内完结,这说明两点:第一,符合当时《刑事诉

① 上海档案馆藏:档案号Y2-1-91。

讼法》对法院审理刑事案件的审限规定。第二,能够减少案件当事人在审理案件过程中以及等待判决结果所消耗的精力。

另外在分析案件审理期限时发现,2 月、6 月、7 月开庭次数较少,也没有审结案件的记录。7 月、8 月集中于上午开庭,1 月结案件数较多。造成这种情况的原因有三个:第一,因为每年的 6 月和 7 月为司法案件年度统计时间,所以司法人员会为了完成本年度统计工作,减少在这两个月审结案件,避免造成对统计的干扰;第二,因 2 月多为农历新年,推测这段时间法院应属于休息时间,所以没有开庭记录,另外,工作人员会为了不让案件拖延至年后,案件会尽量在 1 月审结;第三,根据《江苏上海第二特区地方法院暂行办事规则》第 2 条的规定,①7 月、8 月上班时间为上午 8 时至下午 1 时,其余月份办公时间为上午 9 时至 12 时,下午 1 时半至 5 时,因此 7 月、8 月案件的开庭时间均为上午。

3. 量刑幅度适中

1935 年《中华民国刑法》第 271 条对杀人罪的规定为:“杀人者,处死刑、无期徒刑或十年以上有期徒刑。”②法条规定杀人罪的量刑分为死刑、无期徒刑、10 年以上有期徒刑三个量刑范围。在 29 件杀人案件中,处 10 ~ 20 年有期徒刑的有 16 人,处无期徒刑的有 10 人,处死刑为 2 人,还有 1 人以故意伤害致人死亡帮助犯的罪名,被判处有期徒刑 7 年。

这样的量刑结果说明了以下三点:第一,第二特区法院杀人案的量刑范围在法律规定的量刑范围之内;第二,大部分杀人案被处以 10 ~ 20 年有期徒刑,体现了杀人案量刑的适中;第三,29 件杀人案虽然均造成了被害人死亡的后果,但是只有 2 人被判处死刑,体现了死刑适用的谨慎。被判处死刑的案件分别是王得玉杀人案和顾有亭杀人案。根据案件档案记载,王得玉报复杀害 13 岁少年丁富根,因其手段极其残忍,在当时社会引起巨大的反响,又因在审讯王得玉的过程中其还诬告周阿元与其一同杀害丁富根,因此一审法院判处其死刑。顾有亭杀人案是其在抢劫他人钱财后,逃跑过程中又开枪打死一人、打伤一人,并且还有累犯情节,一审法院据此判处其死刑。上述两件判处死刑的案件同时具有社会影响特别大、犯罪手段残忍、犯罪后果十分严重的共同点,由此可以看出,第二特区法院在审判杀人案件时只有在符合上述要素时才适用死刑。

4. 区分主犯、从犯、教唆犯和帮助犯

在共同杀人的案件中,审判人员注意区分主犯、从犯,帮助犯和教唆犯,并体

① 滕一龙主编:《上海审判志》,上海社会科学院出版社 2003 年版,第 534 页。

② 《中华民国刑法》,吴瑞点校,法政学社 1936 年版,第 65 页。

现在具体的量刑中。例如,在张金宝和张殿臣共同预谋杀人案中,张金宝虽然没有实施杀人行为,但是他在案件中一直是组织者,并参与了实施,一审法院判处张金宝20年的有期徒刑就是依据其在案件中所起作用作出的量刑。在李德才伙同郭善余以及郭玉山共同预谋杀人案中,一审判决书的主文部分已经明确了三人各自在犯罪中起的作用,郭玉山属于帮助犯,其量刑低于其余2人的量刑。此外还有张炳荣帮助报复杀人案、杨文昌和桂金虎共同预谋杀人案,都是法院区分主犯、从犯后,决定量刑加重或从轻的例证。在顾竹轩杀人案中,判决书上主文内容将该案件四个犯罪主体分别定位为教唆杀人,帮助杀人、两个共同预谋杀人,在量刑时教唆犯量刑最轻,其次是帮助犯。在当时的司法实践中,被认定为共同杀人案的主犯一般适用无期徒刑;从犯的量刑则为20年有期徒刑,轻于主犯;教唆犯和帮助犯则更轻,一般为10年或15年有期徒刑。因此可以得出,从犯、帮助犯、教唆犯的量刑是相对于主犯量刑从轻或者减轻处罚。

(三)第二特区法院的司法正常运行标志着中国法制现代化的逐步实现

上海租界自开辟以来,外人就以中国法律落后、与西方法制相差甚远为借口,设立领事裁判权,以致租界内行政、司法长时间的处于外国人掌控之下。在外人侵夺我国司法主权的同时,他们也将其具有现代化特征的法制带入了中国。19世纪中后期,上海的两个租界已经实行着同华界不一样的法制,当时的租界法制已经具有现代化法制的色彩。首先,租界内颁布的法律章程之类不再是中国传统中诸法合体,以刑为主的法律结构,如1866年法租界颁布的《上海法租界公董局组织章程》,共18条,规定了公董局的组成、选举、职能,以及公董局会议的内容等。其次,法律的适用过程中,使用具有现代特征的法律语言,以及具有现代特征的惩处方式,如语言上有"缴纳诉讼费用"、"受理"、"刑事诉讼"、"民事诉讼"和"上诉"等;惩处措施有有期徒刑、拘留、罚金,逐步代替了中国古代的笞、杖、徒、流等处罚方式。最后,上海租界的法制现代化还体现在1854年设立的现代化警政制度的巡捕,以及1869年设立的既有审判人员又有陪审人员、辩护人参加的类似现代法庭形式的会审公廨、行政法庭性质的领事公堂等。中国法制改革始于20世纪初期,没落的清政府开始在全国范围内大力推行"新政",实行司法改革。"六法全书"的制定以及颁布,以及相应的司法机构的建立标志着中国古代传统法制开始向现代化法制转型,但这样的转变要比租界晚了50多年。①

中国司法人员的司法素质到底能不能满足早已实行现代法制的上海租界地

---

① 王立民:《中国租界法制与中国法制现代化历程》,载《社会科学》2015年第2期。

区？随着法租界第二特区法院的设立，上海租界中国法院设立的完成，①这一问题也就有了答案。从第二特区法院高素质的法律人员，以及他们审理的3个年度的杀人案件中可以看出，法院在中国司法人员的运作下完全能够正常运行，当时的司法人员完全能够依据具有现代法制特征的法律审理案件，并制作判决文书。例如，杀人案的判决书中，随处可见具有现代法律色彩的法律用语，如“原告”、“被告”、“辩护人”、“构成累犯”、“数罪并罚后应处刑期”、“依《刑法》××条，判决如主文”以及“不服本判决得于送达后十日内向江苏高等法院第三分院上诉”等。这说明当时中国司法人员已经具备了满足上海租界法制的司法素质，可以适应租界法制司法的要求，也说明了中国司法在向法制现代化转化上有了长足的进步。

五、结论

通过对第二特区法院29件杀人案件的犯罪主体、犯罪工具、犯罪原因以及案件的审判和判决书的分析，可以得出第二特区法院大部分案件在法律规定的审理期限内审结、量刑适中、慎用死刑的结论，这与我们习惯中认知的民国的上海为“乱世”大相径庭。窥一斑而知全豹，通过对审判杀人案的了解，也从侧面体现出上海租界司法的审判风格，以及中国法制现代化的发展情况。对29件杀人案档案的分析有助于我们对这一时期的上海法租界司法有更真实的了解，对上海租界法制作出更公正的评判。

（作者单位：华东政法大学）

---

① 上海公共租界设立的中国法院，即第一特区法院，于1930年4月1日成立，比法租界中国法院早一年。

书评与札记

《〈尚书〉章句集解》书评

归善斋《尚书·章句集解》的新硕果

——简评尤韶华先生《尚书·章句集解》系列二三册

郑学檬

尤韶华先生的《尚书·章句集解》系列，已出版了第一册《归善斋〈尚书〉二典章句集解》、第二册《归善斋〈尚书〉三谟章句集解》、第三册《归善斋〈尚书〉十诰章句集解》、第四册《归善斋〈尚书〉别诰十种》。这个系列成果作为中国社会科学院创新工程学术出版资助项目面世，足见其学术分量。

何谓"归善斋"《尚书·章句集解》系列？作者答云：即汇集经学善解，《吕刑》导人向善，国学诸家合善。可谓创意标群，言不孤发。可见作者著书，意在益世，而非云随雾合，架空臆说，苟且于俗流，值得钦佩。

一、溯源民本与法制，传治世之道

《尚书》为应用济世之学，孔子编《书》，宣扬敬天、敬民、敬畏法制的理念，孕育出了儒家民本主义思想，影响了几千年的中国历史，一直到今天还有重要的现实意义。《尚书·舜典》云："百姓不亲，五品不逊。"五品指父子、君臣、夫妇、长幼、朋友；逊，顺也。《尚书·大禹谟》记禹的话说："德惟善政，政在养民。"如果说《尚书·舜典》的告

诚还停留在伦理观念层面的话,那么《尚书·大禹谟》禹的话就是一条政治规范,即政治纪律了。善政在养民,养民就是善政,这就是古人的政治逻辑。①

阅读《归善斋〈尚书〉三谟章句集解》第一篇《〈大禹谟〉章句集解·善政养民》后,我思路洞开。该篇所录22种句解,发人深省。如唐孔颖达《疏》云:“言所谓得者,惟是善于政也。政之所谓,在于养民。”以养民为善政,是德;反之不能养民就是无德。宋林之奇《尚书全解》称:“先正德,后利用、后生。”言之及义,可为今人治世借鉴。蔡沈《书经集传》引禹曰:“正德、利用、厚生惟和。”对“和”的内含作了明确规定。试问:君若无德,物非利用,政无厚生,社会能和谐吗?古人治国理念,如此明白易懂。福建大乡贤李光地在其《尚书七篇解义》里解释道:“德必有见于善政,政则莫大于养民。”没有善政,何来德也?可以说,善政实践是检验“德政”的惟一标准。

这几个例子说明,《归善斋〈尚书〉三谟章句集解》汇集了民本思想智慧,于世人启发多多。向以汉儒专训诂,宋儒尚义理,而“善学者读其书,惟理之求”②,“章句集解”溯源、析理,不仅提供了民本思想的治世格言,还增强“民”望,惠及后人。

《归善斋〈尚书〉三谟章句集解》第二篇《〈皋陶谟〉掌句集解》分稽古、修身、知人、安民四节,尤先生辑录、纂注、纂疏的诸家之说,足资辨误,我最看重的是安民这一节。皋陶说:“天聪明,自我民聪明;天明畏,自我明威。达于上下,敬哉有土。”把民与天联系在一起。本书辑录苏轼《书传》云:“上帝付耳目于民,以其众而无私也。民所喜怒威福行焉,自天子达,不避贵贱,有土者可不敬哉。”苏氏解释不如林之奇《尚书全解》的解释来得明白,林氏曰:“《泰誓》曰:天视自我民视,天听自我民听。”民之所好,天之明也;民之所恶,天之畏也。所以,民意即天意。我认为,《尚书》的“天民相因之理”虽然有点儿形而上学的味道,虚多实少,但当时民观念上民的地位几与近代无异。③

第三册《归善斋〈尚书〉十诰章句集解》的《仲虺之诰》云:“建中于民,以义制事,以礼制心,垂裕后昆。”蔡沈注云:要立中道于天下,而民不能自立,所以要“建中于民”。“中”是什么呢?是“礼义”,“义者心之裁,礼者理之节”,做到事宜、心正,中道立,民就易治了。蔡注把宋儒的观念注入,民只有接受礼义教育之后,才可用命,而不再强调民意即天意了。

---

① 郑学檬:《点涛斋史论集——以唐五代经济史为中心》,厦门大学出版社2016年版,第429页。

② (宋)释惠洪:《冷斋夜话》卷六《曾子固讽舒王嗜佛》,《文渊阁四库全书》863册,台北,台湾商务印书馆股份有限公司1982年版,第261页。

③ 郑学檬:《点涛斋史论集——以唐五代经济史为中心》,厦门大学出版社2016年版,第430页。

到了战国时代，民本主义思想有了近一步发展，这就是人们熟知的孟子的“民为贵，社稷次之，君为轻”（《孟子·尽心章句下》）和“仁政”（《梁惠王章句上》）主张。民本主义思想对中国几千年治国理政影响难以估量，直至今日，仍有现实意义。

法制所述，可见第二册《归善斋〈尚书〉三谟章句集解》之五《摄政》等篇。元朱义祖《尚书句解》云：“汝作士（实惟汝皋陶作士师之官），明于五刑（能明审于墨、劓、剕、宫、大辟），以弼五教。”对于不接受五教之民，“绳之以刑”。孔颖达疏云：行刑“乃是以杀止杀”。《宥过无大，刑过无小》《罪疑惟轻，功疑惟重》《与其杀不辜，宁失不经，好生之德，洽于民心，兹用，不犯于有司》等篇讲刑而不忘“民心”向背，此亦为后世仁政之准则。《归善斋〈尚书〉十诰章句集解》“非汝封刑人杀人”节，孔颖达疏引《正义》云：“为政保民之如此也，不可行以淫刑。”

第三册《归善斋〈尚书〉十诰章句集解》的《自序》云：“《尚书》推崇敬畏，而敬畏正是民主和法制的基础。《尚书》十主要是关于商周法制的论述。其中‘敬字’二十二处，‘畏’字八处。”“敬畏是一切准则的基线。没有敬畏，任何的准则都将是虚幻的。是法官还是蠹吏，是律师还是讼棍，以是否敬畏为分界。”这一番铿锵之辞，足以表达作者对《尚书·十诰》现代意义的界定，发人深省。

《归善斋〈尚书〉十诰章句集解》《汤诰》篇的“夏王灭德作威，以敷虐于尔万方百姓”句，清库勒纳等解释说：“夫天以民为心，天人相与，其几甚微，其应甚捷。后世人臣，乃或谓天变不足畏，亦何言耶？”《召诰》篇“王不敢后，用顾畏于民岩（品下石）”句，孔颖达疏云：王为政，任用能用之士，“当顾畏于下民僭差礼义”。从上面《摄政》《汤诰》《召诰》等篇的疏文看，敬畏天就是敬畏民，包括“畏于下民僭差礼义”。法制之威力在于遂民心，为民立法，为民除害，还畏民“僭差礼义”。

二、汇集众说，以利辨误求真

阅读归善斋《尚书·章句集解》系列，对于学有专长的人来说，能够从众说里找到岐见疑点，激发思路。如本第三篇《〈益稷〉掌句集解》部分，林之奇《尚书全解》说伏生所传今文《尚书》的《益稷》合与《皋陶谟》，至孔安国古文《尚书》“始厘而为二”。故以今文《尚书》为是。当然也有异疑者，史浩《尚书讲义》云：“伏生以《益稷》合与《皋陶谟》，似亦有理，盖味其辞意，则未竟也。”黄度《尚书说·益稷》的解说更为言简：“益、稷佐禹有功，因禹称其功，故文篇名，孔氏之言是也。”

又《归善斋〈尚书〉十诰章句集解》的《汤既黜夏命》篇录齐召南按语云：“伏生今文无《汤诰》，而孔壁古文有之，即此篇‘王者自克夏’云云是也。”但《史记·殷本纪》称：“既绌夏命还亳作《汤诰》。”不过人皆不知司马迁何处得到《汤诰》逸文。

由此可见,纂者辑录这些资料,对后学来说,既可免受检索之繁,又能详知今、古文《尚书》的异同。正如纂者所言:"汇集众家之解,以助于择善而从。晚清学者重刊《十三经注疏》,流行至今。四库本其他《书》类著作,不为人们所重,知者不多。顾颉刚、刘起釪所著《尚书校释译论》所引亦不全。今人解说《尚书》,大多仅援引《尚书注疏》,有失偏颇。《归善斋〈尚书〉章句集解》,意在汇集众家之解,以免限于一家之言。《钦定四库全书》有五十余种《书》类著作。这些著作起于汉唐,迄于明清,而以宋代居多,汉唐仅《尚书注疏》一部。《尚书》是为政之书,仅从字面训诂,难以准确理解。因而还需要从政治、法律、历史、礼乐、哲学、文学的角度予以探究,而这方面正是宋代《书》学以及元明学者之所长。四库本所载《书》类著述对《尚书》的解说涉及各个方面,尤其典章制度,律历器物,天文地理的源流考据,或繁或简。一些长篇解说,对于经文的理解大有裨益。"

三、从文献编纂学角度看

《归善斋〈尚书〉章句集解》可能是一种新尝试——体例创新之举。《书》类著述,以解说、考据《尚书》章句为宗旨。《归善斋〈尚书〉章句集解》,则将各种著述按章句汇集分解,便于读者了解《书》学发展轨迹。此项工作,前人所无,其功也巨,后人可以从这些征引中看到《书》学的积淀过程。

四、适时满足国外各界人士学习中国哲学的需要

近期西方智库、媒体呼吁学习中国哲学、历史,以应对中国崛起后东西方的文明交流。"西方学者认为,中国传统哲学蕴含的'中国智慧'很值得西方学习。"①他们希望了解中国的思维方式和精神世界,就儒家思想而言,《论语》、《春秋三传》和《尚书》是最重要的典籍。说到这里,我记起陆游的诗句:"逢时皆可致唐虞,比身管乐宁非苟。"②归善斋《尚书·章句集解》系列的出版,"生逢其时"给予了一个隐身书斋的学者向世界展现"中国智慧"的天赐良机。

祝贺韶华先生《归善斋〈尚书〉章句集解》系列出版,嘉惠学林,有益于治国理政,则盛世之幸也。

(作者单位:厦门大学)

① 《西方学者呼吁学习中国哲学》,载《参考消息》海外视角栏,2017年8月23日,第15页。

② 陆游:《溪上杂言》。

《归善斋〈尚书〉章句集解》鉴定书

高令印

一、《尚书》简介

《尚书》原称《书》,是上古历史文献和部分追述古代史迹的汇编经典,是儒家五经之一。尚即上,汉代人因其为上代之书,故称《尚书》。相传《尚书》是由孔子编定的,但是,其中若干编,如《尧典》《禹贡》等为后人所增入。秦焚书后,西汉初伏胜传书经28篇,称为《今文尚书》。汉武帝时又出现先秦古本,称为《古文尚经》,已佚;今存东晋梅颐所献的《古文尚经》,是伪书。现通行的《十三经注疏》本,是今文和伪古文的合编,宋蔡沈的《书经集传》即是此本。此本分6卷:第1卷,虞书,5篇;第2卷,夏书,4篇;第3卷,商书,17篇;第4卷,周书,13篇;第5卷,周书,8篇;第6卷,周书,11篇。总共58篇。实际上,是虞、夏、商、周(3卷)4书。

二、《归善斋〈尚书〉章句集解》概况

尤韶华纂的《归善斋〈尚书〉章句集解》共分为4大部:

第1部:《归善斋〈尚书〉二典章句集解》,即《尧典》《舜典》。

第2部:《归善斋〈尚书〉三谟章句集解》(上中下3卷),即《大禹谟》《皋陶谟》益稷(谟)。

(以上2部即《尚书》第1卷虞书5篇的全部内容)

第3部:《归善斋〈尚书〉十诰章句集解》(上中下3卷),即正诰8篇(就是《仲虺之诰》《汤诰》《大诰》《金縢》《康诰》《酒诰》《梓材》《召诰》《洛诰》《康王之诰》)和《金縢》《梓材》。

第4部:《归善堂〈尚书〉别诰十篇章句集解》,即《盘庚》(上中下3卷)《西伯戡黎》《武成》《多士》《君口》《周官》《吕刑》。

三、《归善斋〈尚书〉章句集解》的特点和学术价值

据宋蔡沈的《书经集传》,《尚书》共58篇,有10体,即典、谟、训、诰、誓、命、歌、贡、征、范。《归善斋〈尚书〉章句集解》选取3体进行研究,就是典、谟、诰,其他体有其内容与此3体相近者归併之。现已出版和将出版的4大部为:第1部《归善斋〈尚书〉二典章句集解》、第2部《归善斋〈尚书〉三谟章句集解》(上中下3

卷)、第3部《归善斋〈尚书〉十诰章句集解》(上中下3卷)、第4册《归善斋〈尚书〉别诰十篇章句集解》。总共征引约50多种书,1500多万字,几乎把历代有关《尚书》的注疏都汇集在了一起,汇集众家之观点,并择善而从之。文献全面,观点明确,有许多新说,这是《归善斋〈尚书〉章句集解》的特点和学术价值。

《尚书》是儒家五经之一,它不仅是为政之书,还包括了儒家思想的各个方面。宋蔡沈在《书经集传序》中说:"《书》岂易言哉!二帝(尧舜)三王(禹汤文武)治天下之大经大法,皆载此书。……二帝三王之治本于道,二帝三王之道本于心。得其心,则道与治固可得而言矣。"综观《归善斋〈尚书〉章句集解》诸部,反复讲论民心,强调民心与天心不可分开。其所阐发出的敬民、敬天、明德、善政,很有现实意义。《归善斋〈尚书〉章句集解》对中国传统文化的哲学、政治、法制、历史、文学、艺术,以及典章制度、天文地理、律历器物等,都有深刻的探究,对于当今研习中国传统文化很有启示价值。

《归善斋〈尚书〉章句集解》的作者尤韶华教授学问功底深厚,治学刻苦,是研究古籍的师范,现在这样用功者少见。此书规模之大,资料之全,学术贡献之多,在《尚书》的研究上是史无前例的,是书很有存世价值。

(作者单位:厦门大学)

读《归善斋章句集解》体会与建议

俞荣根

尤韶华研究员毕20多年《尚书》研究之功,纂修并出版或将出版逾1500万字的《归善斋章句集解》,他是当今治《书》经的专家,是专家中的高手。他指出:"今人解说《尚书》,大多仅援引《尚书注疏》,有失偏颇。"宋代大儒朱熹说过:"《五经》疏,《周礼》最好,《诗》《礼记》次之,《易》《书》为下。"回想起当年研究法史时,涉及《尚书》,基本上依据阮元《十三经注疏》中的汉唐二孔氏《尚书注疏》,外加蔡沈的《书经集传》,以及几位近现代学者注释的本子。而今手捧几大本归善斋《尚书》集解,更真切感到自己还是一个《尚书》学的门外汉。这次会议上,将为尤韶华研究员的大著写评论的任务交给我,实在是选错了人。半瓶子醋的外行来评论行家里手的著作,岂不贻笑学术界。为了不耽误会议,现硬着头皮谈点体会和建议,敬请作者和与会方家哂正。

一、体会

第一，在五经文献中，《尚书》素称难治。尤韶华研究员《尚书》研究的总体规划蔚为壮观，包括文献整理、辨析、解说、译注、翻译，1500 万字的《归善斋章句集解》只是文献整理阶段性成果。而且，此《集解》仅涵盖《钦定四库全书》的《书》类著作，四库《书》类著作以外的经史子集有大量引用或运用《尚书》的内容，作者还将辑录编纂成另一部文献史料《四库本辑考》。作者以《归善斋章句集解》为基础文献，同时涉及其他文献史料，而撰写的《尚书》法律资料训诂、考释、论析性专著《归善斋历代解说典谟法律记载考论》，亦将于近期杀青付梓。除“典”“谟”法律记载考论外，尚有“十诰”“别诰”法律记载考论。接下去，还有逐篇逐章逐句的解说、译注、翻译。其工程之浩大，任务之艰辛，闻者无不惊骇。而作者竟凭一己之力，在冷板凳上乐此不疲，孜孜于兹。作者拒绝浅薄，“退而读书”，远离时尚，其选择有胆有识，仁勇与睿智并举！这样的学德、学风，可谓特立独行，为当今因浮躁而备受诟病的学术界赢得了一份久违的荣光，它向世人表明，知识界并未整体陆沉，古君子之风骨和秉性犹存。

第二，“《书》以道政事”。《尚书》是为政之书，记载着唐、虞、三代之大经大法，是研究上古历史及其后两千多年间为政之道的基本资料，是寻找中华法系“自我”之奥妙及其中“良法善治”之真谛的活水源头，是先秦儒墨道法诸子百家、中华固有传统文化及其政治法律思想的溯源追本之典籍。诚如作者在《自序》中反复强调：“《尚书》不仅是历史，而且是民族文化的源头，承载着民族文化的核心价值，确立了基本的道德行为规范，记录着先贤的治国智慧和经验。”一个具有古老文明历史的民族，其民族品性、文化形态与特质、政道与治道之特性，以及它们的变化轨迹与发展路向，还是要回到文明的原点，回到具有原创性和始原性的典籍中去寻找答案。《尚书》就是这样的典籍之一，而且是其中最重要的两部典籍之一，另一部是《易经》。作为读者，我高度赞成作者的这一自选选题！谢谢作者给社会、给时代奉献了如此熠熠闪光的 20 年磨成之剑！庄子云：“人皆知有用之用，而莫知无用之用也。”古往今来，“无用之用”，方为大用。它是智慧之用、战略之用、政道治道对“良法善治”不懈追求之用、民族及其文化日新又新的生生不息之用。一句话，是“为天地立心，为生民立命，为往圣继绝学，为万世开太平”之用。

第三，在经学史上，《尚书》一直纷争不断。“四库”提要云：“然诸家聚讼，犹有四端：曰今文、古文，曰错简，曰《禹贡》山水，曰《洪范》畴数。”尤其是今古文之争，乃一大学术公案，少有脱身清静于外者。自清儒闫若璩考定 58 篇传世本为伪书，似成铁案。其同时代的经学家庄存与则认为，《古文尚书》虽是伪作，但圣人的言语得以保存,堪称“功罪互见”。另一大儒朱彝尊说:“是书久颁於学官,其言多缀辑逸经成文,无悖於理。”近代国学大师王国维以为,梅赜的《尚书》不可能完全出于伪造,至少也是一个晋代汇集各种残篇的辑佚本。庄、朱、王氏之论堪称在理。

《归善斋章句集解》超越古今文之争,直接选用58篇的存世善本为底本,将汉唐二孔的《尚书注疏》列为“集解”的第一种书,这样就完整保存了宝贵的古代文献资料,可谓是有勇有谋的抉择。

第四,《归善斋章句集解》作者在业已出版的一册、二册、三册《自序》反复申述:《钦定四库全书》有58余种《书》类著作,“汉唐二孔的《尚书注疏》和南宋蔡沈的《书经集传》最为重要”,“《古文尚书疏证》《古文尚书冤词》未就章句作专门解说”,“《尚书纂传》《书传会选》《书经大全》未有独立见解”。凡此种种判语,简洁明快,毫不含糊其辞,用字虽少,用力弥深,非熟读并比对“四库”《书》类各种著作,万不敢下此结论。从而,不但收深入浅出之功,也为科学地准确地汇集编纂定下了根底。

第五,作者指出,“三谟的基调就是敬天安民,以敬畏之心,获取天命,治国安民。三谟与二典的理念并无二致,被视为《尚书》的总纲”,“《尚书》对敬畏的叙述,重点在于与民心、天意以及兴亡更迭之间的关系,……民心,即天心”,“钦敬,是《尚书》的主线,贯穿全书”。这些关于《尚书》要旨大义的把握,可谓高屋建瓴、精准确凿。从而,作者揭示了这部伟大古籍之历久弥新的价值所在,“《尚书》推崇敬畏与诚信,而敬畏与诚信正是民主和法制的基础。这就是研究和传播、普及《尚书》文化的意义所在”,“敬畏是一切准则的基线”。这不失为是当下之警世恒言!而“常存敬畏”,正是作者夙兴夜作“一以贯之”完成这一宏大学术工程的洪荒之力之源。

二、建议

下面说几点笔者粗浅的建议:

第一,关于编辑方法和体例。作者在《归善斋章句集解》的几篇《自序》中,把“四库”的56种《书》类著作分为五类:(1)“基本上对《尚书》逐篇逐句解说”,共22种;(2)“对各篇的某些章句考据解说”,计17种;(3)“只就数篇加以解说”,仅2种;(4)“仅就单篇解说”,有10种;(5)其他5种。从《章句集解》的体例来看,第一类22种著作是必须编入的“规定动作”,无论其对某章某句的解说有无、多少,都一一列出,从1到22一一标上序号。第二、三、四类著作如有解说,则列于22号之后,但不标序号。对于这一编纂方法,作者在一册、二册、三册中始终保持一致,但并没有明确说明,全靠读者去体察。故建议作者在每册的《自序》之前加上“编纂体例说明”或“凡例”,把有关编纂方法和技术方面的问题一一明示。

第二,关于“归善斋按”。在《章句集解》必录的22种著作中,如注解有阙或重复,均有“归善斋按”,内容有“未引”“未解”“缺”和“见‘*****’”等表示方法。建议凡此“按”语所指含义是什么,均可写入“编纂体例说明”。另外,“见‘*****’”的“按”语,似乎达意不明。如《三谟章句集解》(上卷)第18页,“3.《尚书全解》卷四”下有“(归善斋按:见《大禹谟》)”。这里的“见《大禹谟》”,很容易引起误解,如按为“见前《大禹谟》句所录”,是否更明白些。

第三,关于书名。现在的书名,是在《归善斋章句集解》的总名下,各分册为《归善斋〈尚书〉二典章句集解》《归善斋〈尚书〉三谟章句集解》《归善斋〈尚书〉十诰章句集解》《归善斋〈尚书〉别诰章句集解》等。作者确定这样的书名,肯定经过反复比选和郑重考虑。但还是想说点建议:

一是“归善斋”的用法。“归善斋”为作者书斋名,既典雅,又明志。《自序》中讲了取此书斋名的三重含义,令人钦慕。古今学者多有以书斋名为著作名的,如纪晓岚的《阅微草堂笔记》、梁启超的《饮冰室合集》等,但他们都是自撰著作,不是古籍集注。另一种情形是把自己的藏书加以编纂,常常以书斋名之,如沈家本的《枕碧楼丛书》。由于有这些先入之见,所以乍一见《归善斋〈尚书〉二典章句集解》,就以为是一位书斋名为“归善斋”的学者将自己所藏《尚书》加以注解的大著。尽管这是我个人的错觉,但将书斋名直接用于作者对《尚书》进行集解和研究的书名中,还是可以斟酌的。

二是“章句”的用法。章句,盖离章辨句之省称,是经学家解说经义的一种方式,实际上就是注释,着重于逐章逐句逐字考证、注解、串讲、分析大意,如赵岐的《孟子章句》。

三是“集解”的用法。集解,又有集注、集传、集释等称谓,是注释的一种。其与章句的区别在于,它是汇集众家之说并加上编者意见的一种注释,如何晏的《论语集解》、朱熹的《孟子集注》和《诗集传》等。

如果上述说法能够成立,那么,书名中将“章句”与“集解”叠加使用就显得重复了。

四是,《尚书》书名未在总名中明确,《归善斋章句集解》中若不出《尚书》书名,其“章句”也好,“集解”也罢,就没有了着落。

为此,斗胆建议,将书名改用为:

《归善斋《尚书》研究系列之一:二典注解汇纂》;

《归善斋《尚书》研究系列之二:三谟注解汇纂》;

《归善斋《尚书》研究系列之三:十诰注解汇纂》;

《归善斋《尚书》研究系列之四:别诰注解汇纂》;

《归善斋《尚书》研究系列之五:典谟注解法律资料考论》。

依此类推。

第四,关于《自序》。实事求是地说,这几册的《自序》写得都很好,各家报刊的报道和书评无有出其右者。鉴于如此浩大的汇纂和研究工程,其成果具有传世之长效性,所以,《自序》的文字应尽量取历代《书经》注疏的学术问题和编纂的学术、技术问题说话,不一定要去说现实价值和诸如"民生法制"这些内容。《尚书》的价值,说到"钦敬是一切规则和法律的基线",也就足够了。其他的话,包括"民生法制"等,可在其他文章中去说。

1982年,我到中国社科院法学所接受硕士学位论文答辩,答辩委员会由光灿师、建璠师、国华师、高恒师、海年师组成。答辩结束后,老师们的告诫有两条:一是45岁前无论多忙,不要停下学术研究之笔;二是把法史学术研究问题与现实法制问题研究分作两篇文章去写,不要混搭着写。30多年来,我牢记这些师嘱,受益良多,谨与作者共享共勉。

从硕士学位颁授的师承上说,尤韶华研究员与我是师兄弟,从同在法学和法史学领域中啃书码字的方面看,我们是学友、研友。无论从哪方面讲,我们都应本着《尚书》"钦敬"的精神相互推诚相待,不但应当知无不言,而且半知半不知的也要言,甚至连想到了的也可言。这就是笔者提出上述建议的心志,亦正因如此,它们仅供参考。

诚祝尤韶华研究员的《尚书》研究大工程进展顺利,圆满成功!

(作者单位:西南政法大学)

尤韶华教授《归善斋〈尚书〉章句集解》系列著作鉴定意见书

李　力

已经出版面世的《归善斋〈尚书〉章句集解》系列著作,乃其作者尤韶华教授积20余年功力所完成的巨作。

可以说,该系列著作的学术价值及于文献学、上古史乃至中国法律史等领域,若概括起来,主要体现在以下三点:

其一，在文献学上具有重要的学术价值。以章句集解的方式，汇集散见的极其珍贵的汉唐以后历代学者尤其是宋明清学者研读《尚书》成果的精华，极大地丰富了目前尚书学研究的成果，为进一步拓展尚书学研究的深度奠定了扎实的不可或缺的基础。

其二，对于学术史的研究具有不可替代的作用。一方面，有益于尚书学史的研究，也是上古史研究的必备书目；另一方面，也为相关专业学术史的梳理提供了相当大的便利。甚至可以弥补顾颉刚、刘起釪尚书研究的相关著作的缺憾。

其三，是古代法律史研究特别是先秦法律史研究学者案头必备的工具书，有助于扩大中国法律思想史研究的资料来源。

笔者建议，其后期出版的研究成果，能够关注并吸收百年来古文字学、历史学与文献学有关《尚书》的最新研究成果。

（作者单位：华中科技大学）

关于《尚书》三谟集解及《尚书》十诰集解的阅评

陈晓枫

尤韶华研究员所著的《归善斋〈尚书〉三谟章句集解》及《归善斋〈尚书〉十诰章句集解》（以下简称章句集解），是当代尚书学的宏编巨制，汇集经学善解，囊括了有《书经》以来历代学者儒生读解《尚书》的重要释义。其工程浩繁，功业居伟，对经学、史学，特别是法律史学在当代的发展都作出了不容忽视的学术贡献。

《尚书》是传统经学和史学的最早一部历史文献，被尊为“六经之冠冕”，“百氏之襟袖”，有典、谟、训、诰、誓、命等文体，大部分是君王的文诰，和君臣间就政治法律原则谈话的记录，内容涉及政治、宗教、思想、哲学、法律、军事、地理、历法等各个方面。其中三谟和十诰的核心思想是“以德获命”、“敬天保民”和“明德慎罚”，是备受历代执政者遵从的立制垂范之大要。以三谟和十诰为核心，展延和推演发展而成的各种政治经济法律制度，形成了中国古代传统国家典章制度的基础内容。尤韶华研究员聚力研究中国传统制度的核心，集解三谟与十诰的章句，对于坚持中国发展的道路自信和制度自信，都具有十分积极的以史为证的意义。

《尚书》向有佶屈聱牙之称，是最“难读”的经典。自汉代孔氏作《大传》以后，历代学者在传、疏、注、补、正义、集议的学术路径中，通过注解释义的方式，阐述自己对《尚书》的理解，同时表达对治国理政基本纲要的智识。因此，历代的注疏、释义中存有大量政见歧义的论说。“章句集解”以善解为要旨,让各种歧见齐聚并现,可以较为清楚地看出汉儒所说之天道、宋儒所说的天理以及明清学者所说的大义在《尚书》章句中的展现,表达了中国政治、法律历史发展中的道义命理各自所呈现的时代特征。例如《周书·大诰第九》所载“周公相成王,将黜殷”,汉儒所书,重在分监治国,宋儒所书则强调黜绝有殷之命,是“周公实以冢宰摄政,黜殷之义是周公之任也”,而明清学者又指明了“必告多方”的意义是“先谋于同姓;同姓从,然后谋于朋友;朋友从,然后谋于天下”的宗法秩序。历代学者所临政事不同,所述要点不一,经章句集解同现于文著之中。

《书》学的研究多采取传、疏、释、注的形式,章句的句读是这一学术方式表达认知见解的重要方法。“章句集解”采用了以今文尚书为本,同时参证以古文尚书的句读方法,并用集义的方式补正了因句读不同而产生经文片面理解的弊病,应该说这也取得了相当的成效。在篇章读解的方面,“章句集解”把今文尚书附着于《皋陶谟》中的《益稷》篇,依古文尚书的阅读方法分列为《夏书》第三谟,然后把《周书》中《梓材》《多方》《多士》列为《周书》中的诰命,在读解上应该说是很有见地的。《夏书》中的谟和《周书》中的诰文存在显著不同。谟书均以君王与天帝之间的对话为形式,并由人间君王陈述功德而获得天帝的授命。《益稷》篇所陈述的是益和稷辅助于治水有功德,同时其陈述功德和叙述在位命理的对话发生在帝和禹之间。帝命为此还颁下了关于五色作服、六律、五声、八音、出纳五言等的基本施政规则,叹称“臣哉邻哉,邻哉臣哉”,因此此篇单立为《夏书》谟言,在形式上是与《大禹谟》《皋陶谟》一致的,在内容上又显著区别于前两者功业的叙事。《周书》诰文则是从天命已受,王位在我家出发,告命天下,颁布政纲与法律的文诰。《梓材》《多方》《多士》虽然未以诰的形式命名篇名,但是其内容都是关于大命归属、政权正当、告知有关人士臣服天命。《书》学作者认为,该数篇实为诰命,也是获有共识的。

当然,由于“章句集解”用工很浩大,且著作者以善解为归依,文献取舍不尽完美是在所难免的。大诰集解的学术范例,其开先河者为顾颉刚所著的《大诰译证》。顾颉刚以70万字的译证,考订了600余字的大诰,汇集了几乎所有文献中的相关传、注、释、训解和章句,从而创造了《书》学中释义集解的范式。其后,其学生刘起釪承接余绪,发展形成出《尚书学史》,并依据顾氏的《大诰译证》体例,写成了《尚书集释》《尚书校文》《尚书校释译论》等多部著作,被学界盛赞为“里程碑式的贡献”。但是,“章句集解”对这一学术成就没有予以关照。当然,这种尚可商榷的选择,并不影响“章句集解”所取得的显著学术成就。

(作者单位:武汉大学)

康托洛维茨与《国王的两个身体》

徐震宇

恩斯特·康托洛维茨(Ernst H. Kantorowicz,1895 - 1963)是20世纪下半叶极为重要的欧洲中世纪史学者。他精通多种古典和现代语言,所涉猎的研究领域极为广博,从穆斯林行会组织到拜占庭王权,到中世纪德国史、勃艮第史,以及英国宪制史,专业涉及政治思想、法律、宗教、文学、艺术等各领域,时间段则从古代晚期一直跨越到文艺复兴时期和近代早期。1957 年他出版了《国王的两个身体:中世纪政治神学研究》①,很快该书就被认为是中世纪史领域的大师之作。他所提出的独特主题和意象,嗣后引领各专业学者们的不断开拓,催生了大量的深入研究。他对于现代国家的中世纪和近代早期根源的关注,也使其研究具有了广泛和深远的意义。国内学界对康托洛维茨虽略有关注,但相比他在学术界的地位仍不相称,因此,本文试图作一初步引介,以期展开进一步的研究。

一、生平

康托洛维茨 1895 年生于波兹南(现属波兰)一个富裕的犹太人家庭。通过家族的酒厂生意,康托洛维茨家

---

① Kantorowicz, Ernst Hartwig. *The King's Two Bodies: A Study in Mediaeval Political Theology*. Princeton, N. J., : Princeton University Press, 1957. 该书中译本即将由华东师范大学出版社出版。

得以跻身上层中产阶级,融入德国社会,对犹太信仰和文化并不执着。恩斯特年幼时就有英国家庭教师施以教育,后来全家搬到柏林,在父母安排下进入奥古斯塔·维多利亚高级中学(Augusta Victoria Gymnasium)学习。①

康托洛维茨的父亲原本计划让儿子参与家族的生意,因此安排他在汉堡学徒。第一次世界大战爆发后,康托洛维茨志愿参军,在西线作战,于凡尔登战役负伤并获得二等铁十字勋章;后调往东线,在土耳其服役,最后又回到西线战场。②战争结束后,德国政局动荡,康托洛维茨加入"自由军团",在慕尼黑与左翼武装战斗并负伤。随后,他先后在柏林大学和慕尼黑大学修习课程,后进入海德堡大学。此时,他和家庭的计划仍然是从事商业,故所修专业主要为经济学。1921年,他在海德堡大学获得博士学位,博士论文的主题是关于穆斯林手工业行会的性质。③

获得博士学位后,康托洛维茨并未寻求从事学术工作,重要的原因之一是,他在海德堡期间加入了著名诗人斯蒂芬·格奥尔格(Stefan George)的小圈子。④ 格奥尔格是当时德国文学界的领袖,因其对第一次世界大战失败的预言成真而成为先知般的人物,他的人格魅力使他在身边聚集起了一批文艺和学术界的青年,他们对这位"领袖"忠心耿耿。格奥尔格宣扬一个反抗沉闷、衰颓的资产阶级社会的"秘密的德国",鼓吹民族主义,因此这个圈子对魏玛共和国疲弱的政治气候相当不满,康托洛维茨也成为格奥尔格的崇拜者。

1927年康托洛维茨在格奥尔格的推动下撰写并出版了《腓特烈二世传》(*Kaiser Friedrich der Zweite*)。⑤ 这部传记以热烈的言辞大力讴歌这位13世纪的皇帝,把他塑造成一个悲剧性的英雄,试图建立功业但不幸失败,构成了德国人民期盼的理想领袖形象。这部传记出版后广受欢迎,不久就数次重印。

不过,由于《腓特烈二世传》不符合当时德国学术界的常规,所以招来了严苛的学术批评。当时史学界的权威阿尔伯特·布拉克曼(Albert Brackmann)对这部传记提出了严厉批评,认为其沉浸在文学性的修辞中,缺乏学术真实性。⑥ 为此,

---

① Lerner, Robert E. *Ernst Kantorowicz: A Life*. Princeton & Oxford: Princeton University Press, 2017, pp. 14 – 18.

② Ibid., pp. 23 – 33.

③ Ibid., pp. 62 – 64.

④ Ibid., pp. 72 – 75.

⑤ Ibid., pp. 91 – 93.

⑥ Ibid., pp. 107 – 108.

康托洛维茨在1929年与布拉克曼爆发了一场论战，为自己的著作辩护。① 同时，康托洛维茨开始为传记撰写一部补充材料集，详细列出写作过程中所参考的历史资料。1931年“附卷”(*Ergänzungsband*)出版，证明了康托洛维茨的撰述经得起严格的学术检验。② 在“附卷”中，康托洛维茨列出了撰写《腓特烈二世传》时所使用的材料，说明了他对材料的甄别过程，并补充了若干篇半独立性质的研究文章。尽管其中有一些论证稍显薄弱，但在整体上依然有力地证明了这部传记的学术性。③ 这部以正文和资料构成两卷本的传记也成为一段学术传奇。④

很有可能的是，就在辛苦编纂资料集的过程中，康托洛维茨日益坚定了自己继续走向学术道路的决心。在研究、撰写，尤其是在制作附卷的过程中，康托洛维茨沉浸在德意志古史研究学会(Monumenta Germaniae Historica)的图书馆里，并颇受会长科尔(Paul Kehr)的赏识。⑤ 其间，康托洛维茨还曾收到海德堡大学的任职(habilitation)邀请，⑥但他拒绝了这项邀请，因为此时他已经获得了在法兰克福大学任职的机会。

当时法兰克福大学新设不久，学校的教务长(Kurator)雷兹勒(Kurt Riezler)敬仰格奥尔格，很赏识康托洛维茨。经过一番运作，康托洛维茨在未经任职考核的情况下争取到一个“荣誉教授”的职位，得以进入大学授课，尽管没有薪水。⑦到1932年，法兰克福大学有正教授职位出缺，康托洛维茨成为候选人之一。最终，通过一些政府上层的关系，在不被人看好的情况下，康托洛维茨获得了任命。⑧ 1933年起，康托洛维茨开始在法兰克福大学主持历史学研讨班，主题涉及人文主义时代、查理四世之前的空位期研究、中世纪德国史料以及欧洲历史中的

---

① Lerner, Robert E. *Ernst Kantorowicz: A Life*. Princeton & Oxford: Princeton University Press, 2017, pp. 124–130.

② Lerner, Robert E. "'Meritorious Academic Service': Kantorowicz and Frankfurt" in Benson, Robert Louis, and Johannes Fried, eds. *Ernst Kantorowicz*. Stuttgart: F. Steiner, 1997, p. 16.

③ Lerner, Robert E. *Ernst Kantorowicz: A Life*. Princeton & Oxford: Princeton University Press, 2017, pp. 138–140.

④ [美]安东尼格拉夫敦：《脚注趣史》，张弢、王春华译，北京大学出版社2014年版，第93页。

⑤ Lerner, Robert E. *Ernst Kantorowicz: A Life*. Princeton & Oxford: Princeton University Press, 2017, p. 141.

⑥ 按德国学术制度，学者在获得博士学位之后，必须提交另一篇论文，经评定合格后方能获得任职资格。但获得任职资格后，还需要从低级岗位做起，起初很可能没有薪水或薪水低微，学者只有在学术界证明自己之后，当学校有正教授职位出缺，才有机会竞争任职。

⑦ Lerner, Robert E. *Ernst Kantorowicz: A Life*. Princeton & Oxford: Princeton University Press, 2017, p. 143.

⑧ Ibid., pp. 151–152.

诺曼人等。①

但是在这个时候的德国,政治局势已经出现了相当令人不安的苗头,康托洛维茨为此很是担心。1933年1月希特勒就任总理。4月政府发布命令,禁止犹太人担任公职。康托洛维茨因为在第一次世界大战后参加过针对左翼武装的战斗,属于被豁免之列,但他立即申请暂时停职。在此期间,他并没有停止私下的教学工作。11月康托洛维茨重新开始工作,发表了一个"复职讲座"。他在讲座中指出,格奥尔格的"秘密德国"乃是指向一种人类的理想,因而与纳粹有极大的不同。作为犹太人,他在这个时候公开发表反对纳粹意识形态的言论,是需要勇气的。② 12月,康托洛维茨的课程遭到亲纳粹学生的干扰,被迫中断。③ 1934年1月至6月,康托洛维茨前往牛津大学访学。回国后,他在压力下申请提前退休,很快获得了批准。④

1934~1938年,康托洛维茨仍然留在德国从事学术研究,主要关心的领域是勃艮第史,以及在英国访学期间开始的"君王颂"(*laudes regiae*)研究,还有始终关心的空位期研究。⑤ 不过,随着纳粹的极权统治日益强化,康托洛维茨不能在德国国内发表论文。1938年,他的护照被政府没收,不得不开始寻求离开德国。⑥ 1938年春,加州大学伯克利分校向他询问任职意向。夏天,康托洛维茨决定申请伯克利的职位,⑦在许多友人的帮助下,12月,康托洛维茨终于逃离德国,在牛津短暂逗留2个月后前往美国。

康托洛维茨到达美国后,先在哈佛和耶鲁开设了一系列讲座,随后接受了伯克利的职位。不过,在很长一段时间内,他并未获得稳定的终身教职。1945年起,他开始教授英国宪制史。1946年康托洛维茨出版了专著《君王颂》(*Laudes Regiae:A Study in Liturgical Acclamations and Mediaeval Ruler Worship*),研究主题

---

① Lerner, Robert E. *Ernst Kantorowicz:A Life*. Princeton & Oxford:Princeton University Press, 2017, p. 153.

② Ibid., pp. 168 – 171. 传记作者Lerner表示,康托洛维茨是第三帝国统治期间,唯一一名公开发表反纳粹意识形态之言论的德国教授。

③ Lerner, Robert E. *Ernst Kantorowicz:A Life*. Princeton & Oxford:Princeton University Press, 2017, p. 171.

④ Lerner, Robert E. "'Meritorious Academic Service': Kantorowicz and Frankfurt" in Benson, Robert Louis, and Johannes Fried, eds. *Ernst Kantorowicz*. Stuttgart:F. Steiner, 1997, p. 32.

⑤ Lerner, Robert E. *Ernst Kantorowicz:A Life*. Princeton & Oxford:Princeton University Press, 2017, p. 195.

⑥ Ibid., p. 201.

⑦ Ibid., pp. 202 – 205.

是中世纪的国王崇拜,这部著作获得了不少好评。[①]

1951 年受麦卡锡主义的影响,伯克利的校务委员会要求教师们宣誓自己与共产党无关。康托洛维茨与共产运动并无联系,但这令他立即回想起因为拒绝宣誓效忠希特勒而被迫离职的往事,于是奋起抗争,公开拒绝这一妨碍学术自由、且有悖于人类普遍良心自由的要求,为此与伯克利的校董们发生激烈冲突。康托洛维茨在这场冲突中担任了领导的角色,他自费印刷了一本小册子《根本问题》(*The Fundamental Issue*),陈述自己有关争议性质和坚持学术自由的立场。最终,康托洛维茨辞去了伯克利的职位,转到普林斯顿高研院工作。

在普林斯顿,康托洛维茨达到了学术生涯的巅峰。1957 年他发表了《国王的两个身体:中世纪政治神学研究》。这部极为厚重的著作是他多年学术积累的集中体现,研究内容涉及政治思想、神学、法学、哲学,时间跨度从 11 世纪的中世纪盛期到 16、17 世纪的近代早期,涉及的地区从德国到意大利、拜占庭、再到英国和法国,广泛使用了教会法、罗马法、法国法学家以及英国普通法学家的各种资料,并吸收了文学批评(有一章专论莎士比亚的《理查二世》)和图像学的研究方法(涉及微缩画、写本插图、钱币、墓葬雕塑,等等),所用资料的语种则包括了拉丁语、希腊语、法语、德语、意大利语和英语。该书出版后,虽有零星批评意见,但大多数评论者均被其广博和洞察力折服,认为是一部杰作和经典。[②]

1963 年康托洛维茨因主动脉瘤在普林斯顿去世,享年 68 岁。

在一段时间的沉寂之后,《国王的两个身体》又被重新发掘,尤其是经米歇尔·福柯在《规训与惩罚》中的直接提示,康托洛维茨一度风行法国。到 20 世纪八九十年代,在法国、德国、意大利和英国出现了"康托洛维茨复兴"。他的著作被翻译成法语、意大利语、西班牙语和德语,引起更多的研究,[③]由此也进一步巩固了该书的开创性经典地位。

二、《国王的两个身体》

康托洛维茨在《国王的两个身体》前言中讲述了该书缘起于他在伯克利任教时与从事法律史研究的同事麦克斯·雷丁(Max Radin)之间的一席谈话。两人从

---

① Lerner, Robert E. *Ernst Kantorowicz: A Life*. Princeton & Oxford: Princeton University Press, 2017, pp. 241 – 249.

② Ibid., pp. 344 – 346.

③ Johannes Fried, "Ernst H. Kantorowicz and postwar historiography. German and European perspectives" in Benson, Robert Louis, and Johannes Fried, eds. *Ernst Kantorowicz*. Stuttgart: F. Steiner, 1997, p. 180.

英美法中独特的"独体法人"(corporation sole)概念谈起,聊到梅特兰的研究,以及伊丽莎白时期法学家创制的"国王的两个身体"的拟制及其他相关问题。后来,这项研究不断扩充,加入了越来越多的材料,全书的撰写时间长达10年。

康托洛维茨选取了一个看似不起眼的小问题为切入点,即都铎法律家将国王拟制为"法人"(corporation),并具有"两个身体"。虽然法律史大家梅特兰在初步的研究中表示这类说法实属无稽之谈,但康托洛维茨却认为其中大有可挖掘的深意。

《国王的两个身体》第一章引入问题,交代了都铎时期的法学家论证,国王具有"两个身体",一个是"自然之体"(body natural),一个是"政治之体"(body politic),前者是可朽的、可能遭遇疾病或丧失能力,但后者不会死亡,不会发生能力缺失。这个论证到内战时期发展出一个奇异的表述:议会与国王作战,表示他们乃是代表国王的"政治之体"反对国王的"自然之体",而作为自然之体的国王本身与作为政治之体的国王对立。① 康托洛维茨认为,这个拟制具有强烈的神学意涵,并且在英格兰国家的政治进程中起到了非常重要的作用,帮助国家平稳度过了革命的动荡期。②

在第二章中,康托洛维茨从莎士比亚的剧作《理查二世》中找到了这个法政观念在当时的文学表达。在这部描写玫瑰战争期间王位争夺的戏剧中,理查二世的形象,从起初荣耀的"大写国王"不断下降,他的"政治之体"被剥除和消解,最终引起"两个身体"的破裂。③ 这一章实际上是从文学的角度展示第一章所指出的问题,也表明了法学家的这个拟制并非局限于宫廷和法院,而是深入当时的大众文化。

在对"国王二体"这个独特观念的现象进行描述后,康托洛维茨开始在极大的广度和深度上探索其中世纪根源以及盘根错节的演变。这个精细的研究,并非按时间排序,也没有提示某种线性的发展。

以下三章,分别题为"以基督为中心的王权"、"以法律为中心的王权"和"以政治体为中心的王权",描述和分析了"国王二体"拟制在其本身出现之前的一些类似和有联系的现象。

在第三章中,他首先追溯了一位12世纪的政论家诺曼无名氏的理论。在授职权之争的背景下,这位皇帝权力的支持者以基督二性的神学为模板,发展出了

---

① Kantorowicz, Ernst Hartwig. *The King's Two Bodies: A Study in Mediaeval Political Theology*. Princeton, N. J., : Princeton University Press, 1957, pp. 21 - 23.

② Ibid., p. 23.

③ Ibid., pp. 40 - 41.

世俗统治者的"二性"理论。国王被认为"依本性"为人,同时"依恩典"而具有神性。通过将基督论嫁接到世俗领域,王权就获得了某种神圣性。在这一理论的构建过程中,也产生了一种将任职者与职位分开的倾向。[①] 在就此展开讨论时,康托洛维茨运用了图像学的方法,对皇帝的图像进行深入解析,证明了这种"二性"理论对当时政治理念造成的影响。[②]

康托洛维茨在第四章转向问题的另一个面。中世纪中晚期,一些政论家对世俗权力的论证发生了变化,离开神学理论和圣礼,转向强调法学和正义观念。国王被设定为"正义的代表",他同时创设正义和保护正义,构成"正义的父与子"。[③] 在此过程中,学者们试图调和"国王高于法律"(作为正义的来源)与"国王在法律之下"的观念。国王被进一步设定为自然法与实在法的中介,成为"正义/法的道成肉身",他代理正义,同时又通过施行正义代表上帝。[④] 在英国法学家布雷克顿那里,也同时存在国王高于和低于法律的观念。[⑤]

第五章梳理了同一时期教会方面发生的某种理论变化,即出现了某种类型的"法人理论"。原先仅指圣餐的"基督的奥秘身体"被用于指称教会,基督被认为有属于自己的身体,同时有另一个身体(教会)以他为头。[⑥] 由此,教会不断朝向"政治体"发展,原本的神秘主义日渐衰退,世俗国家也同步出现了机体论和法人论。政论家们赋予了国家一个"奥秘的身体",国王被称为国家的头,臣民则构成身体。在这个教会与国家互相借用观念的过程中,世俗国家的神秘性反而得到了增强。"祖国"的概念也在这一时期产生,令民族国家成为一个使人为之牺牲的实体,国王的地位也日益提高。

在第三至五章的论述中,埋伏着一个重大问题,即中世纪中晚期开始出现的时间观的变化。

康托洛维茨很早就注意到"时间观"的问题。1934 ~ 1937 年在因纳粹统治离开大学后,他继续在德国从事研究工作,当时留下的手稿表明,此时他特别关注到了"对时间的态度发生变化"的问题,这个关心不断融入了他后来的研究。

在《国王的两个身体》的第三至五章中,"时间观"的问题反复出现。第三章

---

① Kantorowicz, Ernst Hartwig. *The King's Two Bodies: A Study in Mediaeval Political Theology*. Princeton, N. J., : Princeton University Press, 1957, pp. 57 – 59.

② Ibid., pp. 61 – 78.

③ Ibid., pp. 98 – 107.

④ Ibid., p. 143.

⑤ Ibid., pp. 148 – 151.

⑥ Ibid., pp. 194 – 199.

在描述了神学/礼仪性的王权观念,并以图像佐证之后,康托洛维茨指出,这个观念蕴含了"永恒性",尤其指出经院哲学的"永常"(*aevum*)概念对王权延续性的意义。① 第四章在描述了法学背景下的王权观,并特别分析了布雷克顿的观点后,康托洛维茨特别对法律格言"时间不能对抗国王"进行了分析,同样是因为这个法学概念蕴含了永恒的观念。② 他指出,这一时期在法学领域中,"基督"与"国库"平行,国库被设立为"公物",具有神圣性,也发生了拟人化。由此使永恒性从神学传入法学领域,令国王(职位)在法律上具有某种永恒性,并对肉身的国王与职位作出了区分。第五章,在梳理了"机体论"从教会转移到国家的流变之后,康托洛维茨着重分析了"祖国"(*patria*)的概念,最终指出了机体论的一个缺陷,即在教会的奥秘身体上,作为"头"的基督本身具有永恒性,而在国家的奥秘之体上,作为"头"的国王应当如何达成永恒性?③ 康托洛维茨直白地表示:"这里所涉及的主要问题就是时间的问题。"④

在第三至五章的大篇幅"铺垫"之后,康托洛维茨开始进入更重要的论述。第六章就讨论了"延续性"问题。他从经院哲学基于天使学在"永恒"与"时间"插入的"永常"观念入手,指出中世纪晚期受阿维罗伊主义的影响,人们对时间的观感发生了一个重大转变:原先短暂、易逝、脆弱的时间,转变成了一种没有终点、永远持续的时间。⑤ 正是从这个"永远延续"的时间观出发,催生出了各种各样具有延续性的拟制实体。"永远不死的",从祖国到人民,到法律概念"共体"(universitas),进而形成一种永远延续的法人/合众体(corporation)概念。最后,以一种时间上的多数性取代空间上的多数性,解决合众体的"头"的延续性问题。⑥

第七章是全书的中心,详细讨论了合众体的头——国王——的"永远延续性"问题。他指出了三种制造延续性的方法:王朝延续性、抽象的"王冠"(Crown)以及"尊荣"(Dignity)。在关于王朝延续性的论述中,康托洛维茨整合进了他长久以来所关心的"空位期"问题。中世纪早期,当前任国王去世、继任者尚未加冕时,乃是采用"基督统治"的拟制来填补中间的罅隙;而到中世纪中后期,则通过

① Kantorowicz, Ernst Hartwig. *The King's Two Bodies: A Study in Mediaeval Political Theology*. Princeton, N. J. ,: Princeton University Press, 1957, p. 84.

② Ibid. , pp. 164 – 166.

③ Ibid. , pp. 268 – 272.

④ Ibid. , p. 271.

⑤ Ibid. , pp. 275 – 283.

⑥ Ibid. , pp. 311 – 313.

王朝延续性解决这个问题,整个"王朝"构成一种"永远不死"的王位继承者。①"王冠"则通过各种形式的抽象,逐渐形成了一种以财政/物权为基础的拟制,最终也构成了一种法人/合众体。"尊荣"则从另一路径出发,构成了"永远不死"的拟制。最后,康托洛维茨在这三个殊途同归的概念基础上,探讨了英国独特的"国王两个身体"的理论。英国的王室法学家在此前已经存在和发展的各种"二体"观念及拟制的基础上,最终发明了独特的"国王的两个身体"理论。康托洛维茨认为这个观念在英国从中世纪到近代政治思想转变的过程中承担了重要的启发性功能。②

《国王的两个身体》在出版评审时就受到评审者的极力推荐,出版后也广受赞誉,认为是一部不可多得的杰作,由此奠定了作者的学术地位。

不过,该书实在是一部颇难划定专业领域的著作。康托洛维茨拟定的副标题是"中世纪政治神学研究",但对"政治神学"的定义完全不作讨论,甚至全书中并未提到这个概念;康托洛维茨自称"侵入了法学的领地",运用了大量的中世纪罗马法、教会法以及英国普通法材料;该书与寻常的思想史研究迥异,并不探索"思想发展的线索",且不考虑历史背景;另外,如果翻看书后所附的图像,又令人以为这是一部艺术史研究。最令人疑惑之处,是作者极度节制,基本未作任何结论,也尽力避免理论阐发。要理解这一点,需要对康托洛维茨的学术工作有一些整体的考察。

三、人文主义式的中世纪史研究

1970年普林斯顿大学出版社请几位学者为四名格奥尔格圈子的成员合作一传,康托洛维茨也列在其中,而书名《四位现代人文主义者》指出他们代表的乃是欧洲人文主义传统。③ 从总体上看,康托洛维茨的中世纪史研究,确实体现了人文主义传统的影响。

第一,他的研究领域宽广,知识极为渊博。康托洛维茨涉足过的研究领域包括中世纪伊斯兰经济史、拜占庭史、德国史、勃艮第史、英国宪政史,在《国王的两个身体》中又涉足法律史,对艺术史也非常有研究,时间跨度则从古代晚期一直到

---

① Kantorowicz, Ernst Hartwig. *The King's Two Bodies: A Study in Mediaeval Political Theology*. Princeton, N. J., : Princeton University Press, 1957, p. 336.

② Ibid., pp. 46 - 447.

③ *On Four Modern Humanists: Hofmannsthal, Gundolf, Curtius, Kantorowicz*. Edited by Arthur R. Evans, Jr. Princeton: Princeton University Press, 1970.

近代早期。他遽然离世之后,同在普林斯顿的图像学大家潘诺夫斯基回忆说,他有好几次,遇到某个问题,觉得只有康托洛维茨才能够解答,在走向电话机的时候才想起来斯人已逝。① 潘诺夫斯基本人以广博著称,由此可见康托洛维茨之博学。

康托洛维茨走向学术研究,是从撰写《腓特烈二世传》的附卷开始的。他梳理和掌握原始材料的能力非常强,在英国访学期间,他开始养成大篇幅脚注的习惯,在《国王的两个身体》中,脚注内容之多令人惊叹。康托洛维茨在前言中表示,鉴于有许多原始材料很少有人能够查阅到,因此他在脚注中保留了原文。

这种广博的研究取向也体现在了《国王的两个身体》的结构中。与普通的思想史著作截然不同,康托洛维茨的这项研究并不按照时序排列,刻意避免"线性演进"的表示。相反,康托洛维茨多次表达了拒绝就"观念的变化"得出某种"从A发展到B"的论断,拒绝证实存在某种清晰的"思想史发展脉络"。或者说,其研究是建立在大量原始材料基础上的,是一种综合而非演绎性质的研究。

人文关怀、广博的知识以及并不局限于某一特定专业和主题,都符合人文主义传统的特征。这在康托洛维茨的研究中体现得非常明显。

第二,从康托洛维茨的研究中可以看出一种相对明确的价值取向。

康托洛维茨出身富庶家庭,起初并未打算从事学术工作,在大学学习的专业是经济学,并预备要进入家族企业。但在取得博士学位后,他进入了格奥尔格的圈子,受到了这位诗人的极大影响。格奥尔格是浪漫主义者,与法国象征主义有联系,他的作品与当时流行的现实主义文学形成对立。因此,格奥尔格的圈子散发着浓厚的文人气息,而非实证研究的倾向。当康托洛维茨受命创作《腓特烈二世传》时,表现出了强烈的文学性,即以一种"历史性纯文学"对抗"实证的历史研究",强调"服务于艺术、生命和信念",要求历史学家有"全人的委身",将历史撰述视为艺术。② 这样一种信念,乃是植根于文艺复兴以来的人文传统,追求成为"文人",而非专业化、技术化的研究者。著名的美国中世纪史家哈斯金斯读《腓特烈二世传》后,评价作者是"年轻的文人",而非专业学者。③

康托洛维茨于1931年在法兰克福大学作就职讲座,题目是"何为贵族?"主要

---

① Lerner, Robert E. *Ernst Kantorowicz: A Life*. Princeton & Oxford: Princeton University Press, 2017, p. 385.

② Otto Gerhard Oexle, "German Malaise of Modernity: Ernst H. Kantorowicz and his ' Kaiser Friedrich der Zweitw' " in Benson, Robert Louis, and Johannes Fried, eds. *Ernst Kantorowicz*. Stuttgart: F. Steiner, 1997, pp. 49 – 50.

③ David Abulafia, "Kantorowicz Frederick II and England", in Benson, Robert Louis, and Johannes Fried, eds. *Ernst Kantorowicz*. Stuttgart: F. Steiner, 1997, p. 137.

观点是从“精神”而非“血缘”定义贵族。接着，他在大学开设的课程主题是关于人文主义时代。[①] 纳粹上台后，康托洛维茨于1933年作了一个“复职讲座”，题目是“秘密的德国”，这是格奥尔格圈子的口号，但康托洛维茨在讲座中指出，格奥尔格的理想与纳粹迥然相异，希望建设一个非实在的“属灵帝国”，一个类似于但丁所说“人类社团”(*humana civilitas*)的人的帝国，一个无形的团体。[②] 1950年伯克利爆发宣誓之争，康托洛维茨极力反对政治性的誓词，认为此举侵犯了人的尊严，而他的立场使其将“永远反对野蛮行径”，无论这种野蛮主义来自于希特勒还是麦卡锡。[③] 他指出，大学教师的职业乃是“完全建立在良心之上”，政治性宣誓的要求严重侵犯了学者的“职业尊严”。[④]

人文主义传统在知识的广博之外，有一种强调“人性”价值的信念，构成了与学科划分精细、强调“价值无涉”的“科学式”学术研究的对照，《国王的两个身体》最终成稿的过程也体现出这一点。康托洛维茨的书稿完成后，出版社将书稿交给两位中世纪史领域的专家审阅，两位审稿人对书稿都极为推荐，但也提出了一些意见，其中最显著的一条是认为全书缺少结论，建议增加一个简短的结论。但是，康托洛维茨非但并未增加结论，还在最后增加了关于但丁的一章。[⑤]

这一章貌似与全书主题有所疏离，却明显强调了普世人性观。关于中世纪到近代早期王权观念的分析，之前已经论述完毕，尽管没有明确的结论，但其结构还是相当完整的。关于但丁的内容，尽管也以“王权”为名，但实际上并非讨论完全一致的问题，而是指出在但丁的政治哲学中，“人类”构成了一个无限延续的集合体，“人性”被抬高到一个极崇高的位置。按上文所述，我们有理由认为，康托洛维茨是用这一章表达自己所持的人文主义价值观。对“人性”的高举，从他跟随格奥尔格时期就可以看出，在其几次表述自己价值观的重要时刻也都有所体现。

第三，虽然康托洛维茨的研究涉猎极广，但其中仍有一个一以贯之的关心，即现代国家的生成问题。

康托洛维茨在早年撰写《腓特烈二世传》时，将这位皇帝塑造为一个悲剧性的伟人，认为在他身后，帝国很快分崩离析，此后，神圣罗马帝国经历了一个“大空位期”(Great Interregnum)，皇帝之位从1254年到1273年空缺，这是一个在政治

---

① Lerner, Robert E. *Ernst Kantorowicz: A Life*. Princeton & Oxford: Princeton University Press, 2017, p. 147.

② Ibid., pp. 168–170.

③ Ibid., p. 319.

④ Ibid., pp. 325–327.

⑤ Ibid., p. 352.

上特别不稳定的时期。看起来,在撰写《腓特烈二世传》以及附卷的过程中,康托洛维茨对"空位期"产生了很大的学术兴趣,进入法兰克福大学任教后,他也开设了相关的课程。① 在一封给格奥尔格的信中,他表示自己准备写一部有关"空位期"的专著。② 在牛津访学期间,他仍然在思考相关的问题,并未放弃这个研究计划,并在牛津作了一个题为"中世纪的世俗化"的讲座。③ 由此,他从起初限于的德国的"空位期"研究转向了更广阔的领域,尤其是逐渐涉猎英法的发展。④

"空位期"与时间观的转变问题相结合,凸显了中世纪国家与现代国家的一个重大差异。在中世纪,"国家"有很强的私人性质,这与统治者的人身密切关联,当统治者人身消灭,国家及其治理不能自动延续。现代国家的特性则在于其建立起一种公共性,令国家机构能够不断延续和保持稳定。康托洛维茨在英国访学期间开始对英国法产生兴趣,尤其是超越个人的政府机制。康托洛维茨赴美之后,在哈佛期间所撰写的论文亦显示出对民族国家起源的兴趣。⑤ 当时他的主要观点就是,民族国家能够在国王死亡的情况下维持永久的政治存在。⑥ 他的两部著作,《君王颂》与《国王的两个身体》,分别通过对礼仪和法律观念的研究,不断追索着现代国家问题。

康托洛维茨的这个关心与约瑟夫·斯特雷耶的研究方向相一致。⑦ 而康托洛维茨转到普林斯顿高研院时,斯特雷耶正是普林斯顿大学历史系主任,后来,也正是后者极力促成《国王的两个身体》出版,斯特雷耶也是该书的两位审稿人之一。⑧

因此,康托洛维茨的中世纪史研究,并不只是挖掘史料、澄清细节,或专注于某个技术性较强的问题;如前所述,也不是以演绎的方法抽离出某条清晰的思想线索。他的研究,是在广博的知识和材料基础上,从一些看似非常规的角度切入,探索一个与当下世界具有根本性联系的重大问题,即现代国家的历史根源。

---

① Lerner, Robert E. *Ernst Kantorowicz: A Life*. Princeton & Oxford: Princeton University Press, 2017, p. 153.

② Ibid., p. 155.

③ Ibid., pp. 180 – 181.

④ Ibid., pp. 196 – 198.

⑤ Robert E. Lerner, "Kantorowicz and Continuity", in Benson, Robert Louis, and Johannes Fried, eds. *Ernst Kantorowicz*. Stuttgart: F. Steiner, 1997, p. 115.

⑥ Ibid., p. 116.

⑦ Ibid., p. 110.

⑧ Lerner, Robert E. *Ernst Kantorowicz: A Life*. Princeton & Oxford: Princeton University Press, 2017, p. 345.

从这一点看,或许也正是康托洛维茨对现代国家生成和运行问题的关注,引发了20世纪八九十年代学界对他的再发现。“康托洛维茨复兴”的引发者是米歇尔·福柯。福柯在他的成名作《规训与惩罚》中明确表示受到康托洛维茨《国王的两个身体》的启发。① 福柯的研究与康托洛维茨相通之处,也正在于对现代国家“统治术”的关注。

经由福柯,康托洛维茨再次被发现。他的著作被翻译成法语、意大利语、西班牙语、德语、日语,康托洛维茨的研究视角将学者们引向新鲜的研究领域,如“身体史”的不断发展,文化史与政治史的交叉研究,等等。同时,“国王的两个身体”的丰富意涵,催生了一大批受其启发的论著,如“女王的两个身体”②“历史的两个身体”③“国王的许多身体”④“国王的二性”⑤“人民的两个身体”⑥“敌人的两个身体”⑦,等等。类似的研究还在不断涌现。

综上所述,恩斯特·康托洛维茨是20世纪中世纪史学领域极为重要的学者,尤其是他的《国王的两个身体》,以其博学和深刻令人叹服,至今仍对史学、政治学、思想史等多重领域不断产生着影响,对康托洛维茨的引介对我国学者在相关领域的研究亦可能有启发作用。

(作者单位:华东政法大学)

---

① [法]米歇尔·福柯:《规训与惩罚》,刘北成、杨远婴译,北京:生活·读书·新知三联书店出版社1999年版,第31页。

② Axton, Marie. *The Queen's Two Bodies: Drama and the Elizabethan Succession*. London: Royal Historical Society, 1977.

③ Davis, Natalie Zemon. "History's Two Bodies." *The American Historical Review* 93, no. 1, 1988, pp. 1-30.

④ Teubner, Gunther. "The king's many bodies: The self-deconstruction of Law's hierarchy." *Law and Society Review*, 1997, pp. 763-788.

⑤ Herrup, Cynthia. "The king's two genders." *Journal of British Studies* 45, no. 3, 2006, pp. 493-510.

⑥ Santner, Eric L. *The royal remains: The people's two bodies and the endgames of sovereignty*. University of Chicago Press, 2012.

⑦ Biddick, Kathleen. "Dead Neighbor Archives: Jews, Muslims, and the Enemy's Two Bodies." *Political Theology and Early Modernity*, 2012, pp. 124-142.

《晋书·刑法志》辨正四则[①]

李俊强

现在我们所看到的《晋书》[②]乃唐人所撰，是以南齐臧荣绪之《晋书》为蓝本，兼采笔记小说的记载，稍加增饰而成。对于其他各家的晋书和有关史料，虽然也曾参考，却未能充分利用和认真考核。时人即认为它"好采诡谬碎事，以广异闻；又所评论，竞为绮艳，不求笃实"。（《旧唐书·房玄龄传》）刘知几批评其著史态度极不严谨，称"大唐修《晋书》，作者皆当代词人，远弃史、班，近宗徐、庾。夫以饰彼轻薄之句，而编为史籍之文，无异加粉黛于壮夫，服绮纨于高士者矣"[③]。因此，该书存在的问题甚多，虽经历代学人整理，尤其是吴则虞、唐长孺等先生的点校，成今天海内外认可度最高的中华书局点校本《晋书》。其中的《刑法志》部分，又经中日学者多次校勘、注释，[④]诸多难解、不通之处方能卒读。即便如此，此中仍存一些有

---

① 小文撰成后，曾蒙湘潭大学法学院张全民教授指正；亦曾提交西北政法大学主办的2017年"文献与中国法律史前沿学术研讨会"，承周东平教授评议指导。于此谨表谢忱！

② （唐）房玄龄等：《晋书》，中华书局1974年点校本。

③ （唐）刘知几著，（清）浦起龙通释，王煦华整理：《史通通释·论赞》，上海古籍出版社2009年版，第76页。

④ 此方面注释成果主要有：邱汉平：《历代刑法志》，商务印书馆2017年版；陆心国：《晋书·刑法志注释》，群众出版社1986年版；高潮、马建石主编：《中国历代刑法志注释》，吉林人民出版社1994年版；内田智雄编：《译注中国历代刑法志》，（东京）創文社1977年版；谢瑞智：《晋书·刑法志》，台北，文笙书局1995年版。（笔者亦曾寓目，谢先生的工作主要是把古文译为白话文，对深入的学术研究似乎帮助不大。）

待拾遗、可以补阙、必须辨正之处。笔者不揣浅陋,就志中可商待辨之处,胪列于下,以就正于方家。

第一则

《晋书》载陈宠代郭躬为廷尉后,其上疏中有言:

> 律有三家,说各驳异。[①]

对"律三家"的解释,众说纷纭,[②]但所有的说法有一个共同点,即认为"律三家"确指3个法学家或3个法律世家。其中最具代表性的意见有二。第一,日本学者内田智雄认为"三家"已无法确知,但也许指后文的叔孙宣、郭令卿、马融、郑玄等人(内田氏:《译注中国历代刑法志》,第82页)。第二,俞荣根、龙大轩曾撰《东汉"律三家"考析》一文,认为"律三家"指"郭躬、陈宠与杜林"。[③] 这两种说法都值得商榷,理由亦有二。其一,此处的"律三家"的说法,是陈宠提出来的,自然不应包含他自己,这违背常情;按正常的逻辑,更不可能还包括了晚他几十年的马融、郑玄二人。其二,从陈宠上疏的语境中,我们也能体会到,"律三家"应该是个早已形成的称法甚至概念。那么,郭躬是陈宠同时代的人,[④]陈宠正是代替他而任廷尉,似乎也不可能是"律三家"中的1位。顺着必须要找出3个法学家或3个法学世家这条路子往下走,未必能找到真正的答案。因此,笔者认为我们是否可以换个思路来解决这个问题。秦至西汉中前期[⑤]乃法家之学的昌盛期,无论是传世典籍,还是出土文献,都证明当时的法律已很完备,好法习法蔚然成风,私家注律、释律之风较盛。[⑥] 既然注律的人不少,是否也可以这样理解,此处的"三"很可能是概指其多,并非确指。如果这种解释可备一说的话,我们就不必大费周章地

---

① (唐)房玄龄等:《晋书》,中华书局1974年版,第920页。

② 参见龙大轩:《汉代律家与律章句考·"律家考"》,社会科学文献出版社2009年版,第31~45页。

③ 俞荣根、龙大轩:《东汉"律三家"考析》,载《法学研究》2007年第2期。

④ 笔者还有个臆测:郭令卿是否就是郭躬之父郭弘,郭弘字令卿?西汉名臣公孙弘一字次卿(据《西京杂记》之说),郭弘名字是否有意模仿公孙弘?《后汉书·郭躬传》载:"郭躬字仲孙,颍川阳翟人也。家世衣冠。父弘,习《小杜律》。太守寇恂以弘为决曹掾,断狱至三十年,用法平。诸为弘所决者,退无怨情,郡内比之东海于公。年九十五卒。"郭弘断狱三十年,收徒众多,可能已经自成一家,因为儿子郭躬的影响,进而影响力扩张至全国。

⑤ 虽然在西汉初期官方意识形态推崇黄老学说,但司法领域依然保持了重视法家之学的传统。

⑥ 东汉出现叔孙、郭、马、郑等大儒争先注律的盛况,很可能就是西汉好法注律之风的延续。

非找出“律三家”到底是哪3个人或哪3个注律世家了。

第二则

《晋书》载:

> 汉献帝建安元年,应劭又删定律令,以为《汉议》,表奏之曰:“夫国之大事,莫尚载籍也,载籍也者,决嫌疑,明是非,赏刑之宜,允执厥中,俾后之人永有鉴焉。**故胶东相董仲舒老病致仕,朝廷每有政议,数遣廷尉张汤亲至陋巷,问其得失,于是作《春秋折狱》二百三十二事,动以经对,言之详矣**。逆臣董卓,荡覆王室,典宪焚燎,靡有孑遗,开辟以来,莫或兹酷。今大驾东迈,巡省许都,拔出险难,其命维新。臣窃不自揆,辄撰具《律本章句》、《尚书旧事》、《廷尉板令》、《决事比例》、《司徒都目》、《五曹诏书》、及《春秋折狱》①,②凡二百五十篇,蠲去复重,为之节文。又集《议驳》三十篇,③以类相从,凡八十二事,其见《汉书》二十五,《汉纪》四,皆删叙润色,以全本体。其二十六,博采古今瑰玮之士,德义可观,其二十七,臣所创造。《左氏》云:‘虽有姬姜,不弃憔悴;虽有丝麻,不弃菅蒯。’盖所以代匮也。是用敢露顽才,侧于明哲之末……”④献帝善之,于是旧事存焉。⑤

笔者多次通读此段文字,总觉有不妥帖之处,却又似乎无从怀疑。近来又细读此段文字,发现“故胶东相董仲舒老病致仕,朝廷每有政议,数遣廷尉张汤亲至陋巷,问其得失,于是作《春秋折狱》二百三十二事,动以经对,言之详矣”这句话放在此处,似乎阻碍了文意的正常推演,有点掺入的意思,而若把这句话拿掉再来读的话,整段话的文意反而更通顺无碍。这段文字的后半段正好又说到了应劭所整理的多种汉代的诸种“法律形式”,其中正好有《春秋折狱》之属。故笔者揣测掺入的这句话极可能本该是对《春秋折狱》所作的注解,是后人在修撰或注解《后汉书·应劭传》时无意掺入或臧荣绪《晋书》在流传过程中出错所造成的,更可能

---

① 《后汉书·应劭传》作“《春秋断狱》”。需要注意的是,《春秋决狱》只是“律令”的极小部分,从使之归于“律令”之一种来看,至东汉末,“律令”一词的使用仍然很宽泛,没有明确的界定。

② 可见,汉代的法律形式众多,绝非通识所谓的“律、令、科、比”那么简单。

③ 《后汉书·应劭传》作“驳议”。

④ 此段文字应该是采《后汉书·应劭传》之记载修删而成,但多有出入,可相互参看。

⑤ (唐)房玄龄等:《晋书》,中华书局1974年版,第920页。

是唐人修《晋书》之时致误或宋以后《晋书》在刻板印刷过程中手民误植,结果就使此段文字逻辑有碍,影响阅读,后人则将错就错,强为之解,直至如今。

我们不妨把《史记·儒林列传》、《汉书·董仲舒传》、《后汉书·应劭传》及《晋书·刑法志》等典籍所记载的董仲舒及"春秋决狱"相关情况归纳为一表。(见表1)

表1 董仲舒及"春秋决狱"相关情况一览

文献出处	曾任职	朝廷重视度	问策人员	问策范围	仲舒应对	应劭整理
《史记·儒林列传》	胶西相	—	—	—	—	—
《汉书·董仲舒传》	胶西相	如有大议	使者及廷尉张汤		其对皆有明法	—
《后汉书·应劭传》	胶东相	每有政议	数遣廷尉张汤	问其得失	作《春秋决狱》二百三十二事,动以经对	《春秋断狱》
《晋书·刑法志》	胶东相	每有政议	数遣廷尉张汤	问其得失	作《春秋折狱》二百三十二事,动以经对	《春秋折狱》

从表1不难看出,对此事,《史记》无只言片语涉及,至《汉书》方有记载。司马迁跟董仲舒同时而稍后,也倾心儒学,又掌太史令之职,得以知悉官方诸种文书,对此事竟无一言涉及,甚可怀疑。而从班固《汉书》之后才有了此事的记载。但我们从表中也可看出,历史事件在传抄、流布过程中的演变过程,小的乖谬处姑且不论,学术方面的流变尤其值得注意:董仲舒的地位明显地被逐渐抬高,这显然是某些儒者有意为之。通过拔高儒学大师存世时的地位,进而突出儒家的重要性,这显然掩盖了历史真实,"层累"地给历史遮上了迷雾。

我们再来顺带分析一下此表中体现出的一些细节问题:

(一)董仲舒所著书是《春秋决狱》还是《春秋折狱》抑或《春秋断狱》

三者意指也许无别,但一字之差却反映出后世著述者在提及该书时的谨慎与否。同样的记载,《后汉书·应劭传》前段言董仲舒著《春秋决狱》,后段却说应劭整理的法律文献中有《春秋断狱》;而唐人修《晋书·刑法志》时可能意识到了《后汉书》中的错谬,干脆全部都改成了《春秋折狱》。这就使董仲舒所著书与应劭所整理书是否一本书成为一个问题。是否也有另一种可能:董仲舒所著是《春秋决狱》,后人有不少仿效其法来“断狱”,就产生了不少相关的案例,而应劭则把这些“断例”与董氏原著的《春秋决狱》整理为一书——《春秋断狱》。董氏只是开创了一种新的断案方法或“法律形式”,而正如律、令等法律形式时而予以修订那样,未必后人以《春秋》来“决狱”的一些典型案例就没人整理或者第二次比附使用过,而让仲舒一人独擅胜场?而这是否可以解释为什么留存于今的几个托名董仲舒“春秋决狱”的案例中,前三个明言“仲舒曰”或“仲舒断之曰”,而后几则却是“论曰”或“议曰”,不具言议者、论者的名姓。有学者可能会问,那怎么被整理后,篇数却基本不变呢?笔者认为,正如《唐律》十二篇,《宋刑统》增加了一些内容以后还是十二篇一样,篇数不变并不代表内中的具体章、节没有调整、变化。

(二)朝廷对董仲舒致仕后的重视度问题

关于此事,《史记》无言;《汉书》仅言“如有大议”,朝廷派“使者及廷尉张汤”去陋巷问讯,至于朝廷问些什么,不得而知,结果是“其对皆有明法”。我们不妨来分析一下当时的客观情形:张汤作为得势者、最高司法长官为了“大议”,每次都从长安千里迢迢地去河北广川找被弃用的董仲舒问策,来回估计得月余,[①]这也太误事、太不符合官场行事风格了,可能性较小;关键是丞相公孙弘本身就是儒者且跟董仲舒不和。若是派“使者”偶去问策,尚可理解为朝廷对于董仲舒的略示褒奖,倒也可能。退一步讲,朝廷在确实遇到跟儒家思想有关的难题时,朝中无人能决,可能不得不来找他。如此,所谓的“如有大议”,其实就是“偶有难题”。而应劭却提出朝廷“每有政议”,“数遣廷尉张汤”“问其得失”,董仲舒则“作《春秋决狱》二百三十二事,动以经对”来应对。真是“听言则美,论理则违”。朝廷一有政议就派九卿之一的廷尉不远千里去“问其得失”,怕是天方夜谭。假如前言为实,那么董仲舒的对策也应该是针对国家大政方针的一些主张、建议,而《春秋决狱》写些什么呢?其书虽失传,但仍有几例存世,尽是些对一般案件甚至历史案件的处断建议,跟国家大事基本扯不上关系。很难想象,廷尉张汤跋涉千里去问国家大事的处理方略,而大儒董仲舒给他的答案却是如何处理一些“细枝末节”案件的方法,朝廷跟张汤本人还乐此不疲,经常去受教,这么滑稽的事显然不符合史实。《汉书》之记载已无疑在拔高董仲舒,而东汉末应劭的胆子更大,把董仲舒的地位拔高得过了头,《晋志》一仍其旧。这种记载,我们不能信以为真。[②] 这种

---

① 最新版的高德地图显示,西安至河北广川最近距离在900千米左右。古代的道路肯定没有现在这么便捷,汉代最快的交通工具应是马匹。骑马来回走2000千米左右,少则十天半月,多则怕要月余。

② 本则曾作为《回归文献与历史现场:重审有关董仲舒的若干成说》一文的一部分,发表于《求索》2014年第5期。

失真的记载,更坚定了笔者认为其乃后人注释掺入的裁断。

第三则

《晋书》记载:

> 汉承秦制,萧何定律……错糅无常。后人生意,各为章句。叔孙宣、郭令卿、马融、郑玄诸儒章句十有余家,家数十万言。"天子于是下诏,但用郑氏章句,不得杂用余家。"p.927 又言:文帝(司马昭)为晋王,患前代律令本注烦杂,陈群、刘邵(也称刘劭)虽经改革,而科网本密,又叔孙、郭、马、杜诸儒章句,但取郑氏,又为偏党,未可承用。①

对于这两段引文,前人对"叔孙、郭、马、杜"中的"杜"的解释有说是大杜(杜周)者,亦有说是小杜(杜周子杜延年)者。如邢义田《秦汉的律令学——兼论曹魏律博士的出现》一文指出:"叔孙指叔孙宣,郭为郭令卿,马为马融,郑氏为郑玄。杜疑指大杜或小杜章句。然大、小杜章句非必成于杜周、杜延年本人。传其学者,守师说而定章句也有可能。"②徐世虹则认为"杜氏或为杜林"③。

笔者则认为,"叔孙、郭、马、杜"中的"杜"应是"郑"之讹误,原因如下。其一,上引两段话中,笔者标注着重号的几个姓中,唯有上文的"郑"变成了下文的"杜",其它的都相互对应完全契合。其二,上文提到"但用郑氏章句",下文亦说"又叔孙、郭、马、杜诸儒章句","但取郑氏,又为偏党";而四人之中,有"杜"无"郑",何来"但取郑氏"?故逻辑上也应该是误"郑"为"杜"。其三,上文言"叔孙宣、郭令卿、马融、郑玄诸儒章句",下文亦言"又叔孙、郭、马、杜诸儒章句,但取郑氏",叔孙、郭,尤其是马、郑皆大儒,杜周乃酷吏,无人以之为儒生,说杜延年为儒生,亦为牵强。以此亦可证,"杜"亦应为"郑"之讹。其四,就行文而言,"叔孙、郭、马、杜"显然是依照他们的存世时间先后排序,前3人都是东汉人士,不可能在他们的后面反而胪列西汉杜周父子吧?而郑玄曾是马融的学生,这样排序自然没问题。其五,据沈家本《汉律摭遗》卷二十,郭氏所习即"小杜律",郭令卿或出颍

---

① (唐)房玄龄等:《晋书》,中华书局1974年版,第923页。

② 邢义田:《治国安邦:法制、行政与军事》,中华书局2011年版,第43页正文及第208注。

③ 张晋藩总主编、徐世虹主编:《中国法制通史》(第2卷:战国秦汉),法律出版社1999年版,第231页。引文载该卷第十章,系徐世虹所撰。

川,则言"郭"可不必再言"杜"。[①] 因此,"**杜**"亦应是"**郑**"之讹。我们不防列表作一比较,更能一目了然(见表2)。

表2 诸儒章句"杜""郑"之比较

上文	叔孙宣、郭令卿、马融、**郑**玄	诸儒章句	但用郑氏章句
下文	叔孙、郭、马、**杜**	诸儒章句	但取郑氏

第四则

《晋书》载:

> 魏明帝改士庶罚金之令,男听以罚金,妇人加笞还从鞭督之例,以其形体裸露故也。[②]

关于"鞭督"之刑,《北堂书钞》卷四十五引《晋令》曰:"应得法杖者,以小杖,过五寸者稍行之,应杖而髀[③]脾有疮者,缓臀[④]也。"《太平御览》卷六百五十引《晋令》曰:"应受杖而体有疮者,督之也。"对比所引两条令文之文意,两书所引者应为同一条令文,不知传抄为何有了较大区别。笔者赞同沈家本先生的说法,认为"臀"是"督"形近而讹。《古今图书集成·祥刑典·鞭刑部》载:"魏明帝太和年间,定鞭督之令。"沈家本说,《三国志·魏书·明帝纪》对此没有记载,而《晋书·刑法志》载:"魏明帝改士庶罚金之令,男听以罚金,妇人加笞还从鞭督之例,以其形体裸露故也。"[⑤]把"鞭督"与魏明帝连在一起,但"玩其文意,似本有鞭督之例,

---

① 此条意见由湘潭大学法学院张全民教授提出,不敢掠美。

② (唐)房玄龄等:《晋书》,中华书局1974年版,第922页。

③ "髀",张鹏一先生以为应为"體(体)"之讹。参见张鹏一:《晋令辑存》,徐清廉校补,三秦出版社1989年版,第173页。

④ 沈家本《历代刑法考·刑法分考十四·杖》说,一本无"缓"字,固难解,"缓臀"二字亦费解,当有讹夺。《御览》六百五十引作"应受杖而体有疮者,督之也,"在"督"门内,此"臀"字疑"督"之讹。"髀"一本作"脾",恐亦传写之讹。参见沈家本,张全民点校:《历代刑法考》,中国检察出版社2003年版,第371~372页。

⑤ 笔者认为,《晋书·刑法志》这句话可能有讹脱或舛误,遂使整句话似乎有了逻辑错误。依沈家本的说法,是魏明帝恢复了女人鞭督的刑罚,后文说"以其形体裸露故也",自然说明以前笞刑笞臀部,女人下体裸露有伤风化,如今改为"鞭背",露出背部似乎稍好些?其实,这依然有伤风化。笔者认为,汉代有"女徒顾山",为了照顾女性而用罚金刑取代真的刑罚。我们循着优待妇女这条逻辑就可觉察到,此处"'男'听以罚金",妇人反而"加笞还从鞭督之例",不合情理、逻辑。也许如此调整这句话,方能读通,即:"男加笞还从鞭督之例,妇人听以罚金,以其形体裸露故也。"纯属臆测,聊备一说。

妇人还从之,非明帝始创也,当再考"①。笔者认为,"魏明帝改士庶罚金之令,男听以罚金,妇人加笞还从鞭督之例,以其形体裸露故也"这句话,似乎有逻辑错误,页下注中已有详细论说。说到底,鞭督之刑为何种刑罚,关键在于对"督"字的解释。一般而言,"督"就是监督、督查的意思,沈家本曾作过很多推测,但皆无法真正解释"鞭督"之意。周东平在冨谷至论证的基础上,得出"'鞭督'应该作为一个词来解释,即以鞭责罚以督促其改正"②的结论,甚有见地。

但是,"督"是否还有别的意思,或者我们也可从别的角度来解释"督",比如养生学、医学的角度。《庄子·养生主》载:"缘督以为经,可以保身,可以全生,可以养亲,可以尽年。"郭嵩焘说:"船山云:'奇经八脉,以任督主呼吸之息,身前之中脉曰"任",身后之中脉曰"督"。'"③《素问·骨空论》言:"督脉者,起于少腹以下骨中央。"《难经·二十八难》言:"督脉者,起于下极之俞,并于脊里,上至风府,入属于脑。"那么,从中医学的角度来讲,"任"指的就是前胸,"督"指的就是后背,④因此,"鞭督"就是鞭背之刑。汉景帝"箠令"规定:"当笞者笞臀。"如淳曰:"然则先时笞背也。"⑤《太平御览》卷六百四十九引《晋令》载:"应得法鞭者,即执以鞭,过五十,稍行之。有所督罪,皆随过大小,大过五十,小过二十。"此处的"督罪"应该是指应处以"督"刑也就是鞭刑之罪。至隋代,废鞭刑,有杖笞刑,杖重于笞,杖的部位仍然沿袭了鞭督之制,杖背,故才有了《新唐书·刑法志》所载:"太宗尝览《明堂针灸图》,见人之五藏皆近背,针灸失所,则其害致死。叹曰:'夫箠者,五刑之轻;死者,人之所重。安得犯至轻之刑而或致死?'遂诏罪人无得鞭背。"查唐代无鞭刑,⑥此处所说"鞭背"之"鞭",应是惯用前代刑罚习称而言,鞭背其实即指杖背,之后可能就改成了杖(鞭)臀,这很可能即是唐初虞世南在编《北堂书钞》时误"督"为"臀"的原因所在。但鞭刑并未因此而废,应该是作为法外之刑继续存在,至元代仍如此。据《元史·世祖本纪》载,至元二十九年二月,"申禁鞭背",《元史·刑法二》记"诸鞫狱辄以私怨暴怒,去衣鞭背者,禁之",《元史·刘秉忠传》言"鞭背之刑宜禁治,以彰爱生之德",《元史·姚枢传》谓"又请禁宋鞭背、黥面及诸滥刑"。

---

① 《历代刑法考·刑法分考十四·鞭》,第393~394页。

② 周东平:《〈晋书·刑法志〉校注举隅》,载《中国古代法律文献研究》(第9辑),社会科学文献出版社2015年版,第211页。

③ 陈鼓应:《庄子今注今译》,中华书局1983年版,第95页。

④ 笔者也曾向两位学习中医学的亲友求证,他们一致认为"督"就是指"脊背"。

⑤ 《汉书·刑法志》。

⑥ 《唐律疏议》、《宋刑统》、《唐令拾遗·狱官令》及《天圣令·狱官令》皆无鞭刑之制的记载。

附一则

《晋书》载:

> 制《新律》十八篇,《州郡令》四十五篇,《尚书官令》、《军中令》,合百八十余篇。①

对此段文字,日本学者冨谷至认定,"魏制定了共计百八十余篇的州郡令、尚书官令和军中令"②。据周东平先生说,冨谷至先生在近年出版的《漢唐法制史研究》一书中仍然坚持此说。③ 楼劲也认为"曹魏编撰的《新律》十八篇和《州郡令》等一百八十余篇"④。笔者认为他们计算有误。从引文文意可知,《州郡令》是四十五篇,《尚书官令》跟《军中令》合计百八十余篇,三种令加起来总共是二百二十五余篇。

另外,跟《晋令》四十篇的篇数相比,《魏令》竟然超出一百八十余篇。原因可能有二:第一,魏《军中令》篇数太多,第二,《晋令》对《魏令》的篇章结构大刀阔斧地作了调整。

历史学者胡宝国曾提出,"大致说来,从两汉之际到东晋,先是在经学领域,而后又在史学领域中出现了一种追求简略的风气"。"同样,我们也可以理解为什么《三国志》在西晋问世后,并没有因其简略而受到批评,反而是受到了普遍的欢迎。"⑤既然文风的简略自东汉已经开启,因此,胡宝国说蒙文通"言史贵约,实晋人之所创"⑥之说不能成立。⑦ 同时,这种追求简约的风气显然也影响到了立法活

---

① (唐)房玄龄等:《晋书》,中华书局1974年版,第923页。

② [日]冨谷至:《晉泰始律令への道——第二部魏晉の律と令》,载《東方學報》京都第七三册。后收入冨谷至:《漢唐法制史研究》,(东京)創文社2016年版。冨谷此文曾由朱腾译、徐世虹校,载中国政法大学法律史学研究院编:《日本学者中国法论著选译》(上),中国政法大学出版社2012年版。后又收入杨一凡、朱腾主编:《历代令考》,社会科学文献出版社2017年版,第229页。在两种版本中,此部分的译文有微调,但文意未变。

③ [日]冨谷至:《漢唐法制史研究》,(东京)創文社2016年版。

④ 楼劲:《魏晋南北朝隋唐立法与法律体系——敕例、法典与唐法系源流》(上卷),中国社会科学出版社2014年版,第5页。

⑤ 胡宝国:《〈三国志〉裴注》,载胡宝国:《汉唐间史学的发展》,商务印书馆2003年版,第83~88页。

⑥ 蒙文通:《经史抉原》,巴蜀书社1995年版,第285页。

⑦ 胡宝国:《〈三国志〉裴注》,载胡宝国:《汉唐间史学的发展》,商务印书馆2003年版,第88页。

动。从《晋书·刑法志》可知,东汉已经在大量删减法条;曹魏时,先是下令法律章句只准用郑玄一家,后在修订《新律》时,又厉行简约;而简约真正的集大成者无疑是晋律令。

(作者单位:贵州财经大学)

唐代巫术犯罪背后的善恶观探析①

段知壮

由于中国古代人文精神的发达，巫术往往会被贴上野蛮落后的标签，但基于在特定历史环境下自然科学发展的局限性，社会生活中一定会存在某些神秘区域，这就为巫术的流行提供了肥沃的土壤，与此同时，巫术作为一种社会现象，其存在必然有着自身的一套逻辑和内在结构。中国古代历朝历代都存在数量众多的巫术犯罪行为，不同朝代的法律规范也都基本对巫术犯罪进行了相应的法律规制，但这种法律上的规定并非是将所有的巫术行为都统统予以禁止，对巫术犯罪进行的规制指向的也并非巫术行为本身，而是巫术行为的侵犯对象客体。此外在对巫术犯罪进行侦破乃至处理的过程当中，往往呈现出一种"以巫制巫"的行为模式，即对巫术犯罪的处理通常需要使用其他类型的巫术方能妥善解决，这就意味着即使从国家统治的角度看，巫术也存在合法与非法、正向与负向的区分。更为有趣的是，尽管较之西方，中国古代的宗教对政治及法律的影响似乎并不那般强烈，但其与巫术犯罪背后社会心理上的善恶观念却形成了极佳的结合。

一、唐代关于巫术犯罪的法律规定

唐代法律对巫术犯罪的规定主要集中在《唐律疏议》

---

① 本文系浙江省社会科学界联合会研究课题"宗教戒律与唐代犯罪学思想研究"(2018N11)资助成果。

的"十恶"条中。

> 五曰不道，谓杀一家非死罪三人及支解人，造、畜蛊毒，厌魅。疏议曰：安忍残贼，背违正道，故曰不道……注：造、畜蛊毒，厌魅。疏议曰：谓造合成蛊，虽非造合，乃传畜堪以害人者，皆是。即未成者，不入十恶。厌魅者，其事多端，不可具述，皆谓邪俗，阴行不轨，欲令前人疾苦及死者。①

由此可见，在唐代，蛊毒和厌魅被统归到不道罪当中，其原因在于这种行为与"支解人"类似，具有非常残忍的特征，但如何界定蛊毒和厌魅却并不容易，立法者也明确地意识到了这一点，因此采取了"其事多端，不可具述"的概括性描述。需要指出，本文中所指的巫术犯罪包括蛊毒和厌魅两种形式，但在具体的事件中这两种巫术犯罪形式多呈现出一种交叉结合的形态，虽然两者之间有各自不同的特殊指向，但无疑都呈现出一种神秘性特征，在自然科学不甚发达的古代，对两种犯罪形式的勘验或审判通常需要通过其他一些辅助性手段才能完成。因此从法律规范的角度而言，很难就两者进行详细的列举说明，如对蛊毒而言，"蛊有多种，罕能究悉，事关左道，不可备知。或集合诸虫，置于一器之内，久而相食，诸虫皆尽，若蛇在，即为蛇蛊之类"②。而在厌魅类的犯罪中还存在厌与咒两种既有联系又有区别的方式，如《唐律疏议》中的"憎恶造魇魅"条尽可能地对巫术犯罪进行了解释说明，"有所憎嫌前人而造魇魅，厌事多方，罕能详悉，或图画形像，或刻作人身，刺心钉眼，系手缚足，如此厌胜，事非一绪；魅者，或假托鬼神，或妄行左道之类；或咒或诅，欲以杀人者，各以谋杀论减二等。若于期亲尊长及外祖父母、夫、夫之祖父母、父母，各不减，依上条，皆合斩罪"③。虽然此处对厌魅和诅咒行为进行了相对比较具体的列举，但与蛊毒类似，仍然强调"罕能详悉"，且厌与咒之间还存在一种轻重的差别，"《唐律疏议》载：问曰：依贼盗律，子孙于祖父母、父母求爱媚而厌、咒者，流二千里。然厌魅、咒诅，罪无轻重。今诅为不孝，未知厌入何条？答曰：厌、咒虽复同文，理乃诅轻厌重。但厌魅凡人则入不道，若咒诅者不入十恶。名例云，其应入罪者，则举轻以明重，然咒诅是轻，尚入不孝，明知厌魅是重，理如

---

① 《唐律疏议》卷一《名例》，岳纯之点校，上海古籍出版社 2013 年版，第 9 ~ 10 页。

② 《唐律疏议》卷一八《贼盗》，岳纯之点校，上海古籍出版社 2013 年版，第 285 页。

③ 同上。

此条”。[①] 由此可见,厌魅相对诅咒要更为严重。

该问答在对厌魅和诅咒的比较当中用了一个很有趣的中介,即用巫术的方式去实施不孝的行为。从事实角度理解,这种巫术犯罪行为就成了不孝的一种表现,从逻辑上看,这一行为内括了两种不同的犯罪标的。那么反过来看,单纯的巫术犯罪之具体衡量标准为何?如果只是巫术行为本身的话,是否就已然构成一种犯罪行为?法律条文似乎并没有给出一项明确的解释标准,这里我们就必须要对巫术与《唐律》中的蛊毒及厌魅作出相对的区分。通过上述对《唐律》的引征可以看到,蛊毒厌魅作为巫术的一种乃是阴邪类的巫术,法律上虽然没有给出一个具体的界定,但基本上明确了厌魅是以“欲令人疾苦及死者”和“求爱媚”为导向的,但这里留下了一个悬念,即除了蛊毒厌魅以外,是否存在其他类型的巫术,如果存在的话那么其他巫术行为是否也是犯罪?换言之,蛊毒厌魅作为巫术行为的一种,是否单纯指那些“欲令人疾苦及死者”和“求爱媚”的巫术方式?那么,那些并不“欲令人疾苦及死者”和“求爱媚”的巫术方式又算不算得上是犯罪呢?正因为蛊毒厌魅本身的负面指向,有学者指出,厌魅之术为人间正道所不容,必然受到各种惩处,要么是来自宗教神旨,要么是来自人间律令。[②] 也就是说,除了世俗世界的法律惩戒之外,巫术以及宗教界本身存在一种以对抗力量出现的正向性巫术行为。根据巫术行为的不同指向,其本身可以分为攻击性巫术、禳除性巫术、禁忌性巫术以及祈福性巫术(见图1),所以,广义的巫蛊泛指一切巫术行为,但法律中所谓的巫蛊乃是一种狭义的概念,[③]仅指代那些攻击性巫术,或者说是目的呈现侵犯其他法意的负向性巫术行为。

此外,由于蛊毒厌魅行为的后果判定受到诸多的主观因素影响,因此对蛊毒厌魅进行法律惩治的实质关注点在于蛊毒厌魅的主观恶性,而这种“恶”又通常与社会价值相结合,虽然有些巫术行为人在具体的巫术行为中并没有明确的指向对象,但其目的有危害国家统治秩序之嫌,自然无法逃脱法律的规制。与上述法律问答当中厌魅与不孝的结合类似,这种判断标准与谋反类犯罪也存在一定的重合。

---

① 《唐律疏议》卷一《名例》,岳纯之点校,上海古籍出版社2013年版,第12~13页。

② 杨清虎、段亚菲:《中国古代社会对厌魅之术的惩处》,载《广东技术师范学院学报》2014年第1期。

③ 胡新生:《中国古代巫术》,山东人民出版社1998年版,第30页。

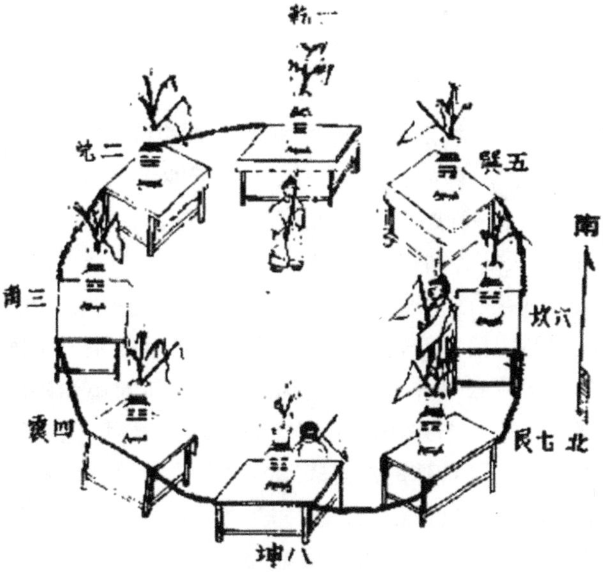

图1 设坛求雨

图选自臧振:《蒙昧中的智慧:中国巫术》,华夏出版社1994年版,第155页。

> 玄宗废后王氏,同州下邽人……后兄守一以后无子,常惧有废立,导以符厌之事。有左道僧明悟为祭南北斗,刻辟灵木书天地字及上讳,合而佩之,且祝曰:"佩此有子,当与则天皇后为比。"事发,上亲究之,皆验。开元十二年(724年)秋七月己卯,下制曰:"皇后王氏,天命不祐,华而不实。造起狱讼,朋扇朝廷,见无将之心,有可讳之恶。焉得敬承宗庙,母仪天下,可废为庶人,别院安置。刑于家室,有媿昔王,为国大计,盖非获已。"①

许多历史中记载的重大巫术犯罪往往和政治纷争有着千丝万缕的联系,最为知名的如武则天与王皇后及萧淑妃之间的"后宫争斗"。

> 高宗由是复召入宫,立为昭仪。俄而渐承恩宠,遂与后及良娣萧氏递相谮毁。帝终不纳后言,而昭仪宠遇日厚。后惧不自安,密与母柳氏求巫祝厌胜。事发,帝大怒,断柳氏不许入宫中,后舅中书令柳奭罢知政

① (后晋)刘昫等撰:《旧唐书》卷五一《玄宗废后王氏》,中华书局1975年版,第2177页。

事,并将废后……庶人良娣初囚,大骂曰:"愿阿武为老鼠,吾作猫儿,生生扼其喉!"武后怒,自是公众不畜猫。①

此事件恰好反映出巫术犯罪认定当中最主要的两个指向对象:一是"求爱媚",二是"欲以伤杀人"。再如"载初年中,来俊臣罗织,告故庶人贤二子夜遣巫祈祷星月,咒咀不道。栲处酸痛,奴婢妄证,二子自诬,并鞭杀之,朝野伤痛"②,"韦庶人之全盛日,好厌祷,并将昏镜以照人,令其速乱,与崇仁坊邪俗师婆阿来专行魔魅。平王诛之。后往往于殿上掘得巫蛊,皆逆韦之辈为之也",③等等,皆是如此。可以发现,对与统治权有勾连的巫术犯罪之惩治多是出于维护政治秩序的需要,这种法律规定的着眼点并不在于行为人是否真正对政治秩序造成了客观实质的影响,只要存在这种企图并作出了相应的意思表示,那就自然而然地成为法律统摄的对象,更何况这种特殊的意思表示本身就带有极强的侵犯性色彩。

正因为巫术犯罪的判定标准往往是"求"或"欲",即以主观意图作为最终的判断依据,而其犯罪指向又是法律价值或社会秩序,所以在政治纠纷中就很容易被当作导火索或契机而被人利用。对政治秩序的冲击企图本身就具备隐密性和不易察觉性,这与巫术犯罪的神秘性结合在一起,就变成了一种似乎是"天作之合"的配对。如睿宗窦德妃就曾于"长寿二年(公元693年)为户婢团儿诬谮与肃明皇后厌蛊咒诅"④,再如唐初的刘文静案:

文静自以才能干用在裴寂之右,又屡有军功,而位居其下,意甚不平。每廷议多相违戾,寂有所是,文静必非之,由是与寂有隙。文静尝与其弟通直散骑常侍文起酣宴,出言怨望,拔刀击柱曰:"必当斩裴寂耳!"家中妖怪数见,文起忧之,遂召巫者于星下被发衔刀,为厌胜之法。时文静有爱妾失宠,以状告其兄,妾兄上变。高祖以之属吏,遣裴寂、萧瑀问状。文静曰:"起义之初,忝为司马,计与长史位望略同;今寂为仆射,据甲第,臣官赏不异众人,东西征讨,家口无托,实有觖望之心。因醉或有怨言,不能自保。"高祖谓群臣曰:"文静此言,反明白矣。"⑤

---

① (后晋)刘昫等撰:《旧唐书》卷五一《高宗废后王氏传》,中华书局1975年版,第2170页。

② (唐)张鷟撰:《朝野佥载》卷三,载《唐五代笔记小说大观》,恒鹤校点,上海古籍出版社2000年版,第36页。

③ 同上。

④ (后晋)刘昫等撰:《旧唐书》卷五一《睿宗昭成顺圣皇后窦氏》,中华书局1975年版,第2176页。

⑤ (后晋)刘昫等撰:《旧唐书》卷五七《刘文静传》,中华书局1975年版,第2293页。

可见,官方在处理一些与政治有牵连的巫术犯罪时常采用一种严格主义的标准,这种标准并不过多地探讨行为人使用巫术的后果,其主要关注点乃在于行为人的犯罪动机,只要这种动机对政治秩序有现实或潜在的威胁或破坏,那就势必难为统治者所容。如陈玺教授所言,统治者基于对厌魅行为之恐惧心理,或由朋党倾轧陷害,此类案件多被锻炼成狱,施行厌诅者遂由此罹祸。① 甚至于一些原本并不在法律禁止当中的非攻击性巫术,只要其存在对政治秩序的影响,或者说统治者认为当事人本身就存在相应的政治问题,那么对其行为的判断就很难只存在于巫术犯罪的判定本身了。

二、巫术犯罪的民众心理认知

如上文所言,法律规范意义下的巫术犯罪之目的可以概括为两个主要方面:一是求爱媚,二是害人。但事实上,一切有悖法律伦理或社会秩序的巫术行为都有可能被纳入法律的统摄范围内。正如黄宗智先生在分析清代民国时期的民事法律时提出的著名的"实践与表达之间的背离"理论,即法律的官方表达和具体实践之间的背离,②更通俗地说就是法律规定是一回事,法律实践是一回事,从法律规定到法律实践可能又是另一回事。唐代在巫术犯罪上或多或少也有这种状况的体现,如虽然法律已然明确禁止了以求爱媚为目的的巫术行为,但许多非官方文献中就存在大量的"巫术操作指南",如敦煌文献 p. 2610 号的《攘女子妇人述密法》中就记载了大量的求爱巫术。

> 凡欲令夫爱敬,取夫大拇指甲,烧作灰,和酒服之,验。
> 凡欲令夫爱敬,妇人自取目下毛二七枚,烧作灰,和酒,与夫(饮)。
> 凡欲令夫爱,取户下泥涂户上,方圆五寸,即得夫畏敬。
> 凡欲令妇人爱,庚子日取东南引桃枝,刻作木人形,书女姓名,即得。
> 凡欲令女爱,以庚子日书女姓名,方圆□□无主即得。
> 凡男欲求女妇私通,以庚子日书女姓名,封腹,不经旬日必得。
> 凡男欲求女私通,以庚子日书女姓名,烧作灰,和酒服之,立即效验。

---

① 陈玺:《隋唐时期巫蛊犯罪之法律惩禁》,载《求索》2012 年第 7 期。

② 黄宗智:《清代的法律、社会与文化:民法的表达与实践》,上海书店 2001 年版,第 14 页。准确地说,黄宗智所呈现的是"官方表达的法律实践"与"现实生活中的法律实践"之间的背离,而非法律规定与法律实践的背离。另参见马小红:《试论价值观与法律的关系》,载《政法论丛》2009 年第 3 期。

凡欲令妇人自来爱,取东南引桃枝,书女姓名,安厕上,立即效验。①

尽管我们不能以求爱巫术文本的存在来反证社会中存在大量的求爱巫术行为,但至少可以证明这种巫术的社会需求。同时,以害人为目的的巫术在史籍中也颇为常见,如"行密掘地无埋金,但得铜人三尺,身桎梏,钉刺其口,刻骈名于背,盖用蛊厌骈也"②。

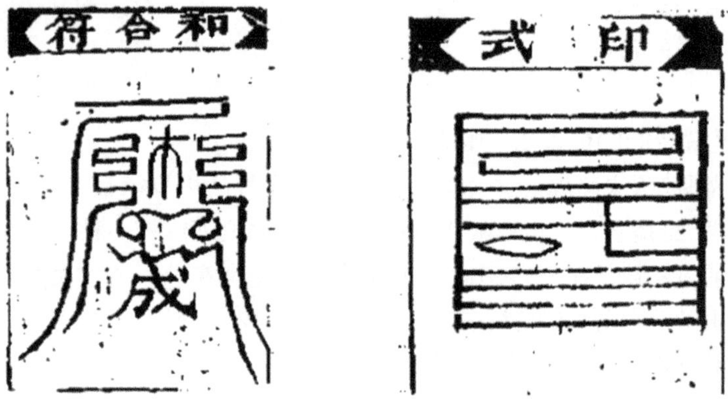

图2 和合符印

图选自高国藩:《中国巫术史》,上海三联书店1999年版,第321页。

不过即便如此,仍然不能说明唐代在处理民间巫术犯罪时,司法裁量的价值取向,但值得庆幸的是,一些具体的司法审判结果以及拟制判决为我们提供了一个很好的观察视角。如"部人有父病,以蛊道为木偶人,署勉名位,瘗于其陇,或以告,曰:'为父禳灾,亦可矜也。'舍之",③再如更具典型性的《对投笺获弟判》。

河内县荀君林乘冰省舅,冰陷而逝。兄伦求尸不获,遂作笺与河伯,经宿冰开,获君林执笺出。乡人告称妖惑。

覃怀旧壤,野王遗迹。元凯造舟于后,忿生食邑于前。自晋启山阳,郑锡河沃,精灵有作,人物代兴。相彼君林,实为茂族,感如存之念,恭自出之心。凭河履冰,自贻陷溺,终坠而死,当奈若何。类无忌之永休,比元阳之相负。况鸰原称咏,本在急难。凡今之人,莫如兄弟。嫂溺礼通

① 黄永武主编:《敦煌宝藏》(第122册),台北,新文丰出版社1981年,第446页。

② (宋)欧阳修、宋祁:《新唐书》卷二二四《高骈传》,中华书局1975年版,第6403页。

③ (后晋)刘昫等撰:《旧唐书》卷一三一《李勉传》,中华书局1975年版,第3634页。

> 于援手，季殁义切于投笺。孝弟之心，聪明正直，灵鉴在斯。信宿之间，克备丧礼，诚有应于今日，事无隔于古人。告以为妖，未符通识，诬人之罪，法有恒规。请据愆尤，以定刑典。①

该案的起因是河内县的荀君林趁河结冰去看望舅父，从冰上走过时冰面塌陷，荀君林落水身亡。其兄打捞尸体不得，于是写了封信给河伯，希望河伯能将弟弟的尸体还给他。一夜过后，冰面开裂、融解，荀君林的尸体携带着写给河伯的信一起出现，乡人告官说这是使用妖术。判词认为被告不仅无罪而且告状者应当"反坐"，因为荀兄行为的出发点符合儒家伦理的孝悌观念。这里可以非常明显地看出司法审判者对巫术的一种价值性裁决，至少在该案中，巫术更多的乃是一种手段，其行为方式本身并不具备违法性。

特别值得注意的是，有施术之法自然就有解术之法，许多巫术犯罪案件的侦破乃至化解通常依靠的也是巫术行为，这更加凸显了巫术行为自身的手段特征。无论是从法律还是以社会认知的角度看，巫术本身并不具备所谓的不合法性或不合理性，法律和社会的关注点都在于当事人使用巫术的目的或实际作用。如唐宪宗元和八年（公元813年）发生在越州的包君妻案中就有此类记载，"有前诸暨县尉包君者，秩满，居于县界，与一土豪百姓来往。其家甚富，每有新味及果实，必送包君。忽妻心腹病，暴至困惙，有人视者，皆曰：此状中蛊。及问所从来，乃因土豪献果，妻偶食之，遂得兹病。此家养蛊，前后杀人已多矣。包君曰：为之奈何。曰：养此毒者，皆能解之"②。孙思邈更是从医学角度明确提出了对负向性巫术的化解之道。

> 凡人中蛊，有人行蛊以病人者。若服药知蛊主姓名，当使呼唤将去。若欲知蛊主姓名者，以败鼓皮烧作末，以饮服方寸匕，须臾自呼蛊主姓名，可语令去，则愈。又有蛇涎合作蛊药，著饮食中，使人得瘕病。此二种积年乃死。疗之各自有药。江南山间人有此，不可不信之。③

从广义上说，这种祛巫蛊的行为本身也是一种巫术形式，除了攻击性巫术是

---

① （清）董诰等编：《全唐文》卷三二九《对投笺获弟判》，孙映达等点校，山西教育出版社2002年版，第1982页。

② （宋）李昉等编：《太平广记》卷一七二《孟简》，中华书局1961年版，第1263页。

③ 李景荣等校释：《备急千金要方校释》卷二四《解毒并杂治·蛊毒第四》，人民卫生出版社1998年版，第523页。

法律特别关注的对象外,其他的巫术往往作为一种正向的社会行为而存在。如在一些道教的符咒当中我们便可以经常看到诸如"敕令"与"律令"的字眼,目的即使它成为令条律例,急速执行。这是为了加大咒语的效力,借助神法神律,以增强其执行的规令性。① 这种用语究竟是宗教对社会的影响还是相反已很难讨论,但可以推论的是,部分巫术当中的这种强制性色彩是基于主观目的角度存在的,而并不在于固定的结果导向。

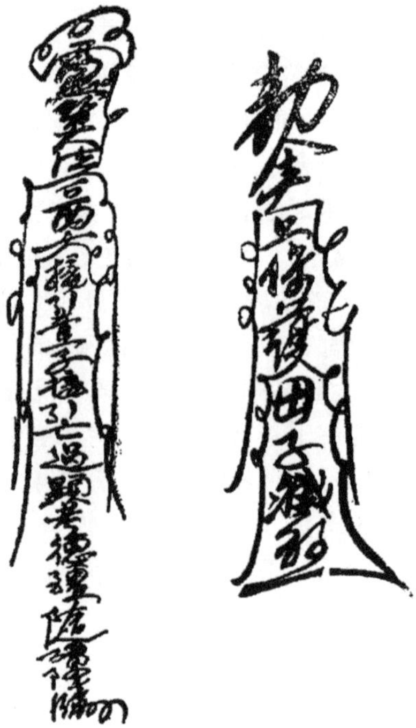

图3 道教符箓

图选自张紫晨:《中国巫术》,上海三联书店1990年版,第283页。

这在讨论对巫术行为的犯罪制约时也就自然形成了一种"原心定罪"的色彩,在社会层面,无论人们相不相信巫术的实际效果,这种行为与后果之间的因果联系都很难有一个客观的判断依据,即使是存在判断依据,其通常本身也是一种巫术模式。对巫术的犯罪制约大多考虑的是当事人在使用巫术之时的心理预期,这种主观目的性的判断也自然为具体的巫术犯罪审理带来了诸多的主观考量因

① 张紫晨:《中国巫术》,上海三联书店1990年版,第277页。

素,而当宗教因素介入到这种巫术行为当中时,其中的主观性更加被放大了,巫术本身越发地缺乏一种主体性表达,而成为了一种任何主体都可以拿来使用以达成相应目的的技术手段,而这种技术手段的实效性则未必会被纳入法律的视角当中。如唐代的笔记小说中大量的神僧祛邪记载,就非常形象地说明了民众对这种技术手段的心理预期,有用巫术"作恶者",自然就需要用巫术"行善者"与之相对抗。如"长庆初,荆州公安僧会宗,姓蔡,尝中蛊,得病骨立。乃发愿念《金刚经》以待尽,至五十遍,昼梦有人令开口,喉中引出发十余茎。夜又梦吐大蝾一肘余,因此遂愈。荆山僧行坚见其事情"①。此外,一件发生在唐文宗太和七年(公元833年)的案例更是异常形象地展现了善恶两种不同目的之间的巫术争斗。

> 大和七年,上都青龙寺僧契宗,俗家在樊州。其兄樊竟因病热,乃狂言虚笑,契宗精神总持,遂焚香敕勒、兄忽诟骂曰:"汝是僧,第归寺住持,何横于事?我止居在南柯,爱汝苗硕多获,故暂来耳。"契宗疑其狐魅,复禁桃枝击之。其兄但笑曰:"汝打兄不顺,神当殛汝,可加力勿止。"契宗知其无奈何,乃已。病者欻起牵其母,母遂中恶。援其妻,妻亦卒。乃摹其弟妇,回面失明,经日悉复旧。乃语契宗曰:"尔不去,当唤我眷属来。"言已,有鼠数百,瞉瞉作声,大于常鼠,与人相触,驱逐不去。及明,失所在。契宗恐怖加切,其兄又曰:"慎尔声气,吾不惧尔,今须我大兄弟自来。"因长呼曰:"寒月、寒月,可来此!"至三呼,有物大如狸,赤如火,从病者脚起,缘衾止于腹上,目光四射。契宗持刀就击之,中物一足,遂跳出户,烛其穴,踪至一房,见其物潜走瓮中,契宗举巨盆覆之,泥固其隙。经三日发视,其物如铁,不得动,因以油煎杀之,臭达数里,其兄遂愈。月余,村有一家父子六七人暴卒,众意其兴蛊。②

以上的种种论述意味着,更多的民众所鄙视的对象是用巫术从事"恶"的行为,巫术案件的背后更多体现的是一种民众心中普遍的朴素善恶观念。当然,假设巫术真的可以拥有这样的"效果",那么巫术犯罪较之其他传统犯罪类型确实具有极强的残忍性,但这绝不意味着巫术本身就完全是"恶"的代名词,其只是一种简单的社会存在。攻击性巫术与祈福类巫术一样,都在一定程度上带有某种"夸大"的作用,攻击性巫术夸大其攻击的效力,祈福性巫术则夸大其祈福的效

① (唐)段成式撰:《酉阳杂俎》续集卷七《金刚经鸠异》,曹中孚校点,第770页。

② 《酉阳杂俎》续集卷二《支诺皋中》,载《唐五代笔记小说大观》,第720~721页。

力,虽然结果不一定能够被事实所验证,但巫术本身这种形式是被大家接受的。正如戴炎辉先生所言,“此罪系不能犯;但在迷信笼罩之古代社会,心理上仍可致人死伤”①。这种“朴素善恶观念”与中国传统的法律观念在一定意义上完全吻合,许多历史当中的正直人物形象通常会被民众“选中”,成为“公正无私”的冥界裁判者,如元和年间被刺杀的正直宰相武元衡在死后就被人塑造为冥界的“判官”,“唐王潜司徒,与武相元衡有分。武公仓卒遭罹,潜常于四时爇纸钱以奉之……且领至判官厅。见一官人凭几曰:此人错来,自是鹰许琛,不干汝事。即发遣回,谓许琛曰:司徒安否? 我即武相公也。大有门生故吏,鲜有念旧于身后者。唯司徒不忘,每岁常以纸钱见遗,深感恩德”②。

许多学者都曾指出,虽然作为国家大法的律典极为详备,在立法上达到了极高的高度,但是身为社会底层的民众老百姓,很有可能终其一生也不会与法律打上一次交道,更多的民众在社会生活中并不是依照法律的规定去生活,而是完全依照一种朴素的善恶观念从事其行为。如陈登武教授就曾提出,对于许多长久生活在乡村社会里的庶民而言,唐律毕竟太遥远了! 甚至可以说“冥律”常可发挥比国法更大的吓阻效果,进而达到维持社会和国家法秩序的作用。③ 无疑,在法律层面这种所谓的“朴素善恶观”更多地体现为儒家的伦理纲常观念,如果触犯伦理纲常很可能就是触犯了法律的规定,但这种伦理纲常绝不能涵盖民众善恶观念的全部内容,老百姓在日常生活中还有很多细碎的角落。虽然儒家文化是作为一种底蕴而笼罩中国古代社会,但具体到每个人背景的不同也导致其综合文化属性上的不同,这其中就包括受到地域性、宗教信仰、经济阶层、文化学识等因素的影响。这种朴素的善恶观念就是一种综合文化影响的反映,这种综合的文化反映也就意味着,在中国古代,法律文化并不能仅仅用法律的角度去观察,也务须注意整个文化氛围与环境及其相互之间的交错。

三、宗教戒律在社会善恶观念方面的影响

通过上文的分析我们可以观察到,无论是官员还是民众更多的还是将巫术视为一种技术手段来看待,而这种技术手段背后的朴素善恶观才是对巫术犯罪处理

---

① 戴炎辉:《唐律各论》,台北,成文出版社1988年版,第380页。

② (五代)孙光宪:《北梦锁言》卷一二《王潜司徒烧纸钱》,林艾园校点,载《唐五代笔记小说大观》,第1911~1912页。

③ 陈登武:《从人间世到幽冥界:唐代的法制、社会与国家》,北京大学出版社2007年版,第258页。

的根本所在，且这种朴素的善恶观多与社会文化背景当中的心理强制有着直接的联系，单独的巫术行为在犯罪意义的角度并不能独立存在。那么接下来的问题是，这种朴素善恶观的内心强制来源于哪里？当然，社会文化对身处于其中的个体而言其具有无形的束缚力，但从信仰的角度看，时代下的个人仍然需要一种强大的内心约束以保证相应社会规范的顺利运行，否则这种纯粹的社会文化就变成了一种自律性的道德强调。贞观十三年（公元639年）《齐士员造像铭》碑阴的数条冥律为我们提供了一个很值得思考的视角。

> 王教遣左右童子，录破戒亏律道俗，送付长史，令子细勘。当得罪者，将过奉阎罗王处分。比丘大有杂人，知而故犯。违律破戒，及禽兽等，造罪极多。煞害无数，饮酒食肉，贪淫嗜欲，剧于凡人。妄说罪福，诳惑百姓。如此辈流，地狱内何因不见此等之人？
>
> 阎罗王教遣长史，子细刮访，五五相保，使得罪人，如有隐藏，亦与同罪。仰长史刮获，并枷送入十八地狱，受罪讫，然后更付阿鼻大地狱。
>
> 王教语长史，但有尊崇三教，忠孝竭诚，及精进练行，□□□□，□庶苦勤。只承课役，如此之徒，不在刮限。①

虽然该条史料主要针对的是佛教僧人，但其中有一处非常值得思考的记载，即其将“破戒”与“亏律”进行了并列，并说明无论是“破戒”的“道”还是“亏律”的“俗”都是“造罪”的“罪人”，因此应当受到相应的惩罚。这意味着，社会民众违反法律与宗教教徒破坏戒律从广义上都是一种“罪”，而这种对比则将违法之“罪”神圣化了，也就是说，原本仅属于法律层面的犯罪行为被增添了一种神秘主义色彩，这层神秘主义色彩无疑能够极大地加强社会大众对违法犯罪的恐惧感。

宗教规范的约束是宗教道德力表现的一种重要形式，它不仅仅是凝结教团本身的纽带，也是它与其他宗教教团和社会群体的分界线。戒律不仅仅是对教徒的约束，其实施也是象征着走向出世、面向社会时所采取的一种实际措施。不过宗教规范与世俗法律最大的不同点之一就在于其心理强制的约束力要远远大于世俗法律。宗教道德由于与信仰崇拜联系在一起，因而常常与“神格”捆绑在一起，强调是神制定出来的戒律法条，因而具有超自然的力量，对所有信众有一种“强使”的性质，它要求信众不是通过理解而是通过信仰来执行这些道德律令，因而也

---

① 张总：《初唐阎罗图像及刻经——以〈齐士员献陵造像碑〉拓本为中心》，载《唐研究》（第6卷），北京大学出版社2000年版，第1～17页。

更具有约束力和控制力。

以佛教为例,《大般涅槃经·长寿品》载:“佛复告诸比丘:汝于戒律有所疑者,今恣汝问,我当解说,令汝心喜……”①从“令汝心喜”四个字中我们就可以准确地明白其中的意味,即人们对戒律的遵守绝非出于恐惧。当然,这里我们并不是说所有的宗教规范都全然没有压迫性,相较之下宗教规范对于信众而言不光是一种规制与约束,而是信仰的一种体现与表达。这里我们以佛教戒律中的杀生戒为例,触犯杀人戒需要具备五个条件:一是人——所杀者是人,而非异类傍生;二是人想——蓄意杀人,而非想杀异类傍生;三是杀心——有心杀人,而非无意误杀或过失杀人;四是兴方便——运用杀人的方法;五是前人断命——被杀的人,断定已死。② 从中可以明确看出,前三条规定相对于世俗法律而言,更注重犯戒人的心理活动,也就是犯罪要素中的主观方面,在第二个条件和第三个条件当中,这种意味表现得更为明显。同时,在佛教中,由于对地狱图景的恐惧以及对佛菩萨救赎能力的希冀,更是不仅仅在佛教信众当中形成心理约束力,更是成为社会文化中的特定部分而对整个社会群体产生效用。如在中国佛教中,地藏菩萨以“幽冥教主”的身份为一般民众所信仰,地藏菩萨既是幽冥世界的主要救赎者,也是其中的主宰者。但有趣的是,地藏菩萨的这一身份并不是来自印度佛教而是佛教在中国传播的过程中形成的。通过观察中国传统信仰中的幽冥世界形态以及佛教地藏菩萨形象在中国的传播,能够很好地了解佛教信仰在民众心中的情形。

中国的鬼神思想早在殷商时代就已盛行,时至汉代,无论在正统的儒家思想中,还是在民间的黄老方术中,鬼神观念都相当流行。在佛教传入以前,中国本土早就已经存在关于幽冥世界的概念,中国人传统上对死人大多采取土葬的方式,因此中国本土的幽冥观念必然与土地关系密切。而随着佛教在中国的广泛传播,中国民间迷信与佛教地狱观念结合产生了一种混合的民间迷信,③佛教的地狱图景在中国逐步发展,并为大多数民众所接受。事实上,中国本土的幽冥世界并没有特别完整的框架体系,但是佛教中的地狱形态与中国本土的幽冥世界有很多共通之处,所以佛教的地狱说很快地与其融合在一起,并且佛教的地狱说逐渐形成了中国人心中幽冥世界的主要内容。这也是佛教传播在南北朝时期的重要特点,即佛教信仰的流行与中国传统的灵魂不死观念和祭祖祈福等社会习俗结合在一

① 谈锡永主编:《大般涅槃经》之《长寿品》,中国书店出版社2009年版,第154页。

② 圣严法师:《戒律学纲要》,宗教文化出版社2006年版,第58页。

③ 胡适:《伦敦大英博物院藏的十一本〈阎罗王授记经〉》,载《胡适学术文集·中国佛学史》,中华书局1997年版,第584页。

起,极大地推动了佛教在下层民众中的流行。对地狱世界的描述多见诸唐代的敦煌遗书卷子中,如在民间流播甚广且深入人心的“张居道入冥的故事”和“唐太宗入冥的故事”等。

> 尝闻景公寺老僧传云“吴生(吴道子)画此寺地狱变时,京都屠沽鱼罟之辈,见之而惧罪改业者往往有之,率皆修善”;①吴道元作此画,视今寺刹所图殊不同。了无刀林沸镬、牛头阿旁之像,而变状阴惨,使观者腋汗毛耸,不寒而栗,因之迁善远罪者众矣。②

从这些记载中我们可以看出,对地狱世界的恐惧已经深入人心,这极大地钳制了人们犯罪心理,在某种意义上说还加强了人们做善事的心理驱动。这种地狱鬼神在人们心中要远远比刑法可怕得多,况且在当时法律技术并不完善的状况下,这样的心理强制可以说对人们遵守社会道德与公序良俗有着极大的推动力和不可忽视的作用。而统治阶级也非常清楚地认识到了这一点,并且也希望这种因果报应的思想能够在人民心中进行普及,进而达到稳固统治的作用。

但是作为一种宗教信仰来说,只是在民众心中形成这样一幅幽冥世界的图景是远远不够的,在幽冥世界中,必然存在一位或一群所谓的“救赎者”,也可以说是宗教中的神灵,这样才能在最大程度上吸引民众的青睐。在地藏菩萨形象出现之前,僧侣不仅仅是现实世界的精神卫士,而且还成了幽冥世界主要的救赎者。相对世俗人士于对地狱阴间的恐惧,出家僧人似乎具有“升入天堂”远离苦海的潜质。《洛阳伽蓝记》有这样一则故事:“比丘惠凝死一七日还活。经阎罗王检阅,以错名放免。惠凝具说:‘过去之时,有五比丘同阅。一比丘云是宝明寺智圣,坐禅苦行,得升天堂。有一比丘是般若寺道品,以诵四十卷涅槃,亦升天堂……’”③不仅如此,僧侣还被赋予了救赎的能力。

> 华州郑县人张法义,年少贫野,不修礼度……入华山伐杖,遇见一僧,坐岩中。法义便就与语……至十九年,法义病死,埋于野外,贫无棺椁,以薪柴不瘗之,七日而苏……令送付判官,判官召主典,取法义

① (唐)朱玄景:《唐朝名画录》,《文渊阁四库全书》812册,文渊阁四库全书影印本,第364页b。

② (宋)黄伯思:《东观余论》,《文渊阁四库全书》850册,文渊阁四库全书影印本,第374页b。

③ 范祥雍校注:《洛阳伽蓝记校注》卷二《城东崇真寺》,上海古籍出版社1978年版,第79~80页。

> 案……法义父使义反顾张目私骂。不孝,合杖八十……即见岩穴中僧来……僧曰:张法义是贫道弟子,其罪并忏悔灭除,天曹案中已勾毕。今枉追来,不合死……王曰:张目在忏悔,后不合免,师为来请,可持放七日……七日既不多时,复来恐不见师,请即住随师。师曰:七日,七年也,可急去……①

这个故事非常具有代表性:其一,张法义被责罚的原因中,有一条是因为对其父"不孝";其二,阎罗王在岩穴僧人的干预下取消了对张法义的处罚,而且还将其寿命延长了7年。

随着佛教在中国的进一步传播,特别是由于末法思想的影响,僧人们的神圣性大为衰落,但是由于天堂地狱观念的深入人心,人们对死后世界更为关注,因而菩萨信仰逐步兴盛起来,在佛教信仰当中,观音信仰在中国民众心中的普及程度以及受欢迎程度在此无须过多表述,而地藏菩萨本是由印度神话中的地神转化而来,这就与中国本土幽冥世界的地下观念极其契合,所以地藏信仰便与人死之后的幽冥世界紧密结合起来,这样的安排也使各位菩萨在救济功能上明确区分开来,避免了相互之间的代替与排挤。在佛典中,《华严经》是最早提及地藏菩萨的,自此之后,地藏菩萨频频出现在冥报、再生的故事当中,此类资料在《太平广记》《法苑珠林》以及各类文学作品中非常广泛,不一一举例。及至晚唐,地藏菩萨已经不仅仅是幽冥世界中的救赎者,而且还逐渐取代了阎罗王而成为地狱的最高统治者。虽然佛教对幽冥世界的渲染,特别是中国佛教徒对地狱恐怖的大量宣扬从根本上说还是为了吸收更多的佛教信众,但是对大多数民众而言,面对如此强烈的心理恐惧,他们必然会为自己寻求救赎,使自己或者亲人逃脱地狱的惩罚。对地狱恐怖的渲染越是有力,人们对救赎的渴望就越加强烈,对止恶扬善的心理强制力也就更能发挥效用。饶有趣味的是,从东汉到唐代,在世俗社会当中,佛教僧团教权的权力日渐萎缩,逐步地受控于王权政治之下,但是在神话信仰领域,相当于神话中的行政权力代表如"阎罗王"等在民众心中的地位却大有消弱,取而代之的是佛教中尤其以菩萨为代表的神灵系统为民众深深信奉。如"前有大殿,珍宝周饰,精光耀目。金玉为床。见一神人,姿容伟异,殊好非常,坐此座上,旁有沙门立侍,甚众。见府君来,恭敬作礼。泰问:'此是何人,府君致敬?'吏曰:'号名世尊,度人之师。'有顷令恶道中人皆出听经"。②

---

① (唐)唐临撰:《冥报记》卷三,《丛书集成续编》98册,上海书店1995年版,第197页。

② 王国良:《冥祥记研究》,台北,文史哲出版社1999年版,第78页。

与佛教戒律心理约束力有密切关系的除了地狱地藏信仰外，还有佛教的忏悔思想和福报思想。佛教的忏悔思想是随佛教一同传入的，在佛教戒律中除了违犯特定的几项“性戒”，其他都是可以用忏悔的方式来消除的。《四十二章经》云：“佛言：‘人有众过，而不自悔，顿息其心，罪来赴身。如水归海，渐成深广。若人有过，自解知非，改恶行善，罪自消灭。’”①《梵网经》云：“众集默然听，自知有罪当忏悔，忏悔即安乐，不忏悔罪益深。”②悔过思想主要就是从持戒的意义上而言的，人有过错而行追悔，不让罪过郁结心中，改过迁善，其中还有非常明显的教化劝导意味。随着佛教的发展，后来也出现了各宗各派不同的忏悔仪式，如慈悲地藏忏法、观音菩萨大悲忏法、慈悲水忏、净土忏等，但总的宗旨都是讲究内心悔过、克己责心、改过自新，同时把忏悔由心理活动推向外在实践，由消极意义的止恶走向积极意义的扬善。佛教对于“罪过”这种“放下屠刀，立地成佛”的忏悔思想相对于惩罚性的法律而言无疑具有巨大的心理向心力，从积极的角度来讲，这种忏悔心理对于犯有“罪过”的人用以后的积极行善弥补之前的“罪过”具有强烈的导向和制约效用。

道教亦是如此，相比较于高度理论化的佛教戒律而言，早期的道诫既有伦理思想的成分，也有道德规范的影子。后来的道教戒律，其内容主要是带有价值判断性的以调整人们道德思想和道德行为为目的的道德规范。③ “戒者，解也，界也，止也，能解众恶之缚，能分善恶之界，防止诸恶也。律者，率也，直也，栗也，率计罪愆，直而不枉，使惧栗也。”④如前文所述，戒律作为宗教庞大教理教义系统的一部分，与宗教本体论不同，其特别关注的乃是宗教伦理下的价值取向，即通过对负向价值的禁止及谴责从而实现对正向价值的肯定与宣扬，“律者，终出戒中，无更别目，多论罪报宪法之科……戒主于因，律主于果；戒论防恶，律论与罪”⑤。简单地说，道教戒律最核心的内涵即在于通过道德规范的形式来调整信众的具体行为。道教的斋醮便是戒律的仪式化表征，即作法事的过程也受到戒律的规范，行斋、设醮、作忏、传经等都须遵循一定的科仪程序，作法事的道士必须严格依照应有的方式执行，恪守相关戒规，否则将受到惩罚。法事重戒规是为了保持法事的规范性，同时也是为了体现和维护宗教仪式的神圣性，因为法事是通过特定的、严

① 《四十二章经》第五章《转重令轻》，载吴枫、宋一夫主编：《中华佛学通典》，南海出版公司1998年版，第5页。

② 戴传江译注：《梵网经》卷下《菩萨戒序》，中华书局2010年版，第190页。

③ 李继武：《道教戒律的伦理道德思想》，载《人文杂志》2005年第3期。

④ 《洞玄灵宝玄门大义》，载《道藏》第24册，文物出版社1988年版，第734页。

⑤ 同上书，第738页。

格的仪式来获得神圣意义的,如果法事本身不严格,则将破坏这种神圣意义的获得。[①] 而在斋醮仪式当中就经常会有巫术,特别是符咒的出现。如王永平在研究中指出,道教自称能够与阴间相沟通,可以通过种种仪式救拔陷于地狱中的亡灵,有些斋醮仪式专门为此而制定,如黄箓斋就是以救济先祖、拯救亡魂脱离地狱之苦而设的。[②]《云笈七籤》中曾记载:一名为徐翥的官员,"其子三人,其二癃残,小者项有肉枷,人见所共惊畏",后有道士指点称"三子之疾,非己之过,非子之罪,盖宿业所钟尔!道门所谓宿业,非是疾者前生之业,乃先人之罪,殃流后裔也。君家先世,当有酷于刑法,暴于棰楚,为官不恤牢狱,不矜囚徒,意生法外,残毒害物,遂使子孙受其报尔","拔先世之考,当修灵宝解厄斋;救存殁之苦,当修黄箓斋。勿悋金宝,一遵天科,竭财向善,孜孜不倦,可以谢其罪尔"[③]。笔者在此不意于探讨佛道二教之间对于诸如"业"等概念的相互融通,但可以看出,道教与佛教一样不仅通过对恶行的报应性描述来凸显善行的重要,同时还利用宗教归信似的替代措施来弥补恶行所造成的负面影响,这使民众极易产生亲近感从而能够在更感性的层面上推动民众以符合宗教戒律的方式从事具体的外在行为。

道教伦理的一个标志性特征即对现世生活的重视,对生命的绝对推崇,在宗教视角下,除了种种技术手段能够客观地延长或优化生命之外,宗教性的价值评判也与其背后的终极目标相对应。如典型的报应理论,"善不徒施,仙固可学,功无巨细,行无洪纤,在立功而不休,为善而不倦也。修习之士,得不勖哉"[④],"万善之基,亦在三业,十善相生,至于万善。行善益算,行恶夺算,赏善罚恶,各有职司,报应之理,毫分无失"[⑤]。也就是说,道教同样将伦理道德的导向性融入宗教的神性作用当中,唯有通过对戒律背后价值位阶的遵从方可获得宗教神圣性的眷顾。如道教教徒对一些神仙故事的描述中大量体现着为善获福的逻辑,虽然这些故事多涉鬼神荒诞之事,但当时作者本人是带着虔诚、崇信的情怀,认真撰写编纂的,内中除了夹杂着作者扶宗立教的苦心和信仰的激情,千百年后,还蕴藏着丰富的历史文化信息。[⑥]

---

① 刘绍云:《宗教律法与社会秩序——以道教戒律为例的研究》,巴蜀书社 2009 年版,第 54 页。

② 王永平:《论道教法术与唐代民间信仰》,载《首都师范大学学报》2003 年第 6 期。

③ (宋)张君房编:《云笈七籤》卷一二一《徐翥为父修黄箓斋验》,李永晟点校,中华书局 2003 年版,第 2665 ~ 2666 页。

④ 《云笈七籤》卷一一四《墉城集仙录叙》,中华书局 2003 年版,第 2526 页。

⑤ 《墉城集仙录》卷一,载《道藏》第 18 册,第 166 页。

⑥ 罗争鸣:《杜光庭道教小说研究》,巴蜀书社 2005 年版,第 21 页。

何亮者,商山东阴驿厅子也。执役二十年,尝谦谨自持,不敢违怠。忽一日寒,其雨雪交至,道绝行旅。有一道士,冒雨而至,衣装皆湿。历诣诸店,皆闭门不容。亮见而哀之,延就驿廊下,炽火设食以待之。一夕而行去,将踌跚,曰:荷君此恩,不可无报。因壶中取丹一粒,令吞之。谓曰:大期内可以无疾矣。言讫而去,何亮年已四十余,自此筋力愈充,无复疾苦。乾符初,年九十余矣,状貌四十岁,齿发不衰。信都先生冯君涓,尝召问其事。远近之人,亦具道之,余得此说於信都先生焉。①

此外,修道之人作为世俗之人的楷模,他们的道德标准似乎要比普通民众更严格。

彭城刘景,因游金华山寻真访道,行及山半,觉景物异常,山川秀茂。见崇门高阁,势出云表,入门左右,池沼澄澈,嘉树重条,棋布行列,披蔓柔弱,其实如梨,馨香触鼻。景顾望无人,因攘撷其实,於怀袖中,未暇啖食,俄有猘子数个,驰出吠之,竟欲搏噬。景乃苍惶支吾,四顾无瓦石可投,探怀中所摘之果以掷之,果尽而犬亦去也。回顾前之宫宇,但林谷榛莽而已。时僧休与刘友善,尝话其事迹者也。②

可见行善是感遇仙人、获得福报的基本前提,相反如若作恶,轻则可能丧失飞升仙界、修成道果的机会,重则会形成"罪",即使世代流转、子孙繁衍也无法轻易解除。不过需要指出的是,有学者曾提及,在某种程度上,以上两则故事的收录者即唐代道教大师杜光庭之编撰目的还没有达到"试图纠正和避免世俗社会赏罚极端不公之弊端"的高度,且要说其有"对美好道德理想的追求"也未必。③ 其张扬"善恶报应",目的是"广慎微之旨""弘崇善之阶",而慎微、崇善,与世俗伦理社会的"惩恶扬善"已有区别,它的"善"更多是指敬畏道教、爱护道教、维护道门利益;"恶"则是侵侮道教、破坏道教,有更强的宗教色彩和宗教目的。④ 但无论是表达宗教情怀和信仰,还是借宗教题材表现世俗喻意,两者之间并不必然存在相互冲

① 《神仙感遇传》卷三,载《道藏》第10册,第894~895页。

② 《神仙感遇传》卷一,载《道藏》第10册,第887页。

③ 吕锡琛:《道教道教与中国古代政治:道家道教政治伦理阐幽》,湖南人民出版社2002年版,第130页。

④ 卿希泰:《简论道教伦理思想的几个问题》,载《道家文化研究》(第7辑),上海古籍出版社1995年版。

突的成分。孙亦平教授也提到,杜光庭通过讲述“灵验”故事来彰显道教神灵的威力,同时也强调这种“灵验”往往表现在道教神灵对人的行为进行赏善罚恶上。[①] 由此可见,即便是道教徒笔下的种种善恶报应记录,也并非单纯为了实现“惩恶扬善”的伦理,而是为了最大限度地弘扬道教,但在其记载中的种种价值评判倾向,不可避免地会与当时作为社会道德的价值体系出现重合。这种重合不仅不会对弘扬道教的大方向起到反作用,相反还能通过社会认知的力量凝固民众对道教的理解、认可乃至支持。因此,善恶报应的模式与弘扬道教的初衷两者是相辅相成的,之间不可能存在明确的楚河汉界。

事实上早在东晋时期,葛洪的《抱朴子》中就曾大量列举了可能会“夺其寿数”的恶行,这些恶行虽然有一定的规范内容仍是从属于宗教价值评判领域,但其中大部分已然无法从社会道德中分离。换言之,宗教戒律的限制目的与社会道德的规范指向通常无法全然区分,因为如果宗教戒律在创设之初就有悖于民众的价值认知,那么这种宗教戒律是很难被归信者接受的。但是反过来看,对宗教戒律的遵从较之社会道德要多了一层神性护佑的加持,这就使人民在遵从宗教价值规范体系时多了一份更强烈的主动性,而在结果上同时也增强了社会道德的凝聚力。

> 若乃憎善好杀,口是心非,背向异辞,反戾直正,虐害其下,欺罔其上,叛其所事,受恩不感,弄法受赂,纵曲枉直,废公为私,刑加无辜,破人之家,收人之宝,害人之身,取人之位,侵克贤者,诛戮降伏,谤讪仙圣,伤残道士,弹射飞鸟,刳胎破卵,春夏燎猎,骂詈神灵,教人为恶,蔽人之善,危人自安,佻人长残,还人短陌,决放水火,以术害人,迫胁尪弱,以恶易好,强取强求,掳掠致富,不公不平,淫佚倾邪,凌孤暴卦,拾遗取施,欺绐诳诈,好说人私,持人短长,牵天援地,咒诅求直,假借不还,换贷不偿,求欲无已,憎拒忠信,不顺上命,不敬所师,笑人作善,败人苗稼,损人器物,以穷人用,以不清洁饮饲他人,轻秤小斗,狭幅短度,以伪杂真,采取奸利,诱人取物,越井跨灶,晦歌朔哭。凡有一事,辄是一罪,随事轻重,司命夺其算、纪,算尽则死。[②]

虽然作为价值评判结果的善恶在不同的价值体系当中通常会呈现出不同的

---

① 孙亦平:《杜光庭评传》,南京大学出版社2011年版,第423页。

② (晋)葛洪:《抱朴子内篇全译》,顾久译注,贵州人民出版社1995年版,第161~162页。

价值指向,尤其是在高低价值位阶的区分上,不同的衡量标准往往会导致差异性结果的出现,但是宗教对善恶的价值评判除了其本身固有的一些价值取向之外,从本质上无法摆脱社会文化环境对其价值体系构建的种种影响。

四、结语

正如美国学者本尼迪克特的名言,“谁也不会以一种质朴原始的眼光来看世界。他看世界时,总会受到特定的习俗、风俗和思想方式的剪裁编排。即使在哲学探索中,人们也未能超越这些陈规旧习,就是他的真假是非概念也是受到其特有的传统习俗的影响”①。在传统文化当中,虽然一些具有攻击性的负面巫术是作为法律禁区存在的,但我们并不能因此就将所有的巫术行为都视为法律的惩戒对象,在某种程度上说,巫术在古代社会中还承担了特定的社会控制功能。如透过功能主义的视角,巫术只不过是一种囿于特定生产力、智识水平的人们,为满足社会生活需要而互动形成的一种“文化”,它们能够在特定的历史条件下——尤其是正式社会控制资源不足的情况下——以一种幻化的形式,立足于社会关系及社会互动,处理人与自然、社会、他人的矛盾,承担起给人心灵以慰藉、缓和社会矛盾解决社会纠纷、促进社会稳定有序的功能。② 生活在这种大文化背景下的人们无法用一种非常客观理性的视角去看待具体的巫术行为,在大多数人眼中,巫术只是一种极具神秘性的技术手段,巫者当然可能会使用这种手段为非作恶,不过既然有负向性巫术的存在,就“必须”要有正向性巫术与之相对抗,那么这种具有保护色彩的巫术在民众眼中不仅不是违法犯罪行为,甚至还是一种行善积德的举动。作为法律制定者的统治者也同样是生活在这个文化阈限下的人,因此其与普通民众一样无法跳出时代的束缚,只不过在处理巫术案件时,裁判者们会坚守住一条底线,即巫术的目的动机绝对不能是消解法律伦理和社会秩序。至于那些具有扬善抑恶作用的巫术文化,统治者们不仅不会对其打压,反而乐得借助这种文化观念去维护社会秩序。事实上宗教戒律就是这一点的完美体现:一方面,宗教戒律的道德性一般来说都是正向的,其为信众乃至社会大众提供了一种道德教化的指引,而这种指引又与社会统治秩序相辅相成,很好地补充了法律权威所没有的那种向心力;另一方面,宗教戒律有天然地具有一种“神圣性”,这种神圣性对其受众的约束力要远远大于世俗法律的控制力,毕竟在一个科学技术尚处落后的时代,人们很难对法律建立起一种信仰氏式的皈依。但正因为宗教戒律的加持,

① [美]露丝·本尼迪克特:《文化模式》,王炜等译,三联书店出版社1988年版,第5页。

② 洪涵:《巫蛊信仰与社会控制》,载《云南大学学报》(法学版)2009年第5期。

那些“不恰当”的行为被赋予了一层“罪”的内涵,尽管这种“罪”并非单纯法律意义上的“犯罪”,而是作为一种广义的“罪恶”,但其从结果上无疑增强了法律意义上对违法犯罪的内心强制,也就是所谓的“不怕刑罚怕鬼诛”。

(作者单位:浙江师范大学行知学院)

新识与旧知的碰撞：较真"封建"实义

——兼议对法史研究与教学的启示[①]

熊建明

有相当多且极为权威的《中国法制史》教材编写者，将中国封建社会对应于中国历史上的春秋末期至清末，[②]并认定1840年以后的中国社会进入了半殖民地半封建的历史阶段，[③]中国法律也从封建性法律阶段逐步演进至法律近代化时代。不仅法制史教材是如此，就是在被列入马克思主义理论研究和建设工程重点的教材之《法理学》中，也是如此，如该书导论第二节第二项题目就是"封建

---

① 本文接受江西省高等教育重点研究基地基金资助。

② 参见张晋藩主编：《中国法制史》，高等教育出版社2003年版，绪论部分；另参见曾宪义主编：《中国法制史》，北京大学出版社、高等教育出版社2000年版，导论部分；朱勇主编：《中国法制史》（第2版），法律出版社2001年版，第四章；王立民主编：《中国法制史》，上海人民出版社2003年版，绪论；赵晓耕主编：《中国法制史及案例教程》，中国人民大学出版社2006年版，导论部分。这五部书的共同特点是导论或绪论是由主编本人撰写的；朱勇一书则有些例外，作为小导论的第一章虽也由其本人所写，但几乎不涉及社会状况，而完全基于法律或法学的立场来评说中国古代法律（因不是对整个中国法律进行述评，所以称为小导论，这一点相比于其他四本书，是其一大特色），但在由其所写的第九章隋唐法律中，他还是把此两个朝代称为封建社会的组成部分。

③ 参前五本书的目录。五书均以"1840年"为标尺，将清朝的法律制度分为两个部分，同时也对应于中国社会自该年后的性质发生了显著变化的权威性论述（后文会涉及）。但是能否将中国法律近代化的上限也界定在此年，则并非定论。参见何勤华：《中国法学史》（第2卷），法律出版社2006年版，第197页。

社会的法理学"。①

这些学者似乎并没有注意到,中国史学界对中国历史分期、奴隶社会的存无、②封建社会的起讫已出现了完全不同于他们的对中国历史对应时段的划分与界定的新观点,③而且这些界定已成为史学界最新的共识性通识。④ 作为论述中国法律制度史的基础核心教材,对相应内容进行与新"识"共进的重构更替,就应该是对学生负责,助益于推进学科知识体系发展与进步的明智之举。但事实上,法史学界既未作出这样的跟进之举,也未对史学界的新共识性通识提出富有建设性意义的反驳,而是依然故我,沿用旧的套路,出版(含更新再版)着新的中国法制史版本。这样的对比本身就构成了一个现实中极富学术意义的问题。

本文的任务,就是对此问题予以解析,并将史学界的新通识引入法学界,以对法史学界现有知识体系的陈旧性及错误发起冲击。

支撑这种作文目标的是笔者的下列个人识见:本来从法律角度看,"封建"是表述国家根本制度方方面面的经典词语——用现代话语表达就是,封建所反映的是中国历史上早期某些时段(对应于某些朝代)的根本大法;⑤也就是说,它首先应该是一个法律词汇,其重要性和明显性犹如"宪法"之于"宪法社会"。⑥ 从知识谱系的视角观察,首先由法律学人发现充斥法制史域内的"封建"结构论述,与其

---

① 参见《法理学》编写组:《马克思主义理论研究和建设工程重点教材:法理学》,高等教育出版社2010年版。

② 参见张广志、李学功:《三代社会形态——中国无奴隶社会发展阶段研究》,陕西师范大学出版社2001年版。

③ 冯天瑜:《"封建"论考》,武汉大学出版社2006年版。该书是此新识的集大成者,不仅系统全面,而且出书时间离当下最近。

④ "共识性通识"为笔者杜撰,因此需要专门予以界定。在知识分工的专业化时代,知识的生产与流通、销售与消费首先是在生产此知识的专业领域内进行,类似于陈兴良教授所提及的"法槽"。当某种知识被圈内人人所共知且能虚心接受时,这种新知就变成了专业性的共识。知识人是以其知识及知识影响来回馈社会的,当此专业性共识又流传至社会中,变成社会认知此专业领域及该领域所研究的社会现象的基础性知识时,专业性共识即转化为全社会共享的通识性知识。因此共识性通识有两个维度,一个是专业与社会之空间和人数之大小众寡,一个是时间之先后,共识来源于个人新知和行业学术规范的统一及一贯,通识则来源于社会各个行业的共同接受。

⑤ 笔者不用朝代,是因为在下文中,会论述在夏商周时代,中国可能不是一个通常意义上的国家,尽管它已具备国家的实质性结构。

⑥ 明显性是指既然将一个社会冠之以"封建"来修饰,则这个社会的一切方面都会被打上封建的烙印,从而封建就会成为这个社会的典型形态与特征。"宪法社会"也是笔者自撰,旨在表述,在一个以国家为地域和政治空间的社会中,如果出现了以国家名义制定的宪法,那么在规范意义上讲,至少可以从这部宪法文本的语义结构中探知这个社会应该是什么样;且在法治社会,宪法为大的法治状态才是其正常状态;那么称其为"宪法社会"是自明之理。以此类推,一个社会若被冠之以"封建",那么它就是其意义之魂,因此首先认识封建的法律意义才能对其有所了解。

所指称的实际社会形态间的抵牾,才是理应之为。

然而,法学界为什么没有发现?原因之一可能是法学界对史学界依赖太深(但唯独对封建一词真义有所例外),或者说与政治(政治语境表达中,有推翻三座大山的权威说法)靠紧了些,其学术独立性不够,以至于"忘记"自己不仅有义务也应该有能力对"封建"之义单独进行专门而系统的法律解读和研究。其实,除了封建以外,对所有来自于史学的术语与意义都应予及时关注,而且在借用之前都应当自觉地审慎省察,因为法学家是广义史学的守护人。

本文旨在通过对"封建"之词源与流变进行梳理,引介史学界有关"封建"的"新"识。在"识"前之"新"上打引号,旨在说明尽管对史学界而言,下文有关"封建"的意义探索不是什么新鲜求知活动,但就法学界而言,则可能成为全新的知识引介;同时也是在为"封建"义源的常识性追溯增添些学术意义,并籍此提出法律史学界面对此新知的态度应该是什么。

在展开正文之前,需要就本文所有资料作一个基本说明。本文绝大部分内容均来自于一本书,即冯天瑜先生的《"封建"考论》,但此举并非抄袭摘引,而是基于反复阅读所形成的全文线索。

单独大幅度使用一本书作为全文主要的参考资料的理由有四点:第一,冯先生是国内研究封建及其社会的权威,著述甚丰且较为系统;第二,冯先生此书可谓是中国及中国引入外国人就封建所作著述及其演变的集大成,因而如果需要考察封建,那么除此书之外,都不能算得上是系统全面的引介;第三,冯先生书中的结论及参引的资料,很少出现在法史的研究中;如果有必要将"封建""新"识——此书是此"新"识权威集成——引进法史学界,那么非此书莫能担当重任。因此,大可以将本文视为在阅读此书后结合法史研究基础知识体系视角写就的阅读笔记和书评。鉴于此,本文在参引此书时,不再单独作注,而仅在正文中标明页码。

一、"封建"中国古语义考

"封建"一词最早出现在诗经中:

> 天命降监,下民有严,不僭不滥,不敢怠遑,命于下周,封建厥福。①

不过这里的"封"是对"建"的修饰词。毛传言:"封,大也。"故此处的"封建"

---

① 冯天瑜:《"封建"考论》,武汉大学出版社2006年版,第15页。

之义为"大立"。"封建厥福"被东汉经学家郑玄注释为"大立其福"。尽管在本诗篇中,商朝后人在缅怀其先人业绩中提到了商汤王朝与其诸侯国间的隶属关系,但并未用"封建"来描述。要了解中国古文中的封建文义,首先必须得从"封""建"二字的单义说起。

(一)"封""建"各字本义及引申义,"封建"内涵

"封"之甲骨文字状如树木植根于土中,多作动词用。周代青铜铭文中也有"封"字,形如两只合围拢土的手将树捧在土中央,似乎在给地上的树木培土维护或聚土植树;引申为聚土植树为界,作"界"义解,动词转化为名词,多引为田界、疆界。后世大家都将"封"作"界"解。因堆土植树之前,要先在地上挖土成窝以就树根,则其动词义又可引申为帝王将本属于自己的土地分赐予其亲戚和功臣,以作其立国之领地,故"封"又有"赐土立国"之延伸含义;在封土——"封"作为名词,还指受封的领地——上建国治理其属民,得有来自天子或王赐给的爵位或名号,所以"封"还有"封名赐爵"之意。古代汉语中,与"封"字组成的词语多与分封制有关。

王国维据殷墟卜辞,证明古"邦,封,乃一字",此说古人亦有论述。不过邦多作名词,封则多为动词,王先生发现"邦"在卜辞中少见,周金文则常见,这说明周代盛行封建,众"邦"林立。(p.11)

组成"封建"的"建"字,与"封"字义近,二者合在一起使用时,后者多为前者的搭配字。"建"始见于金文,作动词,本为"立";东汉至清末的古典注释家均以"立"释"建"。在相当多数情形下,"封"与"建"同义,指赐封,封立,古汉语与"建"的组词也多与其"立"义有关。(p.13)

在记录并反映西周初"封邦建国"的政治活动时,《诗经》有较为详尽的记载,但未用"封建"来指称;①较早将"授土建国"、"赐爵封名"、"受民"又"受疆土"与"封建"一词完整清晰地联结起来的,可见于《左传·僖公二十四年》:"故封建亲戚,以藩屏周。"后世儒家在诠释《诗》《书》时,就径直将"封建"明解为封爵封土以建国,近人编辑的《春秋左传词典》也说:"封建,以土地封人使之建国。"封建的古义由此诞生且其内涵也相对稳定,但作为制度出现在各个时段中,它又有不同的表现与含义。

(二)"封建"作为有效和正式制度的演进史简考

封建制度与土地密切相关。在以农业为主业和以畜牧业为主业的社会里,人们对土地的价值与看重——尤其是只钟情于某一小块土地——是截然不同的,但

① 参见《诗·鲁颂·闷宫》。

是农业社会的形成,及其前身畜牧业社会的退出不是在朝夕之间断然完成的,甚至二者间的界限也并非截然明显的,二者间的过渡与转换经过了漫长年月的酝酿,以逐渐形成与逐渐替换的方式方才达成。

殷代社会从总体上讲是一个以牧畜为主要职业的氏族社会,但至其末期,这种状态多少有些改变,农业在某些宜于耕种的地区开始出现且已经有了些根基。所以瞿同祖先生说,如果殷商时期不是封建社会,则确已有许多封建基础,但如果说是封建社会,则还不曾以封建作为中心组织。也就是说,尽管在周代以前,中国历史上已然存在封建的事实,但只有从周武王以政治的力量使全王国普遍地实行有系统的具体而严密的封建组织后,才进入封建社会的完全时期——全国山河一片“封”——土地关系成为一切组织的中心。① 但是须注意的是,它不仅是一个政治性制度,还包含着丰富的社会、经济制度和无尽的思想、伦理与文化含义。

有学者把周之前的封建称为氏族封建制,而将周的封建制界定为宗法封建制。(p. 22)宗法封建制的主要内容是以宗法和等级制为核心,在政治设计上表现为天子建国和诸侯立家,天子不仅授土还授民。② (pp. 23 – 32)

到了东周后,天子建国全然落空,实际的封建运行,是各路诸侯在其领土内分封卿大夫——变为诸侯建国,天子的封建权力下移至诸侯。(p. 33)完整意义上的封建开始坍塌,剩余的封建制逐渐沦为与“郡县制”并行不悖的,诸侯国王对其治地内各个地域性的组织单元的权力控制与运作机制;而新起的诸侯皆以实力立国,除考虑宗法血缘外,愈来愈普遍地实行论功行赏式的分封。到了战国时期,各国普遍性地推行赐爵食邑制;和西周的采邑性质完全不同,它具有以下特点:

> 第一,封君在封地仅有“食邑”权而无治民权;第二,封君并非封邑土地的所有者,只收取“衣食租税”,民户已是国家的编户齐民,而不是食邑主的臣属;第三承袭西周以来的封地世袭传统,但世袭性大大下降,战国中后期封君传三代者已经很少见。(p. 34)

秦汉以降在郡县制大格局下的封爵建藩,保存了战国赐爵食邑制的这些非封建性特点,成为后世帝王安置王室其他成员和有功臣属的办法。秦汉以后,以郡县制为基础的官僚政治取代封建贵族政治已成不可阻挡的历史趋势。③ 但是在

---

① 参见瞿同祖:《中国封建社会》,上海人民出版社 2003 年版,第 11 页。

② 有关西周版完整的封建制度在社会各层面的表现,还可参见上引瞿氏著述。

③ 参见《史记·秦始皇本纪》《史记·李斯列传》。

秦朝统一之前,封建崩溃的过程也是逐渐而不是突然的。在春秋战国时代,尽管它的有些方面已经呈现出衰败迹象,不过社会组织仍以封建制度为中心;只有到秦完全统一天下,推翻一切旧有制度时,封建社会才彻底结束。[①] 也就是说,无论怎样称呼秦朝以后各朝代的政治和社会制度,都不能再以封建制命名之。

封建作为一种正式有效的制度,在历史的舞台上的使命业已完结,但是作为一种历史存在,仍会对后人产生久远深刻的巨大影响,尤其是在思想和信念上;作为一种制度残余,嗣后朝代的帝王君主会将之作为安国安民的权宜之计而暂时推行,在社会动乱、地方势力尾大不掉之时,也会令人联想到封建制,因此需要讨论这几个方面的因素。

(三)作为与"郡县制"并列的"封建制"

春秋战国时初设郡县,以后封建制与郡县制长期交叉并行,为对偶之制,被历代后人并列评议,以较优劣与短长——两制哪个有利于长治久安,何者为"公",何者为"私"。

开国时秦朝君臣有议论,始皇帝采纳郡县制治国;汉高祖时代也有疑义,高祖听从张良建议,未行封建制,但为了联合多方力量打败项羽,高祖又连连分封了"异姓七国";汉朝立国后,刘邦又费尽心思或灭或削或夺或替换为同姓王;但同姓王同样会形成尾大不掉的诸侯割据局面,贾谊和晁错极力主张裁抑封建的政见,被后世视为政论典范。魏晋南北朝为封建制辩护之议论渐起,但在实践中,曹魏大体袭秦制,采虚封而非实封;至西晋,司马氏将曹魏迅速灭亡归因于其无封建屏障,遂在国内广封王侯;曹元首之《六代论》、陆士衡之《五等论》成为主张恢复古封建的名文,流传久远。

至唐代,因见证了太过长久的分裂乱世之象,唐帝王在中央集权与地方分权上徘徊不定,故唐成为讨论封建制优劣的极盛时期:唐太宗欲复古,群臣劝阻,礼部侍郎李百药、中书侍郎颜师古大体倾向抑制封建,主张虚封而非实封;至中唐,平定安史之乱,郭子仪居功厥伟,唐肃宗与德宗对其也只是虚封。千古名篇柳宗元的《封建论》对周初的封建、秦置郡县之得失有精辟点评,打破了对三代崇信膜拜的士人心理,得出实行封建并非圣人意,乃时势所致的结论,彻底解决了郡县取代封建的正当性问题,苏东坡言柳论"虽圣人复起亦不能易",因为柳的立论乃万世法也。宋代以降的封建论呈多元走向,但大体不超出柳论高度。

明清更新换代之际,也有思想家对封建进行论断,其中尤以王夫之等人的论述最见功力,且能够比肩甚至于超过柳论:柳论只将三代时行封建制度看作时势

---

① 参见瞿同祖:《中国封建社会》,上海人民出版社2003年版,第12页。

的造化,而王则通过此势去探寻其后隐匿的理(理者,“势”之顺而已矣);同时,还从公与私的角度再及封建议题,得出了可与黑格尔的“最大的‘罪孽’反而最有益于人类”相比对的哲思警句(“天假其私以行其大公”),由“势”起之于“理”,再由“理”而终归于“天”,王的思考高度非柳所能比拟。另一哲人黄宗羲则努力从实用之原理出发,探求封建制度中可供用来弥补两千多年来的郡县制所带来的专制集权之弊端,并以比较公允之态,平实地议论郡县与封建的优长短劣。顾炎武也从类似角度对此问题作了学术与政治上的探讨,提出封建制可以于中央和地方之间形成分权,以“寓封建之意于郡县之中”的构想,并对此建议十分看好。

清末民初有关封建的新论则主要与地方自治和联省自治论的证成与用力推行有关,实际上是顾氏构想的民国版,其要旨在分权,主张封建与郡县二者并用。清同治以降,地方大员如曾国藩、左宗棠、李鸿章等手握相当多的军、财、政、文等原本由中央专行的大权,形成地方行政大权日重的权力格局,于是就有人大力鼓吹封建制重施之可行,以复封建而救亡。至辛亥革命前后,联省自治的论说也开始传播,论者为证成自己积极改良之主张,大量摘取封建制度的好处及其正面价值。

上述多种立论大都从政治视角入手,以郡县与封建比较为基准,其目的都是在对中国几千年的国家治理结构和机制进行体制性总结与反思,其着力点有较大的现实紧迫性,因而实用与功利色彩较强,是对中国历代治国经验与教训集大成式的汇聚。与这种汇聚相呼应的则有历史学人费心费力所编撰的巨量文献面世,关于封建最为系统、翔实的记述,见之于典章制度的渊薮——《文献通考》里的《封建考》以及还有与此通考相续的《续文献通考》、《皇朝文献通考》和《皇朝续文献通考》中的《封建考》。这四种文献,将历史上各个时期各种形式的封建及论述予以全部汇编,区分了封建的广义与狭义,并加以点评,在体例上有很多创新。吕思勉先生则综合广义与狭义,总结出封建的核心内涵:

> 封建者,一统之反也。[①]

值得注意的是,清代学者袁枚认定封建对学术的发展极为有利。他指出,因在中国境内存在多元且互不隶属的政治实体,且每个实体的发展水平都不一样,因此各类人才得有生存与发展的文化、思想、政治空间,诸种学说方能拓展其生存天地。袁认定孔孟其人及思想不可能在思想一统、海内归一的郡县结构和科举制

① 参见吕思勉:《中国制度史》,上海世纪出版集团2002年版,第351页。

中生发、抒怀,其学说的光大弘扬,亦得益于晚周列国并立的封建格局;不但是孔孟,就是先秦诸子也只可能在同样的环境中诞生传扬。这番见识、格调气度自成一体,独立于前述诸多名家大儒的论断。

总结此部分的资料汇引可知,无论是秦汉、魏晋、唐宋还是明清,诸先人议论封建,虽然切入点不同,旨意也有差异,但都是在使用"封建"之"封土建国""封爵建藩"的本义及其引申义——分权的基础上表达其思想或主张,也即目的虽有千差万别,但方式都保持高度一致,做到了"封建"其"名"与"实"的贯通相融。尽管自秦以后,"封"或"建"之义都发生了程度不同的变异,封建制成为郡县制的辅助性偏师,两者都在专制君主中央集权统治的总框架之下(p. 94),但在这种必然的变异过程中,"封建"一词的本义则始终如一,或者说至少没有过实质性的变更。

放眼世界,封建与封建社会已成为世界性的语汇,在中国睁眼看世界和外国人不远万里来中国近距离观察体验中国的过程中,中外"封建"其语其义发生了古今中外的对接与互证互验。为进一步考证"封建"语义在近世中国的流变,有必要探索此过程。

二、"封建"一词的中外语义对接

"封建"语义的中外对接发生在两个地方,由三或四拨人共同完成:两个地方是指中国和日本;三或四拨人是指生在中国且活动范围亦在中国的汉语知识分子,生于中国但活动地点主要(指与封建知识传播与考察归纳有关的行为)是在日本境内的中国人,生在日本且活动范围也在日本而从中国和西方译介中西封建体系的日本人,生在日本但求学海外(不包括中国)的日本人,生在本国但到日本和中国求学、考察、实地体验生活的西方人。因此有必要进行分类述评。

(一)日本境内的中日外(泛指西方)"封建"文义对接

两千年来,日本即是汉字文化圈子中的一员,自古以来就从中国语境中吸收了大量的中国文化。日本通过《左传》《史记》、柳宗元之《封建论》等典籍,接受了"封建"一词及语义,并在接受中原王朝对日本"封藩",日本受封的实践中,也深深体会到了封建的含义,在把握"封土建藩"的根底基础上,加深了对"封建"的认识。因此,中国意义的封建首先在日本生根并成为了其自身思想体系的组成部分。(p. 95)

在世界上较早将汉语中的"封建"对译为英语中的"Feudalism",且具有汉学功底的是日本哲学家西周。其于1870年完成了这种对译,该对译不仅将汉字文化圈子的封建与英语文化(或者说西方文化圈)的封建意义进行了很好的对接,也开了汉语文化中用“封建”来描述一个社会某个历史时期整体特征的先河。①(pp. 124,135)日本自古代至近代有关封建的论述中,也是坚守其含义的贯通性,保持着与整个汉字文化圈的历史联系。而且在日本的近代化过程中,日本一些出国留学考察的先贤,以及从西方进入日本实地观察日本社会的学者,均不约而同地发现日欧中古社会的共相,这种共相正可以用中国狭义的“封建”——中国西周时代的封建结构——制度来表述。这也许可以用来解释为什么日本仿效欧洲模式的近代化过程比较顺利的原因——日本的前近代形态与西欧类似。

来华的西方人则是汉字文化圈中最早将封建用来比拟欧美政制,从而使中文“封建”具有普世意义的群体,除此之外,还有最初开眼看世界的中国人;前者如长期定居在香港的英国人李雅各,他将《周易》译为“Feudalruler”,后者如林则徐、魏源、徐继畬等,他们先后翻译或组织人编写了《四州志》《海国图志》《瀛环志略》,这些书很快又被转译成日文传至日本,至19世纪90年代,“封建”在日本成为一个非常流行的新名词,它是这一汉字词古典义与西方“Feudalism”词义相通的产物。

中国人较早称日本前近代社会为“封建”,并介绍了明治维新废除封建举措的,是清朝驻日本外交官黄遵宪的诗文。当然,在黄氏之前,1872年8月在中国出版的《中西见闻录》(由传教士丁韪良主办)第2号《各国近事·日本近事》在介绍日本队政制中提到:“初,日本国俗世服周制,疆域土地,皆封建诸侯,君则深居九重,端拱无为。”该文还论及了日本明治维新初期废封建、立大一统之君的举措,此为最早介绍明治维新的中文文献,黄的诗文就是以此为基础展开的。

黄遵宪是中国深入系统考察介绍日本,尤其是明治维新的第一人。他以中国驻日使馆参赞身份在日本待了四年多,留下了两本极有学术价值的书籍,一本是史志体的《日本国志》,一本是记录日本政事与民情的《日本杂事诗》。在杂事诗中,他多次提到了日本国政体在封建与郡县之间来回摇摆之情形,在对诗文进行自注时,他以非常精辟老到简练的语言回顾并评议了所涉的日本国史,用语虽古雅,但表达的理念却十分先进,对日本从古代到近代政治体制的变迁梳理得极其清楚:日本古代由封建变郡县,中世又由郡县恢复到封建,明治维新参酌中国秦以下的郡县制、欧洲各国近代政制,建立起以太政官为主官的中央集权政治体制。这里所用的“封建”和“封建制”等,既是对日本当时流行的新名之采取,也是对汉

① 英文“feudalism”一字来源于德文“fehu-od”,英文和法文“fief”也由此而来,原指牲口财产,后指地产,强调土地享有权及其所附属的权利义务,而西方封建之词意都来自拉丁文“feudum”,其意思是封地,这一名称自17世纪初期才开始使用。

语旧名的沿袭。(pp. 188 – 189)在《日本国志》中,黄遵宪也提到了封建,用语与体例与诗文并无大的分别,在两处文著中,他未对“封建”进行定义,但考其语境,“封建”之古义与近义、中义与西义贯通无阻,由此,黄遵宪成为清末民初开眼看世界的士人使用新名“封建”的先驱者;戊戌变法前夕,中国报刊常称日本明治维新是“废封建”,此种新的“封建”用例,与黄有着莫大关系。

黄遵宪在日本的体验与考察的成果出版于中国,因此还需要考据中国境内的封建用语及意义的中外对接。

(二)中国境内的封建语义中外对接

中国人较为自觉地用“封建”来表述历史时代的新名,开端于黄遵宪的友人梁启超。梁先生在《论君政民政相嬗之理》一文中,仿公羊传“三世说”,将历史分为“多君为政之世”、“一君为政之世”和“民为政之世”三阶段,这种划分显然参酌了西方史学的古代“多头政治”、中世“君主政治”、近代“民主政治”的三段区隔。梁还将“多君为政之世”细分为“酋长之世”和“封建及世卿世禄之世”:前者即为氏族制时代,后者即是实行分封制、世卿世禄制的封建时代。对此他解说道:

> 封建者,天子与诸侯俱据土而治,……诸侯与天子同有无限之权,故谓之多君。

梁启超以“多君”释“封建”,点化出了封建的古义精髓,又明确地将“封建及世卿世禄之世”视作一个历史时代,其上接氏族时代——酋长之世,下联专制帝制时代——一君为政之世。这种对比中西,以西究中的探理方式,将中国封建中之真味显露了出来。(p. 192)

梁先生还在该文中对中、日、西方封建制的变迁进行了比较,指出“封建世卿”难以退出政治的历史舞台,这表明梁先生已将“封建”看成是一种世界性的历史现象。在后来流亡日本的时期,梁先生继续著文,依然在“分封”“分权”的古义上使用着“封建”,并参考日译西方历史分期的专有名词,采用了“封建时代”“封建社会”“封建制度”的表述。在《论中国与欧洲国体之异同》一文里,他把中国周代国体与古希腊国体相类比,又将“封建时代”与“贵族政治”当作近义之语并列使用,明确地在该文中将秦及以后的两千余年排除在“封建时代”之外,指出秦立国后行郡县制,即已结束了狭义的封建制;而此后封爵建藩虽持续不辍,但始终都未形成列国并峙的封建局面。梁先生将“封建时代”的特征归纳为“贵族统治、列国并立、阶级之风”,兼合封建古典义和西洋义。至于“秦汉至今日”,梁则名为“统一之时代”,认定此为中国国体与西洋国体大异之一事,又称秦以后为“无贵族之国,其民可谓无阶级之民",此为中国国体与西方国体相异之又一事。这些论述表明梁先生既采来自西方的术语,又能区分中西之迥然不同,而不以西方史学完全套用中国史。

在《中国史序论》中,梁先生参照西方划分世界史的模式——上世史、中世史、近世史,将中国史分为上世史(自黄帝以迄秦之一统,是为中国之中国)、中世史(自秦统一后至清代乾隆末年,是为亚洲之中国)和近世史(自乾隆末年至今日,是为世界之中国)。梁先生把中国中世史命名为"君主专制政体之全盛时代",而决不定其为"封建时代"。在《中国专制政治进化史论》第二章中,他以"封建制度之渐革"为题,言"封建何自起,起于周。封建云者,以其既得之土地而分与其人之谓也。而至秦置郡县,封建为之一扫",此语显然是从"封土建国"之义来谈"封建制度"的。在附论"中国封建之制与欧洲日本比较"中,他提出了一个至今尚无定论但仍极有必要深入探讨的重大理论问题:

> 封建之运,东西所同也。中国有之,日本有之,欧洲亦有之。然欧洲、日本封建灭而民权兴,中国封建灭而君权强,何也?欧洲有市府而中无有也。日本有士族而中国无有也。

他认识到中国、欧洲和日本都有过土地人口分封的时代,但在此时代里,欧洲孕育出了日后新社会的决定性力量——市民社会和市民政权,日本则有士族阶层,这两者在梁先生看来中国都无,这便是他对自问的解答。尽管对他的解读可以有不同看法,但必须肯定的是梁先生实现了中—西—日史学术语的通约,既显示了作者对三地的封建历史演进的深邃思考,也表现了一种史学家洞悉史实的高超识见。

他在评价日本明治维新的"反封建"及其艰巨性时,将维新之前800年的社会定义为封建社会。这可能是中国人首次使用这个词,在这里它既是对日本中世及近世的社会结构和性质的描述,也是对封建一词古典内涵与外延的延伸,同时还是对日制新名的采用。第一次世界大战结束,梁先生到欧洲游历,《欧游心影录》一书就是此游历的成果,他在其中谈到了欧洲文明的三大来源,其中之一就是封建制度。在这里梁先生对封建制度所作的界定,既吸取了西欧史学界观点,又与"封建"古义保持意源上的紧密联系。

笔者费如许笔墨来引介梁先生有关封建的论述,除了预定的主题需要外,还有一个欲通过介绍过程,来顺便得到论证的想法,那就是,无论是西方封建的古义,还是中国封建的古义,几乎完全同义,或者说有一个世界性的封建古义存在,①而且这种世界性并不是经由对话与交流、先进向后进传授的方式产生的,而是一个各自独立无意识探索所取得的(尽管西方封建社会产生的起始期,远远晚于中国封建社会的形成期),这种相似或相同性存在背后的机理值得注意。

相比于梁先生活跃的中外穿行与活泼的创作,严复先生的作品可能就没有梁先生那么被人津津乐道,但这并不意味着严先生的成就远远不如梁先生,至少在有关"封建"的学识与见识上,二者同样令人信服。首先严先生是第一个将英文"Feudalism"译成"封建"的中国学者,尽管比日本学者西周同样的举动晚了近30年,但必须指出的是,严先生不是从日本语里转译而是直接从英文独立翻译的。此举除了能表明在日中学者看来两个不同语言的内涵具有高度的相似性外,还可表明中日学人丰富的中西文化通识以及对他国历史的准确把握。在1897~1900年翻译《原富论》时,严先生曾经将英文此词音译为"拂特之俗"(当然加一"俗"字表明严先生其实并不完全是音译)。在1902年的另一英译书中,严先生开始有意识把此英文名词意译为"封建之制"或有时音意混译为"拂特封建",他在此书的译序中对封建社会的两个特征作出界定:一个是它是古代宗法社会与国家社会的中间阶段,一个是说封建社会是定居农耕文明的社会;而国家社会实际上就是指统一的中央集权国家——严先生译为"霸朝",这是颇富世界史通识的见解。严认为中国宗法社会自三代迄今,以秦为转折,前为封建制,后为君主专制;郑观应、谭嗣同等知名人士也持同样观点。

与梁、严二先生不同,章太炎先生在谈及封建时承袭的是顾炎武论述封建价值着重于分治的看法。在《藩镇论》中,他将批评封建制导致藩地方割据的言论斥之为"孤秦陋宋",原因是他痛恶专制君主集权,向往宪政,并寄望藩镇(实指清末执掌地方大权的督抚)在君主专制向宪政转变过程中发挥积极作用。在评述前人有关封建之议论时,他认为在需要全民抵御外侮时,封建制可能要好于郡县制(后来因对地方督抚失望,他收回了此种看法),另外,章先生虽也是从"封建"古义讨论中外封建制,但他并不认同用中文之"封建"去对译西方之封建词语。对严先生依照西方历史分期之法来划分中国历史的做法,章先生是持批评态度的。后来随着思想的发展,他用封建之义来比附西欧代议制的贵族院,这种借议古来评今的做法反映了章对当时现实的不满和关注,他还敏锐地注意到中国"去封建远",而日本离"封建近",这是两国政制近代化不同基点的重要之处。

① 这里的世界性并不是说要现存所有的国家或当时每个人居地区都得有才能构成世界性,而是指只要在世界上不只一个地方出现或存在过,那么就可以说它们具有世界性。

如果说前面三位先生大家关注封建问题的中外比较的重点可能在于通过学术来影响社会和他人,改造社会的目标具有间接性,那么孙中山先生对封建的论述则完全基于政治革命的需要,因此他的言语充满了政治色彩,但同样有真知灼见蕴在其中。

一方面,他融通中西之学,对封建的内涵与外延有准确的把握;另一方面他力倡的民权主义就是专门针对君主专制政体的。作为革命家,他一生提出了许多口号,但从来没有提过"反封建",即使是在五四运动批判"封建"之际,孙先生也没有苟同过"反封建"的提法;直到晚年,他也是在严格遵循封建的古义基础上,使用封建一词,并在此义品评比较中西历史。甚至在和苏联"十月革命"相比较,认定中国革命非学俄国不可时,也没有对来自苏联的所有关于中国社会的提法全盘接受。1922 年以降,苏联和共产国际关于现实中国是"一个半殖民地、半封建社会"的论调传入中国,但孙中山先生只采纳前者(孙本人的提法是"次殖民地"),1924 年国民党一大宣言取"半殖民地",而抵制"半封建"说。因为孙中山先生认为封建制在中国已结束了两千多年。他终生未提"反封建"。观察孙中山先生对封建的认识,有两大特点,一个会通中西,一个是首尾一致,限于篇幅不再展开。(p.203)

(三)小结:语义对接的意义与古人的追求趋同,袁枚的论道至为深远

在本质上,近代中日先进知识分子立足于本国本族,放眼世界其他先进地区的社会状况,而回顾本国历史的价值追求与理论要旨,与历朝历代的先贤总结前代及本代的治理国家和社会的经验与教训所欲达成的目标并无两样。也就是说,近代社会这一拨先进人士所持有的立场,与柳宗元等古人立足于时势来论断郡县制与封建制的优劣,完全相同。唯一不同的是,近代人士所依赖的材料更多更好,凭借的参考系,除了自身历史外,还有别国别族成功和失败——当然主要是成功经验——实例。之所以要比较中外古今的封建含义,原因在于国家与民族面临着外来的竞争与压迫,这压力是如此巨大,以致在放眼看世界的国人心里与亡国灭种相当,功利与实用的哲学底蕴虽然是其深沉的栋梁支撑,但生存是首要前提也是人类社会共有的法则。他们这样做的时候,可能有两个预设前提,一个是能否在本国现有的政制基础上,开发出与先进国家相同或类似的制度系统;一个是如果无法实现前者,那么在本国本族的历史上是否曾经有过与先进国家相同或类似的现有制度,如果有,就可以在此基础上重新出发。如果这两项都没有,那么通过比较性的深入研究,在找出本国本族中与先进国家现有制度完全相抵触的制度与观念后,我们可以把它剔除再重新出发,向先进国家看齐。笔者认为,这是绝大多数近代努力人士的奋斗目标。中国已与当时世界上至为发达的国家与民族有了至为痛肤剐身的交往与接触,其结论就是如果既不能打败它,也不能抵抗它,那么就加入它。因此,我们自觉地将现有社会与历史作为观察对象,以他者的眼光,自我目标实现之追求来反省之,并带着自身的问题去观察体味先进的他者——中外古今"封建"语义的现实对接就在于反思与融通,寻找应对之策。

就学术的理论高度而言,除了增进了知识的存量,相对地拓宽了认识路径,推动了中外学术交流等以外,近代"封建"语义中外古今现实对接并没有实质性地推进学术的进步——从古人的著述里依然能找见其理论性的学识与见解,只不过他们所用的材料,所要解决的具体问题不同而已。

但是袁枚议论封建制与郡县制的视角和思想的光辉,在评断"封建"语义中外学者的著述中,依然具有独特不可替代的学术价值,甚至成为所有学术自身存在的价值底蕴与发展动力。以其学论为基础,稍稍往前一步,就可推出西方社会发达的基础和价值预设:控制权力,思想不受禁锢且多元开放,言论自由。思想领域需要多元化存在,必须得有竞争;其前提可能就是政治领域也不能单一化,也得存在政治多元化,形成政治竞争;如若这样,言论自由、思想多元才可能成为一个有活力的社会正常自觉发展的习惯。当诸多竞争性的政治实体组合成一个国家整体时,其长期生活在竞争性的社会里——尤其是政治权力尊重这种多元化——的国民,自然就会全体不约而同地坚守原有传统——为捍卫自己的权利,在不同政治下的地缘实体中寻找自由与生活;只不过在国家整体之下,这种传统开始无缝对接于人民对国家权力的控制与自身基本权力的保有上,换一种说法,就是在一国之内,为保有对人民极其有益的非国家社会所形成的传统,国家和人民开始严肃思考、设计、实践下列议题并时刻自觉反省其实际效果:应该限制国家哪些权力,政府对其人民该负有哪些法定义务——依宪法治国之理念不是呼之欲出吗?

对近世哲人与革命者来说,回思中国历史上的封建,借鉴考察西方与日本封建的体制优劣等这些学术性的工作并不是其目标,运用有根基的理论与学说改造眼前的社会才是其全部学术活动的追求。要改造现有社会就必须认清其性状与特征,封建与现有社会的关联就是在这样的预定逻辑中显现出来的。但在这种关联的建立与显示中,也呈现出两种不同的态势:一种是纯粹的学者或学术活动;另一种是借学术立论来达到政治目标。其中,前者坚持封建一贯的语境,后者则开始超脱甚至反用其本来的意义——这其中同样有高水平不同动机的学者积极参与,于是乎一场空前的泛化——也可称为扩大化封建、滥用封建的潮流或运动开始了,这种泛化由陈独秀领首。

三、现代语境下的封建泛化——封建"名"与"实"相背离之全景

严复以汉语旧词对译英文语词"Feudalism",兼容该词的古汉语义与英词的

西义，使“封建”一词一跃成为古今融会、中西通约的新名，后之译者多沿袭不改，如陈望道所译的《共产党宣言》中的封建用语都采用了严先生对“封建”的界定，但自“五四”运动后，此词渐被滥用，与严译的内涵、外延均相去甚远。（p. 199）本部分旨在追溯此泛化与反泛化、学术上的泛化与政治上的泛化等过程。

（一）陈独秀“泛封建”说简介

在“五四”新文化运动期间，“封建”的含义发生了下列微妙而深刻的变化：从一古史概念，演变为“前近代”的同义词，成为与近代文明相对立的陈腐、落后、反动的制度与思想的代名词——将“封建”与中国落后属性紧密相联，首见于陈独秀的言论。（p. 209）

陈独秀最早抨击封建的正式言论刊登在《青年杂志》第一卷第一号，因尤其重要，笔者全文抄录如下：（p. 209）

> 举凡残民害理之妖言，率能征之故训，而不可谓诬，谬种流传，岂自今始！固有之伦理、法律、学术、礼俗，无一非封建制度之遗，持较皙种之所为，以并世之人，而思想差迟，几及千载；尊重廿十四朝之历史性，而不作改进之图；则驱吾民于二十世纪之世界之外，纳之奴隶牛马黑暗沟中而已，复何说哉！

除了把中国当时各种陈腐落后的现象归结于封建制度及遗留之外，他还将封建制与君主专制视作同一，并把宗法制也并入封建制，认定宗法与封建都贯穿于中国全部古史，一起延及当下。将封建时代与君主专制时代作为同义语相提并论，这是前无古人的提法，此外，他还认定现实中国已为“封建”所全面笼罩：（pp. 211 – 212）

> 封建时代之道德、宗教、风俗、习惯，仍复遗僵影，呈其余势，善恶是非之辨，遂纷不可理。

不仅如此，他还把尊祀孔子视为封建主义支配一切精神领域的明证。（p. 212）至此陈独秀的泛封建包括：在时段上，共和（约相当于资本主义）时期之前全部为封建时期；在要素上，一切现有可见或不可见但能感觉到的陈腐与落后、丑恶等不好的东西都是封建制度所赐；在结构上，封建制与宗法制、君主专制集权、历代对孔子的尊崇都是封建时代的荼毒。

陈独秀的泛封建说还开创了普及后世的系列泛封建短语：封建专制社会、封建地主阶级、封建专制帝王、封建专制皇权、封建官僚、封建军阀、封建把头、封建文人、封建意识、封建迷信、封建残余、封建礼教、封建包办婚姻、封建脑筋等。由陈独秀开始,流行于20世纪大半个世纪的贬义词集群公式"封建X"就这样创立,甚至到20世纪六七十年代还有"封资修"的说法,成为被打倒的对象。

需要指出的是,陈独秀当时的泛封建化论述尚属个别之论,仍未颠覆有关"封建"的主流认识。(p.233)在政治层面对中国社会现实进行评估并将中国社会界定为半封建性质的是列宁、斯大林和共产国际的论点和提法,与陈独秀无关。但是需要明晰的是,陈独秀泛封建的社会舆论还是强有力地影响了一代伟人毛泽东,他在《新民主主义论》里将"五四运动"定位为反封建的运动,此文被视为是对"五四运动"的经典评析,显然这是受了陈独秀的立论引导。有趣的是,当半封建的语词被写进党的六大文件中时,陈独秀则旗帜鲜明地写信表示反对,他认为现实中国是资本主义社会,否认"中国现在还是封建社会和封建势力的统治"。

(二)政治上的泛封建化——革命派描述现实中国的关键词

真正对近现代中国人的封建观起到大作用的,是来自苏联和共产国际的理论与词汇,而其核心观念则是由列宁首创。

"半封建"最先由列宁偶尔用来指称俄国当时的社会形态,如1915年《社会主义与战争》一文就曾用到。列宁首先是把马恩论述欧洲封建的词汇进行内涵置换使其能够容纳俄国当时的封建社会状态——取欧洲封建之名,充俄国封建之实,封建泛化(相对于马恩语境中的封建理念的扩大)就此形成。他还把东方国家以地租剥削为主要形态的君主专制也纳入封建主义,并将这种泛封建观上升为普世性范式,用以分析亚洲社会。具体而言,针对中国的封建性质的议论是由列宁于1912年7月15日刊发的《中国的民主主义与民粹主义》一文确定的:

> 中国这个落后的、农业的半封建国家的客观条件,在将近五亿人民的生活日程上,只提出了这种压迫和这种剥削的一定的历史独特形式——封建制度。农业生活方式和自然经济占统治地位是封建制度的基础;以这种或那种方式把农民束缚在土地上,这是他们受封建剥削的根源;这种剥削的政治代表就是封建主,以皇帝为整个首脑的封建主整体和单个的封建主。是什么经济的必要性使得最先进的资产阶级民主主义土地纲领,能够在亚洲一个最落后的国家中得到推行呢?是把各种表现的封建主义摧毁的必要性。(p.238)

正是这篇文章奠定了泛化封建的理论基础,以后的斯大林的封建论及《联共党史教程》中五种社会形态说关于封建社会的诠释均来源于此文。毛泽东于1939年发表的《中国革命与中国共产党》中有关古代的封建社会的名论,也能见到列宁此说的影子。列宁此说分两种途径传入中国,一种是学术性引介,如朱新繁于1931年2月的引述,一种是通过共产国际正式文件于1923年进入中国。(pp. 239 – 241)

前文已提到过孙中山在与苏共合作时,接受了对方关于中国是半殖民地的见解,但始终未接受半封建说,但中国共产党就与之不同。中共方面使用半封建说始于1922年,其首先是受到了陈独秀封建泛化论的影响,其后则是受到列宁说的教诲,在中共二大纲领中提出了反封建,但此时封建用语之义仍在汉语古义的外延之内。(p. 242)

瞿秋白在党内是较早泛用封建含义的人。他在1920年采访苏联时所写的《俄乡纪行》中就用到了陈氏封建泛指来形容苏俄的封建社会;1923年,他连续在《新青年季刊》上撰文提到封建,此时受列宁说的影响较大——他是代表着当时的中共在表达着党对中国现实社会的认识;但直至1927年中共对中国现状的认识尚未定型。瞿秋白是中共六大(在莫斯科召开)文件起草者并在六大中代表党中央作政治报告,在该次会议上通过的政治决议案中有如下论调:现在中国的地位是半殖民地;现在中国的经济制度的确应当规定为半封建制度;中国革命是资产阶级民主革命,反帝反封建是现时革命的根本任务。同时通过的土地决议案中也有类似表述,如“现在农村的社会经济制度,完全受过去的封建制度之余毒束缚着”等。中国封建制度的历史发展的特殊情形和欧洲封建制度有许多差异:中国以前的国家封建制度——所谓国有土地,与地主土地私有制同时并存,这两种制度相互斗争。然而根本的事实并不因此而变更,这个根本事实就是现在的中国经济政治制度的确应该规定为半封建制度。(pp. 246 – 247)

从此以后,两个“半”的提法,正式形诸中共中央文件,并成为定势,自此不辍。

在党内,毛泽东在中央形成此决议时和前,并未频繁使用被泛化的封建观,毛泽东比陈和瞿二位使用此词晚了若干年,但是一旦毛泽东介入其中,由此产生的能量与影响则远非陈瞿二位书生型领导人所能比拟。1926年1月,毛泽东在著文中首次用“封建”来标示现实中国的反动势力,并将其与“宗法”并联使用。1927年,毛泽东开始频繁使用此词,并以其为基轴,创造了“封建的剥削制度”、“封建的统治阶级”、“封建地主特权”、“封建势力”以及“宗法封建性的土豪劣绅”等一批极有理论色彩和概括力的短语,用来指称中国现存的反动制度、反动势力,这与瞿氏用此词所表现出的“封建”泛化语意完全一致,不过有关封建制度和封建社会等词还没有成为定型的被详加阐述的历史学与社会学术语。

1928年10月,毛泽东在《中国红色政权为什么能够存在》一文中,从政治割据的角度论述由共产党领导的小块根据地能够存在的五个条件,其中之一就是封建的地方性农业经济。这里的封建依然使用的是古汉语的语义,并未受当时党内文件泛化的封建影响。只有到延安时期,毛泽东对封建的论述开始深入并最终定型。在《论持久战》中,出现了“半封建”;《辩证唯物论讲授提纲》中有“半封建制度、封建地主阶级”等提法;《五四运动》中有“中国反帝反封建的资产阶级民主革命”的完整表述等。后文的阐述表明了毛泽东支持中国社会史论战中“新思潮派”的封建观和历史分期观,不过未作详尽阐释。

毛泽东的封建观的系统表述集中于他两篇极重要的文章中——《中国革命与中国共产党》(1939年)、《新民主主义论》(1940年)。就第一篇文章而言,中共中央文献编辑委员会于1986年10月编《毛泽东著作选读》时作了背景性说明:该文是于1939年冬天由毛主席和其他几个在延安的同志合作写作的一个课本,第一章中国社会由其他同志起草,经过毛泽东的修改;第二章中国革命由毛泽东自己动笔。虽然对于这些同志是哪些人未作说明,但是根据冯天瑜先生的考证大概是如下几位:王学文、何干之、艾思奇,可能还有范文澜等人。即便是由别人所写,但经过毛的修改,后来出版多次也未见改动,这应该也可以表明毛主席本人的观点。第一章的下列文字对封建社会进行了奠基式的解说:

> 中国自从脱离奴隶制度进入封建制度以来,就长期地停顿下来。这个封建制度,自周秦以后一直延续了三千多年……三千多年来的中国社会是一个封建社会。中国封建时代的政治制度与经济制度是由以下各个特点组成的:自给自足的自然经济占主要地位……封建的统治阶级——地主、贵族,以至皇帝,他们拥有最大部分的土地,而在农民则有很少土地,或完全没有土地……不但地主、贵族和皇室依靠剥削农民的地租生活,而且地主阶级的国家还强迫农民交纳贡税和从事无偿劳役,去养活一大群国家官吏及为了镇压农民之用的军队。保护这种封建剥削制度的权力机构,是地主阶级的封建国家。如果说周是诸侯割据称雄的封建国家,那么自秦始皇统一中国后,就建立了专制主义的中央集权的国家,同时,在某种程度上仍旧保留着封建割据的状态……封建社会的主要矛盾,是农民阶级与地主阶级的矛盾。(p.294)

自此周秦以来三千多年的社会“成为”了封建社会。在该书第二章中,毛泽东则将中共六大的政治决议予以全盘继承。在《新民主主义论》中,毛泽东在沿袭前文观点的同时,又将封建制推广覆盖至周秦至当时中国社会的各个层面,认定中国有封建的政治、封建的经济、封建的文化,又判定现代中国是封建制度占优势的社会。1945 年,毛泽东在中共七大闭幕式上作了名为《愚公移山》的演讲,其中有一段论述成为日后名扬天下、国人耳熟能详的警句:现在也有两座大山压在中国人民的头上,一座叫作帝国主义,一座叫作封建主义。以后还有官僚资本主义,共称“三座大山”,它们构成中国新民主主义革命所要摧毁的对象。正是从此时起,封建主义不仅是历史的遗迹,也是现实的存在,现代社会相当一部分腐朽落后反动的人与事,如果不能归结于外来的资本主义或资产阶级,那么就都归于封建主义之列,属于被打倒或改造的对象。(p. 297)

20 世纪中叶以来,泛化封建观在中国大陆成为主流历史理念。一方面,毛泽东关于封建的上述论断,成为 20 世纪 40 年代以后郭沫若等历史学家治史的依凭,郭氏的战国封建说也在此时定型。另一方面,各种文宣材料有关封建社会、封建制度、封建主义、封建时代的解释,也几乎全部引用毛主席在《中国革命和中国共产党》的那段文字。如上海辞书出版社 1989 年版的《辞海》,其“封建制度”词条的解释就是如此。就覆盖面最广大的中学教材而论,从 20 世纪 50 年代至今,均沿袭泛化封建观,以至于在笔者本文开首引用的 5 本《中国法制史》教材也一样照“抄”不误。泛化的封建观就是这样在一代又一代莘莘学子间传递,进而广泛扩散,成为“帝王”之说。

周秦以下的中国历史被冠以封建社会之名还有一个不容忽视的因素,那就是受到了《联共(布)党史简明教程》的影响。延安整风期间,毛泽东要求每个参加者必须认真学习此书,20 世纪 40 年代到 50 年代中期,也即向苏联一边倒时,中国以此书作为干部与知识分子必读教材。此书中的“五种社会形态”(也即后来称为的“五朵金花”)的划分,有着巨大的影响力:史学大家如郭沫若、范文澜、吕振羽等在那一时期文必称此书,并以此五种形态全盘套用中国历史,这样秦汉至明清这一时段被认定为封建社会几成定论,即使以后与苏联闹翻,也相沿不改。

但是凡事总有些例外——依然有人在不变地坚持着“封建”的固有本义,即使是全民皆受泛化封建影响以致“成灾”的长时段里,这些人都在努力反对并加以修正之,尽管收效甚微或几乎没有,他们也不忌惮之而依然坚守。

(三)学术界的争鸣之一——中国社会性质认定的论战与对泛化封建的质疑

孙中山及其领导的政党,无论在学术还是在政治与革命的活动中,都没有提出过要反封建,这一点前文已论及。即使是在陈氏大提反封建,其五四时期的同仁也并未附和其专断,甚至是同样也反孔子的吴虞,也未提出半个非议封建的看法,不仅未提反而还坚守封建的本义,将其作为史迹,他的现实攻击目标是宗法社会、专制社会、家族制度和旧礼教,李大钊也与泛封建论保持距离。(pp. 224 - 226)

还是陈独秀,在20世纪20年代末,他公开反对斯大林及共产国际对中国社会性质的评断,他认为经过大革命,中国已基本完成了资产阶级民主革命,当时的中国已经进入资本主义稳定发展时期。为此陈独秀3次致信中央,对中国社会的性质、革命性质的看法作了申述,其中以1929年平8月25日发表的《关于中国革命问题致中共中央的公开信》最为系统。该信公开批评了中共六大决议对中国社会性质两个“半”的判断;随后他又与彭述之等81人联名发表了《我们的政治意见书》,尖锐批评现实中国封建说。陈独秀的公开信使论争从党内延及党外,引发中国社会性质论战。中共理论家李达批评陈独秀否认封建势力的存在,就是不愿意农民革命的反动理论。中国社会性质的论战与两个主题密切相关,一个是中国现在究竟是封建社会还是资本主义社会,一个是经过1927年失败以后的中国革命究竟是资产阶级革命还是无产阶级革命。为回答这两个问题,首先必须弄清中国现在已经走上了一个什么阶段。这就必须追溯历史,从而引发了对历史问题的讨论,出现了中国社会史争论问题。而在有关中国社会史的争论中,对封建的理解是一个关键性的议题。

在这场论战中,古典封建论中的代表人物陶希圣认为,中国的封建社会到春秋战国时期开始瓦解,因此秦汉以后的社会不能称为封建社会。泛化封建论的代表人物郭沫若则认为,以农业为基础的春秋以后直到近代的中国社会是封建社会(pp. 251 - 260),郭沫若对封建社会比较完整的论述可参见1945年出版的《十批判书》:

> 现代的封建社会是由奴隶社会蜕化出来的阶段。生产已经不再是奴隶,而是被解放了的农工。重要生产工具,以农业而言,便是土地已正式分割,归为私有,而有剥削者的地主阶层出现;在工商方面则是脱离了官家的豢养,而成立了行邦企业。建立在这阶层上面的国家是靠着地主和工商业者献纳的税收所维持着的。这是我们现代所说的封建社会。

郭沫若所作的封建定义既与传统的封建古义大相径庭,又与英语中的封建含义相处甚远,在郭沫若笔下,中国历史的宏大叙事发生了相应的巨大改变。(p. 262)该场争论的最终结果是,郭沫若所代表的泛化封建论占了上风。值得注意的是,郭沫若在论战中所用的方法是马克思主义的唯物史观及社会形态说——它大大地超出了中国传统治史只注重细节局部的考据,而是从宏观上把握整个社会发展进程,同时尊重王国维提倡并力行的"二重证据法",作出了突破前人的业绩。郭沫若研究中国古史的重要贡献在于,其不再把视野局限在王朝更迭及政治制度上,而着力于社会形态的辨析,纵目于由社会经济基础及其上层建筑共同的历史全体,试图运用唯物史观对中国史作贯通性解释。在这个意义上,封建不再指一种政体或一个事件,而被提升为以经济制度为基础的统览经济、政治、文化的一种社会形态,表述政制的旧名"封建"跃升为表述社会形态的新名"封建",这是旧史家所没有也不可能做到的。

除了陶希圣等人对郭氏学派泛封建论持反对观点外,在当时乃至当今对其提出非议的学者也不在少数,他们取得了决定性的胜利。据冯天瑜先生介绍,泛化封建的做法有两个致命硬伤:一个是它的社会形态论完全是基于社会形态共性论和历史单线进化论,而此两论都来自苏联和共产国际,过分迷信欧洲模式用之以剪裁中国历史;一个是它无法消除封建本义或与其断然断钩,尤其是当他们要竭力证明秦汉以后的中国社会也是封建社会时,这一难度更显突出。不仅如此,他们还不能直接从唯物史观的老祖宗——马克思那里寻找到理论支撑,因为泛化封建论与马克思的封建社会原论也大大地相悖:"他一定要把我关于西欧资本主义起源的历史概述彻底变成一般发展道路的历史哲学理论,认为一切民族,不管他们所处的历史环境如何,都注定要走这条道路——以便最后都达到在保证社会劳动生产力高度发展的同时又保证每个生产者个人最全面的发展的这样一种经济形态。但是我要请他原谅(他这样做,会给我过多的荣誉,同时也会给我过多的污辱)。"(这段话参见马克思《给"祖国纪事"编辑部的信》第 303 页)

更有一批中国学者始终不为泛化论所动,而是一直着眼于中国历史自身的发展规律,作历史分期,并将封建的古义与西义通约,以诠释新名"封建"——一种社会形态的命名词,代表人物有周谷城、王亚南、瞿同祖、钱穆、张荫麟、李剑农、梁漱溟等,他们之中反对尤烈的为王钱两位先生,除此之外,另一位大家胡适也加入其中,他在 1930 年 4 月撰文说:"自己是个孤陋寡闻的人,就不知道今日中国有些什么封建阶级和封建势力。我们研究这些高喊打倒封建势力的先生们的著作言论,也寻不着一个明了清楚的指示。"该文指出,"贫穷、愚昧、疾病、贪污、扰乱""五鬼闹中华"的说法,却未将封建列入其中,这是因为胡适认定封建制度早在两千年前已经崩坏了。胡适还批评周谷城当时发表的几篇文章中有关封建概念的用法前后不一、相互矛盾,当时有人对胡适执着于概念的精准辨析不以为然,胡适反驳道:这个问题并不是很简单的。一班浑人专爱用几个名词来变把戏,来欺骗

世人,这不是小事,故我忍不住要指出他们的荒谬。(pp. 346 - 349)

与前述诸大家不同的做法是梁漱溟先生以实证考察——而不是仅仅用文献资料和定义辨析——之方法来证明现时(指梁之当时)中国社会与封建相去甚远的观点。这种实证材料既有他自己的调查所得,也利用了社会学家李景汉的《定县社会调查概况》的成果。根据这些实证性材料,梁先生得出的结论是:中国早已于两千年前从封建制中解脱出来,走上了地主——自耕农经济,地产不再是政治特权,而仅作为一种财富的拥有,买卖悉听尊便,从而与土地赐与、领主经济的封建制度分道扬镳。至于秦汉以后政治上的"非封建性",梁先生认为更加显著:"中国社会在政治上之得解放于封建,较之经济上更为显明。中国之封建贵族,唯于周代见之……战国以后,自中央到地方,一切当政临民者都是官吏。官吏之所大不同于贵族者,已不再是为他自己而进行统治了。诚然享有统治之权位,但既非世袭,亦非终身,只不过居于一短时之代理人地位。"(pp. 350 - 352)

(四)学术界的争鸣之二——当代学人对泛化封建的质疑

尽管这些平实而富有见地的卓著论述,在当时的社会论战中不被人所重视,但对开启后世哲人重新认知封建有极大的先导意义,当代学人重议封建,就是在这样观点众多且相互抵触的知识背景下展开的。首先是当代海外学者都不认同泛化的封建论调;其次是在大陆,自20世纪50年代起就一直有人质疑这种观点,侯外庐、顾准、林志纯率先从封建语义的中外对接上展开攻击。侯先生认为,以中词对译英词"Feudalism"是中外词汇相混、语乱天下的始源,但为时已久以至于"约定俗成",所以倒不必在此来个正定名分,改易译法,他是在一种泛封建观的基础上认定中外语词对译有误的。顾先生则是在实质上论证封建制度与专制主义的全然不同:"封建关系,并不限于'授土'和'效忠'两者,也就是说并不限于骑士有权利和义务这两个方面。这种权利与义务还成为两方面都必须信守的契约,这不仅仅是受封者对授封者因其授土而负有义务……王侯超额索取,骑士可以反抗。这是英国大宪章的来历,也是英、法等国议会的实际起源。倘若上面对下面的权利是绝对的,不可反抗的,那就是绝对的君权,就是专制主义,就不是封建制度了。"

林先生则直接从翻译的角度批判了中外词语对接的严重错误:古籍上的"封建亲戚""封建兄弟"都是殖民建邦……不应也不可能翻译成中世的Feudalism的"封建"。"封建制度""封建社会""封建主义""封建时代"……之类的"封建",都是翻译误解造成而无法补救的恶果!什么时候能追根去查出这种错误的起源,是一个艰苦而应当做的工作,这对中国人说来是"历史学"的中毒!始作俑者在哪里？不知道！①

在同文中，林先生还指出，以“封建”误译中世英语词汇，不仅仅是中国学者所为，与西方人作汉译英时的失准也有关联，如前文中提到的长期定居在中国香港的英国人李雅各所作的翻译就是一例。1991年林先生还直陈，今后应复原其原说，不让西欧中世之“Feudalism”之词义强加于古典中国的“封建”。但同时他又无可奈何地说，因中国人误用已有百年，积重难返，传统的语言思想只好用此当初误会的译名来表达。

面对侯先生习惯于封建“约定俗成”的表达和林先生奈何不得的误用积弊，当今学人王子今并不苛同，他指出“这种约定俗成对老一辈学者自然不必苛求，相信许多现今正在从事史学研究的学者们也容易理解，但是对于刚刚或即将迈进史学领域的青年学子，我们怎样向他们表述‘封建’定义的内涵，怎样要求他们继续使用这样的概念呢？也许‘约定俗成’四字在未来不足以回答新生学人的质疑”。

在关注中外封建语义对接的同时，更有思想家开始在思想文化史的角度来审视今用封建的意义紊乱，李慎之先生和王元化先生是这方面的杰出代表。

李先生于1993年10月撰文，从保持中国人“中国性”的高度，言“封建”不可滥用：“时下所说的‘封建’以及由此而派生的‘封建反动、封建迷信、封建落后、封建顽固’等，并不合乎中国历史上封建之本义，也不合乎从‘feudal’‘feudalism’这样的西方文字翻译过来的‘封建主义’本义，也不合乎马克思、恩格斯所说的‘封建主义’的本义，它完全是中国近代政治中为宣传方便而无限扩大使用的一个政治术语。”李先生还讲：“这个错误是我这一代人所犯下的。但循名责实，正本清源寄望于后生。所幸的是青年一代史学家已经有人注意到了这个问题。两年多前，我收到了湖北大学冯天瑜教授寄给我的《中华文化史》，书中既已专列《中国“封建”制度辨析》一节，可以说已经开始了这一工程。”

1998年，李先生又就此撰文，在提及封建被滥用时他再次指出：“把中国自秦始皇起的社会制度称为封建主义是近几十年来才大行其道，在此以前的名家如陈寅恪、冯友兰等从来不用这个词。名实不符只能乱人视听。我虽然也写过几次短文，力言其非，但远不足以改变人们的观念。十多年前，我曾与一个研究中国历史的美国学者谈起过这一问题，他倒很同意我的看法，但是又感到没有一个可替代的词。后来我忽然说，就以最突出的标志命名，叫皇权主义如何，英文就叫

① 笔者感慨于林先生的感慨，更由衷体会冯天瑜先生为封建正名的艰辛与不易！他是在错误丛生的密林中开拓勘误和作出启蒙性工作，以为新学人留下学术的沧桑正道——他是在为中华文化重新实至名归至正途做着奠基性的开创工作！

'emperorism'以与世界上现在已经用熟了的帝国主义'imperialism'相区别。他倒觉得用此词可以。”

与李先生在政制上斟酌封建相比,王元化先生则较注重文化上的反思,尤其是对五四时期以来被普遍接受的既定观念和概念的反思,反封建就是他所认为的应该反思的对象。他认为,中国自秦始皇统一后,无论如何都不再是封建社会了,比较准确的说法是君主专制中央集权的大一统政体。(p. 393)

响应李王二位先生的反思的当代学人甚多,有的以随感形式发表,更多则以论文方式表达。时至世纪之交,讨论“封建”的论文还有:

马克垚:《关于封建社会一些新认识》,载《历史研究》1997年第1期;晁福林:《论封建》,载《社会科学战线》2000年第2期;黄敏兰:《近年来学术界对封建及封建社会问题的反思》,载《史学月刊》2002年第2期;赵利栋:《近代中国的封建与封建主义》,载《浙江社会科学》2003年第2期;李根蟠:《中国封建概念的演变与中国封建地主理论的形成》,载《历史研究》2005年第2期;冯天瑜:《史学术语封建误植考辨》,载《学术月刊》2005年第3期;何怀宏:《世袭社会及其解体中国历史上的春秋时代》三联书店1996年版。(p. 394)

在中国史编纂方面,也有一些重要论著对五种社会形态论和封建泛化论持保留态度,如白寿彝先生主编的22卷本《中国通史》就是这样处理的。他用上古时代、中古时代这种时序式表述的词汇来给中国史作分期。白先生给出了这么做的理由:“从历史发展顺序上看,上古时代约略为一般历史著作所说的奴隶社会,但在此社会中,奴隶制并非唯一的社会形态;中古时代是指以封建制生产方式占支配地位同时还有别的生产形式并存的时代。我们认为,这样表述中国史可能更妥当些。”(p. 395)

最具标志性的成果是1992年出版的《中国大百科全书·中国历史》。田余庆、戴逸、彭明三先生撰写了列于卷首的长条目“中国历史”,他们既没有采传统的五种社会形态的分期法,也避开了泛化的封建观论说。(p. 396)

至此,笔者根据冯先生的专著将从夏至今的封建起源与流变史作了简单梳理完毕。笔者初步得出的结论是,将秦以降的中国古代社会称作是封建社会,无论从哪个角度,基于什么政治或学术的思考与追求,都是根本性的错误。尽管再次矫正过来难度极大以至于几乎不可能,但对后起的学子而言,却有非常强的基础意义,因为新生的学术不能错接在荒谬且不得实际的源头上。

以历史学方面的史家专著类教材为例,傅乐成先生在其首版于1960年、修正再版于1978年的《中国通史》中就明确认定,中国的封建与西周时代密切相关,其目录第二章的题目就是封建帝国的兴衰(西周时代),第三章题目是春秋时代与战国时代,第四章为春秋战国时代的学术思想,第五章即是集权帝国的发展与倾覆,显然指的是秦朝,这说明在他这一史学者眼里,中国封建时代止于秦朝之兴起。

在第二章里,他较为详细地展开了阐述。首先从周人的兴起叙述,主要强调周与商人的交往,至武王伐纣成功后的初期分封,这便是中国封建的肇端。牧野一战,周人推翻的只是商的中央政府,对商朝的广土众民及旧有的诸侯国,并未直接征服,而采取怀柔政策,赋予其高度自治权;与此政策相呼应,采武装移民和军事占领之操作,周室将一部分新得的领土,交给它的亲属、姻戚和功臣,由他们建立新的国,并以武力有效控制。这种分封并不限于周初,从武王起,直到西周末叶的宣王,分封一直在进行,以武王的儿子成王之世为最多。

周公东征后,做了几件重要安排,其中与封建有关的是,以成王之命将殷地及殷遗民七族封给了武王的少弟康叔封,将商丘一带土地和殷部分遗民赠与纣王的庶兄微子启,并以一批新建的姬姓封国环绕着它,在北方和南方加封了一批姬姓国;为加强对东方的控制,于洛邑建立东都,并把一大批殷顽遗民迁至那里。武王成王两世,周室建立新国共计七十有余,其中周的同姓封国五十余。如果将上述封国按照现在的地理位置予以还原,就会发现当时的国土其实是很小的,据统计,当时的黄河下游和长江南北旧有且可考的国家或部族,与周新封的国家计有 170 余个。①

傅先生认定,封建两字并无明确的界说,但大体说来,封建社会至少包含两个条件:

> 一是土地的再分割。就是由最高统治者的王室把一部分土地分给高级的封君“诸侯”,再由诸侯把自己的一部分土地分给他本身的封君“大夫”,土地至少要经过这样的两次割裂。二是权力的分化。每一级封君要对上级称臣,并履行若干方面义务,但对他自己的封土而言,他是经济上的地主,政治上的世袭统治者,在其封土内拥有最高的权力,内政几乎完全独立。这两个条件造成了若干阶级。王室和两类封君以下,尚有一种没有封土的士,这四个阶级可统称为贵族。贵族以下的平民阶级,他们一方面是贵族政权下的被统治者,一方面又是附着于贵族土地的农奴或佃户。此外,贵族又拥有较平民地位犹低的奴隶。在中国史上,只有周代社会,曾有这样层次分明的阶级,也只有周代的社会,可以说是封建的社会。②

---

① 参见傅乐成:《中国通史》,中信出版社 2014 年版,目录、第 26~29 页。

② 傅乐成:《中国通史》,中信出版社 2014 年版,第 29~30 页。

至于封建泛化中的宗法制度,傅先生认为:“宗法是周人家族制度中的重要项目,也可以说是一种继承制度。这种制度与封建制度有密切关联,是因为周人将这种家庭的继承制扩大到政治上去,把整个‘天下’来了个家庭化,因而即使是封建制度靠宗法维持也是可以的。”①可见,后世将封建泛化而泼在封建身上的污水,其实是完全搞混了事实及其顺序,在未有封建制度出现之先,宗族即宗法制度即已出现在当时的社会结构之中,有了封建之后,自然会利用既有且为人所熟悉的制度资源,为新的制度实施提供制度基础,这也和人类面对新的社会现象,首先是用当下用之经久的制度及其思维方式予以应对的习惯相一致。

至此,向史学借知识和观点的工作已经完毕,现在笔者需要回到法学视域探讨问题,抒发己见。

四、法律史学的泛化封建——法律人如何重构面向历史和新人的《中国法制史》

作为法律人,在向这些学者的真知灼见表示由衷敬意的同时,仍然需要回归法律或法学视角。

笔者认为,首先需要作两个判断与选择:一个是秦以后的中国社会还是不是封建社会? 这个问题的答案很简单,那就是“是”或“不是”;如果法律学人无法也不可能从事实、理论观点、论证方法等方面推翻史学界对泛化封建论的批驳,那么服从真理的自觉性就迫使自身的理性行动起来,为剔除基于“是”而对中国法律历史业已完成的,基于错误的泛化封建智识而积累的框架与建构而认真努力,重新开始。另一个是如果经过独立思考,依然有足够的理论、史实材料、论证与建构逻辑支撑已有知识体系,那么可以和史学界的同仁掀起新一轮中国历史各阶段社会性质的学术论战,使对方同仁服理而收回对泛化封建论的批驳;如果做不到,向真理而不是向史学“投降”,就是学术人为了学术应当作出的唯一选择。②

① 傅乐成:《中国通史》,中信出版社2014年版,第36页。

② 参见范忠信:《国家理念与中国传统政法模式的精神》,载《中国法律史学会2007年学术年会文集》(上)。其文开头部分已经在隐隐约约批判泛化的封建观,他特别地用到了“亚细亚生产方式和亚细亚政治模式”。不过在他作为副主编的《中国法制史及案例教程》一书中(见注①),则依然充斥着泛化的封建观。

一旦认识到需要彻底重写中国法律制度史和法律思想史，甚至法律文化史，①首先就应当对封建及其所代表的政治、经济、法律、思想、文化、军事等各方面的含义有所理解，而不能仅仅是把它作为“泛化封建论”下的多种偏正词组中，用于修饰“正词或正语”的偏的或不那么重要的成分。不仅要认识它的史学意义，更应该了解其深邃的法律意义。为达此目标，我们首先需要重新虚心学习“封建”语义的起源与流变历程，那里面存在中国法律的底蕴。

在理解了史学界成果的基础上，若未能对其提出构成挑战意义上的反驳，那么下一步的做法就应该也必须是自觉彻底地肃清在法律史研究著述中泛化封建论点的“余毒”，翻开法史大家的各类作品，这种泛化影响随处可见。重构符合中国历史各个阶段的法律制度史和法律思想史，以及以此两史为基的法理学等大厦。事实上，相较于中国法制史著述，中国法律思想史的著述则较易与史学界通识相呼应。如以李贵连先生等著《中国法律思想史》（北京大学出版社 2010 年第 2 版）为例，此书完全避开了泛化封建论的全部影响。最值得提及的是武树臣先生，其在《中国法律思想史》第 1 版依然坚持泛化封建论，但在该书第二版（法律出版社 2017 年版），则洗净了泛化的封建痕迹，并且在第三章第七节专门就“封建、专制、共治”予以阐述。这表明，法学界已有同道先进开始着手此项基础性

① 参见武树臣：《中国法律思想史》，法律出版社 2004 年版，第 188 页。作者同样是把秦以后的中国社会称为封建社会。另参见张晋藩：《中华法系研究的前瞻与回顾》，载张中秋编：《2007 年中华法系国际学术研讨会文集》，中国政法大学出版社 2007 年版，第 9～11 页。其明确肯认中华法系是封建性质的法系，另外他也提到“中国自秦汉起便形成了以华夏族为主体的统一多民族的封建国家”。参见李青：《中华法系为何成为东亚各国的母法》，载张中秋编：《2007 年中华法系国际学术研讨会文集》，中国政法大学出版社 2007 年版，第 28～49 页。文中到处都是“封建”一词，而且都在泛化封建论下使用；参见郑显文：《从中国古代的民间结社看民众的法律意识》，载张中秋编：《2007 年中华法系国际学术研讨会文集》，中国政法大学出版社 2007 年版，第 363～384 页。封建使用频率与语义同李青文相似。有趣的是，同样为该书集结的文章，来自我国台湾地区的学者高明士在其文的正文部分绝无封建二字，倒是在注释部分提到了封建一词，但该词是在高教授引用大陆学者马小红所著《礼与法：法的历史连接》一书时出现的。参见高明士：《也谈中华法系的特质》，载张中秋编：《2007 年中华法系国际学术研讨会文集》，中国政法大学出版社 2007 年版，第 14～23 页。马教授在氏书第十五章的题目就是“中国封建社会的法律形式”，很显然也是在泛化的封建观下使用的。参见张晋藩：《论中华法制文明》，载《2007 年中国法律史学会年会文集》。同样是前书一文中的论断：中华法制文明、中华法系、中国传统法律、传统中国法等词汇实际上就是封建法律制度的代名词。张中秋：《传统中国法的道德原理与其价值》一文中几次提到了封建一词，使用方式与意境同前述情形。参见张中秋：《中国经济法律传统及其与社会盛衰之关联》，载王立民主编：《中国历史上的法律与社会发展》，吉林人民出版社 2007 年版。在此文中，他则几乎没有提到‘封建’一词，而就封建之至为本义而言，它首先是一个反映社会经济结构与组织经济运行方式的词，是谓当提却未提，该文在 2006 年举办的中国法律史学术年会后集结成书。

工作。①

诚然当如此。因为知道是错的,改正过来,则依然是走在繁荣与发展学术的正确道路上。如果内心知道别人是对的,但基于种种既有格局的考虑,不仅不去承认,相反还利用已有的学术资源去抵抗,以延长有利于己的学术态势,那么学术就不能再被称为学术,而应该是沦为利益与面子的维护利器。法学界不能闭"界"自守,自娱自乐,而应该是开放的知识与方法体系,要能够使自身在两个维度上与"识"俱进:一个是来自学科之间的知识与方法的冲击与更新,另一个是学科内新生知识与逻辑的增长与进步。

黄源盛先生的《中国法史导论》就是一著例。在时序的分类上,作者将先秦至秦汉时期称为中国法史上的上古时期,定格为古典法文化之原型;将唐至元称为中古时期,其法史主题确定为成文法典的成熟与因袭;将明清时期(晚清除外)称为近世时期,其法史基调确立为中国法文化的盘整与转化;将晚清至民国时期称为现代篇,其法史主旨定性为西法冲击与新旧法文化的交替。② 只有在古典法文化的原型中,黄先生才提及先秦时期是封建社会,以及西周封建体制下的法理念。在法史学者视野里,与法有关的封建表述如下:

> 周伐殷成功,一统天下后,即分封诸侯"筑城营国"。周人以较小的民族统治殷商留下来的辽阔疆域,常感势单力薄,所以采取封邦建国,"以藩屏周"的方针。周武王分封的对象,除殷后之外,受封者均为西周宗室的叔弟子侄,间或有太公望这样的元勋。周王是嫡长大宗,称为天子,其亲戚为各诸侯国君,对周天子是小宗,在其本封国又是大宗。诸侯国也是嫡长继承,分封众叔弟子侄为卿、为大夫,卿、大夫以下为士,各有封邑。整个国家(天下)的关系就是放大了宗(家)族关系,整个社会呈现以周天子为首的宗法结构状态。行使周朝统治权力的机构是"世禄制"的贵族世官,地方交给封建的宗亲诸侯,统治的合法性来自上天授予的天命。所谓"宗法制"是指以血缘关系为纽带的社会关系结构,同姓为亲,异姓联姻为戚。一个个家庭亲戚组成社会集团,是原始部落和部落联盟的遗风。周朝统治者把宗法制从家庭内部推向全社会,主要目的是想借助宗族"亲亲""尊尊"的法则来规范这个社会,治理这个"国家"。③

---

① 因在正文中已列出相应的作者及书名,故不单独作脚注。

② 参见黄源盛:《中国法史导论》,广西师范大学出版社2014年版。

③ 黄源盛:《中国法史导论》,广西师范大学出版社2014年版,第119~120页。

在此部分之外,全书再未谈及任何与封建有关的法史议题;显然,就其所及部分,完全无任何泛化的封建脉序。

在本文所引中即可看出黄先生所述封建完全符合傅先生对封建所界定的两个条件:其一为土地再分封,如受封者先从周天子处获得封地,在自己封地之内,再作为分封主体将土地受封给领域内的封臣;其二为权力分配,如周朝权力是“世禄制”的贵族世官,地方交给封建的宗亲诸侯,统治的合法性来自上天授予的天命,所有的权力则都笼罩在宗法结构之中。二者之间虽叙述有别,但精神内涵无任何实质差异,这表明,史学表述与通识在法史中得到了完全的尊重和落实。

本文的写作就是立足于向法学界进行“史普”性的“扫盲”,这种扫盲的难度高于通常意义之扫盲,因为其不是最有知识和地位的向全无知识者的单向传输,法学界学贯古今者——他们在法学界能否彻底剔除泛化封建思绪具有一言九鼎的话语权力——能否接受新知识——一旦接受就意味着其很多著述需要重新审视——不仅仅取决于其知识性的判断能力。本文的目的就在于向法学界吹进这股“新”知之风,在此意义上,说是启蒙也不是夸大其词,而这种工作太值得法学界人做了——法学过去不是,现在亦不是,将来更不是,即从来就不是一门自足自洽的科学。

(作者单位:南昌大学)

一部技术史：两性不平等之根源探究

王　静

一、问题的提出

在西班牙语人称代词部分，有这样一条语法规则：在表示“我们”“你们”时，只要有男性，就要用其对应的阳性形式（nosotros、vosotros），也就是说，无论多少数量的女性在男性面前，都归为零。

语言是文化的体现。按照摩尔根（LewisHenryMorgan）在《古代社会》中对人类文明阶段的划分，文字的出现是人类进入文明时代的标志。文明时代初期，全球性的两性地位不平等已经显而易见。《诗经·小雅·斯干》有言：“乃生男子，载寝之床，载衣载裳，载弄之璋。乃生女子，载寝之地，载衣之裼，载弄之瓦。”男女自出生之初，待遇差别就可见一斑。毕达哥拉斯曾说：“有一个产生了秩序、光明和男人的好本原和一个产生了混乱、黑暗和女人的坏本源。”柏拉图曾在感谢神的恩惠中说感谢神赐予他男人之身。亚里士多德曾说：“女人之所以是女人，是由于她们缺乏某种品质。”以上种种人类文明发源之初所体现出的明显的男女不平等现象，不禁让人产生疑问，究竟导致两性不平等的根源是什么？

就这个问题稍作检索，不久我便得到了答案——农业。其实很多著作、论文中早就将此当作知识性的结论，不加论证而予以引用。在细究了所引文献的原始出处后，对造成两性不平等的解释，大致可以总结为：因为女性身体素质和力量弱于男性，随着新工具的发明，劳动分工的变化,女性在经济上逐渐处于劣势地位;另外,女性要生儿育女,生育的压力使女性不得不退出农业生产,局限于家务琐事。女人既没有了私有财产,又不能负担自己的生存,就必须依附于男人,其地位必然低于男性。在国家出现以后,女性已经丧失了独立的经济地位,丧失了话语权,所有权力机构的职务都只由男性担任。男性将这些通过制度、习俗、理论等形式固定下来,于是女性的地位就越来越低,地位越低则越不能接受教育,于是女性地位就更低,如此循环。依此解释,从女性退出农业生产以后的所有事都很顺理成章,很符合经验和逻辑,也很符合恩格斯在《家庭、私有制和国家起源》中所揭示的道理:经济条件尤其是物质生活的生产和再生产是起决定性作用的因素。但是,若再深入一步思考,就会产生疑问。因为我们知道这样一个事实:女性的身体素质和力量不是在人类进入农业社会以后才弱于男性的,从生物学角度上讲,女性的身体素质和力量自人类诞生起就弱于男性。另外,渔猎社会,女性也是要生育的,那么,何以进入农业社会后,女性的地位才低于男性呢?我们从前学习到的知识还告诉我们,在旧石器时代,女性的地位与男性平等,甚至高于男性。所以,如果说进入了农业社会后,女性由于身体素质和力量不如男性抑或女性有生育的负担,才导致了男女关系的不平等,这点是存疑的。如果将这个疑问解释为是农业社会以前没有私有财产观念以及私有财产制度的缘故,便更是令人怀疑。我们仅仅观察动物,就可以看出,动物尚有强烈的希望自己占领更多食物等资源的欲望,而在人类尚具有很多动物性的蒙昧时代里,何以人类就有高尚的情操,在自己可以占有更多食物的时候,却心甘情愿地同人分享而无丝毫的私有意识呢?因而,笔者就本着对造成两性不平等的根源的新探索,撰写了这篇文章,希望通过对文献的更进一步梳理,以明晰这一根源。

二、两性地位的失衡

(一)母系社会下的两性关系

摩尔根在他的名作《古代社会》中写道:“从生理结构上看,人类是一种杂食动物,但在很古的时代,他们实际上以果实为主要食物。”①按照摩尔根的说法,在人类尚未以鱼类为主要食物来源,以及尚未学会使用火以前,也就是人类处于低级蒙昧社会时,人类主要的食物来源是水果和坚果。人类学家们在对现今仍然存在的90个食物采集部落所进行的研究后证实了摩尔根的说法。在这些部落中,

---

① [美]摩尔根:《古代社会》,中央编译出版社2007年版,第15页。

男性负责狩猎,而女性则负责采集营地周围所能发现的一切可供食用的东西,包括植物的块根、浆果、坚果、水果、蔬菜、昆虫、蜥蜴、蛇类、啮齿类动物、贝类等。虽然肉类是深受氏族成员喜爱的食品,但在人类未发明弓箭以前的漫长岁月里,肉类并非是可稳定供给的食物,而女性却能通过采集稳定地保持对氏族成员的食物供给。因此对于彼时一个氏族来说,女性在某种程度上是食物的主要供给者,而男性则承担着守卫部落安全和供给肉类食物的职责。值得一提的是,人类在刚刚由动物演变为人类的阶段里,便表现出了两性的分工。可以说,两性分工是人类所特有的。在除人类以外的所有动物中,即使黑猩猩偶尔分吃肉食,但仍表现出独占猎物的趋向。所以在远古时代,女性和男性互为依靠,前者负责生存,后者负责安全。在这一时期,女性身体力量虽也弱于男性,但从彼时二者的分工和对氏族的贡献来看,他们平分秋色,甚至女性比男性更重要。

另外,与蒙昧阶段相对应的氏族是由若干对夫妻和他们的孩子组成的大家庭,这种大家庭正是人类技术极其低下阶段的产物,这种组织结构特别适合处于技术低下时期的人类互帮互助,以勉强维持生存的情形。具体而言,这个阶段的氏族组织结构主要是血婚制家族及稍后的伙婚制家族。在这两种氏族制度下,女性类似于一个"血脉的公证员"——女性氏族成员所生育的孩子可以确定为本氏族的血脉,在本氏族内生产并享受本氏族内部的劳动所得。这样,外族男性就被排除在本氏族的继承范围之外,而在每个氏族内部,则由女性抑或氏族内部的成年男性领导氏族的发展。

事实上,在蒙昧阶段和野蛮阶段的初级,氏族内部的各个成员之间都是平等的。可以说,经济平等和社会地位相同,是这一时期的明显特征。每个家庭都拥有生产、生活所必需的技能和工具;并且,每个家庭都有权利使用维持生活所必不可少的基本自然资源,农田、牧场和其他自然资源皆为村社所有。从某种程度上说,两性关系的平等是部落中社会关系平等的扩张和表现,这一平等体现在部落里的女性和男性都可以平等、自由地使用土地等自然资源。

综上,技术的低下使人类必须聚集而居。人类高于动物的智慧使得两性有了不同的分工。在彼时的技术条件下,女性在氏族内部,凭借食物供给能力以及与生产力相对应的氏族结构而享有等同于男性甚至比男性更高的地位,所以,当欧洲人最初在海外遇到食物采集部落时,他们普遍都会对部落中的女性享有比欧洲女性多得多的平等感到好奇和震惊。①

---

① 参见[美]斯塔夫里阿罗斯:《全球通史:从史前史到21世纪》,北京大学出版社2012年版,第8页。

(二)农业技术的出现与两性地位的失衡

人类学的研究表明:原始时代妇女的职业仅限于采摘一项,后来才逐渐得到发展。采摘果子的结果,妇女们发明了农业,当她们将采集的种子埋于地下作为储蓄粮食的时候发现,种子渐渐地都发芽了,而且还能长出新的种子。① 人类社会的初期,无意中发现自然奥秘的女性很有可能只是在居住地附近的土地少量种植粮食,以此作为氏族成员食物的补充。直到公元前8000年,人口的压力使人类开始转向农业,而且这个转变是漫长和彻底的。有数据显示,公元前8000年,100%的人类是狩猎者;公元前1500年,只有1%是狩猎者。②

最先陪伴着人类进入农业社会的工具是石器、蚌器等。早期的打制器用以耕地挖土、砍伐树木,而后出现的磨制器,例如石斧、石铲、石镰、石刀,更加适合农业的生产,且工具种类更多,更加精细化。随着犁、灌溉技术和诸如冶金术之类的新工艺的出现,旧石器时代、新石器时代下男女平等被打破。这些新工具依靠强壮的肌肉才能充分发挥功用,这使男性的体力优势得以充分展现。新工具的产生,使人类开始了定居的农耕生活。而这为先进的农业文明提供了经济基础的同时又破坏了妇女在经济地位上的独立。人类社会初期的以女性采摘为主要食物来源的结构逐步转向了以男性农耕和畜牧为主要食物来源的结构。在彼时石器、铁器的技术条件下,妇女们想要从事农业生产是非常艰难的。因为新农业要求人们拖动重物、砍伐树木、维护灌溉等,这些体力活不适合女性做,更何况传统的两性分工早已区分、固定了女性的劳动范围。与以往不同的是,新技术的出现使男人有了比渔猎时代强大得多的生产力,男人成为了稳定的、主要的食物供给者;而女人们逐渐从食物的主要供给者转向消费者的过程,也是女人们逐渐丧失地位的过程。新的技术时代,男女的分工使女性主要局限于产育和家务,而无论产育还是家务均不会以货币等经济利益予以衡量,也不会像粮食一样成为生存的最基本来源。既然人们认为妇女们干的活不太重要,自然她们也没有了话语权。此外,由于妇女们被束缚于家内干活,因此男性们不但获得了对新的农业和新的行业的垄断,而且还获得了对国家中一些新职位的垄断,他们成为议会、法院和军队的领导人。就这样,男性们最后垄断了经济权力、政治权力和军事权力。

(三)父权制社会初期的男性权力巩固

男性在垄断了权力之后,开始从文化、思想层面着手以巩固刚刚获取的统治

---

① 参见[俄]库斯聂:《社会形式发展史大纲》,高素明译,载李天纲主编:《民国西学要籍汉译文献·历史学》(第2辑),上海社会科学出版社2016年版。

② 参见[美]斯塔夫里阿罗斯:《全球通史:从史前史到21世纪》,北京大学出版社2012年版,第40页。

权。其中,一个重要的方面就是将远古对女性神的崇拜污名化,因为男性认为对女性神的崇拜威胁了自己的统治。在波伏瓦(SimonedeBeauvoir)的著作《第二性》中有这样的记载:伊斯兰之前的时代的贝都因女性有着远远高于《古兰经》为他们制定的地位。远古流传下来的希腊神话中,尼俄柏和美狄亚有着伟大的形象。在荷马史诗中,安德洛玛刻、赫卡柏占有重要地位。① 在巴尔干半岛,哈耳摩尼亚曾是母系氏族社会的丰产之神,其形象是一条蛇。在伊利里亚,不仅有哈耳摩尼亚蛇石图腾柱,还有哈耳摩尼亚的坟墓。可以说是代表着女权的威望。但是随着社会向男权的过渡,远古的神话被改写——哈耳摩尼亚有了丈夫卡德摩斯,他是父权社会中男性英雄始祖。"在忒拜城举行的祭祀仪式上,卡德摩斯首先从血红色的湖水中抬起虚弱无力的头颅,哈耳摩尼亚依偎着她的丈夫出来了,两条巨蟒从他们的头上冒出来饮祭酒。"(出自斯塔提乌斯:《忒拜战记》)从两位神的出场顺序和出场姿态上可以看出,男权社会刻意在降低女神的地位,宣扬男尊女卑。

另外,男权时代在制造了许多男性神形象的同时也剥夺了女性神的神性甚至人性。例如,在许多传说中,女性神被男性神杀死甚至强奸(例如,俄瑞斯忒斯为父报仇杀死母亲,阿波罗为其辩护,并得到了多数人的支持);在女性时代象征着女性智慧的蛇,大量被杀,在圣经中又成为撒旦的化身。有学者说这代表了女神社会秩序的全面失败。②

黄怀秋在她的著作《女人和她们的身体:一个女性主义宗教学的研究》中指出,当今世界各大宗教都是男性的宗教,是为了以男性为尊的父权世界所建构的一种社会机制。从性别角度来审视这些宗教的目的,无非是为支持、稳定附属于宗教背后的父权文化,宗教轻视女性并将女性污名化,却肯定了女性的生育价值。

男性统治者除在神话传说上着手贬低女性,在世俗世界,也处处贬低约束女性。《圣经》在《利未记》第12章第6~7节将女性的生产看作不洁和污秽的,成文于公元前18世纪的《汉谟拉比法典》明确了女性附属于男性。丈夫可以将妻子作为财产抵债。③ 妻子不贞节要被扔入河中,丈夫出轨,妻子只可取回嫁妆归于父家。④《摩奴法典》将女性列入族长所拥有的牲畜中。女子必须幼年从父、成年从夫、夫死从子。女子被认为是生性贪睡、偷懒、爱打扮、好色、易怒、说假话、心狠

① 参见[法]西蒙纳·德·波伏瓦:《第二性》,上海译文出版社2011年版,第97页。

② 参见[美]理安·艾斯勒:《圣杯与剑》,程志民译,社会科学文献出版社,1995年版,第120、127、176页。

③ 参见《汉谟拉比法典》第117条。

④ 《汉谟拉比法典》第142条。

毒和行为可恶,必须严加管教。① 《申命记》规定,婚后妻子要忠于丈夫,并接受相关法律的约束。(出自旧约《申命记》第22章)索伦所立之法不给女性任何权利。罗马法把女性置于受监护的地位,定义她为愚蠢。教会法把女性看作是魔鬼之门。《古兰经》极其轻蔑地对待女性。

三、两性不平等地位的根源分析

学界有人质疑人类历史上是否存在过母系社会,这个议题关乎人类在发源之初的两性的地位。摩尔根、巴霍芬、恩格斯均认为,历史上曾有过妇女统治社会的母系社会阶段,他们主要是通过实地考察仍然保留着的氏族而得出结论;而以梅因为代表的一派则坚持母系社会在历史上根本不存在。

梅因认为,罗马家父制是古代社会最自然、最具有代表性的家庭形态,母系社会在历史上从未存在。人类从家父制家庭走向现代社会的过程,是由身份向契约过渡的过程。显然,梅因的追溯不够远,并没有回到人类文明发源之初的社会状态。巴霍芬(J. J. JohannJakobBachofen)在《母权论》一书中论证了母系社会的存在。他认为人类在原始时期,两性关系处于极随意的阶段,他将这个时期命名为淫婚期,随后便出现了母权社会,表现为女神崇拜。恩格斯在他的著作《家庭、私有制和国家起源》中基本肯定了巴霍芬的结论。有学者认为,《老子》这本著作蕴含着深刻的母权崇拜的思想,例如:"我有三宝,持而保之。一曰慈,二曰俭,三曰不敢为天下先。"② 这里的慈爱和同情心就是母系社会最明显的特征,从侧面证明了母系社会的存在。

摩尔根在其著作《古代社会》中写道:氏族的亲属关系由母系血缘相联系,由母系关系相传递。在氏族制度下,子女均从母,而父亲则属于其母所在的部落。1974年苏联学者谢苗若夫在其著作《婚姻和家庭起源》中肯定了摩尔根对存在母系社会的判断,他阐释道:在高等动物的群居生活中,无论攫取食物还是两性关系,所遵循的都是优势原则。可关键之处是:从动物向人转变的第一步并非是以单独的个体自行展开,而是从以群为单位的生产开始的。也就是说,食物要通过群的生产来获得;食物的分配,大体上是按照平均原则进行的。在两性关系方面,按照优势原则,成年雄性为争夺雌性的角逐会使群的组织解体;而群一旦解体,生产就不能进行,人就会被饿死或者被其他动物吃掉;如果要进行生产,就必须组成群,那么就必须在群内禁止一切性行为。可是,如果在群与群之间也没有性行为,那么人本身的生产就会停止,人类就会灭亡。正是这种矛盾,使人类早期食物分

① 参见高鸿钧、李红海编:《新编外国法制史》(上册),清华出版社2015年版,第49页。

② 《道德经·第六十七章》。

配关系和两性关系不可能在同一个生产群体中同时出现,因而在同一群体的不同场合就会同时出现食物禁忌和性禁忌。[①] 根据这一分析,民族学家费逊、泰勒到谢苗若夫提出了两合氏族群婚的新理论。这一理论认为,群婚时代,婚姻关系是在氏族与氏族之间实现的,而供养关系则是在氏族内部实现的。由于这两种关系恰恰处于两个严格分开的社会领域里,因而不可能形成家庭。这样,原始群就成为完全的、绝对的非性关系集体,而这也就是氏族。动物个体之间的优势原则在这里已经完全不起作用,氏族内部的一切关系都是以物质资料的生产关系为基础的社会关系。只有物质资料生产方面的关系和人本身生产方面的社会关系都确立起来,人类才彻底摆脱了动物界,进入成熟的人类社会。这一理论不仅有力地解释了为什么人类早期必然会出现母系氏族,也为今天仍然存在的母系社会(如云南泸沽湖)[②]的事实所证明。

需要指出的是,母系社会的存在并非可以直接表明女性凌驾于男性之上。母系社会只是表明世系是按照女子追溯的,是否存在过女性的统治时期,则需要进一步论证。巴霍芬认为在原始时代,存在真正的女性统治时期。原因在于母亲是氏族内年青一代唯一知道的尊长,具有最高的权威,这种尊敬竟然达到了妇女统治的程度,只是母权社会没有任何强加的习俗以统治男性。他指出:"父系的原则包含对一定群体的限制,而母系的原则,就像自然生存那样,没有任何的隔阂。母权的观念在所有的男人中产生了一种普遍的友爱感,随着父权的发展,这种友爱消失了。"但列维·斯特劳斯(ClaudeLévi-Strauss)认为,公共权威从来都是属于男性的,女性只是在某些阶段充当了媒介。他认为构成婚姻的相互关系不是在男性和女性之间建立的,而是利用女性在男性之间建立的,女性只不过是这种关系的主要理由。[③] "母系社会使女性的父亲或兄弟的手一指伸展到丈夫的村子。"伯纳德·费伯(BernardFarbar)指出,母系社会真正的管理者是母亲的兄弟。如果说男子在母系社会担当了管理者的角色,那么在父系社会里,女子却没有相同的权利,她们完全隶属于丈夫的世系。妇女在父系社会和母系社会中都没有权威性影响。波伏瓦曾说:"父系制的胜利既不是偶然的,也不是暴烈革命的结果。从人类的起源开始,生理上的优势使男性独自确立为至高无上的主体;他们从来没有放弃过自己这个特权;他们把自己的生存部分交付自然和女性;但他们随后重新夺取过来;女性注定要扮演他者的角色,就这样注定只拥有暂时的威力:无论是奴隶还是

---

① 参见蔡俊生:《追寻远古释密现代》,社会科学文献出版社2010年版,第4页。

② 参见严汝娴、宋兆麟:《永宁纳西族的母系制》,云南人民出版社1983年版。

③ Claude Lévi-Strauss:Elementary Structures of Kinship,Eyre & Spottis Woode,1969,p.120.

偶像,都从来不是自己选择命运。"弗雷泽曾说:"男性造神,女性崇拜神。"正是男性决定他们最高地位的神是女性还是男性;女性在社会中的位置,总是男性给他们指定的;在任何时代,女性都没有强加自己的法律。①

当然,也有的学者认为既没有母系制社会也没有父系制社会。例如,伊·巴丹特尔(ElisabethBadinter)认为,女性的权力存在于一个超历史的延绵不断时空中,男性的权力则存在于历史的时空中。当时的人类社会分为男女两极,既相互独立,又相互关联。他们在彼此拥有的权力范围内,各自掌握不同的资源,从而给对方施加不同方式、不同程度的特殊影响。②

尽管众说纷纭,但本文认为,母系社会中,女性并没有凌驾于男性之上,两性关系处在一种和谐、有爱的互助氛围中。考古学家凯特尔·哈玉克(CatalHuyuk)对公元前7000年小亚细亚的一个居留地的发掘揭示,在这个定居点中,妇女们似乎不仅享有同男性同等的地位,甚至还享有比男性更高的地位。这里的绘画雕塑、房屋装修以及墓葬遗址都显示出当时家庭等级的最顶层是母亲,其次是女儿,再次是儿子,而父亲则位于最下层。③ 并不只是小亚细亚一地,诸多以食物采摘为主的部落都表现出了同样的状况,考古所发现的石窟艺术也证明了他们的互补性,表明了一性并不比另一性地位更高。生存条件似乎对两性的均衡起了积极作用,艺术表达的思想意识也表明了男女的平等。④ 直到今天,还未有任何学者发现男权社会以前男女的地位差别。也就是说,在人类的某一发展阶段,女性的地位与男性平等,甚至因为是主要的食物供给者以及生育后代的原因,地位略高于男性。母系社会中,两性的关系在一种温情脉脉的相互依靠、配合中维持着平衡。自父权制社会起,这种母系社会中的温情脉脉被一扫而空,女性成为男性统治的对象。

不同学者所阐释的导致两性不平等的根源性原因有所不同。有的学者,如佛朗索瓦兹·埃里迪埃(FrancoisEridie)认为,导致两性地位不平等的原因在于男女本身的身体素质不同,女性的身体力量较男性弱,活动范围有限;⑤有的学者,例如恩格斯,则将身体素质不同引申为经济因素;有的学者,例如马克·赫特尔,将

① 参见[法]西蒙纳·德·波伏瓦:《第二性》,上海译文出版社2011年版,第104页。

② 参见[法]伊·巴丹特尔:《男女论》,陈伏保等译,湖南文艺出版社1988年版,第33~34页。

③ 参见[美]斯塔夫里阿罗斯:《全球通史:从史前史到21世纪》,北京大学出版社2012年版,第37页。

④ 参见[法]伊·巴丹特尔:《男女论》,湖南文艺出版社1988年版,第20页。

⑤ 同上书,第8~9页。

生育因素归为主要原因;[1]还有的学者,例如波伏瓦,将身体素质和生育两方面都归于造成女性地位低于男性的主要原因。

恩格斯认为,人类发明的青铜器和铁器深刻地改变了生产力的平衡,由此女性的劣势确定下来了。但波伏瓦认为这样的解释不够具有说服力,她说道:"恩格斯的这种解释本身不足以解释女性忍受的压迫。对女性来说不利的是,对男工来说,她没有成为一个劳动伙伴,而是被排除出人类的共在:认为女性是弱者,生产能力低男性一等,都不能解释这种排除;这是因为男性不参与女性的工作和思考方式,因为女性受到生命秘密的控制,男性不承认女性是同类;一旦不接受她们,女性在男性眼里保留着'他者'的维度,男性就会压迫女性。"[2]

学界普遍认可的造成男性统治女性的另一个原因是:私有财产的出现使男性竭尽全力确保继承者是自己的亲生骨肉。专偶制家族起源于财产,财产观念在人类心灵中的成长过程,包括财产的创始、财产的享有,特别是包括对财产继承权的法定,凡此均与专偶制家族的建立密切有关。财产力量之强大从此开始足以影响社会机体的结构。[3] 摩尔根说,对财产的最早观念是与获得生产资料紧密相连的,生存资料是基本需要。在每一个顺序相承的文化阶段中,人们所掌握的物品将随着生活方式所依靠的技术的增加而增加。因此,财产的发展与发明和发现的进步并驾齐驱。每个文化阶段都显得较其前一阶段大有进步,不仅在发明的数量上如此,在由发明而产生的财产的种类和数量方面也是如此。财产种类的增加,必然促进有关它的所有权和继承权的某些规则的发展,而这些占有财产和继承财产的法则所依据的习惯,是由社会组织的状况和进步确定和限制的。由此可见,财产的发展、发明发现的增加都与社会制度的进步有着密切的关系。[4] 财产的影响和把财产遗交子女的愿望,为世系之转变为男系提供了足够的动力。[5]

男性在新的技术下充分利用身体素质的优势获得了私有财产,私有财产的出现导致专偶制家庭的出现。然后,男性们通过战争获取到更多的私有财产,以强化统治。

另一个造成两性不平等的原因是男性频频发动战争,以获取更多的资源。"人类生来既不爱好和平,也不喜欢战争;既不倾向合作,也不倾向侵略。决定人

① 参见[美]马克·赫特尔:《变动中的家庭——跨文化的透视》,浙江人民出版社1988年版,第8页。

② 参见[法]西蒙纳·德·波伏瓦:《第二性》,上海译文出版社2011年版,第104~105页。

③ 参见[美]摩尔根:《古代社会》,商务印书馆1950年版,第277页。

④ 同上书,第385页。

⑤ 同上书,第251页。

类行为的不是他们的基因,而是他们所处的社会教给他们的行事方法。心理学家阿尔伯特·班都拉(AlbertBandura)得出的结论是:'人性是一种巨大的潜在性,会因社会影响而具有多种表现形式。''侵略性不是人类与生俱来的或不可变更的特性,而是一种鼓励侵略的社会环境的产物。'"①人口压力导致了农业革命,农业养育了更多的人口,农业使人类定居,部落政治结构得以出现。农业使大规模的战争成为可能(人力物力)。而在农业社会处在统治地位的恰恰是男性。与女性倾向于平和安宁地固守于一块地方生活不同,男性的心理是倾向于掠夺更多的资源,正是男性的心理需求,加速了女性沦为男性的附庸。

本文认为,与其说是女性由于身体素质弱于男性或者女性深受生育负累而退出了生产导致了女性丧失独立性,成为依附于男性的"他者",不如说是由于技术导致了女性的落败。通过前文的论述我们可以看到,在人类处于蒙昧时代,即人类刚刚从动物转向人类的过程的阶段,虽然女性的身体素质弱于男性,虽然女性也承担着生育的责任,但是因为彼时技术水平非常低,女性可以通过采摘维持部落食物的供给,所以女人的地位等同于甚至高于男性。其生育职责的承担不止没有成为其地位低下的原因,反而使其成为氏族的纽带,人类天生的情感因素使母亲在这样一个母系氏族社会中具有很高的权威。但是人总是有生存得更好的欲望的,随着人类智慧的不断提升,人类制造出了新的工具,这些需要以力量来操作的新工具使女性的身体劣势显现出来,最终女性彻底沦为男性的附庸。男性取得了私有财产后,又改变了氏族公社制,从此女人成为了某一固定男性的生育工具。这种对于工具的适应,使男性在与女性的较量中获取了制胜先机,而私有财产的出现、战争的掳掠都是在两性地位已经不平等之后,加剧了这种不平等的因素。所以,造成两性地位不平等的根源应该是技术。

四、余论

综上所述,笔者可以归纳出以下结论:

第一,在人类进入农业社会以前,女性的身体素质和力量虽然弱于男性,但是在彼时的技术水平下,男性的身体优势不足以完全克服自然或者摆脱对自然的依赖,因而男性的身体优势不足以战胜女性而成就男尊女卑。也就是说,在农业社会造就了男女不平等的论断中,只是简单地说是因为女性身体素质弱于男性是不妥当的,更确切的表述应该是:在新的生产工具出现后,男性的身体素质更加适合

---

① A. Bandura Agression(Prentice Hall,1973)pp. 131,322. 转引自[美]斯塔夫里阿罗斯:《全球通史:从史前史到21世纪》,北京大学出版社2012年版,第44页。

从事体力劳动并因此获取了私有财产和成立了与私有财产相匹配的组织结构。

第二,原始社会的人类并非不存在私有意识,只是在彼时低下的技术下,氏族成员只有互相依靠才可以生存。新的技术出现之后,人类潜在的私有观遇到了可以释放的社会条件,于是人类的组织才由大到小,限定于以父为中心的专偶制家庭中。

从这个角度上说,人类的本性亘古未变,而人类的发展就是一部技术史。

一直到 16 世纪,男性们仍在宣称女性是既不坚定又不稳定的畜生。18 世纪初,工业化社会的背景下,尤其在土地改革之后,农村组织结构完结,加之资本家为了追求利润,降低成本的手段之一就是降低工资,许多女性加入了工作中。从家庭出来的妇女,通过在工厂中工作获取了正常的社交和独立的经济来源。随着越来越多的女性参与到生产中,资本主义国家开始重视对女性的教育,而教育又促使了更多女性走出家庭,从事生产。在这里,好似一条技术引发的锁链反应。

起源于欧美的大规模的妇女运动提出了要把女性当人看待的口号,其运动的主要目标是争取财产权、子女所有权、就业平等权和选举权。早期女权主义是用个人主义这一父权制社会所构建的理论来向男性索取权利。迪德罗说女性和男性是平等的。斯图亚特·穆勒(Stuart Mill)在他的《论女性的屈辱》中为女性辩护。因妇女运动而产生的父权和女权之争,在学说史的角度上,我们可以看到社会达尔文主义,因为其最后的理论焦点还是落在 19 世纪家庭制度中的男女性别角色之上。20 世纪的进化论理论者依旧在步其后尘。社会达尔文主义是在 19 世纪盛行的一种进化理论,它同斯宾塞、巴霍芬(J. J. Bachofen)、梅因、摩尔根等人的名字联系在一起。

女权运动一直到今天还在进行着。当今世界,在北欧高福利 3 国,瑞典、挪威、芬兰,性别平等。"她们在社会制高点上扮演着迷人的角色。"①

古代文明的第一特征就是不平等,古代文明的第二特征是男女不平等。存在于人类文明的初期以及漫长的农业社会里的技术,使女性无法克服身体素质弱于男性的事实,而在农业社会以来的几千年里成为了男性的附庸。然而,新的智能时代,可以消除女性身体物理性的劣势,甚至减轻女性生育的负担。技术的进步使两性的竞争更主要地依靠智慧,是决定两性地位的根源性原因,技术的进步自然会使女性在政治、经济、文化上的权利得到进一步的提高。从这个角度来说,智能时代、信息时代,可能是女性追求与男性平等地位的一个前所未有的绝好时代。

(作者单位:华东政法大学)

① 穆怀中:《21 世纪女性的社会角色》,载《决策与信息》2010 年第 3 期。

学术回顾

中国伪满洲国法制史研究管窥

朱云峰

近代中国东北地区,战略位置极其重要,既有内陆疆域纵深,也有便利出海口,西抵京畿、北连蒙古、南近朝鲜、东北部接壤俄国。甲午战争、日俄战争等对中国、日本、俄国影响深远的战争,无一不发生在中国东北地区。日本在日俄战争胜利后,侵占了中国东北旅顺、大连、金州等地,建立了殖民官厅关东州,并以此为据点侵蚀中国东北领土,逐渐排除沙俄及其他外国势力。1931 年 9 月 18 日驻关东州日本关东军发动"九一八事变"。1932 年 3 月 1 日溥仪就任伪执政。到 1945 年 8 月,伪满洲国灭亡,伪满洲国在中国东北存在近 14 年。伪满州国的存在直接威胁中国华北及北方安全。对中国及东北亚安全威胁巨大,中华人民共和国国歌《义勇军进行曲》就是对日本侵略者侵略中国东北的血泪控诉。

伪满洲国是日本侵略者扶植的傀儡政权。其与南京汪伪政权、伪蒙疆政权等伪政权存在本质不同,后两者并未建立"伪国家",汪伪政权的运行,沿用中华民国体制,自诩为"国民党中央政府"。而伪蒙疆政权则在形式上归汪伪政权节制,但相对独立,两者都受日本侵略者操控。此类地域为战时沦陷区。伪满洲国则在日本的策动下,宣布脱离中华民国,建立"伪国家"。日本虽然实际控制伪满洲国,但并未将其纳入殖民地行政管辖范围,所以,伪满洲国并非是日本殖民地,而是处于半殖民地向殖民地转化的中间阶段,即殖民地化阶段。笔者在拙稿《伪满洲国法制特性研究(1932~1937)》中,对伪满洲国殖民地化性质有具体论述。

伪满洲国史研究,是抗战史重点研究领域之一。我国内地学者在伪满洲国史研究领域取得成果较多,笔者通过主要图书、期刊检索,统计如下:(1)中国知网论文检索伪满洲国,论文信息为1803条。(2)万方数据库论文检索伪满洲国,论文信息为861篇。(3)国家图书馆文津搜索伪满洲国,书籍信息约1900个。搜索"九一八事变"结果如下:(1)中国知网搜索论文量,7102条。(2)万方数据库检索论文量,1193条。(3)中国国家图书馆文津搜索相关文献约2500个。从以上数据可探知,伪满洲国史研究具有相当规模。

伪满洲国法制史研究属于法学、历史学交叉学科研究,是伪满洲国史研究重要组成部分。在历史学范畴内,伪满州国法制史研究涉及多研究领域。断代史划分,属中国近代史范畴,亦属抗日战争史范畴;而在地域史划分上,涉及近代东亚法制史研究、东北地方史研究;此外,还涉及其他史学研究,如日本近代殖民史研究,日本对伪满洲国法制建设,吸收了日本对其殖民地法制建设经验,作比较研究价值较大,故日本殖民史研究亦属重要。

伪满洲国法制史研究在伪满洲国史研究中,地位极其重要。伪满洲国建立了自己的"政府系统""外交系统""法制系统"等具有伪国家性质的"国家统治系统"。其法制是伪政权"立纲陈纪"、弹压反抗的重要手段,也是蒙蔽国际视听的重要环节。伪满洲国法制发展与日本侵略形势紧密相连,1932~1934年,日本在东北的侵略前景并不明朗,溥仪就任伪执政即表明此种状态;1932年3月9日伪满洲国以"教令第三号"的形式颁布了《暂行援用从前法令之件》,以此作为伪满洲国法制基本原则,中华民国法源是此阶段援用主要法源;而1934年3月9日溥仪就任伪皇帝,伪满法制进入日本化过程。伪满洲国基本法和五法,皆由日本法学家参与制定,融入了大量日本法元素,日本法源逐渐取代中华民国法源。

伪满洲国法制涉及日本及中华民国两大法源,1937年日本进入全面侵华战争后,伪满洲国法制又被纳入了日本战时法制体系,伪满洲国法制复杂程度可见一斑。笔者采用较为权威的期刊、图书引擎检索伪满洲国法制关键词,结果如下:(1)中国知网检索,相关论文为9篇。(2)万方数据库检索,相关论文7篇。(3)中国国家图书馆文津搜索,相关书目约13个。虽然基于搜索方式及关键词不同会出现遗漏,但伪满洲国法制史研究成果还相对较少,这与伪满洲国法制史的重要性不相匹配。特别是随着"十四年抗战"理论的推行,对伪满洲国法制的解读更显重要。

伪满洲国是日本一手制造的傀儡政权,伪满洲国法制体系更是日本侵略者一手建立的。日本对伪满洲国法制研究是相伴伪满洲国傀儡诞生的,有较多伪满洲国法制资料来自日本，可以说日本对伪满洲国法制研究的深度与规模，皆超过其他国家，故研究伪满洲国法制史难离日本资料及研究成果。虽如此，对日方研究亦不可全盘吸收，而应本着“激浊扬清”的理念，剔除日本右翼及殖民主义糟粕，这才是论题的命意所在。基于日本方面对伪满洲国法制史研究较广，本文篇幅所限，只讨论中国对伪满洲国法制史的研究，对日本伪满洲国法制史综述留待他篇。

一、伪满洲国法制史研究成果

如上所述，伪满洲国史在中国内地研究成果颇丰，尤其是在20世纪八九十年代，伪满洲国通史类著作及各类资料汇编、东北地方史志等都在此阶段成书。通史类影响较大的有姜念东《伪满洲国史》①、谢学诗《伪满洲国史新编》②等。译著有伪满洲国史编纂刊行会编，黑龙江社会科学院历史研究所译《满洲国史·总论》③以及伪满洲国史编纂刊行会编，东北沦陷十四年史吉林编写组译《满洲国史·分论》④等。综合性史料集有伪满洲国史料编委会编《伪满洲国史料》⑤、辽沈书社编《伪满洲国政府公报》⑥、中央档案馆、中国第二历史档案馆、吉林省社会科学院合编的伪满洲国系列文献资料选编类丛书，其中，《日本帝国主义侵华档案资料选编——伪满傀儡政权》⑦《日本帝国主义侵华档案资料选编——伪满宪警统治》⑧《日本帝国主义侵华档案资料选编——九·一八事变》⑨《日本帝国主义侵华档案资料选编——东北大讨伐》⑩等史料收集翻译了日本在伪满的大量文件

---

① 姜念东：《伪满洲国史》，大连出版社1991年版。

② 解学诗：《伪满洲国史新编》，人民出版社2008年版。

③ [日]伪满洲国史编纂刊行会编：《满洲国史·总论》，黑龙江社会科学院历史研究所译，黑龙江省社会科学院历史研究所1990年版。

④ 伪满洲国史编纂刊行会编：《满洲国史·分论》（上·下册），东北沦陷十四年史吉林编写组译，东北沦陷十四年史吉林编写组1990年版。

⑤ 伪满洲国史料编委会编、石丽珍、王志民主编：《伪满洲国史料·卷14》，全国图书馆文献微缩复制中心，微缩胶片，2002年版。

⑥ 辽沈书社编：《伪满洲国政府公报·康德十年》，辽沈书社1990年版。

⑦ 中央档案馆、中国第二历史档案馆、吉林省社会科学院合编：《日本帝国主义侵华档案资料选编——伪满傀儡政权》，中华书局1994年版。

⑧ 中央档案馆、中国第二历史档案馆、吉林省社会科学院合编：《日本帝国主义侵华档案资料选编——伪满宪警统治》，中华书局1993年版。

⑨ 中央档案馆、中国第二历史档案馆、吉林省社会科学院合编：《日本帝国主义侵华档案资料选编——九·一八事变》，中华书局1988年版。

⑩ 中央档案馆、中国第二历史档案馆、吉林省社会科学院合编：《日本帝国主义侵华档案资料选编——东北大讨伐》，中华书局1991年版。

资料。以地方文史资料为代表的史料:东北三省及重点市都进行过文史资料的编辑工作,东北各县县志也有关于伪满时期历史的编辑成果,其中具有代表性的有《吉林省文史资料选辑》①《长春文史资料选辑》等。②

伪满洲国史著作、资料颇丰,其中不乏伪满洲国法制史相关资料,但纵观20世纪八九十年代,并未有伪满洲国法制史专著、资料集出版,直到2013年吴旅燕、张闯、王坤《伪满洲国法制研究》③,2015年钟放《伪满洲国的法治幻象》④两本著作的出版,才打破了伪满洲国法制史研究"困境"。

伪满洲国法制史方面的学术论文、毕业论文以伪满洲国法制史为题的只有:哈尔滨师范大学朱云峰《伪满洲国法制特性研究(1932~1937)》⑤、我国台湾地区"国立政治大学"吴欣哲《日本殖民主义下的满洲国法制》⑥两篇硕士毕业论文。20世纪80年代,笔者只检索到强磊《伪满洲国法律制度概说》⑦一篇论文。90年代,笔者没有检索到相关论文。2010年前,笔者也只检索到孟详沛《伪满洲国民法典若干问题研究》⑧等少量论文。2010~2017年,王希亮《评日伪统治东北时期的立法及其实质》⑨、钟放《伪满组织法解析》⑩等几篇论文相继发表。

综上所述,相比伪满洲国史其他分属学科研究,伪满洲国法制史研究虽日渐发展,但孤篇寥寥难支为学,伪满洲国法制史研究并未形成研究体系,现今为止已成文达到5万字以上的研究,据笔者统计只有吴旅燕、张闯、王坤的《伪满洲国法制研究》、钟放的《伪满洲国的法治幻象》、朱云峰的《伪满洲国法制特性研究(1932~1937)》、吴欣哲的《日本殖民主义下的满洲国法制》。而在国内法律史学术会议及其他历史学术会议发表,以伪满洲国法制为主要研究内容论文,据不完全统计,只有在2017年4月由华东政法大学等单位举办的"全国第三届中国近代法律史论坛"中哈尔滨师范大学朱云峰提交的《伪满洲国法制殖民地化特性研

① 中国人民政治协商会议吉林委员会文史资料研究委员会编:《吉林文史资料选辑》(第17辑),吉林人民出版社1987年版。

② 长春市政协文史资料委员会编:《长春文史资料》(第2辑),长春文史资料出版社1991年版。

③ 吴旅燕、张闯、王坤:《伪满洲国法制研究》,中国法政大学出版社2013年版。

④ 钟放:《伪满洲国的法治幻象》,商务印书馆2015年版。

⑤ 朱云峰:《伪满洲国法制特性研究(1932~1937)》,哈尔滨师范大学世界史系2016年硕士学位论文。

⑥ 吴欣哲:《日本殖民主义下的满洲国法制》,台湾国立政治大学法律学系2003年硕士学位论文。

⑦ 强磊:《伪满洲国法律制度概说》,载《学术交流》1987年第1期。

⑧ 孟详沛:《伪满洲国民法典若干问题研究》,载《社会科学》2008年第12期。

⑨ 王希亮:《评日伪统治东北时期的立法及其实质》,载《东北史地》2012年第1期。

⑩ 钟放:《伪满"组织法"解析》,载《外国问题研究》2011年第1期。

究》以及在2017年9月由内蒙古师范大学等单位举办的“抗日战争时期的内蒙古”活动中，由包头师范学院宋从越提交的《伪满洲国的劳动统制法律制度：以伪满时期东部内蒙古为中心》两篇论文。

二、《伪满洲国法制研究》述评

2013年吴旅燕、张闯、王坤的《伪满洲国法制研究》是伪满洲国法制史研究第一部国内专著，此书分为8章。书中吸收整理了《伪满洲国史料》(卷十四)、《满洲国史·总论》、《满洲国史·分论》等大量法制资料，并将重要伪法律条文及立法沿革附表制作。此书不属于片面研究性论著，而更接近于学科基础研究、汇编资料集，其对资料文献的整合及章节编配较为规范，可作学科入门书目。此书对伪满洲国法制史研究提供了基础支持，对了解伪满洲国法制史沿革作用较大。

第一章是伪满洲国建立与法制统治思想提出。本章以日本“大陆政策”演进开篇，分析日本“大陆政策”对外侵略扩张影响，此开篇虽可溯及经纬，但笔者认为，未免背景过于庞大，“大陆政策”实质是日本对外侵略扩张战略，其扩张战略并非系统的统治方略。

日本的殖民地统治方略并非先于侵略行动制定的，而是通过一系列侵略扩张行动逐渐积累而成的。所以，日本“大陆政策”只是其侵略扩张战略之一，其与日本殖民地法制统治及日后伪满洲国傀儡政权建设，并无直接关联性。建立何种殖民模式并非大战略能敲定。对伪满洲国傀儡政权建设存在直接影响的是，日本对中国台湾、朝鲜、关东州等殖民地的殖民统治经验，如果没有上述殖民经验，东北地区与日本直接军事占领地无异，伪政权的创设与时局及日本殖民经验有直接关系。此书虽对日本殖民地攫取情况有所涉及，但未对日本殖民地法制体系进行介绍，而日本殖民地法制体系与日后伪满洲国法制营建具有密切关系。

第二章是伪满洲国殖民立法。此章以关东军“内部指导思想”为中心阐述伪满立法情况，关东军“内部指导思想”是形式上以伪满洲国伪政权为施政决策主体，而实质上决策机构为日本关东军及日本国内。“次长中心”主义也是其延伸，即由位居次长的日本副手决定大政方针，以架空身为总长的伪满官吏。本章还将伪满洲国立法进程分为三个阶段：第一阶段，1932～1934年，为殖民法律初创时期；第二阶段，1934～1937年，为殖民法律体系形成时期；第三阶段，1937～1945年，殖民法律体系为消亡期。

第三章是伪满洲国殖民法律解析，第四章是伪满洲国司法概况，第六章是伪满时期“司法矫正”制度。此三章分别从立法、司法、司法矫正三方面，对伪满法制作了分类分析:立法部分,分别对伪满洲国《基本法》及其他五法相关法律进行简单介绍分析;司法方面,对伪满洲国司法部门、政府类学校、法院、检察系统、监狱等机构及部门官吏配置等进行了全面介绍,特别是对伪满狱政及伪司法官吏培养作了较为详细的介绍;伪满"司法矫正"制度部分,对伪满的法外之法《治安维持法》《思想矫正法》《保安矫正法》等特殊刑法及其对东北人民犯下的罪行进行了阐述,揭示了伪满洲国"司法矫正"制度的本质。

2013年吴旅燕、张闯、王坤《伪满洲国法制研究》的出版,是伪满洲国法制史研究的重大突破,标志着伪满洲国法制史基础研究领域迈出了第一步。作为伪满洲国史的重要分支,伪满洲国法制史从分散的隶属章节,统合成了一个重要分支学科。

三、《伪满洲国的法治幻象》述评

2015年钟放的《伪满洲国的法治幻象》是伪满洲国法制史第二本专门性著作,此书不同以往伪满洲国史著作篇章编配,颇具宏观视角与创新思维,全书分为七章,相较其他论著,更具专项研究水准,大多章节都如独立论文。钟放是较早研究伪满法制史学者之一,曾发表多篇伪满洲国法制史相关论文,其书目编写也存有之前研究基础。

第一章是伪满法律概说。对伪满洲国法制建立及相关立法、法律机构、人才培养情况进行简述讨论,总括全文。

第二章是基本法与政府机构。伪满洲国基本法相当于宪法性文件性质,主要伪法律包括:1932年伪政府《组织法》、1934年伪帝制《组织法》、1932年伪《人权保障法》等,第二章主要对伪满《组织法》第一章伪执政及伪皇帝进行分析,无论是伪执政或伪皇帝都只是留于纸面的"假契约",溥仪都只是庙堂上傀儡,而日本人才是杀伐决断的"无冕之王"。伪《人权保障法》则为应时法令,日本殖民者想凭借"民主、自由、人权"风潮,掩盖其殖民本质,日本右翼史学家对伪《人权保障法》多有溢美之词,但其宣扬的"民主、自由、人权"则并未惠及东北人民,反之东北人民生活则处于被奴役被压榨的地位,日本侵略者惯于开出"口头支票"来粉饰太平,这种美好"承诺"是无法兑现的。

第三章是行政区划与基层政权。伪满洲国所辖面积超过日本国土面积数倍,为有效控制伪满洲国其行政区划不断被调整,原本的东四省及内蒙古东部,在1939年高峰时期,竟被划分为19个省1个特别市。伪满洲国对主要大城市的控制也相当严格,对伪"新京"(长春)的营建严格遵照伪《城市规划法》执行,注重对城市的分区管理,更紧要的是便于快速控制城市治安。伪满洲国对农村的控制采取了《保甲法》的规定,《保甲法》源于中国封建时期的保甲制度,日本在台湾广大地区进行殖民统治,就曾采用《保甲法》与日本警察联合控制的方法,迅速镇压台湾人民反抗,收效较大,伪满洲国施行《保甲法》,一定程度上借鉴了对台湾的统治经验。

第四章是文化专制与文物掠夺。此章是较有特色的章节,对伪满洲国《出版法》《电影法》等研究论文较多。"满洲映画株式会社"是日本在长春建立的电影产业,为控制东北人民思想及奴化教育所用。伪满洲国《古迹保存法》实则是日本侵略者"掩耳盗铃"之举,东北地区大量文物的流失,与日本侵略者的公开掠夺关系甚大。伪满洲国还颁布了一系列关于殖民教育的法令,鼓吹"日满一德一心",并推行日语教育,通过焚毁进步书籍等行动,推动奴化教育。

第五章是司法统治的严酷取向。可以说伪满洲国刑法及刑法类法令,对东北人民危害最深,法外之法更使人"风声鹤唳",其对人民精神肉体的摧残,可谓丧心病狂。伪《刑法》、伪《刑事诉讼法》,伪治安庭的设立及伪《治安维持法》、伪警察相关法规、伪《思想矫正法》、伪《监狱法》等,构成了伪满洲国刑事法体系,从伪警察、伪法院特殊审判到伪监狱服刑,无半点人权痕迹可言,其只是侵略者的"合法外衣",其中不仅掺杂着殖民地统制经验,也存在大量的法西斯手段,东北人民陷入水火之中。

第六章是社会经济与法律环境。东北地区在清末及军阀当政时期,为避免外国人获取中国土地及资源的物权,进行了一定限制,原有《民四条约》中的"商租权"就是伪满洲国要"调整"的主要问题。伪满洲国通过对"商租权"的调整,使日本侵略者及伪满汉奸获取了大量土地资源及森林矿产等资源。伪满洲国对经济的统制相当严酷,对众多生活必需品都进行了管制,颁布了一系列经济统制法令,连作为粮食的大米也不允许东北人民购买食用,如被伪满当局发现将科以重刑。日本对伪满洲国《民法》进行了日本化移植与改良,日本法学学者将大量在日本无法推行的理论运用在伪满洲国《民法》中,伪满洲国《民法》在立法水准和理论水平上达到了一定高度,甚至有部分领域优于日本《民法》,对 1962 年《韩国民法典》影响巨大。《民法》不同于刑事法律,较少良恶之分,虽然在立法水平上,伪满洲国《民法》属拔群之作,但此法乃侵略者所纂,目的并非维护民权,实施程度也较差。伪满洲国特殊株式会社制度及相关《产业统制法》,是日本掠夺东北资源、垄断重要产业的手段,"一业一社"是日本帝国主义垄断性在东北地区的移植。

第七章是国际法视角下的伪满洲国。伪满洲国并非国际法意义上的新国家,而是日本扶植的傀儡政权,国联调查团对此早有公论,国民党政府也未承认伪满洲国政权,后期基于世界法西斯势力膨胀,尽管有少数国家承认伪满洲国地位但这也并非世界主流,傀儡政权之间的承认,更是“弹冠相庆”。

钟放的《伪满洲国的法治幻象》与《伪满洲国法制研究》出版时间仅隔两年,其研究并非基于《伪满洲国法制研究》,而是有自己独立研究体系,虽未“尽善尽美”,但可圈可点的地方颇多,其所涉领域较为全面,颇具宏观视角,并将关注度较高的研究都引入了书中,《伪满洲国的法治幻象》是研究伪满洲国法制史的重要书籍之一。

四、《日本殖民主义下的满洲国法制》述评

2003 年我国台湾地区“国立”政治大学吴欣哲的《日本殖民主义下的满洲国法制》是我国台湾地区较早的研究伪满洲国法制的专门性论文之一。笔者通过我国台湾地区政治大学博硕论文检索系统搜览到此文,但此文是否为我国台湾地区唯一有关伪满法制史的毕业论文,还有待进一步查证,此文所作年份早于内地伪满洲国法制综合研究成果,亦对伪满洲国法制研究有较大意义。

此文正文部分共五章,与钟放的《伪满洲国法治幻象》章节编配及研究方法有一定相似性。正文第一章是权力机制的确立与“内面指导”。此章通过探寻伪政权实质及权力运行情况,进而探究伪满洲国的“傀儡性”及伪满洲国法令制定情况。

正文第二章是深化统治与地方行政体系。日本侵略者对伪满洲国城市与乡村都进行了紧密控制,吸收了较多日本国内及殖民地“地方治理经验”,如“废藩置县”“保甲制度”“街村制度”,此章旨在探寻其中关联。

正文第三章是权力与司法建设。伪满洲国法制建设需要大量的伪司法人员,因此“人才培养”及司法教育是此章研究重点。另外,日本在伪满“治外法权撤废”,其在政治上及对日本人产生的影响也是此章研究问题之一。

正文第四章是伪政权巩固与刑事立法。伪满洲国为弹压东北人民反抗、维持治安,制定了一系列伪刑事法令,伪满洲国作为日本侵略中国的后方基地,对东北人民的压制极端残酷,此章旨在通过分析伪满洲国司法的实际运作情况,还原日本侵略者的血腥统制。

正文第五章是拓殖政策与民商经济法制。伪满洲国民商法为日本法学家所参与创制,其与日本民商法存在较大联系,而日本为攫取东北地区资源,在名义上须披上“合法外衣”,伪满洲国土地政策法规的变动,与日本关联甚大,日本“特殊会社”制度也是本章研究重要内容。

我国台湾地区“国立”政治大学吴欣哲的《日本殖民主义下的满洲国法制》与钟放《伪满洲国法治幻象》有相似之处,不过钟放的研究较其更加详尽。此文逻

辑严谨,叙述内容翔实中肯,是伪满洲国法制研究的重要研究之一。由于我国台湾地区存有部分伪满洲国法制亲历者,因此对资料的获取要优于其他地区,国民党抗日义士梁肃戎先生的专访资料也难能可贵。

五、《伪满洲国法制特性研究(1932～1937)》述评

2016年哈尔滨师范大学朱云峰的《伪满洲国法制特性研究(1932～1937)》是中国内地第一篇以伪满洲国法制研究为题的硕士毕业论文,全文约8.1万字。此文研究方法与其他伪满法制史研究方法有较大不同,此文着眼于1932～1937年法制研究,并进行了分期研究。通过将伪满洲国法制置于日本殖民地法制研究体系中,具体论述了"伪满洲国殖民地化"问题,提出了伪满洲国殖民地化理论。

伪满洲国殖民地化理论即:伪满洲国的性质并非日本殖民地,而是处于高度殖民地化发展阶段,由于各种迟滞因素影响,日本将中国东北变为其殖民地的企图,直到日本投降都未能全面实现。换言之,伪满洲国的殖民地化性质与中国近代半殖民地性质之间存在局部和整体的关系,局部殖民地进程要比整体的半殖民地进程发展迅速,甚至有脱离中国整体近代半殖民地性质的趋势,但诸多迟滞因子也阻碍了此种由量变向质变的转化。

此文旨在通过对伪满洲国法制发展阶段立法、司法及相关法制事件、案例的分析,结合日本所辖殖民地法制形态,探究伪满洲国法制殖民地化特性理论问题。正文由三个部分构成:

第一部分为伪满洲国法制创建过程(1932～1937年)。该部分将伪满洲国法制分为初创期(1932～1934年)与创成期(1934～1937年)两个阶段,重点分析一些重要法制事件,如伪满洲国初建颁布法律、日本在伪满权力机构整合、伪"帝制"创建、"治外法权"撤废、特殊会社制度等。

第二部分为伪满洲国立法过程及司法机关建制、司法审判实态、伪满洲国民法与日本民法比较。本部分引入了法学案例分析方法,研究的司法审判案例有四,其中包括3个刑事案例、1个民事案例("卡斯配案"为涉外刑事案例,"梨树县私奔案"与"吴四香案"为普通刑事案例,"借贷案"为普通民事案例)。此外,作者运用法条分析方法将伪满洲国民法与日本民法进行了比较,通过对比,凸显伪满洲国民法的某种"独特性"。

第三部分为理论分析,提出了伪满洲国法制的殖民地化特性。本部分为了将殖民地与殖民地化定义加以区分,引入了日本殖民地研究理论,进一步阐述了日本殖民地法制特性,将其与伪满洲国法制作出区分,厘清了两者相互独立、互不所属的平行位阶关系。通过将日据台湾时期法制、日本对"大韩帝国"所施行的殖

民渗透与伪满洲国先期法制及政治作对比,印证了伪满洲国法制的殖民地化性质。

《伪满洲国法制特性研究(1932~1937)》是一篇综合性研究论文,着眼视角超出地域局部,而是将伪满洲国纳入日本殖民体系之下研究,其研究经纬远超硕士论文范畴。此研究为后续的伪满洲国法制史研究打开了另一种研究方式,即在日本殖民法制体系下研究伪满洲国殖民地化问题,并进一步提出了1937~1945年的研究设想。

1937~1945年的法制带有明显的法西斯战争色彩,这一特性打破了殖民法制建设的常规,与前阶段的研究分属不同的研究范畴。1937~1945年的法制研究范围涉及面较广,涉及对与伪满洲国同处战争时期的日本及殖民地(我国台湾地区、朝鲜、关东州、南洋诸岛等)、军事占领下的伪政权(南京汪伪政权、内蒙古蒙疆自治政府等)的法制研究,此阶段以1937年"七七事变"、1941年"太平洋战争"为核心点,军事法西斯统治贯穿了日本统治下的所有地区,较殖民法制更加严酷、独裁。1937~1945年伪满洲国法制史研究,所涉领域广度将远超1932~1937年阶段。

六、结语

对伪满洲国法制史的研究是"14年抗战"体系的补充延伸,也是中国法制史领域的富矿。伪满洲国法制史复杂程度超过近代中国法制史任何时期,日本法源、中华民国法源、日本殖民地法源、法西斯法律等,在伪满洲国皆能找寻到痕迹。伪满洲国法制集日本殖民法制经验大成,是日本殖民主义法律移植的巅峰,也是日本殖民体系崩溃最后的疯狂,中国无异是此体系的最大受害者。

日本对伪满洲国法制研究与伪政权相伴相生,研究成果颇多。但反观作为侵略受害国的中国,伪满洲国法制史研究进展缓慢,值得欣慰的是近年来伪满洲国法制史研究呈现扩大之势,但挑战依然存在。首先,应如何构建伪满洲国法制史研究体系,研究的核心思想如何定位。其次,是否应将伪满洲国法制史编入中国法制史通史当中。伪满洲国法制史既属抗日史范畴,又属东北史领域,涉及日本殖民史,同时又与中华民国史有时间交叉。伪满洲国法制史是中国人民血泪史、耻辱史,但我国有载史之传统,"中国有必申之理"。以史为鉴不避荣辱,释法有义唯公唯允,伪满洲国法制史编入中国法制史问题值得探讨。最后,如何将法学与史学研究方法结合,这是此学科发展的重点所在。其实不仅伪满法制史存在此问题,中国法制史研究也存在此种问题,法制史研究"姓法还是姓史"。以伪满洲国法制史为论题的研究较少,众多伪满洲国史研究论文对伪满洲国法制或多或少均有涉及,但有些论文缺乏法史学研究基础,此类论文如何定位,尚待研究。笔者认为,伪满洲国法制史属近代法制史研究范围,而此阶段近代法制研究体系已经形成,故法学专业化研究输入必不可少,而史学的论述方法可弥补法学论述的不足,史学与法学应当达到一个基本的平衡点,两大学科特点必须都有所凸显。

伪满洲国法制史属正在萌发的小门类研究,但其特殊性赋予其茁壮生长的空间。无论是与日本其他殖民地法制进行时间及空间上的比较,还是与同处法西斯暴政统制阶段的国家或地区作横向比较,抑或是伪满洲国残存下的千余部伪法令,抗日义士及苦难幸存者的控诉,都能支撑起这一小学科的大意义,孤篇寥寥、难支为学,承请同人,共书血史。

(作者单位:哈尔滨师范大学)

断裂与变革:共和国初年的法学译著研究(1949～1965年)

刘　毅

一、断裂:废除旧法统

从“睁眼看世界”的林则徐、魏源为了“悉夷情以制外夷”而组织翻译《各国律例》开始;到洋务运动中“设译馆、译西书”,设同文馆,翻译《万国公法》等大批国际法著作;再到以梁启超为代表的维新派主张“国家欲自强,以多译西书为本”,主持“辑新书、广译书”,引进“日译西学”;再到修律大臣沈家本倡言“欲明西法之宗旨,必研究西人之学,尤必编译西人之书”,并组织大量译介西方法律法学,近代中国的法律翻译和法制转型,毫无疑问是以西方法律法学为目标和方向,开启了“西法东渐”的路径与进程。民国的法制与法学则继续沿着这条移植西法的道路,广泛而深入地译介学习西方法律法学,进而在此基础上建成了“六法全书”的现代法律体系。

但是1949年中华人民共和国的成立改变了这一路径与趋势,因为这不仅是一次政权的更替,也是一场改天换地的革命,意味着新旧道统、政统和法统的更替和革新。新的道统是指共产主义意识形态;新的政统是指人民民主专政;新的法统则是指在彻底摧毁国民党政府旧法统后,根据马克思主义国家与法的理论,按照社会主义法制模式建立起来的全新架构。相较于民国法律对清末变法修律之成果的继承与延续,共和国在法统方面则采取了破旧立新的决绝姿态,显示出新政权之革命立场的坚定与彻底。

"破旧立新"的标志性事件即废除以"六法全书"为代表的国民党旧法统。1949 年 2 月中共中央发布了《关于废除国民党〈六法全书〉和确定解放区司法原则的指示》(以下简称《指示》);同年 4 月,华北人民政府颁发了《废除国民党的六法全书及一切反动法律的训令》。这两个文件确立了共和国法制建设的基础和起点,产生了极其深远的影响。《指示》中宣布:

> "法律是统治阶级公开以武装强制执行的所谓国家意识形态。法律和国家一样,只是保证一定统治阶级利益的工具。国民党的六法全书和一般资产阶级法律一样,以掩盖阶级本质的形式出现,但实际上既然没有超阶级的国家,当然也不能有超阶级的法律,六法全书和一般资产阶级法律一样,以所谓人人在法律方面一律平等的面貌出现,但是实际上在统治阶级与被统治阶级之间,剥削阶级与被剥削阶级之间,有产者与无产者之间,债权人与债务人之间,没有真正共同的利害,因而也不能有真正平等的法权。因此,国民党全部法律只能是保护地主与买办官僚资产阶级反动统治的工具,是镇压与束缚广大人民群众的武器……
>
> 在无产阶级领导的工农联盟为主体的人民民主专政政权下,国民党的六法全书应该废除。人民的司法工作,不能再以国民党的六法全书为依据,而应该以人民的新的法律作依据。在人民新的法律还没有系统地发布以前,应该以共产党政策以及人民政府与人民解放军所已发布的各种纲领、法律、条例、决议作依据。目前,在人民的法律还不完备的情况下,司法机关的办事原则,应该是:有纲领、法律、命令、条例、决议规定者,从纲领、法律、命令、条例、决议之规定;无纲领、法律、命令、条例、决议规定者,从新民主主义的政策。同时,司法机关应该经常以蔑视和批判六法全书及国民党其他一切反动的法律法令的精神,以蔑视和批判欧美日本资本主义国家一切反人民法律、法令的精神,以学习和掌握马列主义毛泽东思想的国家观、法律观及新民主主义的政策、纲领、法律、命令、条例、决议的办法,来教育和改造司法干部。"①

根据这样的原则精神,不仅以"六法全书"为代表的旧法统被废弃,作为旧法

① 中央档案馆编:《中共中央文献选集》(第 18 册),中共中央党校出版社 1992 年版,第 150～153 页。

统之理论来源的“欧美日本资本主义国家”的法学理论和著作,自然也要被扫进历史的垃圾堆,自清末延续百年之久的“西法东渐”就此中断。在此破旧立新时刻,既然不能再效法西洋东洋,则应向何处取经呢?此时别无选择,只有面向北方,学习苏联,引进社会主义法制。这不仅是出于意识形态的考量,也是由当时的政治情势决定的。

在1949年新中国成立前夕,中共中央就决定了外交政策上的“一边倒”方针,即倒向社会主义一边,与以苏联为首的社会主义国家建立密切的外交关系。毛泽东在1949年6月30日发表的《论人民民主专政》①一文中,全面阐述了新中国的态度,提出了“一边倒”的方针。文中指出,“积四十年和二十八年的经验,中国人民不是倒向帝国主义一边,就是倒向社会主义一边,绝无例外。骑墙是不行的,第三条道路是没有的”,“我们在国际上是属于以苏联为首的反帝国主义战线一方面的,真正的友谊的援助只能向这一方面去找,而不能向帝国主义战线一方面去找”。正是基于这样的外交政策和原则,新中国成立初期便与苏联缔结了《中苏友好同盟互助条约》,与苏联和东欧等社会主义国家建立了广泛的外交关系,而同时与美国欧洲等西方国家中断了正式的外交关系。

与此同时,外语教育开始向俄语的全面倾斜,全国上下掀起了学习俄语的热潮。1949年10月北京俄文专修学校正式成立(1955年更名为“北京俄语学院”,现北京外国语大学前身),归属于中共中央编译局。同年12月,华东人民革命大学附属上海俄文专科学校(现上海外国语大学前身)成立。1950年代的中苏关系进入黄金时期,俄语成为具有特殊地位的语言,各地纷纷建立俄文专科学校,或在综合性大学设置俄语专业。1950年中国人民大学等19所高等院校相继成立俄文系、科,中央各部委以及各地党政军系统相继开办了俄文学校和训练班。1952年政务院和军委联合颁发《关于全国俄文专科学校的决定》。全国先后建立了北京俄专、上海俄专、哈尔滨外专等7所俄文专科学校,综合性大学普设俄文系,公共外语大多是俄文,全国初高级中学也多开设了俄语课程,而且课时最高占到了总学时的13.3%。②

此外,大批公派留学生被派往苏联。1950年《中苏友好同盟互助条约》的签订为中国派遣留学生铺平了道路,1951年即有375名学生被公派到苏联留学,此后每年向苏联和东欧国家派遣和交换留学生,并与这些国家的政府相继签订了派遣和交换留学生的协定。“中国科学院档案处保存的文件表明,1951~1958年中

① 《毛泽东选集》(第4卷),人民出版社2003年版,第1468~1482页。

② 刘利民:《新中国俄语教育60年》,载《中国俄语教学》2009年第4期。

国共派出留苏学生7493人,其中包括大学生、研究生、进修教师、进修生、实习生和专科生;69%的留学生学习工科专业,10.6%的学习理科,6.9%的学习农林,3.4%的学习医学,3.2%的学习文科,1.7%的学习文化艺术,1.6%的学习财经。"[①]其中,学习法律的留学生虽然比例很小,1951年首批留苏的法学专业学生只有12人,但其中不乏江平、王叔文、陈汉章、吴建璠这样的为新中国法学研究和法学教育做出重要贡献的开拓者。[②]

二、变革:引入新法制

新中国成立后在法律领域的除旧布新,一方面导致了原有法制与法学的双重断裂,另一方面也开始了新的法学与法制的引入与借鉴,即以苏联为代表的社会主义法学与法制开始通过大量的学术翻译被引入中国。根据《中国法律图书总目》(中国政法大学出版社1991年7月版)的统计,1949~1965年,我国出版俄文法律译著共247种,其中法学理论类63种,宪法类48种,行政法类8种,司法制度类29种,刑法类35种,民法类25种,诉讼法类22种,国际法类17种。[③] 之后在1966~1976年的"文化大革命"时期,中国进入"无法无天"的境地,在"砸烂公检法""停办政法院校"的形势下,基本的法律秩序已经荡然无存,法学与法制同时被扫灭殆尽,法学译著自然亦是一片空白,因此,本文对法学译著和法律引入的讨论只设定在1949~1965年。

社会主义法学和法制在内容与原则上当然与所谓的资本主义(西方)法学和法制大相径庭,但是在移植的方式、条件和过程上却堪称异曲同工。同清末洋务运动和变法修律的模式相类似,共和国初年的社会主义法律移植,同样经历了创办学校、聘请专家、翻译著作、仿建制度等过程,这一次的法律移植虽然在转变程度上或许比不上晚清所遭遇的"三千年未有之变局",但也称得上是一场脱胎换骨的思想与制度的双重变革。

---

① 张久春、蒋龙、姚芳:《新中国初期向苏联派遣留学生》,载《百年潮》2008年第11期。

② 江平(1930~),中国著名法学家,中国政法大学终身教授,1951年入莫斯科大学法律系,1956年毕业回国进入北京政法学院(中国政法大学前身)任教,曾任中国政法大学校长。王叔文(1927~2006),著名宪法学家,中国社会科学院法学所终身研究员,1950年毕业于四川大学法律系,1957年毕业于苏联莫斯科大学法律系。陈汉章(1925~2011),著名民法学家,1951年经组织派遣去苏联攻读法律,1956年毕业于莫斯科大学法律系。吴建璠(1926~2004),著名法学家,中国社会科学院法学研究所终身研究员,1949年毕业于北京大学法律系,1957年毕业于苏联莫斯科大学法律系。

③ 参见刘毅:《他山的石头:中国近现代法学译著研究》,中国法制出版社2012年版,第100~133页。

(一)教学与翻译

中华人民共和国成立初期,在全国院系调整的大背景下,法科院系也随之重新分化组合,民国时期著名的法学院"南东吴、北朝阳"(上海的东吴大学法学院和北京的朝阳大学)分别解散,并入其他院校。1951年设有政法系科的高等学校有:中国人民大学、东北人民大学(现吉林大学)、北京大学、复旦大学、南京大学、武汉大学、厦门大学、中山大学、四川大学等36所。1952年院系调整后,新建了北京政法学院、华东政法学院、西南政法学院,1953年又成立了中南政法学院,截至1956年,在校法科学生达7108人。① 在此时期,中国人民大学各教研室和中国人民大学出版社承担了最主要的法学编译任务,为了移植引进苏联的法学教学经验,中国领导人特请苏联专家按苏联模式建立了中国人民大学法律系,全面模仿苏联的法学教学:"人民大学法律系是新中国法律教育的发源地。初建时的人民大学法律系设四个教研室,在教研室内由苏联专家、翻译、中国教师组成若干小组,由苏联专家通过翻译向中国教师传授苏联法学,中国教师当场记录,课后与翻译一起整理笔记,然后按笔记向学生讲演。后来,这些苏联专家的讲义经过整理、书写成为各大学统一的法学教科书。"②

中国法学教育在此阶段形成了所谓的苏联模式:法学教育立足以马克思列宁主义、毛泽东思想为指导,为巩固人民民主专政,培养了解政策法令和新法学,为人民服务的法律工作干部;教育培养方式是法律院校独立承担法学教育任务,国家统一组织管理;法律职业不是一种专业,法学教育与法律职业是分离的;教育内容是"讲授课程有法令者根据法令,无法令者根据政策……如无具体材料可资根据参照,则以马列主义、毛泽东思想为指导原则,并以苏联法学教材及著述为教授的主要参考资料";教育方法主要是课堂讲授,强调教师的主导性,由苏联专家直接授课或者由经过苏联专家培训的中国法学教师授课。③

这一时期的翻译出版体制也发生了很大的变化,与民国时期的多元化格局不同,在20世纪50年代社会主义改造基本完成之后,先前民间的出版机构和学术

---

① 张友渔主编:《中国法学四十年:1949~1989》,上海人民出版社1989年版,第2页。

② 例如,苏联科学院法权研究院科学研究者集体编著:《国家与法权理论》,中国人民大学马列主义关于国家与法权理论教研室译,中国人民大学1953年版;另参见[苏联]尼·格·亚历山大洛夫:《国家与法权理论提纲》,中国人民大学马列主义关于国家与法权理论教研室译,中国人民大学1954年版;[苏联]沃也沃金编:《苏维埃国家与法权史》,中国人民大学国家法教研室译,中国人民大学出版社1951年版;中国人民大学国家法教研室编译:《苏维埃国家与法权史讲授大纲》,中国人民大学出版社1951年版;[苏联]加恩金著:《苏维埃国家与法权基础提纲》,中国人民大学马列主义关于国家与法权理论教研室译,中国人民大学出版社1955年版。

③ 冀祥德:《论法学教育中国模式的初步形成》,载《法学论坛》2011年第5期。

团体已经不复存在,而是代之以国营的出版社。民国时期有所谓五大民营书局:商务印书馆、中华书局、世界书局、大东书局和开明书局。其中,商务印书馆和中华书局分别于1954年由上海迁至北京,完成了公私合营改造,继续留存;开明书局1953年4月同青年出版社合并,组成中国青年出版社;1954年大东书局按其出书类别,分别并入各公私合营出版社,世界书局则于1950年停业。译者方面也不再有自由的知识分子和体制外学者,而是国家机关的工作者和大学的教研室成员,其中最富特色的是集体译者的出现,即译著的署名不再是个人,而是某研究所、教研室或政府机关内部的编译室。在出版社方面以中国人民大学出版社、人民出版社、法律出版社等贡献最多,集体译者有:中国人民大学国家法、国家与法权理论、民法、刑法、国际法等教研室,中国人民大学研究部编译室,复旦大学法律系国家与法的理论历史教研组,中央人民政府法制委员会编译室,全国人民代表大会常务委员会编译室等官方或准官方机构。

(二)理论与制度

在移译苏联法学的基础上,新中国开始重新出发,建构社会主义法学和法制。苏联社会主义法学虽然相比西方国家仍显教条、粗糙、落后,但是其在一定程度上借鉴了西欧法律(如罗马法)的传统,在法律体系和技术层面上,仍属于现代西方法律的范畴。例如1964年生效的《苏俄民法典》,该法典在形式结构方面基本上依循了古典民法的观念,包括"总则"和"基本原则"以及"法律行为"等篇章,甚至"有许多处抽象的概念性的倾向更甚于《德国民法典》"。① 因此,在法学理论层面上,经由苏联移译而来的社会主义法学,仍具备一定的西方现代法学的色彩,可以与清末民国以来的法学传统相连接。但是在法制建设方面,我们对法律制度的认识和重视程度还远不及苏联。正如比较法学家所指出的,中华人民共和国的法律属于社会主义法系,但是有很多明显的特殊之处,例如在苏联,法律被认为是调整和组织经济与社会生活的重要工具,但是中国却曾在很长时间里认为太多的法律反而会压抑社会进程中的自发精神,因此在中国,除了1950年的婚姻法,20世纪70年代以前根本没有任何民法方面的法典编纂。② 但是与此同时,关于苏联民法方面的译著却有26种之多,内容涉及民法总论、法律行为、诉讼时效、买卖合同、行纪合同、遗嘱继承等方面。由此可见,这一时期因译介移植而形成的法学理论,与作为制度建构的法律制度之间,并非一一对应和齐头并进的,总体来说,法学理

---

① 冀祥德:《论法学教育中国模式的初步形成》,载《法学论坛》2011年第5期。

② [德]K.茨威格特、H.克茨:《比较法总论》,潘汉典、米健、高洪钧、贺卫方译,法律出版社2003年版,第451页。

论方面的发展更为全面一些,而法律制度的建构仅体现在有限的几个领域。① 以下将结合法学译著、法学理论与法律制度三方面的成果展开论述。

社会主义法学的形成首先体现在法学理论和思想上,先前源自西方的所谓资产阶级启蒙思想的法律理论被彻底抛弃,代之以马恩列斯革命领袖的法律思想、无产阶级国家学说、国家与法权等理论。在1949~1965年,有大批的"马列主义关于国家与法权理论""苏维埃国家法"和"苏维埃国家与法权理论"为主题的俄语政治学法学著作被译为中文出版,②成为当时法学理论教育的学习大纲与权威读本,继而被改编进入中国的法学理论教材,成为影响深远的主流意识形态与法学思想。值得一提的是,对于马克思主义法学理论的理解和解释,在苏联的社会主义建设初期,经历过以帕舒卡尼斯为代表的"法律虚无主义"和以维辛斯基③为代表的"法律工具主义"(或"法律规范论")之间的争论,维辛斯基的解释最终成为官方钦定的正统理论,即认为"在从资本主义脱胎出来的社会中,将法律作为一种管理手段,作为调整社会关系的工具以及作为控制和规定工作与消费数额的方法加以保留是完全必要的","法律是统治阶级意志、以立法形式所规定的行为规范以及为国家权力所认可的社会生活规范与惯例的总和。这些规范的适用以国家强制力作保障,以确保、加强和发展符合统治阶级利益的社会关系与社会条件"。④ 维辛斯基的法律概念与法学理论经由译著进入教材,在很长时间内成为我国法学理论的正统概念与主流思想,影响深远。⑤

---

① 根据学者的研究,这一阶段制定的重要法律、法令或规范性法文件大体可分六类。一是宪法类法律,包括起临时宪法作用的《共同纲领》和1954年《宪法》;二是国家机构组织法和选举法;三是关于当时社会变革和巩固政权的法律、法令;四是社会法;五是民族法;六是从立法的角度看,属于立法法范畴的规范性法文件等。参见周旺生:《中国立法五十年》,载《法制与社会发展》2000年第5期。

② 根据本文的统计,1949~1965年,中国译介苏联的法学理论译著有56种,具体可分为"革命领袖关于国家与法的学说""国家与法权理论""国家与法的概念""苏联法律""苏维埃法权史"等类别。

③ 安德烈·雅努阿列维奇·维辛斯基(1883~1954年)作为斯大林时代的功勋法学家,曾历任莫斯科大学教授、莫斯科大学校长、苏联科学院法学研究所所长、苏联科学院院士、苏联总检察长和外交部长,他的主要著作均被译为中文出版,对包括中国在内的社会主义国家的法学理论产生了广泛影响。参见王志华:《苏联法学家的命运(二)——维辛斯基非同寻常的一生》,载《清华法治论衡》2009年第2期。

④ [苏联]维辛斯基:《国家与法的理论问题》,法律出版社1955年版,第72~76页。

⑤ 维辛斯基的中文译著主要有:《列宁论无产阶级革命与国家》,林秀译,时代出版社1950年版;《列宁斯大林关于革命与国家的学说》,李少甫译,中华书局1949年版;《斯大林的社会主义国家学说》,徐芝延等译,人民出版社1953年版;《国家与法的理论问题》,法律出版社1955年版;《苏联社会主义法律》,万叶译,三联书店出版社1949年版;《苏维埃法学中的几个问题》,石健译,法律出版社1955年版;《苏联公民的基本权利和义务》,沈大准译,商务印书馆1949年版;《苏联选举法问题》,中央人民政府法制委员会编译室译,人民出版社1954年版;《苏联选举制度》,张子美译,商务印书馆1951年版;《苏联法院和检察机关》,张子美译,商务印书馆1949年版;《苏维埃法律上的诉讼证据理论》,王之相译,法律出版社1957年版等。

在宪法领域,苏联法学和制度的影响更是显而易见的。我们知道,中华人民共和国成立初期,在制定宪法和宪法性法律方面取得了比较可观的成就。除了《共同纲领》和1954年《宪法》,还有《政协组织法》《中央人民政府组织法》《全国人大组织法》《政务院及所属各机关组织通则》《国务院组织法》《大行政区人民政府委员会组织通则》《地方各级人大和各级人民委员会组织法》《城市街道办事处组织条例》《城市居民委员会组织条例》《法院组织法》《检察院组织法》《中央人民政府委员会选举办法》《全国人大及地方各级人大选举法》等宪法性法律,特别是1954年《中华人民共和国宪法》的颁行,确立了我国社会主义宪法的基本理念和政权体系,标志着新中国立宪任务的初步完成,具有重要的现实和历史意义。在这样一个大规模制定宪法性法律的过程中,有大量关于苏联宪法的著作被译成中文,成为学术研究和制定法律的重要参照。这些译著包括苏联宪法历史研究①、宪法理论概述②、公民的基本权利和义务③以及选举制度介绍④等。有学者研究指出,我国五四宪法仿照了苏联1936年的宪法结构,总纲、国家机构和公民的基本权利和义务三章中不少内容都明显地参考了苏联宪法的有关规定,甚至有的条文的行文措辞也与苏联宪法相差无几。⑤ 而从中国宪法发展史的角度来看,五四宪法——特别是与之后的七五宪法和七八宪法相比——不仅得到了高度评价,而且深刻影响了八二宪法并奠定了共和国宪法发展的基础和方向。

---

① 包括:[苏联]绥敏诺夫:《苏联宪法的发生与发展》,姚宝奎译,中华书局1950年版;《一九一八年苏俄宪法》,中国人民大学出版社1951年版;《一九二四年苏联宪法》,中国人民大学出版社1951年版;[苏联]杰尼索夫:《苏维埃宪法及其发展史》,人民出版社1953年版;[苏联]杰尼索夫:《苏维埃宪法及其历史发展》,法律出版社1955年版;[苏联]罗宁:《第一个苏维埃宪法1918年苏俄宪法制定史述要》,中国人民大学出版社1956年版;[苏联]斯图坚尼金主编:《苏维埃宪法史文件汇编1917~1957》,中国人民大学出版1958年版。

② 包括:[苏联]加列瓦:《苏联宪法教程》,五十年代出版社1950年版;[苏联]卡尔宾斯基:《苏联宪法通论》,人民出版社1951年版;[苏联]杰尼索夫:《宪法》,人民出版社1954年版;《苏联宪法通论》,高林瀚、李秀明译,中国青年出版社1954年版等。

③ 包括:[苏联]维辛斯基编著:《苏联公民的基本权利和义务》,商务印书馆1949年版;[苏联]卡尔宝斯基:《苏联公民的基本权利与义务》,中华书局1949年版;[苏联]马曼斯基:《苏联公民的伟大权利和基本义务》,时代出版社1954年版;[苏联]伊万诺夫:《苏联公民的基本权利和义务》,中国青年出版社1954年版等。

④ 包括:徐步衡译:《苏联最高苏维埃选举法规》,大众法学出版社1950年版;[苏联]维辛斯基编:《苏联选举制度》,商务印书馆1951年版;[苏联]列文等:《选举、选举制度》,人民出版社1953年版;[苏联]维辛斯基:《苏联选举法问题》,人民出版社1954年版;[苏联]柯杰夫:《苏维埃选举制度是世界上最民主的选举制度》,中国青年出版社1954年版等。

⑤ 孙光妍、于逸生:《苏联法影响中国法制发展进程之回顾》,载《法学研究》2003年第1期。

1954年随着《中华人民共和国法院组织法》和《中华人民共和国检察院组织法》的颁行,源自苏联社会主义法系的法院和检察院体制就此确立,在此阶段,关于苏联司法制度与理论的著作被系统地翻译引进我国,成为建立新中国司法体制的理论指南。① 该体制与民国的司法体制相比,也同样称得上断裂与变革。首先,"人民法院"不同于民国的法院或审判厅,前者有"人民陪审员""人民调解"等具有社会主义特色的新制度,同时法院与法官的角色以及司法同政治的关系都与民国时期大相径庭。更重要的是,引自苏联的检察院体制,更加鲜明地体现出新时代的制度特色与苏联的影响。苏联在1922年设总检察署,该机构早在彼得大帝时期便存在过,那时被称为"君主的眼睛"。苏联的检察机构是一元化的垂直领导机构,它独立于国家行政系统的所有地方机构,检察官只接受来自上级的命令和指示,因此具有较高的独立性和权威性,在整体国家机构体系中处于相对超越的地位。② 中华人民共和国的司法体制基本上仿自苏联模式,而且同样在宪法中明确规定人民检察院和人民法院并列为司法机关,人民检察院还被赋予了检察监督的职能和权力。这种具有明显社会主义法系特色的人民检察院制度,可谓源于苏联的制度创新,③该项制度同时亦为中国接纳转化,并延续至今。

(三)部门法学

如前所述,中华人民共和国成立初期的立法仅局限在宪法和宪法性文件(包括国家机构组织法和选举法)几个方面,而在作为现代法律体系中最为核心的民商法律、刑事法律和诉讼法律等方面都近乎于空白立法。因此这一时期国家的整体治理状况处于"无法可依"的局面,国家治理主要依靠政策、指令、意识形态,甚至是政治领导人的讲话精神等,整个时代和社会缺乏法治精神的熏陶和法治观念的培养。不过,在1949~1965年,民法、刑法、诉讼法、行政法以及国际法的译著仍有可观的数量

---

① 根据本文的统计,关于司法制度(包括法院、检察院)的苏联译著有27种,有代表性的译著包括:[苏联]苏达里可夫:《马克思列宁主义关于法院和法制的理论》,王之相译,人民出版社1953年版;《苏联各盟员共和国及自治共和国法院组织法》,王相之译,新华书店1950年版;《苏联最高法院组织条例苏联检察监督条例》,杨文良等译,法律出版社1957年版;[苏联]卡列夫:《苏维埃司法制度》,赵涵舆等译,法律出版社1955年版;[苏联]郭列夫:《苏联的司法》,陆丰译,作家书屋1951年版;[苏联]高里亚柯夫:《苏联的法院》,张君悌译,人民出版社1951年版;[苏联]卡列夫:《苏维埃法院组织》,法律出版社1955年版;[苏联]卡列夫:《苏联法院和检察署组织》,刘超志等译,中国人民大学出版社1957年版;[苏联]卡列夫:《苏维埃法院和检察机关》,徐立根译,法律出版社1955年版。

② [德]K.茨威格特、H.克茨:《比较法总论》,法律出版社2003年版,第466页。

③ 关于苏联检察体制的译著,主要包括:[苏联]列宁:《列宁论检察制度与监察工作》,新华书店出版社1949年版;[苏联]高尔谢宁:《苏联的检察制度》,陈汉章译,法律出版社1955年版;[苏联]别里鸠根、什维采尔:《民事诉讼中的检察长》,王更生译,法律出版社1955年版;[苏联]奥尔洛夫、列别金斯基编:《苏联检察制度史重要文件汇编》,党凤德等译,法律出版社1955年版等。

和规模，这些译著所承载的制度和理念，通过法学教育和研究，被植入一代法律人的头脑中，也正是通过译介，源自苏联（在一定程度上也可溯源至罗马法和欧洲启蒙运动的）现代法律观念和制度，才有了转换为当代中国的法学概念、法律术语和法制理念的可能，从而在特定时代下潜移默化地接续了近代以来法律现代化的知识和学术脉络。

在刑法领域，主要翻译了苏联的刑法总则、刑法分则、刑法原理、犯罪学等著作，①其中的很多基本理论和概念对当代中国刑法依然有效或有影响，甚至中国刑法的立法体例和教科书模式仍保留有一定的苏联色彩。

民法领域的译著也涵盖了从苏联民法典、民法总论、合同、继承、法律行为、契约责任等很多方面。② 如前所述，苏联民法典和民法理论在很大程度上接续了罗马法以来的欧陆法学传统，在基本理论、专业术语和法律原则等方面并没有太多意识形态色彩，而是比较中性地移植借鉴了欧陆的民法学术体系。因此，尽管中华人民共和国成立初期在民法领域的立法实在乏善可陈，但是随着苏联民法译著的出版以及相应的法学教育的展开，民法理论和学术却在当时几近荒芜的民法学田野上埋下了一些学术的种子。

诉讼法领域的译著虽然数量不多，但也涵盖了法典、概论、民事诉讼、刑事诉讼、证据理论、庭审程序以及律师在诉讼中的作用等诸多方面，③较为全面地展现

---

① 主要有：［苏联］贝斯特洛娃：《苏维埃刑法总论》，中央人民政府法制委员会1954年版；［苏联］契柯瓦则：《苏维埃刑法总则》，中国人民大学出版社1954年版；苏联司法部全苏法学研究所编：《苏维埃刑法分则》，法律出版社1956年版；［苏联］盖尔采仲等：《苏联刑法原理》，陈鼎雄、孙高译，新民编译社1950年版。

② 主要有：中央人民政府法制委员会编：《苏俄民法典》，新华书店1950年版；［苏联］布拉图斯等编著：《苏维埃民法》，法律出版社1956年版；［苏联］谢列布洛夫斯基：《苏联民法概论》，赵涵舆译，人民出版社1951年版；（［苏联］诺维茨基：《法律行为诉讼时效》，康宝田译，中国人民大学出版社1956年版；［苏联］郝鲁菲娜：《苏维埃社会主义民法中合同的意义和本质》，郑华、李世楷、方蔼如译，法律出版社1956年版；［苏联］卡巴尔金：《苏维埃民法中的买卖合同》，陈忠诚译，法律出版社1956年版；［苏联］安吉莫诺夫、格拉维：《苏维埃继承法》，李光谟、贾宝廉、潘同龙译，法律出版社1957年版等。

③ 主要有：《苏俄民事诉讼法典》，法律出版社1955年版；《苏俄刑事诉讼法典》，法律出版社1962年版；克林曼：《苏联民事诉讼法概论》，张文蕴译，人民出版社1951年版；［苏联］杜尔曼诺夫：《苏联刑事诉讼法概论》，赵涵舆译，人民出版社1951年版；［苏联］阿布拉莫夫：《苏维埃民事诉讼》，中国人民大学民法教研室译，中国人民大学出版社1954年版；［苏联］切里佐夫：《苏维埃刑事诉讼》，中国人民大学刑法教研室译，法律出版社1955年版；［苏联］维辛斯基：《苏维埃法律上的诉讼证据理论》，王之相译，法律出版社1957年版；（［苏联］克林曼：《苏维埃民事诉讼中证据理论的基本问题》，马绍春、王明毅、陈逸云译，中国人民大学出版社1957年版；［苏联］安契莫诺夫、盖尔仲：《苏维埃民事诉讼中的律师工作》，李世楷译，法律出版社1957年版；［苏联］高里雅柯夫等：《苏维埃刑事诉讼中的律师》，方蔼如译，法律出版社1957年版；［苏联］格罗津斯基：《苏维埃刑事诉讼中的上诉审和监督审程序》（增订第2版），王更生、卢佑先译，中国人民大学出版社1956年版；［苏联］拉洪诺夫：《苏维埃刑事诉讼中证人的证言》，董镜苹、俞康勤译，法律出版社1956年版等。

了民事诉讼法和刑事诉讼法的基本理论与制度。但遗憾的是,中华人民共和国成立以后特别是在1954年宪法和法院组织法、检察院组织法颁行之后,中国并未相应地建立起民事诉讼和刑事诉讼法律制度,实践中主要是适用《法院组织法》《检察院组织法》和最高法院的内部指导性规定。其中,民事诉讼程序主要包括:1956年10月最高人民法院制定的《关于各级人民法院民事案件审判程序总结》、1957年最高法院在《总结》的基础上制定的《民事案件审判程序(草案)》以及1963年最高人民法院在第一次全国民事审判会议上提出的《关于民事审判若干问题的意见》等。

在国际法领域,如前所述,由于中华人民共和国成立后在外交上采取"一边倒"的战略,因此国际法的著作完全是对苏联国际法理论的译介,主要包括国际公法和国际私法的两部分。① 这些译著所奠定的新中国国际法理论格局,在很大程度上形成了我国外交政策的初始路径,例如强调国家主权原则的优先性,强调不干涉别国事务原则等。不过由于共和国初年在外交上的相对封闭格局,国际交往非常有限,因此国际法和国际私法可发挥的空间亦十分有限,国际经济法则更是基本派不上用场,作为学科和部门法的国际公法、国际私法和国际经济法直至改革开放之后才真正建立并得以蓬勃发展。

三、反思:革命与法治

断裂与变革,是共和国初年法学译著的显著特征,所反映的正是社会主义革命带给近现代中国法制转型的冲击与影响,更值得反思的是革命与法治之间的关系。一方面,革命与法治有着完全不同的特征和属性,革命崇尚暴风骤雨、摧枯拉朽,除旧布新、改天换日,而法治则讲求点滴积累、循序渐进,延续传统、遵循先例。另一方面,革命与法治并非矛盾的对立体,而是可以相辅相成的关联体,因为革命所创生的新秩序,需要法律来维护并使之常态化。革命本身具有"创新性、开端和

① 主要包括:[苏联]柯席乌尼科夫:《斯大林论现代国际法的基本原则》,钱克新译,世界知识出版社1950年版;[苏联]盖杜科夫:《斯大林论国际合作与国际条约》,中国人民大学国际法教研室译,编者印1953年版;[苏联]柯罗文:《国际法》,世界知识出版社1959年版;[苏联]柯席夫尼可夫:《国际公法研究提纲》,中国人民大学出版社1950年版;[苏联]柯罗文等:《国际法国际私法》,王庶译,法律出版社1955年版;[苏联]柯热夫尼柯夫:《苏维埃国家与国际法》,张瑞祥等译,中国人民大学出版社1955年版;[苏联]隆茨:《国际私法》,顾世荣译,人民出版社1951年版;汪毓源、徐步衡编译:《苏联国际私法》,三民图书公司1950年版;[苏联]别列切尔斯基:《国际私法的体系》,中国人民大学出版社1953年版等。

暴力”[①]之意,但是革命的目的并非不断革命,不断地除旧布新,而是将革命的成果予以巩固和发展,使社会发展跃上更高的层次。那么在革命之后,就需要法律的治理,建立法治的秩序,用法治来维护社会的进步。而法律则不可能是横空出世的,即便是移植的法律,也要契合本国的传统与习惯,更要契合现代社会的政治与经济发展的趋势与要求。

通过对共和国初期的法学译著研究,我们可以清晰地看到,自清末开始移译西方法学所形成的知识和制度传统,因社会主义革命形成了巨大的断裂,虽然这一时期的法学和法制依然是采用移植借鉴甚至是拿来主义的方式,但是由于移植和“拿来”的渊源完全不同,由此而形成了法律理念、法律制度以及法律职业和法律人才的断层和转向,这意味着清末变法、民国共和以来的政治法律思想和制度上的层层积累和演进,被政治和意识形态革命的坚决性和彻底性所否定和摧毁。这样的决绝和彻底,也许在当时看来是足够“革命”的体现,但是站在更长的历史文化维度上观察,法律观念和制度作为一种社会文化和“上层建筑”,必定有其特殊的意义连贯性和制度延续性,法律制度的成长与法治文化的发育特别需要时间的积累和社会的演进。因此,由于革命浪潮冲击之下导致的法律思想与制度的断裂,给新中国的法制建设造成的影响就是,先前半个多世纪的法制探索和积累成为“沉没成本”,法律现代化的事业开始另起炉灶,重新出发,法治的基础和资源因而显得薄弱和匮乏。

此外,我们也看到,共和国初年的法学翻译事业还是取得了一定的成果,这些法学翻译的成果最终转化和体现为1949~1965年(“前十七年”)的法制建设成就,即社会主义法制的初步形成,以及围绕俄语译著所形成的法学和法律人才的初具规模。尽管“前十七年”的治国模式仍是政治挂帅为主,但是基本的法律制度架构和相对现代的法律理念还是在不断发展之中。特别值得指出的是,尽管苏联社会主义法学理论和法律制度具有很强的原创性和革命意义,但是就其思想渊源和价值底色来说,还是有着较为明显的源自罗马法传统的欧洲色彩,特别体现在民法中,这也在一定程度上接续了20世纪上半叶的西法东渐的法律现代化脉络。而且在这一时期,西方法学的译著虽然很少,但并未断绝,仍有少量的西方启蒙思想家的政治法律译著出版发行,因此自有其影响。[②] 但不幸的是,“文化大革命”开启了法律虚无主义的时代,这个时期的法学译著同法学理论和法律制度一

① [美]汉娜·阿伦特:《论革命》,译林出版社2007年版,第35页。

② 主要包括:[法]卢梭:《社会契约论》《论人类不平等的起源和基础》;[法]孟德斯鸠:《论法的精神》;[英]哈林顿:《大洋国》;[英]詹宁斯:《英国议会》;[英]拉斯基:《美国总统制》等。

样彻底消隐,退出了历史舞台。

尽管改革时代的中国法治建设在很大程度上接续了清末民国以来师法西方的传统,并进而与世界接轨,融入全球化的进程之中,但是仍不可忽视这一时期经由译介移植所确立的社会主义法学和法制的深刻影响,甚至可以说,后者成为了前者的路径依赖,即改革时代的法学与法制在一定程度上是从革命时代的法学和法制出发的,虽然已经历了30余年的发展演进,但依然有着革命时代的些许色彩和烙印,例如在宪法和司法体制中人民检察院的特殊地位和职能,例如刑事诉讼中公检法三机关的权责分配等,这些都是当下以及未来中国法治改革所要面临的现实问题。

最后,对于法学、法制以及法学译著的评价标准,尽管各个时代或有不同,但是站在中国文明现代转型的宏观视角来看,则应以是否有助于中国法治现代化作为普遍化的终极性的标准。由是观之,共和国初年的法学译著,以及借此形成的社会主义法学与法制,有着非常鲜明的时代特色和局限性,同时也为今天的法治建设提供了重要的基础和参照,值得我们深刻反思。

(作者单位:北京理工大学)

2017年法律史研究回顾

管笑雪　刘佳芸　袁　也

本目录是三位编者的合编成果。希望通过2017年这个瞬间,管窥当代中国法律史学的发展状态,知道哪些学者在做研究,在做什么样的研究,这些研究在往哪里发展,发展到什么样子了。

一位我们很尊重的学界前辈说过:“事在人为。人多,成果多,成果优秀,学科就强。反之反是。”笔者同意这个观点,是的,事在人为。

我们的编辑工作是这样开展的,先确定一个基本思路,遵循这一思路,由一位编者负责法学类刊物,一位负责史学类刊物,另一位负责综合类刊物和学报。由于刊物太多,还有各种排名,排名不见得科学,也经常变,我们没法免俗,时间能力有限,只选择了法学类、史学类、综合类、学报CSSCI排名各前20位的刊物。

法学类刊物包括:《中国法学》《法学研究》《中外法学》《法商研究》《清华法学》《法学家》《法学》《法治与社会发展》《当代法学》《法律科学(西北政法大学学报)》《现代法学》《政法论坛》《法学评论》《比较法研究》《政治与法律》《行政法学研究》《华东政法大学学报》《环球法律评论》。

史学类刊物包括:《历史研究》《近代史研究》《中国边疆史地研究》《史学月刊》《中国史研究》《中国经济史研究》《清史研究》《文史》《中国社会经济史研究》《史学集刊》《史林》《安徽史学》《历史档案》《中国历史地理论

丛》《古代文明》《世界历史》《中华文史论丛》。

综合类刊物包括:《中国社会科学》《开放时代》《学术月刊》《社会科学》《南京社会科学》《江海学刊》《探索与争鸣》《社会科学研究》《思想战线》《学术研究》《学海》《江苏社会科学》《学习与探索》《广东社会科学》《人文杂志》《江汉论坛》《社会科学战线》《文史哲》。

高校学报包括:《中国人民大学学报》《华中师范大学学报(人文社会科学版)》《清华大学学报(哲学社会科学版)》《南京大学学报(哲学·人文科学·社会科学)》《北京大学学报(哲学社会科学版)》《复旦学报(社会科学版)》《厦门大学学报(哲学社会科学版)》《中山大学学报(社会科学版)》《湖南师范大学社会科学学报》《河南大学学报(社会科学版)》《山东大学学报(哲学社会科学版)》《西南大学学报(社会科学版)》《南开学报(哲学社会科学版)》《上海师范大学学报(哲学社会科学版)》。

由于我们选择的范围有限,既不包括各种论著,也不包括各种论文集、定期出版物中的论文,各种国际、国内学术会议上公布的论文,各种报刊上的论文,以及其他非正式发表的论文,因此,这个目录中所包含的法律史论文,可能只占2017年全部法律史论文的一半,日本和我国港澳台地区等地的论文,更仅就陋见所及,挂一漏万,绝非全目。

2015年和2016年,也有朋友做过法律史论文的年度目录,范围只限于法学期刊,并据以推出了“高产作家”的“英雄榜”。这些目录编得比我们的目录更漂亮,更简洁,争议很小,或基本没有争议。在法学刊物上,法律史论文是一目了然的,一些法学刊物根本不刊发法律史论文,一些刊物有明确的栏目名称,一些刊物有明确的编辑分工,只要看文末责编是谁,就可以锁定无误。

笔者不太喜欢这种编选方式,有一些独特的想法,认为“只有去走走,才知道世界有多大”。我们将法律史论文大致分为四类:一是立法、审判、监察、纠纷解决程序、典型案件等研究;二是礼制研究、与法律有关的风俗和习惯及其关系等研究;三是法律机构、部门、职务、职能等研究;四是法律人物、书籍、碑铭、文字、思想、教育、宣传、考试等研究。研究对象范围原则上限于1949年以前。

实际做的时候,问题就出来了。过去几十年,法律史研究未能摆脱《刑法志》的旧框架,虽对刑律、刑案、刑罚、刑事程序进行了密集的研究,但对吏政、民政、礼制、军政、工程等领域的法制则研究较少,尤其是对经济领域中的土地、税役、货币、盐政、漕运等规范和案件,礼制领域中的祭祀、冠服、封爵、宗室等“五礼”(吉嘉军宾凶)问题都很少关注,工程领域就更不用说了。

这种自我局限使一些课题看起来与法律史既像有关又像无关,如《财政变局、省区博弈与晚清国家治理能力——以咸同年间湖南盐政为中心》《北宋河道巡查管理机制初探——以黄河、汴河为中心》《华洋如何同税:近代所得税开征中的外侨纳税问题》《清代前期京城市场上的双轨制》等论文,虽与盐政、河政、漕运、税制等领域的法律规范有密切的关系,但从选题角度看,却更侧重经济史,从法律史的角度看,味道有点怪,然弃之可惜。

对于有些作者原本未从法律史着眼,而是从法理学或国际法着眼的文章,我们毫不犹豫地将它们收入目录,以体现目录的开放性,也为今后进一步拓展视野提供空间,如《西方近代自然法观念的历史流变》《西耶斯对卢梭的隐匿批判——论西耶斯的主权理论》《从中琉关系变迁看东亚国际法秩序的嬗变》等。

对于那些虽然以案件为中心,讨论的内容却与法律史基本无关的文章,我们并未收录,如《企业利益、政府决策与外交协调——对汉冶萍公司订购电机案的考察(1914～1918)》。对一些史料校雠类的,内容与法律关系不大的文章,我们也未收录,如《〈宋会要辑稿〉系年补校二则》《敦煌社邑文书校读札记三则》等。

初始编选尺度稍宽,第一稿完成后采取交换互删的方法,编者一的初目,由编者二、三删去不合适的条目,依此类推。为了体现工作的全过程,我们把删去的条目附在后面。可能一些读者会认为,被选入的某些条目,完全与法律史无关,或者认为,被删去的某些条目其实与法律史有关,如果您能提出这样的意见,我们将非常荣幸和感激。

我们的工作肯定是相当粗略的,受到一些批评,是难免的,也是应该的。有时候连我们自己都会吵起来,尤其是关于礼制的内容,有编者认为"凡礼必收",有编者则认为"涉法才收"。还没见到硝烟的影子,我们自己已经先在战壕里扭打过一阵了,如果能得到学界同人的一些批评,我们将非常高兴,这将是对我们的莫大帮助。

各位师长同人如果对我们的编选有任何批评、意见、建议,请写信给我们,在此向您表示诚挚谢意,我们将在今后的工作中汲取您的宝贵意见,争取改进和提高。

笔者对刊物进行了分类和排序,以便读者了解目前刊物刊发法律史论文的情况,后附作者索引,以便于读者了解法律史作者的整体阵容。

一、法学类刊物目录

序号	论文	作者	期刊
1	简牍所见秦县少吏研究	朱腾	中国法学 2017年第4期
2	以古代中国与日本为中心的中华法系之律家考	何勤华	中国法学 2017年第5期
3	《大清新刑律》编纂过程中的立法权之争	陈新宇	法学研究 2017年第2期
4	唐律中的“余条准此”考辨	刘晓林	法学研究 2017年第3期
5	《印中搜闻》与19世纪早期西方人的中国法律观	李秀清	法学研究 2017年第4期
6	明清时期地权秩序的构造及其启示	汪洋	法学研究 2017年第5期
7	周秦两汉法律“布之于民”考论	徐燕斌	法学研究 2017年第6期
8	《中国评论》与十九世纪末西方人眼中的中国司法	李秀清	中外法学 2017年第1期
9	政治性宪法审查批判——以巴黎高等法院的注册和谏诤为中心	王建学	中外法学 2017年第2期
10	《大清会典》与清代“典例”法律体系	陈灵海	中外法学 2017年第2期
11	议会主权的“国家理由”英国现代宪制生成史的再解读(1642～1696)	于明	中外法学 2017年第4期

续表

序号	论文	作者	期刊
12	论欧洲法学思想中秩序的概念	乌尔斯·金德霍伊泽尔、陈璇	中外法学2017年第4期
13	与中国相遇的现代早期西方法哲学规范性、权威和国际秩序	屠凯	中外法学2017年第5期
14	《周礼》所确立的诉讼证明制度考论	程政举	中外法学2017年第5期
15	先秦刑余之人考论:形象、制度与观念	李平	法商研究2017年第2期
16	融贯中西:民初行政审判中的规则适用——以《平政院裁决录存》为中心的考察	吴欢	法商研究2017年第4期
17	司法民族主义(1922～1931):司法的政治参与、进程与意义	江照信	清华法学2017年第1期
18	维也纳体系与君宪信念的持久性:以康有为为例	章永乐	清华法学2017年第3期
19	论中世纪城市法的学理化进程	高仰光	清华法学2017年第4期
20	博丹与普遍法的"国家"转向	孔元	清华法学2017年第5期
21	面对社会问题的自然法——论法律社会化中的自然法学说变迁	朱明哲	清华法学2017年第6期
22	攻法子与"法系"概念输入中国——近代法学史上的里程碑事件	陈灵海	清华法学2017年第6期
23	《大宪章》成因考	何勤华、王涛	法学家2017年第1期
24	律师职业化如何可能——基于古希腊、古罗马历史文本的分析	黄美玲	法学家2017年第3期

续表

序号	论文	作者	期刊
25	唐律中的"罪名":立法的语言、核心与宗旨	刘晓林	法学家 2017 年第 5 期
26	"矜弱"的逻辑:清代儿童致毙人命案的法律谱系	景风华	法学家 2017 年第 6 期
27	对法治与改革关系的历史解读——以古希腊法为中心的考察	胡骏	法学 2017 年第 1 期
28	论明清徽商诚信规则体系及现代借鉴	杨峰、潘拥军	法学 2017 年第 1 期
29	古代保密法:漏泄罪与间谍罪	闫晓君	法学 2017 年第 2 期
30	服制与清代法律适用的基本模式——从"服制如何定罪"切入	杜军强	法学 2017 年第 4 期
31	从诋毁到赞誉:北洋司法官在司法变革中的蜕变	谢舒晔	法学 2017 年第 7 期
32	唐律"化外人相犯"条属于国际私法的质疑——兼论唐律的唐朝刑法典性质	王立民	法学 2017 年第 8 期
33	东坡先生的法律人生	何柏生	法学 2017 年第 9 期
34	公序良俗原则在中国近代民法转型中的价值	郑显文	法学 2017 年第 11 期
35	英国法社会学研究 70 年——以"社会——法律"研究的变迁为重点	何勤华、李琴	法学 2017 年第 9 期
36	中国传统法思想形态新探——以晋《律注表》为中心	马腾	法制与社会发展 2017 年第 1 期
37	论中国古代的罪疑惟轻	孙倩	法制与社会发展 2017 年第 2 期

续表

序号	论文	作者	期刊
38	改革与法制:中国传统“变法”观念与实践的历史考量	胡仁智	法制与社会发展 2017 年第 3 期
39	传统中国审判机制的法理与道理——从刘锡彤断杨乃武小白菜案说起	李平	法制与社会发展 2017 年第 4 期
40	罗马商法及其与“民法”的合一——以优士丁尼《法学阶梯》为考察对象	徐国栋	法制与社会发展 2017 年第 5 期
41	《天圣·狱官令》与唐宋司法理念之变——以官员、奴婢的司法待遇为视点	潘萍	法制与社会发展 2017 年第 6 期
42	论中国古代契约中“沽酒”条款的功用	武航宇	法制与社会发展 2017 年第 6 期
43	雅典立法者之立法宗旨研究	郭俊义	法制与社会发展 2017 年第 6 期
44	西汉扬雄《廷尉箴》的主旨与贡献——法官箴言研究之二	霍存福	当代法学 2017 年第 6 期
45	度量衡的制度塑造力——以历史中国的经验为例	朱苏力	法律科学(西北政法大学学报)2017 年第 1 期
46	《大明律》采六部体系编纂模式原因考辨	周东平、李勤通	法律科学(西北政法大学学报)2017 年第 1 期
47	唐代杂治考论	陈玺	法律科学(西北政法大学学报)2017 年第 2 期
48	明清律典“例分八字”源流述略——兼及传统律学的知识化转型	吴欢	法律科学(西北政法大学学报)2017 年第 3 期

续表

序号	论文	作者	期刊
49	礼法合治传统的两种法学范式——以管商为例证的现代解释	程关松	法律科学(西北政法大学学报)2017年第5期
50	试论中国租界与租借地区域法制的差异——以上海租界与威海卫租借地区域法制的差异为例	王立民	现代法学2017年第1期
51	清代的法律歌诀探究	陈锐	现代法学2017年第1期
52	儒法之间:道家哲学对先秦法思想史的意义	马腾	现代法学2017年第2期
53	宋例新探	吕志兴、曾友林	现代法学2017年第3期
54	明清民间法律规则考析——以"书约"为例	梁健	现代法学2017年第5期
55	"软法"定义:从传统的"礼法合治"中寻求法的共识	马小红	政法论坛2017年第1期
56	宋代录问制度考论	陈佳佳	政法论坛2017年第2期
57	千古一"治":中国古代法思想的一个"深层结构"	程燎原	政法论坛2017年第3期
58	中国近代民法法典化的理论论争——兼论对中国当下编纂民法典之启示	蔡晓荣	政法论坛2017年第3期
59	传统中国的县域治理及其近代嬗变	公丕祥	政法论坛2017年第4期
60	西法东渐之殊途:胶澳与威海卫租借地法制实践样本考察	解锟	政法论坛2017年第4期

续表

序号	论文	作者	期刊
61	南京国民政府时期的法庭调解：制度与实践——基于龙泉司法档案的考察	潘超正	政法论坛 2017年第4期
62	治外法权、领事裁判权及其他——基于语义学视角的历史分析	高汉成	政法论坛 2017年第5期
63	"事律"与"民法"之间——中国"民法史"研究再思考	梁治平	政法论坛 2017年第6期
64	历史法学在近代中国传播的"知识景象"——基于法政书刊的考察	李鼎楚	政法论坛 2017年第6期
65	治吏：中国历代法律的"宗旨"——读《法治是什么：从贵族法治到民主法治》	李启成	政法论坛 2017年第6期
66	论沈家本司法人道主义思想及其历史意义	段凡	法学评论 2017年第2期
67	中国古代刑事宽宥政策考察——以老弱妇幼废疾者为视角	郭航	法学评论 2017年第3期
68	秦汉时代律令的传播	朱腾	法学评论 2017年第4期
69	论美国印第安部落的自治权——联邦宪制分权的另一种样态	顾元	比较法研究 2017年第1期
70	《中国评论》中的中国法律及其研究价值	李秀清	比较法研究 2017年第2期
71	纳粹统治时期德国法律史学的源流、变迁与影响——以价值与方法的"连续性"为视角	高仰光	比较法研究 2017年第2期
72	民国宪制设计的庞德方案：安全与自由的衡平	陈范宏	比较法研究 2017年第2期
73	中日古代神明裁判制度比较研究	郑显文	比较法研究 2017年第3期

续表

序号	论文	作者	期刊
74	罗马私法拟制研究	谢潇	比较法研究2017年第3期
75	功能比较法的误用与东方主义的变异——从络德睦的《法律东方主义——中国、美国与现代法》谈起	鲁楠	比较法研究2017年第6期
76	中国当今家暴的传统法律原因	王立民	政治与法律2017年第12期
77	中国古代监察制度的演变:从复合性体系到单一性体系	张生	行政法学研究2017年第4期
78	明代典例法律体系的确立与令的变迁——"律例法律体系"说、"无令"说修正	杨一凡	华东政法大学学报2017年第1期
79	汉晋民事司法变迁管测:基于甘肃临泽《田产争讼爰书》的探讨	张朝阳	华东政法大学学报2017年第1期
80	礼法论争中的失踪者:赫善心的生平与思想	黄礼登	华东政法大学学报2017年第2期
81	平政院裁判与近代中国文官保障制度的司法实践	聂鑫	华东政法大学学报2017年第2期
82	服务于法史学的自然法——19世纪末法史学在法国的形成	朱明哲	华东政法大学学报2017年第3期
83	何种之私:宋代法律及司法对私有财产权的保护	陈景良	华东政法大学学报2017年第3期
84	清代法律位阶关系新论——以《大清律例》和《户部则例》的关系为例	栗铭徽	华东政法大学学报2017年第3期
85	论作为政治性立法的1811年《奥地利普通民法典》	王银宏	华东政法大学学报2017年第4期
86	"文明论"视野下的晚清中国及其对外关系——以《中国评论》(1872~1901)为考察对象	赖骏楠	华东政法大学学报2017年第4期

续表

序号	论文	作者	期刊
87	民国时期法院民事调解制度实施状况实证研究	侯欣一	华东政法大学学报 2017 年第 5 期
88	近代中国比较法教育辨正——基于东吴大学法学院的考察	沈伟	华东政法大学学报 2017 年第 5 期
89	《狄奥多西法典》:技术要素与政治意义	黄美玲	华东政法大学学报 2017 年第 6 期
90	《晋书·刑法志》中的司法形式主义之辩	周永坤	华东政法大学学报 2017 年第 6 期
91	中国古代监察思想、制度与法律论纲——历史经验的总结	张晋藩	环球法律评论 2017 年第 2 期
92	中国传统御史监察制度的经验教训	赵晓耕	环球法律评论 2017 年第 2 期
93	秦监察官“执法”的历史启示	王捷	环球法律评论 2017 年第 2 期
94	罗马法中租赁与买卖的异同	奥利维耶罗·迪利贝尔托、黄美玲	环球法律评论 2017 年第 3 期
95	罗马法上的农地永久租赁及其双重影响	李俊	环球法律评论 2017 年第 4 期

二、史学类刊物目录

序号	论文	作者	期刊
1	聚落与交通视阈下的秦汉亭制变迁	王彦辉	历史研究 2017 年第 1 期
2	宋朝皇帝与朝臣的信息博弈——围绕入内内侍省与进奏院传递诏奏之考察	曹家齐	历史研究 2017 年第 1 期

续表

序号	论文	作者	期刊
3	第二次四明公所案与上海法租界的扩界	葛夫平	历史研究 2017 年第 1 期
4	“小”“大”之间——战国至西晋课役身分的演进	张荣强	历史研究 2017 年第 2 期
5	“异姓为嗣”问题中的礼、法、俗——以明清浙南族规修订为例	杜正贞	历史研究 2017 年第 3 期
6	教区、收费信托与近代英国道路治理体系变革	沈琦	历史研究 2017 年第 3 期
7	“算赋”生成与汉代徭役货币化	臧知非	历史研究 2017 年第 4 期
8	从榷税到夷税:1843～1854 年粤海关体制	任智勇	历史研究 2017 年第 4 期
9	简牍所见秦代地方职官选任	沈刚	历史研究 2017 年第 4 期
10	清代中后期州县衙门“叙供”的文书制作——以《南部档案》为中心	吴佩林	历史研究 2017 年第 5 期
11	了犹未了:法政纠结下“罗文干案”的庭审结局	杨天宏	近代史研究 2017 年第 1 期
12	上海静安寺“汉奸和尚案”研究	付海晏	近代史研究 2017 年第 1 期
13	国民政府与日本乙丙级战犯审判	严海建	近代史研究 2017 年第 1 期
14	走出“细故”:清代商业活动中的钱债案与法律调整	张世慧	近代史研究 2017 年第 2 期
15	礼治与宪政:清末礼学馆的设立及其时局因应	李俊领	近代史研究 2017 年第 3 期

续表

序号	论文	作者	期刊
16	清至民国内蒙古土默特地区的水权交易——兼与晋陕地区比较	张俊峰	近代史研究 2017 年第 3 期
17	晚清民国山林所有权的获得与证明——浙江龙泉县与建德县的比较研究	杜正贞	近代史研究 2017 年第 4 期
18	华洋如何同税:近代所得税开征中的外侨纳税问题	魏文享	近代史研究 2017 年第 5 期
19	从《天盛律令》看西夏荒地产权制度的流变	骆详译	中国边疆史地研究 2017 年第 1 期
20	清代安多藏区的法制建设与社会控制	张科	中国边疆史地研究 2017 年第 2 期
21	清末甘肃循化厅少数民族诉讼策略探析	李守良	中国边疆史地研究 2017 年第 2 期
22	清末甘肃循化厅应对少数民族诉讼策略探析	马成俊	中国边疆史地研究 2017 年第 2 期
23	清末甘南藏区部落纠纷解决形态研究——以光绪十六年卡家与沙沟的争佃冲突为中心	阮兴	中国边疆史地研究 2017 年第 2 期
24	清代刑部之堂司关系	郑小悠	史学月刊 2017 年第 1 期
25	明清图差追征制度的演变及地方实践	舒满君	史学月刊 2017 年第 2 期
26	略论晚清改造胥吏的思想	熊月之	史学月刊 2017 年第 2 期
27	从蕃坊到租界:试探中国近代外侨政策之历史渊源	王宏斌	史学月刊 2017 年第 5 期
28	西方学术视野中的帝制中国法律文化图景	赵刘洋	史学月刊 2017 年第 5 期

续表

序号	论文	作者	期刊
29	说“制诏御史”	代国玺	史学月刊 2017 年第 7 期
30	从国都到村社:元代社稷礼制考	马晓林	史学月刊 2017 年第 7 期
31	贪污惩治、税政革新与派系权争——抗战胜利前后直接税署长高秉坊贪污案解析	魏文享	史学月刊 2017 年第 7 期
32	胡汉民主权国家论与留日国际法教育	陈健	史学月刊 2017 年第 8 期
33	民国时期县银行发展及绩效探析——基于《县银行法》的考察	陈宏亮、兰日旭	史学月刊 2017 年第 10 期
34	“帝国基本法”与统治的契约化——契约观念下神圣罗马帝国的“帝国改革”(1500 ~ 1521)	王银宏	史学月刊 2017 年第 10 期
35	话语与秩序:1928 年湖社处理寿圣庵地产纠纷案	洪煜、韩瑞韬	史学月刊 2017 年第 11 期
36	南京国民政府行政督察专员制度的创设	陈明	史学月刊 2017 年第 11 期
37	秦汉诉讼制度中的“覆”及相关问题	杨振红、王安宇	史学月刊 2017 年第 12 期
38	北宋讲武礼新探	尹承	中国史研究 2017 年第 1 期
39	元代弓手制度初探	王翠柏	中国史研究 2017 年第 1 期
40	清代苏州鱼鳞册中的业佃并录考释	胡英泽	中国史研究 2017 年第 1 期
41	走马楼吴简隐核州、军吏父兄子弟簿整理与研究——兼论孙吴吏、民分籍及在籍人口	凌文超	中国史研究 2017 年第 2 期

续表

序号	论文	作者	期刊
42	辽朝官员的考绩与迁转探赜	张国庆	中国史研究 2017 年第 2 期
43	秦简“有秩”新证	邹水杰	中国史研究 2017 年第 3 期
44	“新地吏”与“为吏之道”——以出土秦简为中心的考察	张梦晗	中国史研究 2017 年第 3 期
45	盐铁会议“儒法之争”与法家在西汉中期的危机	杨勇	中国史研究 2017 年第 3 期
46	甘肃临泽晋简中的家产继承与户籍制度——兼论两晋十六国户籍的著录内容	张荣强	中国史研究 2017 年第 3 期
47	清代山西晋水流域的乡村地权与水利——以乾隆四十二年古城营《九渠地亩册》为中心	胡英泽、张力	中国经济史研究 2017 年第 1 期
48	地权与税制:抗日根据地农业税的结构性分析	胡荣明	中国经济史研究 2017 年第 1 期
49	唐宋时估制度的相关令文与制度实践——兼论《天圣令·关市令》宋 10 条的复原	张亦冰	中国经济史研究 2017 年第 1 期
50	论范祥钞盐法的设计逻辑与实施效果——以盐钞销售环节为核心	王申	中国经济史研究 2017 年第 1 期
51	民国时期政府审计法律问题研究	何瑞铧	中国经济史研究 2017 年第 2 期
52	明清两湖水域产权形态的变迁	徐斌	中国经济史研究 2017 年第 2 期
53	论明清屯田的私有化历程	毛亦可	中国经济史研究 2017 年第 2 期
54	清代祁门县王鼎盛户实征册研究	马勇虎、李琳琦	中国经济史研究 2017 年第 2 期

续表

序号	论文	作者	期刊
55	土地权与人身权:清代广西土司地区土地文书研究	杜树海	中国经济史研究 2017年第2期
56	黑水城出土西夏文草书借贷契长卷(7741号)研究	赵天英	中国经济史研究 2017年第2期
57	家族财产继承方式与近代工商企业关系研究	杨在军	中国经济史研究 2017年第2期
58	上海法租界早期土地交易、地价及其内在机理(1852~1872)	牟振宇	中国经济史研究 2017年第2期
59	中国近代破产制度的孕育与建立(1750~1935)	张世慧	中国经济史研究 2017年第3期
60	地权的分割、转移及其阐释——基于传统中国民间土地市场	刘志	中国经济史研究 2017年第3期
61	从"契照"到土地所有权状——以龙泉司法档案为中心的研究	杜正贞	中国经济史研究 2017年第3期
62	抗诉与协征之间:近代天津商人团体与所得税稽征	魏文享	中国经济史研究 2017年第4期
63	宋代官物追偿制度及其债法的变化	郑显文	中国经济史研究 2017年第6期
64	法律与市场:乾嘉时期鄱阳湖区"曹杨讼案"研究	张朝阳、曹树基	清史研究 2017年第1期
65	晚清六部司官公务生活的时与空——以刑部司官唐烜为中心	王雁	清史研究 2017年第3期
66	从数据统计再论清代的抄家	云妍	清史研究 2017年第3期
67	簽押爲證:明清時期畫押的源流、類型、文書形態與法律效力	劉永華、温海波	文史 2017年第1期

续表

序号	论文	作者	期刊
68	試論吴簡所見的“黄簿民”與“新占民”	連先用	文史 2017 年第 4 期
69	武周大足元年西州高昌縣籍拾遺復原研究	何亦凡、朱月仁	文史 2017 年第 4 期
70	公私产权制视野下的西汉盐铁专卖之争	冯渝杰	中国社会经济史研究 2017 年第 1 期
71	清代黔东南地区的乡村社会控制——以新见官文书为中心	吴才茂、李斌	中国社会经济史研究 2017 年第 1 期
72	从黑水城出土西夏手实文书看西夏与唐宋赋役制度的关系	骆详译	中国社会经济史研究 2017 年第 2 期
73	元代河泊所与河泊课考述——从“金山台池印”谈起	薛磊	中国社会经济史研究 2017 年第 3 期
74	论现代英国法律史学的兴起	于洪	史学集刊 2017 年第 1 期
75	华风与夷俗:辽朝吉礼初探	王凯	史学集刊 2017 年第 1 期
76	元代江南寺院侵占儒学田产现象探析——以胡文昭公墓据碑为中心	沈伏琼	史学集刊 2017 年第 1 期
77	清末法律教育刍议	冯子宸	史学集刊 2017 年第 3 期
78	宋《天圣令》“因其旧文,参以新制定之”再探	戴建国	史学集刊 2017 年第 5 期
79	对抗到合作:近代英国集体谈判制的兴起	刘金源	史学集刊 2017 年第 5 期

续表

序号	论文	作者	期刊
80	1916年《国家公园局组织法》与美国国家公园管理的体制化	高科	史学集刊 2017年第5期
81	戍求鼎铭文与商代会礼	吴雪飞	史学集刊 2017年第6期
82	明末以降“屯田照民田起科”辨	毛亦可	史林 2017年第2期
83	从合众国诉亚伦·伯尔案看美国早期政治文化中的价值冲突	郭巧华	史林 2017年第3期
84	明治宪法体制下的旧民法延期问题再探讨	邹皓丹	史林 2017年第3期
85	试论宋代法律体系的多元结构——以宋令为例	赵晶	史林 2017年第4期
86	上海公共租界会审章程的制定及其实际作用——基于英国国家档案馆档案的研究	陈同	史林 2017年第6期
87	自治抑或协防:上海工部局治理绑架犯罪的困境(1927~1931)	郭淇斌	史林 2017年第6期
88	民国北京政府时期法律界的交游网络与职业意识——以余绍宋为中心	李在全	史林 2017年第6期
89	晚清中外条约关系中的平等内容探析	李育民	安徽史学 2017年第1期
90	《工匠法令》与英国前工业化时期的劳资关系	初庆东、刘金源	安徽史学 2017年第1期
91	秦简所见里的拆并、吏员设置及相关问题——以《岳麓书院藏秦简(肆)》为中心	符奎	安徽史学 2017年第2期
92	国家法与习惯法的扞格:以《天柱文书》中的侗族离婚诉讼案为例	谢开键	安徽史学 2017年第2期

续表

序号	论文	作者	期刊
93	19 世纪英国集体谈判制兴起原因述论	刘金源	安徽史学 2017 年第 4 期
94	民国时期留美生中国法律问题研究的海外影响——以留美生博士论文为中心的考察	元青、陈艳	安徽史学 2017 年第 4 期
95	私雇代役——宋代基层社会与朝廷役制的对话	黄敏捷	安徽史学 2017 年第 6 期
96	论六谕和明清族规家训论	陈时龙	安徽史学 2017 年第 6 期
97	明清时期婺源的乡约与基层组织	廖华生	安徽史学 2017 年第 6 期
98	康熙五十三年噶礼获罪原因再探	杨珍	历史档案 2017 年第 2 期
99	再论清末《大清宪法案》稿本问题	崔学森	历史档案 2017 年第 2 期
100	清末将领叶志超病死刑部监狱考	韩永福	历史档案 2017 年第 2 期
101	清代甘肃循化厅乡约职能探析	李稳稳	历史档案 2017 年第 3 期
102	从慎刑司奏案看清代内务府案件管辖权	张剑虹	历史档案 2017 年第 3 期
103	明代京外罪囚五年审录制度	张纪伟	历史档案 2017 年第 4 期
104	吴达海揭帖的发现与《顺治律》制定过程新考	胡祥雨	历史档案 2017 年第 4 期
105	试析明清山西折亩——兼论清代山西田赋地亩的形成	张青瑶	中国历史地理论丛 2017 年第 3 期

续表

序号	论文	作者	期刊
106	北宋河道巡查管理机制初探——以黄河、汴河为中心	王战扬	中国历史地理论丛2017年第4期
107	里耶秦简所见逃亡现象——从“繚可逃亡”文书的复原说起	谢坤	古代文明2017年第1期
108	“大逆不道”还是“逆不道”——从王杖简册说起	陈迪	古代文明2017年第1期
109	明代王命旗牌制度	柏桦、李瑶	古代文明2017年第1期
110	《钱币法令》与雅典的经济霸权	曾晨宇	古代文明2017年第3期
111	出土简牍法律文献的定名、性质与类别	徐世虹	古代文明2017年第3期
112	秦汉刑徒兵制与谪戍制考辨	孙志敏	古代文明2017年第4期
113	赋役故事——明末清初松江一个秀才的经历和记忆	冯贤亮	古代文明2017年第4期
114	英国1830年《啤酒法》与酒类流通管理制度的变迁	王晨辉	世界历史2017年第1期
115	雅典陶片放逐法考辨	晏绍祥	世界历史2017年第1期
116	法国城市工业污染管制模式溯源(1810~1850)	肖晓丹	世界历史2017年第2期
117	近代早期英国治安法官的济贫实践	初庆东	世界历史2017年第3期
118	封建危机与秩序重建——从劳工法看中世纪晚期英国社会与政治的互动	许明杰	世界历史2017年第4期

续表

序号	论文	作者	期刊
119	16 世纪发生在西班牙的一场“印第安斯人”诉讼案——近代早期漂泊到伊比利亚半岛的中国人	龚缨晏、胡刚	世界历史 2017 年第 5 期
120	走馬樓吴簡“朱表割米自首案”整理與研究	陳榮傑	中华文史论丛 2017 年第 1 期
121	旅順博物館藏唐户令殘片考——以令文復原與年代比定爲中心	田衛衛	中华文史论丛 2017 年第 3 期
122	大谷文書唐《醫疾令》《喪葬令》殘片研究	劉子凡	中华文史论丛 2017 年第 3 期
123	宋代敕榜研究	楊芹	中华文史论丛 2017 年第 3 期

三、综合类刊物目录

序号	论文	作者	期刊
1	从佃户到田面主：宋代土地产权形态的演变	戴建国	中国社会科学 2017 年第 3 期
2	制度的地方差异性与统一性：隋代乡里制度及其实行	鲁西奇	中国社会科学 2017 年第 10 期
3	中国古代社会基于人文精神的道德法律共同治理	朱勇	中国社会科学 2017 年第 12 期
4	中国的非正规经济再思考：一个来自社会经济史与法律史视角的导论	黄宗智	开放时代 2017 年第 2 期
5	“自由”的一致性——论林肯重塑美国政治和宪法结构的基本逻辑	李筠	学术月刊 2017 年第 1 期
6	晚清中外会审制度中华洋法官的法律素养与审判风格——以上海法租界会审公廨为例	侯庆斌	学术月刊 2017 年第 1 期

续表

序号	论文	作者	期刊
7	清代图甲户籍与村落社会——以祁门县王鼎盛户《实征册》所见为中心	刘道胜	学术月刊 2017年第5期
8	子孙"自置财产权"研究——以律令和判例为中心	尹成波	学术月刊 2017年第7期
9	"继所自出":"宗统"与"君统"之间的连接	陈赟	学术月刊 2017年第9期
10	"覆狱故失"新考	陈迪	社会科学 2017年第3期
11	近代租借地城市土地产权管理制度的变革及渊源	贾彩彦	社会科学 2017年第5期
12	政治常识的建构——唐宋变革视野下的北宋台谏"风闻言事"特权化	杨雄威	社会科学 2017年第6期
13	"礼"的塑型:"大一统"国家与小农经济社会	黄郁成	社会科学 2017年第7期
14	雍正朝粮食安全政策与措施探析	王志明	社会科学 2017年第8期
15	移植与变异:民国证券交易所法的演进(1912~1937)	朱海城	社会科学 2017年第9期
16	训政、禁烟与派系斗争——1928年江安轮运土案研究	姚江鸿	社会科学 2017年第9期
17	岳麓秦简所见《戍律》初探	朱德贵	社会科学 2017年第10期
18	封山育林与晚清徽州乡村社会的日常生活——对《禁山簿册》的考察	郑小春	社会科学 2017年第12期
19	抗日战争时期田赋征实与新绅权的确立	尹红群	南京社会科学 2017年第12期

续表

序号	论文	作者	期刊
20	《唐律疏议》前言“疏议”透视	王立民	江海学刊 2017 年第 3 期
21	复仇与礼法——以聂政的复仇叙事为例	陈颀	探索与争鸣 2017 年第 3 期
22	孔子为政“五美”说与中国古代的财政——兼论税制上的任法令而坏制度	程念祺	探索与争鸣 2017 年第 11 期
23	试论《大清律例》律目的局限	张田田	探索与争鸣 2017 年第 12 期
24	晚清民国时期川西北民族地区实施的法规类型研究	喇明英、徐学书	社会科学研究 2017 年第 2 期
25	新出简牍所见秦与汉初的田租制度及相关问题	慕容浩	社会科学研究 2017 年第 2 期
26	论清史馆《食货志·茶法》对清代“茶法”的重新定位	戚学民、温馨	社会科学研究 2017 年第 4 期
27	明季西学与清代洗冤检验知识的交汇	茆巍	社会科学研究 2017 年第 4 期
28	古代寺田法律问题探析	柴荣、韩成芳	社会科学研究 2017 年第 6 期
29	清代、民国云南买卖契约中“第三方群体”研究	杨志芳	思想战线 2017 年第 5 期
30	户籍赋役制度改革与盐场地区基层组织演变——以清前中期福建晋江浔美场、州场为例	叶锦花、李飞	学术研究 2017 年第 1 期
31	“大礼议”视阈下的张居正夺情与政治剧变	田澍	学术研究 2017 年第 3 期
32	续妖书案之沈令誉、毛尚文狱与万历党争	杨向艳	学术研究 2017 年第 5 期

续表

序号	论文	作者	期刊
33	德国和美国宪法变迁比较分析	李晓波、吴家清	学术研究 2017年第7期
34	汉代言论罪的特点及其形成背景	邹举	学海 2017年第4期
35	唐宋除、免、当官员告身之处置——试释“《天圣令》读书班”对一条《狱官令》之疑问	钱大群	江苏社会科学 2017年第3期
36	汉代司法程序中的先请与上请辨析	赵晓磊、侯欣一	江苏社会科学 2017年第3期
37	卑贱的身体表演:清代对优伶阶层的法律规制	方潇、田原	江苏社会科学 2017年第4期
38	秦及汉初刑徒社会身份问题探析	孙晓丹	江苏社会科学 2017年第4期
39	朝鲜初年经国典与大明律	柏桦、苏嘉靖	学习与探索 2017年第2期
40	“推鞫得情”“断狱以情”:我国传统司法“以情服判”的经验与智慧	祖伟	学习与探索 2017年第11期
41	晚清新疆法律政策的调整与实践	田欢	广东社会科学 2017年第4期
42	1904年张謇推动清廷立宪的努力	彭剑	广东社会科学 2017年第5期
43	行会理念与官府裁决——清末广州行会的劳资纠纷及其调解	霍新宾	广东社会科学 2017年第5期
44	论晚清教案对官员权益的冲击	赵树好	广东社会科学 2017年第6期
45	内简与外补之争:清季巡警道员的选任	彭雪芹	广东社会科学 2017年第6期

续表

序号	论文	作者	期刊
46	西方近代自然法观念的历史流变	石碧球	人文杂志 2017年第1期
47	唐长安城夜禁制度施行的时空背景及内容研究	刘浩	人文杂志 2017年第4期
48	中国传统“家”的法哲学表达与演变	彭卫民	人文杂志 2017年第5期
49	续妖书案之胡化狱与万历党争	杨向艳	江汉论坛 2017年第8期
50	欧里庇得斯笔下的自然与礼法	罗峰	江汉论坛 2017年第11期
51	《元史》中官吏贪腐案考察	吕丽、王志民	社会科学战线 2017年第3期
52	从宪制看中国古代税制改革及其启示	张学博	社会科学战线 2017年第3期
53	乡绅与17世纪英国宪政革命的冲突与平衡	顾荣新	社会科学战线 2017年第3期
54	试论托尔斯泰的法律虚无主义及其困境	马寅卯	社会科学战线 2017年第5期
55	边疆法律视野下的“秦胡”身份	胡小鹏、郑煦卓	社会科学战线 2017年第6期
56	中古礼典、律典分流与西晋《新礼》的撰作	杨英	社会科学战线 2017年第8期
57	试述北魏外交使臣派遣与管理体制	韩雪松	社会科学战线 2017年第8期
58	先秦礼学综论	姜广辉	社会科学战线 2017年第10期

续表

序号	论文	作者	期刊
59	先秦政治思想史上的道义与功利之争	胡新生	文史哲 2017 年第 3 期
60	“以法为治”与近世儒家的治道传统	任锋	文史哲 2017 年第 4 期

四、高校学报类目录

序号	论文	作者	期刊
1	从高利贷禁令到例外原则——论中世纪西欧消费借贷的差别化管理	徐浩	中国人民大学学报 2017 年第 2 期
2	秦县中的史类吏员研究	朱腾	中国人民大学学报 2017 年第 6 期
3	清末预备立宪民主改革失败的策略互动分析	刘舒杨、王浦劬	华中师范大学学报(人文社会科学版)2017 年第 6 期
4	从中琉关系变迁看东亚国际法秩序的嬗变	邱唐	华中师范大学学报(人文社会科学版)2017 年第 6 期
5	关于唐代婚姻立法若干问题的思考	刘玉堂	华中师范大学学报(人文社会科学版)2017 年第 6 期
6	西周春秋狱讼制度三题	吴雪飞	清华大学学报(哲学社会科学版)2017 年第 2 期
7	折上折:明代隆万间的赋役折银与中央财政再分配	李义琼	清华大学学报(哲学社会科学版)2017 年第 3 期
8	晚清民国清徐县王氏家族分家析产初探	郝平	清华大学学报(哲学社会科学版)2017 年第 4 期
9	歙县田面权买卖契约形式的演变(1650~1949 年)	赵思渊	清华大学学报(哲学社会科学版)2017 年第 6 期

续表

序号	论文	作者	期刊
10	民法典、法官法和法学家法之间的关系——以罗马——德国法为中心	柯伟才	南京大学学报(哲学·人文科学·社会科学)2017 年第 5 期
11	关于明初的均工夫役	高寿仙	北京大学学报(哲学社会科学版)2017 年第 4 期
12	北大藏秦简《田书》初识	杨博	北京大学学报(哲学社会科学版)2017 年第 5 期
13	以礼制俗:明初礼制与墓室壁画传统的骤衰	张佳	复旦学报(社会科学版)2017 年第 2 期
14	交易费用视角下南宋"亲邻权"的演变及调适	张锦鹏	厦门大学学报(哲学社会科学版)2017 年第 1 期
15	明朝提学官与各省乡试	三浦秀一	厦门大学学报(哲学社会科学版)2017 年第 2 期
16	清代科举经费与科场供应管理制度探析	程伟	厦门大学学报(哲学社会科学版)2017 年第 2 期
17	论佛教之"罪"在中国古代的法律化及其限度	周东平、李勤通	厦门大学学报(哲学社会科学版)2017 年第 6 期
18	清季许同莘的学法、修律与法学理路	李欣荣	中山大学学报(社会科学版)2017 年第 3 期
19	《黄帝李法》与秦汉军事国家	李若晖	中山大学学报(社会科学版)2017 年第 6 期
20	晚清中外条约关系的畸形法律性质论析	李育民	湖南师范大学社会科学学报 2017 年第 1 期
21	晚清民间涉外债务纠纷的调解息讼制度	曹英	湖南师范大学社会科学学报 2017 年第 2 期
22	宋代疑难案件中的法学命题及其反思——以"阿云案"为分析文本	古戴、陈景良	河南大学学报(社会科学版)2017 年第 3 期

续表

序号	论文	作者	期刊
23	法家的师承:出乎儒而返乎儒	武树臣	山东大学学报(哲学社会科学版)2017年第1期
24	续妖书案之达观狱与万历政局	杨向艳	西南大学学报(社会科学版)2017年第1期
25	明代的考语与访单	柏桦	西南大学学报(社会科学版)2017年第3期
26	"南洋禁航令"出台原委论析	王华锋	西南大学学报(社会科学版)2017年第6期
27	中世纪晚期英格兰政府与劳动力市场	王超华	西南大学学报(社会科学版)2017年第6期
28	18世纪英国婚配制度的转型与法制改革	张迅实	西南大学学报(社会科学版)2017年第6期
29	儒家性本思想注释下的刑罚价值解读	崔磊	南开学报(哲学社会科学版)2017年第3期
30	琱生诸器与西周宗族内部诉讼	王沛	上海师范大学学报(哲学社会科学版)2017年第1期
31	秦汉的乞鞫与覆狱	南玉泉	上海师范大学学报(哲学社会科学版)2017年第1期
32	《唐律疏议》中的"情"考辨	刘晓林	上海师范大学学报(哲学社会科学版)2017年第1期
33	清华简《子产》篇与"刑书"新析	王捷	上海师范大学学报(哲学社会科学版)2017年第4期
34	非奴婢而是被收养人:敦煌文书中"恩子"的身份	蒲成中	上海师范大学学报(哲学社会科学版)2017年第5期
35	岳麓秦简中的令文格式初论	陈松长	上海师范大学学报(哲学社会科学版)2017年第6期
36	秦"谳狱"补疑——以"岳麓书院藏秦简"为视角	温俊萍	上海师范大学学报(哲学社会科学版)2017年第6期

五、港澳台中法史论文目录

序号	论文	作者	刊物
1	唐代關防研究——以關中四面關為中心	蔡坤伦	“国立台湾师范大学”历史学系 2017 年博士论文
2	從皇權與收入探討唐代貨幣政策	陈美亚	香港大学中国文化研究所编《中国文化研究所學報》第 64 期,2017 年 1 月版
3	嶽麓秦簡《亡律》初論	陈松长	“台湾中央研究院”历史语言研究所编《古文字與古代史》第五辑,2017 年 4 月版
4	嶽麓書院藏秦簡先王之令解讀及相關問題探討	陈伟	“台湾中央研究院”历史语言研究所编《歷史語言研究所集刊》第八十八本第一分,2017 年 3 月版
5	明朝澳門關稅制度考辯	陈文源、林晓蕾	澳门大学澳门研究中心编《澳門研究》第 84 期,2017 年 3 月版
6	從勞動力運用角度看秦漢刑徒管理制度的發展	高震寰	“国立台湾大学”历史学研究所 2017 年博士论文
7	戰爭的道德規範:以《荀子·議兵》為核心之探討	洪巳轩	“国立台湾大学”政治学系编《政治科學論叢》第 73 期,2017 年 9 月版
8	予奪在上——宋徽宗朝的違御筆責罰	李如钧	“国立台湾大学”历史学系编《臺大歷史學報》第 60 期,2017 年 12 月版
9	秦漢訴訟中的言辭與書面證據	刘欣宁	“台湾中央研究院”历史语言研究所编《古文字與古代史》第五辑,2017 年 4 月版

续表

序号	论文	作者	刊物
10	戰國秦漢理想官制中的數字概念	林子乔	“国立台湾大学”历史学研究所2017年硕士学位论文
11	唐代司法官員的法律秩序觀——以法典行用與斷案場域為中心	杨晓宜	“国立台湾大学”历史学研究所2017年博士学位论文
12	清代前期(1723～1820)民間傷口處理與破傷風治療—以鬥毆因風身死案為中心的分析	吴静芳	“台湾国立政治大学”历史学系编《政治大學歷史學報》48期,2017年11月版
13	漢代邊塞隧長的文書能力與教育—對中國古代基層社會讀寫能力的反思	邢义田	“台湾中央研究院”历史语言研究所《歷史語言研究所集刊》第八十八本第一分,2017年3月版
14	重構社會秩序—明代公案小說人物形象的文化闡釋	张凯特	“台湾国立中兴大学”中国文学系所2017年博士学位论文

六、日本东洋法史论文目录

序号	论文	作者	刊物
1	清代中期の飢饉救済と贖地問題	岸本美绪	日本历史科学协议会编《歴史評論》第806期,校仓书房2017年6月版
2	律疏不応為箚記	川村康	但见亮等编《中国の法と社会と歴史》,东京成文堂出版社2017年5月版
3	清末西江の「海賊」:「緝捕権」問題と貿易・航運	村上卫	京都大学史学研究会编《史林》第100卷第1号,2017年1月版
4	加藤直人著『清代文書資料の研究』	村上信明	日本中国研究所编《中国研究月報》,第71卷2号,2017年2月版

续表

序号	论文	作者	刊物
5	里耶秦簡の治獄について	池田雄一	日本中国古代史研究会编《中国古代史研究　第八　創立七十周年記念論文集》,研文出版2017年11月版
6	令集解研究の回顧と展望	大津透	井上光贞诞辰100周年纪念《日本の律令と令集解研究》会议论文,明治大学2017年9月30日
7	納棺・埋葬儀礼の復原的考察—劉安志『中古衣物疏の起源と変化』をてがかりに—	稲田奈津子	明治大学法史学研究会第186回,2017年6月会议论文
8	魏晋南北朝期の官爵による刑の減免:秦漢時代の削爵および唐代の官当・除名・免官の比較からみた	大知圣子	学习院大学编《学習院大学国際研究教育機構研究年報》第3号,2017年2月版
9	乳香考(二)—『慶元条法事類』とその用途	土肥祐子	土肥祐子著《宋代南海貿易史の研究》,汲古书院2017年2月版
10	清末『申報』に見る律師観の進展と訟師観の推移—訟師から律師へ(一)	夫马进	日本东方学会编《東方学》第133期,2017年7月版
11	太和職令と官の清濁の理解をめぐって	冈部毅史	冈部毅史著《魏晋南北朝官人身分制研究》,汲古书院2017年11月版
12	唐代における清官の規定	冈部毅史	冈部毅史著《魏晋南北朝官人身分制研究》,汲古书院2017年11月版
13	青川郝家坪秦墓木牘補論	广濑薰雄	藤尾胜久等编《簡牘が描く中国古代の政治と社会》,汲古书院2017年9月版

续表

序号	论文	作者	刊物
14	出土史料からみた魏晋・『五胡』時代の教	关尾史朗	藤尾胜久等编《簡牘が描く中国古代の政治と社会》,汲古书院2017年9月版
15	太田出著『中國近世の罪と罰—犯罪・警察・監獄の社會史—』	高遠拓兒	京都大学东洋史研究会编《東洋史研究》第75卷第4号,2017年3月版
16	明代遼東武官の罪と罰:明初から宣徳年間までを中心に	荷见守义	中央大学人文科学研究所编《人文研紀要》第88号,2017年9月版
17	唐代厩牧令の復原からみる唐代の交通体系	河野保博	学习院大学东洋文化研究所编《東洋文化研究》第19期,2017年3月版
18	南京国民政府時期における刑事訴訟法改正と自訴制度	久保茉莉子	日本法制史学会编《法制史研究》第66期,东京成文堂出版社2017年3月版
19	藤田勝久著:『中国古代国家と情報伝達—秦漢簡牘の研究—』	角谷常子	日本史学会编《史学雑誌》第126编第9号,2017年9月版
20	大澤正昭『南宋地方官の主張』	近藤一成	日本史学会编《史学雑誌》第126编第9号,2017年9月版
21	呉簡吏民簿と家族・女性	鹫尾祐子	勉诚出版《アジア遊学》第213期,2017年8月版
22	大澤正昭『南宋地方官の主張』	梅池尚树	日本历史学研究会编《歴史学研究》第958号,2017年6月版
23	円仁「状」文書の機能的分類と書式分析:円珍文書・敦煌文献との比較を通じて	齐会君	早稻田大学史学会编《史観》第176号,2017年3月版
24	清代の溺女問題認識	山本英史	三木聡编《宋－清代の政治と社会》,汲古书院2017年2月版

续表

序号	论文	作者	刊物
25	張家山漢簡『奏讞書』と嶽麓書院藏秦簡『爲獄等状四種』の形成過程	水间大辅	京都大学东洋史研究会编《東洋史研究》第 75 卷第 4 号，2017 年 3 月版
26	漢晋期における士伍の身分及びその変化—出土簡牘資料を中心として—	苏俊林	藤尾胜久等编《簡牘が描く中国古代の政治と社会》，汲古书院 2017 年 9 月版
27	加藤直人著『清代文書資料の研究』	上田裕之	日本历史学研究会编《歷史学研究》第 960 号，2017 年 8 月版
28	明清中國　民事裁判　實態　性格	寺田浩明①	韩国法史学会编《法史学研究》第 56 期，韩国图书出版民俗园 2017 年 10 月版
29	冨谷至著『漢唐法制史研究』	石野智大	日本唐代史研究会编《唐代史研究》第 20 号，2017 年 8 月版
30	武周時代の村落制度と基層社会の人的結合—河南省輝県市文物管理所蔵『百門陂碑』の分析を中心に—	石野智大	明治大学法史学研究会第 187 回，2017 年 7 月会议论文
31	高村武幸　『秦　簡牘史料研究』	柿沼阳平	京都大学东洋史研究会编《東洋史研究》第 75 卷第 4 号，2017 年 3 月版
32	文書簡牘の様式論的特徴からみた所謂「記」の問題	陶安	日本中国出土资料学会 2017 年第 2 回大会会议报告
33	漢代の救恤政策について—『罷癃』を中心として	藤田忠	日本中国古代史研究会编《中国古代史研究　第八　創立七十周年記念論文集》，研文出版 2017 年 11 月版

① 该文的韩文稿为文竣映所译。

续表

序号	论文	作者	刊物
34	漢代辺郡の文書逓伝と管理方式	畑野吉则	藤尾胜久等编《簡牘が描く中国古代の政治と社会》,汲古书院2017年9月版
35	秦漢追書考	畑野吉则	日本中国出土资料学会2017年第2回大会会议报告
36	近代中国の法制整備と岡田朝太郎	吴迪	庆应义塾大学法学研究科编《法学政治学論究》第114号,2017年9月版
37	近代中国憲政と清水澄	吴迪	庆应义塾大学法学研究科编《法学政治学論究》第112号,2017年3月版
38	順治朝における旗人の法と刑罰—内閣題本を中心に—	王天驰	京都大学东洋史研究会编《東洋史研究》第76卷第3号,2017年12月版
39	思想から見る近・現代中国における近代的法の受容	王前	但见亮等编《中国の法と社会と歴史》,东京成文堂出版社2017年5月版
40	清代前期の丈量—康熙末年浙江省天台県の事例を中心として—	喜多三佳	但见亮等编《中国の法と社会と歴史》,东京成文堂出版社2017年5月版
41	西脇常記著『中國古典時代の文書の世界—トルファン文書の整理と研究—』	岩本笃志	日本唐代史研究会编《唐代史研究》第20号,2017年8月版
42	地主佃戸関係の具体像のために—万暦9年休寧県27都5図における租佃関係—	伊藤正彦	三木聪编《宋–清代の政治と社会》,汲古书院2017年2月版
43	清代贖刑制度に関する初步的考察:捐贖・納贖に焦点を当てて	中村正人	金泽大学法学系编《金沢法学》第59卷第2号,2017年3月版

续表

序号	论文	作者	刊物
44	唐令復原における典據史料の檢證一『大唐開元禮』を中心に一	赵晶①	日本东方学会编《東方学》第133 期,2017 年 1 月版
45	旧中国の法律公開の方法について	佐立治人	关西大学法学会编《关西大学法学论集》,2017 年 3 月版
46	秦代・漢初における〈婚姻〉について	佐佐木满实	御茶水女子大学性别研究所编《お茶の水女子大学ジェンダー研究所年報》第 20 号,2017 年 3 月版

编后记

看着窗外明晃晃的太阳,笔者不由想到此时已是 6 月炎夏,连树叶也是 1 年中最绿的时候,思绪不觉飘回落满雪的白色冬日,彼时我们 3 人正满怀兴奋,着手我们带着野心的“小动作”——对 2017 年法律史发表论文进行统计整理。

(一)目的地规划与行前准备

之所以要做这样一件事,最初是出于对当下法律史研究的好奇。对于刚迈入法律史这片天地的我们而言,有哪些人在这里耕耘,他们都分别进行着怎样的研究,研究已经进展到了什么地步,都会有着怎样的前路,这些都是我们迫切想知道的。若是有一张地图,让我们能对照着了解这片领域的大致路径,该是何等有用,这就是我们行动的初衷了。

然而一旦决定行动,下一步就是如何去做了。彼时我们想,3 个人分工合作,总可以将我们的目标范围定广阔些。一番讨论后,我们决定由 1 人负责法学类和史学类刊物的统计,1 人负责综合类刊物和学报,1 人负责日本东洋法史论文和港澳台法史论文的统计。

(二)如探险一样出发

经通力合作,以上各类刊物所登载法律史论文的目录被整理出来,拼合在一起。纵使拼块本身并不完整,但用此拼出的地图,已勾勒出了法律史的部分路径,

① 该文的日文稿为辻正博所译。

这令我们雀跃不已。接下来,我们还需要对这份整理结果作进一步的数据分析,才能更好地说明一些问题,这才是我们探险的前路。

不曾想,有朋友发表了一份2017年法学类C刊法律史论文统计。这份统计翔实且精美,漂亮得令人赞叹,但漂亮之余,又使我们产生了困惑——法律史论文的统计,仅仅考虑法学类刊物就足够了吗?仅统计法学类刊物上的法律史论文,能不能说明2017年法律史学科的研究情况呢?打个比方,两张画法不一的藏宝图,究竟能不能指向同一宝藏呢?会不会走迷路?好奇心驱使我们前行。

需要说在前头的是,受能力、阅历所限,我们整理出的法律史论文目录难免有所疏漏。必定有部分论文,经界定后,其文章学科并不属于法律史,而被我们在此处收录。也必定有部分文章,我们受限于思路、能力、时间等因素,而漏录、错录。在此,望诸位师长能对错漏之处多多指正,也对我们在此基础上作出的分析有更多包容。

1. 论文数量与发表者数据

首先,是法学类刊物法律史文章数量与其余各类之比较。

2017年发表在CSSCI排名前20位的法学类刊物上的文章共95篇,历史学类的共123篇,综合类的共61篇,学报类的共36篇,日本东洋法史论文共46篇,港澳台法史论文共14篇。各类总计375篇,其中除法学类的其余刊物合计280篇。法学类占总数的25.33%,除法学类的其余各类占总数的74.67%。(见图1)

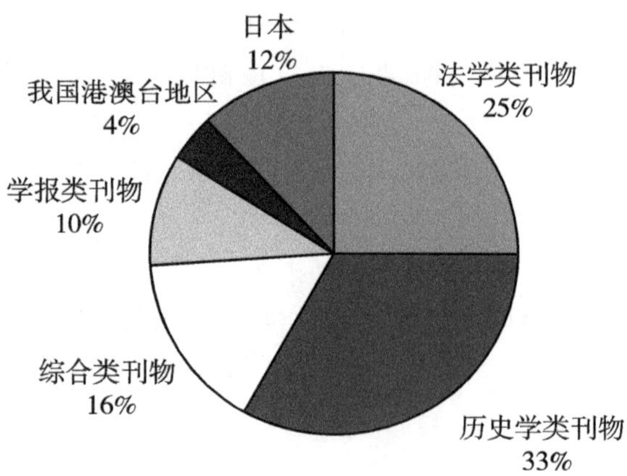

图1 2017年度各类刊物法律史论文数量

其次,对论文发表者数据进行分析。

2017年在CSSCI排名前20位的法学类刊物上,共有85位学者发表了法律史论文(合著文章将各作者都算入统计名单)。其中何勤华先生、李秀清先生、黄美玲先生、王立民先生各发 3 篇,朱腾先生、刘晓林先生、陈灵海先生、李平先生、吴欢先生、高仰光先生、朱明哲先生、郑显文先生、马腾先生各发 2 篇,其余学者各发 1 篇(含合发 1 篇)。

而 2017 年在 CSSCI 排名前 20 位的历史学类刊物中,共有 124 位学者发表了法律史论文。其中杜正贞先生、魏文享先生、刘金源先生各发 3 篇,张荣强先生、张世慧先生、骆详译先生、胡英泽先生、毛亦可先生、初庆东先生各发 2 篇,其余学者各发 1 篇。

2017 年在 CSSCI 排名前 20 位的综合类刊物中,法律史论文发表者共 70 人。其中杨向艳先生发 2 篇,其余学者各发 1 篇。

2017 年在 CSSCI 排名前 20 位的学报类刊物中,法律史论文发表者共 39 人,每位学者各发 1 篇文章。

2017 年港澳台法史论文发表者共 15 人,每位学者各发 1 篇文章。

2017 年日本东洋法史论文发表者共 42 人。其中冈部毅史先生、石野智大先生、畑野吉则先生、吴迪先生各发 2 篇,其余学者各发 1 篇。

在我们所统计的 2017 年各类刊物中,共 355 位学者发表了法律史文章。其中在法学类刊物上发表论文的学者有 85 人。除法学类刊物外,其余各类刊物的法律史论文发表者共 281 人。既在法学类刊物发表法律史论文,又在其余各类刊物发表法律史论文的有 11 人,这 11 位学者是:朱腾先生、刘晓林先生、王立民先生、郑显文先生、周东平先生、李勤通先生、张朝阳先生、陈景良先生、王银宏先生、侯欣一先生、王捷先生。将各类刊物法律史论文发表者人数重复情况制图如图 2 所示:

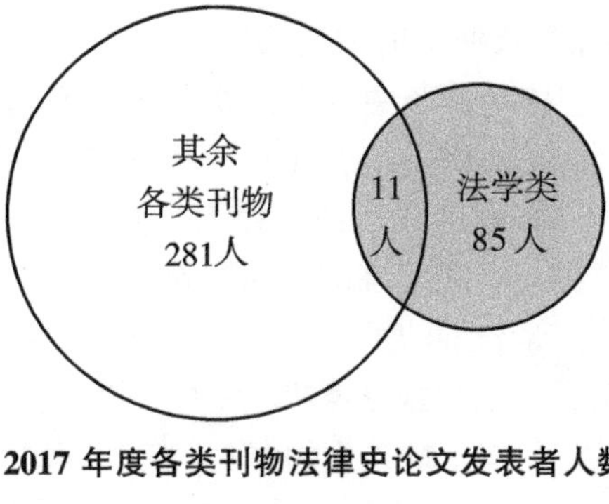

图 2　2017 年度各类刊物法律史论文发表者人数示意

由图 2 可知,在法学类刊物发表的学者数占 24.01%,在其余各类刊物发表的学者数占比 79.15%。其中,有 3.11% 的学者同时在法学类和其余类型的刊物上发表了文章。

这意味着,在法学类刊物上发表文章的学者中有相当比例也在其余各类刊物上发文,我们能够在各类刊物上见到他们的身影。说明对于法律史的研究者们而言,法律史是开放且包容的,并不存在研究领域的壁垒,学者的研究可以延伸进他们所想进入的任意角落。法律史的学科划分只是出于学科架构的需要,而非阻隔学术交流的高墙。

同时,我们也惊叹于其余各类刊物中法律史研究人数与研究成果体量之大。如果仅关注法学类刊物上的法律史论文发表情况,并以为这样就足以跟进当年法律史研究的学术进展,那么无异于与270位学者失之交臂,错过了280篇法律史论文。如果忽视了这些学者的研究,就如同弃置半壁江山,不得不说是莫大的遗憾。

而现实是,以往在进行上一年度法律史论文发表情况统计时,法学类刊物通常是唯一的统计对象。这难道不是只看到眼前,而忘了还有许多属于法律史的远方?

2. 研究内容分布特点

(1)法学类刊物。法学类刊物法律史文章共95篇,包括中法史论文71篇,外法史论文24篇。中法史论文中,有18篇是长时段研究;在短时段研究中,有3篇先秦研究、4篇秦汉研究、2篇魏晋研究、9篇唐宋研究、11篇明清研究、24篇近代(1840~1949年)研究,近代研究数量在此遥遥领先。

观其内容,大半集中在对立法、审判、监察、纠纷解决程序及典型案例的研究上,如栗铭徽先生的《清代法律位阶关系新论——以〈大清律例〉和〈户部则例〉的关系为例》、张生先生的《中国古代监察制度的演变:从复合性体系到单一性体系》、潘超正先生的《南京国民政府时期的法庭调解:制度与实践——基于龙泉司法档案的考察》、李平先生的《传统中国审判机制的法理与道理——从刘锡彤断杨乃武小白菜案说起》等。其次较多的,是对法律思想、法律文化、法律教育等内容的探讨,如何柏生先生的《东坡先生的法律人生》、沈伟先生的《近代中国比较法教育辨正——基于东吴大学法学院的考察》、陈灵海先生的《攻法子与"法系"概念输入中国——近代法学史上的里程碑事件》等。此外,有文章从乡规民约着眼,如梁健先生的《明清民间法律规则考析——以"书约"为例》;也有文章研究法律机构、法律职务及职能等,如王捷先生的《秦监察官"执法"的历史启示》。但后两类研究都为数不多。

(2)历史学、综合类、学报类刊物。历史学、综合类、学报类刊物法律史文章共219篇,包括中法史论文192篇,外法史论文27篇。中法史论文中,有21篇是长时段研究,其余为短时段研究,包括 9 篇先秦研究、27 篇秦汉研究、6 篇魏晋南北朝研究、1 篇隋代研究、28 篇唐宋研究、5 篇元代研究、47 篇明清研究、48 篇近代研究。可见,几乎每个时间段都有研究成果。其中,明清和近代研究的数目尤为突出,其次是秦汉、唐宋研究。

在内容上,与法学类刊物中法律史论文发表的相同之处在于,这三类刊物中的法律史文章,大多也在研究立法、审判、监察、纠纷解决程序及典型案例,也有许多研究法律思想、法律文化等内容。但不同之处在于,这三类刊物中的法律史文章,还有着更多的面向。比如,研究族规、族谱、产权等内容的文章不在少数,如杜正贞先生的《"异姓为嗣"问题中的礼、法、俗——以明清浙南族规修订为例》、戴建国先生的《从佃户到田面主:宋代土地产权形态的演变》等。研究法律人物、户籍制度、租税赋役等内容的文章也比较多,如王雁先生的《晚清六部司官公务生活的时与空——以刑部司官唐烜为中心》、张荣强先生的《甘肃临泽晋简中的家产继承与户籍制度——兼论两晋十六国户籍的著录内容》、叶锦花先生、李飞先生合著的《户籍赋役制度改革与盐场地区基层组织演变——以清前中期福建晋江浔美场、州场为例》等。有文章研究礼制与习惯问题,如马晓林先生的《从国都到村社:元代社稷礼制考》、张佳先生的《以礼制俗:明初礼制与墓室壁画传统的骤衰》等。还有文章研究吏政、考绩问题,如张国庆先生的《辽朝官员的考绩与迁转探赜》、沈刚先生的《简牍所见秦代地方职官选任》等。

在这三类刊物中,许多文章着眼民间县乡,探索法律在社会基层组织细胞中的作用,如陈宏亮先生、兰日旭先生合著的《民国时期县银行发展及绩效探析——基于〈县银行法〉的考察》、杜正贞先生的《晚清民国山林所有权的获得与证明——浙江龙泉县与建德县的比较研究》、曹英先生的《晚清民间涉外债务纠纷的调解息讼制度》等。还有许多文章涉及边疆、民族法律制度研究,如骆详译先生的《从〈天盛律令〉看西夏荒地产权制度的流变》、阮兴先生的《清末甘南藏区部落纠纷解决形态研究——以光绪十六年卡家与沙沟的争佃冲突为中心》、谢开键先生的《国家法与习惯法的扞格:以〈天柱文书〉中的侗族离婚诉讼案为例》等。并且,这 3 类刊物在文献运用上,相对来说也更广泛,这些都是在法学类期刊文章中所没有展现出的风貌。由此可见,比起法学类期刊的研究,历史学、综合类以及学报类刊物的研究表现出视野广、角度多、内容丰富的特点。

(3)港澳台及日本法律史研究。我们所收录的港澳台中法史 14 篇文章的时代涉及战国秦汉、唐、宋、明、清,内容涉及律令、关防、货制、关税、刑徒管理、诉讼证据、官吏责罚、法律思想、典型案例、法律文学、法律教育等各方面,呈现出多元化的风格。日本法律史研究在此不再详述,但是这些海外研究,同样具有极高参考和学习价值。

3. 小结

分析各类刊物法律史论文发表情况,我们眼前呈现出这样的图景:大多数学者论文研究的是立法、审判、监察、纠纷解决程序等传统研究命题,法律思想、法律文化是仅次之的研究密集区。法学类期刊中法史研究热点在近代,而历史学、综合类和学报类期刊的法律史论文虽然也是明清、近代较多,但各个时间段都有不少研究成果。法学类期刊中法史研究集中于围绕《刑法志》框架展开的各类研究,如法典规定、司法程序、案件分析、刑罚制度等,而对礼制、与法律相关的风俗习惯的研究较为缺乏,对法律书籍、碑刻、档案等文献资料的运用也不够充分。而其余各类刊物恰恰在一定程度上补足了此种空缺,除了传统研究命题,他们还将目光投射在吏政、礼制、税赋、货币、民间习惯、土地产权等方面,涉及经济领域、社会领域、边疆民族领域,以及宗教与法律的关系。这些有的是来自不同学科的学者们带给法律史的惊喜,也有些是法律史学者们自我眼光的延伸。总而言之,其余各类刊物上的法律史文章确有其独到之处,是不该遭受舍弃的。

出于审慎考虑,统计时我们将部分与胥吏、案件相关的档案资料删去,也除去了部分研究礼制、爵制、货币制度、漕运盐政等领域的文章,只保留了我们认为与法律史有着较为紧密联系的研究成果。即便如此,在保留下来的研究篇目中,还是有部分文章存在"法律史基因"不足的嫌疑,但是怎样界定"法律史基因"呢?在这些篇目中,涉及许多令人耳目一新的内容:对乡规、族规、民间契约、民间诉讼的研究,开拓了国家立法之外、乡规民约和地方法律状况这片新领域,也突破了刑事法律,而延伸进民事、经济等领域的法律;对于土地权力、水权、产权交易的深入分析,展现出古代产权制度确立与流变的样貌;部分研究将那些不甚为人熟悉的,承担着司法、执法职能的角色带入我们的视野,如元代弓手、清季巡警道员等;还有一些研究涉及户籍、田赋、税收、役制的文章,对于国家机器的运转、法律的实施有着重要的作用和意义。我们认为,这些内容都与国之法律有着密切的联系,仍旧是法律史研究所需要涉及的地方。

现在,我们可以肯定地说,法律史的世界,蔚为大观。

(三)行路岂能只看脚下

前面已经论述过,法律史的学者们在研究时,并没有局限于法学类期刊发表文章。并且有许多其他学科的学者,也为法律史研究做出了很多努力,而他们的努力,不仅仅体现在法学类期刊的文章中,还存在于其余各类期刊上。因此我们得出了这样的结论:想要了解法律史,只看法学类期刊,远远不够;想要判断某一领域究竟有没有前人涉足,只检索法学类期刊,远远不够;想要统计年度法律史论文发表情况，只考虑法学类期刊，远远不够。

试想，若是遗漏了其余各类期刊的研究，会造成什么样的后果？

首先，这无异于只看见冰山一角，而目光未及之处，便是信息和知识的盲区。法律史研究的初衷，就是探索真知、破解未知，是需要动足脑筋的挑战，是对于认知边界的突破。如果研究者们从来只在知识的边界内徘徊，那么人类对于世界的认知何谈进步？而要做到突破边界，就必须先认识到边界在哪，前沿在哪。若前人的研究明明已经为我们开荒到远处，而我们还在近前埋头苦干，故步自封，这与失聪失明有何分别？由此带来的，便很可能是研究的重复和落后。同时，阅读好的研究成果，有时候可能带来的是醍醐灌顶般的启迪，如果错过了、遗漏了，不是很可惜吗？

其次，基于不够客观的整理结果所进行的学术史梳理，都是不够严谨的，甚至可能是片面的。如果我们真的要讨论学术史，就该将能找到的、能考虑到的尽可能包括进自己的讨论中，否则就是一叶障目。做文献综述也是如此，遗漏了这么多前人著述，再说什么选好题目、写好文章，岂非难矣？

最后，法律史研究，应当更大限度地开拓视野。其余各类刊物中的文章，将一个更加广阔的法律史世界展现在我们眼前。社会学学者为我们把事件的前因后果如推理般进行了复盘，让我们看到法律事件身后的社会背景。经济学学者抽丝剥茧般解读着繁芜的数据，带我们穿透数据本身，直视法律制度背后的义理。历史学学者分享着他们所看到的不一样的古代、近代法律变革，以及对法律文献进行的分析和整合。这是不同视角下的法律史研究，而这种不同或许能碰撞出新的智慧花火，而如果错失了这些不同的视角，或许我们的所见，就会失色许多。

说到底，我们不能止步于法学类刊物上的文章，应当更加开放、更加包容，看到法律史研究的更多种可能。

（四）结语：摆脱路径依赖

我们已经得出了这样的结论：对于法律史文章的统计，绝不能止步于法学类刊物，但由此又产生一个疑问：历来统计时如约定俗成一般，对除了法学类刊物以外的各类刊物，均采取无视态度，究竟原因何在？

我们妄自揣测，其根本原因是法律史研究存在已久的路径依赖。法律史研究已经沿着一条传统路径走了很久，处在法律史学科中的我们，一不留神就陷落进固有的“法律史”概念中，不仅统计时容易有所缺漏，在研究时也容易囿于固有路径，导致对于研究路径的想象力深深受限。法律史的研究范围长期被圈定、被固化，如同一堵穿不破的墙。我们生活在墙内，已经习惯于墙的存在，而怠于思考其存在的合理性和真实性。因此现在已经是时候去反思，墙外究竟有着怎样的法律史世界,我们又该沿何种研究路径去探索。

哪怕法律史的世界很大,无人领略,风景也寂寞,我们仍需要以足够的眼光去匹配它。须知,风物正殊绝,长宜放眼量。

附录:删除论文条目汇总表

略。

专　　访

风雨万里问学路——“行万里路”习史散记

——郑学檬教授专访

采访人:郑老师您好！非常感谢您接受我们的专访！您于1960年从厦门大学历史系毕业留校任教,到今天已60多年了,其间,您担任过厦门大学历史系主任、厦门大学常务副校长,还连任两届中国唐史学会会长(1992～1998年)。这么多年来,您给学生上过很多课,写过很多高水平的学术论文,指导过很多优秀的博士研究生、硕士研究生,除了您在课堂上、演讲时已经讲过的以外,一定还有许多感想吧!

郑学檬教授:我是一位教师,担任过历史系本科生、硕士生、博士生(博士后)的教学、培养工作,因为教学需要,就必须做相关的科学研究。大学教育不只是传授知识,正如唐代韩愈《师说》所云:“师者,所以传道授业解惑也。”对于大学生来说,“解惑”尤其重要。“解惑”,就是解答学生学习、为人时所遇到的疑难,启发他们深入思考。大约在1964年,我在讲授列宁的《俄国资本主义的发展》这部书时,突然问学生:什么是“启发”?我解释说:“启发就是当老师说出某个道理(一句话或一席话)时,学生会突然拍案而起,说‘原来如此!我茅塞顿开了’。”学生听后恍然大悟,这就是“解惑”到极致时的教学互动场景。为了做好启发式教学,令学生有“一闻百悟”的“解惑”感受,教师必须努力扩充自己的知识库,进而做专题研究,形成自己有影响力的治学风格,才能对学生有吸引力。教师有“千悟”,学生方可“百悟”,这样才能适应大学教学的要求,即所谓“授人以鱼,不如授人以渔”者也,启发式就是传授探索的科学方法。我做过大学领导,主要是领导教学管理工作,就是在实践这一培养人才的原则。

采访人:您在中国古代区域经济史领域有很多精辟的研究,在研究过程中或选题前后,您是否特别注重到与研究对象有关的地区作实地调查?

郑学檬教授:我对唐五代江南经济的研究开始于20世纪的80年代初。那时卞孝萱教授邀我执笔《五代史话》(1985年,北京出版社),我由此接触到唐五代江南的发展情况。我的老师韩国磐先生对五代十国史有深入研究。我最难忘的是1983年扬州“唐史学会年会”和1987年常州“唐史学会年会”。在这两次会议上,我认识了许多著名学者,如王仲荦先生(山东大学)、吴泽、袁英光先生(华东师大)、杨廷福先生(上海师大)、黄永年先生(西安交大、陕西师大)、李廷先先生(扬州师院,他于2002年出版了《唐代扬州史考》一书)、魏嵩山先生(复旦大学)等,也和李廷先、魏嵩山等就江南、淮南的经济发展问题有过交流。他们对江南、淮南的生态环境、历史上开发过程了解甚细,对我启发很大;加上大运河的桨声、太湖的波涛,把我带入魂萦梦绕的大运河通航年代。在回厦门的火车上,我和陈衍德同志(他于1978年毕业于厦大历史系,是我授过课的学生,当时是历史系讲师)讨论了中国古代经济重心南移诸问题,这才有了后来发表在《光明日报·史学》(1988年6月1日)上的《中国古代经济重心南移的若干问题》那篇共同署名的文章。之后,我继续探索唐宋江南经济诸问题,并于1996年在岳麓书社出版了《中国古代经济重心南移和唐宋江南经济研究》一书。2003年该书修订本由岳麓书社再版,我在《再版后记》中写上自己的感受:“余于2001年10月至12月在台北中国文化大学史学所讲学,见听课的博士生、硕士生多有拙作复印本在手。问其缘故,答称:‘喜欢一读是书,因无书可买,人多复印备用。’”才知道本书所论为青年学子所重也。江南是我的家乡,但要深入了解唐宋江南社会经济,还得研究前人的著作和他们的考察资料。此后,我利用各种机会,进出江南各地,从杭嘉湖地区到赣东北、赣南、湖南,看鄱阳、洞庭共长天一色,登天目、衡山与流云同行。

采访人:“丝绸之路”是连接中国与西域、亚洲、欧洲及非洲的重要通道,也是中华民族源源不断地向外输出、向内输入各种文化的大动脉,您在甘肃、青海、新疆等地的实地调查一定收获特别多吧?

郑学檬教授:我于1980年到西安参加中国唐史学会成立大会,成为该会的“一大代表”,会后参观了敦煌莫高窟。记得在莫高窟分组参观时,我们组除了做唐史研究的人外,还有王朝闻、古元等名家,他们对壁画的议论,令我茅塞顿开。那时到敦煌莫高窟参观的人不多,我们住在莫高窟招待所,看了一天壁画,记得许多壁画没有严重氧化退色，王道士（圆箓）发现藏经洞保存完好。这是我第一次访问莫高窟，感动莫名。

1983年，我又受韩国磐师委托，到兰州参加敦煌吐鲁番学会成立大会。开会时有幸坐在季羡林先生对面，聆听他的讲话。会上讨论了敦煌吐鲁番学研究的许多重大学术问题，这是我首次接触到这一国际学术界注目的研究领域，会上我提交的论文是《从敦煌文书看唐代河西地区的商品货币经济》①。1992年至1998年，我担任中国唐史学会会长，因学术会议曾多次去兰州、敦煌、新疆考察，对陆上丝路的认识日渐加深。

让我印象最深的有三件事。

第一件事是考察阿斯塔那墓葬区。大约是1983年年初访吐鲁番高昌古城的时候，我们去了那里。那是一片戈壁滩，方圆10多公里，当年是高昌故城居民的墓地。承蒙吐鲁番博物馆同志的带路，在一片戈壁滩停下，从戈壁墓地的一条斜道走下去，地下室的门打开，见到里面是一间几平方米大空地下室，墙壁刷着白灰，中间一块木板，架在两头的条櫈上，尸体（木乃伊）则已搬走。

走出地下墓室，回到吐鲁番博物馆，看看那里一排僵尸（木乃伊）之后，就明白了当时的安葬是多么简单。在这次考察阿斯塔那墓葬区的墓室后，我写了两篇与此有关的论文，一篇是《吐鲁番出土文书"随葬衣物疏"初探》②，一篇是《悟空何故随玄奘——西游随笔之五》③。

《吐鲁番出土文书"随葬衣物疏"初探》写于1984～1985年。所谓"随葬衣物疏"就是我考察过的阿斯塔那墓葬区墓室里被移走的死者随葬器物清单。虽然我在1983年考察时没见到这些随葬器物清单，但以后接触到正式出版的《吐鲁番出土文书》第1～5册收录的43件"随葬衣物疏"时，我立刻回忆起进入墓室时的情景。这种场景的记忆，强化了我阅读"随葬衣物疏"时思绪的开放力度。从而对这批墓葬文书有了祈求冥福意义的判断，指出"随葬衣物疏"反映了高昌人的根深蒂固的私有财产观念，并对"随葬衣物疏"的历史研究价值作了分析。后来，据说日本东京大学东洋文化研究所的池田温教授，曾有一次指定此文为博士生阅读的参考文献。

第二件事是2000年夏，经乌鲁木齐去敦煌参加纪念莫高窟藏经洞发现100

① 原载《全国敦煌学术讨论会文集》，甘肃人民出版社1983年版；后被收入《点涛斋史论集：以唐五代经济史为中心》，厦门大学出版社2016年版。

② 收入韩国磐主编：《敦煌吐鲁番出土经济文书研究》，厦门大学出版社1986年版。

③ 收入郑学檬：《点涛斋诗文存稿》，（香港）天马出版有限公司2010年版。

周年大会。我在乌鲁木齐逗留期间,抽空参观新疆维吾尔自治区博物馆,为一幅壁画所吸引。这幅名为《东晋人生活图》的壁画,由四小幅画拼成,其中两幅各有七颗红色果实素描,果实排列成北斗七星状,果实的心是红色的,外描黑圈;其中一幅的左右上角有一圆框,框中有人头像,大眼,尖颔(下巴),脸的周边有浓密毛发,疑似猴脸,整个画面有孙猴子偷窥仙桃之意境。这幅画出自吐鲁番阿斯塔那墓葬区,是从墓壁上切割下来的。因为我有考察阿斯塔那墓葬区墓室的经历,见此马上对这幅壁画的定性发生怀疑,于是即从博物馆去书店,觅得王炳华先生主编、刘文锁著文的《新疆历史文物》一书,查知这幅壁画确是吐鲁番阿斯塔那墓中壁画的一部分,不过,刘文命名为地主"庄园生活情景",实属"望画生义",未审其文化内涵。在吐鲁番阿斯塔那——哈拉和卓墓群中还出土了十二生肖俑,如鸡首人身,猪首人身,当然也有猴首人身,所以画面的七颗红色果实素描,应是北斗七星,框中人头像疑是猴首。

我判断:北斗七星、神猴(哈努曼)是印度文化中的保护神,这些传说和壁画出现在吐鲁番——丝绸之路的重镇,证明印度文化随着中印经济文化交流传入内地。当然,孙悟空的出现,自必融入中国元素。于是我写了随笔《悟空何故随玄奘——西游随笔之五》一文,在该文中我对《东晋人生活图》的壁画作了辨析,并对孙悟空形象的形成作了蠡测。之后,恰逢在北大的临湖轩召开唐代基金会,我和王炳华同志都出席了,我对他说了关于《东晋人生活图》的看法,他表示认同壁画里七颗果实是北斗七星的观点,但表示那两个头像是否猴首,尚须斟酌。他回去后,给我寄来了《东晋人生活图》的照片,体现了一个考古学者的求实精神和严谨作风。

第三件事也发生在2000年夏。在参加完纪念莫高窟藏经洞发现100周年大会后,我们厦大几位同志去天津开会,途经甘肃天水,参观了麦积山石窟。承蒙该馆馆长的优待,我们看了多个石窟。麦积山有149个洞窟,7000座塑像,是我国四大石窟之一。这些佛像展示了从北魏到明清中国佛像的艺术风格的流变,所以它是一部石窟艺术史,也是一部丝绸之路上希腊、中亚佛教艺术东渐史,极为珍贵。最令我难忘的是开凿于北魏的121窟,里面有一对高约1.25米的彩塑菩萨与十二三岁少年弟子塑像,一个是带发比丘尼(小尼姑),另一个是光头小沙弥(和尚),两人并肩而立,依偎一起,两小无猜,一副清纯模样,可爱至极。也许他们领会了佛的启示,发出内心微笑;也许什么人带来家父、家母的温馨嘱托;也许听到什么趣闻而走神,窃窃私语。他们初识人生,迷惘多多,然而正因如此,他们才是胸无心计而清纯极致,内心达到了人性与佛性的统一。我在他们身上感悟到艺术的力量,在以后的研究中特别注意宗教艺术的启示。回来后,我写了《自古少年出真情》和《天上人间麦积山》两篇随笔。

其实，西部考察给我的研究启发太多，可以说“开封释滞”，受益无穷也。

采访人：您在“海上丝绸之路”的实地调查中，有哪些发现和启迪？

郑学檬教授：我曾写过多篇关于福建经济史和“海上丝绸之路”历史的论文。“海上丝绸之路”与东南沿海社会经济的研究是我在厦门大学工作的区位环境所促成的。《福建历史上经济发展的若干问题》一文是1989年出版的《福建经济发展简史》的“代序”，该书是当时我国第一批博士导师之一的傅衣凌教授命我主持编著的，作为福建改革开放的背景资料出版，参与者多是他的硕士研究生。其他的有关福建经济文化史文稿，写作的初衷类似，都是为福建的改革开放而呐喊。

有关“海上丝绸之路”研究的几篇文章是从讨论历史上福建茶叶输出问题开始写作的。除了收集文献记载外，我开始阅读英文《维基百科》网站上的相关文章，后来阅读了一些国外有关海上丝绸之路的英文著作（包括阿拉伯文英译著作），逐渐明白茶叶在地理大发现后的东西方贸易中的举足轻重作用，《海上丝绸之路和福建茶贸易》一文反映了我的这一认识。

《“安南通天竺道”与“海上丝绸之路”补论》《隋唐五代海上丝路研究若干问题补论》《唐宋元海上丝绸之路和岭南、江南社会经济研究》三篇文稿是我这两年写的学习海上丝绸之路历史的体会。最使我感奋的是读了桑原骘藏《中国阿拉伯海上交通史》、乔治·侯若尼《阿拉伯海上航行》[GeorgeF. Hourani, ArabSeafaring (revisedandexpandedbyJohnCarswell)]、马卫集《马尔瓦兹对中国、突厥与印度之记述》(SharafAl-ZamãnTãhirMarvazīonChina, TheTurksandIndia)、范迪梅·伊利瑟夫《丝路》(VadimeElisseeff, TheSilkRoads)、阿什和塔尔波特《印度先于欧洲》(CatherrinB. AsherandCynthiaTalbop, IndiabeforeEurope)、约翰·伊尔范斯各克《丝路上的佛教和伊斯兰教》(JohanElverskog, BuddhismandIslamonsilkroad)等书及《诸蕃志》等著作以后，我探索与“海上丝绸之路”相关未竟问题的热情被极大地激发了。

几次交流请教和实地考察也对认识“海上丝绸之路”的深层问题极有帮助。

早在21世纪初，我写过《鉴真和尚东渡日本与唐代的航海技术》①一文，主要讨论“为何鉴真及僧人会选定十二月东北季风盛时去日本”这个问题，揭开这个谜底的关键可能是季风利用问题。正因为利用季风的经验不足，他们的船一出长江口即随强劲东北风或驶向西南方向，或直向南方，飘到海南岛。但是，有关作者只肯定了鉴真弘法不惧艰难的勇敢精神，而我则以为光说信仰的精神因素不够，

① 收入郑学檬、徐东升：《唐宋科学技术与经济发展的关系研究》，厦门大学出版社2013年版。

其中必有技术问题。后来我读到张说和杜甫的诗,找到了切入点,即帆的角度——侧帆航行技术。张诗有"奇帆侧舵弄风口,赴险临渊绕湾浦"①句,杜诗有"奇帆侧舵入波涛,撇漩捎濆无险阻"②句。我从中理解到帆的角度和风向、航向的关系。从力学原理上说,侧斜风 W 吹到船帆 AB 的时候,从力的平行四边形法则可以知道,风力将分解成 L 和 D 方向的两股分力,L 方向的分力推动船只前进。实际情况是:帆船航行的动力和飞机机翼产生升力的原理类似,是由空气压力变化产生的。帆的凹处压力高,产生往外推的推力;而帆的凸处,压力低,产生往外拉的拉力。此两者相比,拉力比压力效果更大,但最终方向是一样的,所以风吹在帆面上的力可以分解为沿帆面的阻力 D 和垂直于帆面的力 L。在船只航行的时候,L 风力可以分解成 T、S 两个分力,T 是有效推动船只前进的分力,S 却是推动船只侧向移动的分力。所以,可以判断鉴真第二次出海在舟山群岛触礁的原因是船只出长江口骤遇强烈的东北风,L 方向的分力偏西南,L 的分力的 T 分力转向西,实际航向为正西南,插入舟山群岛的桑石山,在"风急浪高"中,船只触礁而破。以上是一种类似模拟实验的解释。

为了慎重起见,我特地把下面这幅示意图送给有航海经验的原厦门集美航海学院副院长李连亭教授看,请他发表意见。他说,关于这幅风力与实际航向的示意图没有什么意见,但是,要注意长江口有一个迴转流,它成因于长江口的喇叭口状地形,在潮汐作用下形成顺流与顶流交替的迴转流,这一自然现象即使在唐代也应存在。鉴真的座船是12月"举帆东下"到太仓的狼港,等了一个月,"待好风发"。我们不知道他们从狼港"待好风发"的时间,因而无法判断当时的长江口的迴转流是顺流还是顶流。李教授认为,这对鉴真的座船航向有影响。

参考李教授的意见,经过分析,我以为鉴真的座船有可能在离开太仓狼港、进入长江口南水道(8世纪苏州的海岸线在今黄浦江一带,浦东还是浅海)时立遇迴转流,但因属平潮,逆顺迴转流向不明显,在强烈东北风驱使下,实际航向为正西南,插入舟山群岛的桑石山。

鉴真第6次出海航行成功,关键是帆的操纵技术正确。从常熟黄泗港所在的纬线与黄泗港到冲绳的直线,几乎成45度角,根据上述帆船航行的风动力原理和力的平行四边形法则,当东北季风吹到南下的船只船帆的着力点时,L 方向的分力顺着45度角向东南方向,东南方向分风力强,该风力又分解为 T 和 S,T 是直接驱使船只前进的动力,而 S 对于 T 来说,是横向飘流的分力,非常清楚这样的风力

---

① 张说:《同赵侍御乾湖作》,载《全唐诗》卷86,中华书局1960年版,第940页。

② 杜甫:《最能行》,《全唐诗》卷221,第2335页。

作用结果只能使船只的实际航向必然向东南偏东方向移动而对准冲绳某一登陆点,导致船只顺利登陆(见图1)。

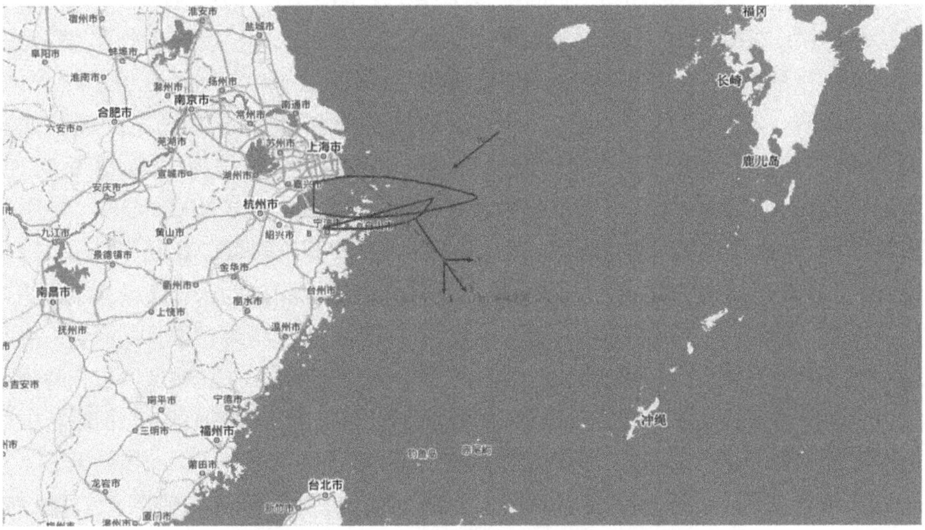

图1　鉴真和尚第6次东渡登陆冲绳示意

我对鉴真第6次东渡成功的解释,至今没有人提出反对意见,我们的研究结果至少说明逆风行驶技术在唐代已有成功的经验,比学术界所知要早几百年。这里的一个关键是史料发掘和对航海经验的吸收,如不了解风帆的力学原理和长江口有个迴转流,就很难知道鉴真几次失败和一次成功的原因,只能求助于精神层面的臆测,当然没有说服力。这个例子说明,历史研究也要懂一些理科知识。认识世界,没有文理之分。

关于“海上丝绸之路”的航路情况,我在写作前有过3次国外考察。

第一次是2013年春节随家人赴印度尼西亚巴厘岛度假。这次旅行考察使我了解了季风和海流、赤道航路温度、湿度对“海上丝绸之路”东西段及货物运输的影响。我们知道,一般来说,夏季刮偏南季风,冬季刮偏北季风。每年的11月东北季风盛时,是南下航行的季节,因为可以顺着南下的沿岸流,出南海,经越南东海岸航行;每年的4、6至8月,可以利用强盛的西南季风和爪哇海流(流经加里曼丹与苏门答腊海面,北上南海、台湾海峡等海域)回程。现在这已是常识,但在唐代还只有航海家和海上商人才知道。

我们先由广州飞新加坡,而后转飞巴厘岛,该岛坐落在爪哇岛东部,赤道南方8度。该岛由于地处热带,且受海洋的影响,气候高温多雨,年平均温度在21℃~

33℃,平均湿度约在60% ~100%,四季葱绿,生机盎然。苏门答腊岛坐落在印度尼西亚的西部,赤道横贯中部,属于热带雨林气候带。印度尼西亚的雨季在每年10月左右到第二年的三四月,维持整整半年的时间。巴厘岛的雨季从每年的11月持续到第二年的3月。这一气候特征,使我了解到唐宋时代从广州出发,经占城、暹罗、室利佛逝(又称三佛齐,今苏门答腊南部巨港一带)正好是当地雨季,气候高温多雨。所以我得出结论:(1)海上运输的防潮问题难以解决。所以如丝绸、茶叶等货物若在室里佛室利佛逝(三佛齐)停留至雨季结束,自必发生霉变,所以疑其不能大量出口。(2)日本学者关于海上贸易有过这样的表述,"特别是宋代以后,陶瓷器已取代丝绸,而成为南海贸易中最引人瞩目的商品了"。也就是说,宋以前出口丝绸为主,这一判断是否正确?因为没有考虑气候因素,需要讨论。而且,直到明初郑和下西洋,丝、瓷出口仍然并重。《印度先于欧洲》一书写道:"他们出售中国丝和陶瓷器,此类物品无论印度或它的西方地区,需求量都很大。"①这是该书作者引马欢记载后说的话,时间是14世纪中期,从这个时候中国在印度的交易仍是"丝和陶瓷器"为主可知仍旧很难说陶瓷器已取代丝绸了。前面的分析已说明,在葡、荷、英等欧洲人到来之前,也就是蒸汽轮船取代帆船运输之前,对丝绸贸易"不能估计过高"。②

"海上丝绸之路"东段(马来半岛南端雕门岛至广州)沿着热带雨林气候带航行的影响还表现在早期茶叶的运输上。一则英文记载说:"茶叶长期放在船上,容易霉坏,以致让英国和荷兰考虑进口从陆路经俄国运来的茶。俄国关税令茶的花费太多,然而,这个方案放弃了。"③因为16、17世纪从广州到里斯本帆船的航程约需15~18个月,所经过热带雨林气候航路高温潮湿,茶叶比丝绸更易霉坏。18世纪初,茶叶进入英国中产阶级享用的物品范围,并开始向大众饮品过渡。18世纪中叶以后,英国取代荷兰控制着印度至东南亚、中国的贸易。英国进口中国茶叶数量不断增加,到1766年,英国东印度公司对华贸易总货值达1,587,266(两),其中茶叶货值1,370,818(两),占总货值的86%。④ 19世纪30年代到50年代,西方大国能造大型帆船了。这类船载货量巨大,高利润货物茶叶、香料、纺织品和陶瓷器源源不断地被运送给美国和欧洲的消费者。

---

① Catherrin B. Asherand Cynthia Talbop: Indiabefore Europe, Cambridge: Cambridge University Press, 1897, p. 79.

② 郑学檬:《唐宋元海上丝绸之路和岭南、江南社会经济研究》,载《中国经济史研究》2017年第2期。

③ Wikipedia: TeaConsumers, TeaTrade, andColonialCultivationbyThomasBreed, 2014. 11. 02.

④ 郑学檬:《海上丝绸之路和福建茶贸易》,载厦门《老教授论坛》第14辑。

以上是我在巴厘岛旅行考察中体验到的赤道南北温度、湿度，联系东南亚季风和海流知识，自此，我终于能够对“海上丝绸之路”东中段及其对货物运输的影响问题作出比较科学的判断。

关于“海上丝绸之路”西段（波斯湾、红海至印度）的航路情况，我也是不甚清楚。2014 年 6 月 2 日，我参加了我们厦大邻居为主的旅游团，乘坐荷航 KL884 航班，从厦门起飞直往阿姆斯特丹，转葡京里斯本，这是第二次“海上丝绸之路”考察活动。这次旅游线路是由我设计的，因为我想看一看葡萄牙里斯本的达伽马墓和西班亚塞维利亚大教堂里的哥伦布墓，了解一下“海上丝绸之路”的西段开辟情况和这两位航海家的丰功伟绩。在里斯本的海岸罗卡角，我望着水天一色的大西洋，领略如诉如泣的刮耳风声；在海滨小镇卡斯卡伊斯，我回味着在这里创作的“007”小说，想象作者伊恩·弗莱明彻夜难眠、文思泉涌、震惊世人的日日夜夜；在贝伦塔（建于 1515～1521 年）和航海家纪念碑，我们想起了达·伽马等伟大的航海家。在航海家纪念碑附近的教堂里，我看到了达·伽马和葡萄牙作家达·伽梅斯的大理石石棺，棺盖上躺着他们的雕像，达·伽马双手合十，指尖向上，似在向上帝祷告，祈求葡萄牙的航海岁岁平安。1497 年 7 月 8 日达·伽马的船队从特茹河口出发，南向非洲西南端，环绕好望角，顺莫桑比克海流，于 1498 年 5 月 20 日到达印度的卡利卡特，知道香料也出在印度的东边，于是有了“东印度”的域名，最后东向马六甲，到达爪哇、加里曼丹、澳门，由香料贸易导出丝绸、棉布、瓷器贸易，形成后世称道的“海上丝绸之路”。贝伦塔是葡萄牙古老建筑之一，它的独特建筑风格和其特殊的地理位置为人们所景仰和怀念。在历史上它曾是海关、电报站，并曾被用作灯塔导航，也曾是监狱，在大航海时代，也是航海家们的起点。每当晚霞布空，多少妇女老人在塔侧橡树下，翘首等待远航的丈夫、儿子归来！当时我有拙诗一首云：

《贝伦塔》
贝伦塔上望帆桅，①
特茹河涌心潮催。
胡椒人爱利令熏，
豆蔻衣香百味来。②

---

① 葡国王曼努埃尔一世为纪念达·迦马抵达印度下令建造贝伦塔，坐落在特茹河边，既可让航海者家人等候亲人归来，又可作灯塔引航。

② 胡椒和豆蔻、豆蔻衣是当时东印度（今东南亚）运到里斯本的主要货物。胡椒、豆蔻用来调味，豆蔻专用烹饪甜味食物，如布丁、蛋糕和饼干，也用来做香肠调料。

伽马航海东印度，
几人欢乐几人悲。
从来逐浪英雄出，
落日何曾问夫归。

图2　贝伦塔

我凭吊了达·伽马墓以后成诗一首云：

《吊达·伽马》
好望角远腾激浪，
伽马志坚雄心壮。
向导领航事过半，①

① 当达·伽马船队于1497年4月14日来到马林迪，觅得向导阿拉伯领航员艾哈迈镕·伊本·马吉德。

顺流莫桑帆北上。①
印度洋风称天意，
惊梦依稀向东方。
长眠故土人拜敬，
船过三洋活万商。②

经检索，网上信息资料显示：每年的10月至来年的3～4月，北印度洋海面盛行东北季风，孟加拉湾的海水流向西南，南绕斯里兰卡岛，与阿拉伯海流向西南的海水一道，形成了东北季风洋流。这股洋流汇合北赤道暖流，沿赤道东流至苏门答腊岛，形成相当明显的赤道逆流，在北印度洋海水呈反时针方向流动，为气旋型的大洋环流。5～9月，西南季风盛行，海水运动的趋势大致与冬季相反，向东或东北流动，南赤道暖流的北分支在季风作用下越过赤道，进入北印度洋，沿索马里海岸向东北流动。而后，海水从阿拉伯海向东绕过斯里兰卡岛西海岸南下，与南赤道暖流汇合，使其得到加强，赤道逆流就不复存在了。于是在北印度洋，海水沿顺时针方向流动，为反气旋型的大洋环流。

对于这一复杂海流情况，达·伽马船队并无识别能力，只有阿拉伯领航员，才有经验驾驭船只顺流北上。达·伽马找到了阿拉伯领航员马吉德，于4月24日从马林迪启航；还找到印度商人做导航员，乘着印度洋的季风，一帆风顺地横渡了浩瀚的印度洋，于5月20日到达印度南部大商港卡利卡特。

在里斯本，我们游览了著名的自由大街，虽然它不比厦门的中山路豪华热闹多少，但它的凯旋门和贸易广场码头的壮观气派是厦门无法比拟的。这座码头是17、18世纪以来葡萄牙繁荣的象征，那时，在达·伽马等航海家开辟的东方航线西端港口里斯本，东方的香料、瓷器，还有丝绸、茶叶，源源不断从这里卸货，然后转运欧洲各地。而今却是一片沉寂，码头成为人们赤膊晒太阳的地方。西方多闲人，所以酒吧、咖啡馆、草地、广场往往人如晒鱼，也许这就是他们的福利使然。

离开里斯本的当天中午，我们进入西班亚的梅里达，参观了罗马时代建造的古桥，那里有很多罗马时代的古建筑，但是没能一一参观。西罗马衰落后，西哥特

① 达·伽马率领的船队依靠领航员马吉德的导航，于1497年4月24日从马林迪启航，顺着莫桑比克海流北上，并转而乘着印度洋的季风，于5月20日到达印度南部大商港卡利卡特。中国早在唐代或更早，已有船只至卡利卡特，明代郑和的船队曾到该港驻留。因此，达·伽马的到达，使得历史上大西洋经印度洋到太平洋西岸中国的航路第一次被打通了，引发了东西方的直接贸易，引得万商活跃，货畅其流，其功也伟。

② 三洋：大西洋、印度洋、太平洋。

人占领此地,也在这里定都。摩尔人入侵,梅里达逐渐衰落。公元1230年之后,在天主教国王统治期间,梅里达在政治上的重要性开始得到恢复。我们走在小街上,店铺多关门,一问才知道他们午休时间从中午2时半至下午5时半。生活多优闲,游人也入梦。

告别梅里达后,我们直接开车前往西班牙南部城市塞维利亚。西班牙广场(PlazadeEspaña)之雄伟壮丽令人惊叹。这个广场是为1929年伊比利亚美洲世界博览会所建,它的建筑特点有古罗马式的回廊、摩尔风格的拱门、金黄色的墙砖等。塞维利亚大教堂也令人倾倒,它始建于1184年,是摩尔人建的塞维利亚大清真寺,摩尔人被驱逐后,15世纪清真寺被拆毁,在原址上建造塞维利亚大教堂。它曾是基督教世界里最大的宗教建筑之一,与梵蒂冈圣彼得大教堂、伦敦圣保罗大教堂并称为世界三大教堂。导游介绍说,在改为基督教教堂后,原为清真寺的宣礼塔——希拉达塔(Giralda)16世纪并未被拆毁,而是被改建为教堂的钟楼。在高塔的外立面上既能看到阿拉伯风格的网格装饰和马蹄形窗,又能看到文艺复兴风格的钟塔,这说明基督教能包容伊斯兰教文明,所以它被选为世界文化遗产。教堂塔楼至塔顶高98米,塔顶雕塑名为"ElGiraldillo",代表信仰。塔内没有楼梯,而是环形坡道,我是本团唯一一位购票进入、顺坡道登上36层70米高瞭望塔的人。教堂内金器展览和哥伦布石棺是不得不提的,因为哥伦布就是从这里经瓜达尔基维尔河出海,横越大西洋,发现美洲的,而后,麦哲伦通过太平洋航行到菲律宾。

在欧洲航海史上,哥伦布是史诗般的人物。1492年,哥伦布从西班牙巴罗斯港(加的斯港位于西班牙西南沿海加的斯(CADIZ)湾的东南侧)出发。见到哥伦布石棺,我想起了他的探险历程,不禁唏嘘不已。哥伦布航海目的地是印度和中国。当时他对大西洋大气环流和海洋环流缺乏了解。大西洋北半球为东北信风,南半球为东南信风。信风风向稳定、风力较大(3~4级),成为大西洋中重要风带,并是大洋表层洋流形成和维持的动力。他出海之后一路上基本上都有顺风的东北信风相助,这才能到达他命名的圣萨尔瓦多(今巴哈马群岛)。当时哥伦布认为这个岛是日本群岛的外围岛屿,在亚洲的边缘,便把这一带称为西印度群岛,把当地居民称为印度人。哥伦布的航行,揭开了发现新大陆的帷幕。

研究"海上丝绸之路"西段,也必须考虑北印度洋的大气环流和海洋环流问题。这一思路是帮助我破解阿拉伯人成功掌握红海(波斯湾)到印度马拉巴尔海岸航路的成功原因。下面是我在文章中的一段论述:

"为什么是阿拉伯商人,而不是希腊、罗马商人首先航向中国,最先贯通海上丝绸之路呢?这是因为当希腊船只乘夏季的地中海季风来到红海停泊时,从6月至10月，印度洋的西南季风正好来临，西印度洋风吼涛怒，这个时候没有航船出没。印度的马拉巴尔海岸又缺少港口，在西风强烈时离岸逗留是很不安全的。到了11月至翌年的3月，东亚的东北季风盛行，这时，希腊船只又‘像在地中海那样，毫无顾忌地张着横帆，不能用阿拉伯的船头、船尾成直线的纵向航行技巧（fore-and-aftcraft），所以，他们只能继续远远沿着阿拉伯南部沿海航行。’就是说希腊人航海技术的缺陷，亦即没有掌握逆风航行技巧，无法准确应对西印度洋的西南季风、东北季风，所以没有把地中海的航海优势转变为通向印度洋的航海优势。反之，阿拉伯人则学会了利用西印度洋的西南季风、东北季风，掌握逆风航行时帆的操作技术与航向，先于希腊人控制海上丝绸之路西段的海上航行，赢得了控制从红海到印度西南海岸的海上航行、贸易权。

那么，为什么阿拉伯人航海选择三角帆而希腊人、罗马人选择横帆呢？关于阿拉伯人航海选择三角帆问题，我推测这和阿拉伯人的生活经验有关。在阿拉伯人生存的沙漠地区，风沙漫天是常见现象。但是人们不要忽视一种自然界现象，即在沙暴袭击下，沙丘锋面易呈三角形，不易有别的形状；因为对于沙丘来说，三角形最稳定。这一种自然界现象，令阿拉伯人对三角形特别敏感。联想到埃及沙漠里的三角形金字塔建筑、三角形拼成的阿拉伯数字就不会怀疑以上分析；正如中国北方古人对方形特别敏感一样，所以有井田、四合院、方块字等形制。当他们发现印度东海岸三角帆船后，就很快接受并学会使用。三角帆在风力鼓动下，稳定性大于横帆与竖帆，因为其重心低，易于操纵。三角帆成就了阿拉人的航海之梦。当然，这一解释是否正确，还可以研究。”①

关于阿拉伯对三角形物体的认识，敦煌莫高窟月牙泉沙丘可作为旁证。据说：“由于环绕月牙泉的沙山南北高，中间低，自东吹进环山洼地风会向上方走，风力作用下的沙子总是沿山梁和沙面向上卷，因而沙子不会刮到泉里，沙山也总保持似脊似刃的形状。②”我也想不到以后在分析阿拉伯人识别三角形时，会受到这一自然景观的启发：在沙暴袭击下，沙丘的迎风面沙子总是从沙堆的底部往丘顶滚动，风暴停止后，在重力的作用下，沙粒瞬间泻下，其时沙丘锋面呈三角形，不易有别的形状。我的分析得到一位数学教授的首肯，他说在重力作用下，沙丘沙面一边在沙粒滚落时只能是三角形。日常生活里处处有学问。书到用时方知少，一

---

① 郑学檬：《唐宋元海上丝绸之路和岭南、江南社会经济研究》，载《中国经济史研究》2017年第2期。

② 百度百科：《月牙泉》，载百度百科网：https://baike.baidu.com/item/月牙泉/4562?fr=aladdin，最后访问日期：2017年1月16日。

闻千悟机缘在。

此外,埃及的金字塔、阿拉伯三角形拼成的数字,也可证明阿拉伯人对三角形的熟悉与应用(见图3)。

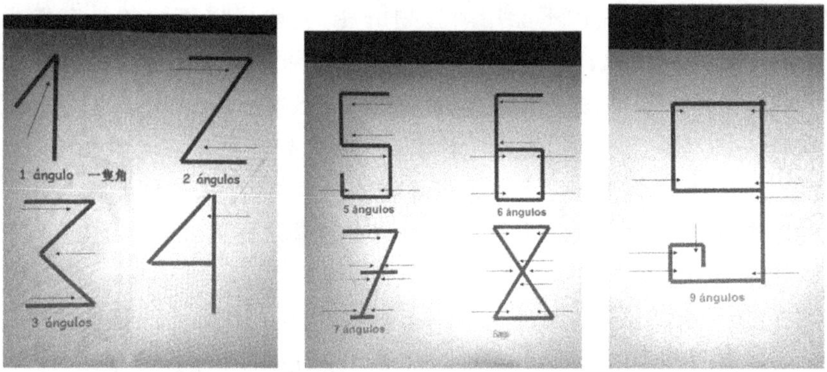

图3 三角形组成的阿拉伯数字(转录百度网《阿拉伯数字怎么来的》)

“海上丝绸之路”历史考察的第三个例子是2017年8月30日的浙江龙泉之行。我在研究“海上丝绸之路”的产业链时发现,在南宋、元代的出口瓷器中,“处州瓷”占有重要地位,为了弄清楚“处州瓷”的生产与道教文化有什么关系,故有此行。我根据有关资料判断,中晚唐以后,江南道教形成了三个文化圈:以茅山为中心的苏南道教文化圈,黄山——三清山——龙虎山——武夷山赣东北、闽北道教文化圈,仙霞岭——雁荡山道教文化圈(与此文化圈邻近的是天台山、括苍山道教文化圈)。其中,位于闽东——浙西南的洞宫山是武夷——雁荡山道教文化圈的联接点。龙泉窑分布在瓯江上游,其支流及于毗邻的闽东北浦城、松溪和政和等县,龙泉窑又分为哥窑、弟窑,又称处州窑。龙泉窑有哥窑的黑胎青瓷,但大部分是弟窑的白胎青瓷。龙泉窑处于赣东北、闽北、浙西南,在道教文化圈,位于武夷山——洞宫山——雁荡山道教文化圈的连接地区。

道教和两窑瓷器生产有什么关系?从技术背景看,道家是经验主义的实践者。道家炼丹术的早期火法炼丹,无疑对烧制瓷器的选料、温度控制、辨色等工序的经验积累极有帮助。

传统的石灰釉(以石灰石和瓷土为基础材料,以CaO即生石灰为熔剂,氧化铁为着色剂)在高温条件下釉的黏度比较低,釉层薄,透明度高,光泽度好。南宋时期,龙泉窑在传统的石灰釉基础上发明了石灰——碱釉,即将石灰或石灰石与砻糠制成“乌釉”,再掺入传统釉料,制出来的釉黏性大,釉层厚,釉面外观饱满,烧成后,“器物表面呈现一种柔和淡雅,有如美玉般的上佳效果”。这是青瓷发展中的一项重要成果。①

2017 年 8 月 30 日我在龙泉市瓷器博物馆调查时，承馆长余锦辉先生解释说：“龙泉窑发明的石灰——碱釉使用的是草木灰，不是砻糠，草木灰（碳酸钾 K_2CO_3、硫酸钾和氯化钾）含钾，在釉中呈碱性反应。此外，烧瓷时以砻糠灰垫底，防止粘底。”此说与上引文字观点不同，存录备查。从龙泉瓷的纹饰看，南宋的龙虎瓶、元的云鹤盘、明的李白与神仙碗（见图 4）等瓷器，足以证明道教文化的影响。道家“道法自然”，所以对色彩的选择，受青山绿水的启发。水绿，绿深则蓝；草木青葱，青深则蓝。从意境到物色，道家的自然主义选择影响着哥窑、景德镇窑。龙泉窑发明的石灰——碱釉，使青瓷器“柔和淡雅，有如美玉般的上佳效果”，并且还有复古倾向。难怪古瓷专家在评论哥窑时说：“宋瓷汝、钧、哥窑诸瓷器，凝重古雅，而瓷质之腴润，釉色之晶莹，历千载而常新。”②就是说，在复古形式中复活新的意境，即道家“无中生有”之谓也。

图 4　明李白与神仙碗（龙泉市瓷器博物馆藏）

在这次龙泉窑的调查活动中，我还得到一些意外的收获。我在访问了龙泉一个道观时，见到一个做瓷的道徒，叫叶传应，他住芳野村，专攻南宋黑胎青瓷。初次学制瓷几经失败，后来终于在老艺人李怀德孙子的帮助下，攻克了紫金土含铁量不同的温度控制问题。他在烧制时把升温控制好，使薄胎、厚釉、软胚的黑胎青瓷成功烧成，客商视为精品，因而脱颖而出。他说，起初做瓷只是为了谋生，只想把产品卖出去。许多次失败，却使他醒悟到，好的南宋弟窑黑胎青瓷是令人清静

① 胡维佳主编：《中国古代科学技术史·技术卷》，辽宁教育出版社 1996 年版，第 338 页。

② 许之衡：《饮流斋说瓷》，载《文物鉴定大辞典》（第 4 册），黄山书社 1992 年版，第 2947 页。

的器皿,日后要提升自己的价值观,融入瓷文化的精神世界。他说的这种青瓷令人清静入心的意境也是道家思想影响的一种表现。

龙泉访瓷,使我不仅找到了"海上丝绸之路"出口商品"处州瓷"的产地,而且悟出了南宋黑胎青瓷的文化意蕴,一举两得。

采访人:您出生于浙江,但在厦门读书和工作,在福建这个地方已经住了很长时间,非常有感情了。闽粤地区是海上丝绸之路的重要组成部分,其中广州很早就成为海上丝绸之路的主港,福建的泉州则是宋末至元代时的世界级大港,海上丝绸之路的重要起点。您在这方面已经有了不少重要的研究,您能否为我们介绍一下这个方面的实地调查成果?

郑学檬教授:福州、泉州、漳州在历史上都是不同时期的海上丝绸之路上的重要港口。我认为历史上"海上丝绸之路"的起、终点港是变动的:"从历史上说,海上贸易地点是从南往北位移(北方黄海航线可能例外)的。先秦时期,南方沿海港口无明确记载;两汉三国至南朝,交州(交趾、龙编、安南)、合浦、徐闻、番禺均为南方沿海的贸易地点,互为补充。因为当时航海技术落后,只能沿海岸航行;南海各小国交易货物零散,因而有就近贸易习惯。"至唐代,还称"南海舶,外国船也,每岁至安南、广州"。① 将安南(又曾称交州、交趾、东京、龙编)置于广州之前,是因为当时安南仍是通南海各国的大港。中唐以后,广州是最大的港口,但阿拉伯船只已经偶而抵达福州、明州、扬州。宋元时代,广州、泉州、福州、温州、明州、杭州(澉浦)等地均有外国船只到达,杭州的澉浦港、泉州港在南宋、元初都很出名。马可波罗称澉浦港的"其地船舶甚众,运载种种货物往来印度及其他外国,因是此城愈增价值"②。至于泉州港(刺桐港),马可波罗则云:"印度一切船舶运载香料及其他贵重货物咸莅此港。""由是商货、宝石、珍珠输入之多竟至不可思议","我敢言亚历山大(Alexandrie)或其他港运载胡椒船赴诸基督教国,乃至此刺桐者,则有船舶百余"。③ 泉州自五代至元代都为东方大港,至今日为福建的骄傲。但是泉州港在元末因战乱而繁荣不再,至明初因海禁而衰落,其实致使其衰落的另一原因是泉州本非深水良港,晋江口的淤积导致滩涂漫延,日益先进的船只不易进港停泊。

但是明代泉州的对外贸易仍未停止,泉州活跃于东南亚各国,④一个重要证

① 李肇《唐国史补》卷下,载《中国文学参考资料小丛书》,古典文学出版社1957年版,第63页。

② 冯承钧译,党宝海新注:《马可波罗纪行》,河北人民出版社1999年版,第527页。

③ 同上书,第557页。

④ 详见汤锦台:《闽南海上帝国:闽南人与南海文明的兴起》,台北,如果出版社、大雁文化事业股份有限公司2013年版。

据是《明代航海图》的发现。2017 年 1 月 24 日我在台北“三民书店”淘书，见到汤锦台著《闽南海上帝国》一书所附的《明代闽南人航海图》(见图 5)，印刷精美，很有研究价值。该书“附录”《一幅展现明代闽南人海洋视野的地图》详细介绍了这幅地图的发现经过及其意义，现摘要如下：

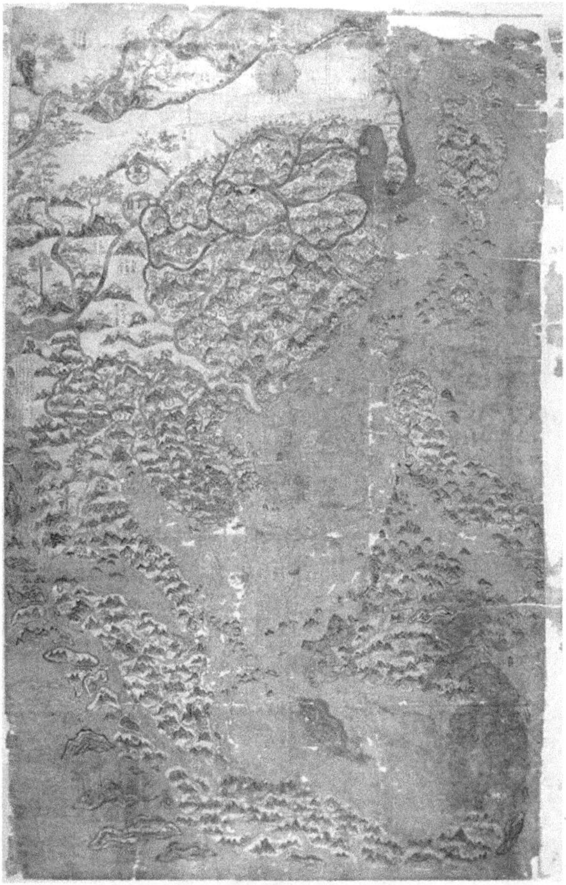

图 5　明代闽南人航海图

该图绘于长 1.5 公尺、宽 1 公尺的薄纸上，既承袭了明代彩色地图的绘制特点，又呈现出类似 17 世纪欧洲地图的写实风格，绘有以泉州为起点的往来浙江、日本、琉球和南海诸邦，甚至是印度洋船舶实际航行路线。该图先是由一位英国舰队司令收藏，后转给伦敦著名律师和法学与东方学者雪尔顿(JohnSelden，1584－1654 年)收藏，1659 年，根据舰队司令的遗嘱，雪尔顿把该图和中国罗盘、中国书册交给牛津大学波德林图书馆收藏。2008 年 1 月美国乔治亚南方大学历史系副教授伯切尔博士(Dr. RobertK. Batchelo)发现了这幅地图,经大英图书馆和大英博物馆专家修复(原图破损严重),该图重见天日。

经考证,汤先生推断,《明代闽南人航海图》成图于1619年之后,或荷兰占领我国台湾地区之前,地图的绘制人可能是泉州的海商。不管怎样,《明代闽南人航海图》的发现反映了明中叶以后福建海上贸易的发展。

接着是葡、西、荷等西方国家东来,海上丝绸之路从"西洋"贸易(指西至阿拉伯、印度、东南亚的贸易)转向"东洋"贸易(指东至西荷占据的我国台湾地区、日本、美洲、欧洲的贸易)。当时漳州港(月港)已取代了泉州港,详情可见明张燮《东西洋考》一书。美国历史学家谭慕兰(加州大学欧文分校教授、加州学派代表人物之一)的名著《大分流:欧洲、中国与现代世界经济的发展》一书即以这个时代为背景。

采访人:您对宗教史也有精深的研究,曾提出过"印度佛教为什么向东而不是向西传播",也就是"印度佛教为何传入中国、韩国、日本及东南亚诸国,却不传入欧洲"这样的重要问题。关于这个问题,您做过哪些实地调查,获得过哪些文献以外的证据?

郑学檬教授:关于宗教问题我没有作深入研究,只是提出过一些困惑问题,请教专家。

第一个例子:我为什么要提出"印度佛教为何传入中国,而不传入欧洲"的问题。

提出这一问题的起因是我在多次西部之行中发觉,佛教文化是丝路上传播的最主要文化现象,但也许是我孤陋寡闻,并没看到解释这一现象的文章。

2004年初夏,在福州大学的一次学术活动中,我有机会和荷兰皇家科学院院士施舟人教授、北大汤一介教授一起交流,我就问他们:"印度佛教为何东传(中国)而不西传?"施舟人教授回答说,佛教也曾经西传,一些教义和制度曾被基督教部分吸收。为了避免记忆的错误,过了几年后我又去信请问施氏,他回信云:"佛教向东传播而不是向西传播是一个要深入研究的问题,首先要联系早期佛教自身的发展历史。佛陀自己在他临终时曾预言说,他的学说要从印度传播到东方。这是十分著名的预训并被广泛传颂。事实上,早期佛教也曾传到波斯,后来影响基督教。基督教的早期制度,或许受到佛教的影响,这是可能的,值得注意。"

他还举艾赛尼派为例。据说艾赛尼派是公元前3至公元前2世纪出现的早期的雏形基督教派,实行集体生活(有类出家),一切皆平等分享,没有富人或穷人,不吃肉或饮酒,也主张人世轮回等,可视作是受佛教的影响。在施氏所作解答基础之上,我遂将多年以来的思路予以梳理。我认为,佛教东传虽然是佛陀的遗训,但传播必须有客观条件和文化上的因素。于是我通过检索维基百科网站里艾赛尼派的资料，确认了佛教在中亚传播早于在中国的传播。后来接触到佛教传入中亚的记载，更加深入了解了中亚佛教的传播情况。

西部之行对佛教东传原因的思考属于“逆向思维”，即当人们普遍接受佛教东传说时，在我的脑海里出现了质疑信号，这也是另类“触类旁通”思维方法。我在西部考察中的第一个感受是佛教文化无处不在，沿天山南北，佛教石窟之多，为国内之最。其次的感受是多民族的流动，我参观过新疆文物考古研究所，在该所的陈列室里看到了出土的尼雅人干尸和遗物；我又去了新疆自治区博物馆，参观了许多具干尸，其中有著名的“楼兰美女”干尸和营盘美男干尸。尼雅人、“楼兰美女”的出现，说明古代新疆地区与中亚流动着不同族群。专家认为，尼雅流行佉卢文，而佉卢文起源于古代犍陀罗，是公元前3世纪印度孔雀王朝的阿育王时期的文字，所以，尼雅地区从文化上、族群上不免有汉印混合现象。伊塞顿人、塞人就可能是楼兰—罗布泊人的一部分，而伊塞顿人原本又分布在黑海以北，是从多瑙河到顿河广大地区的斯基泰人(Scythae)的后裔。斯基泰人——伊塞顿——塞人——楼兰罗布泊人，有着血统上的联系，但是其语言和习俗已随着时间与空间的转换而变异，难寻旧迹。

以上事实导出一个问题，即兼通梵汉语文的罽宾、大夏、大月氏等地区，以及“西域”(包括今新疆地区)的一些佛教徒、商人，是不是佛教东传的首批传播者？公元前334年，马其顿国王亚历山大发起东进，他征服了波斯帝国，也到了印度河西部，打通了地中海、小亚细亚和南亚的通道，佛教西传，而后，为什么停止了西向？我在请教了施舟人教授之后，经过思考，写成了《印度佛教向东传播而非向西传播的原因——东西方文化差异的一个案例》一文，于2014年在《文史哲》第6期刊出，后由凤凰网转发。

第二个例子：东南亚伊斯兰化时期的印度教的衰落问题。

我从网上获知，早在公元前2世纪，婆罗门教就已经传入了东南亚地区。有的国家受印度文化的影响比较大，如缅甸、马来半岛、印度尼西亚等和柬埔寨、泰国、越南中南部。爪哇岛的印度化进程深刻地影响着与它比邻的巴厘岛。巴厘岛本有一个爱儿楞加王国，曾维持了3个多世纪。1515年爪哇的满者伯夷王朝被信奉伊斯兰教的马打蓝王朝所灭亡，大批信奉佛教、印度教的爪哇人逃往巴厘岛，巴厘岛成了躲避伊斯兰征服者的“天堂岛”，所以巴厘岛保留了许多印度教神庙和印度教习俗。

印度教神庙并不高大肃穆，反而类似乡间庭院。2013年春节，余随女儿一家人赴印度尼西亚巴厘岛度假，到达该岛的第二天就去看印度教神庙(见图6)和望夫崖。关于印度教，我们所知很少或基本无知。我们驱车到达这座庙宇后，从象神、狮神、背光、塔等雕像和建筑造型，了解到了印度教与佛教的某些关系。巴厘岛的印度教信仰很普遍,家庙随处可见。要想知道谁家富有只要看谁的家庙建得大且精巧就可以了。印度教是多神崇拜,因为它源于婆罗门教,所以每天祭天、祭地,祭拜各类神祇没个完,家庭主妇每天要做六七十个祭盘,甚至更多("祭品"为花、果之类),你可在店铺前、街头家门见到这类"祭盘"。男人多无所事事,在"发呆亭"里"发呆",其实就是懒坐在那儿不干活。不过现在不同了,我见到的青年人都在努力工作。在进神庙参观之前,外国游客一定要换上当地人穿的筒裙,赤脚进庙。在一座印度庙附近,我们还游览了"望夫崖"。有诗两首,转录如下:

图6 印度教庙图

《谒印度庙有感》
身着纱丽头裹巾,
光脚合掌朝圣神。①
有神无名难为客,②

---

① 瞻仰印度教墓,非印度徒不得入内,但许着纱丽或缠腰带者参观庙宇(不入内)。印度教主要是融合婆罗门教、佛教的教义而成,崇奉梵天、毗湿努和湿婆(婆罗门教的主要神)、释迦牟尼。因为多神崇拜,所以印度教庙中往往无主神,朝拜者也无主神观念,不像基督拜上帝信耶稣、佛教拜释迦牟尼或观音。

② 同上。

无意有心即是应。
偶象临门保来世,①
吼狮惊天镇众灵。②
佛陀背光照千岛,③
湿释东顾万民欣。④

《望夫崖》⑤
望夫崖前面拂风,
愁肠百结泪泉涌。
一别村头数十年,
斗转星移几度春。⑥
谁晓人间离愁苦,
哪有妻儿团聚空。
积念终成千古恨,
还寄荔枝一片红。

我研究"海上丝绸之路"的历史时,能比较清晰地了解东南亚国家在13世纪开始的伊斯兰化过程中,宗教冲突是多么深刻地影响着当地的历史,影响着"海上丝绸之路"贸易。郑和就是在这一背景下展开了七次下西洋的活动。他和他的将领是伊斯兰教徒,曾在爪哇建立伊斯兰庙宇,传播伊斯兰教,介入东南亚的伊斯兰化过程;他先后在爪哇等地购买多达260万斤胡椒,获得巨额利润,对永乐朝的财政产生重要影响。巴厘岛之行,促使我关注东南亚伊斯兰化和"海上丝绸之路"繁荣的关系,捕捉到了一个人们不大注意的研究"海上丝绸之路"的切入点,以后我将此方法运用于另一个课题的研究,写出了《南传"棉路"与海南棉织文明探源——关于黄道婆研究的一份背景资料》,分析了婆罗门教、印度教在东南亚的传播促进印度棉织文明东渐,乃至影响海南棉织业的兴起,导致黄道婆传播棉织技术到上海,引发了我国历史上最大的衣料供给侧结构性改革的过程。

---

① 印度教庙门神往往是象神。

② 印度教庙神龕或照壁常有狮神像,张牙舞爪,有背光。

③ 同上。

④ 峇厘岛的印度教,佛教在这里只是配角。湿、释指婆罗门教和佛教。

⑤ 望夫崖在峇厘岛南端半岛东北,离印度教庙不远,是数百万年前地壳变动的遗存。断崖高可数百米,下为浩瀚的印度洋,涛声阵阵,风声灌耳。

⑥ 几度春指几年,印度尼西亚无四季,即无北温带的四季时序。

一般舆论认为,宗教研究是哲学家、政治家的事,我通过考察分析后认为,这种观点是片面的。宗教是社会意识形态之一,它既有政治、经济的诉求,又有特定历史阶段的人民生存愿望的诉求,后者以宗教信仰的形式表达出来,类同社会组织(如古代的学派、近代政党)的信仰表达。宗教是社会意识形态、社会生活(包括政治、经济、文化生活)的一部分,哲学社会科学研究离不开宗教,这是我接触中国西部佛教文化遗存和考察巴厘岛印度教(婆罗门教)遗存及伊斯兰教史以后的感受。所以,在自己的研究中,尽可能注意宗教的影响,视之为判断历史是非、逆顺的参照系,不以"人神之道殊",而言其为"异端","一毁有余"也。

采访人:您曾多次到我国台湾地区进行学术访问,并在大学担任客座教授,多次参加学术会议、发表学术演讲,期间肯定也实地考察过不少地方,在宗教史、经济史等方面,应该也有不少收获吧?

郑学檬教授:我去过我国台湾地区9次,主要是从事专业学术交流、讲学或高等教育经验交流,走过我国台湾地区许多县市,北过基隆,南抵垦丁公园,在鹅銮鼻眺望过巴士海峡。让我印象最深刻的是我国台湾地区无处不受中华文化传统和荷兰、日本文化的影响。

关于中华文化传统,有两个例子可以很好地说明:一是繁体字,二是佛教、道教及其他民间宗教。我国台湾地区一直使用繁体字,1996年我随福建高校代表团访问台北中国文化大学时,欢迎会上文大董事长张镜湖先生说,他希望两岸统一,但大陆不要用简体字。此言一出,我们骇然,基于礼貌,未予驳斥。2001年10月我再度应邀到文大讲授唐代经济史时,参观了"中正纪念堂",看展出的蒋介石亲笔起草文稿,找到11个简体字。这说明简化汉字是文字在应用过程中"约定俗成"的变化,无涉政治,何故耿耿于怀?反过来说,执着于繁体字的魅力,也是执着于中华传统文化的精髓。

我在1996年访台时曾到佛光山休息两晚,一晚睡6人1房,一人一支牙刷、一幅毛巾,素食,简朴至极。在佛光山我看到了佛教经典的出版情况,给我留下很好的印象。2017年1月我再访佛光山,取来(赠送)星云法师《人间佛教》等著作。

另外,我在一次访台时,拜访了法鼓山圣严法师(2009年圆寂),在短暂的恳谈后,他送我一本签名了的《圣严法师学思历程》,我很感谢,至今仍珍藏着。圣严法师写过一本《基度教之研究》的书,对佛教与基督教之间若干重要问题,作了客观和理性的疏导。

我国台湾地区的宗教名目繁多,信徒洋洋,连福建安溪的清水祖师这样的地方神祇在我国台湾地区也是香火旺盛,这从一个侧面反映了我国台湾地区的社会百态。正如在前面所强调的,"宗教总是社会意识形态、社会生活(包括政治、经济、文化生活)的一部分”,所以我赞成圣严法师在“历程”中所说:“宗教,自有人类文明以来,就有宗教的需要和宗教活动,以及宗教的事实。”尽管我对他说的宗教是人类最终的“归宿处”和最早的“原动力”的观点并不苟同。①

我国台湾地区佛教界还有一位著名大德南怀瑾,只是他晚年移居香港、无锡。我 1992 年在香港出席海峡两岸唐史学会学术会议期间拜访了他,他称我为“小老乡”,因为他是温州乐清人,我是台州天台人,算来都是浙江东南同乡。1994 年再次到他的香港寓所,我们相谈甚欢。后来,他在厦门南普陀寺主持“打七”(佛门修行仪式)时,我去看望他,表示敬意。他博通儒、佛、道经典,门人无白丁;讲学问绝无学究习气,其佛学造诣学术界评价极高,对我们这些局外人来说,真是仰之弥高,敬之若师焉。他经助手送给我多种著作,至今珍藏。

采访人:您对中国古代科学技术与宗教、经济的关系也有很精深的研究,我对这方面的问题有很浓厚的兴趣,您能否谈一些这方面的研究感想?当然,这里有两个问题:一是科技与宗教,二是科技与经济发展。您可否先谈一谈宗教与科学技术的关系?

郑学檬教授:科技与宗教的关系是比较新的课题,学术界关注的人较少。我是在西部考察时,注意到佛教与某些科技的关系,在以后研究南传“棉路”问题时,才对其有进一步了解,知道印度的棉织文明(包括棉织技术)是随婆罗门教、印度教和佛教传入东南亚,及至海南岛,其中佛教上座部(小乘佛教)作用尤其明显。道教与科技的关系,前面讲“处州瓷”部分已述及。实际上道教的炼丹技术、气功,对冶金业和养生都有重要影响。基督教与科技关系是在欧洲旅行期间想到一些。以下简单说一下佛教与某些科技的关系和基督教与科技关系问题的不成熟见解。

佛教讲出世,一般少涉科技,非如基督教、伊斯兰教、道教,切切于物欲,热心发明发现,但是佛教的普渡众生理念,令其以众生之痛苦为自己之通苦,倡导治病救人,探寻医学,而有诸多发明。在产业方面,武夷山制茶,亦得僧人之助,始有名茶之出。所以说,佛教对医学、产业技术的发明、普及还是有所贡献的,佛教虽然高唱“五蕴皆空”(《心经》),但他们毕竟活在人间,不能不跟随社会前进的脚步。

基督教(及天主教)对欧洲科学技术的贡献可以我亲身的经历举证两点:教堂建筑和航海。我参观过德国科隆大教堂、巴黎圣母院、西班牙巴塞罗那大教堂和塞维利亚大教堂,这些教堂是充分显示了基督教(及天主教)宣扬“天听”(听到

① 圣严法师:《圣严法师学思历程》,台北,正中书局 1992 年版,第 85 页。

上帝声音)目的的建筑杰作。

科隆大教堂是德国最大的教堂,是中世纪欧洲哥特式建筑艺术的代表作,它与巴黎圣母院大教堂和罗马圣彼得大教堂并称为欧洲三大宗教建筑。它们高耸天际的尖塔,在那个没有水泥作为凝固物的时代,全靠砖块、木梁或铁条接结而成,技术上的创新意义明显。哥特式建筑特征最重要的特点就在高直二字,教堂的平面形状好像一个拉丁十字,它的造型符合变化与统一、比例与尺度、节奏与韵律等建筑美法则,具有很强的美感。

基督教(天主教)的航海事业在前面关于达·伽马和哥伦布的介绍中已作阐述,不再重复。

采访人:中国古代的科学技术与同期世界各国相比,都是相当发达和先进的,但是近代以前却渐渐落后了。您在实地调查过程中,应该也一直关注着这个问题,您有什么特别的收获吗?

郑学檬教授:"中国古代的科学技术与同期世界各国相比,都是相当发达和先进的"的论断,符合历史事实,李约瑟博士的巨著已有系统论述,毋庸赘言。我想说的是,我在学习研究历史、实地考察过程中,也体会到中国古代许多将领和知识精英的科学技术知识也是很丰富的,所以能在战场或创作中临阵发挥,有所发明。

前面提到,我破解鉴真第六次东渡成功的关键是帆的角度控制,赤壁之战周瑜率领的吴军火攻取胜在于利用东南风,说明当时就有人拥有丰富的气象学、动力学知识了。现再举两例:

一是"风声鹤唳,草木皆兵"这句成语,这说明战争中古人善于利用地形和气象(风声)优势。"风声鹤唳,草木皆兵"成语典出《晋书·谢安传附谢玄传》《晋书·苻坚载记下》。《晋书·苻坚载记下》的原文是:"(苻)坚与苻融登城而望王师,见部阵齐整,将士精锐,又北望八公山上草木,皆类人形,顾谓融曰:'此亦勍敌也,何谓少乎!'怃然有惧色。""(军中)闻风声鹤唳,皆谓晋师之至。"2011年8月,我与门生一行到安徽寿县考察,上八公山,见山属石灰岩地貌,多灌木,如在夜色笼罩下风吹灌木低,错落的石灰岩,确易被误认为是在灌木丛里埋伏的千军万马。

又据气象资料:6级风为强风,风速是10~13米/秒左右,大树枝摆动,电线呼呼有声。7级为疾风,8级为大风,风速为20米/秒左右,树枝折断,人行走困难。淝水之战在11月(阳历12月),多偏北风,所以风力一般较强,阵风时有9、10级,风速为20~30米/秒左右,穿过八公山的山谷,会发出恐怖声音,闻之如鹤唳,这给秦军以莫大的心理震慑,以为晋军铺天盖地杀来!所以,这次考察,以地貌与气象知识,解开了苻坚大军败于晋军的原因。东晋建都建康,那里也是孙子的用武之地,《孙子兵法》的道、天、地、将、法五要素,就包括重视气候和地理因素。由于东晋谢安军的科学技术知识水平较高,所以其有此军谋,作出以少胜多的决断,实有可能。

图 7　八公山峡谷、灌木丛(博雅旅游网)

二是沈括在《梦溪笔谈 · 补笔谈》中述及历法时,主张“莫若用十二气为一年,更不用十二月”。这是因为古代 12 月、24 节气的时序是根据黄河流域的气象情况约定俗成而来的,不符合气候温暖期和寒冷期气象变化实际,也不适应江南气象。我是浙东人,当我读到《全唐诗》中的鲍防等人在会稽所作的《状江南》组诗时就认为,组诗 12 首以 12 气安排,而不以 12 月顺序安排,是一桩有科学价值的发现。[①] 诗作者所咏,说明唐代宗大历年间(8 世纪中期)江南的会稽(今浙东绍兴市)已有以十二气定气的风俗,比沈括提出“莫若用十二气为一年”主张要早 200 年左右,这一科学气象观,不但为民间熟知且应用于生产中,也为诗人所重,可见唐代科学知识的普及程度着实惊人。此文在《唐研究》第一期发表后,主编荣新江教授应邀访问日本东洋文库时,特别作了介绍。

到了近代,中国的经济落后了,科学技术水平自然也落后于人,其根本原因是受封建制度的束缚,中国古代教育制度之严重缺陷的影响也不可忽视。中国传统的教育囿于“修身、齐家、治国,平天下”的理念,而难以专注科学技术,技术知识

---

① 郑学檬:《从〈状江南〉看唐代江南的生态环境》,载《点涛斋史论集:以唐五代经济史为中心》,厦门大学出版社 2016 年版,第 377 ~ 384 页。

并不列入科举考试科目(算科除外①)。像北魏贾思勰,唐代僧一行、柳宗元,宋代沈括,元代王祯,明代方以智、宋应星等科学家,可谓凤毛麟角。

近代以来,中国社会仍然积贫积弱,理工科教育仍然滞后,国弱教育弱,国强才能教育强。“文化大革命”结束后,中学教育实行文理分科,人们对知识的分类渐趋固化,文理形同汉界、楚河,两不相涉,遗患无穷。

我求学、教学、研究的亲身体验是:文理难区隔,“究竟”实融通。所谓“究竟”,即指佛门修行要“彻证真心”,故有“佛与佛乃能究竟诸法相”(只有佛与佛才能彻底证悟诸“法相”的境界)之说。也就是说,有的知识只有文理兼通者才能理解其意蕴,而不至于断章取义或望文生义。人的知识结构不能文理两全,但不能过偏一方,适度兼容,即“究竟”实融通,大有益于学术研究,上面的“举例”即一体会也。我想,目前教育改革已转向文理兼容教育,中学教育不分科,大学教育文理科学生互选一定科目,我国教育制度的缺陷会逐步消失的。

采访人:您在《历史教学》2017年第8期曾发表过题为《勇于有为,善于自省——关于历史学学科研究生培养的点滴体会》的文章,其中谈到目前硕博论文的弱点之一是缺乏批判精神,百般自谦,不敢触动名家旧说,深恐冒天下之大不韪,因而难有新见。关于这一点,请您再为我们讲一讲?

郑学檬教授:学术上自谦一点是优良品格的表现,但是,百般自谦,不敢触动名家旧说,深恐冒天下之大不韪,则是学术虚伪的表现。这类现象出现的原因或是出于对名家、前辈的尊敬,或许实在心中无底,或许就是虚与委蛇。1989年7月我希望访问牛津大学圣·安东尼斯学院的伊懋可博士,联系时得知,他当时正在英国议会帮忙准备香港回归中国的资料,确实很忙,似有婉拒之意。但当他接到我的信后,知道我要讨论他的《中国过去的模式》一书所涉及的七个问题时,他就马上答应了。到牛津大学后,5天里我们讨论了5次,每次2~3小时。这件事对我影响很大,如果在国内,不要说一位国际上有影响的专家,就是一般专家,有人上门质疑,恐亦非便。学术界这种不敢触动名家旧说的风气,影响学术争鸣,自不待言。究其原因可能还和职称晋升、各类评审、师承不同及“文化大革命”前的政治运动、学术“批判”影响等复杂因素有关。现今学者和年轻人应该有“争鸣”之勇气,学会在“争鸣”中与同行良性互动。梁启超的《改造》发刊词云:“期与人以

① (宋)王溥:《唐会要》卷77《贡举下》,中华书局1955年版,第1401~1402页。“算”指算术,“据礼部贡院现置科目内,开元礼、三礼、三传、三史学究、道举、法、算、童子等九科”。

学识相切磋,心力相摩荡。”[①]“争鸣”就是“以学识相切磋”,目的是激荡心智,你我相长,百益而无一害,应予鼓励也。

采访人:非常感谢您,郑老师！最后想请您对年轻一代的历史学、法律史学、经济史学、宗教史学学者提一些期望和建议,谢谢您!

郑学檬教授:我早期问学的阶段恰与“文化大革命”前和“文化大革命”中左的“意识形态”横行时期重复,当时绝对接受“阶级斗争”为纲理论,回顾往事,只有多多自省而已。“文化大革命”结束后,历经多种学术思潮的浸润,视野渐开。至20世纪90年代,自觉有点进步,不再彷徨,进入研究方向和研究方法的“独立自主”阶段。当然,这样的经历已一去不复返了。

今日学者之治学环境已发生了前所未有的变化,我希望诸位能切实保持学术的严肃性。“道义无古今,功名有是非。”(陆游诗句)今时之学者,任重道远,当发时代之强音,一步一个脚印地成才创业。除此之外,要发挥“思考”的自由空间,重视逻辑思维,提升认知境界。如此,新的研究硕果、新的学术氛围可期焉。

采访人:陈灵海

采访稿由郑学檬教授改定,2017年12月15日于厦门大学寓所(点涛斋)

① 梁启超:《〈改造〉发刊词》,载陈书良选编:《梁启超文集》,北京燕山出版社2009年版,第409页。

图书在版编目(CIP)数据

法律史研究. 第6辑 / 华东政法大学法律史研究中心编. -- 北京 : 法律出版社, 2019
ISBN 978-7-5197-3792-4

Ⅰ. ①法… Ⅱ. ①华… Ⅲ. ①法制史-世界-文集
Ⅳ. ①D909.9-53

中国版本图书馆 CIP 数据核字(2019)第200814号

法律史研究(第6辑)
FALÜSHI YANJIU(DI-6 JI)

华东政法大学法律史研究中心 编

策划编辑 刘晓萌
责任编辑 贾方武
装帧设计 李 瞻

出版 法律出版社
总发行 中国法律图书有限公司
经销 新华书店
印刷 北京虎彩文化传播有限公司
责任校对 晁明慧
责任印制 吕亚莉

编辑统筹 法治与经济出版分社
开本 710毫米×1000毫米 1/16
印张 42.25
字数 750千
版本 2019年12月第1版
印次 2019年12月第1次印刷

法律出版社/北京市丰台区莲花池西里7号(100073)
网址/www.lawpress.com.cn
投稿邮箱/info@lawpress.com.cn
举报维权邮箱/jbwq@lawpress.com.cn
销售热线/400-660-8393
咨询电话/010-63939796

中国法律图书有限公司/北京市丰台区莲花池西里7号(100073)
全国各地中法图分、子公司销售电话:
统一销售客服/400-660-8393/6393
第一法律书店/010-83938432/8433
西安分公司/029-85330678
重庆分公司/023-67453036
上海分公司/021-62071639/1636
深圳分公司/0755-83072995

书号: ISBN 978-7-5197-3792-4
定价: 188.00元
(如有缺页或倒装,中国法律图书有限公司负责退换)